*Evidence and Inquiry
A Pragmatist Reconstruction of
Epistemology*
(Expanded Edition)

当 代 世 界 学 术 名 著

证据与探究
对认识论的实用主义重构
（修订版）

[英] 苏珊·哈克（Susan Haack）／著
刘叶涛　张力锋／译
陈　波／审校

中国人民大学出版社
·北京·

"当代世界学术名著"
出版说明

中华民族历来有海纳百川的宽阔胸怀,她在创造灿烂文明的同时,不断吸纳整个人类文明的精华,滋养、壮大和发展自己。当前,全球化使得人类文明之间的相互交流和影响进一步加强,互动效应更为明显。以世界眼光和开放的视野,引介世界各国的优秀哲学社会科学的前沿成果,服务于我国的社会主义现代化建设,服务于我国的科教兴国战略,是新中国出版工作的优良传统,也是中国当代出版工作者的重要使命。

中国人民大学出版社历来注重对国外哲学社会科学成果的译介工作,所出版的"经济科学译丛"、"工商管理经典译丛"等系列译丛受到社会广泛欢迎。这些译丛侧重于西方经典性教材;同时,我们又推出了这套"当代世界学术名著"系列,旨在迻译国外当代学术名著。所谓"当代",一般指近几十年发表的著作;所谓"名著",是指这些著作在该领域产生巨大影响并被各类文献反复引用,成为研究者的必读著作。我们希望经过不断的筛选和积累,使这套丛书成为当代的"汉译世界学术名著丛书",成为读书人的精神殿堂。

由于本套丛书所选著作距今时日较短,未经历史的充分淘洗,加之判断标准见仁见智,以及选择视野的局限,这项工作肯定难以尽如人意。我们期待着海内外学界积极参与推荐,并对我们的工作提出宝贵的意见和建议。我们深信,经过学界同仁和出版者的共同努力,这套丛书必将日臻完善。

中国人民大学出版社

推荐者序：苏珊·哈克的基础融贯论*

陈　波

2002年2月至2003年2月，作为由美国学术团体理事会、国家科学院、社会科学研究理事会共同资助的CSCC Fellow，我在美国迈阿密大学与苏珊·哈克（Susan Haack，1945—　）教授一起待了一年，每周与她会面至少两次，读了她当时已经或即将出版的每一本书。此后分别于2004年和2009年两次邀请她访问北京大学和中国其他高校，做系列学术讲演，一直与她保持着密切的联系，先后对她做了两次长篇访谈[1]，自信对她这个人和她的学术思想有较为充分的了解。在本文中，我将勾勒和评述苏珊·哈克的学术生涯，并着重概述和诠释她在《证据与探究》（第一版，1993；修订版，2009）一书中所发展的基础融贯论及其学术影响。

一、苏珊·哈克的生平和著作

苏珊·哈克于1945年出生于英格兰白金汉郡的一个普通人家，

---

* 本文属于国家社会科学基金重大项目"当代逻辑哲学重大前沿问题研究"（项目批准号 172DA024）的阶段性成果，亦是此中译本的"推荐者序"。

在那里上小学和中学。她的家族中先前没有人上过大学。她亲口对我说，她上大学期间及其以后就学，几乎全靠奖学金，若没有奖学金的话，她上不了大学。她先就读于牛津大学圣希尔达学院，学习 PPE（哲学、政治学和经济学），以一等荣誉学位毕业。随后在该校获得 B. Phil 学位（介于哲学硕士和博士之间的一种学位），她的第一位哲学教师是 Jan Austin（哲学家 J. L. Austin 的遗孀），后跟从 Gilbert Ryle 学习柏拉图，跟从 Michael Dummett 学习逻辑，跟从 Philippa Foot 学习伦理学，在 David Pears 的指导下撰写有关模糊性（vagueness）的学位论文。大学毕业后，她在剑桥大学一所女子学院（New Hall）任教，同时攻读哲学博士学位，在与 Elizabeth Anscombe 教授的交流中继续其哲学教育。据哈克本人说，后来以弗协调逻辑和双面真理论闻名的澳大利亚逻辑学家 Graham Priest 曾是她在剑桥讲授的逻辑课程的学生。在 T. J. Smiley 和 I. M. Hacking 的指导下，她于 1972 年获得哲学博士学位。在剑桥大学期间，与当时在那里就读的澳大利亚学者 Robin J. Haack 结婚，这是她的夫姓 Haack 的由来。但她的丈夫不幸早逝，她却一直保留夫姓，或许因为 Susan Haack 这个名字在哲学界早已很响亮了。1971 年开始在英国新成立的华威大学（Warwick University）任教，1982 年升任正教授。1990 年离开华威大学，到美国迈阿密大学任教至今，目前为该校人文学杰出教授、文理学院库珀高级学者、哲学教授和法学教授。

从理智背景来说，苏珊·哈克无疑属于英国分析哲学传统，她在牛津和剑桥的导师都是重要的甚至是著名的分析哲学家或逻辑学家，她早期的工作主要探讨有关逻辑学的哲学问题。直至 1980 年代为止，W. V. Quine 对她的学术发展有很大的影响。在 1970 年代，Quine 的《语词和对象》一书引导她去读皮尔士的著作，为后者所深深吸引，由此成为皮尔士哲学的忠实追随者和诠释者。随后，她又系统地读了詹姆斯、杜威、米德甚至晚近的霍姆斯（Oliver Wendel Holmes）等实用主义大师的著作。实用主义成为塑造她的理智品格的最重要的思想资源，在她的学术思想上打下了深刻的烙印。例如，她一直致力于摧毁哲学上一系列虚假的二元区分,如基础论和融贯论、内在论和外在论、先验主义和科学主义等,她强调连续性,赞成皮尔士的"连续论"(Synechism),她在认识论上主张温和的自然主义,她认为语言意义是不断生长变化的,形式化方法有其固有的限度,等等。她撰写了很多讨论皮尔士哲学和美国实用主义的文章,编辑了《意义、真理与行动——实用主义经典文选》[2],曾担任皮尔士学会会长,有人称她是"皮尔士在理智上的孙女",亦被作为美国哲学家编入《美国哲学百科全书》,对此她都欣然接受并感到骄傲。她也阅读卡尔·波普尔和理查德·罗蒂等人的著作,对罗蒂的思想做了一系列激烈批评,称他是"庸俗实用主义"的代表人物。她曾撰写一幕话剧,其中所有台词都摘自皮尔士和罗蒂的著作,以凸显他们俩人的实用主义是多么不同。她还阅读很多文学作品,特别是小说,对萨缪尔·巴特勒的《众生门》(*The Way of All Flesh*)推崇有加,认为它精准地描写了英语学界的自我欺骗和虚假探究等。她始终保持高昂的工作热情,几乎把全部身心都献给了学术工作。如今已经 70 多岁,仍然不停地应邀在世界各地讲演,发表论文,出版著作。

《变异逻辑》(*Deviant Logics*,1974)是苏珊·哈克的第一本书,基于她的剑桥博士论文。在这本书中,她重点关注逻辑的哲学方面,特别是其认识论方面。她详细考察了未来偶然性问题、直觉主义、模糊性、单称词项和存在以及量子力学对由弗雷格、罗素创立的基于二值原则的经典逻辑的挑战,特别是这些挑战的动因、形式、理据、性质等等,阐明了"变异逻辑"和"扩充逻辑"的区分,捍卫了"逻辑是可修正的"这一观念,还探讨了演绎的证成问题——涉及逻辑系统与外部实在、与我们的语言和思维实践的关系,她的结论是:演绎像归纳一样得不到绝对的证成,一切知识包括逻辑知识在原则上都是可错的。这本书在 1996 年出了扩充版,加入了批评模糊逻辑(fuzzy logic)的两篇论文,改名为《变异逻辑、模糊逻辑:超越形式主义》。《劳特利奇哲学史》第九卷《20 世纪科学、逻辑和数学哲学》(1996)把《变异逻辑》的出版列入逻辑学的大事记中。

《逻辑哲学》（*Philosophy of Logics*，1978）是她的第二本书。这是一本教科书性质的著作，里面分析了逻辑学的一些关键性概念，如有效性、语句联结词、量词、单称词项、真值承担者、真理论、悖论，还探讨了有关模态逻辑和多值逻辑的哲学问题，同时阐发了很多原创性观点，例如关于逻辑的性质和范围，关于形式论证和非形式论证、系统内的有效性和系统外的有效性之间的关系，关于逻辑的形而上学和认识论的基础，最后将其观点提炼为逻辑多元论，即认为正确的逻辑系统并非仅有一种，而是有多种，因为逻辑的形式系统旨在表述系统外的有效性概念和逻辑真理概念，但同一个非形式话语有不同的形式投射，当不同的形式系统对同一个非形式论证给出不同表述时，它们有时候可以是同样好的，只是适用于不同的目的。这本书写得很深入、细致、简明、流畅、准确，显示了作者在逻辑和哲学方面的良好素养，在出版40年后仍在不断重印。它在世界范围内获得了广泛认可，被翻译成多种文字出版，中译本于2003年由商务印书馆出版。这本书为苏珊·哈克带来了很高的国际性声誉。可以说，我投身于逻辑哲学研究，主要是受到苏珊·哈克的影响，特别是受到她的《逻辑哲学》的影响，她是我在学术上的引路人。

《证据与探究——走向认识论的重构》（*Evidence and Inquiry: Towards Reconstruction in Epistemology*，1993）是她的第三本书，其中最重要的工作是发展了她自己的认知证成理论——基础融贯论：证成不仅需要有感觉-内省经验的输入，从而保持与外部世界的关联，而且还需要信念之间普遍的相互支持，后者并不会导致恶性循环。该书也取得了很大的成功，已经出版西班牙文、中文、罗马尼亚文译本，德文译本正在准备中。2009年出版了经过扩充的修订版，加入了篇幅较长的修订版序言，以及先前发表过或未曾发表过的4篇相关论文，改名为《证据与探究——对认识论的实用主义重构》。

在《证据与探究》出版之后，苏珊·哈克接到来自不同领域和不同国家的很多邀请，要求她就诸多不同的议题，如女性主义认识论、肯定行动、多元文化论、新实用主义、相对主义、科学哲学、社会科学、大学治理、学术伦理、知识与宣传等做讲演或写文章，由此促成了她的第四本书：《一位热情的稳健派的宣言：不时髦的论文集》（*Manifesto of a Passionate Moderate：Unfashionable Essays*，1998）。这些工作把她引入广义的社会哲学领域，开启了其学术研究的跨学科转型。我认真阅读了收入这本书的每一篇论文，很喜欢它们，哈克对社会现实问题的热情关注，对各种后现代时髦和新实用主义的不妥协的批判立场，对真实探究、虚假探究和假冒探究的区分，对以"理智的诚实"为代表的学术伦理的倡导和坚持，关于哲学既不从属于科学也不只是一种文学的元哲学观念，等等，都给我留下了深刻的印象。

《理性地捍卫科学——在科学主义与犬儒主义之间》（*Defending Science Within Reason：Between Scientism and Cynicism*，2003）是她的第五本书。在这本书中，苏珊·哈克左右开弓，既反对（对科学的）各种旧尊崇主义，更反对以各种后现代思潮为代表的新犬儒哲学，试图在理性的限度内全面捍卫科学，不仅试图理解科学的认识论和形而上学，还试图描绘出科学在探究中、在我们生活中的位置的更为总体性的图景。她的核心观点是：科学既不是神圣的，但也不是骗取信任的把戏；无论如何，在所有的人类认知事业中，自然科学确实是最为成功的；科学既是一项理性的事业，也是一项社会的事业，由此才派生出科学的诸多特点以及我们对科学应该采取的态度。随后，她阐述了她自己的科学认识论——批判的常识主义（Critical Common-sensism）：从本质上说，科学的证据类似于与日常经验断言相关的证据。科学的方法，如爱因斯坦所言，"只不过是我们的日常思维的精致化"，在科学中所使用的只不过是为所有经验探究所共有的推理、程序、前提条件、限制性因素，它们由一整套局部的、演变着的科学的"帮助"所强化：观察的工具，模型和隐喻，数学和统计推理的技术，以及帮助大多数科学家在大多数时间内保持诚实的一套社会建制。哈克还清楚阐述了作为其批判的常识主义之基础的坦诚实在论（Innocent Realism），其要点是：这个世界——唯一的、实在的世界——是独立于我们相信它是什么样子的。坦诚实在论既抛弃非实在论论题：不存在任何实在的世界，也抛弃多元论论题：存在着多个实在的世界。不过，它承认人类干预着这个世界，我们以及我们的生理和精神活动是这个世界的一部分。换句话说，这个唯一的、实在的世界是异质的：除了有自然的事物和事件之外，还有每一种类型的人造物：社会建制，理论，描述，以及科学家、艺术家、诗人、小说家等等的想象构造物。在阐述了所有这些观念之后，哈克继续考虑自然科学和社会科学之间的关系、科学社会学的认识论作用、科学和文学之间的关系、科学和法律的相互作用、科学和宗教之间的紧张关系，最后则讨论了有关科学终结的预言。这本书在科学家团体中受到很大欢迎，在我的建议下，中译本于2008年由中国人民大学出版社出版。

《让哲学发挥作用：探究及其在文化中的位置》（*Putting Philosophy to Work：Inquiry and Its Place in Culture*，2008）是她的第六本书。在《理性地捍卫科学》出版之后，哈克又收到很多意外的邀请，要求她就诸多不同的论题发言，这导致了收集在《让哲学发挥作用》一书中的那些论文，涉及如下论题：真理，解释，融贯，科学的整合，科学主义的标志，波普尔的逻辑否定主义，自然主义和超自然现象，科学与法律体系的相互作用，认识论，等等；也涉及连续论，形式方法在哲学中的地位，从小说中获悉的认识论教益，生活的意义，以及学术伦理，等等。其中谈得最多的是"真"和"真理"。哈克论述说：只有一个无歧义的、非相对的真概念，但有为数众多的、各种各样的真理。无论一个命题、理论、断言等等的主题或内容是什么，无论它们是数学、地理、历史、法律、科学等等，说它们是真的，都意味着相同的东西：这就是命题 p，并且 p（it is the proposition that p, and p）。她把这一表述叫作"简要论"（Laconicism）：为了确定一个断言是真的还是假的，要看事物是否实际上如其所说的那样。我本人对她的"简要论"的表述持有很大的异议。我认为，真或真理是一个实质性的概念，它至少涉及两个要素：事物在世界中的存在方式，以及我们的说话方式。

《证据的重要性——法律中的科学、证明和真理》(*Evidence Matters: Science, Proof, and Truth in the Law*, 2014)是苏珊·哈克的第七本书。她先前的认识论著作《证据与探究》被迈阿密大学法学院用作相关课程的教材,1997年她应邀在该法学院授课,2000年被任命为该院法学教授,正式进入法哲学领域。哈克再一次表现出非比寻常的能力,她把自己的认识论储备与具体的法学实践相结合,主要在三个领域内工作:关于举证的问题,特别是关于科学证据的法律处理;关于教会与国家关系的宪法问题,她对在公立中学讲授进化论的宗教异议特别感兴趣;关于法律实用主义。就像为了写作《理性地捍卫科学》,她决心让自己去熟悉一门具体科学即分子生物学一样,在从事其法哲学研究时,她有意识地既不使她的哲学讨论过于抽象以至于远离法律实务,也不使它们与某个特定的法律体系联系过于紧密以至于失去普遍性。她让自己尽快熟悉美国的法律体系、各种著名的判例和法律史,并与欧洲大陆和其他某些国家的法律体系相比较。她的努力很快得到国际法学界的认可,被邀请到世界各地的法学院和国际研讨会上做讲演,在各种法学杂志上发表文章。经过优选的文章被结集为这本《证据的重要性》,由剑桥大学出版社列入一套法学丛书出版。该书主要探讨如下问题:法律中的真理只是简单平凡的真理,还是自成一类的真理?审判是对真理的追求吗?抗辩制和证据排除规则是促成还是妨碍对事实争议的精准裁定?证明的程度能够等同于数学概率吗?统计证据在司法审判中能够起什么样的作用?法庭该如何处置案件裁决有时候也要依赖的科学证言?法庭如何区分可靠的科学证言和不可靠的证言?等等。

苏珊·哈克的学术努力得到了广泛的认可。1999年,她当选总部设在巴黎的国际哲学学院(Institut International de Philosophie,缩写为IIP)院士,该机构的一百多名院士经选举产生,代表不同的国家,院士们每年开会一次,旅费自筹。由于哈克几乎从不出席院士大会,其院士资格于2007年被取消。2004年,她入选《一百名哲学家:世界最伟大思想家的生平与著作》一书;2005年,伦敦《星期日独立报》将其列为所有时代最伟大的10位女哲学家之一；2007年，出版他人编辑的研究文集《苏珊·哈克：一位杰出的女士》；2011年，罗马尼亚一所大学授予她荣誉博士学位；2016年，出版他人编辑的研究文集《苏珊·哈克：哲学的整合》，该书收入她于2013年应邀在德国的明斯特大学所做的两次讲演，以及随后召开的关于她的哲学的专题研讨会的14篇论文；也是在2016年，爱尔兰都柏林大学学院授予她金质奖章，哈克并入选美国教育网站TheBestSchools评选出的全球50位最具影响力的在世哲学家。

但客观地说，苏珊·哈克的工作还没有得到足够程度的认可，例如她尚未入选美国文理科学院院士，甚至也不是她的祖国——英国科学院的院士，在某种程度上，她处在当今西方主流哲学圈之外。在我看来，这是多种因素共同造成的：（1）她的学术摊子铺得太大，转换得太快。她早期的工作集中在逻辑哲学领域，但在写了两本很有影响的书《变异逻辑》和《逻辑哲学》之后，她将其学术重心转到了认识论研究，几乎再也没有回到专深的逻辑哲学研究。其专著《证据与探究》受到关注之后，她被引向广泛的社会现实问题和各种文化论题，做了很多跨学科研究，作为公共知识分子发言，也研究美国实用主义和各种新实用主义。她还继续探究《证据与探究》中的主题，针对关于科学的各种后现代批评，撰写了《理性地捍卫科学》一书，对科学做了几乎全景式的审视与辩护，据我判断，她所说的大致上都是正确的，但在深度方面有所欠缺。同样是因为《证据与探究》一书带来的机缘巧合，她被任命为法学教授，进入法哲学领域，晚年几乎把绝大部分精力投放于此。她在所有这些领域都有很大的成就，但在其中许多领域都没有长期专注地工作，没有长期追踪和参与其中的学术论战，与其中的当下研究和论战有所疏离。（2）她受到皮尔士的影响很大，试图对这个世界和我们关于世界的认知提供某种总体性说明，她还讨厌哲学上的各种截然二分，认为真理常常存在于各种极端之间，花费很大的精力去构造各种中间型理论；她似乎特别在意说得正确，因而常常把话说得很周全，加上很多限制性条件，等等。她的这种研究方式与当今西方哲学的主流方式有很大距离，后者常常专注于对很具体的问题做很专深的甚至是技术性的探讨，常常把话说得惊世骇俗，"语不惊人死不休"，由此带来影响，她常常激烈批评这种现象，说当今哲学界已经蜕变为一些自说自话的小圈子，她主动选择或被动隔离于这些小圈子之外。（3）她自视甚高，率性而为，中后期不太愿意接受学术同行审理她的稿件，也不愿意转让她的文章版权给学术期刊，除非特别邀请，她不给那些重要的学术期刊投稿，而选择在其他地方发表论文，然后把它们放到网上供人自由下载，这就会减少她在主流学术圈的引用率和影响力。她坚持理智的诚实，对她不同意、看不惯的各种学术风潮提出毫不客气的批评，例如她批评卡尔·波普尔，批评蒯因，严厉批评罗蒂的"庸俗实用主义"，批评她的认识论同行邦居尔、哥德曼、丘奇兰德夫妇和索萨，批判女性主义认识论，批判各种后现代思潮，批评当代大学的官僚治理和学术文化，因此造成她与学术同行以及小单位同事的关系紧张。

二、对基础论和融贯论的批评

"认知证成"（epistemic justification）是一个评价性概念，涉及正确或合适的信念必须满足什么样的条件。一个合理的认知证成理论必须解释如下问题：信念如何得到证成，证成在知识中的作用，以及证成的价值。有各种各样的认知证成理论，本节讨论苏珊·哈克在《证据与探究》一书中对基础论和融贯论的批评。

（一）基础论及其困境

按哈克的解释，基础论（Foundationalism）是指这样一种证成的理论，它要求在被证成的信念中区分出基本信念和派生信念，并且把证成看作单方向的，即只要求用基本信念去支持派生信念，而绝不能相反。也就是说，基本信念构成了被证成信念的整个结构所依赖的基础。一个理论有资格成为基础论的，只要它承认下面两个论题：

(FD1) 某些被证成信念是基本的；一个基本信念之被证成，独立于任何其他信念的支持。

(FD2) 所有其他被证成信念都是派生的；一个派生信念之被证成，要借助一个或多个基本信念的直接或间接的支持。

(FD1) 旨在提出有关成为基本信念的资格条件的最小要求。它允许多个不同的变体，例如有一些理论认为基本信念是经验的，有一些理论则认为它们是非经验的：

($FD1^E$) 某些信念是基本的；基本信念之被证成，独立于任何其他信念的支持；基本信念就其特性而言是经验的。

($FD1^{NE}$) 某些信念是基本的；基本信念之被证成，独立于任何其他信念的支持；基本信念就其特性而言是非经验的。

在（$FD1^E$）中，"经验的"应该理解为大致等同于"事实的"，而不必局限于关于外部世界的信念。（$FD1^{NE}$）的倡导者们心里想的通常只是逻辑或数学的真理，他们经常把"自明的信念"当作基本的非经验信念。

哈克拒斥非经验的基础论，而只考虑经验的基础论，进一步将后者区分为如下三个版本：感觉-内省论版本，把关于主体自己的、当下的意识状态的信念作为基本的；外在论版本，把关于外部世界的简单信念视为基本的；内在论版本，则允许这两者都是基本的。表述如下：

($FD1^{E1}$) 某些被证成信念是基本的；一个基本信念之被证成，不凭借任何其他信念的支持，而是凭借该主体的（感觉的或内省的）经验。

($FD1^{E2}$) 某些被证成信念是基本的；一个基本信念之被证成，不凭借任何其他信念的支持，而是因为在该主体的信念与使得该信念为真的事态之间，存在因果的或似规律的联系。

($FD1^{E3}$) 某些被证成信念是基本的；一个基本信念之被证

成，不凭借任何其他信念的支持，而是依据它的内容，即它内在具有的自我证成的特性。

基础论者通常诉诸如下的"无穷后退论证"来支持自己的立场。假设如下情形：一个信念被证成，是由于受到另一个信念的支持；这另一个信念被证成，又是由于受到另外一个信念的支持……如此往复。这种情况是不可能的，因为对于一个信念来说，除非这种理由的后退到达一个终点，否则第一个信念将不会得到证成；所以，必定有基本信念，它们是通过其他信念的支持之外的方式被证成的，因而可以被看作证成所有其他被证成信念的终极理由。但哈克批评说，这个论证是非结论性的，因为它需要这样的假定：一个信念的理由构成一个链条，该链条或者终止于一个基本信念，或者根本就不会终止。但这个假定并没有列出其他可能的选择：也许该链条终止于一个未被证成的信念；也许它终止于它由之开始的信念，即终止于这样的初始信念，后者得到其他信念的支持，而自己反过来又支持这些信念……

基础论者还可以构造无穷后退论证的一个更强版本，即没有可忍受的选择论证：

假设 A 相信 p。假设他相信 p 是因为他相信 q。于是，他的信念 p 未被证成，除非他的信念 q 被证成。假设他相信 q 是因为他相信 r。于是，他的信念 q 未被证成，所以信念 p 也未被证成，除非他的信念 r 被证成。假设他相信 r 是因为他相信 s。于是，他的信念 r 未被证成，故信念 q 也未被证成，故信念 p 也未被证成，除非……

只有如下四种可能：（1）这个序列继续进行下去，没有终点；（2）它终止于某个未被证成的信念；（3）它构成一个圆圈；（4）它终止于某个被证成的信念，但后者的证成不依赖于其他任何信念的支持。

如果是（1），该链条永远不会终结，A 的信念 p 不会被证成。

如果是（2），该链条终止于一个未被证成的信念，A 的信念 p 不会被证成。

如果是（3），该链条构成一个圆圈，信念 p 依赖于信念 q，q 依赖于 r，……z 依赖于 p，A 的信念 p 不会被证成。

如果是（4），那么，若该链条终止于某个被证成的信念，但没有借助于任何其他信念的支持，则 A 的信念 p 被证成。

所以，既然（4）恰好就是基础论所断言的东西，其结论是：仅当基础论为真时，任何人拥有任何信念才会被证成。也就是说，基础论是唯一可以忍受的选择。

哈克批评说，上述论证仍然是非结论性的，因为其中嵌入了一个错误的隐含假设：一个信念的理由必定构成一个链条——也就是这样一个序列，信念 p 受到信念 q 的支持，q 受到 r 的支持……如此往复。假如一个信念的理由必须是一个链条、一个序列，那么相互支持确实将不得不是一个圆圈，也确实不能承认由理由构成的这种圆圈会起到证成的作用。但是，我们完全有可能摆脱这种链条和圆圈式的证成，证成实际上像一座金字塔或者像一棵倒置的树，这正是哈克的基础融贯论和纵横字谜游戏类比所要说明的。

融贯论者对基础论提出了如下的"因果不相干反驳"：在一个人的经验与他接受或拒绝一个信念之间可以有因果关系，但没有任何逻辑关系。例如，A 看见一只黑天鹅，可能致使他不相信"所有天鹅都是白色的"；但它并不逻辑蕴涵"至少有一只黑天鹅"或与"所有天鹅都是白色的"逻辑不相容，因为逻辑关系只能存在于信念或命题之间。但证成不是一个因果的或心理学的概念，而是一个逻辑概念，故一个人的信念不可能被他的基本的经验信念所证成。哈克论述说，这一反驳是非结论性的，因为通过改进基础论，可以使因果性因素和逻辑性因素都进入对信念的证成中，这正是她的基础融贯论所要做的事情。

融贯论者对基础论的第二个反驳论证是：基础论要求基本信念既是可靠的（可以合理地宣称独立于任何其他信念的支持而被证成），又是丰富的（可以合理地宣称能够支持一组足够大的其他信念），但没有任何信念能够同时满足这两个要求。该论证继续说，因为这两个要求是相互竞争的：只有去掉基本信念的内容，第一个要求才会得到满足；而只有充实基本信念的内容，第二个要求才会得到满足。于是，基础论者不得不在下述两种情况之间来回穿梭往返：在坚持可靠性时却牺牲了内容，在坚持内容时却牺牲了可靠性。哈克因此把这个反驳论证叫作"来回穿梭往返论证"。她指出，这一论证只对强基础论有效，对于基础论的其他变体并不那么有效，对她本人提出的基础融贯论则是完全无效。因为基础融贯论并不需要（也不可能有）绝对的可靠性，而只需要独立的可靠性，即在证成信念 p 的理由是安全可靠时，不要直接诉诸 p 本身，而要诉诸 p 之外的其他理由。实际上，在证成的整个路途上，我们都需要不断地来回往返穿梭。这并不是基础论者所指责的"恶性循环"，而是我们在证成信念时必须依赖的信念之间的普遍存在的相互支持，后者至多是合法的间接"循环"，既然并不存在证成的绝对可靠的初始出发点。

（二）融贯论及其困境

按哈克的表述，融贯论（Coherentism）主张：证成只涉及信念之间的关系，一个信念集合的融贯证成了作为其元素的那些信念。表述如下：

（CH）一个信念之被证成，当且仅当，它属于一个融贯的信念集合。

融贯论还有如下的不妥协的平均主义版本：

（CH^U）一个信念之被证成，当且仅当，它属于一个融贯的信念集合；在一个融贯的集合内，没有任何信念具有特殊的认识论身份，也没有任何信念具有特殊地位。

哈克指出，如果把相容性视为融贯的必要条件，融贯论至少会遇到"要求过多的反驳"：融贯论似乎蕴涵着，如果一个主体具有不相容的信念，他就具有不相容的信念集合，他的任何信念也就不会被证成。哈克指出，这是一个过分的要求，因为几乎没有人具有完全相容的信念集。例如，她本人关于俄罗斯地理的一组信念隐含矛盾，这一单纯的事实无论如何不能成为如下说法的理由：她的这些信念，如"雪是白的"，"在我面前有一张白纸"，"我的名字叫苏珊·哈克"，也未得到证成。但融贯论者还是有可能逃脱这一反驳论证，即承认其融贯构成证成的信念集合将不是该主体的整个信念集，而是该集合的某个子集合，因为下述想法是合理的：即使一个被证成的信念总是会被编织到其他信念的整个复合体之中，对于一个人的每一个信念的证成来说，并非他的所有信念都是相关的。

哈克指出，即使融贯论者做出某种修正以对付要求过多的反驳，它还是必须面对"相容的童话故事的反驳"：融贯论不可能是正确的，因为一个信念集合的相容性显然不足以成为它为真的保证或标志，就像编织得很好的童话或神话故事并不就是真的一样。但有人或许会辩解说，对于一个融贯的信念集合来说，融贯论者所要求的远不止简单的相容性。不过，稍加反思就会明白，增加一个全面性的要求并不会使情况变得更好：无论如何，一个信念集合是相容的和大的，并不比它只具有相容性，更能够成为它为真的保证或标志。或许融贯论者仍有可能对融贯概念进行精确阐释去回应该反驳。但哈克指出，像融贯这样的东西，无论对它提供的辨明有多么精致，都不能保证在证成与可能为真之间具有所要求的那种联系。融贯论的基本问题恰恰在于：它试图使证成只依赖于信念之间的相互支持。

哈克指出，融贯论者还必须面对 C. I. 刘易斯所提出的"喝醉酒的水手论证"。融贯论的断言即经验信念能够仅凭信念之间的相互支持而被证成，就像下述提议一样荒谬：两个喝醉酒的水手在海上能够通过背靠背来相互支撑而站立起来，即使他们俩人都没有站在任何坚实的物体或地面上。她将这个论证更精细地表述为：因为融贯论不允许任何非信念的输入，不允许经验或世界发挥作用，它就不能令人满意地说明：一个信念被证成是它为真的标志，即它正确地表征了这个世界是什么样子的标志。哈克相信，这个论证对融贯论来说确实是致命的。

(三) 基础论和融贯论的变体

哈克总结说:"基础论的优点是:它承认一个人的经验,即他所看到、听到的等等,是与他如何证成他关于这个世界的信念相关的;它的缺点是:它要求一类具有特权地位的基本信念,后者仅由经验证成但能够支持我们其余的被证成信念,但它忽视了一个人的信念之间无处不在的相互依赖。融贯论的优点是:它承认那种无处不在的相互依赖,且不要求区分基本信念和派生信念;它的缺点是:不允许该主体的经验发挥任何作用。"[3]

为了克服各自的困难,基础论和融贯论都出现了一些变体。例如,弱的基础论只要求基本信念在某种程度上被经验证成;不纯粹的基础论虽然要求所有派生信念都从基本信念那里获得某些支持,却也允许派生信念之间的相互支持以便提高其证成度。表述如下:

($FD1^W$) 某些被证成信念是基本的;基本信念之被证成,初看起来是但有可能弄错,或者在某种程度上是但并非完全是,独立于任何其他信念的支持。

($FD2^I$) 所有其他的被证成信念都是派生的;派生信念之被证成,至少部分地是凭借基本信念的直接或间接的支持。

温和的、不平等的融贯论赋予一个人关于其当下经验的信念以突出的初始地位,或者赋予那些从起源上是原发的而不是推论的信念以特别地位,或者赋予那些更深的嵌入一个融贯信念集合的那些信念以特殊地位。表述如下:

(CH_W^M) 一个信念之被证成,当且仅当,它属于一个融贯的信念集合;某些信念具有特殊的认识论身份,并且其证成依赖于被加权的相互支持。

(CH_D^M) 一个信念之被证成,当且仅当,它属于一个融贯的信念集合;某些信念是特殊的,因为它们比其他元素更深地嵌入一个融贯集合中。

哈克评论说，基础论和融贯论的这些变体都在朝着正确的方向行进，但在这样做时，它们却使自身变得不稳定起来。弱的基础论承认基本信念完全不必仅由经验证成，那么，它还有什么理由去否认基本信念也能够或多或少地根据它们与其他信念的关系得到证成？不纯粹的基础论承认派生信念之间的相互支持，那么，它还有什么理由去拒斥信念之间更普遍的相互支持？更别说弱的且不纯粹的基础论了。既然温和的、不平等的融贯论承认，某些信念因其感觉内容或"原发的"起源而具有特殊地位，为什么就不能进一步承认：证成根本不只是信念之间的关系，来自经验的输入也发挥着实质性作用？哈克由此得出结论："我们需要一种新的探索，它允许感觉-内省经验与经验证成相关，但不假定任何类别的具有特权地位的基本信念，或者不要求支持关系在本质上是单向的；换句话说，我们需要基础融贯论。"[4]

三、基础融贯论的要点及其理由

（一）基础融贯论的核心观点

哈克断言，基础论和融贯论并没有穷尽所有的选择，在两者之间还有逻辑空间。因为基础论要求单方向性，而融贯论无此要求；融贯论要求证成只与信念之间的关系有关，基础论则不这样要求。所以，一个理论若允许非信念的输入，它就不可能是融贯论的；而一个理论若不要求单方向性，它就不可能是基础论的。于是，她本人提出了一个中间型理论——基础融贯论，它允许经验与证成相关联，但不要求任何类型的特殊信念只被经验所证成而不需要来自其他信念的任何支持。基础融贯论可近似地被刻画如下：

（FH1）一个主体的经验是与其经验信念的证成相关联的，但是不需要任何类型的具有特殊地位的经验信念，后者只能通过经验的支持来得到证成，而与其他信念的支持无关。

(FH2) 证成并不只是单方向的,而是包含着普遍存在的相互支持关系。

哈克指出,她的基础融贯论把如下表述作为被辨明项(要说明的东西):"A 的信念 p 在 t 时或多或少被证成,这取决于 A 关于 p 的证据有多好"。由此出发,派生出基础融贯论的如下一些特点:

(1) 这个理论是**证据论**的:核心观念是,有多好地证成一个主体对某物的信念取决于他关于这个信念的证据有多好。

(2) 它是**渐进**的:从始至终的假设是,证据可以更好或更坏,一个人对某物信念的证成也可以更好或更坏。

(3) 它是**个人**的:证成的程度依赖于主体证据的质量(这当然不是说它是主观的,即依赖于主体认为他的证据如何好)。

(4) 它是**经验论**的:"他的证据"被解释为不仅包含一个主体的背景信念(他的"理性"),也包括他的感觉或内省的经验(他的"经验证据")。

(5) 它在某种程度上是**因果**的:一个主体关于 p 的证据是因果地被识别为使他实际地相信 p 的证据;什么使这个证据更好或更坏,这是一个拟逻辑问题。

(6) 它是**多维度**的:一个人关于一个信念的证据的质量取决于:(i) 信念对证据的支持度;(ii) 独立于所讨论信念的理性的可靠性;(iii) 证据的全面性。[5]

下面,我将详细地阐释和讨论哈克的基础融贯论的理论细节。

(二) 认知证成的两个方面:因果的和逻辑的

哈克主张,一个人的感觉-内省经验在其信念证成中发挥着重要作用。在她的基础融贯论中,既允许一个人的经验与对他的信念的证成(因果)相关,也允许证成概念包括非因果的评价性要素(逻辑关联)。她通过诉诸一个双面的"状态-内容"的二分来做到这一点,其大致路径是:"第一个步骤,如果按照 A 的 S-信念和 A 的其他状态(包括知觉状态)之间的因果关系来表达,将试图刻画'A 关于 p

的 S-证据'。第二个步骤，也即中间步骤，将是一个策略，通过该策略，在对'A 关于 p 的 S-证据'（由 A 的特定状态组成）进行刻画的基础上，得出'A 关于 p 的 C-证据'的刻画（由特定的语句和命题组成）。第三个步骤是评价步骤，将通过刻画'A 关于 p 的 C-证据有多好'完成对'A 相信 p 或多或少被证成'的辨明。"[6]

这里只能述其大略。哈克把"A 的信念"区分为 S-信念和 C-信念。S-信念是状态信念，即基于 A 的知觉或内省状态如看到、听到、读到、记忆而产生的信念。C-信念是内容信念，是 A 对其所相信的东西即命题——其内容是：A 处于某种特定的知觉或内省状态中——的信念。假设 A 有信念 p。哈克引入 A 关于 p 的各种"证据"和"理由"概念，它们既可以是正面和支持性的，也可以是反面和抑制性的，前者支持或强化 A 相信 p，后者反对或削弱 A 相信 p。"A 的证据"分为 S-证据和 C-证据。A 关于 p 的 S-证据是指因果地致使 A 相信 p 或不相信 p 的那些状态的集合，A 关于 p 的 C-证据是指能够与 A 的信念 p 处于某种逻辑关系中的那些命题的集合。只有 C-证据才能使 A 关于 p 的证据更好或更坏。但 A 的 C-证据由哪些命题组成，却取决于 A 的哪些 S-证据（感觉-内省状态）因果地致使 A 相信 p。由于背景信念（可能为真，也可能为假）在信念证成中也发挥重要作用，哈克进而区分了 A 相信 p 的"S-理由"和"C-理由"，前者是指支持 A 的 S-信念 p 的那些 S-信念，后者是指 A 所相信的 C-信念，它们构成 A 相信 p 的 S-理由。A 关于 p 的经验 S-证据由 A 的非信念状态组成，后者不是那种 A 关于它有证据或需要证据的事物；A 相信 p 的 S-证据是指 A 的 S-理由和经验的 S-证据。"A 相信 p 的经验 C-证据"指一些语句或命题，其大意是：A 处于某些特定的知觉或内省或记忆的状态中——这样的状态构成了 A 相信 p 的经验 S-证据；A 的经验 C-证据将由全都为真的语句或命题所组成，这些命题的大意是：A 处于如此这般的状态中。除非 A 确实处于那种状态中，那种状态不可能成为 A 的信念 p 的因果连接，故 A 的经验的 S-证据和 C 证据都是确实为真的。"A 相信 p 的 C-证据"

指 A 相信 p 的 C-理由和经验的 C-证据。从 S-证据过渡到 C-证据，就是从辨明的因果方面过渡到评价方面，从主体的信念状态过渡到内容即命题或语句。在辨明的评价阶段，"证据"将不得不意指"C-证据"，因为正是语句或命题，而不是人的知觉或内省或记忆状态，能够相互支持或削弱、相互保持一致或不一致，以及作为解释性说辞保持融贯或未能保持融贯，等等。

（三）好证据的三个维度：支持性、独立安全性和全面性

哈克指出，证成有程度之分。A 关于信念 p 的 C-证据有多好，将取决于：

（1）支持性：A 关于 p 的 C-证据在多大程度上是有利的；

（2）独立安全性：不考虑 C-信念 p，A 关于 p 的 C-理由有多可靠；

（3）全面性：A 关于 p 的 C-证据有多全面。

先说"支持性"。假设关于 A 的信念 p 有 C-证据 E。仅当给 E 增加 p 比给它增加 p 的竞争者更多地提高了 E 的解释整体性（即证据 E 和信念 p 在一个解释性故事中较好地相互吻合），E 对于 p 在某种程度上就是支持性的。E 可以在或大或小的程度上是支持性的，但有可能未决定性地证成 p 为真；也可以在或大或小的程度上是破坏性的，但有可能并非致命的，即未结论性地证明 p 为假。仅仅在 E 的 p-外推（给 E 增加 p 的结果）一致并且它的非 p-外推不一致的情况下，E 对于 p 才是决定性的；仅仅在 E 的非 p-外推一致并且它的 p-外推不一致的情况下，E 对于 p 才是致命的。如果 E 本身是不一致的，E 的 p-外推和 E 的非 p-外推也都是不一致的，那么，E 对于 p 的证成来说就是不相干的。关于 A 的信念 p 的证成，诉诸 E 对于 p 的演绎蕴涵和归纳支持是不一样的。如果 E 对于 p 是结论性的，E 就演绎地蕴涵 p（由不一致的前提所产生的演绎蕴涵必须排除在外），这时 E 对 p 提供了最强的支持，但这种支持在经验研究中几乎见不到，我们只能更多地求助最佳解释推理和解释的融贯去刻画支持关系。在说明证据与信念的支持关系时,哈克断言:根本不需要诉诸(可在句法上刻画的)归纳逻辑,"后者往好里说容易导致悖论,往坏里说可能就是虚构"[7],因为证成涉及各证成项的内容关系,而不只是形式关系;也无法求助于数学概率论,"因为认知证成的程度有一个与数学概率不同的逻辑侧面:(1)由于证据质量的多种决定因素,证成的程度没有概率中的线性序。(2)p和非p的概率必须合计为1,但在两者没有证据或者仅有弱证据时,p的信念和非p的信念在任何程度上都没有被证成。(3)(对于相互独立的p和q来说)p∧q的概率是p的概率和q的概率的积,所以总是比两者中任何一个都小;但是结合起来的证据却可以提高证成的程度"[8]。

哈克更多地诉诸纵横字谜游戏来解释"独立安全性"。她不认为证成关系是单链条式的,仅仅沿一个方向往前延伸,信念p被信念q证成,q被r证成,r被s证成……相反,就像英语填字游戏所表明的,证成关系更可能是一种树状或网状结构,信念p被q、r和s所证成,其中q可能被t、u和v所证成,其中u可能又被w、x和y所证成,其中y可能被m、o和p所证成……在这个过程中,只要对q、r和s的证成不直接依赖于p,而有另外的理由,那么,就可以说对p的证成是独立安全的。回到纵横字谜游戏的类比。一个纵横字谜的提示可以看作经验性证据的类似物,而已经填完的格可以看作理由的类似物;一个纵横字谜的格填得有多合理,取决于它多好地符合了给出的提示,以及其他任何已经填完的、交叉在一起的格;取决于其他那些格有多合理,而与所讨论的这一个格无关;取决于这个纵横字谜已经填完了多少。与此类似,一个人对p的相信得到了多大程度的证成,取决于他的证据提供了多大的支持;取决于他提供的理由有多可靠,而与该信念本身无关;取决于他的证据包括了多少相关的证据。在判断一个人对某个格的信心有多合理的时候,他将最终达到一点,在那里,问题不在于某个格得到其他格多么好的支持,而在于它得到它的提示多么好的支持。类似地,在评价不依赖C-信念p如何证成A相信他关于这个信念的C-理由的时候,他将最终达到一点,在那里，问题不在于某个信念得到其他 C-信念多么好的支持，而在于它得到经验的 C-证据多么好的支持。哈克断言，经验 C-证据没有证成问题，它们是待证成信念 p 的"经验支撑点"。这并不会退回到基础论的如下主张：其他信念只能由基本的经验信念来证成，而只是重述和强调了基础融贯论的如下主张：经验信念的最终证据是经验性的。正是在这里，体现了基础融贯论与基础论的相同和不同之处。

"全面性"很难严格地定义，大约是指一个认知主体的证据中是否包括了足够多的相关证据，这又涉及如何解释"证据的相关性"。根据我的理解，证据相关与否是由我们的认知意图和目标所决定的，仅就司法证据而言，"在一个司法案件中，某个证据是相关的，是指对该证据的采纳将有助于证明案件中某个待证事项的存在或不存在，从而有助于对案件中争议事项的裁决，引起相应法律关系的产生、改变或消灭"[9]。我的理解也与哈克的如下理解大致吻合："对全面性的判断是视角性的，也就是说，取决于做出这种判断的那个人的背景信念"[10]。哈克还指出，就否定方面而言，当我们判断某个人的一个信念因为未能考虑到一些相关证据而未被证成或几乎未被证成时，全面性条件的作用就是最明显的。全面性维度不可能产生一种线性序。因为证据的相关性本身是一个程度问题，所以存在一种更复杂的情形：相对于未能考虑到非常少的、处于更中心位置的相关证据来说，在如何去权衡未能考虑到大量处于边缘的相关证据这一点上，存在某种不确定性。

哈克指出，A 的信念 p 被完全证成，要求 A 的 C-证据具有决定性和最大程度的全面性，而且还要求他的 C-理由具有最大程度的独立安全性，这在理论上和实践中几乎是不可能达到的。她还谈到，我们可以根据单个人的证成程度推断出一个群体的证成程度，方法是从这样一个程度开始，一个假想的其证据包括了这个群体的每个成员的证据的主体，其信念将会在这个程度上得到证成，然后再根据某种措施对其进行折扣而得到该群体成员的证成度的平均值。其中困难的问题是如何"折扣"，哈克对此并没有给出最终答案。

（四）认可问题：基础融贯论的元证成

对一种证成方案的辨明和认可，就是问该方案是否以真理为导向，是否重点关注可靠性、真性、显示真理的性质，而显示真理正是证成标准成为好标准所需要的东西。哈克在《证据与探究》的最后一章中粗略地给出了对她的基础融贯论的元证成。根据基础融贯论的标准，A 的信念 p 越是被证成，这个信念就越是更好地依托于经验，在被整合到一个解释性理论中时，它更好地得到其他信念的支持，而该解释性理论的成分也依托于经验并得到其他信念的支持，如此等等。哈克断言，一个信念按照这些标准被证成的程度，就是它为真的标志。不过，认知证成有不同于填纵横字谜游戏的特点。你可以对照第二天报纸上刊出的一个纵横字谜的答案，检查你先前对该纵横字谜的填写是否正确；但任何人都不能开列出所有存在的真理，我们可以对照它们去检查我们的信念是否为真。因此，哈克只能提供对基础融贯论的一种有条件的认可：如果任何对真理的显示对我们来说是可能的，那么，满足基础融贯论的标准就是我们所能得到的最好的对真理的显示。可以为这种认可论证给出至少两个理由：第一，基础融贯论的如下假定是相当合理的：一是对我们来说，感觉和内省经验是经验性信息的来源；二是除此之外，经验性信息就没有其他终极来源了。更具体地说，按照基础融贯论的标准，关于经验信念的最终证据就是经验证据，也就是感觉和内省。所以，基础融贯论标准显示真理的性质要求这样的情形：我们的感觉给我们提供了关于周遭事物和事件的信息，而内省给我们提供了关于我们自己的心智状态的信息。它并不要求感觉和内省是不可错的信息来源，但它确实要求它们是信息的来源。第二，基础融贯论把关于人类本性的认知融进了其证成标准之中。尽管不同时代、不同文化或社会共同体关于"什么算作证据"和"什么是好证据的标准"的看法很不相同，但基础融贯论却充分地揭示了：对经验支撑的关注并不是一个局部的或狭隘的怪癖，而是不同时代和文化所共有的东西，初看起来，依靠由人的感官所传达的信息是人的本性。

哈克用这样的断言结束了她的《证据与探究》一书："当笛卡尔的认识论故事结尾时说，'从此以后，一切太平'，我们知道这一说法太好了以致不会是真的。也许这样结束我的故事是适当的——'从此以后，充满希望'，可以说，这一说法把普遍的可错论与关于我们的认知条件的适度的乐观主义结合在一起了。"[11]

四、新近的回响：谢尔的基础整体论

哈克的基础融贯论被视作当代认识论中几种主要的认知证成理论之一。她概述其基础融贯论的论文"A Foundherentist Theory of Empirical Justification"被收入至少4本认识论文选之中：*The Theory of Knowledge: Classic and Contemporary Readings*, ed. Louis Pojman (Wadsworth, 2nd edition, 1998; 3rd edition, 2002); *Epistemology: An Anthology*, eds. Ernest Sosa et al (Blackwell, 2000; 2nd edition, 2008); *Epistemology: Contemporary Readings*, ed. Michael Huemer (Routledge, 2002); *Essential Knowledge*, ed. Stephen Luper (Longman's, 2004)。她的基础融贯论也激起了很多不同的反响，有人认为它基本上是正确的，新近还有人试图发展完善它，还有人试图用它去说明科学保证（scientific warrant）概念；也有些人对它提出批评，说它仍然是一种基础论，或者说它仍然是一种融贯论，或者说它是可靠论的一种变种；也有人似乎有意忽略它，这在年轻西方学者中似乎较为常见，例如《斯坦福哲学百科全书》中关于"认知证成"的基础论和融贯论词条中，甚至都不把哈克的《证据与探究》一书列入文献目录。不过也有例外，在西方哲学界有点大器晚成、近些年异军突起、影响日盛的美国哲学家吉拉·谢尔（Gila Sher, 1948— ）在其新著《认知摩擦：论知识、真理和逻辑》中，发展了基础整体论、实质真理论和一种新的逻辑哲学，她明确把苏珊·哈克列为自己的理论先驱，承认受到她的影响："我们可以像哈克（1993）所做的那样，从基础论和融贯论开始，然后在它们之间建立一座桥梁"[12]。

谢尔于2016年应我之邀在北京大学做系列讲演，如此概述了她的第一次讲演"基础整体论"：认识论的中心任务是为所有知识（包括经验的和抽象的）在世界和心灵中做实质性奠基，或寻找其基础。然而，这种基础论计划在当代被认为名声很差，一个主要原因是它与一种失败的方法论紧密关联。在本次讲演中，我将发展一种替代的方法论——基础整体论既关联于又区别于其他的后基础论的方法论。它的突出特征有：可应用于所有的知识分支；实质奠基于实在（reality）的要求；聚焦于有结构的整体论；不仅接受理论之间丰富的联系网络，而且也接受理论与世界之间丰富的联系网络；对循环性的精细探究，包括引入"建设性"的循环性。由此导致的基础方法论，与其他先已存在的方法论（包括基础论、融贯论和基础融贯论）相比，既要求更多，也更为灵活。

对于像哈克的基础融贯论这样的哲学理论建构，我们只能交给哲学同行去判断，交给未来的哲学史去评判。这篇序已经很长了，它主要聚焦于清晰、准确地诠释和介绍哈克的基础融贯论，对后者的批判性评价只能留待他文去完成。

参考文献

Susan Haack. 1974. *Deviant Logics*. Cambridge: Cambridge University Press.

——1978. *Philosophy of Logics*. Cambridge: Cambridge University Press.

——1993. *Evidence and Inquiry: Towards Reconstruction in Epistemology*. Oxford: Blackwell.

——1998. *Manifesto of a Passionate Moderate: Unfashionable Essays*. Chicago: University of Chicago Press.

——2003. *Defending Science—Within Reason: Between Scientism and Cynicism*. Amherst, New York: Prometheus Books.

——2006. *Pragmatism, Old and New: Selected Writings*. Amherst, New York: Prometheus Books. [Editor-in-chief, with associate editor Robert Lane.]

——2008. *Putting Philosophy to Work: Inquiry and Its Place in Culture*. Amherst, New York: Prometheus Books.

——2009. *Evidence and Inquiry: A Pragmatist Reconstruction of Epistemology*. Amherst, New York: Prometheus Books.

——2014. *Evidence Matters: Science, Proof, and Truth in the Law*. Cambridge: Cambridge University Press.

——1982-3. "Theories of Knowledge: An Analytic Framework," *Proceedings of the Aristotelian Society* 83: 143-58.

——1993. "Double-Aspect Foundherentism: A New Theory of Empirical Justification," *Philosophy and Phenomenological Research* LIII, no.1: 113-28.

——1998. "A Foundherentist Theory of Empirical Justification," in *The Theory of Knowledge: Classic and Contemporary Readings*, ed. Louis Pojman (Belmont, CA: Wadsworth, 2nd edition, 1998), pp.283-93. Reprinted in *Epistemology: An Anthology*, 2nd edition, eds. Ernest Sosa et al (Oxford: Blackwell, 2008), pp.134-44; in *Epistemology: Contemporary Readings*, ed. Michael Huemer (New York: Routledge, 2002), pp.417-34; and *Essential Knowledge*, ed. Stephen Luper (New York: Longman's, 2004), pp.157-67.

Cornelis de Waal (ed.), 2007. *Susan Haack, A Lady of Distinctions: A Philosopher Replies to Her Critics*. Amherst, New York: Prometheus Books.

Julia Göhner and Eva-Maria Jung (eds.), 2016. *Susan Haack,*

Reintegrating Philosophy. Springer Verlag.

Gila Sher. 2016. *Epistemic Friction：An Essay on Knowledge, Truth, and Logic*. Oxford：Oxford University Press.

苏珊·哈克. 证据与探究——走向认识论的重构. 陈波, 等译. 北京：中国人民大学出版社, 2004.

苏珊·哈克, 陈波. 走向哲学的重构——陈波与苏珊·哈克的对话//河南社会科学, 2016（1）：12-23.

陈波. 苏珊·哈克访谈录——一位逻辑学家、哲学家的理智历程//世界哲学, 2003（5）：101-113.

注释

[1] 陈波：《苏珊·哈克访谈录——一位逻辑学家、哲学家的理智历程》，载《世界哲学》2003年第5期，第101-113页；《走向哲学的重构——陈波与苏珊·哈克的对话》，载《河南社会科学》2016年第1期，第12-23页。

[2] 此书的编辑实际上是我提议的。在我停留迈阿密大学期间，我提议她编辑一本实用主义经典文选，由我在中国组织翻译成中文，之后我帮助她搜集文献，提出编选建议，其结果就是中译本《意义、真理与行动——实用主义经典文选》（苏珊·哈克主编，陈波、尚新建副主编，北京，东方出版社，2007）。后来，她在这本书的英文材料的基础上，按照西方出版社的要求，做了一些再加工，其结果就是 Susan Haack（ed.），*Pragmatism, Old and New：Selected Writings*（Amherst, New York：Prometheus Books, 2006）。

[3] Susan Haack, "A Foundherentism of Epistemic Justification", in *Epistemology：An Anthology*, 2nd edition, eds. Ernest Sosa et al（Blackwell, 2008），p. 135.

[4] Ibid., p. 136.

[5] 参见《走向哲学的重构——陈波与苏珊·哈克的对话》，载《河南社会科学》2016年第1期，第17页。

［6］Susan Haack，*Evidence and Inquiry：A Pragmatist Reconstruction of Epistemology*，pp. 119-120.

［7］Ibid.，p. 129.

［8］《走向哲学的重构——陈波与苏珊·哈克的对话》，载《河南社会科学》2016 年第 1 期，第 18 页。

［9］陈波：《"以事实为依据"还是"以证据为依据"——科学研究和司法审判中的哲学考量》，载《南国学术》2017 年第 1 期，第 33 页。

［10］Susan Haack,"A Foundherentist Theory of Empirical Justification", in *Epistemology：An Anthology*，2nd edition，p. 140.

［11］苏珊·哈克：《证据与探究——走向认识论的重构》，陈波等译，第 200 页，北京，中国人民大学出版社，2004。

［12］Gila Sher，*Epistemic Friction：An Essay on Knowledge，Truth，and Logic*，Oxford University Press，2016，p. 23.

让我们记住：从错误的一个极端到另一个极端这样的蠢事是如何一再地发生。

——托马斯·里德：《理智力文集》，第 4 卷

目 录

修订版前言……………………………………………………… 1

上编　证据与探究

序　言………………………………………………………… 3
导　论………………………………………………………… 5
第一章　基础论与融贯论：被放弃的二分 ………………… 16
第二章　被削弱的基础论 …………………………………… 43
第三章　被扰乱的融贯论 …………………………………… 65
第四章　精细表述的基础融贯论 …………………………… 89
第五章　感觉证据：反驳与猜想 …………………………… 115
第六章　祛除歧义的自然主义 ……………………………… 141
第七章　反驳可靠论的证据 ………………………………… 167
第八章　被颠覆的革命的科学主义 ………………………… 190
第九章　庸俗实用主义：一种不诱人的前景 ……………… 221
第十章　被认可的基础融贯论 ……………………………… 247

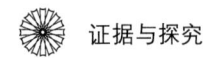

下编　论文选辑

"Know"只是一个四字母单词 ·················· 273
知识与宣传
　　——一个老派女性主义者的反思·················· 305
重估"信念的伦理学"·················· 320
法律化的认识论
　　——或者，真相、公正和美国之路·················· 338

引证文献的整全目录·················· 361
索　引·················· 392

附录1　一位知名逻辑学家兼哲学家的理智历程
　　——苏珊·哈克访问记·················· 432
附录2　走向哲学的重构
　　——陈波与苏珊·哈克的对话·················· 459
译后记·················· 487

修订版前言

> 请记住,在另一个世界,也就是在[学术]这个讲理不在声高的小世界里面,唯一的行动是思想,而思想是没有恐惧之忧的。如果你现在就回到这个世界,并始终努力坚持,以便让你的谈话和气却又不失锋芒……你就会发现自己会受到众人最好的优待——这是一群纯净而且有幽默感的知识分子……
>
> ——康福德[1]

开始写这本书的时候,我脑子里的想法是,想让它对解决与经验性知识有关的问题做出某种贡献,就像我的《变异逻辑》对解决与非经典逻辑及其动因有关的问题所做的贡献,以及我的《逻辑哲学》对解决与有效性、证明、真理、必然性等等有关的问题所做的贡献那样。但这是距离《证据与探究》最后完成十多年之前的事了;要说最后的结果并没有如愿,实际上是一种十分委婉的说法。在中途的某个地方,这个规划转变成了某种更有野心的东西,我发现自己正在为我们所熟知的问题发展一些不为人知的解决方案,正在发展一些看待熟知问题的不为人熟知的方法——简言之,我正在尝试本书副标题所表示的那种"对认识论的实用主义重构"。

一方面,很早以前我就开始怀疑,传统上关于认识论证成的两种相互竞争的理论,即基础论和融贯论,不能令人满意,这是一种错误的二分[2];随着我的规划逐渐成形,我意识到这是众多理论中唯一一种站不住脚的认识论上的二元论。另一方面,即使我是在忠实地努力研读分析的认识论方面的文献,我也发现,一种针对整个认识论事业新的令人吃惊的敌意正逐步增强。激进的新实用主义者、激进的女性主义者、激进的多元文化主义者以及各类后现代主义者,都带着一种几乎不加掩饰的满足感宣称,谈论更好和更坏的证据、谈论良好实施和不良实施的探究,甚至谈论真理本身,都只不过是一种矫饰的掩盖,用来掩饰掌权者的利益操作;而大约在同一时期,认知科学和脑生理学最新发展的明显老练的狂热信徒们,也带着一种绝不是更好地加以掩饰的满足感宣称,既然关于认知的科学如今已经教会我们,实际上根本就没有像信念这样的东西存在,因而原来的认知论规划明显是被错误地构想出来的。尽管主流认识论家们勤勉地忙于两败俱伤的争论,却对**新式犬儒主义**的兴起好像基本上就视而不见,而我发现忽略它是不可能的;因为在我看来,与如下方面有关的问题,即什么使得证据更强或更弱、什么使得探究更好或更坏地实施、公正无私和不公平等等,不仅仅是学术上关心的问题,而且还涉及真实的、日常的、有时候(比如在司法体制、医学、军事情报)是生死攸关的问题。

犬儒主义者们强调说,被认作已知的真理、确立的事实等等的东西,很多时候是不存在的;很遗憾,这太对了。但是很明显,由此推不出犬儒主义者们所竭力主张的观点:关于好的证据和诚实的探究的预期理想是局部的、狭隘的或者虚构的,也推不出证据、事实、真理等概念只是思想上的谎言。然而,解构犬儒主义者的夸大之词并消解他们的论证是一回事,与此很不相同的另一回事是,就证据的复杂性和探究的要求达成一种哪怕是部分合理的理解;这类似于解构那些嘲笑"民间心理学"及其关于信念和愿望的过时本体论的哲学家们的夸大之词并消解他们提供的论证是一回事，而与此很不相同的另一回事是，就相信 p 是什么意思达成一种哪怕是部分合理的理解。某种比认识论上的常规事务更加彻底的东西是必不可少的。

基于上述，本书转变成了一场与两种前沿发展之间的战斗：一是反驳犬儒主义者，并论证这一观点，即与证据、被证成的信念、好的证据和可能的真理之间的关系等等有关的问题都是合法的问题；二是反驳分析的认识论中一些有影响的时髦论点，并论证这一观点，即这些问题可以得到满意的解答，犬儒主义者的夸大之词可以被消除，其方法是通过克服大量人们耳熟能详的截然二分——基础论和融贯论、逻辑性和因果性、内在论和外在论、先验论和"科学"认识论，如此等等。

一

抛开盖梯尔悖论不谈——这个悖论源出于知识概念（它是一个定性的概念）和证成概念（它有着程度之分）之间的不匹配——我在本书第一部分（第一至四章）主要关注的问题是：什么东西能够决定一个人的信念是否得到了证成，以及如果得到了证成，又是在何种程度上得到了证成。传统上关于被证成信念的相互竞争的理论类型，也就是基础论和融贯论，并未穷尽所有的选择；一种中间类型的理论可以整合它们的优点，同时又能够避免它们各自的不足。

我所说的中间类型的理论，也就是基础融贯论，既不是基础论的，也不是融贯论的。与基础论的（某些形式）类似，我的基础融贯论容许一个人的经验同对他的经验性信念的证成相关；但与基础论不同的是，它既不要求严格区分基本信念和派生信念，也不要求证据的支持本质上是单方向的关系。我的基础融贯论和融贯论的类似之处是，它承认一个人的信念之间相互支持的普遍存在，以及在认识论上的重要性；但与融贯论的不同之处在于：它并不把证成解释为仅仅依赖于信念之间的逻辑的或准逻辑的关系,它还会考虑来自外部世界的输入,在这种理论看来,没有这种输入,经验性知识将会是不可能的。

以下几点在我看来是理所当然的:被证成信念这一概念和好的证据这一概念是密切相关的;证成是一个程度问题;证成是相对于时间点而言的;证成是与单个人相关的,也就是说,两个人尽管可能会相信同一件事,但一个人得到了证成而另一个却没有,或者,一个人比另一个人得到更大程度的证成。因此,我的论述的出发点是如下这个尽管模糊但却合理的思想:一个人在一个时刻对 p 的相信是否会得到证成,以及在多大程度上得到证成,取决于他在那一时刻所拥有的证据有多好。我的论述的难点是从这个模糊的出发点得出某种更加精确的东西。

"他的证据"当中,既包括一个人的经验性证据(他看到了这个或那个、听到了这个或那个,等等),也包括他给出的理由(背景信念);既包括肯定性证据,又包括否定性证据。让这个证据成为他的证据的是这样一点,即实际上正是这个证据促使他相信了 p;因此,我的论述的第一个部分关注于那些在因果上支撑一个人的信念的经验状态和信念状态(他的 S-证据)。然而,为了精细讲述是什么东西决定了一个人的证据有多好,这又要求另一个层次的分析,这次指的是准逻辑的或者评价性的证据,它关注的是上述状态的命题这一维度(C-证据)。由此可见,基础融贯论既包含因果要素,又包括准逻辑要素;因而回避了融贯论者针对基础论提出的一个为人熟知的质疑,即一个人的经验不可能与对他的信念的证成相关,因为经验只可能与信念在因果上相关,而不是在逻辑上相关。

与此同时,基础融贯论也回避了基础论者针对融贯论提出的一个为我们所熟知的质疑,即谈论信念之间的相互支持只是勉强掩盖了对于一个恶性因果循环的依赖。而我想知道的是,可能会有合法的相互支持吗?如果有的话,它与恶性循环到底有何区别?作为一个表明相互支持具有不可否认的合法性的例子,我想到的是纵横字谜的类比。

接着我意识到，一个纵横字谜的提示可以看作经验性证据的类似物，而已经填完的条目可以看作理由的类似物；这很快就引导着我想到了我想在这里提出的、关于证据质量的多维度的说明。一个纵横字谜条目有多合理，取决于它多好地符合了给出的提示，以及其他任何已经填完的、交叉在一起的条目；取决于其他那些条目有多合理，而与所讨论的这一个条目无关；取决于这个纵横字谜已经填完了多少。与此类似，一个人对 p 的相信得到了多大程度的证成，取决于他的证据提供了多大的支持；取决于他提供的理由有多可靠，而与该信念本身无关；取决于他的证据包括了多少相关的证据。

剩下的步骤是讲清楚这些维度中的每一个——支持性、独立安全性和全面性。其中我特别注意了支持性，我对它的解释所依照的是解释整体性，或者简要地且很粗略地说，我所依照的是，所说的证据和信念与一个解释性故事多好地整合在了一起。既然解释需要一个与真实种类相对应的词汇表，支持性就不会是一个纯形式的问题；正因如此，我才会怀疑可能不存在什么可以形式化的归纳逻辑，从而将认知评价描述为准逻辑的（第 84 页）。而且，因为证据质量所具有的不是一个而是多个维度，所以试图对一个人的信念进行一种线性的排列，区分出被更多的证成和被更少的证成，有可能是做不到的；正因如此，我才选择了回避，没有对证成的等级按照数学概率进行解释和分析。

本书的下一部分（第五至八章）一开始就考察了知觉的作用，认为它的作用涉及两个方面：不仅揭示了波普尔反心理的"没有认识主体的认识论"，以及他对个体人（the personal）和主体（the subjective）的混淆，而且还表明了关于人的心理的事实可能会与认识论问题相关以及两者是如何相关的。接下来我反驳了一种纯先验的认识论方案，支持了某种自然主义。但是，"自然化的认识论"这个吸人眼球的词具有多重的歧义性——实际上，正如我先前的一个学生所讲，它是"很模糊的"（very biguous）。在《自然化的认识论》一文中，蒯因至少把三种截然不同、实际上是互不相容的思想混在一起了。按照最温和的理解，自然化的认识论只是承认有关人的认知能力和限度的经验事实的相关性；按照一种更激进的理解，它建议诉诸认知的科学去解决认识论问题；而按照最为激进的理解，它将完全否认认识论问题的存在，力主我们应该关心的是关于认知的真正的——科学的——问题。

科学的自然主义不会是这样——无论是其改良形式还是其革命形式，前者是由哥德曼"关于认识论和认知"的可靠论理论提出来的，后者是由斯蒂奇和丘奇兰德如下这个离奇的论断所提出的，即人们甚至会拥有信念这个思想，以及人们拥有得到证成的信念这个更加确凿的信念，只是原有的、正在退化的民间心理学"研究纲领"残留的痕迹而已。可靠论将证成与真比率联系起来——哥德曼为了应付明显存在的异议而修改了自己的理论，他求助于一个未加解释的证据概念，在此过程中他无意之间暴露了这一点。可靠论的缺陷也不能诉诸认知科学来解决，虽然这显然是哥德曼所希望的。而革命的自然主义者们所尊奉的"无信念"论题依赖于"信念如果存在，它们会是什么样子的"这个问题上的一个错误观念。

实际上，先验主义和科学主义是另一个错误的二分；而这里采取一种中间立场也比其中任何一个都更为合理。我称这个中间立场为"改良的后验主义的自然主义"：说它是"后验主义"，是因为它不纯粹是先验的，而是允许与人的认知能力及其限度、长处和弱点的事实相关，包括与那些来自关于认知的科学的结果相关；说它是"改良的"，是因为它不接受这个科学主义的思想，即认知科学可以通过某种方式完成认识论的所有工作，乃至彻底取代认识论。一个成真的预言能确证一个理论吗？如果可以，为什么呢？科学拥有一种独特的认识论地位吗？如果是这样，为什么呢？这些无疑都是合法的认识论问题，但它们并不是关于认知的科学所能回答的问题。

我对认识论事业的合法性的捍卫，是从反驳革命的科学主义开始的，当我在本书最后一部分转而讨论证成与真理的关系时，仍旧继续进行着我的捍卫。我的第一个步骤是批判了激进的新实用主义者对认识论的攻击，我的第一个批判目标是罗蒂关于证成的如下理解，即证成只不过是一个局部会话实践问题，要说被证成的信念和可能的真理之间有什么联系，那是没有依据的。一旦罗蒂关于"基础论"的多重含混理解得到澄清，我们就会看到，他的反认识论论证还依赖于另一个错误的二分：要么把真理做一种夸张的超级哲学理解，即真理与无条件的绝对存在物相对应，要么给真理一种日常的理解，即真理只不过就是"针对所有的来者加以捍卫的东西"；而他本人的会话论方案被看作不停地摇摆于一种自毁的认识论相对主义和一种任意的认识论部落主义之间。我的第二个批判目标是斯蒂奇在第二个阶段提出来的论题：尽管人们的确拥有信念，但若对拥有为真的信念加以重视，却不重视那些拥有无论其是否为真都将使你得到你想要的东西的信念，就会是无稽之谈。斯蒂奇论证说，真只是一个信念可能会有的众多语义特征之一；因此，真理并不是本质上就有价值的。他继续论证说，有时候一个人有假的信念反倒会比有真的信念更好；因此，真理在工具层面上也不是有价值的东西。但是，这些显然是推不出来的；而斯蒂奇的结论忽视了奉以为真的信念这个概念与真理概念之间的内在关联。

　　剩下的任务是我在最后一章完成的，就是给出我所能给出的这一保证，即按照我提出的基础融贯论的方式，好的证据恰如其分地显示了真理。你可以对照第二天报纸上出版的一个纵横字谜，检查你对一个纵横字谜的解决；但不能开列出所有存在的真理，对照着这些，我们就可以检查我们的信念。因此，我所能够提供的就只有对基础融贯论的一种有条件的认可：如果任何对真理的显示对我们来说是可能的，那么，满足基础融贯论的标准就是我们所能得到的最好的对真理的显示。这种认可论证是而且应该是温和的自然主义的，它依赖于这样两个假定：一是对我们来说，感觉和内省经验是经验性信息的来源；二是除此之外，经验性信息就没有其他终极来源了。

证据与探究

二

《证据与探究》的写作历时漫长、步履艰难,曾经很多时候我都在想,这本书怕是永远也不会完成了。因此,当我得知它得到了哲学界(不仅有英语世界还有非英语国家)的热烈欢迎时,我备感鼓舞。评论家们把这本书描述为"极好的"[3]、"深刻的"[4]、"原创性的"[5]、"有说服力的"[6]、"是一个里程碑"[7];沃诺克把本书第一章收录到了她的女性哲学家文选《从十七世纪的康维到二十世纪的哈克》[8](艾弗里曼出版社);金在《一百名哲学家》[9]中写到(他通过在正文中加印了一个有阴影的纵横字谜游戏来阐明这一观点)[10],我的认识论著作也许是我对这个学科最大的贡献[11]。从我的通信来判断,对本书感兴趣的,不只是哲学方面的读者,还有相当多类型的其他读者,其中大多数都是专职从事某种类型探究的人——从有思想的科学家(来自生物学、心理学、神经科学、经济学、流行病学等领域)到历史学家、证据法学者、文学学者,至少还有一个情报官员。(尤其令我开心的是海尔布罗纳读完《证据与探究》之后给我写的那封有魅力的信——这导致我们在接下来的十多年内有大量的信件往来,我们交换新闻、剪报以及关于自然科学与社会科学之间差异的思想。)[12]

我在导言中承认"我的论证还有欠缺,我的范畴和区分还不够精确,问题还没有被揭示清楚",我至少希望自己已经"按照有助于别人解决这些问题的方式发展了这个论证"(第45页)。有些读者的反映恰如我所希望的这样:早些时候,赛耶促使我在与共享证据有关的问题上更努力一些[13],更晚近一些,莱恩推动我就知觉的一种更为深入的基础融贯论说明做出了精细的讲述[14],沃克向我建议了一种对于思考包容性来说可能富有成果的方式[15],克兰狄能对我的方案的认可部分提供了帮助[16],米格蒂帮我处理了施行探究这一部分[17],而本·海姆探索了我的可错主义的基础融贯论和他关于非确实性的

"信息鸿沟"理论之间的关联[18]。

我的哲学手法通常来说（无疑！）更像是在完成一个纵横字谜：填充某些条目，然后填写交叉条目，此时有一些字母可以指引我。在《证据与探究》第一版出版之后，我一如往常地论述了隐喻在哲学和别的地方的认知作用[19]；我思考了真正的探究与冒牌探究及虚假探究之间的差别，我也思考了为什么如今的学术风气倾向于助长伪探究和宣传式的"研究"而不是真正的东西[20]；由于考虑到了那些使得某人成为好的探究者或负责任的相信者的性格特征，我开始了至今仍在进行的、对文学中的认识论主题的探索[21]；法律界学者对本书的兴趣给了我鼓励，于是我开始考虑证据法[22]；而科学家对于本书的兴趣则鼓励我开始去思考科学哲学。

实际上，我的《理性地捍卫科学》一书，在某种程度上就是对我在《证据与探究》中只是简单给出梗概的一个思想的详细表述："科学具有一种显著的认识论地位，但并不享有一种特权地位。根据我们的经验证据的标准，它已经成为一种相当成功的认知尝试。但是，科学是可错的、可修正的、不完全的、不完美的；在判断科学在哪里成功又在哪里失败的过程中……我们诉诸那些不只是内在于……科学的标准"（第 188 页）。在写这本新书的过程中，我在曾于 1993 年承认尚存在一些困难的问题上取得了一些进步。例如，当我努力细致地阐述信念-愿望型解释在社会科学中的独特之处时，我就把《证据与探究》中概述的关于信念的说明补充完整了（第 229-236 页）：信念 p 在神经生理学上的实现，不会只是依据其神经生理上的特征便可以在大脑状态上识别出来，而是接收器（任何记录输入的东西）和激活器（任何发起输出的东西）之间大量的相互关联的配置；它被识别为信念 p，所依据的并不是它的神经生理特征，而是依据它与主体所用语言中的字词的关联，以及这些字词与世界上的事物之间的关联[23]。

我发现了一种处理经验证据的更好的方式，它更接近于我的认识论方案的核心主旨：抛掉那些令人为难的命题维度，承认一个人与外部世界之间的感知互动、感知事件本身，都会对他的信念的证成做出贡献；而关于这种贡献如何发生的解释，则植根于语言学习过程中建立起来的那些关联。但是，我需要对传统上关于语言学习的描绘进行替换，按照传统的描绘，有些字词是通过实指学习到的，其他的则是通过言语定义学习到的，而根据一种新的也更加合理的描绘，字词的学习方式是部分通过实指、部分通过言语定义而实现的，对不同的字词来说，有时候对不同的人来说，两种方式所占的比例是不一样的。（可能我们大部分人都是这样学会"狗"这个词的，那就是听到这个词在明显可以看到狗存在的时候被人使用；但后期我们所有人也都学会了"看起来像一条狗""玩具狗""我认为我刚才看到了……"，等等。）和原来的描绘比较一下就可以发现，原来的描绘显然和基础主义相近，而我关于语言学习的渐进型描绘则明显具有了基础融贯论的特点[24]。它不仅表明了一个人的知觉证据如何有助于证成他关于这个世界所形成的信念，而且还表明了这样一点：为什么一个人清清楚楚地看到一米远、光线充足的地方有一条狗，会比下面这种情况更有助于证成他关于"附近有一条狗"这个信念，即黄昏时分他在匆匆一瞥间发现不远处有一条跑动迅速的狗，或者他偶然发现一个褐色的纸袋，而这个纸袋在同样的环境下更像是一条狗[25]。（关于如何最好地精细表述这种关于语言学习的说明，与关于经验之作用的说明以及我关于信念的看法之间的关联，我仍然在苦苦思索。）

我还设计了一种更简单的方法，以便协调证据和证成的因果性和评价性两个方面。我利用这一事实，即英语有两个多少属于同义的语词"保证"（warrant）和"证成"（justification），我根据一个人在一个时刻所拥有的证据的质量，来定义一个断定对于这个时刻的这个人来说有多好的保证；同时根据实际促使他相信该断定的证据的质量，来定义他相信它是如何得到证成的。在最好的情况下，如果促使一个人相信某事的东西，就是他所拥有的所有的相关证据，而且只是这样，那么保证的程度和证成的程度就会重合；但是，例如，如果他未能看到他所拥有的某些证据的相关性，或者如果他的信念的来源不仅仅是他所具有的证据，还有他关于事情如此这般的愿望，那么这两者就会出现分歧。用这种方式区分开该理论的因果方面，使得我们可以就相信过多和相信不足提供一种更为简单也更加合理的理解，即前者就是指他的信任程度高于他的保证的程度，后者即指他的信任程度低于他的保证的程度[26]。

当我更多地思考解释和一般性，以及科学上的概念如何逐渐地转变和变化，以便更好地对应于真实的种类时，我的如下想法得到了强化，即证据的支持性并不是一个形式逻辑层面的问题[27]；当我更多地思考"盖然性"（probable）这个词在认识论上的用法时，我的如下想法得到了强化，即证成的程度不可能和关于彩票的数学理论中所描述的概率相等同。（p的概率和非p的概率相加必须等于1；但如果缺乏相关的证据，那么信念p和信念非p可能都不是有保证的，因此就都没有得到任何程度的证成。）[28]当我浏览有关DNA结构的证据（沃森和克里克取得重大突破之时用到的就是这些）时，我能够在最后就基础融贯论发挥的作用提供一种活生生的阐释，而这也是许多读者想要看到的[29]。

由此可以证明，有可能给我在《证据与探究》（第134-135页）中扼要提出的一个思想做一些补充，这个思想指的是：我们可以根据单个人的证成程度推断出一个群体的证成程度，方法是从这样一个程度开始，在这个程度上，一个假想的、其证据包括了这个人群的每一个成员的证据的主体，其信念将会得到证成，然后再根据某种措施对其进行折扣，这种措施就是每一个成员如何被证成地相信该群体其他成员是有能力的和值得信任的。其中存在的一个问题是如何解决这种情况，即一个群体的成员不仅有着不同的理由，而是有着相互冲突的理由：两个人正在填写同一个纵横字谜，关于某个与所涉及条目交叉的条目如何填写他们有分歧（比如，你认为横向第4行应该填写"intent"，而我认为应该是"intern"），我们认为，这个群体的证据应该包括的不是他们相互冲突的背景信念的合取，而应该是析取。[30]（关于如何最好地处理这个尴尬的事实，即一个群体的不同成员可以给一个其真理性为他们公认的断言不同的信任程度，我仍在冥思苦想。)

对我来说，要就科学断定和理论的保证提供一种不带个人色彩的解释说明，保证的社会观念是一个关键步骤。不过，单个的认识主体对我的理解仍旧保持中立，因为经验知识植根于感觉证据。正是一个个体，一个人，看到了嫩树枝中间的这只竹节虫，看到了刻度盘上指向 7 的指针，看到了云雾室中电子的特有轨迹，诸如此类。（当然，几个人可能会看到同一件东西；但这样说就意味着他们的每一个都看到了这件东西。）类似地，我对共同从事的探究的说明聚焦于个体人以及他们之间的互动——是哪种内部组织和外部环境鼓励科学家们诚实地探寻和评价证据的价值，并愿意分享他们与该领域其他人共有的信息，又是什么鼓励了隐瞒、"杜撰"和彻头彻尾的不诚实。[31]

三

如前所述，《证据与探究》一书捍卫了有关好的证据、良好施行的探究等等问题的合法性，反驳了犬儒主义者的批判，但却废止了认识论主流在处理这种问题的过程中视为理所当然的错误二分。犬儒主义者对《证据与探究》的反应多多少少符合我的预期：认知科学的那些革命型哲学信徒，以及激进的女性主义者、新实用主义者、多元文化论者、后现代主义者等等，基本上都忽略了它。一个例外的情况是罗蒂，他写道，试图表明我们的证成标准是显示真理的——毕竟如我本人所说，我们没有办法列出所有的真理；而且，尽管他同意相信 p 就是坚持认为 p 为真，但他"没有看到"这样做会有什么讽刺意味，即在坚持我们的标准的同时却认定作为它们的基础的只有我们的会话约定[32]。假如我有机会回应他的话，我就会指出，我对基础融贯论标准的有条件的认可并不要求任何这样的东西，比如对照着真理的列表、根据那些标准对得到证成的信念进行交叉检查；假如罗蒂把自己设想成一起死刑案件中的陪审员，根据他自己认为属于纯约定性的、与事件真相无关的依据便给出"有罪"的结论,那么,他有可能就会看到犬儒主义的存在了。

但是,认识论主流研究的反应倒是与我的预期不那么相同。邦居尔的回应出乎意料地强烈,只不过有点让人感到沮丧。他对我的书充满了热情("有着令人惊讶的丰富性和深刻性"),尤其对我针对可靠论所做的批判("书中最出色和最完整的部分")以及针对激进的反认识论学派展开的批判("毁灭性的")充满了热情[33];他就我所说的经验的作用提出了中肯的问题——现在这些问题我已经解决了一部分,但并没有采用他心目中的理想方式。然而,关于我对他的融贯论提出的批评,他所说的话却相当之少,只有一点除外:他不再接受该理论。很显然,他已经开始支持一种被他描述为弱基础论的理论了。同样明显的是,当他写到,这种说明将会允许基本信念之间的相互支持关系,包括"通过非基本信念的连接中介"进行相互支持之时[34],他并没有注意到,即使放弃最低形式的单一方向性,这也有效地消除了基本信念和派生信念之间的区分,因而根本就不是基础论,而是一种典型的基础融贯论。

我同哥德曼的交流就没有这么顺利了,而且更令人感到失望。就我所知,他从没有谈到过我对他的可靠论的如下论题的批评——按照邦居尔的思考方式,这是我的决定性批评!——一个信念得到证成,仅当它是依据一个可靠的过程得出来的。但是,1999年他寄给我一篇论文草稿,他在该文中把我归入了"证据主义"阵营,认为我只是关注了信念与证据的关系,而没有关注信念与真理的关系。我曾提醒过他,《证据与探究》整个最后一章全部用于讨论一个信念得到证成和该信念为真这两者之间的关系问题。后来他又送给我一份新稿,这次他把我描绘成了这样:将真理的生成性作为我的证据主义的基础[35]。我尽了自己最大的努力去解释一个信念的形成过程的真理生成和证据的真理显示性之间的差别,并且还让他看到这样做是很可能的,即给真理提供一个重要的认识论角色,而不用像可靠论那样,把证成直接与为真比率联系起来;但并没有取得成功。我担心我们永远都不会达成共识了。

有两件事我不会感到太过吃惊，一是有些主流认识论者认为，我只是故意无视贝叶斯定理的认识论力量，或者无视反驳怀疑论的至关重要性。但让我感到有些吃惊的是，有多少人和哥德曼一样，其主要关心的好像是把我塞进那些古老的、为人熟知的类别之一当中去：之所以恰恰把我归为另一个基础论者，是因为似乎依据这个（显然不充分的）理由，即基础融贯论承认经验证据的作用，或者，之所以恰恰把我看成另一个融贯论者，似乎是依据了这个（显然不够充分的）理由，即基础融贯论承认信念之间普遍存在的相互支持，或者恰恰把我看成一个隐形的可靠论者，似乎是依据了这个（明显不充分的）理由，即我已经写道（第263页）："显示真理是证成标准想要成为好的标准必须具备的条件"。这些偏见是令人失望的：部分原因在于我所关心的是，确保我对基础论、融贯论、可靠论等等的描述紧密地遵循这些词在文献中的用法，以避免通过任意进行规定而使这一点成立，即基础论和融贯论并未穷尽所有的选择；但更为重要的原因是，它把注意力从这个肯定更加重要的问题上转移了出来，即我的理论是否——无论你如何对其归类——处在正确的方向上。

如今，分析的认识论者联盟（AEU）总的来看和新分析哲学组织一样，好像也变得更加支离破碎、极度专业化和自成小团体了；而关于核心的认识论问题是什么的更古老、多少具有统一性的理解，好像也散成了过多转瞬即逝的潮流和时尚。因此，尽管我仍旧继续从事着认识论问题研究，但我从来没有对获得一个组织的成员资格证产生过兴趣。然而，我已经远距离地观察到，一个新生的、勇敢的分析的认识论者联盟已经开始占据地盘，建立殖民地了，而这些地盘原来基本上是那些知识的犬儒主义社会学家、新实用主义者和女性主义者的势力范围：语境论的小规模复兴、对分析型"社会认识论"新的追求以及有些圈子里对于认知德性的新的关注。但是，尽管最后我的进路和AEU有过交叉，但我的研究基本上同他们的工作有着实质性的分歧。

在我撰写《证据与探究》的时候，语境主义一方面是由安尼斯提出来并加以阐明的[36]。他提出这种理论，是想替代基础论和融贯论的。另一方面是由罗蒂提出来的，他实际上是把语境主义看成反认识论的。然而从那以后，一种新型的语境论有时候被提出来是作为对怀疑论的一种回应而存在的[37]，如今这种理论所关注的不再是证成而是知识，其所强调的不是相对于认知共同体，而是相对于问题的语境[38]。如我在第 134 页提出的，更早形式的语境论中包含着一些真理成分：证成不是相对于语境的，而是说，我们对证成的判断是视角性的，它依赖于我们的背景信念[39]。而我们日常关于某人的一个信念得到了"完全的"证成的谈论，依赖于他的看法是正确的这一点有多么重要。语境论更新的形式也有一些真理成分：对于某人可以被算作是知道某事来说，所要求的证成的程度越高，存在的知识就会越少；而如果这个标准设定得过高，那就没有谁会被看成知道什么事了——这就是我为什么会写到（第 134 页），在哲学语境中，对"完全的"证成的谈论通常最好被解释为要求最高可能程度的证成[40]。怀疑论提出的更高的要求几乎不是一种新思想；但在我看来，如果认为新语境论通过把怀疑论问题解释为形成了一个特定的问题语境而"解决了怀疑论的难题"，那是对这个为人熟知的观点的过分赞扬。

"社会认识论"以前主要是和龙吉诺[41]这样的女性科学哲学家，以及像福勒[42]这样的犬儒主义科学社会学家联系在一起，而如今则被（某一个阶段的）哥德曼断定属于 AEU[43]。哥德曼论证说，信念形成的社会实践，例如法庭上对专家证言的使用，应该参照法庭生成的真信念的比例进行评价[44]。他的这个思想是如此成功，以致乐观主义者们有时会宣称，这个或那个问题可以通过"社会认识论"予以解决——就好像有大量完善的理论可以依据一样。然而就我所见，哥德曼新的、"求真的"社会认识论要求提供关于实践和命题的个性化标准；而这些似乎并不比可靠论所要求的、关于信念和信念形成过程的个性化标准更容易满足。此外，对法律程序、情报收集策略等的求真评价，将要求我们知道那些情报报道、那些判决等东西是真的。我至少可以说，这个要求很离谱；这可以解释为什么，例如，当哥德曼论证法庭指定专家在求真层面比案件当事人提供的专家见证更好时，他的话好像模棱两可——实际上是从这个不足道的前提，即这种见证因为"不是案件当事人选择的"因而是中立的，得出了这个实质性结论，即这种见证因为"毫无偏见地评价了证据"因而是中立的[45]。

我对认识论的（我更愿意说是）社会层面的理解，有别于哥德曼的求真主义，正如我对证成的理解有别于他的可靠论的理解：它所关注的是证据分享机制在认识论上的有效用和无效用，关注的是哪种环境能够维系科学社会中尊重证据的精神气质，什么环境会败坏它，如此等等。我关于一个断言相对于群体的保证的说明，与施密特关于群体证成的说明稍有类似[46]；但跟他的理论不一样的是，我所说明的不是一个断言相对于由某种共同目标统一起来的群体的保证，而是一个断言相对于人们的任意组合的保证——很自然，它奠基于对证据的本性、结构和质量的基础融贯论的理解之上。

于是，存在德性认识论团体，或者更准确地说，是多个德性认识论团体。索萨在《浮筏和金字塔》（1980）[47]的最后一段暗示，诉诸认知德性可能是解决基础论和融贯论的僵局的出路，当时在我看来，他的意思是说，证成可以根据认知特性进行解释。而现在看来，我错了：索萨心目中的"德性认识论"最后证明是可靠论的另一种变换形式，"认知德性"是"认知力"或"能力"的同义词[48]。蒙马特、扎格泽波斯基以及其他人[49]所从事的、对认知特性——另一种更为人熟知意义上的"美德"——的吸引人的特点的探索，与我的兴趣点更为接近。然而，扎格泽波斯基实际上所认为的，恰如我对索萨思想的错误理解，即得到证成的信念可以根据理智美德进行刻画[50]。我认为前者比后者更为复杂，也更加有趣。

认知德性如理智上的诚实或理智上的勇气，以及理智上的缺陷如马虎或自欺倾向，与一个人同证据的关系有关：例如，如果某人容易受到自我欺骗的影响，他就会故意疏忽那种可能指向不受欢迎方向的证据，而一个理智上诚实的人则会坚定地反对自我欺骗，遵从证据的指引，并随时准备承认自己因为证据不足而无法得出结论。因此，一个理智上诚实的人可能会比理智上不诚实的人更好地证成自己的信念；但这并不是因为得到证成的信念可以根据理智上有德性的人将会或者可以相信的东西得到解释，而是因为理智诚实的概念和被证成信念的概念相互交义的方式，与证据概念相关联。被证成的信念需要充足的证据，而一个理智诚实的人将不会倾向于相信超出自己的证据确保范围的东西。

对我本人来说，关于认识论的优点和缺陷，我已经从培根如下精妙评论中学到的东西，即有些人"喜欢随心所欲，将其视为固定一个信念的绷带"，并非个别的人有"对谎言本身的堕落的爱"，从皮尔士关于"学习的意愿"[51]那里，从杜威关于开放心灵、全神贯注、责任感[52]的思想那里，以及从布里奇曼谈论使得"理智诚实的理想"成为可能的文化条件的探究性论文[53]那里学到的东西，甚至要比我从新近面世的最好的认识论文献中学到的东西还要多。或许是因为这些优点和缺陷不是先天具有的，而是在一个人的整个生命进程中杂乱地发展起来的，因而，我从巴特勒的《众生门》——它对像自欺、虚伪和假冒探究这样的我们人的弱点做了迄今最敏锐和最精细的描写——这样的小说中所获得的启发，远比我从期刊《哲学研究》或《综合》的页面中学到的东西更多。

四

关于站不住脚的二元论，没有谁比经典实用主义传统哲学家有更敏锐的洞察，尤其是杜威，他是罗蒂声称特别崇拜的人；但罗蒂却毫无希望地陷入了独断论或虚无论。斯蒂奇所求助的詹姆斯已经写道，"真是一种善"，关于信念方面的善；但斯蒂奇却否认拥有真信念有任何价值[54]。第九章的标题"庸俗实用主义：一种不诱人的前景"就表达了对实用主义的这些讽刺性描绘的厌恶——由于我已经在经典实用主义传统著作中发现了如此众多的价值,因而这些讽刺性描绘尤其让我感到不安。

《证据与探究》第一版面世的时候,泰耶曾经告诉我,我让他想起了杜威——如果没有介意他这样说的话。不用说,对此我没有丝毫介意。十多年之后,德·瓦尔完成了他关于实用主义历史的书,其中有章节讨论了罗蒂和我,他这样说道:"有人称哈克是皮尔士学术上的孙女……这是一个恰当的描述。"[55] 不用说,对此我也毫不介意。正如他们所见,正是经典实用主义传统上的那些工作,与我的这些工作有着最为密切的类同:我的温和的自然主义基础融贯论画面,它对于知觉的现实主义理解,它的彻底的可错论特征,它的普遍的渐进主义,以及它对共同从事的探究的互动式方案。杜威曾经谴责败坏了他那个时代"认识论产业"的"顽固的学术壁垒",如今我已经开始理解杜威当时的感受了[56]。我现在所看到的比1993年时更加清晰,那就是说,《证据与探究》非常彻底地表达了连续论(Synechism),表达了皮尔士的这个原则,即我们所做的不是"用一把斧子去做哲学",而是应该去寻找连续性[57];当然,也表达了杜威对站不住脚的二元论的否决。这就是我为这个第二版加了一个修改的副标题——对认识论的实用主义重构的原因了。

但是,除了校正一些印刷上的错误等等,我保持了最初文本不变,包括英国英语的拼写和标点符号。然而我应该解释我所参考的、反驳基础论的"来回穿梭论证"(第70、72、89页),它曾让许多读者感到迷惑。它所说的是英国英语说话者熟知的一句名言:"你在摆动中得到的,就会在回旋中失去"(在这个语境中,"回旋"指的是"旋转木马"而不是"交通转盘")。可能我也应该解释一下,当我写到"帕特塞利原则"时(第127、136、278页),我所指的并非如有些读者所假想的那样,是某个少为人知的认识论家,而是一部电视连续剧:帕特塞利是一个虚构出来的刑事案件辩护律师,他的辩护策略是一集接一集地设想一个与所掌握证据相容的场景,另外某个家伙在这个场景做了案,之后他让自己的侦查员去搜集更多证据,以确认做这个案子的实际上是这另一个家伙,而不是他的当事人。

在这个新版本中,我还增加了四篇相关的论文。第一篇《"Know"只是一个四字母单词》(1983)之所以选入,部分原因是它较早就精细地阐述了关于包容性的思想,部分原因是该文与那些新近时髦的关于知识的语境论相关联,该文先前从未发表过,它所论证的是,如果不能把知识所需的证成程度设置得足够高以避免怀疑论,那就没有办法把知识所需的证成程度设置得足够高以避免盖梯尔悖论。第二篇论文《知识与宣传——一个老派女性主义者的反思》(1993)之所以选入,是为了扩充我在第45页上给出的简要提示,即尽管我既是一个女性主义者又是一个认识论者,但我不是一个女性主义认识论者,这篇论文论证的是,在女性主义和认识论之间并不存在像"女性主义认识论"这个标题所需要的那种关联。第三篇论文《重估"信念的伦理学"》(1997)之所以选入,是为了阐明认识论评价和伦理评价之间的关系,该文论证的是,认识论评价和伦理评价是不同的,但有时候也会有重合之处。第四篇论文《法律化的认识论》(2004)之所以选入,既是为了阐释认识论问题对于司法体系的重要性,也是为了阐明我的方案和哥德曼的求真主义之间的差别,该文是对皮尔士针对抗辩的司法程序所做的批评以及边沁针对证据的排除规则所做的批评的一个回应。

我要感谢普罗米修斯出版社主编米切尔,在他的帮助下本书第二版成为可能;我那能力和耐心都非同寻常的助手汉森给我提供了各种帮助;感谢罗拉为本书打印稿所付出的熟练而且勤勉的工作;感谢米格蒂,他长久以来都是默默奉献而且总有帮助的首位读者和批评家;感谢博迪克,要是没有他——是的,要是没有他……我还要感谢巴特勒:《众生门》一书中那精于世故的讲述者奥佛顿,他提醒主人公庞蒂弗克斯(这部小说描绘的就是他那通往理智成熟的曲折旅程),"上帝给予追求严肃探究的微薄奖赏,充分证明他并不赞成这个东西,或者无论如何,证明他并不那么重视这个东西";当然,对恩斯特本人来说,他在小说最后是一个取得了一般性成功的作者(但并不是很流行，部分原因正如奥佛顿所抱怨的，他"在一生当中从来没有请过一个评论家参加晚宴"），他坚定地告诉奥佛顿，他"必须按照他自己做或者没做的实际情况进行写作"[58]。我也是这样。

注释

[1] 康福德：《学术专题》，第 110 页。

[2] 哈克：《知识理论：一个分析的框架》。

[3] 利文斯顿：《〈证据与探究〉评论》，第 1024 页。

[4] 弗拉波利：《〈证据与探究〉评论》，第 217 页。

[5] 普伊韦：《〈证据与探究〉评论》，第 300 页。

[6] 克兰迪恩：《〈证据与探究〉评论》，第 536 页。

[7] 努比奥拉：《〈证据与探究〉评论》，第 1092 页。

[8] 沃诺克编：《女性哲学家》。引文取自该书精装版的封底。

[9] 金：《一百名哲学家：世界最伟大思想家的生平与著作》，第 180 页。

[10] 这个纵横字谜在很多令人吃惊的地方都出现过，从福克斯为美国经济学学会所做的主席演说《经济学、价值和卫生保健改革》以及瑞典报纸《每日新闻》（正值我访问斯德哥尔摩期间）的"文化"版面，到一个似乎专门争论进化论和创世科学的网页（http://Saint-gasoline.com/2007/06/18/if-science-were-a-crossword-puzzle/）（最近一次访问是在 2007 年 8 月 22 日）。

[11]《证据与探究》写完一些年之后，关于基础论的一篇综述性论文《经验证成的一种基础融贯论》，在六个地方并以多种语言形式出现过。

[12] 而作为这些的结果，我在《理性地捍卫科学》第六章一开头引用了海尔布罗纳本人的导师洛维的话，并且还在《科学、经济学、"想象力"》中评了海尔布罗纳的《影响世界的哲学家》。

[13] 赛耶：《对苏珊·哈克〈证据与探究〉的评论》。

[14] 莱恩：《皮尔士知觉》；也参见我的回应：《如今我怎样看待

事物》。

[15] 沃克：《是时候在 t 上加点，在 i 上加横线了》；也参见我的回应：《在我的 i 上加横线，在一些 t 上加点》。

[16] 克兰狄能：《认可基础融贯论》；也参见我的回应：《经验的益处》。

[17] 米格蒂：《为了知识和出于对真理的爱：位于神圣的热诚和深奥的醒悟之间的苏珊·哈克》；也参见我的回应：《同忙于探究的人打交道》。

[18] 本·海姆：《皮尔士、哈克与信息鸿沟》；亦可参见我的回应：《当心！可错论者在行动》。

[19] 哈克：《枯燥的真理和真正的知识：隐喻的认识论和认识论的隐喻》；也参见我的《理性地捍卫科学》第 58 页（所讨论的是纵横字谜类比能够做什么以及不能做什么），还有第 210 页（所讨论的是科学当中的隐喻）；以及我对沃克的回应。

[20] 哈克：《一位老派的自命不凡者的自白》和《反常做法及其后果》。

[21] 哈克：《正合我意：多萝西·塞耶斯的女性主义》和《生活与文学中理智诚实的理想》。

[22] 哈克：《法律化的认识论：或者，真相、公正和美国之路》。

[23] 《理性地捍卫科学》，第 154-161 页。

[24] 我们可以在蒯因的《语词和对象》中发现对这种渐进论的描绘，然而后来蒯因的立场发生了退却。

[25] 《理性地捍卫科学》，第 61-63、126-129 页。

[26] 同上书，第 73 页。

[27] 同上书，第 53-57、129-135 页。

[28] 同上书，第 75-76 页。

[29] 同上书，第 77-82 页；也参见哈克：《证明因果性：关于保证的整体论和道伯特的原子论》。

[30] 《理性地捍卫科学》，第 69-71 页。

[31] 哈克：《科学上的隐瞒和"杜撰"：关于 Remune 试验那凄惨且庸俗的故事》以及《科学上的诚实性：它意味着什么，为什么是重要的》。

[32] 罗蒂：《对哈克的回应》。

[33] 邦居尔：《哈克论证成和经验》，第 13 页。

[34] 同上书，第 16 页。其中的着重号是我加的。

[35] 哥德曼的论文初稿主题为"认知价值的统一性"：我们从 1999 年 12 月开始通信，最后通信是在 2000 年 4 月。

[36] 安尼斯：《一种关于认识论证成的语境主义理论》。

[37] 安尼斯的论文提出了两种相对性，而罗蒂只是强调了证成标准对于认知共同体或文化的相对性。

[38] 德罗斯：《解决怀疑论难题》；刘易斯：《难以捉摸的知识》。

[39] 也参见《理性地捍卫科学》，第 76-77 页。

[40] 然而，我没有料到后来的作者们会把怀疑论的疑问看作制造了一种特殊的"问题语境"，我把这种最高的程度的"完全的证成"看作"语境中立化的"。

[41] 龙吉诺：《作为社会知识的科学》。

[42] 福勒于 1987 年创办了《社会认识论》期刊。

[43]《认知》（*Episteme*）在初创之时被描述为跨学科的认识论刊物，而在哥德曼任主编时几乎顷刻之间就转变成了一家"社会认识论"刊物，成了与福勒《社会认识论》相对应的一家刊物。

[44] 哥德曼：《社会性世界中的知识》。

[45] 同上书，第 309 页及其后。对比一下我在《试错：科学哲学的最高法庭》中关于中立专家问题的讨论。

[46] 施密特：《群体信念的证成》。

[47] 索萨：《浮筏和金字塔：知识理论中的融贯论和基础论》。

[48] 索萨：《可靠论和理智美德》《正确的理智美德》。

[49] 蒙马特：《认知德性与信念责任》；扎格泽波斯基：《心智的美德》。

[50] 扎格泽波斯基：《心智的美德》，第 241 页（一个得到证成的信念就是一个人受到理智美德的推动而形成的东西，一个人如果能够理解一个有美德的人可能身处其中的认知情境，他在类似的情况下就会有此信念）。

[51] 皮尔士：《文集》，5.583（1898）。

[52] 杜威：《我们是怎样思考的》（Lexington，MA：D. C. Heath and Company，1933），第 2 章。

[53] 布里奇曼：《为了理智诚实性而奋斗》。

[54] 詹姆斯：《实用主义》，第 42 页；斯蒂奇在他对自己的《认知实用主义》的描述的一个脚注中恰好引用了这一段话。斯蒂奇：《理性的破碎》，第 26、160 页。

[55] 德·瓦尔：《论实用主义》，第 10 章和第 11 章；这段话引自第 163 页。

[56] 杜威：《哲学与文化》，第 51 页（"顽固的学术壁垒"）；《人的问题》，第 344 页（"认识论产业"）。

[57] 皮尔士：《心智的规律》，《文集》，6.102-163（1892）；《连续论》，《文集》，6.166-173（1902）。也参见哈克：《不是犬儒主义，而是协作主义：来自古典实用主义的教训》。

[58] 巴特勒：《众生门》，第 383、429 页。（这是一部半自传体小说，评论家告诉我们，奥佛顿所代表的是成熟的巴特勒，他对自己更年轻的自我进行了反省，而后者是由恩斯特来代表的。）

上编
证据与探究

序　言

本书的写作耗时多年。十多年前在华威大学开始动笔，后在迈阿密大学完成。

本书定稿本的实质性部分的完成得到了下述资助：1991年和1992年暑假，迈阿密大学麦克思·奥罗维茨奖金。

这本书基于先前发表过的作品，但对它们做了发展和实质性修改，在某些情形下甚至是完全的放弃。第一章以下文为基础，但做了实质性修改：《知识论：一个分析的构架》（载《亚里士多德学会会刊》，1982—1983）。第二章以下文的某些材料为基础，也做了实质性修改：《C. I. 刘易斯》（载辛格尔编：《美国哲学》，1985）。第四章是下文的发展：《双面的基础融贯论：一种新的经验证成理论》，该文曾提交1991年12月召开的美国哲学会会议，并于1993年发表在《哲学和现象学研究》。第五章以下述两篇文章为基础：《有认知主体的认识论》（载《形而上学评论》，1979）、《什么是"经验基础问题"，以及瓦德威克解决了它吗？》（载《英国科学哲学杂志》，1991）。第六章大幅度修改了《心理学对于认识论的意义》（载《元哲学》，1975），并超越了《蒯因自然主义的两副面孔》（载《综合》，1993）。第八章和第九章在某种程度上都是基于下文:《认识论的近期讣告》(载《美国哲学季刊》,1990)。我希望第十章实质性地改进了下文:《在海上漂流时重修这条船》(载巴雷特和吉布森编:《蒯因概观》,1990)。

对于所有以不同方式、在不同阶段帮助过我的人,我谨表示诚挚的谢意。感谢雷歇尔最先促使我撰写一本关于认识论的书。感谢米格蒂带着细心和智慧阅读并评论了本书的大部分手稿。感谢我的许多通信朋友,感谢多年以来听到过本书各个部分的各个版本的听众,还要感谢跟我学习认识论的几批学生,他(她)们给我提出了有帮助的评论和批评。还要感谢斯托夫,因为他提供了作为第九章开头的那段很有价值的对话。感谢拉纳,他以我为题材制作了一个善意的玩笑("哈克教授,哲学新术语铸造学派的代表人物"),我已经把这作为对我自身的一个精确的描述。

此外,我要特别感谢博迪克——为他所做的一切。

导　论

本书旨在对经验知识的认识论做出贡献。

今天，在哲学中有一些强烈的趋向，对传统的认识论方案显示出明显的敌意。纷扰的喧嚣声浪，发端于认知科学或神经生理学最新进展的热情欢呼者，经过激进的自我标榜的新实用主义者，再到新近的巴黎时髦的追随者，他们试图使我们相信：传统的认识论方案是不合法的，从根本上就是被错误地构想出来的。我不同意这种说法。我希望，本书的副标题已经清楚地显示了我的立场：认识论所需要的并不是解构，而是重构。

我将论证，认识论传统的那些问题是合法的；尽管解决起来相当困难，但并不是在原则上就不可解决的。于是，我要处理的问题是人们足够熟悉的，其中最核心的问题有：什么可以算作一个信念的好的、强有力的、支持性的证据？〔按我的说法，这是关于证据或证成标准的"辨明（explication）方案"。〕还有：一个信念得到好的证据的支持，和它可能是真的，这两者之间有什么联系？〔我称之为"认可（ratification）方案"。〕但是，我将要对这些问题的回答却是人们并不熟悉的。通过打破成为新近著作之特色的那些虚假的二元对立，我将论证，有可能避免基础论、融贯论、可靠论、批判的常识主义等等所面临的所有那些我们再熟悉不过的困难——这些困难助长了下述看法：在整个认识论事业中，必定有某些东西从根本上就是错的。

我将要提供对于认知证成的一种新的诠释，一种新的理论。在结构上，这一理论既不是基础论的，也不是融贯论的，而是如我所称谓的"基础融贯论"的，它既允许普遍存在于信念之间的相互支持，也允许经验对经验证成做出贡献；在内容上，它既不是纯因果的，也不是纯逻辑的，而是一个双面理论，部分是因果性的，部分是评价性的；并且在本质上是有程度之分的，它不把"A 的信念 p 被证成，当且仅当……"当作被辨明项，而是把"A 的信念 p 更多/更少地被证成，这取决于……"当作被辨明项。此外，我还要就认可方案提供一种新的探索，这种探索在性质上既不纯粹是先验的，也不纯粹是经验的，而是非常温和的自然主义，它允许关于人的认知能力及其限度的经验上的考虑，以及关于逻辑的、演绎的特征的考虑都发挥各自的作用。

在接下来的部分，我将把大量笔墨花在纵横字谜的类比上——我将论证，与在基础论传统中根深蒂固的数学证明模型相比较，这一类比更好地表达了证据支持关系的真实结构。假如我的看法是正确的，那么，关于如何可能存在信念之间的相互支持而又不导致循环论证，这一类比也提供了某些启迪。但是，它也预示了本书在结构上存在的某些困难。我不能以一种简单的、线性的方式展开本书，但我发现自己不得不来回地穿梭，交错地编织我的那些相互关联的论证线索。

此外，由于我试图超越已经成为许多新近工作特色的那些虚假的二元对立，我不能选择下述做法：按照比如说邦居尔的《经验知识的结构》的那种整齐、简单的线索，来组织我的行文结构，而这些线索依赖于两个二元对立：基础论和融贯论、外在论和内在论——前一个划分并没有穷尽所有的选择，后一个划分并不足够强健以至于值得我们认真加以对待。因为那些被拒斥的二元对立之间复杂的相互关联，我也不能通过下面这样的做法来安排我的行文结构：先解释拒斥第一个二元对立的理由及其后果，再解释拒斥第二个二元对立的理由及其

导 论

后果，如此等等。

采用歌剧的风格来展示我的论证，用不同的嗓音同时唱出不同但又相互关联的主题，这种想法是诱人的——但这显然是无法实现的。相反，除了按照书籍通常采取的线性方式去撰写一本书外，我别无选择。同时我也别无选择，只得承认：虽然并不是偶尔才提前预示某些主题，但要等到后面才能详细讨论它们，这样做是迫不得已的；把论证步骤回溯到先前已经引入的主题，以便解释它们与刚刚引入的观念之间的内在联系，这也是无法避免的。我在这里所提供的是一幅我将要遵循的、在某种程度上是"之"字形路线的概略图，而我这样做并不是要测试读者们的忍耐力，后者比不得不承受的还要多。

我从一开始（第一章）就重点关注了基础论和融贯论之间为人熟知的竞争，尽可能精确地说明每一种理论类型的各种不同版本，并且尽可能明确地说明一方反对另一方的论证。我论证说，事实上，两方都有很好的批判性论证；但两方都不曾去利用它们。但是，这两种理论并没有穷尽该领域的所有选择；第三种可能性，即基础融贯论，仍然有待探索，并且它能够经受住融贯论者反对基础论的最强有力的论证，同样也能够经受住基础论者反对融贯论的最强有力的论证。

为了在某种程度上缓解第一章的抽象性，我随后针对特定的基础论和融贯论纲领进行了详细的案例研究。首先（第二章）批评了C. I. 刘易斯的基础论，这一批评在一开始就证明：刘易斯的论证所真正确立的并不是基础论，而只是说明经验在经验证成中具有不可缺少的作用；继而证明：刘易斯对这一点的朦胧意识促使他做出了一些修正，而这些修正使他沿着基础融贯论的方向偏离了基础论。

接下来（第三章）批评了邦居尔的融贯论，这一批评一开始就证明：邦居尔的说明陷入了下面这个众所周知的反对意见，即一个信念集的融贯不足以确保与这个世界的任何联系；进而证明：邦居尔对这一点的朦胧意识导致他陷入一种歧义性，而这种歧义性只能用唯一一种方式（这种方式允诺认可方案中的任何成功）来解决，它也使他沿着基础融贯论的方向偏离了融贯论。接下来批评了戴维森为融贯论所做的辩护——这样做当然不是为了求得完全，因为无所不包的概述明显是不可能的，相反是为了表明："证成要么是一个纯逻辑的观念，要么是一个纯因果的观念"这一假定，如何可能有助于导致这样一种幻觉：基础论和融贯论穷尽了所有的选择。

于是，清楚地阐述我自己的中间型理论的时候就到了（第四章）。在这里，有几个关键性的主题走到了一起：证成有程度之分的特点；"信念"的状态含义和内容含义的区别，以及对于双面的证据概念的需要；该理论的基础融贯论结构，以及启示了它的纵横字谜类比。这是我对辨明方案正面贡献的开始。

既然反对传统竞争者的论证中最有意义的部分是，它们的失败就足以说明经验与经验证成的关联（融贯论不允许经验发挥任何作用，基础论只允许它发挥一种被迫的、不自然的作用），因此，对感觉证据的基础融贯论说明就特别需要进行仔细的、清楚的表述。这是在第五章中要做的事，我还用如下的案例分析做了陪衬：波普尔的"没有认知主体的认识论"以及它的重要绊脚石之一，即"经验基础问题"。我认为，这一问题不仅未被波普尔解决，而且在波普尔的构架内是不可解决的，我的这一观点通过分析沃特金斯近来的拯救努力的失败而得到了强化。在基础融贯论中诊断和解决波普尔所陷入的困境是有可能的，这是因为，基础融贯论超越了波普尔的下述二元对立：因果研究和逻辑研究、归纳研究和演绎研究，并且也因为它的知觉概念比沃特金斯所诉诸的感觉材料理论更加实在，也更趋向于实在论。

我对于知觉的（广义皮尔士式的）说明，一方面受到下述论证的支持：那些熟知的二元对立，如知觉的直接理论对间接理论、实在论看法对非实在论看法，都过于粗糙了，而真理处于这些常见的竞争者之间；另一方面也因为它与某些合理的心理学理论相一致而得到了支持。相比之下，沃特金斯的说明并没有得到他所提到的那些心理学研究成果的很好的支持，并且他之诉诸心理学也违背了他的波普尔式研究进路所要求的认知顺序，但我的研究不会这样。

正如第五章的最后几句话所表明的，在某种意义上，我的认识论是一种自然主义的认识论，它完全不是先验的，因为它依赖于关于人的认知能力及其局限的经验假定，于是它也就承认了对认知的自然科学式研究与认识论的有贡献的关联。但是，这种温和的自然主义与那种激进得多的科学主义方案有着很大的差别，后者也被冠以"自然主义的认识论"之名。于是第六章一开头就区分了各种不同的自然主义：最重要的是后验主义的改良型自然主义，我的自然主义是它的一个限制更多的版本；科学主义的改良型自然主义，它主张传统的认识论问题可以简单地交给科学去解决；革命型科学主义的自然主义，它主张传统的认识论问题是不合法的，应该用新的自然科学式的方案来代替。这一章的很多内容旨在表明，蒯因所用的"科学"一词的歧义性（介于"我们所假定的经验知识"和"自然科学"之间），如何导致他由最初的后验主义的改良型自然主义（"认识论是我们所假定的经验知识的一部分"），转到了一种改良的科学主义（"认识论是关于认知的自然科学的一部分"），然后又转到了革命的科学主义（在其中，旧的认识论问题被转换成新的方案，后者只接纳由各门科学所提供的解决方案），这些转变是因为蒯因感受到来自下述观念的不合理性的压力，即心理学，或生物学，或任何自然科学都能够告诉我们，比如，为什么预测能力会成为一个理论为真的标志。

  随着蒯因做出他的第一个转变：从后验主义的改良型自然主义到科学主义的改良型自然主义，他也把他的关注重心从证据概念转到了信念形成过程的可靠性。如这一转变所表明的，真正的认识论问题能够在关于认知的科学中得到解决，这一观念似乎在可靠论的证据概念的语境中找到了它最适宜的环境。于是在第七章，我抓住机会解释了，为什么可靠论相对于我的证据主义的基础融贯论的优势只是表面上的，而不是实在的。而在进行这种解释之后，我论证了下述观点，即使可靠论是正确的，做出下面的设想也是错误的：如哥德曼所断言的，提供一个实质性的证成理论，在基础论和融贯论之间做出裁决，以及判定是否存在像先验知识这样的东西，等等，是属于心理学范围内的事情。

从我对哥德曼的讨论的语气中，细心的读者将会猜知：我怀疑，他关于在认识论和认知心理学这个更古老的学科进行密切合作的希望，很少是出自良好的论证，更多的是源自理智上的时尚。这一时尚在某些新近的造反派的著作中得到了激进得多，实际上也怪诞得多的表达。这些造反派宣称，他们代表了新的自然主义的认识论传统的顶峰，并论证说：认知科学中新近的研究已经表明，传统的认识论方案是完全错误地构想出来的。在短暂停顿以便把这些革命型科学主义的自然主义者的论证与他们的夸张言辞分离开来之后，我（在第八章）论证，斯蒂奇所诉诸的认知心理学和人工智能领域的工作，以及丘奇兰德所诉诸的联结论的神经生理学领域的工作，均没有任何倾向表明，如他们所断言的，人们不具有信念。无信念论题所依赖的不是科学，而是心灵哲学中的偏见；我论证说，这些偏见（丘奇兰德坚持认为，只有在"可顺利地还原为"生理状态时，意向状态才是实在的；斯蒂奇坚持认为，只有在"可自动得到描述"时，意向状态才是实在的）都是错误的。在抓住机会精确表述了我关于信念的、以记号为中介的说明，并证明它与关于"人是物理环境中的物理机体"这一观念完全一致之前，我通过表明斯蒂奇和丘奇兰德的立场不仅是理由不充分的，而且是自我挫败的，从而完成了对革命型科学主义的反驳。

不过，捍卫认识论的合法性的工作还没有完成。自从《哲学和自然之镜》出版以来，罗蒂就坚持认为，传统的认识论方案是被错误地构想出来的，应该完全予以抛弃；现在斯蒂奇把他的效忠从革命型科学主义的自然主义转到了庸俗实用主义一派。第九章的目的在于证明：他们两人都没有提出反对认识论的任何好的论证；因为罗蒂的"教化哲学"掩饰着一种犬儒主义，它所损害的不仅仅是认识论，更是一切形式的探究；而斯蒂奇解放了的后分析的认识论原来在追求一种更有效的自我欺骗技巧，这些造反派的后认识论的乌托邦设想之贫乏，恰恰显示出认识论实际上是多么不可或缺。对罗蒂的批评提供了这样的机会：批判地分析认识论中的语境主义、相对主义、社群主义和约定论，以及为真理观进行分类——非实在论的、实用主义的、极

导 论

小实在论的、强实在论的以及先验论的。而对斯蒂奇的批评则提供了这样的机会：厘清信念、证成、探究和真理等概念之间的内在联系，并解释真理为什么是有价值的。最后，明确论证了隐含在我关于这些作者的"庸俗实用主义者"这一提法中的下述挑战：他们宣称自己是古典实用主义的哲学嫡孙，这一说法是没有根据的。

庸俗实用主义者破坏认可方案基础的尝试失败了；这使得提出下述问题成为非常有意义的（恕我冒昧，与罗蒂的看法不同）：这些或那些证成标准是显示真理的吗？显示真理就是（恕我冒昧，与斯蒂奇的看法不同）证成标准为了成为好的标准所需要的东西。于是，剩下的任务就是尽我所能地提供对下述一点的重新确认：基础融贯论的标准是显示真理的（第十章）。一开始，我就把自己重点关注证据或证成标准的方案，与给出实施探究的准则的方案区别开来；并论证说，尽管对于后者来说，某种形式的多元论似乎是合理的，而这个时髦的论题，即不同的文化和社群可能有很不相同的证据标准，至少是一种夸张，并且很可能是完全错误的。这与下述一点是合拍的：我对基础融贯论标准的认可部分地依赖于关于人的，也就是关于所有正常人的认知能力的经验预设。这是我的认可论证的后验构成要素，这一部分重点关注了对经验证据的基础融贯论的说明。然而另一部分，也就是重点关注对证据支持的基础融贯论刻画的部分则与此相反，将具有逻辑的、演绎的特性。

笛卡尔所尝试的证明，即凡是被清楚和明晰地感知到的东西就是真的，是一个古典的认可努力。我并没有心存如此高的期望，而只是打算给出坚持下述想法的理由：如果对我们来说有任何真理的标志的话，满足基础融贯论的标准就是一个信念为真的标志。如果我的看法是正确的，那就能够完成这个更为稳健的任务，而不会在真理问题上牺牲实在论，并且也不会导致恶性的循环论证。

一般来说，我希望，没有必要详细解释我对论题的选择。不过，有几个我忽略掉的争论议题，我还是应该解释一下：有关知识分析的问题、知识与被证成的真信念之间关系的问题、"盖梯尔悖论"的解决方案。本书很少触及这些问题，更别说给予它们在某些当代的认识论著作中所享有的中心位置。我这样做的部分原因在于，我发现自己关于它们所要说的话相当少；而部分原因还在于，我关于它们所不得不说的很少的话，在某种意义上都是否定性的：我猜测，"盖梯尔悖论"之所以会产生，乃是因为知识概念和证成概念之间的错误匹配，前者尽管模糊和难以捉摸，但却肯定是确定性的，而后者却在本质上就有程度之分。如果情况是这样的话，那就不可能存在任何直觉上令人满意的对于知识的分析了；在主体确实知道的情形和主体确实不知道的情形之间，也划不出任何鲜明的界限；也不存在任何理想的平衡点，它会排除我们凭运气具有知识，而不会彻底排除我们具有知识。对我来说，"什么可以算作关于相信某种东西的更好的或更坏的证据？"这一问题，好像无论如何都会比下面这个问题更加深刻，也更为重要：假设一个人所相信的东西是真的，那么，在他能够被视为知道这样的东西以前，他的证据必须有多好？[1]（实际上，我怀疑目前人们在认识论上的醒悟，其部分原因恰恰在于对盖梯尔问题的明显厌倦。）

在本书中，我重点关注（我所认为）重要而且有意思的认识论问题。我采纳了这样一种结构，它与纵横字谜游戏类比——这是本书中一再出现的主题——所建议的证据支持模式相一致。我也喜欢我在写作本书时所采用的、与遍布全书之中我所阐述立场的可错主义基调相适宜的那种口气；但是，这样做与当代哲学写作的许多约定是如此格格不入，以至于要冒这样的风险：由于说话过于小心谨慎，以至于根本就不会引起人们的注意。所以，有时候我听起来比我自己感觉到的还要自信。

我的论述的某个方面将不可避免地惹恼某些读者，也许会完全疏远某些读者。但我并不为自己效忠于**哲学新术语铸造学派**而道歉。因为该领域的许多熟知的二元对立和范畴化已经妨碍了进步，所以我被迫设计了一套新的划分和分类，以便借助于它们来进行工作；并且，我的新术语和字形上的创新是我所能找到的最好方式，可以在读者的心灵和我自己的心灵面前保持这些区分和分类的非标准性。牺牲了雅致和悦耳让我感到遗憾，但这却是不可避免的；通过尽可能仔细地定义我的新术语，并且通过在索引中标明在哪里可以找到相关定义，我试图把（它们）被认为不可理解的危险降到最低。

因为所讨论的议题的复杂性，加上需要众多的新术语，有时候这些会驱使我的论证危险地接近了我能够合理地期望读者能够忍受的临界点，所以，我没有把使用的句子字母和提到的句子字母从印刷上区别开来，除非这种区分对于手头的论证是关键性的，因为从上下文通常就能够清楚地看出它们的意谓。①我也没有把标准英语的"他"替换为"他或她"，从而使我的阐述复杂化；我也没有重新组织我的句子，以避免必须使用任何指示代词。不过，显然没有必要说，我当然会认为，女人和男人一样，都是认知主体。

但是在当前，说出下述一点也许并不是没有必要的：与"女性主义认识论"的某些代表人物不同[2]，我不认为女性能够具有关于知识论的革命性洞见，而这些洞见不能被男人或不容易被男人所获得。如果说，在经过许多年的研究工作之后，我确信有什么东西贯穿本书的话，那就是：对于男性和女性哲学家来说，要回答乃至是有意义地阐明认识论问题，都是艰难的，非常艰难。

不过，毫无疑问，"女性主义认识论家"会认为这本书有意在政治上不敏感。同样毫无疑问的是，每一种牌号的基础论者和融贯论者都会认为它过于激进，而另外那些认为认识论是被错误地构想出来的人，则会认为它并不足够激进。还有，那些比我更为自然主义或更为

---

① 表达式的使用是指用它去命名事物、指称对象或陈述事件与事态。例如，在"北京是中华人民共和国的首都"一句中，"北京"一词就被用来指称一个个体对象——一座城市。而表达式的提及则是指，表达式本身被作为一个述说对象，而不是用来指称或陈述。例如在"北京是两个汉字"一句中，提到的是"北京"这个语词，而不是一座大城市。在文献中，表达式的提及又被称为"自名用法"，通常用把该表达式置于一对引号内如"p"的办法来表示；相应地，表达式的使用则称为"非自名用法"，不加引号。表达式的使用与提及是一个重要的区分，这是因为：它们有不同的本体论后果，表达式的使用预设了一定类型的本体，而它的提及则无此种本体假定；混淆使用与提及在有些情况下还会导致悖论。以下脚注均为译者注，不一一注明。——译者注

科学主义的人，会认为它太少地提到了关于认知的科学，而比我更不自然主义的人会认为它提到的太多了。

但是，我希望有一些人会同意我的下述看法：认识论问题是好的、艰难的问题，但它们还没有被那些众所周知的（基础论的等等）认识论理论给出令人满意的回答，并且也不能仅仅由科学来回答；因此，这些人会同情我的下述看法：认识论究竟是什么，这是需要进一步阐明的问题。并且，将会有这样一些人，他们与我一样尊敬古典的实用主义者，特别是皮尔士（从他那里，我不仅获得了对新术语的偏好，而且也领悟了许多认识论的实质性内容），还有詹姆斯，在某种程度上也包括杜威（从他那里借用了"走向……的重构"这个短语）[3]，我希望这些人会发现我的回答是合宜的——并且，我相信，他们会与我一样厌恶当今时髦的关于实用主义的庸俗的讽刺画。

当然，我最大的希望是，我已经解决了某些认识论问题。但是我充分意识到了我的论证中存在的漏洞，我的范畴和划分的不精确，以及对于某些议题的遗漏。所以，回想起皮尔士的这段话："在向真理城堡发起进攻时，你会站在另一些人的肩上，这些人按通常的理解来看是失败了，但真正说来，正是由于这些人的失败，才造就了你的成功"[4]。我最小的希望是，我以各种方式提出来的论证，将会有助于其他人来解决那些问题。

注释

[1] 这一串问题的起点是盖梯尔的论文：《被证成的真信念就是知识吗？》，尽管其实质观点已经由罗素在《知识、错误和盖然性意见》一文中就预先提出了；肖普在《关于知道的分析》一书中详尽地考察了在该问题上的研究状况，直至 1983 年。我对于这些争论问题的态度，类似于艾耶尔在《知识问题》（该书在盖梯尔的论文发表之前出版）第 34 页上所表达的一个思想："主要的问题是陈述和评价知识断言赖以做出……的基础……至于随后你给它加上什么头衔，这个问题相对来说并不重要"；并且，我的态度也类似于我在克汉姆的

《盖梯尔问题是基于一个错误吗?》一文发现的结论,不过,和文中的论证并不是那么类似。

[2] 参见,例如弗拉克和哈特索克的论文,载哈丁和辛迪卡编:《发现实在》;哈丁:《谁的科学?谁的知识?》,第 41、278、280 页;耶格尔:《爱与知识:女性主义认识论中的情感》,第 146 页;哈拉维:《有处境的知识》。在《一个老派女性主义者的认识论反思》一文中,我论证说,"女性主义认识论"是被错误地构想出来的。也请参见我对哈丁和辛迪卡所编的《发现实在》一书的评论,以及《从"女性主义的角度"看科学》一文。

[3] 杜威:《哲学的重构》。

[4] 皮尔士:《文集》,7.51。

第一章　基础论与融贯论：
　　　　被放弃的二分

人们似乎被迫在两幅图景之间做出选择：一幅是一头大象站在乌龟之上（什么东西支撑着乌龟？），另一幅是黑格尔所说的一条首尾相接的知识巨蟒（它从哪里开始？）。两幅图景都不对。

——塞拉斯：《经验论和心灵哲学》[1]

曾几何时——实际上并非很久以前——认识论的合法性是毫无争议的，像证据、理由、保证、证成这些概念在认识论上的重要性被认为是理所当然的，有关证成的基础论和融贯论的相对优势问题被公认为是一个重要的议题。然而现在的情况似乎是：醒悟占据了优势。最醒悟的人主张，有关认识论的那些问题是被错误地构想出来的，应该完全予以抛弃，或者应该被关于人类认知的自然科学式的问题所取代。有某种程度醒悟的人，虽然仍然愿意从事认识论的研究，也要求把关注的重心从证据或证成的概念转到某些更新鲜的概念：认知的效能，也许会是信息。即使那些承认证据和证成这些概念极其重要的人，在很大程度上也醒悟了，要求把关注的重心从有关基础论和融贯论的议题转到某些更新鲜的划分：义务论对后果论，或者是解释论对

第一章　基础论与融贯论：被放弃的二分

可靠论。一种强烈的醒悟氛围充盈于空气中，认为旧的认识论牧场已经开垦过度了，我们必须转移到新的场所。

我不赞同上述观点。

毫无疑问，关于现在这种时髦的醒悟的一个充分解释是相当复杂的，它要求诉诸哲学论证之外的事实因素，以及诉诸那些论证本身。我不认为做下述推测是不适当的冷嘲热讽：要求摆脱那些人所熟知的认识论议题，而转到那些更容易接受（举例来说）认知心理学，或神经生理学，或人工智能的解决方案的问题，对这一点的部分解释就在于这些学科现在享有显赫的地位。但是，另一部分解释，也就是我在这里所关心的那部分解释，在于一个广泛持有的信念：那些众所周知的认识论议题已被证明是极难对付的，具体地说，基础论和融贯论都不能成功。

我同意这种说法：基础论和融贯论都不会成功。不过，推不出有关证成概念的诚实性的任何激进结论，更别说有关认识论的激进结论了，除非基础论和融贯论穷尽了所有的选择。但是，我将证明，它们并没有穷尽所有的选择；并且我还将证明，存在着一个中间型的理论，它能够克服基础论和融贯论所面临的困难。

所以，我"走向认识论的重构"的最初步骤，就是把基础论和融贯论之间的那些旧的、我们所熟悉的争论作为自己的起点。

为了避免产生不合理的期待，我最好直截了当地说，我能提供的既不是照单全收，也不是扫地出门。前者要求完全精确地刻画基础论和融贯论，并且敲掉、拖垮反对这两个竞争者的论证，而这两件事我一件也做不了。后者要求全面地考察基础论和融贯论的所有变体，这再一次超出了我的能力（以及你的忍受力）。我所提供的是一种妥协方案，是两种吸引人的但不可能实现的策略的混合。在本章中，我将尽我所能清晰地刻画基础论和融贯论，尽我所能有力地提出该领域内最强健的论证，希望至少能够表明：似乎存在强有力的论证反对这对传统竞争者中的任何一个；不过，一个中间型的理论看起来是能够成立的，换句话说，有一股力量把我们推向基础融贯论的中间地带。在随后几章中，我将详细考察特定的基础论和融贯论的理论，我希望不仅表明了它们的失败，而且表明了它们失败的方式再一次把我们引向一个值得向往的中间型理论。

一些最后要说的话：人们应该如何判断一个证成理论的正确性或不正确性？应该就此说一些话。这个任务远不是一目了然的，这一点令人诧异却富有启发性。在提供关于我们的证成标准的辨明时，认识论家旨在弄清楚下述一点，并且带有某种精确性和理论深度，即什么东西隐在下述判断中：这个人关于他的信念有非常好的理由；那个人未经证成便匆忙得出一个结论；另一个人则已经成为一厢情愿式思考的牺牲品；如此等等。我把这个方案叫作"辨明"而不是"分析"，旨在表明：认识论家所不得不做的，远不是忠实地勾勒像"信念……被证成"及其近似短语的用法的轮廓；既然这些用法就其边界而言是不明确的、飘忽的和模糊的，因此该任务就包括大量的填充、外推和平实的整理。但是，一个证成理论可能是不适当的，其表现形式之一就是：即使在清楚的情况下，它也不能与我们关于证成的前分析判断相吻合。

但是，这只是该故事的一部分。证成概念是一个评价性概念，是评估某个人的认知状态的一大批概念中的一个。说某个人所拥有的某个信念得到了证成，就目前而言，就是对他的认知状态做出了一个积极的评价。于是，辨明的任务在这里需要对评价性概念给出一个描述性说明。

证成概念的评价性特征对证成理论施加了一种不同类型的限制。相信 p 就是接受 p 为真，并且，一个信念的强有力的或不牢靠的证据，就是它为真的强有力或不牢靠的证据。换句话说，我们的证成标准是这样的标准，我们据此来判断一个信念为真的可能性；我们把它们当作真理的标志。于是，一个证成理论可能是不适当的，其另一种表现形式就是：它所提供的标准是这样的标准，在根据这些标准得到证成的信念，与事物像该信念所说的那样这一可能性之间，不能建立任何联系。

第一章 基础论与融贯论：被放弃的二分

满足这两个限定条件将是理想的。当然，关于我们当作一个信念为真的标志的东西就是如此这一点，预先并没有任何保证。但是，假如还有一个的话，那个既满足描述性限制又满足评价性限制的说明，就是我们所追求的东西。

麻烦的部分就在于把这两类限制置于一种正确的视角之下，既不要过分盲目乐观，也不要过分挑剔和怀疑。眼下，我只能说：认识论家既不能做我们的前分析的认知证成标准的非批判的分享者，也不能做它的完全超然的观察者，而是可以做它的一名有反思的、有可能做出修正的分享者。认识论家不可能是一名完全超然的观察者，因为根本说来，为了研究认识论（或从事任何类型的探究），人们必须采纳某些证据标准，某些关于什么东西算作支持或反对一个信念的理由的标准——人们把这些标准视为真理的标志。但是，认识论家不可能是完全非批判的分享者，因为人们不得不考虑到这样的可能性：被前分析直觉判定为强有力或不牢靠的证据的东西，以及被判定为确实是真理标志的东西，可能实际并非如此。不过，实际上，我认为这种可能性不会实现；我认为，前分析直觉与这样的标准是吻合的，至少是近似的吻合：至少在一种弱的意义上，可以认可它们为真正的真理的标志。我将要论证，基础融贯论满足这两个限制条件。

一

在提供关于基础论和融贯论的不同特征的刻画之前，我应该解释一下：为了对付这样做最先要面对的两个困难，我将采取何种策略。主要的问题是，在文献中使用的"基础论"和"融贯论"这两个词，具有相当多的变种，并且有相当的模糊性。为了尽可能地保护我自己免受这样的指责：我的刻画支持我的这一论题，即基础论和融贯论并没有穷尽所有的选择，这仅仅是出于字面上的规定，我只能尽我所能地确保：我的刻画是与其他一些尝试相一致的，这些尝试超越了那些偶尔假定的随便的定义，它们把那些通常无争议地被分类为基础论的理论分类为基础论，把那些通常无争议地被分类为融贯论的理论分类为融贯论。[2]

一个较次要的困难是："基础论"和"融贯论"除了用于证成理论的语境外，还有其他用法。有时候，它们被用来指称知识理论而不是特指证成理论，但这一点对于我当前所从事的事业来说并不是一个有意义的问题。下述事实也是如此："融贯论"作为一个词，具有不同的用法，它用于指称某种类型的真理理论。有可能最易造成混淆的歧义性是：除了指称某种类型的证成理论、对应型的知识理论，"基础论"还有两个元认识论的用法：指这样的观念，即认识论标准是有客观根据或基础的；也指这样的观念，即认识论是一门先验的学科，其目标就是使我们所假定的经验知识合法化，或给它们奠定基础[3]。后面（第九章）将有必要引入字形变体（"**基础论**"，"基础论"）以表示这些不同的用法。

但在这里以及在这整本书之中，"基础论"将指称这样一些关于证成的理论，它们要求在被证成的信念中区分出基本信念和派生信念，并且把证成视为单方向的，也就是说，要求用基本信念去支持派生信念，而绝不能相反。这样讲尽管显得粗糙，但却足以把握"基础论"一词的某种隐喻性的力量：基本信念构成了被证成信念的整个结构所依赖的基础。我要说的是，一个理论有资格成为基础论的，只要它承认下面两个论题：

（FD1）某些被证成信念是基本的；一个基本信念之被证成，独立于任何其他信念的支持。

（FD2）所有其他被证成信念都是派生的；一个派生信念之被证成，要借助一个或多个基本信念的直接或间接的支持。

（FD1）旨在提出有关成为基本信念的资格条件的最小要求。它是有关下述一点的断言：基本信念是如何得到（以及如何未得到）证成的？许多基础论者还坚持认为，基本信念以其他的方式拥有特殊的地位：它们是确实的、不可更易的、不可错的……也就是说，不可能错误地拥有基本信念[4]。"不可错的基础论"将指那些做出了这个附加断言的理论。(但是,那些设定了确实的或不可错的信念,却不认为这些信念对于所有其他信念的证成是必需的,或者不要求这些信念的证成独立于任何其他信念的支持的理论,将没有资格成为基础论理论。)

(FD1)允许多个不同的变体。变异的一个维度就是被断定为基本信念的那些信念的实质特征。最基本的区别出现在这样两种基础论理论之间:有一些理论认为基本信念是经验的,有一些理论则认为它们是非经验的。我区别以下两者:

(FD1^{NE})某些信念是基本的;基本信念之被证成,独立于任何其他信念的支持;基本信念就其特性而言是非经验的。

(FD1^{NE})的倡导者们心里想着的通常只是逻辑或数学的真理,他们经常把"自明的"当作基本的。

(FD1^E)某些信念是基本的;基本信念之被证成,独立于任何其他信念的支持;基本信念就其特性而言是经性的。

这里,"经验的"应该理解为大致等同于"事实的",而不必局限于关于外部世界的信念。实际上,一种形式的经验基础论把关于主体自己的、当下的意识状态的信念作为基本的,另一种形式的经验基础论把关于外部世界的简单信念视为基本的,而第三种形式的经验基础论则允许这两者都是基本的。

在下面,我将把我的讨论局限于经验基础论,对非经验的基础论(以及那种同时允许经验的和非经验的基本信念的可能变体)则不予考虑。

变异的另一个不同的维度大致是这样进行的。它与对下述断言做出的解释相关:基本信念"被证成,但并不借助于任何其他信念的支持"。对此似乎有三种迥然不同的说明:根据经验基础论的感觉-内省论①版

---

① 感觉-内省论,指一种关于经验知识证成的理论,证成依赖于感觉证据或内省证据。

本，基本信念之被证成不凭借其他信念的支持，却要借助于该主体的（感觉的或内省的）经验；根据经验基础论的外在论版本，基本信念之被证成，是因为在该主体具有该信念与使得该信念为真的事态之间，存在着因果的或似规律的联系；根据经验基础论的内在论版本，基本信念之被证成，是因为它们的内在特性，它们的内容是它们被证成的保证。于是有：

（FD1$^E_{EXP}$）某些被证成信念是基本的；一个基本信念之被证成，不凭借任何其他信念的支持，而是凭借该主体的经验。

这代表了经验基础论的上述第一个版本，而

（FD1$^E_{EXT}$）某些被证成信念是基本的；一个基本信念之被证成，不凭借任何其他信念的支持，而是因为在该主体的信念与使得该信念为真的事态之间，存在因果的或似规律的联系。

代表了上述第二个版本，并且

（FD1$^E_{IS}$）某些被证成信念是基本的；一个基本信念之被证成，不凭借任何其他信念的支持，而是依据它的内容，它内在具有的自我证成的特性。

代表了上述第三个版本。

关于证成的内在论或自我证成型的解释，对于那些非经验基础论者自然也很有吸引力，他们把基本信念的证成解释为源自它们内在的特性或内容（或者，更可能源自它们缺乏内容）。但是，这一点不必在此讨论。

感觉-内省论的经验基础论可能局限于依赖主体的内省经验，或者可能局限于依赖他的感觉经验，或者可能这两种经验都允许；取决于它如何做，有可能把关于主体自己的、当下的意识状态的信念，或者简单的知觉信念，或者这两者都列为基本的。同样，外在论的和自我证成型的经验基础论，相应于它们视为基本的信念的类型，也具有经验基础论的所有子类型。

第一章　基础论与融贯论：被放弃的二分

我使用"经验基础论"而不是"后验基础论"这样的表达式，其主要的理由现在应该是显而易见的了。无疑，理由之一是："后验的"是与"先验的"相对而言的，本身不是一个方便的缩写。不过，更实质性的理由是，与感觉-内省论的版本不同，外在论的和自我证成型的基础论都没有赋予主体的经验以证成性作用。这导致了另一个有意义的差别：感觉-内省论的经验基础论把证成与主体的经验进行了关联，外在论的经验基础论把证成与世界中的事态进行了关联，而自我证成型的经验基础论则让证成变成了只与信念相关的事情：就其基础而言，是它们的内在特性；就其上层建筑而言，是它们的支持关系。

相对于它就基本信念的证成所做出的断言的强度，（FD1^E）也允许有变体。较强的版本断言，基本信念之被证成，显然独立于任何其他信念的支持；较弱的版本断言，基本信念之被证成，初看起来是但有可能弄错，或者在某种程度上是但并非完全是，独立于任何其他信念的支持。应该显而易见的是，较弱的版本可能要求承认证成有程度之分，虽然它们不必这样做。我区分了下述两者：

（FD1$_S$）某些被证成信念是基本的；基本信念之被（决定性地、结论性地、完全地）证成，独立于任何其他信念的支持。

（FD1$_W$）某些被证成信念是基本的；基本信念之被证成，初看起来是但有可能弄错，或者在某种程度上是但并非完全是，独立于任何其他信念的支持。

"强基础论"将指第一种类型，"弱基础论"将指第二种类型。

（FD2）也允许有变体。根据纯粹的版本，派生信念之被证成，总是整个地借助于基本信念的支持；根据不纯粹的版本，派生信念之被证成，至少部分地是借助于基本信念的支持，但是允许下述可能性：它们有可能凭借它们之间的相互支持，而得到它们的部分证成。我区分下述两者：

（FD2^P）所有其他的被证成信念都是派生的；派生信念之被证成，整个地凭借一个或多个基本信念的直接或间接的支持。

(FD2¹) 所有其他的被证成信念都是派生的；派生信念之被证成，至少部分地是凭借基本信念的直接或间接的支持。

"纯粹基础论"将指上述的第一种，"不纯粹的基础论"将指第二种。

像弱基础论的某个版本一样，不纯粹的基础论不得不承认，至少是隐含地承认：证成有程度之分。

迄今所做出的区分允许全方位的变换。例如，强的或弱的，纯粹的或不纯粹的，这两对区分给出了四重分类：强的、纯粹的基础论；弱的、纯粹的基础论；强的、不纯粹的基础论；弱的、不纯粹的基础论。

有关证成的融贯论理论的特殊论题是：证成是只与信念之间的关系有关的事情，而且正是一个集合内信念的融贯证成了那些作为其元素的信念。我将要说的是，一个理论有资格成为融贯论的，如果它赞成下述论题：

(CH) 一个信念之被证成，当且仅当，它属于一个融贯的信念集合。

当然，在下述问题上还存在变异的空间：究竟什么样的集合被认为是相关的？集合是融贯的这一要求的精确内容是什么？人们通常都会同意相容性是必要的；但大多数人还会要求全面性；新近更时髦的注解是"解释的融贯"。但对于这里要完成的目标来说，最重要的区别存在于融贯论的下述两种形式之间：一类是不妥协的平均主义形式，它们主张：在一个融贯的集合内，相对于它们的证成，所有的元素都恰好处于同样的水平之上；另一类是温和的非平均主义形式，它们认为并非如此。不妥协的版本不允许下述两种可能性：任何信念，独立于它们与其他信念的关系，均享有某种特殊的初始身份；在一信念集合内，任何元素能够比该集合的其他元素具有更紧密的相互关联。温和的版本则以两种形式出现。一种源自允许下述可能性：某些元素可以一开始就享有特殊的身份，这种身份不依赖于它们与其他信

第一章 基础论与融贯论：被放弃的二分

念之间的关系，以至在权衡相互支持关系时，加给与初始特殊的信念相互关联的权重，大于加给与其他信念相互关联的权重①。另一种形式的温和的融贯论源自允许第二种可能性：尽管没有任何信念有初始的特殊身份，但是某些信念比其他信念更深地嵌入该融贯的信念集合中。于是，我就这样刻画"不妥协的融贯论"：

（CH^U）一个信念之被证成，当且仅当，它属于一个融贯的信念集合；在一个融贯的集合内，没有任何信念具有特殊的认识论身份，并且也没有任何集合具有特殊地位。

"温和的融贯论"将指任何这样的理论，它们承认（CH^U）的第一部分，但否认第二部分。"温和的、加权的融贯论"将是：

（CH^M_W）一个信念之被证成，当且仅当，它属于一个融贯的信念集合；某些信念具有特殊的认识论身份，并且其证成依赖于被加权的相互支持。

"温和的、带嵌入程度的融贯论"将指：

（CH^M_D）一个信念之被证成，当且仅当，它属于一个融贯的信念集合；某些信念是特殊的，因为它们比其他元素更深地嵌入一个融贯集合中。

与不妥协的融贯论不同，温和的融贯论表明，它隐含地承认证成有程度之分的可能性。

伴随所提到的各种提炼、限定和修正，那些相互竞争的理论彼此之间以某种方式比先前更为接近。加权的融贯论与弱的、自我证成型的基础论——特别是不纯粹的、弱的、自我证成型的基础论，有不止一晃而过的相互类似。自我证成型的基础论让证成从信念之间的关系推导出来，就像所有形式的融贯论一样；加权的融贯论允许某些信念

---

① 加权，权重，是统计学术语。不太精确地说，在综合考虑各种变量的影响中，并不赋予它们以同等的地位，而是给某些变量以特殊考虑，赋予它们更大的重要性，这就叫作"加权"。

具有某种特殊的认识论身份，这种身份不依赖于它们与其他信念之间的关系，就像所有形式的基础论一样。但是，这些理论仍然是不同的；即使是不纯粹的、弱的、自我证成型的基础论也坚持单方向性，否认基本信念能够接受来自非基本信念的任何证成。

从这里开始，我将不会用非常精妙的论证去确立本节的主要论题，即基础论和融贯论没有穷尽所有的选择[5]。不过，有一点有必要预先说清楚：我的论题关注的是作为关于经验证成的竞争理论的基础论和融贯论。下述思想与这里所争论的议题无关：例如，某种形式的融贯论作为对先验证成的说明可能是正确的，并且，某种具有经验牌号的基础论作为对经验证成的说明可能是正确的。就作为关于经验证成的理论而言，关键的一点是：基础论和融贯论并没有穷尽所有的选择；在两者之间还有逻辑空间。该论证最最简单的形式是这样的：基础论要求单方向性，而融贯论无此要求；融贯论要求证成只与信念之间的关系有关，基础论则不这样要求。（事情不是完全对称的，因为基础论只允许而不要求非信念的输入；但这个不对称对本议题没有什么影响。）所以：一个理论若允许非信念的输入，它就不可能是融贯论的；而一个理论若不要求单方向性，它就不可能是基础论的。像我所赞成的那样的一个理论，将允许经验与证成相关联，但不要求任何类型的特殊信念只为经验所证成，而不需要来自其他信念的任何支持，这样的一个理论将既不是基础论的，也不是融贯论的，而是介于这两个传统的竞争者之间的理论。

基础融贯论可以近似地被刻画如下：

（FH1）一个主体的经验是与其经验信念的证成相关联的，但是不需要任何类型的具有特殊地位的经验信念，后者只能通过经验的支持得到证成，而与其他信念的支持无关。

（FH2）证成并不只是单方向的，而是包含着普遍存在的相互支持关系。

这只是一种非常粗糙的第一级近似；展开其细节并使之更为精确这个任务有待（第四章）去完成。但是，即使从这一概略性的刻画

第一章　基础论与融贯论：被放弃的二分

中，也明显可以看出：既然主体的经验将要发挥作用，因而该说明就将是个人性的，而不是非个人性的；并且，既然信念之被证成将被视为部分地依赖经验，部分地依赖其他信念，因而该说明将是有等级的，而不是直截了当的；简而言之，所偏好的被辨明项将是："A 的信念 p 或多或少地被证成，依赖于……"

当然，基础融贯论并不是被提议的唯一的"第三种可供选择的"证成理论：语境主义是更为人熟知的第三种可能性。语境主义说明的特征是：它们根据与某个认知共同体的标准的一致来定义证成。对于语境主义说明来说，一旦超出这个非常一般性的论题，它们就会有一种两层的、单方向的结构，这种结构会令人想到基础论，这种现象并不是不常见的；但是，仍然存在一个非常重要的差别：语境主义者可能会设定"基本"信念，所有被证成信念都必须得到这种信念的支持。但是，这些信念将不会被解释为是凭借其他信念的支持之外的方式而被证成的信念，而是被解释为在所谈论的认知共同体看来根本就不需要证成的信念。

有时候人们会感觉到，语境主义并不是真的在谈论与传统竞争理论相同的问题。这种感觉有时候会用这种提法来表达：语境主义重点关注的，并不是对"A 的信念 p 被证成"的辨明，而是对"A 能够（对 C 的成员）证成他的信念 p"的辨明；或者更不客气的表达方式是：它们已经把这两者搞混淆了。在我看来，对混淆被辨明项的这种诊断并不是毫无意义的，语境主义中确实含有某种东西，使得它不仅与基础论和融贯论区分开，而且也与基础融贯论区分开：它立刻就导出了下述论题，即认知标准不是客观的，而是约定的。而这意味着语境主义是隐含地反认识论的；它将破坏认可方案的合法性基础。这是对下述一点的第一个暗示：人们为什么会认为（在我看来，这当然是错误的），如果基础论和融贯论都不成功，则整个认识论事业就会受到威胁。

语境主义有激进的后果，并不证明它就是错误的。我认为它是错误的，但我要等到后面很远的地方（第九章）才会去详细讨论它。对于眼下来说，既然本章的目的就是为基础融贯论做初步的辩护，那么需要强调的要点是：我将在基础论和融贯论中发现的那些困难，是如此清楚地指向了基础融贯论的方向，而不是语境主义的方向，并将前一方向视为最有希望通向成功解决方案的途径。

二

于是，我的目标就是为基础融贯论做初步的辩护。我的策略将是考察在基础论和融贯论的论战中最有意义的论证，其目的在于表明：它们是如何把对方推向基础融贯论这一中间地带的。

将要考虑的大多数（尽管不是全部）论证是人们相当熟悉的；但是我将不得不进行特定数量的理性重构，以便把这些我们所熟知的论证整理成它们的最强形式。尽管如此，我只能宣称是在做初步的辩护，因为所考虑的那些论证，即使就其理性重构过后的版本来看，也很少是无懈可击的；而且，掩盖下述事实将有失坦诚：由一种风格的理论所面对的一个困难，如果也被另一种风格的理论的提倡者认作难以克服的，是否可以被更合理地视为一种决定性的反对意见或者一种具有挑战性但可以克服的障碍，这取决于人们的判断。

我的元论证从考虑"**无穷后退论证**"开始，它经常被认为是证明了必须接受某种形式的基础论。这一论证大致是这样进行的：下述情况是不可能的，即一个信念被证成，是由于受到了另一个信念的支持；这另一个信念被证成，又是由于受到另外一个信念的支持……如此往复，因为对于一个信念来说，除非这种理由的后退到达一个终点，否则第一个信念将不会得到证成；所以，像基础论所主张的，必定有基本的信念，它们是通过其他信念的支持之外的方式被证成的，因而可以被看作证成所有其他被证成信念的终极理由。换句话说，必定存在基础论意义上的基本信念，因为不能容许理由的无穷倒退。假定下述一点是理所当然的：一个人的信念不可能被证成，如果该信念

第一章 基础论与融贯论：被放弃的二分

的理由链永远走不到一个终点。就其本身而言，这个论证仍然是非结论性的，因为它需要这样的假定：一个信念的理由构成一个链条，而后者或者终止于一个基本信念，或者就根本不会终止；这些明显不是仅有的选择。也许该链条就终止于一个未被证成的信念；也许该链条就终止于它由之开始的信念，即终止于这样的初始信念，后者得到其他信念的支持，而自己反过来又支持这些信念……

当然，基础论者并不认为这些选择会比无穷倒退更令人满意。于是，可以构造该论证的一个更强的版本——不过，把它称为"无穷倒退论证"似乎不再是适当的，因为无穷倒退只是它所认为不可接受的几种可能性之一。我将把这个重构过的论证叫作**"没有可忍受的选择论证"**。它是这样进行的：

假设 A 相信 p。A 的信念 p 被证成了吗？好吧，假设他是在他的信念 q 的基础上相信 p 的。

于是，他的信念 p 不会被证成，除非他的信念 q 被证成。

假设他在他的信念 r 的基础上相信 q。

于是，他的信念 q 没有被证成，所以信念 p 也不会被证成，除非他的信念 r 被证成。

假设他在信念 s 的基础上相信 r。

于是，他的信念 r 未被证成，所以信念 q 也未被证成，所以信念 p 也未被证成，除非……

现在，或者（1）这一系列继续进行下去，没有终点；或者（2）它终止于某个未被证成的信念；或者（3）它构成一个圆圈；（4）它终止于某个被证成的信念，但其证成不借助于其他任何信念的支持。

如果是（1），该理由链永不会被终结，A 的信念 p 不会被证成。

如果是（2），该理由链终止于一个未被证成的信念，A 的信念 p 不会被证成。

如果是（3），该理由链构成一个圆圈，信念 p 依赖于信念

29

q，信念 q 依赖于信念 r……并且信念 z 依赖于信念 p，A 的信念 p 未被证成。

然而，如果是（4），那么，如果该理由链终止于某个被证成的信念，但未借助于任何其他信念的支持，则 A 的信念 p 被证成。

所以，既然（4）恰好就是基础论所断言的东西，于是，仅当基础论为真时，任何人拥有任何信念才会被证成。（基础论是唯一可以忍受的——唯一一个非怀疑论的——选择。）

上述论证仍然是非结论性的，尽管也许不是那么明显。我再次承认，如果一个人的一个信念的理由链不能到达一个终点，那么他相信这个信念将不会被证成；我也承认，如果一个人的一个信念的理由链终止于一个未被证成的信念，那么他相信这个信念将不会被证成。我甚至也承认，如果信念链构成一个圆圈，支持初始信念的其他信念本身最终又受到该初始信念的支持，那么他的这个初始信念也不会被证成。我要否认的是：从根本上说，我们需要一个理由的链条。

究竟什么地方出错了？对此一个有意义的提示是：基础论者表明，"构成一个圆圈"是融贯论者必定想要提供的关于证成的画面，而这幅画面显然无法令人满意。融贯论者急于做出反应，他们会抗议说：尽管他们确实主张相互支持关系充满于信念之间，但在理由的合法的相互支持和恶性循环之间，仍然存在极大的差别。在这里，我认为融贯论者是正确的，尽管他们曾经很少成功地说清楚过"极大的差别"究竟是什么意思。

再重复说一遍，在没有可忍受的选择论证中嵌进了一个错误的隐含假设，但由于它嵌进得如此紧密，以至几乎都见不到：一个信念的理由必定会构成一个链条——也就是这样一个系列，信念 p 受到信念 q 的支持，q 受到信念 r 的支持……如此往复。假如一个信念的理由不得不是一个链条、一个系列，那么相互支持将确实不得不是一个圆圈，如图 1-1 所示；而且确实不能承认理由构成的这种圆圈会起到证成的作用。

但是，即使从基础论者自己的眼光来看，链条类比也是错误的。基础论者所设想的关于这一结构的恰当画面应该不是一个链条，而是

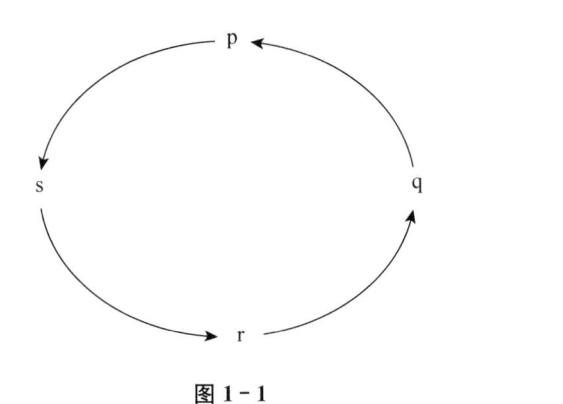

第一章 基础论与融贯论：被放弃的二分

图 1-1

一座金字塔或者是一棵倒置的树，例如，信念 p 基于信念 q、r 和 s，信念 q 基于信念 t 和 u，信念 r 基于 v，如此等等[6]，如图 1-2 所示。并且，为什么情况不能是这样的，即 A 的信念 p 被证成，即使 A 对信念 p 的证成的一部分是信念 z，并且，A 对信念 z 的证成的一部分是信念 p（如图 1-3 所示）？这一点在直观上并不清楚。假定下述一点似乎是完全合理的：A 的一个信念在何种程度上被证成，（至少）取决于他的理由是多么好地支持该信念，以及他的那些理由是如何在独立于该信念的情况下被证成的。如果情况就是这样，他就能够对提出这样一个环状的证成图提供证成，尽管他不是完全地证成，而是在不完全的条件下在你喜欢的无论多么高的程度上加以证成。

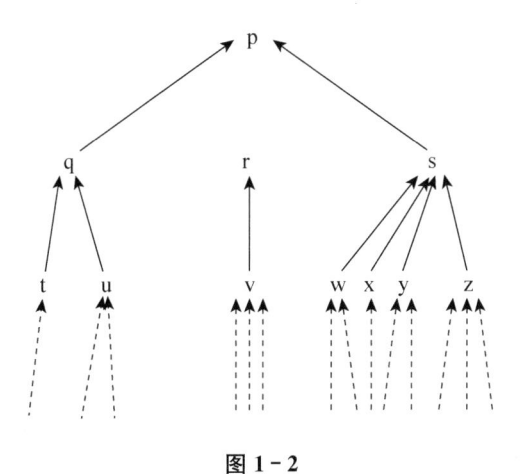

图 1-2

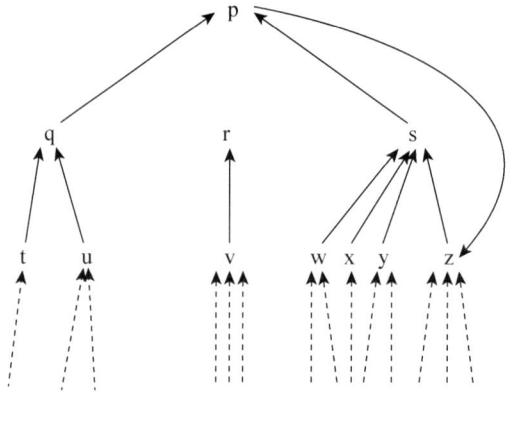

图 1-3

实际上，不纯粹的基础论允许这种环状理由的可能性；根据不纯粹的基础论，虽然所有的证成都至少部分依赖于基本信念的支持，但派生信念之间的相互支持也能够对它们的证成有所贡献。所以，甚至某些基础论者也承认——像融贯论者和基础融贯论者所坚持的——可以有合法的相互支持，信念之间的相互渗透并不必然包含恶性循环。

反对融贯论的其他基础论论证在我看来是更加有害的。我首先考虑的是这个论证：相容性要求（融贯论者认为这是融贯的必要条件）对于证成来说太强了。这个反对意见——我将其称为**"要求过多的反对意见"**——是相当简单的。融贯论似乎蕴涵着：一个主体，如果具有不相容的信念，也就会具有不相容的信念集合，他的任何信念就不会被证成[7]。但这是一个过分的要求；没有一个人有完全相容的信念集，这是完全可能的。无论如何，我关于俄罗斯的地理的一组信念隐藏着矛盾，这一单纯的事实确实不是下述说法的理由：我的如下信念未被证成，即雪是白的，在我面前有一张白纸，我的名字叫苏珊·哈克……既然不把相容性视为融贯的必要条件几乎不是一个认真的选择，于是对融贯论者开放的唯一的逃脱途径，可能就是去规定：其融贯构成证成的信念集合，将不是该主体的整个的信念集合，而是该集合的某个子集合。的确，下述想法是合理的：即使（如我所相信的）一个被证成的信念将总是会被编织到其他信念的整个复合体之中，对

第一章　基础论与融贯论：被放弃的二分

于一个人的每一个信念的证成来说，并非这个人的所有信念都是相关的。

赞成"最好的辩护就是强有力的进攻"这一理念的融贯论者可能会指出：在基础论的画面中有某种尴尬，它也与一个主体的信念中的不相容性相关，尽管方式上有些不同。可以肯定，基础论并不意味着（如通常形式的融贯论那样）：如果一个主体的信念是不相容的，他所拥有的任何信念都不会被证成。它所重点关注的不是整个信念集合，而是某个子集合，后者在某个特定信念（关于它的证成状况还有争议）的理由树中发挥着作用。迄今为止，一切正常；基础论并不是非常在乎一个主体的信念集合中的不相容性。但是，它有一点太不在乎一个人关于一个信念的理由中间具有不相容性这种可能性。就我所意识到的而言，所有基础论者都接受这一点：如果一个信念的理由演绎地蕴涵该信念，它们就是结论性的；所以，既然不相容的命题演绎地蕴涵无论什么命题，所以，一个信念的不相容的理由必定会被认定为结论性的。当然，基础论者并不是必须要说，如果一个人关于一个信念的理由是不相容的，并因此是结论性的，那么他的这个信念因此就得到了证成。相反，我们可以充满信心地期待他这样说：这个主体的信念没有被证成，因为它相信该信念的那些理由这一点并没有得到证成。不相容的理由本身就是结论性的，这个观念肯定是反直观的，如果可能，就应加以避免。

不过，还是回到目前讨论的主线上：它目前所重点关注的是针对融贯论的反对意见：即使有可能产生融贯论的一种受限制的形式，它靠着一堆堆相互关联的信念来运转，它也仍将面对基础论者提出的其他反对意见。要求过多的反对意见坚持认为，对于证成来说，相容性是一个太强的要求；接下来要考虑的反对意见，我称之为**"相容的童话故事"反对意见**，则认为这个要求太弱了。该论证说，融贯论不可能是正确的，因为一个信念集合的相容性显然不足以成为它为真的保证或标志。有人可能会认为，这是不公正的，因为对于一个融贯的信念集合来说，融贯论者通常要求的远不止简单的相容性。但稍加反思就会清楚看到，增加一个全面性的要求并不会使情况有什么改善——无论如何，一个信念集合是相容的和大的，并不比它只有相容性，更能够成为它为真的保证或标志。不过，我们又一次看到，就像融贯论者抗议自己所遭遇的关于其相互支持概念会造成"构成一个圆圈"的指控那样，他可能会抗议说，他实际的想法并不是这么愚蠢；也许他会坚持认为，"全面性"所意味的不只是"大的"，而是"覆盖一个有意义的论题范围"，或者，也许他将断言，解释的融贯无论如何都是一个更加精致的概念，它不会落入照这些方式简单且轻易地就可以提出的反对意见之中。另一方面，坚持基础论的反对者们有可能对这一点持怀疑态度，即对融贯概念进行精确阐释能够解决该问题。那么，我们陷入僵局了吗？

我不这么认为；因为作为基础论者如下看法背后的根据的，是一个更进一步的论证，即像融贯这样的东西，无论对它提供的辨明有多么精致，都不能保证在证成与可能为真之间具有所要求的那种联系，这一次，这个论证在我看来相当有说服力。根据这个论证，融贯论的基本问题恰恰在于这一事实：它试图使证成只依赖于信念之间的关系。C.I.刘易斯抗议说，融贯论者的这一断言，即经验信念能够仅凭相互支持关系被证成，就像下述提议一样荒谬：两个喝醉酒的水手能够通过背靠背来相互支撑——当他们两人都没有站在任何东西上的时候！在提出这一抗议过程中，他模糊但却生动地表达了此处的要点。

为了使反对融贯论的这一论证以尽可能强的形式出现，从字面上详细地说明它（虽然我将继续把它称为"喝醉酒的水手论证"）的意思是值得一试的。基本的反对意见是这样的：因为融贯论不允许任何非信念的输入，即不允许经验或世界发挥作用，所以它就不可能令人满意；除非人们承认，对于经验信念的证成要求这样的输入，否则就不能假定：一个信念被证成，能够是它为真的标志，也就是它正确地再现这个世界是什么样子的标志。

最后，我相信这个论证对融贯论来说确实是致命的。一个理论，

第一章　基础论与融贯论：被放弃的二分

如果它只用一个主体的信念之间的关系来表达，那么在证成概念和真理概念的联系问题上就会面临不可克服的困难。一个信念集合是融贯的，无论是在多高程度上的"融贯"，或者"融贯"的意思多么精确，这一事实如何可能作为它为真的保证或标志呢？

没错，融贯论者当然认为它能。至少就其表面而言，他们最有前途的策略是，尽管承认这个反对意见对于不妥协的融贯论可能是致命的，却也论证说，一种温和的、加权形式的融贯论能够避免它。因为这种风格的融贯论赋予某个信念子类以初始特殊地位，以及给相互支持关系加权，其目的都恰恰在于使"证成是真理的标志"这一点成为合理的。但是，"这一回应措施解决了该问题"这一表象似乎是纯粹的表象。反对者将不会注意不到：加权的融贯论打算赋予基础论视为基本的那类信念以特殊地位，并且也不会提不出这样的问题：一开始就具有特殊地位的信念从哪里获得它们的特殊的认识论身份？或者如何获得这种特殊身份？如果融贯论者不能提供任何回答，他就易于受到下述攻击：他在信念之间做的初始区分，他对支持关系的加权，是任意的；但是，如果他足够合理地回答说，他所突出的只是例如说简单的知觉信念，因为它们接近于主体的经验，那么，尽管化解了下述反对意见，即任何地方都不允许来自世界的输入，但下述反对意见仍然是不可避免的：他已经明显牺牲了他的理论的融贯特征。事实上，温和的、加权的"融贯论"，一旦与对其初始认知加权的这类解释进行结合，就开始显得几乎不能与基础融贯论区别开来。

当然，即使这足以挫败加权的融贯论者对喝醉酒的水手论证的反应，但它仍不足以确证：融贯论者不可能做出任何合理的反应。我希望，第三章针对邦居尔和戴维森所做的辩护的那些论证，将对弥补这些缺陷有所助益。不过对于眼下来说，我要指出的是：如果喝醉酒的水手论证是一个反对融贯论的好论证（我认为它是），那么，它也是反对自我证成型的基础论的一个好论证；因为那种形式的基础论恰恰就像融贯论一样，也使证成变成只与信念之间的关系有关的事情。阐述这一点的一种方式可能这样说：自我证成型的基础论和加权的融贯论一样，被迫提出下述观点，即某些信念由于它们的内在特性，即它们的内容，从而在认知上具有特殊的地位。也许，对于某些非经验信念来说，这一说法并非毫无合理性可言（人们也许会说，使得"鸡蛋是鸡蛋"这个信念能够自我证成的东西，恰恰在于这一说法明显缺乏内容）；毕竟，关于"自明的"一词的一个注解就是："不接受它的真就表明了没有理解它"。但是，对于经验信念来说，这样求助就行不通了。在自我证成型的经验基础论那里，基本信念将不得不具有某些内容。而有一点还不清楚，即在避免下述两难困境这一点上，自我证成型的基础论如何比加权的融贯论准备得更好：如果对初始特殊的信念的选择不是任意的，它就必定是由所假定的、与经验或外部世界的联系不公开地促成的。

然而，基础论的外在的感觉-内省论版本和自我证成型的版本不一样，它们不容易感染喝醉酒的水手论证的负效应（醉酒后的头晕？）。但是，它们却面临着其他反对意见。要精确地陈述反对外在基础论的最重要论证——我称之为"证据论反对意见"，需要精确地表述主体的信念和使该信念为真的事态之间的联系，这正是外在基础论所提供的东西；但主要威胁的大意是：外在基础论违背了这一直觉，即证成一个信念的东西应该是该主体所意识到的某种东西——就像"证据"一词的词源所表明的①。证据论最强版本的反对意见是：外在基础论在两个方面违背了直觉，一是太弱了，另一是太强了，它允许一个基本信念被证成，如果在信念状态和使该信念为真的事态之间存在适当的联系，即使该主体没有掌握支持该信念的证据，或者拥有反对它的证据；并且，即使该主体拥有支持该信念的好的证据，但如果不存在这种联系，也将否认该信念得到了证成。我注意到，感觉-内省论的基础论者预先就被禁止使用这一反对意见——因为它隐含地抛弃了他作为基础论者所主张的单方向性。我的感觉是：尽管还需要进一步的发展，以确证没有任何修正过的外在论表述能够避免这一反

---

① 就词源来说，"证据"的英语词 evidence 来自拉丁动词 *videre*，意思是"看"，相应地，evidence 就是所看见的东西。

第一章　基础论与融贯论：被放弃的二分

对意见，但证据论反对意见对于外在基础论是非常有害的。

这把我引导到一个人们熟悉的融贯论论证，如果它发挥作用的话，将排除掉感觉-内省论的和外在的基础论。为简单起见，同时也因为我认为证据论反对意见已经排除了外在的基础论，所以我将以这样的形式来陈述这个论证，以便它适用于感觉-内省论的基础论。感觉-内省论的基础论断言，基本信念由主体的经验来证成。但是，尽管在一个人的经验和他的信念之间能够有因果关系，却不可能有逻辑关系。所以，既然证成是一个逻辑问题，它就必定是只与信念之间的关系有关的一个问题。

该论证的第一个前提是真的。A 看见一条狗，可能引起他去相信眼前有一条狗，但是它不能蕴涵或确证眼前有一条狗这个命题。但是，下述论证也是非结论性的：这表明，该主体的经验与他的信念的证成不相干——"**因果不相干论证**"，因为它要求有另一个前提，即证成只是逻辑上的事情，而这是错误的。是什么东西证成了 A 的信念，即眼前有一条狗？——他看见一条狗，即他看见一条狗这个事实，是自然的回答。对于证成概念的因果方面和逻辑方面的关系而言，这一论证所真正表明的，不是经验与证成不相干，而是我们需要说明它是如何相干的。并且，关于下述一点已经存在一条线索：人们可能如何使用融贯论者的如下前提去着手构造这样一个说明，即在主体的经验和他的信念之间可能只存在因果的联系，而不存在逻辑上的联系。因为在这个前提中，"信念"一词是有歧义的（我对该论证的精确阐述已经明确予以揭示）：在一个信念状态，即某个人相信某种东西，与那个人的经验之间，可能存在因果关系；而在一个信念内容，即一个命题，也就会是某个人所相信的东西，与其他的信念内容，即其他命题之间，可能存在逻辑的关系。这表明，一个人具有某种经验，而该经验在因果上有助于他相信某种东西，这一事实如何使得下述一点或多或少具有可能性：他所相信的东西是真的，对于这一点的充分说明将不得不利用信念状态和信念内容这两者之间的区分。

作为对因果不相干论证的回应，感觉-内省论者最有可能不得不做出的让步是：唯有把逻辑的因素和因果的因素结合起来的说明，才能够允许经验与证成相干。我之所以说"最有可能"，是因为在简要讨论演绎后承与存在不相容之时的结论性之间的不当匹配时，我们已经碰到了一个理由去怀疑："逻辑的"是否是一个适当的词，可以用来表示证成概念的非因果的、评价性的构成要素；接下来，当我要去论证在所谓的"归纳逻辑"和证据的支持性之间的错误匹配时，我们将遇到另一个理由。因此，对因果不相干论证的适当的回应，就是坚持证成概念的"双面的"或"状态-内容"二分的特征；当然，要想承认，就经验是如何与证成相关的这一问题给出一种充分的说明，那就要求我们细致地说明这两个方面是如何相互交织的。感觉-内省论的基础论通常使所有这些都处于一种不明朗的状态；但是，它不会因为因果不相干论证而遭到致命的打击。

如第一节所刻画的，基础融贯论是感觉-内省论的；所以，它也要求一个双面的、状态-内容的探索；当在（第四章）开始清晰地表述该理论的细节时，我将尽可能明确地揭示这一点。

反对基础论的第二个论证指出，基础论要求基本信念既是可靠的（可以合理地宣称独立于任何其他信念的支持而被证成），又是丰富的（可以合理地宣称能够支持一组足够大的其他信念），该论证强调指出，没有任何信念能够同时满足这两个要求。该论证继续说，因为这两个要求是相互竞争的；只有去掉基本信念的内容，第一个要求才会得到满足；而只有充实基本信念的内容，第二个要求才会得到满足。

在我看来，这一论证对于那类有限制的基础论理论来说，是特别有说服力的，其中的有限制的基础论理论指的是这样一些理论，它们断言，基本信念必须是确实的或不可错的，不能够是假的。但是，不可错论对于基础论来说是非本质性的，所以一个有意思的问题是：这个论证对于其他形式的基础论具有什么样的力量。一个合理的初步反应是：尽管这一提法具有某种合理性，即可靠性的要求容易与丰富性的要求发生冲突（基础论纲领的历史已经生动地显示了这种合理性，它确实已经显示出一种显著的倾向，即在坚持可靠性但却牺牲了内

第一章 基础论与融贯论：被放弃的二分

容，和坚持内容但却牺牲了可靠性这两种情况之间来回穿梭），但并没有人证明这一冲突是不可解决的。进一步的反思表明，随着基本信念被要求具有越强的特殊地位，而且被要求去承担更多地支持其他被证成信念的责任，这一论证——"来回穿梭论证"——也就越合理。这意味着，该论证对于弱基础论并不像对强基础论那样有效（因为前者并不要求独立于其他信念的支持而被证成），并且对于不纯粹的基础论也不像对于纯粹的基础论那样有效（因为前者并不要求基本信念全部负责支撑派生信念的上层建筑的工作）；所以，它对于弱的、不纯粹的基础论的有效性是最小的。事实上，我有理由确信：这个论证对于弱的、不纯粹的基础论是相当无效的——当然我完全确信，对于根本不要求任何类型的基本信念具有特殊地位的基础融贯论来说，它不具有任何效力。

仍然有待解释的是，什么东西说服我，使我相信基础融贯论甚至比温和形式的基础论看起来还要合理，要知道，后者似乎能够经受住来回穿梭论证的考验。在这里，我依靠的是一对相互交错的论证，就我所知的而言，这对论证先前似乎还没有在基础论和融贯论的论战中使用过。第一个指向了弱基础论中的一个空隙，除非抛弃证成的单方向性特征，否则这个空隙是不能被填充的；第二个则指出，若是像不纯粹的基础论所做的那样，削弱单方向性而不是完全抛弃它，这缺乏有说服力的理由。我将把这两个论证叫作**"在整个路途上来回往返论证"**。

根据弱的基础论，一个基本信念被某种信念之外的东西所证成，这种证成是初步的却是可以撤销的，是某种程度上的，而不是完全的。乍听之下，这似乎是对下述相当常见的情形的一种合理解释：假设 A 相信眼前有一条狗，并且，他是因为当下的感觉经验（他看见看起来像一条狗的东西）而相信这一点的；于是，他的信念"在他面前有一条狗"被初步证成，或在相当程度上被证成——但不是毋庸置疑地被证成，不是充分地被证成，因为表象可能会是误导性的。然而再看之后，一个奇怪的问题出现了，如果他的下述信念也被证成：他的眼睛在正常工作，他没有受到催眠之后的暗示的影响，在周围没有活生生的玩具狗，如此等等，难道 A 的信念"在他面前有一条狗"就不能被更多地证成，或者被更可靠地证成吗？可以肯定，他将会如此。但是，弱基础论者不能容忍这一点，因为他的故事讲的是：基本信念只从在其他信念的相互支持之外的某种东西那里获得它们的证成；允许它们从经验那里获得某种证成，并且从其他信念的支持那里获得某些证成，而这将违背证成的单方向性特征，可这正是基础论者所要坚持的东西。而且，如果允许这一可能性，那么弱的、感觉-内省论的基础论将被转变为某种形式的基础融贯论。

相反，不纯粹的基础论的问题是，它缺乏有说服力的理由。纯粹的基础论者坚持认为，证成总是从基本信念到派生信念。不纯粹的基础论者与此不同，他们仅仅坚持以否定论题的形式出现的单方向性：证成从来不会从派生信念到基本信念。但这样一来，他怎么能够仍然主张，必定有一类与众不同的、有特殊地位的基本信念，它们完全不需要任何其他信念的支持而获得它们的证成，并且它们自身还必定有助于所有其他信念的证成呢？也许答复将是：因为来自该主体的信念之外的输入必定发挥作用。但是，这一点虽然正确，却明显不足以确证：必定存在一类有特殊地位的基本信念，它们所有的证成都是从这种输入中获得的。假如放弃这个没有给出任何理由的假定，那么，不纯粹的、感觉-内省论的基础论将被转变成某种形式的基础融贯论。

支持基础论的无穷后退论证是非结论性的，它的更强的变体——没有可忍受的选择论证，同样如此。要求太多论证严重地损害了通常的整体论形式的融贯论，尽管通过退回到一个有限制的、似整体论的版本就有可能避开这个论证；它还提出了有关基础论者本身对不相容性的态度的一些奇怪的问题。不过，喝醉酒的水手论证是反对融贯论的决定性论证；通过尝试从不妥协的、平均主义形式的融贯论转变为一种温和的、加权变体这种方法避免这一论证的努力，结果等于以伪装的形式采纳了基础融贯论，而这是它有希望获得任何成功的唯一形式。由此看来，融贯论是不会获得成功的。

就像损害了融贯论一样，喝醉酒的水手论证同等程度地损害自我证成型的基础论。而证据论反对意见对于外在基础论是致命的。但是，因果不相干论证对于感觉-内省论的基础论并不是致命的，而是仅仅指出了需要有一种双面的、状态-内容二分的探究方式。来回穿梭论证成功地反驳了不可错论的基础论，并且也可能成功地反驳强的、纯粹的基础论。各种形式的弱的、不纯粹的基础论有可能经受住它的打击。不过，它们全都会向在整个路途上来回往返论证缴械投降。所以，基础论将不会获得成功。

可见，基础论和融贯论都不会获得成功。

由于允许非信念的输入与证成相关，基础融贯论可以经受住反对融贯论的那个决定性论证；它未被针对外在基础论的证据论反对意见所触及，并且像感觉-内省论的基础论一样，通过采纳一种双面的探究方式，它可以经受住因果不相干论证。由于它不要求任何类型的、有特殊地位的基本信念，所以它也就不会处于来回穿梭论证的任何威胁之下。并且，它甚至比各种形式的弱的、不纯粹的、感觉-内省论的基础论还要优越的地方，在于它能够容纳在整个路途上来回往返论证。由此可见，基础融贯论看起来既能够经受住反对基础论的强论证，也能够经受住反对融贯论的强论证。

如上这些构成了我对基础融贯论的初步辩护。当然，我希望随着论证的进行，这个初步辩护能够变得越来越有说服力，故此，我采用的方式，首先是详细地、批判性地研究各种特殊的基础论和融贯论理论，然后是详细地展开和捍卫基础融贯论这一选择。

注释

[1] 塞拉斯：《经验论和心灵哲学》，第170页。

[2] 参见，例如康曼：《经验证成的基础论与非基础论理论》；哥德曼：《经验知识》，第7章；莱尔：《知识》，第4—8章；波洛克：《认识论理论的过剩》和《当代知识论》第2、第3章。

［3］参见阿尔斯顿：《基础论的两种类型》和《认识论中的层次混淆》。

［4］参见阿尔斯顿：《有特权的方法之种种》和《自我保证：一种被忽视的有特权方法》。

［5］我的论题，即基础论和融贯论并没有穷尽所有的选择，并不是新的（尽管我提出了那个中间型的理论）。参见，例如安尼斯：《一种关于认识论证成的语境主义理论》；科布里司：《超越基础论和融贯论》；索萨《浮筏和金字塔》。

［6］参见索萨：《浮筏和金字塔》。

［7］参见弗里：《被证成的不一致的信念》。

第二章　被削弱的基础论

> ……否认经验的确实性的存在，并不意味着经验是纯粹的想象，不意味着它毫无内容，甚至是不含有任何所与的成分……我们有盖然性的知识……不意味着任何的确实性，而只是意味着初始的可信性。
>
> ——古德曼：《感觉和确实性》[1]

本章是对于 C. I. 刘易斯在《知识和评价的分析》一书中所提出的基础论理论进行的案例研究[2]。当然，其部分目标是要证明该理论是失败的；但更为重要的是，我将要揭示刘易斯说明中存在的冲突和歧义，我将论证，这些东西只能通过沿基础融贯论方向前进才能得到解决——刘易斯本人有时似乎也受到某种诱惑而去这样做。

刘易斯理论最明显的特性，是它的不可错特征，这也是他本人强调最多的一点。因而有一种情况就是可以理解的了，那就是早期的批评者——古德曼、赖欣巴赫、弗斯和其他人[3]——其中的大多数人都把火力集中在这一点上。虽然他们的论证并不是完全无懈可击的，但我认为，他们所得的这个结论却是相当正确的，即刘易斯的不可错论是不可辩护的。然而我的靶子不是不可错论，而是基础论。不过，我

74 　将根据我自己的理由对刘易斯的不可错论提出某些批评，因为刘易斯本人坚持认为，就基础信念而言，在它们免除犯错和它们免于得不到证成这两者之间，不能做出任何区别；因此有必要讨论他支持不可错论的理由，因为从他的角度来看，这些理由同时也是支持采纳一种强基础论的理由。

　　但是，这一见解远不是自然而然的，因为在刘易斯的书中有深层的冲突在起作用。人们会惊奇地发现，例如，与刘易斯的不可错论比肩而立的，是这样的敏锐判断："关于'知识'这个词，没有……任何单个且有用的意义会与该词的通常意义完全吻合"（第29页），证成（用刘易斯喜欢用的术语，"可信性"或"概率"）有程度之分，并且，坚持下述看法是不得要领的：只有被完全证成的信念才能被看作知识。但给定所有这一切之后，发现下述一点就不会那么令人吃惊了：随着该书的展开，在所提供的该理论中似乎发生了一些有意义的变化。

　　初看之下，似乎毫无疑问的是，该书所提倡的正是一种强基础论。根据刘易斯，一个人对在他的直接经验中所与的东西的理解是确实的，这不仅是在它们免除错误的意义上说的，而且是在它们也免除得不到证成的意义上说的，他所具有的任何其他待证成的经验信念，都至少部分地凭借它们的支持而被证成。然而在这本书的后面，刘易斯明显转变了自己的立场。在刘易斯看来，只有一个人当下的经验是以一种特别直接的方式在当下被他把握到，这种方式才能确保对"所与的理解"的完全证成；但是，一个人的大多数经验信念，唯有通过诉诸过去的经验，在足以构成知识的程度上被证成——并且，这些信念唯有通过可错的记忆中介，才能在当下被他把握到。在这里，刘易斯似乎转到了一种弱基础论，其中的基础除了包括对一个人当下的感觉经验的理解外，也包括凭借记忆对过去经验的理解，前者仍被认定是被完全证成了的，而后者则只被视为初看起来是可信的。随后，刘易斯朝着似乎更为激进的方向迈出了一步，关于记忆在其中是可靠的那些情景的证据，被认定是与这些记忆信念的可信性相关

第二章 被削弱的基础论

的;看起来好像刘易斯可能正在放弃证成的单方向性特征,至少暂时是如此。

纵观刘易斯的整本书,甚至在讨论记忆的作用之前,似乎就发生了从强基础论到弱基础论的转变,并且还暗示了一个超越基础论的转变,所提议的理论是不纯粹的。刘易斯允许派生信念之间的相互支持是合法的,并且提高了它们从基本信念的支持那里获得的证成度。刘易斯所偏爱的、用于表示这些相互支持关系的词是"和谐一致"——一个有意义的选择,显示了他所要强调的、他的说明与融贯论之间的区分,而根据他的说明,尽管和谐能够提高信念的可信度,但它不能一开始就把可信性赋予它们以及融贯论。

而且,在整本书当中,即便是在讨论记忆的作用之后,似乎就发生了从强基础论到弱基础论的转变,并且也许是一个超越基础论的转变。刘易斯为如下三个关键论题进行了辩护:

(1) 一个人对在他的直接经验中所与的东西的理解是确实的;

(2) 除非有对经验的绝对确实的理解,否则任何经验信念就都不会在任何程度上被证成;

(3) 对一个人所有的(待证成)经验信念的证成,最终至少部分地依赖于对经验的确实的理解的支持。

(去掉歧义性在后面将是必不可少的,但眼下来说,"确实的"将被理解为意指"免除了错误"和"免除了未被证成"。)

我论证的一个主要论题将是:刘易斯用来支持上述论题1-3的理由是非结论性的,并且实际上它们都是错误的。不过,在每一种情形下,从刘易斯支持他的强结论的不可靠论证中,都有可能重构出一个可以支持弱结论的可靠论证(人们可能会说,刘易斯犯有"夸大其词的谬误")。粗略说来,我对此的诊断是:刘易斯的论证把两个问题混在一起了,一个是关于一个主体的经验的认知地位及其作用的问题,另一个是关于一主体所具有的有关其经验的信念的认知地位及其作用的问题,我将论证说,对于这样一个诊断来说,刘易斯文中的证

据所说的并不比它的解释要少。刘易斯的三个论题是假的,但下面这三个是真的:

(1*)一个人拥有各种不同的感觉的、内省的和记忆的经验;

(2*)除非一个人拥有上述这些经验,否则他的任何经验信念都不会在任何程度上被证成;

(3*)对一个人所拥有的(待证成)经验信念的证成,最终至少部分地依赖于这些经验。

我论证的第二个主要论题将是:刘易斯立场上的转变——从强基础论到弱基础论,他朝着基础融贯论方向踽踽地迈出的脚步,恰恰可以表明,他所把握的那些合理的论证,也就是那些既支持如上三个真论题又不支持如上三个假论题的论证,不仅没有支持基础论,反而在事实上可以最合理地认为有助于为基础融贯论提供支持。

最简单的策略似乎就是依次考察刘易斯的如上三个关键论题,并在这些讨论的过程中展开我的两个论题。无论如何,这就是我要做的事情。

一

"一个人对在他的直接经验中所与的东西的理解是确实的。"刘易斯的这个论题充满了歧义:它们既与"对所与的理解"应该具有的意思有关,也与称它们为"确实的"是什么意思有关。我的诊断将是:这些歧义以这样一种方式在刘易斯的论证中相互交织着,以至于掩盖了下述事实:如果在某种意义上,这个论题是认识论上有意思的话,那么在这种意义上,它就不是真的。

若粗略地加以概述,相关的歧义是这样的。如我已经注意到的,根据刘易斯,一个信念为真这个问题和这个信念的证成问题,尽管在大多数场合是不同的,但就对于经验的理解来说,却是没有区别的(第254页)。在这种语境下,"确实的"既意味着"免除了错误",

又意味着"免除了未被证成"。我将通过说"T-确实性"（T 表示"真的"）和 J-确实性（J 表示"被证成的"）来标示这个区别。在刘易斯对"确实的"用法中还存在另一种、最后被证明更加重要的歧义，我将通过分别说"不足道的"T-或 J-确实性和"实质性的"T-或 J-确实性，来标示这一区别。一种"对所与的理解"将具有实质性的 T-确实性，如果它不可能是假的，因为它被确保为真；它将具有实质性的 J-确实性，如果它不可能是未被证成的，因为它被确保得到了证成；它将具有不足道的 T-确实性，如果它不可能是假的，却也不可能是真的；它将具有不足道的 J-确实性，如果它不可能未被证成，却也不可能被证成[4]。而最后，刘易斯的"对所与的理解"有时候指的是对于一个人的直接感觉经验的判断，有时候指的是这些经验本身。

刘易斯用于支持他的第一个论题的论证，对其存在的问题如果仍进行相当粗略的概述，将是这样的。关于一个人的直接感觉经验的判断具有实质性的 T-确实性和/或 J-确实性，这一点在认识论上是有意思的，但却是假的；一个人的感觉经验具有不足道的 T-确实性和/或 J-确实性，这一说法是真的，但却不具有任何认识论的意义。

当然，我所诊断出的歧义性在表面上似乎未在刘易斯的论证中出现；所以，有一点是需要合理地予以说明的：它们以看不见的、处于表面之下的方式在发挥作用。

当刘易斯说到"对经验中所与的理解"时，要识别出他真正的意思不是那么容易，原因在于这一事实：虽然他给出了旨在表述这种理解的陈述的例证，他煞费苦心地不仅坚持这一点，即这样的理解如果曾被明确表述过的话，那也是很罕见的（第 182 页），而且坚持认为，任何语言的表述都可能是不适当的（第 172 页）。无论如何，刘易斯关于"表达式陈述"的例证，最好地表征了对经验中所与之物的理解，它们采取了这样的形式："我现在看见了看起来像是一张白纸的东西"，"我现在看见了看起来像一段花岗石台阶的东西"，"我现在看见了看起来像球形门把手的东西"。它们都是第一人称、现在时态、指示代词，在内容上局限于事物看起来是什么样子，而不是它们实际上是什么样子。不过，很清楚，它不是关于对所与的理解（刘易斯认为这些是确实的）的报道，他承认，这样的报道可以是不诚实的或在文字上出错的。但是，它究竟是关于在经验中所与的东西的判断（例如我的判断：我现在看见了看起来像是球形门把手的东西），还是被他认为具有确实性的经验自身（例如，我意识到我看见了看起来像球形门把手的东西），这一点并不十分清楚。也许，"感官的呈现"、"感官的直接发现"（第171页）、"经验……直接呈现的内容"（第179页）、"被理解的……经验事实"（第182页），可能按两种方式来理解。

并且，要理解刘易斯使用"确实的"真正意思，也不是那么容易的事，这是因为下述事实：他以明显可以相互交换的方式使用了"不可错的""不可更易的""毋庸置疑的"，而这些词的意义有着显著的差异（"不可更易的"表示可以免于修正，"毋庸置疑的"表示可以免除怀疑，"确实的"和"不可错的"表示免除了犯错）。不过，相当清楚的是，刘易斯首要关心的，是免除犯错，他认为，就对所与的理解来说，这等价于（尽管不是普遍地）免除了得不到证成。

眼下，让我们把注意力集中在 T-确实性上面。一个人的感觉经验具有不足道的 T-确实性，这一点几乎没有议论的必要；因为经验是事件，所以不能具有真值——所以，特别地说，不能是假的。（如古德曼所说，一个经验不可能比一张桌子更能够是假的。）但是，这个近乎不足道的论题几乎没有任何认识论上的意义。刘易斯所意指的论题必定不是这样的，而是这个具有真正实质性的论题：一个人关于他的直接感觉经验的判断具有实质的 T-确实性。然而，刘易斯对如下这一点的信心，即这个实质上不可错的论题是真的，看起来可能部分源自（就像古德曼所表明的[5]）他未能把它与那个近乎不足道的论题区分开来。

也许是因为他确信，任何信念如果要被证成的话，必定会有某些具有实质的 T-确实性的信念，刘易斯凭借关于下面这一点的特殊论证所提供的东西令人吃惊的少,即关于对直接经验中所与之物的判断,具有实质上的 T-确实性。并且,他所提供的这样少的一点东西,还是与下述讨论比肩而立的,这些讨论相反倾向于支持那个不足道论题。这里是看起来最近似于一个论证的东西,而该论证是用于支持那个实质上不可错论题的:

在我们说我们看见,或听见,或以其他方式从直接经验中获悉的那些东西中,去掉所有那些可以认为有可能错误的东西,剩下来的,就是产生这个信念的那个经验的所与内容。(第182-183页)

仅仅在一段之后,刘易斯似乎又退回到不足道论题:

……表达陈述所表述的对所与的理解并不是判断,而且,它们也不隶属于任何可能的错误。对于这种理解的陈述无论如何都是真的或者是假的……(第183页,着重号系我所加)

从刘易斯用于支持实质上不可错论题的论证中,去掉由于把它混同于不足道的不可错论题而加给它的支持的假象,剩下来的是这一论证:关于一个人的直接感觉经验的判断被确保是真的,因为它们是被如此刻画的,以至排除了所有出错的可能性。而这个论证是不令人信服的。确实,它是可能非常误导性的;因为人们不可能严肃地设想刘易斯会认为,所谈论的理解是缺乏内容的。我看见看起来像一张黄色的纸的东西,这个判断不是空无内容的;实际上,它并不比我看见了一张黄色的纸这样的判断更弱。(设想一个情景,其中前者是假的,后者是真的,并不比设想下述情景更难:其中前者是真的,后者是假的。)处于未定状态的必定不是普型的确实性,而是殊型的确实性[6]。这里的要点必定是关于下述一点的特殊判断的:在做出这个判断的时刻,事物在感觉上显得是怎么样的;并且,该论证必定是这样的:既然对所谈论的判断的内容的刻画局限于事情在眼下让人觉得如何,这样一个判断,由于不包括任何解释性要素,因而也就不可能包括对于它所呈示的经验的任何误解的成分。(或者换句话说,如果一个判断殊型①只与一个主体在做出他的判断时在感觉上给予他的东西有关，而与它将被如何理解无关，因而也就没有任何出错的可能性。）但是，这个论证是非结论性的，因为暂时缺少表明下面这一点的论证：存在这样的判断，它们只是报道一个人的直接经验，而不包含任何的解释性成分。

如果这是正确的，那么刘易斯关于实质性不可错论题唯一的论证就失败了；但是，这本身当然没有任何倾向想要表明该实质性不可错论题是假的。不过，我认为它是假的。关于事物当下被一个人感觉起来是什么样子的判断，尽管只在很少的场合被实际做出，但无疑，在通常情况下都会是真的；但是，我并不认为会一律地和必然地为真。考虑眼科医生的下述实验：给病人看一组扇形的有同样粗细的线条（如图2-1所示），然后问所有这些线条看起来是不是同样粗细的，或者问左边的线条、中间的线条或右边的线条看起来是不是更粗一些。

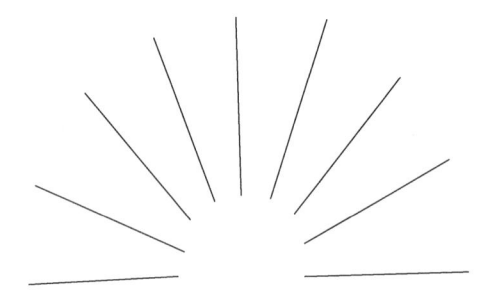

图 2 - 1

---

① 普型与殊型的区分是现代语言学和语言哲学中一个十分重要的区分。以语句为例，它也区分为普型和殊型。语句殊型是出现在一定时空场合的物理客体，表现为说出的一串声音或纸上的一串符号，是说出或写出的具体句子。语句普型是由相似的语句殊型所体现的那个模式，或者是相似的语句殊型的类，它是一种抽象的存在。举例来说，假如我们写出下列文字：狗吠、狗吠、狗吠，我们得到三个不同的语句殊型，但它们体现的是同一个语句普型。语句殊型和语句普型之间是例示关系，即可以把殊型看作普型的一个个具体实例，不同的殊型是同一个普型的标记，因为它们之间相似以及它们与它们所例示的类型是一致的。

这个问题不是病人是否倾向于认为某些线条更粗一些——他可能相当好地意识到，它们全都是同样粗细的，我本人在接受该项测试的时候就是这样。这个问题完全与表象有关，即与下述一点有关：是否有任何线条看起来更粗一些。（这个测试的目的就是去检测歪曲的理解；如果没有歪曲的理解，这些线条看起来就会如其实际那样，有同样的粗细；但如果有歪曲的理解，某些线条看起来就将比其他线条更粗一些。）现在常见的情况是，病人会迟疑，不能确定哪些线条看起来更粗一些，如果有这样的线条的话；并且，对于病人来说，一种正常的惯例是，不止一次地被询问这一问题（通过同样的镜片去观察），以便为出错的可能性留出余地。人们承认，存在例如一厢情愿地思考这种可能性——病人做出这些线条现在看起来有着同样的粗细的判断，可能受到了他的下述希望的影响：这是最终正确的订正。有时候，虽然是通过同样的镜片观看同样的图，但病人将先给出一个回答，然后又在非常短的时间内给出另一个。人们承认，由于不正常的肌肉调整，这些线条看起来呈现出的状态有可能会发生改变，即使是在非常短的时间之内；但如果情形就是这样，其他的实验应该确证这一点。[7]

根据刘易斯回应古德曼时所说的话，我们可以假定：他对这个例子的反应将是指出这样一点：它与已经说过的下述主张相容，即如果病人给出了不同的回答（当然，是诚实的，没有任何字面的混淆），无论是在多么短的间隔内，这些线条在他看起来所呈现的状态在该间隔内必定已经发生了改变。[8]情况确实如此。但是，这不是一个决定性的回答；因为它也是与所有已经说出过的东西相容的，即该病人的判断中已有一个判断发生了错误。而刘易斯的论断是，在我看来，这个例子使得刘易斯的"出错是难以设想的"这一断言成为确实非常不合理的东西。

如果在理解所与的情形下，刘易斯把 T-确实性与 J-确实性进行等同是正确的，那么对所与的理解不是 T-确实的这一论证，同样会是对下述一点的论证：它们也不是 J-确实的。但是，由于这一等同是可疑的（如果一个判断是 T-确实的，则它是 J-确实的，这一点看起来是合理的，但在这里至关重要的是相反的蕴涵关系），于是，也将看清楚如何去修正这个论证以便能够直接削弱 J-确实性的断言。于是，假设该眼科医生的病人有正当的理由相信，他比正常人更容易受到暗示的影响——也许，他最近已看到了他所接受的这一心理测试的结果；并且假设该眼科医生急于完成该项检查，并没有特别留心他提出问题时的措辞。他问道："看那里，我们现在应该做它了，它们现在看起来全都是同样粗细的，不是吗？"——然后那位病人犹豫地对此表示了同意。对于这一判断他给出了某种证成；但是，这种证成远不是完善的，因为他有证据表明：他可能已经受到了那位眼科医生期待肯定答复的问题的影响[9]。

我要做出的结论是：从认识论上有意思的任何意义上看，论题 1 都是假的。但是，刘易斯的辩护者难道不会论证说，做出这样的结论还为时过早，假如我们更严肃地对待先前考虑过的刘易斯的论证，这个结论能够避免吗？如果"我现在看见了看起来是一组同样粗细的线条"这一判断并不是实质上确实的，那么，这个辩护者可能会论证说，这仅仅表明：它不是想要的那种"对于在直接经验中所与的东西的理解"。作为回应，我要强调我先前给出的这一论断，刘易斯试图去论证，对在直接经验中所与的东西的理解之所以在实质上是确实的，仅仅依据刻画这种理解的方式。但这一尝试之所以会失败，是因为它要求这样一个论证：一旦把可以设想为假的东西全部"去掉"，能够为真的任何东西就都会留下来。我的反例能够被排除掉，因为那并不真正是一个例证，而只是在下述情况下才是一个例证，即如果"去掉"的过程是如此激进，以至让"对经验的理解"指称的是经验本身，而不是关于一个人的经验的判断；这样一来，唯一得到保证的确实性就是不足道的，而不是实质性的。

此外，这提示了下面这个进一步的结论：刘易斯对于论题 1 所做的不成功论证，要被最合理地重新解释为简单地指明了这一点：我们确实具有经验，而且，我们具有什么经验并不取决于我们。在刘易斯提出我们一直在考虑的不可错论证之前，他曾写过的一段话表明他本人已经非常接近于承认这一点了："要点只是在于，存在像经验这样的东西，它的内容是我们所不能创造的"（第 182 页）。论题 1 并没有得到刘易斯的论证的确证，它是假的；然而论题 1* 是他的前提的一个合理的结论，是真的。

二

"除非有对经验的绝对确实的理解，否则任何经验信念就都不会在任何程度上被证成。"所出现的第一个问题是："确实"在这里应在什么意义上加以理解？我所接受的回答是：有争议的正是实质性的 J-确实性；刘易斯的论题是指：除非某些经验信念独立于任何其他信念的支持而被充分证成，否则就没有任何经验信念会在任何程度上被证成。

尽管刘易斯为论题 1 提供了很不明确的论证，但他却为这第二个论题做出了几个精细的论证。但是，所有这些论证都是不据前提的推理；事实上，它们全都因为同一个理由而失败了：它们把"绝对地证成"的两种含义——"被证成，而且不相对于任何其他的信念"和"完全地，而不是部分地证成"——混在一起了。

实际上，刘易斯本人很少使用"证成"一词，而是偏爱"保证"，或者更为常见的"可信性"，以及最为常见的"概率"等词。他的偏好有某种意味，因为这表明他承认这样一个直觉（当然我也享有这一直觉）：证成有程度之分。但是，尽管他承认这一直觉，可随着他的论证的展开，他并不总是重视证成有程度之分的特征；而看起来实际上这种情况的出现，其部分原因是，他未能避免在一个信念可以被"绝对地证成"的上述两种方式之间的混淆，而我把这种混淆视为他为论题 2 所做的论证失败的根本原因。

如果要确证这一客观信念并因此表明它是盖然的东西，本身就是一个客观信念并因此只不过是盖然的,那么,所要确证的这个客观信念将只是被盖然地成为盖然的。于是,除非我们把客观的真信念(其中经验可以成为盖然的)与那些经验的呈现(它提供了这样的根据)区别开来,对一个有关客观实在的陈述的证据的任何引证,以及对该陈述的任何值得提及的确证,都将陷入纯粹盖然的无穷倒退之中,否则,它将形成一个圆圈——盖然性因而将不再是真正的盖然性。对于任何东西来说,要想成为盖然的,某些东西必定是确实的。最终支持一种真正的盖然性的证据本身必定是确实的。在引发信念的感觉材料中,我们……拥有这种绝对的确实性。(第186页)

"客观"信念就是关于外部世界的信念,是关于事物怎么样的信念(这就是说,它们是与"表现型"判断相对而言的,而后者只是关于事物对人们来说显得怎么样的判断)。

这是没有可忍受的选择论证的刘易斯变体。被断定的是:一个客观信念,相对于某些其他支持它的信念,可以在某种程度上被证成,但是不能在任何非相对的程度上证成,除非该信念系列最终终止于某个或某些信念,而它们在不依赖于任何其他信念的支持的情况下被证成。对于当下的目标而言,既不必考虑我对下述预设的批评,即一个信念的理由必定构成一个系列、一个链条;也不必考虑我对下述预设的批评,即融贯是信念"转成一个圆圈"的问题。因为该论证的刘易斯版本容易受到这样的指责,即它很不精确。即使(出于论证的考虑)假设一个信念的理由的确构成了一个链条,甚至(出于论证的考虑)假设融贯论的说明被排除,这个论证仍然是不据前提的论证。假设 A 的信念 p 相对于 q 在某种程度上被证成,q 相对于 r 在某种程度上被证成,如此等等。A 的信念 p 不能在任何非相对的程度上被证成,除非该链条最终终止于一个信念或一些信念,而它们在某种程度上在独立于任何其他的信念的情况下被证成。但是这并不要求,最终达到的那个或那些基本信念独立于任何其他信念而被完全地证成。

同样的批评适用于下述段落:

第二章 被削弱的基础论

> 盖然的或可信的最接近的根据不必是确实的；只要它们本身是真正可信的，那就足够了。如果"P"基于"Q"是可信的，那么"Q"所具有的可信性程度就比"'Q'是确实的"要小。但是，如果"P"的可信性基于"Q"的可信性，而"Q"的可信性基于"R"的可信性，如此往复，并且如果在这个倒退过程中，我们不能最终立足于任何确实的东西，那么，所谈论的可信性怎么能够是真正的呢，既然每一个都反过来相对于一个根据而言，而没有任何最终的根据可以给出？……于是，难道这一点不是必需的，即不存在其本身就是确实的最终素材吗？（第333页）

如果（再一次为了论证的需要而假定"链条"画面）信念 p 相对于信念 q 在某种程度上被证成，信念 q 相对于信念 r 在某种程度上被证成，如果在这个链条的终端达到了某个信念，这个信念不依赖于任何其他的信念而在某种程度上被证成，那么，信念 p 将只是被完全地证成。但是，仍旧不能由此推出，这个最终的信念必须在独立于任何其他信念的情况下而被充分且完全地证成了。

关于这一点，最引人注目的是：仅仅在几页之前，刘易斯本人刚刚精确地陈述了一个削弱了其论证的观点：

> 一个信念"P"的根据是另一个经验信念"Q"，后者不够确实，这本身并不会使对"P"的证成无效。这里所需要的，不是"Q"的确实性，而仅仅是它真正的可信性；并且，如果对于"Q"来说……能够肯定具有这种真正的可信性，那么"P"对"Q"的关系将赋予"P"以一种类似的可信性，即使"Q"的可信性与确实性的差异将相应地反映在由此归于"Q"的较低的可信性之中。（第328页）

但是，这样一来，如果刘易斯认识到一个信念的根据并非必须是确实的，而只需是"可信赖"，它把某个可信度传递给某个作为目标的信念，他为什么会看不到这一点，并坚持认为"如果某种东西要成为盖然的，某些东西必须是确实的"呢？也许，他对"概率的稀释"

(dilution of probabilities) 论证留有印象。该论证似乎没有明确地出现于《知识和评价的分析》一书中，但它确实在刘易斯和赖欣巴赫的讨论中起了作用，而赖氏力主这个论证是失败的。下面是刘易斯的评论：

> 困难……于是出现了……被证成为盖然的一个陈述必定有一个根据，如果这个根据仅仅是盖然的，则它又必须有另一个根据，如此往复。并且，为了评价原来那个陈述的概率，它相对于它的根据的概率，必须被乘以它自己的根据的概率，而后者反过来又要乘以它自己的根据的概率，如此往复。赖欣巴赫否认如此出现的概率值的倒退过程必定会趋近于 0，原来那个陈述的概率因此最终就被削减到趋近于无……我不相信［这］会对他的观点有用……无论任何东西的概率总是依赖于某个另外的其本身仅仅是盖然的东西的概率，这一迷信与无论什么概率的合理指派明显不相容。[10]

在概率论中，不需要做什么精细的论证就可以看清楚，"稀释"论证不能拯救刘易斯的论题。假设下述一点是理所当然的：如果 p 相对于 q 在程度 n（<1）上被证成，q 相对于 r 在程度 m（<1）上被证成……如此往复，那么，如果这个过程继续下去而没有终结，那么小于 1 的概率相乘将趋近于 0。但是，由此只能推出：或者该系列中必定有某些信念被充分地和完全地证成（用赖欣巴赫和刘易斯在他们的论战中所使用的较不明晰的术语来说，某些信念具有概率 1），或者该系列必定走向一个终点。并不能由此推出，这两种情况都必须为真，而该系列必定终止于一个充分证成了的信念。

刘易斯为什么未能理解这种模棱两可的情形，对此的另一部分解释可能在于下述事实：他把他的非结论性论证与一个更好的论证连接在一起了，而后者无论如何都有一个较弱的结论。他评论说，赖欣巴赫的立场驱使他错误地假定："如果能够得到足够的概率以便相互倚靠，就能够使它们全都站立起来"[11]。在《知识和评价的分析》中，刘易斯用相当的篇幅论证过，一个人的信念之间的融贯本身决不能成为它们为真的保证或标志；必定有某些非信念的输入（第 339－340

页)。并且在某个地方,他提议,把某个信念称为"经验的",其部分的意涵就是:它的证成取决于经验[12]。我发现这后一点是诱人的,但我认为必须抵制这种诱惑;虽然这确实是"经验"一词通常具有的一部分意义,即一个经验信念依赖于经验,但人们也必须允许一个融贯论者或者一个属于非感觉-内省论营垒的基础论者,拥有这样一种可能性,即如此修改"经验的"一词的通常意义,以便把"与事物在这个世界是怎么样的"和"依赖于经验"分开。然而,即使刘易斯没有任何言语上的迟疑就这样做了,他所表述的喝醉酒的水手论证也发挥了某种作用。不过,他的结论不应该是这样,即必定存在某些信念,它们依靠某种不同于信念的东西而被充分而完全地证成;而应该是这样,即对于经验证成来说,必定存在某种非信念的输入。不难看出,刘易斯会受到怎样的诱惑去认为这倾向于支持他的论题,即经验证成要求在该基础当中有实质的J-确实性,特别是因为他把所需要的非经验输入写成了"感官的所与材料"。但情况并非如此。

为了确证论题2是假的,这一次几乎不需要做进一步的论证,除了这样一些考虑,它们表明:刘易斯支持论题2的理由是非结论性的。因为,如果我对刘易斯那些理由的批评是正确的,那就已经确证:一个客观的信念能够在某种程度上被证成,只要假定理由的链条终结于某个或某些信念,而后者独立于任何其他的信念而在某种程度上被证成——所以,在该基础上确实性不是必要的。

几乎也不需要做进一步的阐明就可以看清楚:刘易斯支持论题2的论证,对于我所谓的更弱论题2*来说是一个更好的论证:除非一个人拥有经验(论题1*中所提到的感觉的和内省的经验),否则他就不可能在任何程度上证成他的任何经验信念。我相信,我对付刘易斯的论题2的策略如何与我对付刘易斯的论题1的策略形成平行对应,这一点是清楚的;在每一种情形下,他所提供的实际上是支持一种感觉-内省论立场的合理的论证,然而这无疑是因为他把"基础论和融贯论的区分是穷尽的区分"当作理所当然的了,他错误地把这个论证当成是支持基础论的论证了。并且,刘易斯的讨论通常表明,正像我的解释所表明的，对于所与的理解——在他看来，这构成经验知识的基础——被它们所呈现出的经验证成。

只有一段文字难与这一解释相适应；在这段文字中，刘易斯提到这些对于经验的理解是"自我证成的或自明的"（第28页）。但这一段文字不仅是孤立的，而且没有典型的特征；它也易于受到刘易斯本人在回应赖欣巴赫和古德曼时所发展的一个论证的攻击，该论证与温和的、加权的融贯论所面临的困难有关，很显然，这个困难也是自我证成型的基础论所面临的困难：

> 在我看来，一个抛弃了经验素材的融贯论……是毫无希望的……它是毫无希望的，除非给它加入这样一条公设，其大意是：某些综合陈述是先验地盖然的……例如，每一个知觉信念，仅仅根据它是一个知觉信念，就会具有某个概率。[13]

与刘易斯类似，我认为这样一种观念是完全不可接受的。

三

"对一个人所有的（待证成）经验信念的证成，最终至少部分地依赖于对经验的绝对确实的理解。"刘易斯本人在两个地方承诺了这一论题，一处是在他的书第7章"经验知识的基础"的开头：

> 我们的经验知识显现为一个极其复杂的结构，它的绝大部分是靠相互支持而稳定下来的，但是它的所有部分归根结底都植根于感官的直接发现。（第171页）

另一个地方是靠近他对知识的分析的结尾处：

> 必须支撑［经验知识］的整个建筑的基石，仍然是那些在所与经验中发现的真实的东西。（第353页）

但也是在这两处之间，在讨论记忆的上下文中，他好像又抛弃了

第二章 被削弱的基础论

这一论题：

> 任何解决方案，如果包含下述建议：一个信念在先前根据的基础上被证成为盖然的，而这些根据或者是确实的，或者如果只是盖然的，它们反过来又有它们的……先前根据……直至我们达到最终的和充分的根据，而后者则完全包含在直接的经验证据中——这样的解决方案，凭借一个有穷线性后退，最后终止于完全确实的所与素材——是完全不可能的。（第337-338页）

可能会有人认为，这个解释是简单的：所引的最后一段只不过提醒我们注意，所提供的说明不是纯粹线性的，而是包含了与客观信念和谐一致的相互支持的因素；而且还有比这一点更多的东西，随着刘易斯继续论证，它们也变得明显了：

> 使它不可能的……东西是这一事实："经验"，它期待成为我们的经验信念的整个金字塔结构的本质性基础，主要不是在我们当下所诉诸的感觉经验中给予的，而是在过去的经验中给予的，仅仅当我们回忆时才能被我们把握到……所以，决不可能使这种类型的无穷倒退终止于经验确实性。（第338页）

重要的是要弄明白，为什么刘易斯没有办法通过下述途径处置和记忆有关的问题，即通过坚持他的强基础论，并把对于"记忆"经验——这可能按"在我目前看来，我记得看见了一个看起来像球形门把手的东西"的线索，由表现型陈述来呈现——的理解包括在对构成基础的经验的那种被断定为确实的理解之中。刘易斯或许能够坚持认为，对于记忆经验的这种理解是确实的——无论如何，这一论题与下述断言是同样合理的，即对于感觉经验的理解是确实的；但问题在于，刘易斯的说明预先排除了把记忆经验用作一个人的其他经验信念的基础这样一种理解。

为了理解为什么会是这样，有必要探讨一下刘易斯对客观判断的"感觉意义"的说明。根据实用准则的刘易斯版本，客观判断的感觉意义是由"终结性判断"组成的一个无穷集给予的，其中的终结性判断具有这样的形式:"如果 A(主体方面的某个行动),那么将导致 E(某个经验的后果)"。例如,像"在我面前有一个球形门把手"这样一个客观判断的感觉意义,是凭借它与下述一组判断的概率性相互支持关系给出的,这组判断可以按这样的线索来理解:"假如我直接向前看的话,我将看见看起来像球形门把手的东西","假如我向前伸出我的手,我就会触摸到感觉起来像球形门把手的东西",诸如此类。客观判断被说成是"非终结性的",因为它们不能被决定性地证实;"终结性判断"之所以如此称谓,根据刘易斯的看法,是因为它们能够被决定性地证实。于是,对刘易斯来说,问题就是:对在直接经验中所与的东西的理解就是对一个人当下的经验的理解,即对一个人在做出这个判断的时候所具有的经验的理解——他坚持这一点到这样的程度,以至认为一个人所有的待证成信念都必须基于它之上;但是,刘易斯承认,假如没有关于一个人的过去经验的判断的协助,这样的判断将明显不足以支持一个人通常认为是他的待证成信念的任何东西。并且——这是目前这个论证的关键之处——所需要的关于过去经验的判断必须是按下述线索给出的:"我曾直接向前看,并看见了看起来像球形门把手的东西",换句话说,所要求的不是对记忆经验当下的理解,而是对一个人过去的感觉经验的判断(第 264 页)。并且刘易斯承认,既然它们依赖于记忆,这些理解就不是确实的(第 334 页)。于是,刘易斯被迫从强基础论退回到弱基础论,因为他受到了某种类似于来回穿梭论证的压力——或许刘易斯会认为,对于一个人目前经验的理解是确实的,但是它们还不足以构成基础;尽管增加关于过去经验的记忆判断可能提供了充分的基础,但却要以牺牲确实性为代价。

刘易斯关于终结性判断的说明是很成问题的:如果在该条件句(如果 A,那么 E)的前件中所提到的假设性行动是用客观的词汇(假如我打算做 A)来表述的,那么,无论凭借任何想象也不能把该判断列为表现型的;而一旦用真正的表现型词汇来表述(如果情况对我来说显得好像是我做了 A),实用准则的刘易斯版本就将使他承诺现象主义,但后者却是他公开加以反对的;并且,既然刘易斯主张把

"如果……则……"解释成虚拟语气,那么在任何情况下,都仍然难以看清楚,整个条件句如何能够被"感官的直接发现"决定性地证实。与此同时,刘易斯在这里错失了一个有意义的反对称;因为似乎清楚的是,单独一个不支持例证就能够证伪一个终结性判断。但是,我将不在这些批评上纠缠。[14]

对于目前的目标来说,重要的一点在于:刘易斯本人最终被迫承认论题 3 不是真的,对大多数经验信念的证成,最终甚至并不部分地依赖于对在经验中呈现、给予一个人的东西的据说是确实的理解;在大多数情形下,它经常依赖于对在先前的经验中给予一个人的东西的、被承认是可错的记忆。简言之,刘易斯用来支持它的任何论证都没有证明论题 3 是真实的,他关于记忆的论证实际上证明它是假的。

更重要的是,刘易斯的另一个论证毫无疑问地指向了这样一个结论:为真的东西实际上是 3*,而不是 3。刘易斯对记忆问题的最初反应似乎是退回到一种弱的非纯粹的基础论,其中的基本信念,除了包括对一个人当下感觉经验的理解以外(它们被认为得到了一个人当下的感觉经验的完全证成),还包括关于一个人过去经验的判断,这被认为是被一个人当前的记忆经验初步证成。但是,刘易斯也承认另外一个论证的效力,一旦维持这种承认,该论证就会驱使刘易斯完全摆脱基础论,而走上基础融贯论的方向。因为他承认:

> 除了目前的记忆材料之外,还要求这样一个概括性命题,其大意是:当给出如此这般的记忆材料时,就可以以某种精确程度,接受似乎被记住的经验为实际具有的经验。(第336页)

这个进一步的论证实际上是反对弱基础论的在整个路途上来回往返论证的一个翻版(虽然刘易斯肯定不会这样来称呼它)。刘易斯在这里承认,关于过去经验所做判断的可信性,部分地依赖于关于记忆的可信性的支持。但是很明显,无论凭借何种想象,也不能认为后者是基本的,认为它仅仅可以由经验来证成;支持关系的单方向性特征注定要通过这一让步来达成妥协。

在这方面,回想一下下面这一情况是有意义的,那就是,刘易斯反对融贯论的论证并不是说，相互支持是非法的，而是说，既然没有来自经验的输入，这种相互支持就只能提高可信性，而不能赋予可信性。

刘易斯对走向基础融贯论的驱迫力的承认是摇摆不定的，在他承认关于记忆的可信性与特定的记忆判断的证成的关联之后不到20页——这些页所讨论的是和谐一致，以及下述问题：通过基本信念的支持，相互支持关系如何能够提高非基本信念的可信性，要知道，后者超出了基本信念的支持赋予它们的初始的可信性——刘易斯就在重复说，"支撑［经验知识的］整个建筑的基石，仍然是那些在所与经验中发现的真实的东西"（第353页）。也许这没有什么值得惊奇的，因为对在整个路途上来回往返论证的摇摆不定的承认，对于整个基础论画面来说是破坏性的。如果经验信念的证成部分地源自一个人当前的记忆经验，部分地源自记忆的可靠性，那么证成将在整个路途上来回往返；保证能够得到的最强的结论将不是3，而是3*：对一个人所有经验信念的证成，最终至少部分依赖于一个人的感觉的和记忆的经验。

刘易斯的论证未能确证他的强基础论论题：（1）一个人对在他的直接经验中所与的东西的理解是确实的；（2）除非有对经验的绝对确实的理解，否则任何经验信念就都不会在任何程度上被证成；（3）对一个人所有的（待证成）经验信念的证成，最终至少部分地依赖于对经验的确实的理解的支持。但是，一旦清除掉各种混淆（主体关于他的经验的信念和那些经验本身之间的混淆；实质的确实性和不足道的确实性之间的混淆；非相对的证成和完全的证成之间的混淆；对记忆经验当下的理解和对过去的理解所做的当下判断之间的混淆），刘易斯的论证就为下述论题提供了很好的辩护：（1*）认知主体具有（感觉的、记忆的等等）经验；（2*）除非他们具有这种经验，否则他们的任何经验信念都不会在任何程度上得到证成；（3*）对一个主体所有的（待证成）经验信念的证成，最终至少部分地依赖于这些经验。与论题（1）—（3）不同，论题（1*）—（3*）丝毫不具有明显的基础论

第二章 被削弱的基础论

倾向；事实上，它们构成感觉-内省论的核心。它们能够被基础融贯论所接纳，至少像被基础论所接纳一样好。

事实上，它们能够更好地被基础融贯论而不是被基础论所接纳，这一点为下述一些论证所表明（也许会不清晰但却不会出错），这些论证导致刘易斯先是退回到弱基础论，然后又退回到承认这样一点（尽管只是摇摆不定的）：归根结底，证成会在整个路途上来回往返。经验在证成中所起的作用，并不是如感觉-内省论的基础论所坚持认为的那样，是作为支持某个有特殊地位的信念类的唯一手段，而这个类反过来又会去支持剩下的那些没有特殊地位的信念；而是如基础融贯论所坚持认为的那样，把它的部分贡献给所有待证成经验信念的证成，而所有这些经验信念又能够在不同的程度上凭借其他信念的支持而被部分地证成。简而言之，这幅画面如图 2-2 所示：

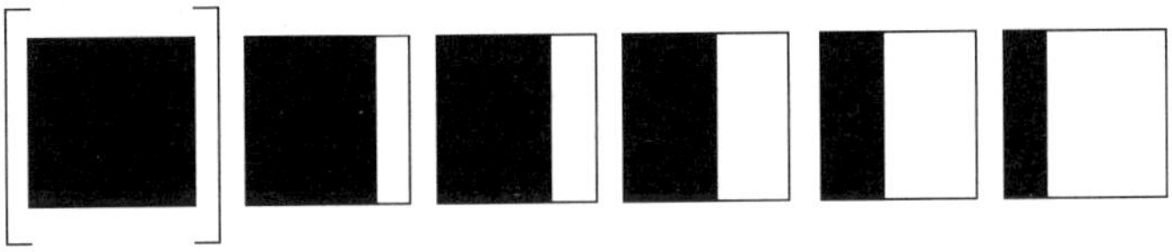

图 2-2

（黑色的阴影代表被经验证成，白色的阴影代表被其他信念的支持所证成。由于没有任何经验信念能够独立于经验而被证成，因而出现了并非完全是白色的正方形。完全是黑色的正方形处于括号之内，这是因为，基础融贯论要求没有任何信念只能由经验来证成。）

我一开头的时候就已经说过了，本章的目标不仅仅是要表明刘易斯的基础论失败了，而且是要表明它失败的方式，给我们指出了基础融贯论的方向。如果这个目标至此已经达到了的话（如我所希望的），下一个任务就是针对融贯论做出相应的论证。但是，既然没有单个的融贯论者提供了像刘易斯这样方便的靶子（随着他完成了从强基础论到弱基础论的转变），这一次我将着手对付的不止一个，而是两个详细的案例。

注释

[1] 古德曼：《感觉和确实性》，第 162-163 页。

证据与探究

[2] 本章正文中的所有引文页码均指刘易斯这本书的页码。

[3] 古德曼：《感觉和确实性》，第162-163页；赖欣巴赫：《现象报告是绝对确实的吗？》；弗斯：《融贯、确实性和认知优先性》、《对确实性的剖析》和《刘易斯论所与》；奎因顿：《知识的基础》和《事物的本性》，第155页及以下两页；帕斯丁：《C.I.刘易斯的激进基础论》和《温和基础论和自我保证》；邦居尔：《经验知识的结构》，第4章。

[4] 在弗斯的《融贯、确实性和认知优先性》一文（第551页）中，预示了这些思想。

[5] 古德曼：《感觉和确实性》，第161-162页。

[6] 塞拉斯：《经验论和心灵哲学》，第165页。

[7] 眼科医生区分了"客观的"视觉测试和"主观的"视觉测试，前者直接检查病人的眼睛，后者则要求病人报告事物在他看来是怎么样的。客观测试被用来检验主观测试的结果，反之亦然。主观测试通常被重复，以便为病人的报告出错这种可能性留出余地。参见阿舍尔：《有关看的实验》，第10章。

赖欣巴赫和古德曼都表达了这一观点：关于现象的信念必须与其他的信念相容。参见古德曼：《感觉和确实性》，第163页；赖欣巴赫：《现象报告是绝对确实的吗？》，第155页。

[8] 刘易斯：《经验知识中的所与要素》，第173页。

[9] 参见赖欣巴赫：《现象报告是绝对确实的吗？》，第156页。

[10] 刘易斯：《经验知识中的所与要素》，第172-173页。

[11] 同上书，第173页。

[12] 同上书，第168页。

[13] 同上书，第173页。

[14] 在哈克的《C.I.刘易斯》一文（第230页及其以下两页）中，它们得到了更详细的展开。

第三章　被扰乱的融贯论

经验知识——假如有任何此类事物的话——之所以会与众不同，是因为它以在经验中得以知晓的某物……作为一个本质要素……毫无疑问，存在事实之间的某些逻辑关系……这种关系可以恰当地被命名为"融贯"……但就其自身而言，没有逻辑关系可足以确立任何综合判断的真，甚至是其可信性。

——刘易斯：《经验知识中的所与要素》[1]

刘易斯相当正确地认为，在允许经验与证成相关这一点上无能为力，是融贯论一个不可克服的困难。（顺便说一句，上述引文好像也强调了前一章的一个主要论题：刘易斯实际所主张的是感觉-内省论，而不是基础论。）然而，融贯论者相当自然地论证说，这个困难是可以克服的。本章是对于克服这一困难的两种尝试的案例研究：其中的一种尝试是邦居尔在《经验知识的结构》[2]中做出的，另一种则是戴维森在《真理与知识的融贯理论》[3]一文中给出的。当然，我的目的，部分在于表明这些尝试是失败的；另外，也要说明它们失败的方式没有迫使人们退回到基础论的立场，反倒是更加吸引人们走向了基础融贯论的方向，这一点也很重要。

就邦居尔而言，我的论证相对直接。他试图通过给证成增添附加条件即"观察要求"，从而在融贯论的框架中容纳经验的输入。然而，这样做的结果最后证明是有歧义的：在一种解释下，它与融贯论相容，但不能确保经验的输入；而在另一种解释下，它完全确保了经验的输入，但却牺牲了该理论的融贯特征。不过，这种状况所导致的，并不是向基础论的退却，相反，由于一直保持着相互支持关系，所以导致的是一种准基础融贯理论或初始的基础融贯理论。

就戴维森来说，我的策略就只能不那么直接了。从肯定方面讲，他依赖于下述论证，其大意是：大多数信念是真实的，这一点源自对命题态度归属的正确理解。从否定方面讲，他依据的是下述论证：融贯理论是关于证成的唯一可能的说明，这是因为，只要假定一个信念可以被不同于信念的事物所证成，这样的说明就会遭到以下反对意见，即它混淆了因果与证成。如果他的第一种论证是可靠的，证成理论就没有必要允许经验发挥作用；如果他的第二种论证是可靠的，证成理论就不可能允许经验发挥作用。我的批评的第一步将要论证，戴维森的乐观结论所依据的那种关于解释的理论是不可接受的，因此，他的结论就是未经证明的。第二步将要表明戴维森版因果关系不相干论证是失败的，而其归为失败的方式极为清楚地显示出：我们需要设计一种双面理论，以便于解释因果关系是如何相关的，这样一个理论部分是因果性的，部分是评价性的，而不是采取一种极端的方式，去否认经验与经验证成的相关；而且，如果人们像戴维森那样，拒绝接受观察信念与理论信念之间存在截然分别这一观念的话，那就会再一次被拽往基础融贯论的方向。

一

为了推进被他描述为内在融贯论的证成理论，邦居尔依赖于排除

第三章　被扰乱的融贯论

法论证，后者预设了，在证成理论之间做出下述两个二元划分提供了关于可供选择的充足分类：基础论和融贯论，以及内在论和外在论。我已经说明过，这第一个二元划分并未穷尽所有；在我看来，第二个二元划分也并不足够健全以致无法具有任何重大意义[4]。所以，我会很自然地认为邦居尔没有挑选好策略。当然，尽管如此，邦居尔还是有可能提出成功的理论。实际上，像我将要论证的那样，他没有这样做；最后，他的理论委身于喝醉酒的水手论证。不过，只是在最后，邦居尔意识到了潜在的反对意见，并且走出了一步非常精妙的好棋去避免它——然而，这步棋还是失败了，其失败的方式也许反映出：有关可能的证成理论的邦居尔逻辑空间图景是不充足的。

邦居尔的证成理论是一种温和的、带嵌入程度的融贯论，通过区分局部证成与整体证成可以得到精细表述。在局部层面上，其所关注的是，在一个其证成被视为当然的认知系统语境中单个信念的证成，邦居尔承认，支持关系看上去是线性的。但是，在整体层面上，关注点扩展到了整个系统的证成，此时的支持关系被看作本质上是整体论的。甚至单个信念的证成最终也要求它得到与整个系统中其他信念之间的局部线性联系的支持，而这一整个认知系统也凭借它的融贯被整体地证成。按照邦居尔的设想，融贯是有程度之分的；它不仅仅依赖于此认知系统的逻辑一致性，而且还依赖于概率一致性的程度、其内在的推理关联的广度与强度、其对不可解释的反例的免疫程度，等等。

邦居尔的理论是内在论的，这不但是就下述意义而言，即它使证成完全成为主体信念之间的关系问题（在此意义上，任何融贯理论都是内在论），而且在另一意义上也是如此：它要求信念的证成依赖于为主体自身"所具有"（如邦居尔所表述的）的前提[5]。这个要求使得邦居尔引入了一个他称为**"置信假定"**的原则，并把它描述为主体终究还是会具有一些已证成的信念这一点的一个预设：相信者"必定……充分掌握了他的完整信念系统"（第102页）。这一点相当模糊，但幸运的是，它不会妨碍我的批评。

邦居尔承认下述直觉的力量：对经验信念证成的充分说明必须承认经验（他的用语是"观察"——也许不是最好的选择，但在以后行文中采用他的术语不会有任何损害）的作用。邦居尔也承认，有理由怀疑融贯理论可能在原则上不能满足这个要求，因为根据定义，融贯理论认为一切证成都是推论性的，是信念之间的关系问题。但是，他认为这个表面上的困难是可以克服的。

他认为，在两种意义上，信念可以被说成是"非推论性的"：相对于信念的起源和相对于信念的证成。邦居尔承认，确实存在在起源上为非推论性的信念，也就是这样的信念：致使主体拥有它们的原因，首先不是从该主体其他信念进行的推理，而是某种别的东西——观察或内省。但是，他坚持认为，不存在相对于证成来说是非推论性的信念，也就是这样的信念：证成它们的是不同于它们与该主体其他信念之间推论关系的某种东西。人们或许已经有理由感觉到一些不安；归根结底，推论难道不是得到信念的方法吗？邦居尔并不像人们在这一点上可能对之期望的那样清楚，不过他的立场似乎是指：就证成而言，重要的不是什么东西最初引发了该信念，而是在所谈论的时间内什么东西支撑着它。他还指出，主体本来没有必要将证成所需的推论步骤讲得格外清楚；他补充道，说推论是"可以把握到的"也不是充分的——推论必须在实际上是该主体继续持有此信念的理由。这些说法中没有一个是很令人满意的，但我的策略是眼下继续与之打交道。随着论证的展开，下述一点将变得明显，即邦居尔本人不可能一致地坚持此处引入的区分；但若在到达之前便穿越这座桥，我们将会一无所获。

有了这一区分，邦居尔就指出，那些在起源上即为非推论性的信念，可以凭借诉诸它们的非推论起源之论证而被推论性地证成；他论证，这会使得有可能既允许经验（"观察"）起作用，又同时保持忠实于将证成视为纯粹推论性的融贯论看法。

在局部层面上，对一个观察信念——比如说，我面前的书桌上有一本红色的书——的证成，按照邦居尔的想法，可以这样来进行（参见第118页及以后两页）：

  1-O 我有一个属于K类的认知自发信念，即在我面前的书桌上有一本红色的书；

  2-O 条件C成立；

  3-O 在条件C下，属于K类的认知自发信念可能是真的；

所以：

  4-O ［可能］在我面前的书桌上有一本红色的书。

  实际上，"认知自发"意味着"在起源上是非推论性的"。在目前的语境中，"K类"是类似于"公认可见"一类的东西，这一说法可理解为既有关信念内容，也关乎信念的原因论（etiology）。"条件C"大意为：例如，光线条件正常，我未受幻觉药物的影响，等等。

  这种局部证成的充分性反过来又依赖于前提的可证成。邦居尔论证说，作为或多或少直接的经验信念，2-O和3-O将以根据他的理论为通常的方式被证成，也就是说，将被适当地嵌入足够融贯的信念集合当中。他认为，1-O实际上是这样三个断定的合取：（a）该主体拥有此信念；（b）它属于K类；（c）它在认知上是自发的。按照邦居尔的观点，子前提（a）可用置信假定来证成；子前提（b），就此信念的内容而言，可以再次通过置信假定予以部分地证成，并且，就其原因论而言，可通过内省予以部分地证成；子前提（c）也可由内省来证成。

  这意味着（带有显著的内在论风格），观察信念的证成总是会部分地依赖于内省信念的证成。按照邦居尔的看法，在局部层面上，内省信念（比如说，我相信在我面前的书桌上有一本红色的书）的证成可以这样进行（参见第133页及以后两页）：

  1-I 我有一个属于K'类的认知上自发的信念，即我相信在我面前的书桌上有一本红色的书；

  3-I 属于K'类的认知上自发的信念通常都是真的；

98 因此：

> 4-I ［有可能］我相信在我面前的书桌上有一本红色的书。

（邦居尔认为，根本就不需要 2-O 的类似物，因为内省的可靠性与观察的可靠性不同，它对当下所获得的条件通常并没有那么敏感。）

这样一种局部证成，它的恰当性应该再一次依赖于前提的证成。在邦居尔看来，3-I 是或多或少直接的经验断定，所以可按 3-O 那样的方式来证成；他又表明，1-I 可以通过与 1-O 相同的方式加以证成。

邦居尔意识到，关于观察何以可能发挥作用的这种说明，仍旧不能确立观察输入之于经验信念证成的必要性。也正是在这里，他的**"观察要求"**出现了。他把对这个要求的陈述描述为"起调整作用的元原则"，并且承认它"明显是非常模糊的"，这个要求具体表述如下：

> 为了使认知系统中的信念甚至也成为经验证成的候选者，该系统必须包含把高度的可信性赋予多种合理的认知自发信念（包括……识别其他认知自发信念所需要的那些类型的内省信念）的法则。（第 141 页）

对邦居尔的证成理论所谓的"元证成"（按我的术语，就是"认可"）来说，**观察要求**是至关重要的；换言之，这个东西对他的以下论证是至关重要的：他的证成标准是表述真理的。既然邦居尔接受真理的符合论，作为他的元证成目标的论题就是：

> 一个信念系统，如果（a）保持长期的融贯（和稳定），并且（b）持续满足观察要求，那么它就可能与独立的实在非常符合，其符合的程度与该系统的融贯性（和稳定性）及其长期性的程度成正比。（第 171 页）

99 在邦居尔看来，**观察要求**在这种元证成中的作用，就是它"确保信念系统将接收连续的观察输入"，而这些输入"给认为一个信念系

第三章 被扰乱的融贯论

统可能为真提供基本的理由"(第170页);他论证说,这是因为一个信念系统在连续的观察输入面前之所以能够保持融贯性和稳定性,最好的解释就是这些相关的信念符合于实在,至少是近似地符合。

我的研究目标不是这种元证成论证本身(尽管我怀疑它是否能够经得住详细的批判性审查),而是邦居尔的下述断言:**观察要求**确保满足它的系统接收连续的观察输入。他的元证成论证正是依赖于这一断言。

如果再看一看邦居尔关于**观察要求**的陈述,一种歧义性就会显现出来,这种歧义性介于我所谓的置信解释和感觉-内省论解释之间。根据置信解释,**观察要求**要求主体相信他有认知自发信念,并且该主体相信认知自发信念一般是可信的。而根据感觉-内省论解释,它要求主体有认知自发信念,并且他相信认知自发信念一般是可信赖的。(我们设想,在任一情况下,既然**观察要求**被称为"那种**观察要求**",于是所提到的"认知自发信念"就包括由该主体的感觉经验所引发的信念。)邦居尔的陈述恰好就在这两种解释之间有了歧义:当他说一个信念系统"必须包含把……可信性赋予……认知自发信念的法则"(第141页)时,邦居尔既可能是在说,又可能不是在说,这个系统必定实际地包含认知自发的信念。那么,邦居尔到底想要哪种解释呢?我认为没有一个确切的答案。情况不仅仅是邦居尔在表达自己的观点时有歧义,这种歧义性正在为他的理论掩盖(可能是无意识的)一个严峻的困难。

存在相当多的更进一步的文本证据,可以支持这种含糊其词的诊断。邦居尔曾经对那些在起源上具有非推论性的信念进行过推论性的证成,在引入自己关于这种证成的说明时,邦居尔似乎在论述主体关于其信念起源的信念是真的——但又立即插话评论说,他这样做只是为了阐述上的方便:

> (可以方便地忽视下述情形:所谈论的信念首先不是一种认知上自发的信念……我也不会浪费力气去区分每一场合的实际情况和(主体)由此而生的观念,而只是简单地假定后者与前者一

致……考虑相反的可能性会使讨论极大地复杂化，但却不会对此主要议题产生意义重大的影响。）（第 119 页）

在紧随关于**观察要求**的最初陈述之后的那一页上，邦居尔告诉我们，**观察要求**"有效地确保满足它的认知系统将接收至少明显地属于来自世界的输入"（第 142 页）。但到了引入**观察要求**的那一章之后的一章，邦居尔正在将**观察要求**用作元证成的关键元素，但是"至少明显地"已经被方便地省略掉了，人们发现邦居尔宣称："**观察要求**……确保信念系统接收连续的观察输入"（第 170 页）。

不需要非常复杂的论证即可支持我的论断，即在其置信版本中，**观察要求**（如此称谓的话：这个词现在开始看上去有点倾向性了）没有确保观察的输入（无论是一次性的，还是"连续性"的）。或许我们可以认为，如果置信的**观察要求**得到了满足，并且主体有正当的理由持有一些在起源上是观察的信念，那么，该主体必定不仅相信，而且有正当的理由相信，他持有在起源上具备观察性的信念。确实如此；但很明显，这仍不足以确保来自世界的输入。邦居尔可能受到下述表面上让人放心的想法的潜在影响：他的元证成确立的是，如果主体有正当的理由相信他在起源上具有观察性的信念的话，那么很可能，他确实具有在起源上具有观察性的信念。但是，这当然没有使情况有所好转；因为邦居尔的元证成本身有赖于下述假设：如果**观察要求**得到了满足，来自世界的输入就能够得以确保，所以，这种表面上让人放心的想法实际上完全不能让人放心。

本论证中最棘手的部分就是要表明，根据其感觉-内省论解释，**观察要求**如何彻底地改变邦居尔理论的特征。像下面这样开始将是有用的，即提供围绕由这两种解释所导致的证成所做的说明的两段梗概：

第一种（置信论的）解释：

　　A 的信念 p 得到证成，当且仅当：
　　（局部层面）1（i）p 被恰当地嵌入 A 的信念集合中；
　　（整体层面）1（ii）A 的信念集合是融贯的，并且

第三章 被扰乱的融贯论

> 1（iii）（置信论的观察要求）包括这样的信念，其大意为：本集合中的某些信念是认知自发信念。

第二种（感觉-内省论的）解释：

> A 的信念 p 是得到证成的，当且仅当：
> （局部层面）2（i）p 被恰当地嵌入 A 的信念集合中；
> （整体层面）2（ii）A 的信念集合是融贯的，并且
> 2（iii）（感觉-内省论的观察要求）包括认知自发信念。

第一种解释得出了邦居尔旨在提出的东西：一种（强的）内在融贯论——然而，它不能确保经验的输入。第二种解释得出了某种的确确保经验输入的东西——然而，它根本不再是邦居尔旨在提出的那种类型的理论；特别地，它不再是一个融贯论的理论。

条件 1（iii）是纯粹置信的，纯粹是按照主体信念间的关系来表达的，所以与融贯论完全协调。然而条件 2（iii）不是纯粹置信的，不是纯粹按照主体信念间的关系来表达的，因此与融贯论不相容。因为它说的是：一个系统中的一些信念在起源上是观察性的，这一要求是这个系统中任何信念被证成的必要条件。（顺便提一下，我注意到，这与邦居尔所坚持的起源问题与证成问题的差异当然是极不一致的。）

然而，尽管根据第二种解释，邦居尔的说明将没有资格成为融贯论，但它也会没有资格成为基础论。我设想，这不仅要求该系统包括一些认知自发信念，而且特别地要求，主体相信是认知自发的信念就是认知自发的。（除非我们如此设想，否则难以使第二种说明具有意义。）这样，我们实际上将有两类信念——那些其证成依赖于自身在起源上具有观察性的信念，以及那些其证成无须此依赖的信念；但这样的区分并不对应于基础论者关于基本信念与派生信念的区分。因为基本信念的证成必定不同于通过深一层信念支持的方式；然而在邦居尔理论的这个重构版本中，认知自发信念的证成将不仅仅有赖于它们自

身的观察性起源,也有赖于其他信念的支持。

简言之,我们看到了向基础融贯论的转向。这并不是说,根据对邦居尔"观察要求"的感觉-内省论解释加以重构之后,该理论就与我将要提出的基础融贯论完全相像;它与后者并不相像,特别是在它要求明确区分在起源上具有观察性的信念与在起源上是推论性的信念这一点上。但是,尽管重构版本的邦居尔理论既非融贯论,又非基础论,但由于它实际上既允许经验的作用,又允许普遍的相互支持,因此就其倾向而言,确实还是可以被明显地视作基础融贯论的。

二

尽管戴维森把自己那篇富有影响的文章冠名为《真理与知识的融贯理论》,但实际上他并没有捍卫一个真理的融贯理论;像邦居尔那样,他宣称,"[信念间]的融贯产生[与事实]的符合"(第120页)。不过,与邦居尔不同的是,戴维森不是通过详尽描述证成标准,而是通过探求信念归属标准的方式,以试图造成这种联系;他的肯定性策略依赖于如下论题:"信念在本质上是诚实的"(第128页),所以,"'我如何知道我的信念一般为真?'这一问题,本身就回答了自己的问题,那只不过是因为信念在本性上一般就是真的"(第133页)。

这可能有理由促使我们想去知道,如果有的话,关于戴维森立场的哪些成分属于明显的融贯论观点。比公开宣称的要少(正如四年后,戴维森在关于这篇文章的"事后思考"中所承认的)[6],但比迄今为止所看到的要多。戴维森正在与一种很弱的观念打交道,按照这种观念,只有当一种理论把证成视为信念之间特有的关系时,它才算是融贯论的。(在我看来,这是必要而非充分的。)戴维森文章的否定性策略依赖于这一论题:这样一个思想,即一个信念可被其他信念之外的某种东西所证成,乃是基于对证成与因果关系的混淆,以至于没有什么可以取代融贯论的说明。当戴维森做出下述结论时,肯定性策

第三章 被扰乱的融贯论

略与否定性策略就交织在一起了：假如信念大都为真，则有一个假定，它支持这一点，即若一个信念与其他大量信念相融贯，则这一信念为真。

我的批评的第一部分将要表明，戴维森的肯定性策略是失败的；第二部分将要表明他的否定性策略如何能够加以避免。由于戴维森的肯定性论证是在关于解释的理论中进行的，所以我的第一部分论证将同样属于语言哲学范畴；只有到了第二部分时，特定的认识论议题才会走到前台来。也只有那时候，面向双面理论，并最终面向基础融贯论的行进才会变得明显。

无论是在其文章的肯定性部分，还是在否定性部分，戴维森都采用了如下手法：将他所认为的自己方案的优点与他眼中的蒯因方案的缺点加以比较。我也将采用比较戴维森方案与蒯因方案的手法，不过在多数情况下，我的目的是要指出蒯因方案较戴维森方案的优越之处。

"信念在本性上一般都是真的"。无疑，自然的反应是，这句话听上去太好了，以至于不会是真的。如果像我相信的那样，这种反应是正确的，那么戴维森的肯定性论证必定是有瑕疵的；而我将要论证它确实如此。

戴维森肯定性策略的关键是这样一个论证，其大意为：一个解释者必须这样解释其对话者的话语，以便把大体上为真的信念归于他们，这一点是关于信念归属——若使用戴维森的术语，即彻底解释——的正确理论的一个后承。这一论证依赖于戴维森对于宽容原则的说明；但是我将论证，他的说明使宽容原则过强，以至于既不合情理，也不现实。

就其最温和的说明而言，宽容原则被理解为这样一个启发式的准则，其大意是：翻译者别无选择，而不得不根据关于他自己和对话者之间一致的可错假定来进行。然而戴维森把这转换成了更雄心勃勃的东西，其大意是："解释者必须这样来解释，以便使说话者或当事人有关于这个世界的大体正确的看法"（第133页）。不管极大化一致原 104

则有什么优点，极大化真理的原则都不是可捍卫的；而后一原则正是戴维森关于解释的理论所需要的，也是他的认识论论证所依赖的。

戴维森对自己的描述是，"扩展"了蒯因的宽容原则；显然，他之所以这样说，部分原因在于他把这条原则既应用于语句连接词的解释层面，也用于量词的解释层面，部分原因在于既然否认了观察信念和理论信念之间的区分，他就别无选择，而不得不一概地应用这条原则（第130页）[7]。但是对于该问题的这种说明不只产生了一点误导。差别之处不是（或不仅仅是）各人给出的此原则适用范围的问题，而是他们给出的关于它的说明的问题。更精确的说法是，戴维森关于解释的理论的特征，迫使他把宽容原则解释为要求真理的极大化，而把它解释为要求一致的极大化则与蒯因的翻译理论相协调。

然而，我应该立刻指出的是，蒯因和戴维森关于怎样理解宽容原则的明确表述都根本没有使这个非常重要的差别变得清楚起来。实际上，蒯因可能给我们造成了这样的印象：他关注的是真理，而不是一致。在这样的语境中，即他讨论语句连接词的翻译以及他否认有前逻辑的种族这一观念时，蒯因论述道，"表面上，就离奇虚假的断定可能有赖于隐藏着的语言差异"，并且评论说，"此准则背后的常识是，若超过某个限度，某人的对话者所显现出的迷茫就不大可能像是坏的翻译造成的"[8]。后来在《语词和对象》中，蒯因论述道，同一类想法在分析假设的层面也适用，并评论说，"加给一个种族的信念越是荒唐离奇，我们就越有权利对该翻译产生怀疑；前逻辑种族的神话表示的只是极端情况"[9]。

戴维森在根据真理解释宽容和根据一致解释宽容之间来回变换。在《真理与知识的融贯理论》一文中，他最初说，宽容原则"指导解释者这样去翻译或解释，以便按他自己的一些真理标准来理解说话者认为真的语句模式"；不过在下一页，他却写道，解释者把"说话者所说的话解释为真，只要他能够做得到"；但接着在同一页的后面部分，他写道：如果他的方法正确，那么"说话者认为真的大部分语句……就是真的，至少在解释者看来是这样的"（第129–130页）。

第三章　被扰乱的融贯论

这些段落可能给人造成这样的印象：戴维森只是没能够区分宽容原则的两种版本，但由于受到像"在解释者看来为真"之类短语的诱导而把它们混在一起。但这种说法过于简单了；因为既在《真理与知识的融贯理论》一文中，也更为明确地在较早的文章《形而上学中的真理方法》中，戴维森都承认这种区分。他关于宽容原则两种版本之间关系的评述几乎没有使情况有所改善。在《真理的方法》一文中，在详细论证"只有通过这样进行解释以便我们达成大体上的一致，我才能正确地解释你的话"，并承认这样做"将'是否达成一致的就是真的'这一点作为争议较大的问题遗留下来"之后，戴维森谈到，后面这一观点"没有抓住该论证的要点"，因为尽管"基本的断言是说，我们需要信念的大量共有，以便为交流提供基础……但扩展的断言[是]……客观错误只能在大体为真的信念环境中发生"。他为这种"扩展的断言"所提出的唯一论证是：

> 关于这个世界的巨大错误……是不可理喻的，因为假定它可以理喻，就等于假定有[一个全知的解释者]，他正确地将别的某个人解释为犯了极大的错误，但这[是]不可能的。[10]

这里所提到的"全知的解释者论证"在《真理与知识的融贯理论》一文中得到了详尽的阐释：

> 暂且设想这样一个解释者，他对世界无所不知，对下述一点也无所不知，即是什么东西促使和将要促使说话者去赞成他的（潜在无穷的）语句系统中的任何语句。这位全知的解释者使用与可错的解释者一样的方法，发现那位可错的解释者基本上是一致和正确的。当然，是根据他自己的标准，但由于这些标准客观上是正确的，所以根据客观的标准，可错的说话者被视为基本一致和正确的。我们也可以……让这位全知的解释者把他的注意力转向可错说话者的可错的解释者。最后证明，可错的解释者在某些事情上可能是错误的，但并非一般而言都是错的；所以他不能够犯与他正在解释的人完全相同的过错。一旦我们同意我所勾勒

的那种一般性的解释方法，那么正确地持有下述看法就成为不可能的事情：任何人关于事物如何的看法在大多数情况下都是错误的。（第131页）

这个论证是如此混乱，以至它肯定在某些地方出了问题，这一点比它究竟在哪个地方出了问题更为明显。此论证的核心似乎是从"暂且设想……"到"……根据客观的标准"。麻烦在一开始就出现了——当我们被邀请设想一个全知的解释者按照极大化一致原则行动之时。我认为，应该假定的是：有一个全知的解释者，他除了有关于世界的真信念之外，还正确地解释他的对话者，而且他的解释符合极大化一致的原则。由这个假定确实能得出人们的信念大都为真这样的结论。因为这位全知的解释者把大都与自己一致的信念赋予其对话者；由于他的信念全都是真的，所以他将把那些大都为真的信念归于对话者；而且由于他的归属都是正确的，于是当事者的信念也大都是真的。但这并没有确证人们的信念大都是真的；仅当有一个全知解释者的时候，人们的信念才是大都为真。为了确证人们的信念大都为真，戴维森需要证明有一个全知的解释者。当然，他没有这样的论证；他在《真理的方法》一文中关于"全知的解释者的思想一点儿也不荒唐"[11]的评论，尽管毫无疑问是正确的，但最多确证了这一点：可能有这样一个解释者，但并非确实有一个。戴维森怎么能犯这样的错误呢？我认为，通过再审视《真理的方法》中的一段文字就可以找到对这个问题的说明，在那里他第一次暗示了这样的论证。他坚持认为，"设想极大的错误可以理喻，就是设想可能有［一位全知的解释者］，他正确地把别人解释为犯了极大的错误，并且这［是］不可能的"（着重号是我加的）。这里的"可能有"引发了戴维森的错误。正确的说法是："有一个全知的解释者，他遵循极大化一致的原则去解释别人，却把他解释为是极端错误的"是不可能的，也就是说，不可能有全知的解释者，除非人们的信念大都为真。"可能有"支配着整个条件句而不是其前件。但是戴维森解释这一点的方法恰好鼓励了这样一个观念：为了解除全知的解释者这一假定的重负，所需要的一切就是说明"可能有"这样的东西。而这并不是真的。

但是，从根据极大化一致来说明宽容转变到根据极大化真理来说明宽容，就戴维森而言并不仅仅是一个混淆。在戴维森解释理论的特征中，有充足的理由使他有义务采用根据真理给出的那种解释[12]，刚刚讨论过的、戴维森对窃题论证的诉诸，也许最好被看作一次用来确证这样一点的不成功的尝试：他无论如何都有义务去采纳的那种根据真理所做的解释，并不比根据一致所进行的解释明显更为必要。

在戴维森看来，"意义是由客观的真值条件给出的"（第120页）；他建议把意义理解为塔斯基型真值条件，并且使用T-理论进行解释。就是说，由于受到特定的经验限制，戴维森的彻底解释者为对话者语言的每一语句寻求一个具有以下形式的语句：

对话者语言中的[p*]是真的，当且仅当p

左边括号里的表达式命名对话者语言中的一个语句，右边的表达式是那个语句在解释者语言中的一个翻译。[13]相比之下，蒯因的彻底翻译者再次受到特定的经验条件的限制，想要把对话者语言中的每一语句和自己语言中的一个语句联系起来，如：

[p*]被关联到[p]

左边括号里的表达式命名对话者语言中的一个语句，右边括号里的表达式命名翻译者语言中的一个语句。与此一致，蒯因所赋予的经验条件限制的大意是：

对话者赞成[p*]，当且仅当我自己语言中的说话者赞成[p]

这样的话，重要的一点是，在可感知的环境中，翻译者与对话者之间存在一致。但是，在戴维森的彻底解释理论中，右边的语句是被使用的，而不是被提及的，这就排除了任何类似蒯因类型的经验限制。取而代之，与其强调T-语句的做法一致，戴维森所施加的经验限制的大意准确地说只能表示为：

对话者认为[p*]为真，当且仅当p

所以，重要的一点是，对话者是正确的。正如戴维森所说，不仅仅是他的解释者"把一种语言的说话者认为一个语句为真的事实当作下述一点的最初证据，即这个语句在那些情形下是真的"[14]；就当前目的而言，重要的一点是，戴维森的解释者必须寻求以在那些情形下为真的语句去翻译一种语言的说话者认为为真的语句。重复一遍，戴维森的理论使他有义务将宽容理解为要求一个解释者使得他的对话者的信念大都为真；而蒯因的理论则鼓励他将宽容原则解释为要求翻译者使得他的对话者的信念大都与他自己的信念相一致。

很明显，戴维森本人没有完全领会这一点，因为在《论概念图式这一观念》一文中，他这样写道：

> 宽容不是一个选择，而是拥有一个可行的［解释］理论的条件……直到我们成功地确证了被认为真的语句与被认为真的语句的系统关联，都是无错误可犯的。宽容是强加给我们的……如果我们想要理解别人，就必须认为他们在多数事情上是正确的。[15]

这段话中显示了现在我们所熟知的那个转变，即从第二句中把宽容视为极大化一致，转到第三句中把宽容当作极大化真理。但现在我想强调的是，戴维森错误地把他的解释者看作寻求"被认为真的语句与被认为真的语句的关联"。与蒯因的理论不同，戴维森的理论并不寻求将说话者语言中提及的语句和解释者语言中提及的语句相关联，或者将赞成与赞成条件相匹配；它寻求通过找到塔斯基型等价式将赞成与真值条件相匹配，而在此等价式中，如果说话者认为左边提到的语句为真，那么右边使用的语句就是真的。

戴维森本人提出，他的彻底解释理论和蒯因的彻底翻译理论之间的关键性差别在于，他更关注引发信念的物理对象和事件，而蒯因则根据刺激来刻画赞成/不赞成的条件（第132—133页）。这很容易引人误解。问题并不在于：蒯因的翻译者通过匹配根据刺激来表述的赞成/不赞成条件，寻求将对话者语言的语句和他自己语言的语句关联起来，而戴维森的解释者做的虽然是同样的事情，却是通过根据物理客体和事件来刻画的赞成/不赞成条件，再说一遍，戴维森的解释者

第三章 被扰乱的融贯论

根本就没有去联结所提及的语句,而是关注于匹配赞成和真值条件。即使我们修改蒯因的理论,根据物理客体而不是刺激去刻画赞成/反对条件,它仍然不会要求翻译者把大都为真的信念归于他的对话者,而只要求他把自己与对话者之间的一致进行极大化处理。

正好相反,戴维森的理论与蒯因的理论的关键性差别恰恰在于:戴维森热衷于强宽容原则,要将真理极大化,而蒯因则执着于弱宽容原则,想要把一致极大化。

即使认可真理极大化原则,我们也确实可能会怀疑戴维森的乐观认识论结论是否真的可以推出来。从"解释者别无选择,只能由对话者的信念大都为真这一假定出发"到"人们的信念必定大都为真"的转向是可以质疑的。将这种情况和别的翻译准则比较一下。例如,也许这种说法是真的:解释者别无选择,只能由他的对话者不是在对他说谎这一假定出发[16]。稍加思考便会清楚地看出,从这个原则得不出以下结论:对话者不可能系统地对解释者说谎;只能够得出:如果他们这样做,解释者就不可能翻译他们所说的话。在《论概念图式这一观念》一文中,戴维森宣称,不能翻译到我们的语言中的东西,就不能算是语言。不过,尽管或许存在一种强的意义,即"原则上不可翻译",在这种意义上这句话有可能是可辩护的,但仅仅因为我们在实践中碰巧不能翻译某些种族或生物的发音——例如,假如他们过于提防人类学家或人类,而不对他们讲真话——便推出他们没有语言,这样的假定当然是不合情理的。

在为真的假定和解释者将通常为真的信念归于说话者这一要求之间,也有一个重要的断层。戴维森本人承认,将信念个体化的困难给赋予一个人的大部分信念必定为真这一观念以清晰的意义制造了障碍。但即使抛开这些困难,从一个 F 是 G 这一假定也不能推出大部分 F 都是 G——这一点也是清楚的;例如,从被告在被证明有罪之前都是无罪的这个法律上的假定,不能推出大部分被告是无罪的。

但是,我要强调的观点只不过是,强宽容原则何以很不合理。一个温和的原则若是以翻译者与对话者之间的一致这一可废止的假定形

110

式出现，则作为翻译实践的一个准则，它有某种要求获得合理性的权利。但是，无论这样一个温和的原则有怎样的权利要求获得合理性，这些权利明显不会延伸到下面这个更为雄心勃勃的原则：解释者必须把大都为真的信念归于其对话者[17]。当以这种苛刻的方式进行解释时，宽容原则太强了以致不可能是现实的；一般的可错解释者都不会遵守它。因为它会引导解释者将其对话者解释为：恰当事实上 p 时，才认为［p*］是真的。如果一个有限的可错的解释者试图尽可能严格地遵守这条原则，那么，他除了将其对话者解释为"恰从作为解释者的他的视角看来为 p 时，才认为［p*］是真的"，不可能会比这做得更好。（无怪乎戴维森会在宽容原则的以一致为导向的版本和以真理为导向的版本之间来回转换。）当然，如果有限的可错的解释者碰巧在是否 p 的问题上出现了错误，他就没有遵守以真理为导向的宽容原则。为了按照戴维森的标准进行正确的解释，解释者实际上不得不成为几乎全知的。（无怪乎戴维森没有意识到他的"全知的解释者"论证犯了窃题之谬。）

戴维森宣称，蒯因和达米特通过"试图使意义可以把握"，反倒却"使得真理不可把握了"（第 126 页）。做出以下回应是具有诱惑力的，即无论情况会如何，经过将真理与意义如此紧密地联结起来，戴维森并没有使真理成为可以把握的，却使意义变得不可把握了。关于蒯因和达米特，戴维森还评论说："有一些共同的语言观，而它们鼓励了坏的认识论"（第 126 页）。而具有讽刺意味的是，最后会证明，戴维森乐观的认识论结论——"信念在其本性上一般为真"——依赖于一个不可接受的解释理论。

即使戴维森的乐观结论是真的（我的结论并没有表明它是假的，尽管我希望它已表明这个结论不能被戴维森的论证所证明），就其本身而言，它也不会偏爱融贯论胜过其他证成理论；虽然这个乐观结论会克服融贯论面临的一个重要反对意见：喝醉酒的水手论证。为了得出融贯论结论，戴维森的否定性策略也是必要的。

这种否定性策略的关键之处在于这样一个论证，其大意是：这

第三章 被扰乱的融贯论

一观念,即证成可能是不同于信念之间独有关系的任何事物,基于一个混淆——证成与因果的混淆。这是我在第一章中所谓的因果关系不相干论证的戴维森版本;而正如我在那里已经建议并将在这里详尽论述的那样,它基于这样一个错误的假定:证成是一个纯逻辑概念。

作为预备步骤,指出下述一点将是方便的:戴维森的否定性策略是在这样一个理论分类背景下展开的,这一理论分类相对于我正在使用的分类来说,不是那么直截了当,相对于大多数为人熟知的分类也是如此。在戴维森看来,"区别出一个融贯理论的东西只不过就是下述断言:除另一信念之外,没有任何东西能算作支持一个信念的理由"(第123页)。戴维森似乎意识到,按照这个定义,不但所有那些一般如此分类的理论,而且我所谓的自我证成的基础理论(按照这些理论,基本信念都是自我证成的),还有语境主义说明,都有资格算作融贯论。换句话说,如戴维森在《事后思考》一文中所承认的,他的区分实际上是纯粹置信理论和非纯粹置信理论之间的区分。再说一遍,融贯论(在我的意义上)、自我证成的基础论和语境论是纯粹置信的理论,因而在戴维森的意义上是融贯论的;而外在基础论、经验主义的基础论和基础融贯论却不是。

非纯粹置信的理论(它们大概代表了"坏的认识论",戴维森认为它们受到了错误的语言观的怂恿)并不要求证成只是信念之间的关系;戴维森评论说:"这些尝试值得认真对待:它们以这样或那样的方式把信念建基于感觉见证之上"(第124页)。戴维森喜欢将这样的理论描述为需要诉诸信念与外界的某种"对质"(第120页),因而要求我们"越过我们的皮肤"(第125页);值得注意的是,经由第二个预备步骤,这些隐喻显然是有偏见的——因为我们当然不能精确地"让信念对质经验"或者"越过我们的皮肤"。不过,虽然这样的言辞很巧妙,但它并不是要反驳关于证成的非纯粹置信(从现在开始,简称为"非置信的")方案。

更确切地说,戴维森的情况依赖于以下论证,即这样的方案代表

了一种注定会失败的尝试,后者想把"原因转变为理由"。这个论证是这样的:

> 感觉与信念之间的关系不可能是逻辑的,因为感觉不是信念或其他的命题态度。那么,这种关系是什么呢?我想答案是显然的:此关系是因果的。感觉能引起一些信念,在这个意义上,它们是那些信念的基础或根据。但是信念的因果解释并没有表明信念是如何以及为什么得到证成的。(第125页)

戴维森认为,这表明证成必定是纯粹置信的。他提出,由说出"……我们唯一的信息源是经由光线和分子带给我们的感觉器官的冲击"[18],就暴露出蒯因已经刚好成为这类将证成与因果相混淆的受害者,按此论证,这种混淆不可避免地削弱了非置信理论。

我首先注意到,否认主体的经验可以算作他具有的信念的理由,并不等于否认它们可以算作其信念的证据——别忘了,这个词指的是"感觉的证据"——所以,就其本身而言,也不等于否认经验可以与证成相关。若要假设一信念的所有证据必须包含该信念的理由,当然就恰好窃取了讨论中的那个问题。

上述为我想要强调的观点做了铺垫:戴维森的论证完全就是不据前提的推理。原因在于:在信念和经验之间,可能只能有因果关系而没有逻辑关系;所以经验与证成无关。如果没有进一步的前提,即证成是一个纯逻辑的问题,便得不出这个结论。而且,根本不能明显地看出这一点是真实的。也许可能会是这样的,如果某个人认为下述一点是理所当然的:证成必定或者是一个纯逻辑概念,或者是一个纯因果概念;但为什么他认为这是理所当然的呢?下述看法肯定是可能的,而且乍看起来也合乎情理:证成概念尽管不是纯因果的,却也不是纯逻辑的。当然,这是由在我看来很强健的一种直觉使人想到的画面,这个直觉就是指:某人具有某个信念是否得到了证成?或者在什么程度上得到了证成?这些既依赖于他所相信的是什么,也依赖于他为什么相信它。

此外,这样做是合乎情理的,即把蒯因的"感觉证据"之类的说

第三章 被扰乱的融贯论

法理解为一个暗示：他正暗地里依据一个假定进行工作，即证成是一个有两副面孔、两个方面的概念，这正是这个直觉使人想到的[19]。指责他混淆了证成与因果，至少是欠考虑的。

所以，戴维森的论证并没有确定非置信说明必然会建基于一个混淆之上。我认为，此论证确实极为清楚地揭示了一点：一个非纯粹置信的理论——包括基础融贯论和经验主义的基础论——必定是一个双面理论，而且需要说清楚证成概念的因果方面与逻辑方面的关系。（实际上，基于将只在第五章才详尽表达的原因，我认为"逻辑的"并非理想的词语；"评价的"要更好一些。但现在我们无须为这个问题而耽搁。）

具有相当讽刺意味的是，戴维森本人对证成概念的双面特征是有所认识的。早在《真理与知识的融贯理论》一文中他就承认，仅按照语句集合表述的融贯理论不会是合理的（这实际上是因为相容的童话故事这个反对意见）。他说，他的理论解释证成时，不是绝对地根据语句集合的融贯，而是根据信念集合的融贯。然而，就在这同一段话中，他给出了——明显没有意识到这种变换——关于"何为信念"的两个非常不一样的说明：首先，"被某人认为为真的语句"；其次，"……由其拥有者身体内外的事件所引发，及引发这些事件的人们的状态"（第121页）。于是，戴维森最初讨论的是信念内容（比如说，这能够评价为互相融贯或互不融贯）；随后，他所讨论的是信念状态（它们可以是因果地互相关联，以及与其他状态或事件相关联，例如感觉经验）[20]。但是，如果可以融贯或不融贯的仅仅是信念内容，而不是信念状态，并且如果信念内容只是语句，为什么戴维森将这视为比语句融贯之说明更好呢？我认为，这是因为哪些语句集合在议题中因为下述要求变窄了：它们应当是某一主体认为真的语句集合，也就是说，是某一主体信念状态的内容。但是一般而言，情况并非如此：相对于较窄语句集合的融贯理论比有关较宽语句集合的融贯理论更合理（实际上，"综合性"作为融贯组成部分的通行做法表明情况正好相反，假如表明了任何启示的话）。所以，在戴维森看来这是怎样改善这种情形的呢？自然出现在眼前的答案是：人的有些信念状态，至少部分是由他的经验、由他的感觉器官与世界的相互作用所引发的；所以，作为这些状态内容的语句集合比笼统意义上的语句集合是更好的选择，因为这个支撑物就宛如被植入其中。但如果这就是戴维森正在考虑的情形——我认为在意识的某一层面上一定如此——他就暗中承认了证成终究不是纯逻辑的，一个令人满意的证成说明必须包含因果和评价这两种元素。

可以在戴维森的文章中发现，他暗中承认了证成概念的双面特征，尽管他公开赞同因果不相干论证，后者暗示经验论具有某种强制力。然而我要宣称的是，我们也会更明确地感受到基础融贯论的强制力；这还需要一个步骤。这个附加步骤就是：基础主义的经验论要求区分由主体经验证成的信念和靠主体的其他信念支持所证成的信念；但是，如果像戴维森和我本人那样否认纯粹知觉信念与其他经验信念的明显区分，那么，这一步骤就被排除掉了。

通过增加"**观察要求**"，邦居尔从喝醉酒的水手论证中拯救融贯论的策略失败了，因为在确实保证经验输入的唯一解释中，它已经牺牲了该理论的融贯特征，而赞成某种初始的基础融贯论。通过确立"信念在其本性上一般为真"，戴维森从喝醉酒的水手论证中拯救融贯论的策略也失败了，因为它要求某一版本的宽容原则作为前提，但这个版本过于严苛了，以致不能为人所接受。戴维森利用因果不相干论证反对经验主义不但是失败的，而且以这样的方式遭到失败：它强调需要一种双面理论，当没有观察信念与理论信念的截然区分时，双面理论在性质上就是基础融贯论。

简而言之，本章以及前一章中所提出的案例研究，以及第一章中提出的一般论证，其取向是一致的。我现在面临的任务是，详尽地表述清楚这些论证迄今所指向的那类理论：双面的基础融贯论。

注释

[1] 刘易斯：《经验知识中的所与要素》，第 168—169 页。

［2］在本章第一节中所有引文的页码均指这本书。

［3］在本章第二节中所有引文的页码都是指这篇论文。

［4］在《认识论中的内在论和外在论》和《一种内在的外在论》两文中，阿尔斯顿对内在论和外在论的二分提出了质疑；尽管我不能确定他完全探明了事情的真相，但我确信：当他在这里质疑有任何这样简单的二分时，他是正确的。

［5］邦居尔：《经验知识的外在论理论》，第55页。

［6］戴维森：《事后思考》，第134页。

［7］我不打算讨论蒯因关于观察句和理论句之间区分的观点，尽管我认为它并不像戴维森所认为的那样直截了当；参见蒯因和乌里安：《信念之网》，第17页："［在观察句那里］有可错性的影子。通常，观察是牵引理论之船的拉力；但在极端情况下，理论如此卖力的推动，以致观察产生了。"

［8］蒯因：《语词和对象》，第59页。在一个脚注中，他把"宽容原则"这个表达式归于威尔森的《没有基础的实体》。

［9］蒯因：《语词和对象》，第69页。

［10］戴维森：《形而上学中的真理方法》，第201页。

［11］同上书，第201页。

［12］关于本论证的以下部分，我受益于博迪克的《论戴维森和解释》，我严格地依凭了此文第5节和第6节。

［13］戴维森：《彻底解释》，第135页。

［14］戴维森：《信念和意义的基础》，第152页。

［15］戴维森：《论概念图式这一观念》，第19页。

［16］不过，腾布尔报告说，他在研究Ik（一个肯尼亚部落）时，所遇到的障碍之一是，他的受试对象在玩某类游戏时经常对他撒谎；但他继续说，"人类学家总有办法从不合作的受试对象那里筛选出真理"（《山地人》，第152页）。

［17］对有关戴维森的经验限制问题的深入且更全面的讨论，请参见博迪克《论戴维森和解释》，第5节。［麦克金在《宽容、解释

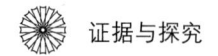

和信念》一文中,以及弗梅桢在《巨大错误的可理解性》一文中,也批评了戴维森的宽容原则,但我认为不怎么成功。]

[18] 蒯因:《自然知识的本性》,第68页。

[19] 蒯因在这些问题上的见解并不是没有歧义的,参见下面的第六章。

[20] 感谢阿姆斯特朗促使我注意到了这一点。

第四章　精细表述的基础融贯论

为了最终获得他的世界图像，任何人必须由之出发的全部证据，就是感觉接收器的刺激。

——蒯因:《自然化的认识论》[1]

……在解释和被解释者之间可以存在一种相互加强的关系。一方面，如果我们能想出什么东西来解释某个我们认为的真理，那么后者将会获得可信性；另一方面，某个解释如果能说明某个我们认为的真理，它本身也会获得可信性。

——蒯因和乌里安:《信念之网》[2]

本章的目标是就认知证成进行辨明，这一辨明与显露于前几章论证的那些必需的要求是相一致的：允许经验与经验证成相关联（这将要求精确表述因果关系与评价这两方面的相互作用）；允许信念之间普遍的相互支持（这将要求说明合理的相互支持与可以非议的循环之间的区别）。

这里的被辨明项是：A 的信念 p 在 t 时或多或少被证成，这取决于……。选择这一被辨明项已经提示了某些实质性的预设：它是与人有关的用语，而不是像"信念 p 被证成"那样初始的、与人无关的用语；证成有程度之分；一个人相信某事是否被证成，或者在何种程度上被证成，可以随时间而变化。这些假定的根本依据将随着精确论述的展开而变得更加明显。

我的程序可称为"连续接近法"。

我从一种直觉上似乎很合理但（并不奇怪）也很模糊的表述开始，试着逐步把隐含于最初模糊表述中的东西表达得更精确。最初的、非常近似的首近似值是：A 的信念 p 在 t 时或多或少被证成，这取决于他的证据有多好。我倾向于认为，这种最初的表述近乎没有什么价值（更确切地说，它实际上把"证成"设想成了认识论者的混合词，以便去表达这样的东西：在日常话语中，它们最常见的是以较少技术性的词汇加以表达，而这些词汇又表示或强有力或不足信的理由、或弱或强的情况、或好或不足道的证据，等等）。然而，在当前认识论争辩的语境之下，我们必须承认，即便是这个看似无害的表述，也并非是完全免于预设的；特别地，它显示出一种偏好：证据主义进路优于外在主义进路[3]。对于这种偏好，除了它的直觉合理性之外，眼下我不会提出任何基本依据。不过，在后文，这种最初表象的考虑将得到反对外在主义理论论证的支持（第七章）。

对初始表述的后继阐述将依赖于对证成概念的因果关系与评价这两方面之关系的精细表述。这种表述的基本原则将在于，区分"信念"的状态含义和内容含义，区分某人相信某事和他们所相信的东西；在下文中，我们把这种区分标记为"S-信念"与"C-信念"[4]（从此以后，如果我单纯地提到"信念"，将是有意指这种歧义性）。按照首近似值表述，A 的信念 p 如何得到证成取决于他的证据有多好。要想详尽地阐释这个首近似值表述，需要三个步骤。第一个步骤，如果按照 A 的 S-信念和 A 的其他状态（包括知觉状态）之间的因果关系来表达，将试图刻画"A 关于 p 的 S-证据"。第二个步骤，也即中间步骤将是一个策略，通过该策略，在对"A 关于 p 的 S-证据"（由 A 的特定状态组成）进行刻画的基础上，得出"A 关于 p 的

C-证据"的刻画（由特定的语句和命题组成）。第三个步骤是评价步骤，将通过刻画"A 关于 p 的 C-证据有多好"完成对"A 的信念 p 或多或少被证成"的辨明。

这里所讲的，至多是对一种理论的勾勒——而且是一种在细节层面上看不只是有点不均衡的勾勒。当然，原因在于，这至少是目前我所能做到的最好的。既然希望我自己或别人发现有可能最终改进对这一理论的精细表述，我将努力识别出主要困难在哪里，辨别其中哪些困难是基础融贯论方案所独有的，哪些是更为人熟知的证成理论所共有的；虽然我不会轻视任何困难，但即便这些问题似乎为我的方案所独有，我也将采取如下态度：那些仅仅因为我的说明在某些方面较其竞争者更为详细才出现的问题，应该被看作一些挑战，而不是弃守的根据。我还将努力去尽可能弄清楚这里提出的表述中哪些部分能够独自成立，也因此可能是有用的，即使其他部分都失败了。

一

如何证成一个人相信某事，这不仅取决于他相信的是什么，而且取决于他为什么会相信它；"为什么他相信它"不单是他还相信别的什么的问题，或者他还相信并察觉、内省或记住了别的什么的问题，而且也是在他的 S-信念和经验中它是什么的问题，他具有的上述 S-信念便取决于此。（考虑这样两个人，他们都相信被告是无辜的，其中一个人的理由是，案件发生时，他在一百米外亲眼看见了她；另一个人的理由是，他认为她有一张诚实的脸。前者比后者得到较多证成。）于是，假定 A 相信 p，那么，A 的信念 p 如何得到证成便以某种方式取决于是什么使得他具有这一 S-信念。

作为详细解释"以某种方式取决于：是什么使得他具有这一 S-信念"的第一步，有必要区分 A 的 S-信念 p 的引发原因——任何包含于他最初开始相信 p 的行动中的东西——和在讨论时发挥作用的原因，也即在探讨他的证成程度时发挥作用的原因。这些可能相同，但它们也可能不同；当它们不同时，证成所依赖的正是讨论时发挥作用的原因。（设想，最初在时刻 t_1，A 开始相信被告的无辜，因为在他看来没有比她有一张诚实的脸更好的理由了；但后来在时刻 t_2，A 得知她有一个无懈可击的不在场证据，并且，正是这一点使他在那个时刻继续相信她的无辜。这样，他在 t_2 比在 t_1 得到了较多证成。）这就是为什么被辨明项包括条件"在时刻 t"的原因；自此以后，即使它没有被陈述出来，也应该这样来理解。

作为第二个步骤，有必要认识到，引起某人在一个时刻相信某事的东西经常是力量的均衡问题；也就是说，一些因素使他倾向于相信 p，其他因素则使他倾向于反对相信 p，而前者的力量强于后者。（设想史密斯教授相信汤姆·格莱比特偷了那本书，并且他的 S-信念得到以下事实的支持：他记得看见格莱比特面带犯罪的表情偷偷摸摸地离开了图书馆，而且格莱比特的毛线衫可疑地鼓着；而且，这一事实的重要性超过了他的如下愿望或信念：不相信自己的学生出了问题的愿望，就其所知，格莱比特可能有一个做扒手的孪生兄弟的信念。）所以，在考虑在时刻 t 是什么让 A 有如此这般的 S-信念时，有必要将支持性原因与抑制性原因区别开来。然而，两者都与对于证成程度的评价有关。

第三个步骤是区分下述两者：有关的那个人的状态的支持性或抑制性因素与并非如此的支持性或抑制性因素。（例如，A 关于在房间里有一条狗的 S-信念可能部分地得到他处于某一知觉状态的支持，并且，这种状态最终由房间里有一条狗所引起。）只有属于 A 的状态、引发 A 的 S-信念的原因，才会在他的 S-证据的刻画中起作用。

"A 的 S-信念 p 在 t 时的因果联系"指的是在 t 时对导致 A 相信 p 的作用力的向量中发挥作用的 A 的那些状态，不论是支持性的还是抑制性的。"联系"意在表示一个 S-信念网络，其中 S-信念相互之间连接起来，S-信念与主体的知觉经验互相联系在一起，以及 S-信念与主体的愿望、忧虑之间也相互连接起来，等等。S-信念的因果联系包括直接支持或抑制那个 S-信念的状态，支持或抑制这些状态的状态……这里的想法是，我们的证成标准既不是简单的原子论，也不是无条件的整体论：它们关注的是在 t 时整个 A 的状态系列中的那些元素，后者承担着与所讨论的这个特殊 S-信念的支持性或抑制性的因果关系。

即使是在最初辨明"A 关于 p 的证据"是可能的之前，也需要在 S-信念的因果联系范围内区分证据性成分和非证据性成分。信念状态、知觉状态、内省状态以及记忆状态将看作证据性的；其他状态，如主体的愿望与忧虑、他受到酒精或恐吓的影响等，将不被看作证据性的。这样的状态有助于支持或抑制 A 的 S-信念 p，这一点或许对 p 为真的可能性产生影响。（例如，如果某人非常担心 p 可能会被证明是真实情形，他就可能极力夸大他的 p 是真实情形的证据之重要性；有人可能将其称为"可怕的想法"；受致幻剂 LSD 的影响，某个人的感觉遭受到极端的混乱；等等。）不过，A 的 S-信念 p 的因果联系的这种成分不被认为是 A 的证据的组成部分，因为它们在直觉上被认为是影响一个人对其证据做出反应或进行判断的因素，而它们本身却不被认为是他的证据的组成部分。这样的非证据状态属于一个 S-信念的因果联系，这一点可能形成关于下述问题的解释的一个必要组成部分：尽管他的证据不足信，但该主体仍然会相信某件事情，这是怎么回事呢？然而，它不会形成计算该主体的证成程度的组成部分。

现在，我们有了初步理解"A 的证据"的必要工具；在状态/内容相区分的一个明显的外延内，"A 的证据"称为"A 关于 p 的 S-证据"[5]。"A 相信 p 的 S-理由"将指支持 A 的 S-信念 p 的那些 S-信念；"A 相信 p 的当前的感觉 S-证据"将指支持 A 的 S-信念 p 的知觉状态；"A 相信 p 的过去的感觉 S-证据"将指支持 A 的 S-信念 p 的知觉痕迹；"A 相信 p 的感觉 S-证据"将指 A 相信 p 的现在和过去的感觉 S-证据；"A 相信 p 的当前内省 S-证据"将指支持 A 的 S-信念 p 的内省状态；"A 相信 p 的过去内省 S-证据"将指支持 A 的 S-信念 p 的内省痕迹；"A 相信 p 的内省 S-证据"将指 A 相信 p 的当前和过去的内省 S-证据；"A 相信 p 的经验 S-证据"将指 A 相信

p 的感觉和内省的 S-证据；而"A 相信 p 的 S-证据"将指 A 相信 p 的 S-理由和经验 S-证据。对"A 不相信 p 的 S-证据"的刻画与"A 相信 p 的 S-证据"是相似的，但要用"抑制"来代替"支持"；并且，"A 关于 p 的 S-证据"将指 A 相信 p 的 S-证据和 A 不相信 p 的 S-证据。"A 关于 p 的直接 S-证据"将指那些直接支持或抑制他的 S-信念 p 的证据状态，"A 关于 p 的间接 S-证据"将指那些直接支持或抑制他的关于 p 的直接 S-证据的证据状态，如此等等。

A 关于 p 的 S-理由本身就是 A 的 S-信念，关于这些 S-信念，A 可能有进一步的 S-证据（这将是他关于 p 的 S-证据的一部分）。但是，A 关于 p 的经验 S-证据是由 A 的非信念状态组成的，后者不是那种关于它 A 有证据或需要证据的事物。经验 S-证据证据性地支持或抑制 S-信念，但反之不然。有人可能说，A 的经验 S-证据是他的终极的 S-证据。（这是经验主义的基础论试图采纳的一条重要真理——但却是以一种被迫的和不自然的方式。）

"感觉证据"这个前分析概念并非与理论无关。根据常识性的画面，人类感知他们周围世界的事物和事件；人们通过自己的感官与其周围的事物发生相互作用；这些相互作用就是"感觉经验"所指称的东西。大体上说，我们的感官善于察觉我们周围发生的事；但在不利的环境当中，人们可能不能看清楚或者听清楚，并且有可能会错误地感知，而在极端不利的环境中，我们的感觉严重失调，人们甚至可能会"知觉"到根本不存在的东西。

上面带有引号的语句表明，常识观念想当然地认为，一般来讲，主体的知觉状态是他的感官与其周围事物相互作用的结果，但在异常的环境中，主体可能处于这样一种状态，他自己也不能把它与由他的感官和外界相互作用所导致的状态区分开来，然而后面这些状态不是这种相互作用的结果，而是他自身某种失序的产物。这里的意图既在于表现出这种描述的积极方面，也在于表示出它的消极方面。在下文中，将给"知觉状态"以一种稍稍宽松一点的解释，以包括在较严格意义上不能从现象学上与知觉状态区分开的状

第四章 精细表述的基础融贯论

态。然而，当从辨明的因果阶段转到评价阶段时，我们将引入下述常识性假定：知觉状态一般来说是人们的感官与外界事物和事件相互作用的结果。

"内省的 S-证据"已经被当作一种经验 S-证据包括在这样的信念当中：除了有审视外界事物与事件的感官，人还拥有意识到自己的（某些）心智状态和过程的一些手段，这个看法也是作为我们的前分析证成观念之基础的常识性画面的组成部分。但在这里，关于内省，除了下述一点之外我们无话可说：感觉的 S-证据和内省的 S-证据被认为是截然不同的，其意图在于避免这两者的任何混淆，避免把知觉省略为对一个人自己的心智状态的内省意识。这样的省略将背叛这个常识性假定，即我们所感知的是我们周围的事物——正相反，我希望去坚持这个假定。

如同知觉状态所扮演的角色是给当下的感觉经验与证成的关联进行定位，在"A 记得看见/听见/……"这样的惯用语所表示的意义上，知觉［和内省］痕迹所扮演的角色，是给记忆的作用进行定位。这里的术语将再次有意松散地使用。"知觉［内省］痕迹"将可能会被允许包括这样的状态，主体将不能把它们与关于过去的知觉［内省］状态的那些当下的痕迹分辨开来。

知觉状态/知觉痕迹、当前的/过去的感觉 S-证据的区分是很粗糙的——很可能比它们所表示的前分析观念还要粗糙。知觉不是瞬间性的，而是一个连续的过程。但证成的程度在这个过程中可能会发生改变，例如，当一个人把一个事物看得更清楚的时候（"看上去似乎有人正站在前门，直到我靠近一些才看见那只是绣球花灌木丛的影子"）。为了稍微减轻当前的/过去的感觉 S-证据这一区分的粗糙性，"知觉状态"不应被解释为瞬间性的，而应解释为具有某个没有详细说明的、可操控的持续时间。

过去的感觉 S-证据提供了一种途径，记忆进入画面之中。记忆也突然以另一种形式出现：说"A 记住了 p"，就是说早些时候他逐渐相信 p，而现在他仍然相信 p，他没有忘记它（当然，p 是真的）。

像所有信念一样，A 的这样一个"持续"的 S-信念如何被证成，取决于他的证据——在所谈论的那个时间内他所拥有的证据——有多好。（这不一定意味着，必须要说我的下述信念没有被证成：例如，我的高中英语老师名叫"怀特小姐"；现在，这个持续的信念得到过去的经验性 S-证据的支持——看到和听到我自己和别人使用这个名字，等等。）

一个人的 S-信念经常整体或部分地得到他听到、看到或记得曾听到或看到，以及另外某个人说的或写出来的东西的支持。人们可以在通常意义的明显外延内称之为"传闻证据"（testimonial evidence），这样的传闻证据经由 A 的感觉 S-证据所起的作用进入这幅画面，如 A 的 S-信念 p 得到支持，因为 A 记得曾经听到 B 说 p，并且他的 S-信念是 B 信息准确，而且 B 在这个问题上没有强烈的动机去欺骗或者隐瞒。（假设如果 A 不理解 B 的语言，如果他具有那个 S-信念 p，那么，他听到 B 说［p］就不会形成其因果联系的一个组成部分。）

二

A 关于 p 的 S-证据由 A 的一组可操控状态组成。但在辨明的评价阶段，"证据"将不得不意指"C-证据"，因为正是语句或命题，而不是人的状态，能够相互支持或削弱、相互给予更高概率或否证、相互保持一致或不一致，以及作为解释性说辞保持融贯或未能保持融贯。所以，需要一个从 S-证据到 C-证据的过渡桥梁。"A 相信 p 的 C-理由"将指 A 所相信的 C-信念，它构成了 A 相信 p 的 S-理由；"A 相信 p 的经验 C-证据"将指语句或命题，其大意是：A 处于某个或某些特定的状态中——这样的状态构成了 A 相信 p 的经验 S-证据；"A 相信 p 的 C-证据"将指 A 相信 p 的 C-理由和 A 相信 p 的经验 C-证据；"A 反对相信 p 的 C-证据"将如同"A 相信 p 的 C-证据"那样得到刻画，但是要增加"反对"一词；"A 关于 p 的 C-证据"将用来指 A 相信 p 的 C-证据和 A 反对相信 p 的 C-证据。A 关于 p 的直接、间接$_1$、间接$_2$ 等 C-证据的区分，分别对应于 A 的 S-证据的前述相应区分。

我们实际上是有意模糊地使用"语句或命题"来表述这一点的。这种有意模糊的主要优点在于，由于缺少命题同一性的清晰标准，它暂时延迟了对一些棘手问题的讨论，例如这一问题：对知觉（等）状态的哪类刻画在这里可能是合适的？我们描述"感觉证据"的日常方法提供了一些线索。什么东西证成了我相信在那棵橡树上有啄木鸟？——"我看到了它，即我看到它这一事实"是对这个问题自然而然的回答，这是一个无论如何都经常是充分合格或者产生足够障碍的回答，就如同："但我只是瞥了一眼"或者"但是逆着光线"或者"但是太暗了看不清斑纹"等等，也有可能修改为"对了，只是看上去好像有一只鸟在那里"。下述做法似乎是人们所希望的：将"A 的感觉证据"和"对 A 来说它看起来（等）怎样"至少松散地联系了起来；与此同时，重视对于或多或少有利的境况的常识性区分——真切地看与一瞥或匆匆一看相比，是更好的证据，在完全处于视野当中和良好光线条件下看见一个东西与部分隐藏地和在黄昏条件下看见它相比，是更好的证据，如此等等。因为这些（和别的）原因，我倾向于赞成这样的刻画："A 处于正常主体通常所处的那种知觉状态中，在正常的境况下，他看见一米远的一只兔子而且光线良好"，"处于正常主体通常所处的那种知觉状态中，在正常境况下，他在傍晚匆匆地瞥见一只快速移动的兔子"，等等。就从现象学上不能把它们与那些由我们的感官与外界交互作用所产生的状态区别开来的状态而言，它们被允许包含在"知觉状态"当中；尽管如此，如下预设得到了维持，即正常的知觉就是这般交互作用的结果。

此时，在 C-证据的层面上，在 A 的理由和他的经验证据之间，还存在一种重要的不对称。A 关于 p 的 C-理由将由命题组成，它们可以为真，也可以为假。然而，他的经验 C-证据将由全都为真的语句或命题组成。这不是对关于知觉或内省信念的任何形式的不可错论的重述；

而仅仅是说，有关命题的大意是指：A 处于如此这般的知觉（等）状态，并且这些命题都是真的，因为按照假定，A 确实处于那种知觉（等）状态。这一特征保证了可称为被证成经验信念的"经验支撑点"。

那么，按照次近似值，如何证成某人相信某事取决于他的 C-证据有多好。剩下的问题是阐明"多好"。然而，在转向这个任务之前，为了避免任何人因受次近似值完全按照 C-证据来表达这一事实的影响，而怀疑该理论的因果关系方面终究是多余的，应该再次强调，对"A 关于 p 的 C-证据"的刻画取决于对"A 关于 p 的 S-证据"的刻画，而后者是由该理论的因果关系部分提供的。哪些语句或命题构成了 A 关于 p 的 C-证据呢？回答这个问题取决于什么状态在支持 A 的 S-信念 p 的力矢量中起重要作用。

三

证成有程度之分，这一点已经得到了无数熟悉的惯用语的证明："他有某些正当的理由认为……""他的看法……将被更多地证成，如果……""他的证据非常有力，或极为脆弱，或有些偏向或片面""他的根据合理或很合理或是压倒性的""他的证据使……有可能成立或增加了……的可信度"——罗热（Roget）的《辞典》中有一个完整的部分，题名为"证据的程度"。我们在这里进行精细表述的辨明，旨在考虑证成的这种分等级的特点；然而，我们并不想提供任何关于证成程度的数字标度一类的东西，或者甚至任何像线性序列标准一样胸怀什么抱负的东西，而只是谈到什么因素提高了、什么因素降低了某人相信某事被证成的程度。

与基础论者的模型不同，这里的模型不是我们怎样确定数学证明的可靠性或者相反，而是我们怎样判定一个纵横字谜中各个格的合理性或者相反[6]。这个模型更适用于一种分等级的说明。但我的主要动机在于，纵横字谜模型允许普遍的相互支持，而不是像数学证明模型

第四章 精细表述的基础融贯论

那样鼓励一种本质上单方向的观念。提示类似于主体的经验证据,已经填好的那些格类似于他给出的理由。这些提示不依赖这些格,这些格在可变的程度上是相互依赖的;这些都是已经提到过的经验证据和理由之间不对称的类似物。

人们对判定纵横字谜中特定的格为正确的信心有多么合理,这一点取决于:提示和任何已经填好的相互交织的格给予这个格的支持有多少;独立于正在讨论的格,人们对其他那些已经填好的格为正确的信心有多合理;以及已经填好的相互交织的格有多少。类似地,A 关于 p 的 C-证据有多好,将取决于:

1. A 关于 p 的直接 C-证据在多大程度上是有利的;
2. 不考虑 C-信念 p,A 关于 p 的直接 C-理由有多可靠;
3. A 关于 p 的 C-证据有多全面。

应该注意的是,尽管条件 2 只明确提到了 A 关于 p 的直接 C-理由,但它的应用却逐渐驱使人们去评价 A 关于 p 的间接$_1$、间接$_2$等的 C-证据。这是因为,在考虑 A 的直接 C-证据如何独立安全时,将有必要考虑他的间接$_1$的 C-证据对它们提供了好到怎样的支持,他的间接$_1$的 C-理由如何独立安全,如此等等。

对一个 C-信念来说,C-证据可能是有利的或不利的,它的决定性代表了一个极端,他排除了所谈论命题的真理性代表另一个极端。C-证据可以是有利的,但不是决定性的,即在或大或小的程度上是支持性的;或者,它可以是不利的,但并非致命的,即在或大或小的程度上是破坏性的。有人可能会说,在上限,证据 E 使得 p 是确定的,在下限,E 使得并非 p 是确定的;E 越有支持性,就越有可能使得 p 为确定的,E 越具有破坏性,它就越不可能使得 p 为确定的。虽然这一说法足够真实,但它并不是很有帮助,因为"E 使 p 为确定""E 使 p 为可能"等等只不过是需要辨明的那些措辞字面上的变化。有人可能会说,较有帮助的情形是:如果 E 是决定性的,它就没有为 p 的替代者留下空间,而如果 E 是有利的,但非决定性的,那么,它越是具有支持性,为 p 的替代者留下的空间就越少。我禁不住将此称为"**帕特塞利原则**"（Petrocelli Principle）①。

关于这些极限情形，我建议采用下面这种相当直接的刻画。仅仅在 E 的 p-外推（给 E 增加 p 的结果）一致并且它的非 p-外推不一致的情况下，E 对于 p 才是决定性的；仅仅在 E 的非 p-外推一致并且它的 p-外推不一致的情况下，E 对于 p 才是致命的。

对小于决定性的支持性程度进行刻画出现了更多的困难。帕特塞利原则给出了一些提示，但我认为还不足以确定一种唯一的解决方法。不过，无论如何，它指导我们审视 p 相对于其竞争者的成功所在。因此，这里给出的是第一个尝试性的步骤。命题 C[p] 是 p 的竞争者，当且仅当（i）给定 E，它会排除 p，（ii）E 的 C[p]-外推在解释的综合性上比 E 更好。一种对于支持性的强刻画差不多可以这样进行：仅当给 E 增加 p 比给它增加 p 的竞争者更多地提高了 E 的解释整体性，E 对于 p 在某种程度上就是支持性的。这些方法也适用于较弱的刻画。仅当给 E 增加 p 提高了它的解释整体性，E 对于 p 在某种程度上就是支持性的；给 E 增加 p 比给它增加 p 的竞争者越是能够更多地提高它的解释整体性，E 对于 p 就越是支持性的。纵横字谜类比颇有几分把人们拉向弱刻画方向的意思，这也是我因此倾向于赞成的——尽管不是非常赞成。

此前我已经表示赞同如下这个猜测，即恰在 E 的 p-外推比它的非 p-外推在解释整体性上更好时，E 对于 p 才是支持性的；并且，E 的支持性越强，它的 p-外推就越比它的非 p-外推在解释整体性上更好。但现在我不再认为这能够是正确的；问题在于，如果 p 是 E 的潜在解释或者是 E 的某一成分，那就不能期望非 p 会是竞争的潜在辨明项。（因为这个理由，这个推测也就不能得到纵横字谜类比好的推动了。）这种对于支持性的、现在被拒斥的刻画，部分是由于它

---

① 帕特塞利是美国前些年风行一时的一个电视节目的名称，它讲述的是，得克萨斯州的一名辩护律师帕特塞利，在给他的当事人做辩护时，总是会设想一种可能的情形，该情形与所有现有证据相吻合，但在其中他的当事人是无罪的，而是另外某个人做了那件有罪的事情。哈克这里所说的"帕特塞利原则"，指的是证据不足以唯一地确定某个命题为真，就像在帕特塞利那里一样，还存在其他的可能性和想象空间。

第四章　精细表述的基础融贯论

与对于结论性的刻画同构而引发的。面对这两种刻画中的任何一种，我认为，至少有一种结构的类似可以得到维持：结论性所关涉的是，相对于与 E 保持一致性而言，p 是否优越于它的否定；支持性所关涉的是，相对于 E 的解释整体性而言，p 是否优越于它的竞争者。

所给出的上述刻画与人们更为熟悉的、诉诸 E 对于 p 的演绎蕴涵和归纳支持是不一样的；两者的不同之处在于，这种刻画有自己特定的优点。如果 E 对于 p 是结论性的，E 就演绎地蕴涵 p，尽管如此，相反的说法却毫无例外不是真的。如果 E 自身是不一致的，E 就演绎地蕴涵 p，但它没有资格对于 p 是结论性的。如果 E 是不一致的，那么，不但它的非 p-外推而且它的 p-外推就都是不一致的。我想说的是，这个要点，即不一致的证据对于 p 来说是无关紧要的，肯定要比基础论者关于它是结论性的这一观点更加合理；而且这个结果的获得无须屈从于如下这个过强的融贯论论题：如果在 A 的信念集中有任何不一致，他所拥有的任何信念都不会得到证成。

存在有利却非结论性的证据这样的东西，这个直觉比下面这个直觉更强有力：存在"归纳蕴涵"或者"归纳逻辑"这样的东西——当然，如果"归纳逻辑"被用来意指容许纯句法刻画的关系的话。从这样的观点看，我的关于"E 对于 p 是支持性的（有利但并非结论性的）"的思路，至少具有这样的否定性优点，即根本就不需要诉诸"归纳逻辑"，而后者往好里说容易导致悖论，往坏里说可能就是虚构[7]。

或许它也有正面的优点。至少在就支持性进行辨明时，通过诉诸解释整体性这一概念，基础融贯论借用了一些直觉的手段，如（基础论一方的）最佳解释推理的概念和（融贯论一方的）解释性融贯的概念。像这些人们更为熟悉的概念一样，支持性应该被解释为相对于真来说要求并不高；也就是说，既不要求辨明项为真，也不要求被辨明项为真。在本性上看，最佳解释推理这一概念既是单方向的，又是最优化的；解释性融贯的概念则没有任何上述特征[8]。所以，这里试探性地提出的辨明与后者，也就是融贯论概念更为接近，这是因为：首先，解释整体性被看作命题集合在不同程度上所具有的特征；其次，由于我对支持性的弱刻画的微弱偏好，就把 E 算作对于 p 具有支持性而言，E 的 p-外推不一定会比所有的 C[p]-外推能更好地在解释上综合起来。

E 对于 p 如何有利本身并不足以确定证成的程度。如果 A 关于 p 的直接 C-证据包括他的其他信念，那么他的信念 p 被证成的程度也将取决于他相信那些 C-理由的被证成程度。相互依赖这种可能性是不能排除的；情况可能是这样的：A 关于 p 的 C-理由包括某一个 C-信念，如 C-信念 z，A 关于 z 的 C-理由之一是 C-信念 p。条件 2 中的条件"不考虑 C-信念 p"的用意在于，避免如若不然将会由它引发的循环危险。

独立安全性的观念在纵横字谜类比的背景中是最容易掌握的，所以，我将参照图 4-1 中的一个小的简单的纵横字谜对之进行讨论。一个人关于横格 4 为正确的信心有多合理，除其他因素外，取决于他关于竖格 2 为正确的信心有多合理。还得承认，他关于竖格 2 为正确的信心有多合理，除其他因素外，反过来又取决于他关于横格 4 为正确的信心有多合理。但是，在判断一个人关于横格 4 为正确的信心有多合理的时候，他不需要为了避免陷入恶性循环而忽略竖格 2 给予的支持；一个人判断他关于竖格 2 为正确的信心有多合理时，只要撇开横格 4 给予的支持，就足够了。而这恰好就是我对 A 关于 p 的 C-理由的独立安全性的说明避免了恶性循环的方式。

纵横字谜类比也表明了绕过另一种潜在反对意见的方法。A 关于 p 的 C-理由的独立安全性程度，已经独立于 C-信念 p，根据 A 相信他关于 p 的 C-理由的被证成程度进行了解释，这也是独立于 C-信念 p 的过程。既然"被证成"出现在右边，辨明难道就不是不可消除的吗？不是——但这个解释起来有些棘手，而在纵横字谜中再次更容易看清楚这一点。在判断一个人对某个格的信心有多合理的时候，他将最终达至一点，在那里，问题不在于某个格得到其他格多么好的支持，而在于它得到它的提示多么好的支持。类似地，在评价不依赖 C-信念 p 如何证成 A 相信他关于这个信念的 C-理由的时候，他将最

第四章 精细表述的基础融贯论

终达至一点，在那里，问题不在于某个信念得到其他 C-信念多么好的支持，而在于它得到经验 C-证据多么好的支持。证成问题的出现与经验 C-证据无关[9]。但这不意味着这样的解释正在沦为一种基础论吗？并非如此。它意味着，当我们接触到这个问题，即某个（某些）信念得到经验 C-证据多么好的支持的时候，"证成"最终脱离了这个被辨明项；这并不要求任何信念都唯一地被经验 C-证据所证成，更不用说，也不要求所有别的被证成信念凭借这类信念的支持而被证成。（回忆一下基础融贯论者对"经验信念的最终证据是经验"的解释。）

	1 H	2 I	3 P			
		4 R	U	B	Y	5
	6 R	A	T		7 A	N
	8 E	T		9 O	R	
		10 E	R	O	D	E

横格
1. A cheerful start (3)
4. She's a jewel (4)
6. No, it's Polonius (3)
7. An article (2)
8. A visitor from outside fills this space (2)
9. What's the alternative? (2)
10. Dick Turpin did this to York; it wore 'im out (5)①

竖格
2. Angry Irish rebels (5)
3. Have a shot at an Olympic event (3)
5. A measure of one's back garden (4)
6. What's this all about? (2)
9. The printer hasn't got my number (2)

---

① 这是一个英语纵横字谜，"横格"和"竖格"下面的英语句子是关于如何填写相应格的提示，例如 "1. A cheerful start (3)"，开头的 1 表示由数字 1 开始的那个横格，该英语句子是关于如何填写这一格的提示，后面括号内的 3 表示该格内已有的字母数。若把提示译成中文，则就不再是在相应的格内填入英文字母的提示，故提示仍保持英文原态。

> **考虑横格 4——RUBY**
> 认为它是正确的有多么合理，取决于：
> （1）提示
> （2）IRATE 正确的可能性如何
> （3）PUT 正确的可能性如何
> （4）YARD 正确的可能性如何
> 认为 IRATE 是正确的有多么合理，取决于：
> （i）提示
> （ii）HIP 正确的可能性如何（这也取决于 IRATE 和 PUT）
> （iii）RAT 正确的可能性如何（这也取决于 IRATE 和 RE）
> （iv）ET 正确的可能性如何（这也取决于 IRATE 和 RE）
> （v）ERODE 正确的可能性如何（这也取决于 IRATE、OO 和 YARD）
> （vi）RUBY 正确的可能性如何
> 认为 PUT 是正确的有多么合理，取决于：
> （a）提示
> （b）HIP 正确的可能性如何（这也取决于 IRATE 和 PUT）
> （c）RAT 正确的可能性如何（这也取决于 IRATE 和 RE）
> （d）RUBY 正确的可能性如何
> 认为 YARD 是正确的有多么合理，取决于：
> （a）提示
> （b）AN 正确的可能性如何（这也取决于 YARD）
> （c）OR 正确的可能性如何（这也取决于 YARD 和 OO）
> （d）ERODE 正确的可能性如何（这也取决于 YARD、IRATE 和 OO）
> （e）RUBY 正确的可能性如何

图 4-1

值得注意的是，在 A 相信 p 的 C-理由的作用和 A 反对相信 p 的 C-理由的作用之间，存在着一种不对称。A 的信念 p 越是被更多［更少］地证成，他独立于 C-信念 p 而相信他之所以相信 p 的 C-理由，就越是被更多［更少］地证成；但是，他的信念 p 越是被更少［更多］地证成，他独立于 C-信念 p 而相信他之所以反对相信 p 的 C-理由，就越是被更多［更少］地证成。

支持性程度和独立安全性程度一起仍不足以确定证成的程度，还有一个全面性维度。在我的说明当中，全面性条件是与人们更加熟悉的、关于归纳的全证据要求最为接近的类似者。然而与这个要求不同，但与一些融贯论者所引入的全面性条件相同，它不是确定证据的支持性程度的因素，而是参与证成程度确定的一个独立标准。

第四章 精细表述的基础融贯论

全面性很可能比支持性和独立安全性更难讲清楚；纵横字谜类比在这里没有多大助益，而且对"A 的证据"的刻画不能以任何轻易的方式外推至"证据"本身。也许幸运的是，当我们判断某人的一个信念因为未能考虑到一些相关证据而未被证成，或者几乎未被证成时，就否定方面而言，全面性条件的作用就是最明显的。值得注意的是，"未能考虑到一些相关证据"包括未能就近查看，未能核查这个东西从后面看会是什么样子，等等；所以，全面性条件必须理解为包括经验证据。

即使是在任何进一步的分析之前，下述一点也已经相当明显了：全面性维度不可能产生一种线性序。而且因为证据的相关性本身是一个程度问题，所以存在一种更复杂的情形：相对于未能考虑到非常少的、处于更中心位置的相关证据来说，在如何去权衡未能考虑到大量处于边缘的相关证据这一点上，存在某种不确定性。[10]证据的相关性正被看作一个客观问题。什么证据在 A 看来似乎是相关的，这取决于各种可能为真或可能为假的背景信念。然而，什么证据是相关的，只有当 A 的背景信念为真时，才与什么证据在 A 看来似乎是相关的相耦合。

现在可以看到，信念集合的不一致确实要付出代价，尽管这种代价要比融贯论者所要求的还小。一个人关于某个信念的 C-证据中存在不一致，其后果是他的那个信念没有被证成。为了避免这种情况发生，信念不一致的主体将不得不把其信念集合中不相容的部分彼此分开；但要做到这一点，只得以有时不能考虑到相关的证据为代价——而这本身降低了它所影响的信念的证成程度。

"A 的信念 p 越是被证成，他关于 p 的直接 C-证据就越是支持性的，他赞成〔反对〕相信 p 的直接 C-理由就越是独立安全的，而他关于 p 的 C-证据也就越是全面的"。这比第一和第二种尝试更具体一些，但仍有一个问题，即 A 的信念 p 在任何程度上被证成的最低条件是什么。

简单地讲，一个必要的条件是，存在像 A 关于 p 的 C-证据这样的东西；如果他的信念是比如头部受到了打击，或者是服了哲学家们喜欢想象出来的那些药丸中的一颗的结果，那他就根本不会得到证成。进一步讲，由于所讨论的正是经验信念的证成，于是，A 的 C-证据就有必要包括某种经验 C-证据。（这是我和邦居尔的"观察要求"的类似之处。然而请注意，尽管他的条件在他的融贯论中很不合适，但我的要求在我的经验主义的基础融贯论中却正好是合适的。）另一个必要条件，我们在讨论支持性的语境中已经提出过了：A 的 C-证据必须是对于 p 有利的。大概某种有关全面性的最低标准也是必要的；A 的 C-证据必须至少包括 A 所拥有的所有相关证据，这个提议是有吸引力的——但不幸的是，这个要求太高了。给定 A 的其他信念，他具有的一些相关证据在 A 看来可能不像是相关的；更糟的是，这个提议会产生我们不想要的结果：别忘了，A 的信念集的任何不一致都会导致他的任何信念被证成这种情况被排除。最后，关于独立安全性的最低标准问题，一个显而易见的提议是，A 相信他相信 p 的直接 C-理由必须在某种程度上被证成；但是，A 相信 p 的 C-理由和他反对相信 p 的 C-理由之间的不对称意味着：这种明显的提议中没有哪一个会出现在否定方面。

这个范围的上限情况又如何呢？一般情况下，我们谈某人相信某事被"完全证成"，是高度依赖语境的；它意味着某种这样的东西："在这些环境当中——包括这样的问题，如在是否为 p 的问题上有正确的看法、在知道是否 p 是不是 A 的特定任务这一问题上有正确的看法，这些有多么重要，等等——A 的证据足够好（支持性足够、全面性全面、安全性安全），以至于不能认为他相信 p 是出于认知上的疏忽，或者在认知上应受责备"。这一点可以表示为"A 的信念 p 被**完全证成**"，它将用来指一个依赖语境的区域，一个在证成范围的上限模糊的区域。正是它的模糊性和语境依赖性使得这个普通观念有益于实际目的（有益于陈述盖梯尔型悖论）。但是，对"完全证成"的哲学讨论最好按照一种要求更高、语境中立的样式来加以理解。这一点可以表示为"A 的信念 p 被**完全地**（COMPLETELY）证成"，这要求 A 的 C-证据具有决定性和最大程度的全面性，而且要求他的 C- 理由具有最大程度的独立安全性。

下面，我们给出一些推断和应用。

四

这里的辨明被认为是初步的，"A 的信念 p 被或多或少地证成"预设了 A 相信 p；但假如"A 的信念 p 将被或多或少地证成"预设了 A 不相信 p，情况会怎么样呢？可以推测，A 在什么程度上被证成，取决于 A 关于 p 所具有的证据有多好。所以，对这个惯用语的辨明将涉及 A 与 p 有关的那些信念和经验，以及 A 的信念 p 怎样被证成，后者假设了，在上面解释的意义上，那些信念和经验是 A 的与 p 有关的证据。

谈论不是单个人而是一群人相信 p 被证成的程度，其可能性如何？（我正在考虑，例如这样一类情形，其中一群科学家提出了一份工作报告，这个群体的不同成员完成了这项工作的不同但却相互联系的部分，并且或多或少完全意识到了其他人的工作，在此意义上，这份报告是共同完成的。）[11]搞清楚这里的某种意思可能是可行的，方法是，从一个假定主体——他的证据包括这个群体中所有成员的证据——相信 p 被证成的程度开始，然后，通过某个平均程度指数来降低上述程度，在这种平均程度上，该群体的成员们相信其他成员是可靠的可以得到证成。如果把这个群体的各个成员的证据聚在一起的结果是不一致的，那么其结论是：即使这个群体的一些或者甚至所有成员都相信 p 被证成了，这个群体本身相信 p 也没有在任何程度上得到证成。这个结论好像是正确的。

至于"信念 p 或多或少被证成"这个与人无关的惯用语，尽管我不想走得如此之远，以至认为不能赋予它任何意义，我也不得不说，我不能就其提供任何辨明。问题可能部分在于，这个用语在不同的语境中起着不同的作用；也许在某个语境中，它意指"某人相信 p 被或者将被或多或少地证成"，但这作为一种通用的辨明似乎并不合理。当然，障碍在于，既然经验证成最终取决于经验，并且既然正是人才拥有经验，那么，与人无关的惯用语乍看起来就是不合适的。

我们可以去改编以上提议的说明，以便接纳这样的观念：信念和证成都有程度之分。（信念的等级观念不是必需的，因为存在以下的选择：允许以不同程度接近无条件地加以解释的信念；但它是承认下述一点的一种方式，并且是一种非常有用的方式：一个人接受一个命题为真可能或多或少是完全的。）改编的基本原则很简单：证成程度和信念程度逆相关——也就是说，假设 A 的证据保持恒定，A 相信 p 的程度越低，他的这个（弱）信念就越被证成。在我看来，这个原则与休谟关于人的信念和他的证据强度成比例的说法最为类似[12]。然而看上去，关于 A 的与一个信念有关的理由，似乎存在一种奇怪的复杂情况：A 不充分地相信他的理由这种可能性该如何处理呢？不过，结果证明，人们可以让 A 的信念 p 被证成的程度，除其他因素之外，依赖于他充分相信他的与 p 有关的理由将被证成的程度（即使事实上他只是部分地相信它们）。如果 A 不充分地相信他相信 p 的理由，那么，或者这将反映为他相信 p 的程度的降低，或者并非如此。如果是这样，我们已经表明的信念程度和证成程度之间的逆关系，将提高他的（恰当弱的）信念 p 被证成的程度。而如果不是这样，那么，它将降低他的（不恰当强的）信念 p 的被证成程度。这些——加上那个通常不对称，并已做必要修正的、有关他反对相信 p 的理由的条件——似乎就是所需要的一切了。

让我这样来结束这一节，即考察一下我的如上说明如何应付彩票悖论——它对任何证成理论都构成了挑战，在对付这个悖论时，认为等级说明可能有一些优势，是合乎情理的。

假设 A 相信第 1 张彩票不会获奖，他的证据是：有一百万张彩票，只有 1 张将获奖，第 1 张彩票获奖的机会是一百万分之一，第 2 张彩票获奖的机会是一百万分之一，如此等等。把这一点记为 [E]。

第四章　精细表述的基础融贯论

再假设他的证据是全面的，他的理由相当可靠。关于第 1 张彩票不会获奖的信念，E 是高度支持性的，但不是决定性的。它不是决定性的，这一点得自己给出辨明。这里需要就支持性的辨明给予更多精细的表述，以便决定性地确证它是高度支持性的，但是，这恰好与帕特塞利原则相一致，而后者旨在作为进一步精细表述的指导原则。所以，A 相信第 1 张彩票不会获奖，在很高程度上被证成，但不是被**完全地**证成。如果我们假设 A 相信第 2 张彩票不会获奖，而且他的证据又是 E，那么同样的论证是适用的。依此类推，对于第 3 张彩票不会获奖的信念……以及对第一百万张彩票不会获奖的信念，这样的论证同样都是适用的。

现在，假设 A 相信第 1 张彩票和第 2 张彩票都不会获奖。如果他的证据又是 E，又不是决定性的；它仍然是高度支持性的，但支持程度要小于对"第 1 张彩票不会获奖"或"第 2 张彩票不会获奖"的支持程度。所以，他相信这两张彩票都不会获奖，将被不是**完全地**而是在很高程度上证成，尽管其证成程度低于他的下述信念被证成的程度：第 1 张彩票不会获奖或者第 2 张彩票不会获奖。现在，如果有人假设，A 相信从第 1 张到第 3 张彩票都不会获奖，其证据仍是 E，相同方法的论证表明，他的这个信念将被证成，但其证成程度低于他的下述信念被证成的程度：第 1 张和第 2 张彩票都不会获奖。

随着合取项的增加，A 的证成程度将下降；他相信第 1 张到第 100 张彩票中没有 1 张会获奖，将会被较少地证成；他相信第 1 张到第 1 000 张彩票没有 1 张会获奖，将会被更少地证成；如此等等。在此过程的适当时候，E 将不再是支持性的，而会变成削弱性的①。

现在，假设 A 相信没有彩票会获奖。如果他的证据是 E，那么它不仅不是决定性的，不仅不是支持性的，而且会是致命的；因为 E 包括某张彩票将获奖。所以，A 相信没有彩票将获奖不会被证成。

---

①　此句的后面还有一个句子："A 相信从第 1 张到第 500 001 张彩票没有 1 张会获奖，将不会被证成。"但这个句子是不对的，因为 A 的这个信念有可能被证成。经与作者讨论，她同意删掉这个句子。

但有人可能会说，这种观点不得要领。通过从头到尾假设 A 的证据只有 E，我回避了源自如下直觉的一个问题，即 A 相信第 1 张彩票不会获奖被证成，相信第 2 张彩票不会获奖被证成……相信第一百万张彩票不会获奖被证成，但是，相信它们的合取，即没有彩票会获奖却不会被证成。

很好。回到 A 相信第 1 张彩票和第 2 张彩票都不会获奖的情况，但现在我们假定，他的证据是 E 加上第 1 张彩票不会获奖的 C-信念，再加上第 2 张彩票不会获奖的 C-信念。记为 E′。E′ 对于 C-信念即第 1 张和第 2 张都不会获奖是决定性的。但是，尽管按照假定 A 相信 E 被**完全地**证成，但他相信第 1 张彩票不会获奖却没有被**完全地**证成，相信第 2 张彩票不会获奖也没有被**完全地**证成。至此为止，尽管他的理由是决定性的，却并不是充分独立安全的。做下述假定是合理的：（尽管这超出了由于对独立安全性的辨明足够精确而决定性衍推出来的结果）虽然他相信第 1 张和第 2 张都不会获奖将在很高的程度上被证成，但他相信它们的合取的被证成程度，将低于他相信任一合取支被证成的程度。如果是这样，那么像以前一样，随着合取支的增加，他的证成程度将会下降。

最后，假设 A 相信没有一张彩票会获奖，而现在他的证据是 E 加上第 1 张彩票不会获奖的 C-信念，再加上第 2 张彩票不会获奖的 C-信念……再加上第一百万张彩票不会获奖的 C-信念，记为 E*。E* 演绎地蕴涵没有一张彩票会获奖。但这还不足以使它成为决定性的。实际上，E* 是不一致的（因为它包括 E，而 E 包括这个 C-信念，即刚好有一张彩票会获奖），所以，照我的解释，它是无关紧要的。这样一来，A 相信没有一张彩票会获奖，再一次没有在任何程度上被证成。

我希望这样就解决了彩票悖论。与人们更为熟悉的那些已经给出的解决方法相比，我的上述方案更不直截了当，但这不一定就是缺点。它并不是简单地要求我们丢掉这个原则，即如果 A 的信念 p 被证成，并且信念 q 被证成，那么，他的信念 p 且 q 就会被证成，而是

第四章 精细表述的基础融贯论

提供解释它错在何处的起点。简略地讲：它说明情况怎么会是这样，即 A 的信念 p 在某种程度上而不是**完全地**被证成，信念 q 在某种程度上而不是**完全地**被证成，但他关于 p 且 q 的证据可能没有他关于 p 的证据或他关于 q 的证据好，或者事实上根本就不好。

用下面的例子支持这种相当抽象的观点可能会很有帮助，这些例子很常见而且不含悖论性，却指向相同的方向。假设 A 相信 1 号同事将出席明天的系务会议，这将在很高的程度上，但不是**完全地**被证成（他的直接 C-证据是，比如，1 号同事可靠尽责，而且从没有错过一次会议）；A 相信 2 号同事将出席明天的会议，将在很高的程度上，而不是**完全地**被证成（他的直接 C-证据是，比如，2 号同事反复说他很想看到议程上的某个项目被通过，除非出现紧急情况使他不能出席而为之投上一票）。直觉上清楚的是，A 相信 1 号同事和 2 号同事都将会出席，将在较小的程度上被证成。这是为什么呢？嗯，仍从直觉上讲，这是因为有更多出错的可能，在他的 C-证据与该合取为真之间存在更大的空缺。他关于 1 号同事将出席会议的信念的 C-证据不是决定性的——A 不知道，例如，会不会有家庭紧急事件或者汽车抛锚事件阻碍他出现在会场；他关于 2 号同事将出席会议的信念的 C-证据也不是决定性的——A 不知道，例如，2 号同事是否意识到，一夜之间，提议的变化包括教学负担的大量增加，以及是否已决定最不令人尴尬的行动步骤，是制造一个干脆不出席会议的借口。如果 A 的 C-证据中任何一个这样的空缺最终以不同的方式出现，那么，这两位同事中的一个将会缺席会议。

尽管上述说明已经很复杂，但它还远不是完整的。我已经自作主张地用了一堆概念，其中的某些还完全未加辨明，也没有一个概念得到过充分满意的说明。诉诸下述事实不能成为借口，即证成的前分析概念本身是模糊的；因为辨明的目标之一就在于提高精确性。诉诸下述事实也不能成为借口，即任何辨明必须在某处结束；因为我所依赖的那些概念几乎没有这么明晰，以至可以作为这种状况的主要候选者。然而，作为局部缓解，可以看到，一些所需概念（解释整体性、全面性）的近亲概念已经在文献中开始流行，而基础融贯论者可自由地借用相竞争的理论家最好的成就去把它们讲清楚。

凭借连续接近法，我们已经提出了对证成的辨明。这种连续的接近意味着，有可能遵从我的一些步骤，而不是一味遵从我的步骤。这一点让人放心，因为随着这些连续步骤变得更为具体，并且也正是因为它们越来越具体，它们也变得更加不确定。也有可能借用双面方案而不赞同所提供的基础融贯论的结构；有可能去改编关于证据支持结构的纵横字谜模型，而无须采纳双面方案；或者有可能遵循我的双面方案和纵横字谜模型，而不必接受我根据解释整体性对支持性所做的辨明；如此等等。

尽管这种辨明不够完美，但我希望它至少近似地描绘了我在第一至三章中论证过的那种理论，我们需要用它去克服一方面是基础论所面临、另一方面是融贯论所面临的困难。但仍然有很长的路要走。

由于从一开始寻求"第三种可供选择的"理论的主要动机是，融贯论者的说明根本不能允许经验与证成的关联，而基础论者的说明只允许这种关联以一种被迫的、不自然的方式出现，所以，关于经验在基础融贯论说明中所发挥的作用，有必要去说比我迄今为止已经说出的更多的话。把这个任务与批评波普尔的"没有认知主体的认识论"（它将经验的作用问题置于特别显眼的位置）结合起来，将不仅仅是方便的，而且（我希望）是有启发意义的。

注释

[1] 蒯因：《自然化的认识论》，第75页。

[2] 蒯因和乌里安：《信念之网》，第79页。

[3] 在我铸造"证据论"一词描述我的探索之后，我获悉该词已经在文献中开始流行。按费尔德曼和柯尼对"证据论"的理解，该表达式与"可靠论"相反，是指这样一些理论，它们根据主体的证据去辨明证成，而证据必定是该主体意识到的某种东西。这非常接近我对

第四章 精细表述的基础融贯论

该概念的理解。在"改良的认识论"的卡尔文式提倡者所使用的那种意义上，我的说明也是证据论的——因为我将要求（下面第三节）：只有当 A 关于 p 有好的证据时，A 的信念 p 才被证成；而某些改良的认识论家主张，对于上帝的信念，在缺乏证据时也要被证成。参见普兰廷加：《理性和信仰上帝》。

在我的术语中，证据论和外在论的区分，最近似于内在论和外在论之间那种被拒斥了的二分。

〔4〕我精细表述这一区分的最初笨拙的尝试是《有认知主体的认识论》。杜威把信念描述为"面向两条路先生（Mr Facing-both-ways）"（《信念和存在》，第 169 页）是恰当的。

〔5〕为了防止误解产生，有必要做如下两点说明：第一，从 A 的 S-证据中应该排除掉这样的 S-信念，它们属于 A 的 S-信念 p 的因果联系，不是因为它们支持或抑制某些支持或抑制 S-信念 p 的 S-信念，而是因为在 A 的 S-信念的因果联系中，它们与某些非信念状态保持因果关系。第二，可能有必要排除这样的证据状态，它们与 A 的 S-信念 p 因果相关，却是以错误的方式。（"变异的因果链"是一种逻辑的可能性，哲学家们喜欢听到它，但在我们的前分析概念框架中却出于充分的理由而被忽略掉了。参见本节末尾关于支持性证据的讨论。）

〔6〕根据敏兹的《有教养的人：削尖你的铅笔》第 15 页，纵横字谜"作为'字词交叉'，诞生于 1913 年"（感谢斯利帕，是他促使我注意到了这篇文章）。

这里所建议的提示/感觉-内省证据之间的类比，不应该被允许鼓励这样一幅头脑简单的画面，其中每一个经验信念都有它自己明显的、简单的直接感觉-内省证据——我相信，在后面我已经避开了这一危险。（感谢克兰狄能在这里所提供的帮助。）

〔7〕这就是为什么我不像在《在海上漂流时重修这条船》一文中那样说：证成概念部分是因果的，部分是逻辑的，现在我偏向于说：证成概念部分是因果的，部分是评价的。参见第五章第三节关于归纳

主义与演绎主义的（虚假）二元对立的论述。

［8］感谢皮考克促使我注意到下述问题，即我的说明与最佳解释推理的观念之间的关系。

［9］感谢斯旺促使我弄清楚了这一点。

［10］对于有"大量"和"非常少"的证据的这种松散的谈论，将正确地引出下述怀疑，即语言相对性问题在这里可能会妨害进一步的辨明。

［11］参见哈德维奇：《认知的依赖》。

［12］"所以，一个聪明人，会让他的信念与自己的证据成比例"，《人类理智研究》，第 X 节，87，第 110 页。请注意，我关于这一准则的类似表述与休谟的表述不同，没有任何倾向去做出下述建议，即信念或信念度是自发的。

第五章　感觉证据：反驳与猜想

> 我们直接观察的，正是外部世界……
> [知觉判断]只不过是溯因判断的极端情形。
>
> ——皮尔士：《文集》[1]

本章的目标，是通过更详细地关注经验在证成中的作用，为发展和推动双面的基础融贯论做出贡献。直至目前，我们是通过把基础论和融贯论作为陪衬来为基础融贯论辩护的；现在可能有人会认为，通过在这个相当受限的参数集合内工作，我已经避免了基础论和融贯论这个错误的二分，却不料屈从于基础论、融贯论、基础融贯论这个错误的三分，为了对付这种危险，我想通过与波普尔所拥护的激进的"没有认知主体的认知论"进行对照，去展开我的基础融贯论的说明。

从否定的方面说，这一章的关键的论题将是，波普尔的"没有认知主体的认知论"是站不住脚的，因为他所谓的"经验基础的问题"不仅是他无法解决的，而且在他那严格的演绎主义和不妥协的反心理主义的约束下，在原则上也是不可解决的；而从肯定的方面说，关键的论题将是：基础融贯论的说明不仅解决了这个问题，而且为解释下述问题提供了理论支点,即波普尔式的约束条件应该如何修正,以及如何回应支持这些约束条件的论证。

经如此简要而粗略的陈述,本章的目标听起来已经足够简单了;但其策略将不得不有几分曲折。这首先是因为有必要做一点迂回,以便看一下新近出版的一本书,沃特金斯在书中声称要在波普尔的约束条件下解决经验基础的问题;之所以如此,是因为如果沃特金斯成功的话,那就可以肯定,我对自认为不可避免的波普尔式绝境的诊断和批评就一定是错误的了。但最后结果不仅表明,按照声称比波普尔本人的解释更有理的那种唯一的解释,沃特金斯的说明暗中违背了波普尔式约束条件,还表明,按照这种解释,它只是在字面上不同于那种为人所熟知的不可错的基础论。这种迂回被证明是富有成效的。沃特金斯的理论容易受到针对不可错的基础论的人们所熟悉的那些反对意见的攻击;它还依赖于这样一种知觉观念,即知觉是关于感觉材料的,而不是关于外部对象与事件的,这种知觉观念为发展与捍卫嵌入基础融贯论中更加实在论的知觉理论,提供了完美的陪衬。

此外,这导致了另一种复杂情况,而幸运的是,这也是另一种富有成效的复杂情况。沃特金斯通过诉诸心理学为他对知觉的说明进行辩护;他所诉诸的工作不仅未能确定他的论断,而且在沃特金斯方案——也就是人们所熟知的、波普尔的确证科学合理性的方案——的语境内,沃特金斯诉诸心理学是非常不合适的。我的结论并不是说,诉诸心理学或者是不相干的,或者是非法的;我将独自做出自己的结论,以便为支持基础融贯论的感觉证据观念提供一种间接的源泉。更确切的结论是:它们的合法性依赖于一种与波普尔立场迥异的元认识论立场——一种温和的自然主义立场,我将表明,基础融贯论跟它有着密切的关系。

一

某些背景需要通过初始定向才能概括出来。乍一看,似乎波普尔

第五章 感觉证据：反驳与猜想

的工作与我的工作是如此不同，以至于选择它进行比较性的案例研究是不适当的。波普尔对于当前这项工作所属的认识论主流的态度，是不加掩饰的轻蔑（"信念哲学"）。但是，这种兴趣点的简单分歧的表象不仅仅是只有几分误导；这种分歧没有看上去那样简单，而且是很不简单。

波普尔的关注重点和我不一样，不在一般的经验知识上，而是在特殊的科学知识上。他专注于科学和非科学的划界问题——一个我并不特别关注的问题（而且绝非出于偶然，这一点将在适当的时候变得明显）。但有人也许会设想，科学知识是经验知识的一部分，这难道不足以说明有一个巨大的重叠区域吗？并非如此。这样想仍然是太简单了。

波普尔科学哲学最独特的地方在于它是证伪主义的，也就是说，认为科学理论从来不能被证实、确证或证成，而只能被证伪、被反驳或充其量被确认——也就是说，被检验但未被证伪；并且，在一种波普尔所特有的意义上，它是"客观主义的"，也就是说，它只关心这些理论的客观内容等等，以及它们的逻辑关系。科学家们既不相信，也不应该相信自己的理论；重要的不是科学家们的信念——这是主观的事情——而是抽象的理论、命题、问题。这就是波普尔使用"客观的、科学的知识"这个短语所指的东西。[2]

实际上，从认识论主流的观点看来，可以把波普尔描述为一个隐蔽的怀疑论者：在要求知识是被证成的、真实的信念的任何意义上，无论怎样，他都否认我们具有任何知识。在他的意义上，"客观的、科学的知识"从未得到证成、不应为人所信，而且可能都不是真的。也许下述说法是真实的：波普尔对被证成的信念这一概念不感兴趣；但为了相对于更传统的认识论方案给他的方案定位，更有启发性的说法是：他之所以对被证成的信念这一概念不感兴趣，是因为他认为根本就不存在被证成的信念。

下述说法也许是真实的，即波普尔否认我们拥有通常意义上的知识；但是，为了确定我们的方案的交叉点，在这一点上我的批判将得其所值，这样说也许更有启发性：他否认我们可以拥有通常意义上的知识，而同时又坚持认为，尽管如此，科学是一项理性的事业——这不是因为科学家们在相信他的理论时曾被证成，而且因为真正的科学理论受制于理性的批判。波普尔认识论的第一要素是划定科学与非科学的界限，而他的基本方案是确定科学是理性的，尽管只是在否定的意义上。这个方案依赖于确立下述情形是可能的，即不是真正地去说明真的科学理论是真的，而是去说明假的科学理论是假的；而这又依赖于"经验基础问题"的解决，即经验在证伪中的作用问题。

通过在认识论层面上论证，波普尔没有、也不可能可信地解决经验基础问题，并极力主张关于感觉证据的基础融贯论说明的优越性，我的目标自然是将支持基础融贯论的理由推进一步。同时，在元认识论的水平上，我首先想要强调支持有认知主体的认识论的理由强度，其次我打算勾勒出这样一个论证的最初步骤，即承认温和的自然主义与关于认知科学的认识论存在相互促成的关联——并且在此过程中，我要精细表述关于科学和哲学之间关系的渐近主义观念。

二

《科学发现的逻辑》[3]的第五部分用了"作为方法的经验"作为标题，这表明波普尔相信对经验保持敏感是经验科学的特性。当他提问："那个代表了我们的经验世界的系统是如何引人注目的呢？"并回答："根据已经把它交付给了检验……并且经受住了检验这个事实"时，或许会导致人们以为，他认为科学理论是经过经验检验的。然而，第25-30节清楚地表明，这并不是他的观点：科学理论应该被检验，但不是针对经验，而是针对"基本陈述"——那些报道在一个特定时间和地点发生的可观察事件的单称陈述。并且——这是关键之点——尽管波普尔将基本陈述的特征刻画为在内容上是观察性的，尽管他承认，科学家们决定接受一个基本陈述可能是由他们的经验因果

第五章 感觉证据：反驳与猜想

地引起的，但他仍然直截了当地坚持认为，基本陈述不能被经验所证成或受到经验的支持：

> 决定接受一个基本陈述……与我们的经验因果地联系着……但我们并不试图通过这些经验证成基本陈述。经验可以激发一个决定，因此也就有了对于一个陈述的接受或拒绝，但一个基本陈述不能被经验所证成——就如同不能通过捶击桌子来证成它一样。（第 105 页）

尽管在原文中不能清楚地区分它们，但运用某种理性重构，人们可以识别出在此处起作用的两个论证，它们都导致惊人的否定论题，即经验不能证成对基本陈述的接受。

第一个论证如下。基本陈述是由理论所孕育的。像"这里有一玻璃杯水"这样一个陈述，其内容超越了直接可观察之物；因为使用像"玻璃杯"和"水"这样的一般词项意味着容器与所容的物质在这些或那些假设情境下将如此这般地起作用。因此，只有当某种从一个事物当下的可观察特征到它未来的假设性行为的扩大推理，才可以支持它们时，这种基本陈述才能被经验所证成。但归纳是不可证成的；只有演绎论证才在任何意义上都是有效的，只有演绎地蕴涵一个陈述的证据才能支持它。因此，基本陈述不能被经验所证成（第 94-95 页）。既然它的关键的前提是：没有任何支持性的证据可以说不是"演绎决定性的"，因此我将把这个论证称为"反归纳主义论证"。

第二个论证是迄今为止已经为人熟知的因果不相干论证的一个版本。在一个人的经验与他接受或拒绝一个基本陈述之间可以存在因果关系。例如，A 看见一只黑天鹅，这可能会导致他拒绝陈述"所有的天鹅都是白色的"。但在经验与陈述之间不可能存在逻辑的关系。"这里有一只黑天鹅"，逻辑地蕴涵"至少有一只黑天鹅"，并且同"所有的天鹅都是白色的"逻辑地不相容；但说 A 看见一只黑天鹅蕴涵"至少有一只黑天鹅"或者同"所有的天鹅都是白色的"不相容，这是没有意义的。证成不是一个因果的或心理学的概念，而是一个逻辑概念。因此，基本陈述不可能被经验所证成（第 93-94 页）。在当前的语境中,我将通过将该论证称为"反心理主义论证",表明它依赖于一个基本的波普尔式论题。

这两个论证都是有效的。

然而,它们的结论简直是难以置信的:科学家们接受像"表上的指针指向7"这样一个基本陈述,不是以认识论相干的方式为他们看见表上的指针指向7所支持或证成;科学家们的知觉经验实际上是与认识论问题完全不相干的。这种情况糟糕透了。但回忆一下,如果一个科学理论与已认可的基本陈述不相容,那它就会被说成遭到了"反驳"或"证伪"。既然接受一个基本陈述不是以认识论相干的方式为科学家们的经验所支持或证成,那就没有理由假定已认可的基本陈述是真的,因而也没有理由假定一个被"反驳"或"证伪"的理论(这些字眼现在被视为是有倾向性的)是假的。归根结底,科学甚至在否定的意义上都不为经验所左右。

要想取代基本陈述为经验所支持这一观念,波普尔必须提供的东西,与其说减轻了人们的怀疑,还不如说加重了人们的怀疑。他断言,对基本陈述的接受和拒绝,属于科学共同体的"决定"或"约定";他甚至特别提到,他的观点与彭加勒信奉的约定主义有着密切关系,只不过他的观点并非集中在理论层面,而是集中在观察层面——我想在这里补充的是,这明显更不合理。确实,波普尔坚决主张,接受/拒绝基本陈述(尽管要做出决定的问题可能总是由经验所引发,但从未被经验所证成)不是任意而为的。他说,接受或拒绝一个基本陈述,是推测性的和可修正的;如果关于一个基本陈述是否应当被接受这一点有不一致,可以通过暂时性地和临时性地停止于易受检验的基本陈述(第104、108—111页)这样的方法,对照其他基本陈述来检验它。但在这一语境中,"可检验的"本身就是有倾向性的;而波普尔的说明没有提供有关下述这一点的任何保证,即科学将在某个地方依赖于除未证成和不可证成的决定之外的某种东西,而只是推迟了得出未被证成和不可证成的决定的时刻。

我并不是就这一点责备波普尔的第一人。像我一样,奎因顿也认

第五章 感觉证据：反驳与猜想

为，波普尔关于基本陈述的约定主义削弱了他的整个经验知识理论的基础[4]。像我一样，艾耶尔也申明，波普尔的说明是难以置信的，他跟我一样，也坚持认为，接受基本陈述当然能够由经验证成，尽管不是充分地或不可纠正地[5]。波普尔对艾耶尔的答复是完全没有说服力的——但是很直率。他毫不妥协地捍卫了他在《科学发现的逻辑》中所给出的说明。他坚持认为，艾耶尔误解了他的立场，并强调说，他总是会否认，决定接受或拒绝一个基本陈述是"任意而为的或未经激发的"。但他接着承认，"我们的经验不仅是接受或拒绝观察陈述的激发因素，甚至还可以把它们描绘为非决定性的理由"，并且通过如下辩解做出了进一步的阐述："由于我们的观察通常都可靠的特征，它们就是理由"，而"由于我们的可错性，因而它们是非决定性的"[6]。但这不是在辩护，而是放弃了在《科学发现的逻辑》中所采取的根本立场；波普尔承认，经验终究可以构成接受或拒绝基本陈述的理由，而不仅仅是后者的起因，并且可以存在缺乏演绎决定性的理由。波普尔伪装成——也许从他自己看来会比从读者看来更为成功——他正在做出一个多么根本性的让步，而这是通过采用另一种不同方式使用词项"被激发"而达到的：如果"被激发"意味着"被因果地引发"并同"被证成"相对照，那么下述说法将是真实的，即他从未提议，决定接受/拒绝一个基本陈述是没有激发因素的，而重申这一点并不构成对艾耶尔异议的答复；另一方面，如果它被等价地用作"被证成"或"受到理由的支持"的同义语，它就等于对该反对意见投降了，而不是对波普尔早期立场的一个辩护，它明显与之不一致。艾耶尔显然赢了这一轮。

但问题不能到此为止。波普尔早期的根本立场得到了两个强有力的论证的支持，但艾耶尔没有对这些论证做出答复，并且，波普尔本人也没有这样做，尽管他至少部分地承认它们的结论是假的。这些论证是有效的；因此，既然它们的结论是假的，说明它们必然各有至少一个假前提。按照我的看法，从前面几章的工作应该可以清楚地看出这些假的前提是什么。

反心理主义论证的前提是：在主体的经验和他接受或拒绝一个基本陈述之间，只可以有因果的、非逻辑的关系；并且，仅有逻辑关系才与接受/拒绝基本陈述的合理性相关。第一个前提是真的，第二个前提是假的。反归纳主义论证的前提是：基本陈述都是负载着理论的，不存在任何非演绎的、扩张性的支持关系。第一个前提是真的，第二个前提是假的。

顺便说一下，下面这一点现在是显而易见的：波普尔为何没有明确区分这两种论证，而是将它们看作连锁交织在一起的，即把心理主义和归纳主义视为同一枚（证实主义）硬币的两面：反心理主义的假定主张，只有逻辑关系才是认识论相干的；反归纳主义的假定主张，只有逻辑关系才是演绎的；所以，它们合起来就蕴涵着——只有演绎逻辑的关系才是认识论相干的。

这两个论证所基于的假定深深地植根于波普尔哲学之中。既然归纳是不可证成的，科学方法在性质上必然只是演绎的，这是隐藏于波普尔证伪主义后面的根本观念。证成问题在性质上是逻辑的而不是因果的，这是隐藏于下述各点之后的根本性观念：波普尔赋予发现/证成的区分以重要性，他将所有有关发现的问题归于社会学或心理学的领域，他将心理学概念及其问题贬低为"主观的"，以及，最终他提倡"没有认知主体的认识论"，后者仅涉及世界 3、命题及其逻辑关系；它甚至构成了波普尔忠实于进化认识论的独有特征的基础，但波普尔不是根据人类及其认知能力的进化，而是根据理论和问题情境的进化，去表述进化认识论的[7]。

如果上述诊断是正确的，那么，在波普尔式反归纳主义和反心理主义的约束条件下，不可能解决"经验基础问题"——并且在这些约束下，不可能摆脱那种深刻的怀疑主义，它是通过这样两个结论（科学甚至不在否定意义上为经验所左右，以及科学理论如同它们不能被证明为真一样，也不能被证明为假）而导致这种深刻怀疑论的。这个深刻的失败进一步增强了我的如下确信：首先，被证成信念这一概念终究不是不可救药的；其次，辨明被证成信念这一概念的最佳前景在于精细表述一种经验主义的认识论,而人类主体在其中扮演了核心角色。

然而,我的上述诊断似乎受到了一本带有乐观主义腔调的波普尔式著作的威胁,那就是沃特金斯的《科学与怀疑论》[8],该书声称要就何时及为何接受一个基本陈述是合理的这一问题提供一种说明,这种说明既避免了怀疑论,又与波普尔式的约束条件相一致。绕个弯,说清楚是怎么回事以及为什么这样做是失败的,是有价值的。

三

沃特金斯差不多像我一样解释波普尔在经验基础问题上的立场,而且像我一样,也认为它是很难令人满意的。在回应波普尔的下述提议时,即解决有争议的基本陈述的方法可以通过暂时停止于易受检验的基本陈述来处理,他评论说,既然已经到达了某个特别容易检验的基本陈述,那么,在接受它之前,科学家们当然就应当"做最后的努力,并实际地检验它"(第53页)。的确是这样。

沃特金斯试图做得更好,这其中包括引入另一类陈述,这类陈述比波普尔的"基本陈述"更为基本。沃特金斯的"1级"陈述被刻画为"关于可观察事物和事件的单称陈述"(例如,"今夜有一轮新月");这些与波普尔的基本陈述相对应。沃特金斯的"0级"陈述被刻画为"第一人称的、此处-现在类型的知觉报告"(例如,"在我的视域里,现在在黑蓝色的背景上有一轮银色的月牙")。沃特金斯声称,0级陈述是确凿无疑的;主体可以绝对可靠地知晓它们是真的。0级陈述不能演绎地蕴涵1级陈述。然而,1级陈述,连同其他假设一起,例如,关于知觉条件的假设,可能构成对0级陈述真理性的解释。正如沃特金斯表述的,知觉"自发地发展为知觉判断";他提出,这包括大量的解释、处理,但主体在常态下并没有意识到正在处理哪些东西。一个充分意识到这个通常未被注意到的心智处理的假设性主体，例如瓦德威克，会经历这样的推理过程："在我的视域里，现在在黑蓝色的背景上有一轮新月。"按照沃特金斯的说法，瓦德威克接受这个1级陈述，将会被理性地证成。不过，既然普通人无意识地经历这个心智处理，根据假设，瓦德威克有意识地经历了它，他们接受1级陈述，就能够被准理性地证成（第79-80、254-262页）。

我的批评的第一部分的大意是：沃特金斯的说明没有取得成功的可能，除非它被解释为违背波普尔反心理主义及反归纳主义的约束条件。

沃特金斯的说明需要这样来理解，即到底还是要给认知主体提供一个重要的角色，这一点太显然了，以至于根本不需要进行任何论证。需要做的事情是进一步澄清心理主义是什么；因为在心理主义和反心理主义的二分中，有一个重大的含糊之处。在一个极端，我们有：

> 正宗的心理主义，在它看来，证成或合理可接受性完全就是心理学上的概念。

而在另一个极端，我们则有：

> 极端的反心理主义，在它看来，心理学因素与关于证成/合理可接受性问题完全不相干。

但是，还有（一个中间立场）：

> "温和的［反］心理主义"，在它看来，心理学因素没有穷尽有关证成/合理可接受性问题，而是与之具有促成性的关联。

沃特金斯的说明没有任何能够改进波普尔的说明的前景，除非它被解释为至少承认上述中间立场，即不再在强意义上反心理主义。沃特金斯的说明有两个部分：0级陈述如何变成确实的，1级陈述对0级陈述的关系如何可能使1级陈述成为合理可接受的。我将依次讨论这些问题。

0级陈述不是空洞的重言式；断言它们的确实性是最合乎情理

第五章 感觉证据：反驳与猜想

的，如果我们这样去解释的话：某些0级判断，即那些在适当情况下做出的判断，是确实的；因为当这样的判断为引发它们的知觉经验所充分支持时，它们在认识论上就是充分可靠的。但要想得到这类解释，就必须基于下述假定：促使主体接受一个0级陈述的东西——他的感觉经验——与证成是相关的；因此，它与极端的反心理主义是不相容的。

如果沃特金斯似乎是漫不经心地没有意识到这一点，我想就会有一个合理的解释。首先，他的策略是使用词项"心理主义"去意指"在其不相干的地方认为心理因素是相干的"，从而将他也许犯有心理主义过错的危险视作可以忽略的。其次，他从将0级陈述描述为"知觉报告"，转向提到1级陈述为"知觉判断"，并且，从将"知觉"认作"知觉报告"是其潜在解释的被解释物，转向将关于某人经验的判断认作被解释物，而有关物理对象的判断是其潜在的解释（第79、258-259页）。如果明确地承认下述三者之间的区分，即人的知觉经验、有关人的知觉经验的陈述，以及有关物理对象的可观察特性的陈述，我们就不得不正视下述两者之间的选择：一种是允许经验与对0级陈述的证成两者具有相干性的说明，一种是不允许经验与对0级陈述的证成两者具有相干性的说明；沃特金斯通过敷衍这一区分设法避免了这样的选择。

既然对1级陈述的接受被假定为得到了准理性的证成（如果是由类似于瓦德威克的有意识处理的无意识心智处理引起的话），有一点是相当清楚的，那就是，沃特金斯说明的第二个成分，像第一个成分一样，没有希望在波普尔式极端反心理主义的约束条件下起作用。

这一论证，即最好把沃特金斯解释为还对波普尔式的反归纳主义做了妥协，只是相对于他的说明的第一个成分而言的：如果解释0级陈述的确实性必须诉诸主体的经验，那么，既然在经验与陈述之间不可能有逻辑上的关系，由此得知：关于0级陈述的确实性的解释不可能是纯逻辑的，因而更不可能是纯演绎主义的了。

关于第二个成分的论证更加错综复杂，因为它暴露了归纳主义与演绎主义二分的一个重大含混之处。沃特金斯明确地称其为"演绎主义"的论题是：只有演绎推导才是有效的。但他也对比了演绎主义和归纳主义，好像它们是不相容的论题；并且，他认为这一观念，即主体的经验也许构成了接受基本陈述的非决定性理由，等于是向归纳主义做了屈从[9]。但是，"经验也许构成了接受基本陈述的非决定性理由"，并非与"只有演绎推导才是有效的"不相容（尽管它与"只有演绎推导才是有效的，而且，只有有效的推导才能构成接受陈述的理由"不相容）。因此，有必要区分：

> 极端演绎主义（或"极端反归纳主义"），在它看来，只有演绎推导才是有效的，而且只有有效的推导才构成接受陈述的理由；
>
> 正宗的归纳主义，在它看来，归纳推导以及演绎推导在某种意义上都是有效的，并且能够成为接受陈述的理由；

和一个中间立场：

> "支持性证据主义"，在它看来，只有演绎推导才是有效的，但有效推导不是接受一个陈述仅有的理由。

沃特金斯关于1级陈述的准合理可接受性的说明根本就没有发挥作用的机会，除非把它解释为至少承认上述中间立场，即不再是在强的、波普尔式意义上的反归纳主义了。

作为铺垫，有必要就沃特金斯所说的陈述的"（准）合理可接受性"的意思说几句话。这一短语反映了对于谈论"证成"或"信念"的典型的波普尔式厌恶。它还与沃特金斯关于科学目标的论述相关联，他将科学目标刻画为既有一个以解释为导向的要素，也有一个以真理为导向的要素，后者通过一种慎重、谦和的方式解释为：科学追求真理，但不是追求"被证实的"真理，而只是追求"可能的"真理。因此，当沃特金斯在论及"接受"某陈述是合理的时，他的意思是"将其作为可能为真的东西来接受"。这一点反过来又同他的证伪主义方法论相关联，在这种方法论中，"可能真"是这样进行辨明的：

第五章 感觉证据：反驳与猜想

> 一个人所采纳的科学假设系统……在任何一个时刻，对他来说都应当可能是真的，这是在下述意义上而言的：尽管尽了自己的最大努力，他还是没有在该系统中间或在该系统与他可以掌握到的证据之间发现任何不一致。（第155-156页）

在这一段中，认知主体具有突出地位，这一点是值得注意的；当沃特金斯事实上把科学的目标刻画为"发现得到充分确证的假设"时，有关确证与似真之间联系的那个声名狼藉的问题被避开了，其避开的方式也值得注意。但目前的问题是，沃特金斯的说明与极端演绎主义是否相容。

可以争辩的是，即使是沃特金斯有关2级陈述（经验概括）的合理可接受性根据的说明都需要极端演绎主义做出某些让步。被认为使得接受一个2级陈述为合理的东西，不是这一点，即这个2级陈述可以从某个本身是合理可接受的陈述演绎推导出来，而是它与辅助假设一起，演绎地蕴涵某些1级陈述的否定式，而且，这些结果已经得到了验证，且没有发现任何证伪的例子。这个格式是指：$[S_2 \& A] \vdash$ 并非 S_1；不曾发现 S_1 是合理可接受的；因此 S_2 是合理可接受的。所以，并不是2级陈述本身，而是2级陈述已被检验但尚未证伪这一陈述，才是可以从合理可接受的陈述演绎推导出来的。

甚至更加清楚的是，沃特金斯关于1级陈述合理可接受性的说明，与极端演绎主义是不相容的。被认为使得接受1级陈述为合理的东西是，1级陈述的真连同辅助假设将解释某个0级陈述的真，而那个0级陈述确实为真。沃特金斯强调说（第225页），1级陈述和辅助假设的合取必定演绎地蕴涵0级陈述；但这不意味着，使得接受1级陈述为合理的东西是，这个1级陈述可以从某个确实为真的0级陈述演绎推导出来，而是意味着，从这个1级陈述和辅助假设可以演绎推导出来的0级陈述确实为真。它的格式为：$[S_1 \& A] \vdash S_0$；S_0 确实为真；因此，S_1 是合理可接受的。无论如何展开想象，都不可能将这个论述与极端演绎主义协调起来。

沃特金斯不得不允许，接受一个陈述可能为真是合理的，假如这个陈述构成了对已知为真的某陈述的一个可能解释的一部分。尽管他在言语上别出心裁地将"认为一个陈述为真的非决定性理由"转变为"接受一个陈述可能为真的合理可接受性的根据",但当停留在严格的演绎主义限定之内时,这并没有(像所宣传的那样)真正地避免怀疑论。实际上,它代表了向一种中间立场的转变,这一立场承认,那些较少受波普尔式顾虑约束的哲学家所谓的"最佳解释推理"是支持性-但-非-决定性的理由。

简单而直接地说,那就是:除非把沃特金斯的说明解释为违背了波普尔的反心理主义与反归纳主义,否则,在关于经验基础的问题上,与波普尔本人给出的说明相比,它并没有更好的成功机会。这进一步证实了我在第二节针对波普尔式绝境做出的诊断。

但是,即使按它的最有指望的、更少波普尔式色彩的解释,沃特金斯的说明也面临着许多反对意见。这些反对意见是为人熟知的,因为按这种解释,沃特金斯的说明在重要的方面实质上等同于一种为人所熟知的、不可错的经验主义的基础论。尽管所用词汇是不同的,但基本主题是共有的:0级陈述的确定性对应于基本信念所具有的假定的确实可靠性;较高级陈述的合理可接受性依赖于它们同较低级陈述的关系,并最终依赖于同0级陈述的关系,对应于派生信念依赖于基本信念的支持。当人们反思这一事实,即沃特金斯的非波普尔式理论实际上是一种不可错的、经验主义的、基础论的"有认知主体的认识论",此时词汇上的差异,即坚持谈论陈述的合理可接受性而不是信念的证成性,看起来就越来越不重要了。

没有必要去扼要重述前几章中已清楚说明了的、针对不可错的基础论提出的反对意见。全神贯注于一组与对感觉证据的理解相关的更具体的问题,会是更有成效的。通过询问沃特金斯的0级陈述应当怎样被确切地识别出来,就可能引出这些问题。有一段,沃特金斯在其中提到笛卡尔的观点,即"在我看来,我看见光,我听见响声,这至少是相当确实的……"(第259页),它立刻表明,0级陈述的特殊之处可能就是它们的谨慎的、含糊的特征("在我看来"),与此同时也

第五章 感觉证据：反驳与猜想

表明，其特殊之处也可能是它们的近乎不足道的语法特征（"我看见光，我听见响声"）。但沃特金斯的例子（那个"银色的月牙"［第78页］，以及那个"白色的、铅笔似的形态"［第258页］），有利于第三种解释：0级陈述描述了某人视域里颜色斑块的配置（以及，推测起来，所听到的声音的次序，以及对于其他感官来说无论什么类似的东西）。而这显示了一种知觉概念，根据这种概念，我们所看见的东西是某种色块模式，为了解释这种模式，我们（在瓦德威克的情形下，有意识地；但在通常情形下，无意识地）推测出物理对象和事件的存在。

　　这个概念从直观上看并不是合理的。至少可以说，主体是否不仅仅是罕见地拥有关于在他们的视域中颜色斑块配置的信念，这一点是可疑的。沃特金斯的例子是巧妙挑选的，但却难以推广。就在我写这一段之前，我正在向我书房窗户外看去，并看到了前花园、门、外面的街道、走过的行人、汽车等；我发现我本人对于描述我视域中颜色斑块的配置是完全茫然的，并且我认为，说我所看见的是颜色斑块，而不是冬青树、玫瑰花丛、驶过的沃尔沃汽车、我的隔壁邻居等，这是严重反直观的。也许，在某一个特定的心灵框架里，艺术家或摄影师看见了颜色斑块。但沃特金斯视为基本的陈述或判断远不是像他的说明所明显要求的那样无处不在，如果我们并非很罕见地合理接受任何1级（或者，因而是任何较高级的）陈述的话。沃特金斯可能会答复说，对于准合理接受来说，所要求的只有无意识的推理。是否应当把这一点理解为意味着某人只需要无意识地接受那充当前提的0级陈述，这一点是不清楚的。若如此，则不得不说，"无意识地接受关于某人视域中颜色斑块配置的陈述"，除了在那个人的视域中具有该种配置之外，还能等同于什么，这一点就不只是有点模糊了。若不如此，该答复就并没有对以上反对意见做出回应。进而言之，下述假定就不只是有点不合情理：一个人关于在他的视域中颜色斑块配置的判断是确实的或不可错的；并且，这明显不是从以下事实推出来的：与主体平常所意识到的，即这个过程总是或永远包括了关于0级陈述的可能解释的无意识推测相比，知觉处理是更为复杂或者活跃的。简言之，这整个的知觉概念——它既鼓励了不可错论的（并且，在这个问题上，是强的）基础论的经验主义，又受到了后者的鼓励——似乎是勉强的和反直观的。

在迄今为止所提供的关于"感觉证据"的基础融贯论理解的非常扼要的描述中，所隐含的那种很不相同的概念，是否能被纳入一个显然更可取的可供选择的说明，这一点仍有待观察。

四

156　我们从前几节所获得的一个教训是，有关经验的认知相关性的任何看似有理的说明都将必须摆脱波普尔式极端演绎主义和极端反心理主义的束缚。这绝不是什么激进的提议，因为这些束缚完全是反直觉的。

波普尔反心理主义论证的决定性前提是，心理因素与证成问题完全不相干。但两个人可能相信同样的事情，而其中一个人的信念被证成，另一个人的信念则不然，或者一个人的信念可能在很高的程度上被证成，另一个人的信念则可能只在一个很温和的程度上被证成。假定 A（一个病人）和 B（他的医生）都相信 A 的症状是由心理因素引起的，并且没有表明是严重的心脏疾病；进一步假定 A 的信念是一厢情愿式思考的结果（他夸大了如下这一事实的意义：他已听说，在百分之十的病例中，这样的症状并不算严重），而 B 的信念却得到了他已经研究过 A 已接受的众多可靠检验结果的支持。人们强烈倾向于说，可以肯定，A 的信念没有被证成，但 B 的信念被证成了；因此，主体为何相信他所相信的是认知相干的。

波普尔反归纳主义论证的决定性前提是，论据只是由于演绎蕴涵了一个信念才能够去支持它。但 A 的证据可能比 B 的证据更好地支持了信念 p，即使 A 和 B 的证据都没有演绎地蕴涵 p。假定 A（一个

第五章 感觉证据：反驳与猜想

在非洲度假的游客）和 B（一个动物学家）都相信，岩石兔是大象现存的最近的亲属；假定 A 的证据是，一个旅伴告诉他曾在某处读到过这一点；B 的证据是，岩石兔和大象都有如此这般的骨骼结构、消化系统，等等，并且岩石兔和大象之间的这些和那些中间物种本来可以在如此这般的场所发现，但却因为这些和那些地质剧变与气候变化它们现在都灭绝了。人们强烈地倾向于说，可以肯定，B 的证据比起 A 的证据更具支持性；由此可见，证据可能没有演绎的决定性，但却依然具有高度支持性。

我的说明如何与这些直觉协调起来，以及如何才能摆脱波普尔式束缚，这一点已经很明显了：把 A 关于 p 的 S-证据刻画为这个 S-信念的因果网络的一个子网络，并通过参照 A 的 S-证据来刻画他关于 p 的 C-证据，这些都允许维护他的 S-信念的那些原因的相干性，而且感觉的 S-证据和 C-证据的子类特别地允许他的感觉经验的相干性；而根据相对于其竞争者的 p 的解释性综合来表述的支持性这个概念，允许支持性的但非决定性的证据支持。

从前几节所获得的第二个教训是，关于感觉证据的一个似乎有理的说明既不应当要求不可错的基础论，也不应当要求原子论的感觉论，而沃特金斯试图凭借后者来避免波普尔式绝境。有一点已经十分清楚，也许甚至是过于清楚了：这里所提供的说明不是不可错论的，也不是基础论的。下述这一点也是显然的，尽管只是在一个相当粗略的层面上：这里所预设的关于知觉的说明与沃特金斯的说明很不相同。

对于我已试图纳入我的辨明之中的常识性看法而言，一个基本的观念是：感觉是我们赖以感知我们周围事物与事件的手段，以及这一观念的镜像（请原谅这一双关语），即知觉是通过人的感官而与那些事物和事件产生相互作用的一件事情。有人也许会将这一点描述成一种认识论上的实在论。不过，它几乎不是素朴的，因为它承认：我们不可能总是清楚地感知，我们有时会错误地感知，我们的感官可能被巧妙伪装的昆虫和鸟、魔术师和幻觉者、艺术家和心理学家所欺骗；

并且在严重失序的情况下,人们甚至可能会"知觉"到根本不存在的东西(听见声音,看见猎狐鼠,等等);在注意力不集中或醉醺醺的情况下,我们可能看不见我们面前的东西,我们可能不会认出,或可能错误地识别我们看见过、听见过等等的东西;可以通过训练,学会做出几种知觉的分辨(比如说,蒙上眼睛鉴别一种葡萄酒或香水,或者理解人们在X光照片或后视镜里看见的东西)。

我的画面也承认知觉与背景信念之间的合作关系,意思是说:我们关于自己所见、所听等等的东西的信念,不仅受我们所见、所听的东西的影响,而且也会受到先已嵌入关于事物是怎样的信念的影响。若期待一个朋友在机场接我,则对红头发的最短暂的一瞥,就足以使我相信她就在登机口的人群中;若看见你走向龙头,注满一杯并饮用,并设定我的信念是:被管道输送至人们家里的龙头里的东西是水,而不是杜松子酒或伏特加,则我相信你正在饮用一杯水。它甚至承认,在一些境况下,人们可能从其所见的颜色斑点中推断出有什么("看,那儿,树下那棕色的斑块——一定是那只猫")。

迄今为止,有一点我还没有言明,而这一点应当尽可能地阐述清楚,因为它经常,也许通常,掩饰在有关知觉的"实在论的"-"反实在论的"或"直接的"-"间接的"理论讨论之中。我所提出的说明认为,知觉是有关人们周围的事物与事件的,而不是关于感觉材料、颜色斑块或者诸如此类东西的。但与此同时,它也允许背景信念广泛地渗透到我们关于自己所见、所闻等等的东西的信念之中。换句话说,它把可以描绘为实在论因素与反实在论因素,或者直接因素与间接因素的东西结合在了一起。我希望我已经消除了关于这个阐述有任何不一致之处的观念;但是,以防万一,让我再试一遍:我们所具有的、即使是有关我们周围"可观察的"事物和事件的信念,也部分地依赖于别的信念,但这一说法并不意味着:它们必定是来自关于颜色斑块、声音等等判断的推论,无论是有意识的还是无意识的推论。

我的立场不是新的。有一点早已众所周知,那就是,皮尔士把知觉判断看作类似于溯因的东西(看作潜在的解释性假设);不那么为

第五章 感觉证据：反驳与猜想

人所知的是，他还坚持认为知觉是直接的，意思是说，知觉的对象就是我们周围的对象和事件。[10]在我的说明中，常识画面的实在论的一面体现在所提议的关于感觉C-证据的刻画中，而后者预设了正常的知觉是关于人们周围的事物和事件的，还容纳了诸如以下常识性区分的类似之物：更有利的知觉情景——不那么有利的知觉情景、一瞥、一瞠——仔细观察。而它的较少实在论的一面，既体现在下述决定中，即足够松散地使用"知觉状态"，以便包括这样的状态，即无法从现象学上将之与那些采用正常方法、由感官与世界的相互作用所引发的状态相区别；并且最重要的是，它又体现在所设想的背景信念与那些即使最接近知觉的信念的广泛渗透中。

最后这个短语表明，我意欲避免关于一类被恰当地标记为"可观察的"命题或C-信念的整个想法。这部分地，但也仅仅部分地，是关于对观察的/理论的这一区分的强健性有所保留的问题。不那么为人熟知，并且也更重要的部分是指，同一个句子有时候可能代表了主要是得到了主体的感觉证据支持的一个S-信念的内容，而有时候则可能代表了相对少得多地得到他的感觉证据支持，而主要是得到其背景信念支持的一个S-信念的内容。考虑"附近有一只猫"这样的信念，首先是在一米远、光线良好的地方，我清楚地看见那整个东西的情形下；接着是在黄昏时刻、花园的另一头，我瞥见了一只快速移动的生物的情形下；再接下来的情形是，我看见有异常过敏症的朋友突然涕泪交加、喘息不停，并且身上还出现了很多的斑点……

根据在第四章中所概述的理论，主体处于某一知觉状态中，这能够有助于他的一个信念的证成，前者之所以因果性地支持后者，乃是由于前者有助于一组命题的解释性综合，而这组命题包括了所谈论的C-信念以及他处于这种知觉状态之中这一命题。比如说，假定A相信屋里有一条狗，以及他的这个S-信念为他正处于某一知觉状态所支持——是这样一种状态，当一个正常的观察者在光线良好的情况下看见一条完整的狗时都会处于的这样一种状态。可以看到，A的感觉S-证据就是这个知觉状态，而他的感觉C-证据就是他处于这个状态之中这一命题。并且，这个C-证据对于该C-信念来说是具有相当高的支持性的；因为屋里有一条狗在他面前，是对他处于这个知觉状态的一个相当好的解释。或者，为了更加紧密地坚持第四章的定义，他关于p的C-证据的p-外推（他处于这样一种知觉状态，当一个正常的观察者在光线良好的地方看见一条完整的狗时，他就会处于的那种状态，并且屋里有一条狗在他面前）比起它的竞争者（他处于这样一种知觉状态，当一个正常的观察者在光线良好的地方看见一条完整的狗时，他就会处于的那种状态，但屋里却没有狗）得到了更好的解释性综合。他甚至会得到更好的证成，比如说，假如他的C-证据还包括这样的C-信念，如附近没有逼真立体效果的狗画像或者活生生的仿真狗，他并没有处于受催眠暗示的影响之中，如此等等，并且，如果这些信念都相当可靠，其可靠性不依赖于他面前有一条狗这个信念。在下面这样的情况下，他无疑将得到较少的证成，比如说，如果他的C-证据还包括这样的C-信念，如当地的心理学家最近一直在用综合衍射图对（他们认为，没有怀疑的）同事做试验，并且这一信念相当可靠，且其可靠性不依赖于他面前有一条狗这个信念。或者再一次假定A相信一条狗在街尾溜走了，并且他的这个S-信念是由他正处于某个知觉状态——指的是这样一种状态，当一个正常的观察者在100码距离及黄昏时刻模模糊糊地瞥见一条小小的黑色狗迅速移动时，他都会处于的那种状态——所支持。于是，A的感觉S-证据就是这种知觉状态，而他的感觉C-证据就是他处于这种知觉状态的这个命题。这个C-证据对于该信念具有明显更少的支持性；在这种情况下，他的感觉C-证据的p-外推比起它的竞争者来，并没有得到好很多的解释性综合。他处于这种知觉状态中这一情况差不多也可以由下述现象加以解释：街上没有动物，只有纸做的一条狗在风中飘动，或者一只大猫在街上溜过，如此等等。

考虑到波普尔对客观性的偏爱（有人可能会补充说，在波普尔对于何为客观性的理解中缺乏精细性），有一点可能值得强调指出，这里所提出的方案——尽管它把认知主体放在了中心位置，并且首要地使用了个人化用语"A 被或多或少地证成"——不再需要让关于一个人自己视域内的内容等等的信念,在任何意义上,比有关在一个人周围世界中的事物和事件的信念更加基本,在认识论上更加优先。然而,它能够妥帖地处理下述事实:我们一般把一个人关于他周围事物和事件——他所感知并且其他人也能够感知的事物和事件——的许多信念看作被他的感觉证据所完全证成的。

五

第四节的整个论证是以下面这个假定为前提的:我们评价某人关于某物的信念是否被证成,或者在何种程度上被证成的标准,预设了关于人类认知能力及其局限的某些主张。这样的话,难道不应该过问一下这个问题,即我对那些标准的阐述所预设的关于知觉的理论(或原初理论)是否会得到心理学的支持?而且,需要特别指出的是,既然沃特金斯和我本人之间的争议,部分在于是他的知觉概念还是我的知觉概念更为有理,难道我们不应该向心理学寻求一个答案吗?

这些问题比它们表面上看起来要难办得多——但是,我们还是先说重要的问题吧。沃特金斯引用了许多心理学家和心理学哲学家的成果来支持他的说明;因而,第一道工序就是评价他的证据的优劣。它几乎不是全面的;但这并不是主要问题所在,这是因为,尽管它是挑选出来的,可它并没有清楚地支持沃特金斯声称它所支持的论题。请记住,论题是:1 级判断,也就是关于"可观察的"事物和事件的判断,(通常都)是通过这样一个无意识的过程而得出来的,这个过程会设计一个假说,它潜在地解释了一个 0 级判断,例如,关于某人视域里颜色斑块配置的判断,该判断本身是确定的——大概是因为它仅仅代表了该主体在经验中可以把握到的东西。

沃特金斯首先引用了一个心理学哲学家威尔克斯的研究,描述了眼睛的浏览运动。接着他引用了狄克逊,大意是:知觉包含了一个主体没有意识到的知觉过程。然后他评论说：一个普通房间的墙壁，像它本来所是的那样，看起来是长方形的，但如果某人看着墙与天花板相接的一个拐角，他就"会观察到"（这里他引用了石里克）"三个角的每一个都比直角大"；我们"以其真实的颜色，抵消掉太阳镜、暗影的变色作用，等等"看到了事物；如果给接受过联合部切开术的病人展示一张整个脸部的图片，但却是以这样一种方式来展示的，即这张图片只有一半可以传送给中枢视觉神经，那么他们就会报告说，看见了整个面孔；视觉上的错觉（格里戈利的倒置面具、彭罗斯的"不可能的"形象），甚至在我们完全意识到我们是在看不存在的东西时，也仍然会存留；以及（注意非视觉性知觉）鸡尾酒会上的谈话听起来像"聚集在一起的嗡嗡声"——直到有人提到某人的名字时为止。还有一次诉诸了权威，他这样引用了格里戈利，即认为他把我们关于模糊形象的知觉解释成了"一个假设检验的过程"（第255页及以下）[11]。

这一堆乱七八糟的东西要说明什么呢？如果说知觉涉及眼球的运动等等，那么它就是活跃的；主体可能没有意识到相关的一些活动——但这是没有争议的。人会注意到什么，这会受到显眼的特征的影响——但这是没有争议的。主体关于某物是何种颜色及形状的报告，不会必然地与关于下述照片的正确描述相对应，这张照片是从该主体的角度拍摄的——但这是没有争议的。要是给一个主体一幅令人困惑的图像——经过精心的设计，因为提供太少的信息以至于不能确定它是关于何物的图像，或者因为提供了太多的信息以至于它不是任何现实对象的图像——这个主体将报告说，他现在看见了一个年轻姑娘的图像，现在看见了一个老妇人的图像，如此等等——但这是没有争议的。

再重复一遍，所争论的不是指：某人关于其周围事物和事件的信念，由于它们潜在地解释了其所见、所闻等等，而有可能被证成——在这一点上，沃特金斯和我是一致的，而是指："某人所见、所闻等等"必须解释为指称某人视域内颜色斑块的配置、声音的阶度及强度等等，以及这一点：所有合理可接受的判断必定是作为对关于如此配置

第五章 感觉证据：反驳与猜想

等等的判断的潜在解释，不论这些判断是有意识还是无意识地得出的。

如果我的看法是正确的话，那么，这幅知觉图像的实在论方面就隐含在了我们关于感觉证据的前分析概念中，我因此试图将其纳入我的辨明中，而它与"直接知觉"理论是高度一致的，而后者对于吉布森及其追随者的"生态心理学"来说是极为重要的[12]。对吉布森的方案来讲，一个基本的观念是，人类和其他动物的感官被设想成了"知觉系统"，也就是察觉由他们环境中的事物和事件所提供的信息的系统。从这个观点来看，在其原生态即主动状态下对知觉的研究，如探究动物或人在世界中找路、找食物、找隐蔽处、找配偶——可望比实验室的研究更加真实，因为在实验室研究中，给予主体的是对令人困惑的图像和精巧的人造物那些人为限制的、静态的、受控的观看；正常的、成功的知觉理论被视为至关重要的，而不是被视为依据对错误知觉的研究所暗示的模型而设计的东西；关于自然对象和事件的知觉看起来要比关于影像的知觉更为基本，更别说是关于故意误导的影像的知觉了。它提出的有关下述一点的详尽阐述，即感官如何察觉到环境中的对象提供的信息（根据吉布森的说法，这是一个关于"察觉刺激流中有意义的常量"的问题），有关这种察觉如何运作，以及在各种类型的错误知觉中，它如何未能发挥作用的高超的经验研究；并且，吉布森的知觉理论嵌入有关生物知觉系统适应性的一个完全进化论构想中，这种适应性是满足生物周围小生态环境的，所有这些说法分别都竭力为自己说话。

但这里并不是下面这样一个简单的问题：我反驳沃特金斯，认为他对知觉的说明与人们的常识以及最好的心理学成果不一致，而我的说明却与这两者都一致。一方面，我所关心的不仅仅是主张：（1）知觉是关于我们周围事物和事件的，而且还要坚持主张：（2）我们关于我们周围事物及事件的信念得到了证成，并且还是在它们解释了我们感觉经验的程度上得到了证成——而吉布森的工作支持这两者中的第一个，但它对第二个却是中立的。事实上，吉布森本人热切地致力于驳斥"感觉论"，也就是这一思想：知觉的对象是感觉材料，他有时也鼓励了那种错误的二分,而避免这种二分却是我的观点的一部分。

另一方面,情况肯定不是这样,即沃特金斯和我本人之间的争论可以,或者应该简单地移交给心理学去评判。知觉的对象是什么这个问题,是综合性的、经验性的问题;但有一点很清楚:它不是那种哲学家可以简单地放弃对其所负责任的问题。它不可能通过任何可想象的实验得到决定性的解决(这就是为什么沃特金斯引用的心理学成果和他由之得出的结论之间的差别如此重大的原因了);更确切地说,它是这样一种类型的问题,即人们对它的看法决定了哪些实验看起来是最为重要的。吉布森对此不存任何幻想;他不但承认雷德这位杰出的常识哲学家的影响,而且还热衷于将对感觉论方案的责难归罪于像贝克莱的《新视觉理论》这样的哲学著作[13]。也就是说,他认识到,争论处于哲学与心理学之间的交界地带。

是沃特金斯的画面,还是我的画面得到了更合理的心理学成果更好的支持?和这个问题比起来,这里有更重要的问题要处理。事实是,沃特金斯根本没有资格求助于心理学。为什么这样说呢?因为他的方案预设了,在哲学和自然科学(包括心理学在内)之间有一个清晰的界限,而且还强加了一个元认识论的次序,根据这个次序,使科学合法化正是哲学知识论的任务。从沃特金斯的元认识论观点看,哲学知识论依赖于取自自然科学的假定,无论从字面上还是从隐喻上看,这都颠倒了次序;因为科学的合法性是随着哲学知识论而产生的。

沃特金斯得到了两个世界里最糟糕的东西。通过将认识主体回复至中心地位,他有义务接受心理学的相干性;通过保留波普尔关于认识论与科学关系的看法,他有义务否认使用心理学材料的合法性,但心理学材料的相干性却是他所承认的。

和沃特金斯一样,我也有义务承认心理学的相干性(我应该说,这是一种贡献性的关联)。幸运的是,和沃特金斯不一样,我也可以承认使用来自心理学的相关证据的合法性。因为我没有坚持一个清晰的界限,而是恰恰相反,认为哲学不同于自然科学之处是在抽象和概括的程度上。而且,我并不认为认识论在认知上先于各门科学,而是

第五章 感觉证据：反驳与猜想

认为，认识论和各门科学都是或多或少相互支持的整个信念之网的部分。基础融贯论的证成标准，正如我所设想的，适用于对人们的认识论信念的证成，就像适用于对人们的其他信念的证成一样；因此，发现下面这一点是令人感到愉快的：我的认识论理论中所预设的有关知觉的假定，也被嵌入了一个合理的心理学理论当中，而该理论本身与一种进化论方案是相一致的。鉴于对该理论的合理性的依赖以及这种嵌入的密切性，它给那些假定及我的认识论理论提供了支持。

回过头来看，我们或许可以这样来总结上面的论证：所谓的"经验基础问题"（之所以说"所谓的"，是因为"基础"一词是一个有倾向性的词）在波普尔式的没有认识主体的认识论中是绝对无法解决的。在沃特金斯的伪装的基础论，即有认识主体的伪波普尔式认识论中也无法解决。而且，沃特金斯不仅输掉了认识论论证，还一并输掉了元认识论论证；他关于经验的作用的说明是不合理的，并且他还诉诸心理学来支持这种说明，从他的元认识论观点看，这也是不合法的。

但是，这种元认识论论证已经导致了一组全新的问题。随着认识主体占据中心地位，认识论被视为部分地依赖于关于人类认识能力及其局限的预设。换句话说，已经朝着一种温和的元认识论自然主义迈出了第一步。但前方的路远非一马平川：有必要进一步澄清在元认识论中自然主义究竟意味着什么，它与基础融贯论的联系可能如何密切，它建议用什么方法去解决科学的认知地位问题，如此等等。

在这一点上，很有可能，对一些读者来说，一开始看上去似乎这里提出的理论更像是对蒯因的自然主义的"有认识主体的认识论"的一种详尽阐述。正像第四章开头所引用的那段话意图表明的，实际上，我的说明部分是我对于自己从蒯因那里学到的某些主题的一种发展。但也仅仅是某些主题；因为蒯因的自然主义是极度多义的，而我相信，我的自然主义并非如此。因此，幸运的是，相对于蒯因的观点来给我的观点定位的意愿，与探究"自然化的认识论"的某些歧义之处的必要性是相吻合的。而这就是我马上要着手去做的工作。

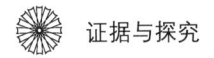

注释

[1] 皮尔士：《文集》，8.144 和 5.185。

[2] 波普尔：《没有认知主体的认识论》，第 108 页及以后两页。

[3] 本章第二节正文中的所有引文页码都是指这本书。

[4] 奎因顿：《知识的基础》，第 XI 节。

[5] 艾耶尔：《真理、证实和似真性》。

[6] 波普尔：《基本陈述的证实》和《主观经验和语言表述》，引文来自后文，第 1114 页。

[7] 波普尔：《没有认知主体的认识论》，第 114 页及以后两页，以及《客观心灵的理论》，第 4 节。

[8] 本章其余正文部分的引文页码都是指这本书。

[9] 沃特金斯宁愿说"准归纳的"，因为他认识到，所包含的推理不必具有通常叫作"归纳的"形式；在这一点上，沃特金斯承认自己受到了艾耶尔的《知识问题》的影响，第 80 页。

[10] 特别参见皮尔士的《知觉和通灵术》，《文集》7.597 及以后两页。

[11] 在 257 页上的引文来自格里戈利的《眼睛和大脑》，第 222 页。

[12] 参见吉布森：《作为知觉系统来考虑的感官》，《对视知觉的生态学探究》，以及《实在论的新理由》。还请参见凯利：《感觉证据》。

如我已经做的一样，丘奇兰德在《说明：一种 PDP 方案》第 228 页上评论说，在皮尔士的知觉判断作为某类溯因的看法与吉布森的生态学方案之间，没有任何冲突——尽管有些作者已经假定，它们必定会以某种方式发生冲突。（不过，丘奇兰德并没有注意到，如本章开头那些段落中所清楚揭示的，和吉布森一样，皮尔士本人也认为，知觉是关于我们周围事物的。）

我注意到，我关于感觉证据的说明的实在论方面，不仅使我与皮尔士和吉布森结成了同盟，而且也使我和戴维森结成了同盟。

[13] 吉布森：《作为知觉系统来考虑的感官》，第 1 页。

第六章　祛除歧义的自然主义

不存在可由哲学家获得的任何特级品牌的知识，这类知识可以给我们一个立足点，赖以去评判整个日常生活的知识。可做的事情至多是，通过内在的审视来考察和提炼我们的日常知识。

——罗素：《我们关于外部世界的知识》[1]

至少下面这些看法处于诱人的歧义性标题"自然主义认识论"之下，它们之间有着显著的不同（在某些情形下是互不相容的）：

1. 指对词项"认识论"做这样一种扩展，使它不仅指称关于知识的哲学理论，而且指称关于认知的自然科学研究；

2. 指下述提议：应该把认识论重新解释为包括认知科学在内的一项共同事业的哲学组成部分，在这项共同事业中，哲学所处理的关于人类知识的问题将会得到扩展，以至包括由自然科学工作提出的新的问题领域在内；

3. 指下述论题：传统的认识论问题可以在经验信念之网内后验地得到解决；

3′. 指下述论题：来自各门认知科学的结果，可能与传统的认识论问题相关，也可以合法地用于解决这些问题；

[（a）——所有的传统问题；（b）——某些传统问题；]

4. 指下述论题：传统的认识论问题可以由关于认知的自然科学加以解决；

[（a）——所有的传统问题；（b）——某些传统问题；]

5. 指下述论题：传统的认识论问题是非法的，或被错误地构想出来的，因而应该加以抛弃，并且用关于人类认知的自然科学问题来代替。

[（a）——所有的传统问题；（b）——某些传统问题。]

这些看法已经按从最不激进到最激进的顺序进行了排列。

既然1和2都包含了对"认识论"范围的扩展，因而我们就可以把它们归类为扩张主义的自然主义形式。既然3和4都承认传统认识论问题的合法性，却都提议用一种新颖的、"自然主义"的方式来处理它们，而5则否认传统认识论问题的合法性，并提议以更加"自然主义"的方案来取代它们，人们也许可以将3和4归类为改良的自然主义，而将5归类为革命的自然主义。另一方面，既然4和5都使认识论成为一项内在于自然科学的事业，而3则没有这样做，人们也许可以将4和5归类为科学主义的自然主义，而将3归类为后验主义的自然主义。显而易见的折中方案是，称3为"改良的、后验主义的自然主义"，称4为"改良的、科学主义的自然主义"，而称5为"革命的、科学主义的自然主义"。还需要一个标签来区分见解3、4和5中的说法（a）与说法（b）；我将把后者称为"狭义的"，把前者称为"广义的"。在下文中我有时会改变称谓的次序，例如，当把它与后验主义的、改良的自然主义对比时，我谈及"科学主义的、改良的自然主义"；当把它与革命的、科学主义的自然主义对比时，我则谈及"改良的、科学主义的自然主义"。

我刚才提及扩张主义的自然主义，只是为了目前将其搁置在一边[2]；我的关注重点将是见解3、4和5。这三者都以或多或少戏剧性的方式，否认了这样一种先验的观念，即关于知识的哲学理论整个

第六章 祛除歧义的自然主义

是与关于人类认知的科学研究相分离的。但从本项工作的角度来看，它们之间的差异比起它们的共同之处更为重要。最明显的是，革命的自然主义与改良的自然主义之区别是关键性的，因为革命的自然主义否认我正致力的那些方案的合法性。而科学主义的自然主义与后验主义的自然主义的区别也是关键性的，因为科学主义的自然主义会将我正致力的那些方案交付给关于认知的自然科学。

我之所以称"自然主义认识论"这一标题具有诱人的歧义性，是因为在那些自称致力于自然主义认识论的人当中，绝大部分似乎在这些迥异的立场中的两个或更多个之间举棋不定。但本书所提出的理论将无歧义地是一种狭义的、改良的、后验主义的自然主义——实际上，它代表了与可简称为"传统先验主义"的东西的、最温和自然主义性质的分别。因此，尽管它确实部分地是对源自蒯因的某些主题的发展，但在任何直接意义上，它不"只是对蒯因的'自然化的认识论'的精致化"。因为蒯因的自然主义既非无歧义地是一种后验主义的（而不是一种科学主义的）类型，甚至也并非无歧义地是一种改良的（而不是一种革命的）类型。

我的温和自然主义立场介于下列两者之间，一方面是传统的先验主义，另一方面是自然主义更加雄心勃勃的形式。反驳传统先验主义的论证始于第四章末，继续于第五章，其论题是：显然是综合性的，也因而是后验的关于人类认知能力和限度的预设，被纳入我们的证据标准之中。反驳科学主义的、改良的自然主义的论证恰从第五章末开始，其论题是：被纳入我们的证据标准中的、关于知觉的预设，是如此抽象和一般，以至于属于心理学和哲学之间的分界地带，而不是专属心理学本身的事务。但反驳那些比我的自然主义更雄心勃勃的自然主义形式的绝大部分理由仍有待提供。

本章的目的有两个：首先，诊断与解释蒯因的自然主义概念中的歧义之处与转换之处；其次，从这种诊断工作中找出一些线索，以便使得反驳自然主义更加雄心勃勃的形式——特别是广义科学主义的两种形式（改良型的和革命型的）——的论证更加稳固。

170

证据与探究

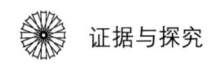

一

蒯因是这样来刻画自然主义的：

自然主义：放弃了第一哲学的目标……自然主义哲学家是在继承下来的、被持续关注的世界理论内部开始他的推论的。他尝试着相信这个理论的全部，但也相信其中的某些未识别出来的部分是错误的。他试图从内部改善、澄清与理解这个系统。他是漂泊在纽拉特船上繁忙的水手。

他还这样刻画了自然主义：

[自然主义]把自然科学看作对于实在的一种探究，它是可错的和可修正的，但不对任何超科学的仲裁负责，也不需要任何超出观察和假说-演绎方法之外的辩护。自然主义有两个源泉，两者都是否定性的。其一是对能够根据现象去一般地定义理论词项感到绝望……另一个……是毫不动摇的实在论，即这样一些自然科学家的强健的心智状态，他们除了科学内部那些可以讨论的不确定性之外，从未感到任何疑虑不安……

自然主义没有抛弃认识论，而是将其同化到经验心理学之中。科学本身告诉我们，我们关于世界的信息局限于对我们感官的刺激，因而，认识论问题转而成了科学内部的问题，也就是这样一个问题：我们人这种动物如何能够从如此有限的信息成功地得出了科学。我们的科学认识论者从事这一探究，并且提出了这样一种说明，它与语言学习和知觉神经学有很大关系……进化和自然选择无疑将在这一说明中发挥作用，而且只要有可能，他就会自由地去运用物理学。

这里的第一段引文提供了关于这样一种方案的画面，它把认识论不是视为一个独立的、先验的学科，而是将其视为我们关于世界的整

第六章 祛除歧义的自然主义

个信念之网的一个必要的、相互交织的部分。没有任何内容对于人们所熟知的认识论问题的合法性提出过任何挑战。在这里，蒯因的自然主义概念似乎在目的上是后验主义的，但在精神上却是改良主义的。但第二段引文所提供的却是关于这样一种方案的画面，它把认识论看作内在于自然科学的，实际上是被同化到心理学之中。简言之，它具有鲜明的科学主义色彩。在人们所熟知的认识论问题的合法性问题上，它又明显地举棋不定，这是因为，尽管蒯因明确不赞成任何抛弃认识论的意图，但它似乎至少包含了对传统认识论兴趣的某些重要限制——我们被告知，它依赖于一种"毫不动摇的实在论"，而后者拒绝严肃地对待任何不是严格地内在于科学的认识论议题。人们或许会说，如果说它在表述上是改良性的，它在精神上却似乎是革命性的。

但前面所援引的段落并非来自不同的讨论语境，也不是来自蒯因不同时期的著作；事实上，它们不仅来自同一篇论文，而且来自这同一篇论文的同一页，其中第二段出现在第一段的第一句和其他句子之间[3]。换句话说，蒯因似乎要在后验主义和科学主义的画面之间，以及改良的和革命的画面之间提出某种糅合。而对于这些迥异的自然主义概念的这种同化，并不是一种孤立的或偶然的疏忽；正相反，它几乎是无处不在的。

普特南的下述反应是可以理解的，即蒯因的自然主义是"极其令人困惑的"[4]。而我的目标就是要消除这种困惑。

这里是我的诊断的一个梗概。广义的、改良的、后验主义的自然主义是蒯因否认先验论的直接后果，也是他的渐进主义哲学观的直接后果，这种哲学观认为，哲学与自然科学的区别只是体现在它们所追求的真理的普遍性和抽象性的程度上，并不是体现在它所寻求的那些真理的形而上学或认识论身份上。但是，蒯因含混地使用了"科学"一词，有时候是在通常的狭义的意义上使用，指那些一般被归类为科学的学科，有时候则是较广义地使用，一般性地指我们所假定的经验知识。他的渐进主义使其无意于过多地强调区分广义和狭义用法的重要性。但这种含混性也掩饰了后验主义的自然主义和科学主义的自然主义之间的区别，还掩饰了下述两者之间的区分：一个是视认识论为我们的整个经验信念（广义"科学的一部分"）之网的一部分的观念，另一个是视认识论为内在于科学（狭义"科学的一部分"）的观念。这也就解释了蒯因是如何（显然是不自觉地）从后验主义转向科学主义的。因为传统的认识论问题本身并不准备或明显接受来自关于认知的心理或生理科学内的解答，然而，按照其科学主义的基调，蒯因发现自己处于这样的压力之下，即改变他所关注的问题并将其狭窄化，以至于达到这样的地步：与那些人们所熟知的认识论问题的连续性被打破了，而蒯因还发现自己被诱惑着去怀疑那些古老方案的合法性。这就解释了蒯因是如何（显然是不自觉地）从一种改良的立场转向一种革命的立场。我会依次分析这一诊断中的各个要素。

蒯因否认先验的东西（当然，明显的是，他否认分析性，但由于他同实证主义者——在《经验论的两个教条》一文中，他对他们也加以驳斥——共享着这一假定：只有分析真理才能够被先验地知晓，这实际上又构成对先验的东西的否认）。渐进主义指的是这一论题：哲学是一种后验的探究，是一般意义上的经验探究的延续；既然自然科学是这样一种探究的一个主要的而且令人印象深刻的组成部分，因而渐进主义就突出了哲学和自然科学在目的和方法上的相似之处。它由此激励蒯因把"科学"一词用作指称我们所假定的、关于世界的知识的一种方便的方式，并且这是他惯常的做法。（正如蒯因提醒我们的，在下述事实中有更多的激励，即"科学"一词起源于拉丁语里表示知识的语词。）

引入一个字形上的约定来标明"科学"的两种涵义的区别，这样做将会是方便的："科学"(science)代表较狭义的使用，指一般被称作"科学"的那些学科；而**科学**(SCIENCE)则代表较广义的使用，用于指我们的一般意义上的经验信念，而这也就包括了常识、历史等，而在蒯因看来，其中还包括数学、逻辑和物理以及狭义的科学。根据这个约定，后验主义的自然主义就变成如下这一论题：认识论是**科学**的一部分，也就是经验信念之网的一个基本组成部分；科学

第六章 祛除歧义的自然主义

主义的自然主义就变成了这一论题：认识论是科学的一部分，也就是说，内在于各门科学之中。蒯因对"科学"一词的含混使用使得非常容易混淆这两个概念（把"认识论是**科学**"等同于"认识论与**科学**是连续的"，又进一步激励了这一省略用法）。

这一诊断——我将其称为"蒯因的第一次转向"（从后验主义转向科学主义）——的文本证据，并不难找到。有时候，蒯因所提出的画面毫不含糊地是渐进主义的、改良的、后验主义的。

> 实在是什么样子，这是最广义的科学家们所艰苦探究的事情；存在什么东西，什么东西是实在的，是这个问题的一部分。我们如何知道存在什么东西，这一问题只不过是……关于世界真相的证据这一问题的一部分。无论怎样变化，最后的仲裁者是所谓的科学方法……是受感官刺激所指导的问题，是对某种意义上的简单性的偏好，以及对于旧事物的偏好。[5]

蒯因对"最广义的科学家们的事情"的谈论，表明"科学"指的是"科学"。正在被断言的是，存在什么，以及我们如何知道存在什么，这样的问题属于科学，而且，并未超越经验信念之网。在这一语境中，尤其是在"所谓的"一词提供的暗示下，"科学方法"一般地可被视为指称我们的经验证据的标准，而不是指称任何被认为是科学所特有的探究方法。

但在许多段落里，"科学"一词的含混性导致把后验主义的自然主义混同于科学主义的自然主义。相当具有讽刺意味的是，这样的一个段落来自汉恩-希尔普卷中对于普特南的答复；其讽刺之处在于，蒯因在这里据说是在答复普特南对"科学主义"的指责[6]：

> 我愿意澄清普特南和其他人所谓的我的科学主义。我承认自然主义，并且甚至以此为荣。这意味着破除第一哲学的梦想，并且这样去探究哲学，即把它作为一个人的世界体系的一个部分，并且是与科学的其他部分相连续的。那么，为什么在所有自然科学中，我总是在强调物理学呢？这只是因为……比方说下述一

点……是物理学的事，与科学的任何其他分支无关；状态的什么样的最小汇集足以证成我们的这一说法，即只要没有位置和状态的变化，那么就没有任何变化。[7]

此处"我承认自然主义"可能首先被视为带有下面这样的会话涵义，即蒯因不承认普特南所谓的"科学主义"。可是，不但蒯因没有明确地说出这一点，而且他将这一评论描述为是在"澄清"普特南所谓的他自己的科学主义。"破除第一哲学的梦想，并且这样去探究哲学，即把它作为一个人的世界体系的一个部分"，这句话听起来像是改良的、后验主义的自然主义；而"与**科学**的其他部分相连续"可能会被相应地解读成"与科学的其他部分相连续"。但在下一句里蒯因转向了谈论"自然科学"，也就是科学，而通过在那之后的那个句子，他集中关注于物理学。尽管蒯因提出这一段是要澄清他的立场，但该段却是其主张的模棱两可的典型例证。

在其他段落中，蒯因在使用"科学"一词时的转变及其紧张因素变得显著起来，而这些转变及其紧张因素既激起了又掩饰了从后验主义的自然主义向科学主义的自然主义的转变，这一点也变得明显了；这其中重要的，就有蒯因讨论怀疑论的下面两段文字：

> 是的，怀疑引发了知识理论；但是知识也引发了怀疑。怀疑论是科学的一个副产品……幻觉之为幻觉，只是相对于先已接受的，并与之对照的真正的物体而言……对物体的设定已经是基本的物理科学了。
>
> ……基本的物理科学，也就是关于物体的常识，因而就需要用作怀疑论的跳板……怀疑论的怀疑是科学的怀疑……于是，认识论最好被视为内在于自然科学的一项事业。[8]

第一句里面的"**知识**"在第二句中被"**科学**"所代替；因此宽容促使人们把"科学"读作"**科学**"。但这一宽容的冲动几乎立即就被蒯因的下列主张所挫伤，即他主张将"对物体的设定""关于物体的常识"归类为"基本的物理科学"。当然，对物体的设定不可否认地

第六章 祛除歧义的自然主义

是**科学**的一部分；但由于蒯因极力将其描述为"基本的物理科学"，人们开始怀疑他在提议，它是科学的一部分。所以，最后一句——"认识论……是内在于自然科学的一项事业"——要求的是科学主义的，而不是后验主义的解读，即它断定了认识论是科学的一部分，而不仅是科学的一部分，发现这一点是不足为奇的。

比较一下：

> 认识论者正在使自然科学面临一次挑战，而这次挑战是产生于自然科学内部……古代怀疑论，以其更原初的方式，同样是从内部对科学发起挑战的。怀疑论者引用人们所熟知的幻觉来说明感觉的可错性；但是，关于幻觉的这一看法本身就是植根于自然科学的，因为幻觉的特性只在于对外部的科学实在的偏离……我们的解放了的认识论者最终是一名经验心理学家，以科学的方式探究人对科学的把握。[9]

这一段的科学主义腔调是明显的，但同样清楚的是，蒯因又一次滥用了科学这一概念。我不会对"外部的科学实在"做出评论，尽管它确实是一个值得注意的短语。我也不会花较长的篇幅去讨论古代怀疑论从内部挑战**科学**这一说法是否真实，尽管我认为下述一点是相干的，即古代怀疑论所依赖的不是幻觉同实在的对比，而是表象之间的冲突。这里我想强调的一点是，蒯因的论证再一次要求从"古代怀疑论……从内部对**科学发起挑战**"到"古代怀疑论……从内部对科学发起挑战"的转变；这一转变是备加可疑的，因为人们可以合理地质疑在古代怀疑论时代是否会有诸如科学这样的东西。只有通过从对"科学"的广义解释向狭义解释的转换，蒯因才能得出他那明显属于科学主义的结论："我们的解放了的认识论者最终是一名经验心理学家，以科学的方式探究人对科学的把握"，即以科学的方式探究人对科学的把握。

在刚才讨论的段落里，蒯因将自己限制在古代怀疑论范围内；笛卡尔的夸大了的怀疑论并没有被提及。当他真正讨论笛卡尔主义怀疑论时，人们就会得到关于这样一种压力的提示，这种压力导致了蒯因

证据与探究

的第二次转变,即从改良的自然主义转到革命的自然主义。在这一段里,蒯因好像几乎要断定:按照怀疑论的一般化形式即笛卡尔式形式,怀疑论是不融贯的:

> 先验论证,或者那声称是第一哲学的东西,在我能成功地理解的范围之内,一般倾向于呈现这种内在认识论的状况。而关于外部世界的实在性的先验问题则被蒸发掉了。

但紧接着却又退了回来:

> 激进的怀疑论起源于我已经提到的那种混淆,但其自身并不是不融贯的。[10]

请注意,当蒯因试图提议古代怀疑论是内在于科学的时候,其明显可见的紧张感自然导致了我的诊断性推测的第二个组成部分。不得不承认,在下述问题上存在一定程度的含糊:什么应算作在追求人们熟知的认识论课题的被重新表述但仍可以承认是与之连续的形式,什么应算作在追求全新的课题。但无论如何,有一点是清楚的,即当蒯因坚持认识论是科学的一部分时,他发现自己被迫要如此激进地重新刻画认识论问题,以至于破坏了连续性。这就是我所谓的从改良的自然主义到革命的自然主义的"蒯因的第二次转变"。

这第二次转变几乎不是令人惊奇的。但就其表面而言,传统的认识论方案可以为科学所成功地承担下来,这一假定终究是非常不合理的。我同意,哲学是与科学相连续的;但由此并不能推出在哲学和科学之间没有程度的差别。正如上一章的论证所揭示的,合理的期待是,认识论可能需要做出的关于人类认知能力及其限度的假定,属于具有这样一种概括性和抽象性的一类,它们是科学连续体的哲学这一端而不是科学这一端所特有的。因此,可以预期,认识论是科学的一部分,接受这一断言将迫使人们去彻底地重新构思那些认识论方案——因为要想在科学内部成功地解答这些人们所熟知的方案,是没有真正指望的。

在蒯因不得不明确谈到他对旧方案的态度的那些语句(它们明显

是多义的）中，可以发现对这一点的肯定。在本节开头出现的第二段革命性引文里，这一评论是特征性的，即"自然主义没有抛弃认识论，而是将其同化到经验心理学之中"。在《自然化的认识论》中，蒯因谈道，"认识论，或某些类似的东西""占据了作为心理学的一章的地位"[11]；在《事物及其在理论中的位置》一文中他谈道，"对我而言，认识论，或最接近它的东西"是在研究"我们动物如何能够创造出……科学来"[12]；在《指称之根》里，他首先承认自己的方案是"对旧式认识论的……遥远的回响"，之后接着评论说，这"不是无缘无故地改变主题，而不如说是对最初的认识论问题的开明的坚持"[13]——同时提出，没有对主题的任何改变，有的只是一个并非无缘无故的改变。

当蒯因不得不说出在他理解认识论的任务是什么时，他在改良的自然主义和革命的自然主义之间的矛盾心理（这个贯穿在他的整本书中）就会随之而来：当他以改良的语气说话时，他提议用一种全新的（后验主义的）方法去解答那些熟知的问题；而当他以革命的语气说话时，他就放弃了旧的问题，而赞成新的问题，新问题与旧问题不同，它们看起来接受自然科学的解决方案。

例如，在《信念之网》的第一版中，蒯因似乎赞同关于心理学特有问题和典型的认识论方案之间的区分的传统看法：

> 关于我们信念的起源和强度的故事，关于在我们头脑中发生了什么事情的故事，与我们在寻找证据时所追求的故事是很不相同的。在我们的信念的理性部分，两者可能是一致的；而在别处却是有分歧的。前者是心理学所要讲述的。另一方面，我们目前关注的是根据、理由和在信念之间成立的证据关系……[14]

这就提出了一幅我们所熟悉的画面，根据这幅画面，尽管有可能要由心理学来告诉我们什么才是主体的信念的证据，但分析证据概念、提供评价证据价值的准则，正是认识论的特有任务。但是这一段在《信念之网》的第二版中却被删去了[15]，并且在《自然化的认识论》中人们会发现，蒯因极力主张研究证据概念是心理学的专有任务：

> 认识论……占据了作为心理学的一章的地位……它研究一种自然现象，也就是物理的人类主体。这一人类主体被给予某种实验操控的输入——例如以各式各样的频率出现的某些辐射模式——并且在适当的时候，该主体产生出对三维的外部世界及其历史的描述作为输出。存在于这贫乏的输入和汹涌的输出之间的关系，是这样一种关系，出于总是引发认识论的几乎同样的原因，我们被激发去研究这种关系；也就是说，为了弄清楚证据是怎样同理论相关联的，人们的自然理论以什么样的方式超越了任何可以把握到的证据。[16]

人们或许会得到这样的印象：蒯因希望心理学能够解决认识论的问题，因为在他的"开明的"认识论中，证据概念的规范性特征已经被放弃了。另一段甚至更强烈地表明了一种"描述主义的"立场[17]：

> 科学所具有的一切证据都是感觉证据……但为什么会有所有这一切〔卡尔纳普的〕创造性重构，所有这一切虚构呢？在得出其世界画面时，任何人不得不依赖的一切证据就是对他的感觉接收器的刺激。为什么不正好去观看这种构造是怎样真正进行的？为什么不满足于心理学呢？[18]

然而，尽管蒯因有时候给人留下这样的印象：通过使认识论变成纯描述性的，他在使认识论心理学化，而普特南却报道说，蒯因坚持认为他从来不想消除认识论的规范性特征[19]。考虑到下述事实，即在《自然化的认识论》本身中，尽管刚才所引用的段落里有着描述主义的论调，但蒯因尽力将他自己与"认识论虚无主义"分离开，而后者是他赋予库恩、波兰尼和汉森等人的，这一点就值得严肃加以对待。[20]不否认它们的规范特征，而改变和缩小认识论关注的范围，蒯因有着一个更好的解释。最清楚的确认信息可以在汉恩-希尔普卷中蒯因对怀特的答复里找到：

> 关于认知价值的地位问题，我现在有话要说。认识论的自然

第六章 祛除歧义的自然主义

化没有放弃其规范性的方面,也没有满足于对行进过程的不加分别的描述。对我而言,规范性的认识论是工程学的一个分支。它是求真的技术,或者用更谨慎的认知术语来说,是预测的技术。和任何技术一样,它可以自由地利用任何科学发现,只要适合于它的目的。在识别赌徒谬误时,认识论利用了数学。在揭露知觉幻象时,它利用了实验心理学。在识别一厢情愿式思考时,它利用了认知心理学。在贬抑来自神秘的或灵学源泉的证据时,它利用了神经病学和物理学。这里就和道德领域中的情况一样,不存在有关终极价值的问题;它是关于一个未来目标——真理或预测的有效性问题。和工程学其他分支的情况一样,当该终极参数表达出来以后,这里的规范性认识论就变成描述性的了。[21]

我既不会对蒯因着力揭示下述一点的方式做出评论,即我们需要认知心理学告诉我们一厢情愿式思考通常不会有益于真理;也不会停下来去询问,应该由科学的哪个分支告诉我们,成功的预测是否表明了一个理论的真理性,以及如果是这样,原因又是什么。我所关注的是指出,首先,蒯因不再是根据对证据的评价进行谈论,而是在依据信念形成过程的可靠性进行谈话;其次,他所关注的焦点是,什么样的过程可以被科学自身确证为是有益于真理的。这两点显然是相互联系的,但我首先想逐个对它们做出评论。

从传统上说,认识论一直关注于证据评价的标准;还是从传统上说,下述一点被视为理所当然的:主体关于一个信念的证据必须被看作该主体可以把握到的东西——或者(按照融贯论)完全由他的其他信念所组成,或者(按照基础论和基础融贯论)包含了他的感觉的,也许还有他的内省经验。在蒯因的著作中,人们可以发现许多重要的、尽管经常是非常隐蔽的、关于证据概念的正确解读的提法。首先,蒯因谈到了"感觉证据",谈到"由人们的感官所传递的信息",以及推动主体赞成这个或那个句子的"表层刺激"[22]。其次,蒯因强调"句子的相互激励",并认为"在解释和被解释者之间能够有相互的增强"[23]。前者表明对经验主义的基础论和基础融贯论所特有的下述观念的同情：主体关于一个信念的证据不可能只是有关更多信念的问题，而是必须还包含经验证据。后者则表明了对融贯论和基础融贯论所特有的下述观念的同情：证据支持关系将根据相互增强来构想，而不是构想为只有一个方向。这暗示了这样一种证据理论，在性质上它既非基础论也非融贯论，而是糅合了两者的因素（这也许可以解释，在将蒯因归类为基础论者还是融贯论者这一问题上，评论者们为什么不能达成一致）[24]。无论如何，我能够证明：蒯因在这个方向上的暗示对我发展出基础融贯论有某种影响。蒯因的暗示所指向的这个新的证据观念，与改良的、后验主义的自然主义是一致的。按照这种观念，"感觉证据"不得不指称这样的感觉经验，它们既被设想为激发了主体的信念，也由于这种激发又被设想为支持了主体的信念。因此，人们可以期待，对这一概念的分析最终会表明部分是因果的；并且其部分的因果特征将会鼓励后验主义的自然主义对人类认知能力的本性及其限度给予特有的关注。

然而在科学的主基调下，蒯因似乎提议用可靠性概念去取代证据概念。正如我已经说过的那样，依传统做法，主体关于一个信念的证据被设想为某种该主体可以把握到的东西——这也是"证据"的词源学所表明的意思。但在《自然化的认识论》中，蒯因却提出："假如让意识处在任何它应该处在的位置，什么可以视为观察这个问题……就可以根据感觉接收器的刺激得到回答了。"[25]看上去这预示了蒯因在给怀特的答复中发生的转变，答复怀特时，他不再讨论主体的证据的强弱，而是谈论由以获得信念的方法的有益于真理性或者其他特性。

从关心证据的说服力转向关心信念获取方法的可靠性，这同一种转变也隐含在《指称之根》一书中提出的对自然主义的刻画之中：

> 认识论者正在面临一场针对自然科学的挑战，这场挑战来自自然科学的内部……如果我们的科学是真实的，我们是如何得知这一点的呢[26]？认识论者……可以完全承认自然科学的真理性，但仍然在自然科学内部提出这样的问题：人们是如何从他的感官

第六章　祛除歧义的自然主义

表层可以把握到的有限刺激，逐步建立起对自然科学的掌控的呢[27]？

我希望，上述论述可以确证本章的诊断性断言：蒯因把三种互不兼容的自然主义，也就是后验主义的和科学主义的、改良型的与革命型的自然主义，进行了一种糅合。

二

我的立场是一种改良的、后验主义的自然主义，它是蒯因三个互异的且不相容的主题之一，不过和蒯因的不一样，我的改良的、后验主义的自然主义在范围上是狭窄的。因此对于我来说有一点是必须要做的：我不仅要反驳先验论，而且还要反驳科学主义。如果本章开头所提出的分类是可以接受的，那就有四种形式的科学主义需要处理：革命型的对改良型的，广义的对狭义的，组成四种排列。因此，有一种符合经济原则的做法可以完成这一工作，那就是，首先给出对于反驳如下两种广义的科学主义似乎都有说服力的一些考虑：革命型的科学主义，根据这种理论，所有传统的认识论方案都是被错误构想出来的，应该由新的科学的方案来替代；改良型的科学主义，根据这种理论，所有传统的认识论方案都可以在科学内部得以完成。

我的策略是识别出两个我们所熟知的认识论问题，它们至少不能合理地论证为不合法的或者是可以由科学来解决的。我将讨论的两个议题是归纳问题（这一部分）和科学的认知地位问题（下一部分）。

在蒯因的研究中，归纳问题是他的认识论的进化论方面的主要关注点。但作为预备，对"进化的认识论"这一短语的歧义性做出一些评论是有价值的，这个短语本身已经证明与"自然化的认识论"一样诱人。在那些在认识论研究中诉诸进化论的人当中，有一些可能只是做了一个类比，而其他人则切切实实地应用了这个理论。（因此只有后一类人才有资格作为认识论上的自然主义者。）即使是在后一群人中，也存在着惊人的差异：最著名且与本书最为相关的差异——波普尔和蒯因之间的差异，波普尔论述的是世界3中的实体、问题和理论等等的进化，他还用达尔文理论来支持他的可错主义的、严格演绎主义的探究；而蒯因则在一个更为人熟悉的层面上，将进化论应用于人类的认知能力的研究，他断言，进化论为归纳提供了某种温和的保证。（另外一个复杂情况是，在波普尔看来，进化论不能算作一种科学理论。）蒯因和波普尔关于进化对归纳的意义持如此截然相反的观点，这一事实对我们来说是一个有用的警示，即提醒我们，这里的主题并不像它们看上去那样简单。

但幸运的是，当前的目的并不是对进化论应该在认识论中发挥什么作用（如果有作用的话）展开全面的说明，而是去论证，存在一些关于归纳的认识论问题，这些问题：（a）是合法的，（b）不能够由科学来解决——特别是，不能通过诉诸进化论加以解决。要做到这一点，正如事后证明的那样，人们只需要详细地考察蒯因的论证。

蒯因自己对进化在其认识论中的作用的描述是自相矛盾的，一方面雄心勃勃，另一方面又显得温和。他断言，进化论可以解决"反复出现的归纳问题"的那个唯一有意义的部分——这话听起来就好像是，进化具有宏大而重要的作用；但他又说，那为人所熟知的归纳证成方案是被错误构想出来的——这话听起来好像是，在那个反复出现的问题中又没有多少内容留待进化去解决。于是：

> 我们为什么应该相信归纳？——这是关于归纳的一个反复出现的哲学问题。
>
> 我认为，归纳问题的这一部分，即为什么在自然界中竟存在规律性，是可以被抛弃掉的……具有清楚意义的是归纳问题的另一部分……为什么我们与生俱来的、对于性质的主观区分会对自然界有一种特殊的掌控，并对于未来会拥有一种留置权呢？达尔文给了我们某种鼓舞。假如人们天生的对于性质的区隔，是一种与基因相关联的特性，那么，已经导致了最成功归纳的那种区分，将会倾向于在自然选择过程中占据支配地位。在其归纳中犯

第六章 祛除歧义的自然主义

有顽固性错误的生物，有一种可怜但却值得赞扬的倾向，即在繁殖其种类之前死去。[28]

但是：

> 这些思想并不是要去对归纳进行证成……自然选择所贡献的一切……是归纳为什么会有用的一个理由，如果它确实有用的话。[29]

于是，蒯因对其进化认识论的描述，尽管表现出了那种现在我们已经熟知的、在改良型和革命型方案之间的歧义性，但还是彻头彻尾的科学主义的。但是，当人们考察《自然种类》的论证细节时，会发现蒯因对进化在其认识论中所起作用的描述原来是严重误导性的。

《自然种类》实际提出的是一种分为两个步骤的论证。在第一步，蒯因论证说，只有包含自然种类谓词或与之逻辑等价谓词的归纳，才是正确的或可靠的。在第二步，他论证说，进化论通过支持下述预期，即我们天生的对于性质的区分至少近似地对应于真实的自然种类，从而解释了为什么我们会具有做出正确归纳的倾向。正是该论证的第二步诉诸了科学；而在第一步中则没有这样的诉诸，而是植根于关于某些从观察实例到未观察实例的推断的正确性或不正确性的直觉。该论证的第二个特别是进化步骤的相关性，预设了第一个，也就是哲学步骤的成功。而第一步如果并非恰好就是针对"反复出现的归纳问题"的一种尝试，就会指向古德曼的"新归纳之谜"，因为其目的是去论证哪些归纳是正确的。蒯因告诉我们，第二个，也就是进化步骤的目的是去"解释归纳的成功"；但这不意味着人们被引导着期待些什么：它意味着，不是去"解释为什么某些归纳是［或者多半是，或者很可能是］有益于真理的"，而是去"解释为什么总的来说人类天生就倾向于做出那些正确的归纳"。

为了让上述说法更加明显，让我在这里把它们的寓意讲清楚。蒯因的下述提法，即那个"证成归纳"的古老问题是被错误构想出来的，最后证明最好被解释为是在闪烁其词地断言这样一点：力图表明归纳论证多半是或可能是保真的,这一点是错误的,因为只有那些包含了可外推谓词的归纳才是这样的;这就促使我们聚焦于新的归纳之谜,而不是旧的归纳问题,也就是聚焦于这个问题:什么样的谓词是可外推的?于是,他不但承认新的归纳之谜的合法性,而且提出了一种解决方案——只有自然种类谓词或者逻辑等价于自然种类谓词的谓词才是可外推的——它丝毫没有诉诸进化(或者诉诸任何科学研究),但在特征上完全是哲学性的。

在这两点上,蒯因无疑是正确的。下面这个问题明显是一个真正的问题:"绿蓝"(grue)的独特之处是什么?什么(如果有的话)证成了我们的下述信心,即迄今为止所观察到的所有绿宝石都是绿蓝色的,这一事实并没有对下面这个结论给予任何支持:所有绿宝石都是绿蓝色的?而且关于这个问题有一点非常清楚,即关于人类天生的性质区分的进化的任何信息(或者由科学所提供的任何其他信息),都不可能对之提供解答。

这并不是说,蒯因对"绿蓝"问题的回答就是正确的。实际上,我认为它不是正确的。蒯因断定,"可外推谓词是对属于一个种类的所有事物并且只对那些事物为真的谓词"[30]。但下面这个思想是最不合理的,即绿色的事物组成了一个自然种类,而绿蓝色的事物则没有;两者都没有。蒯因本人似乎也部分地意识到了这一点,因为他曾经这样写道:"绿色的事物,或者至少绿色的绿宝石,是一个种类"(着重号是我加的)[31],这样就把一个合理的断言与一个不合理的断言混在一起了,前者指的是绿宝石组成了一个种类,而后者指的是绿色的事物组成了一个种类。

蒯因回答绿蓝悖论遭到失败的背后,是他将自然种类和相似性这两个概念进行了同化。这两者是不同的概念。例如,两匹马是属于同一个自然种类的事物(而人们几乎不能根据它们都是马从而把它们描述为是相似的);但尽管两个方形的事物在形状上是相似的,它们却不能因此算作属于同一个自然种类。最好把自然种类解释为一组相似性,以合法的方式聚集在一起的一簇相似性。

第六章 祛除歧义的自然主义

在归纳和自然种类之间有一种联系。我的论证来源于皮尔士，他坚持认为，"一般性"（粗略地讲，它意指"种类／法则"）的实在性，是科学方法得以成为可能的必要条件——也就是使解释、预测和归纳成为可能的必要条件。此处是说，如果自然种类存在，那么就有成簇的相似性以合法的方式聚集在一起；因此，若一个种类的被观察事物已经具有了某特征，则这一事实就是做出下述预期的某个理由：同一种类的其他未被观察事物也会具有这一特征——因为这个特征可能是由自然法则捆绑在一起的那组相似性质中的一个。[32]

如果这一思考方式正确的话，种类和法则的实在性就是成功归纳的必要条件。当然，它不是充分条件。我们知道，对于同一自然种类的事物来说，并不是所有从观察事例到未观察事例的推理都会导致真的结论。我们并没有假定一个种类的事物在所有方面都是相似的；例如，我们知道，尽管（男性）主红雀是红色的，蓝松鸦是蓝色的，但天鹅却可能是白色的或者是黑色的，而马、狗以及人类等等都可能表现出不同的颜色。

那么，绿蓝悖论又是什么样的情况呢？像这样（就像蒯因遵循古德曼所做的那样）提出该问题或许是错误的：什么使得"绿色的"成为可外推的谓词，又使得"绿蓝"成为非外推的谓词呢？因为我们没有假定包含熟知的颜色谓词的所有归纳都是可靠的（即使前提和结论前件中的谓词，像所要求的那样，是一个自然种类谓词）。提出该问题的一个更好的途径或许是：什么使得我们如此确信包含"绿蓝"的归纳是不正确的？这里给出一个提议。一个事物是绿蓝色的，当且仅当，或者它在时间 t（比如，2001 年初）被检查过，并且是绿色的，或者之前未被检查过，并且是蓝色的[33]。"迄今为止所有被检查过的绿宝石都是绿蓝色的"，这个断言的真理性并没有对"所有的绿宝石都是绿蓝色的"提供任何支持，为什么我们会对这一点的真理性如此有信心呢？好了，为让此结论为真，下面这一点不得不属实：所有在 2001 年之前未检查过的绿宝石都是蓝色的。"绿蓝"归纳没有预言在 2001 年初任何绿宝石颜色的任何变化。但它的确要求，绿宝石颜色的有规则变化取决于它们被检查时的时间。我们现在就有理由去认为，在一些情形下，颜色就是组成一个自然种类的那一簇性质之一；我们也有理由去假定，在一些情形下，事物的颜色有规则地发生变化，取决于它们是否被检查到（例如，苹果的果皮）；我们还有理由去假定，在一些情形下，一类事物的颜色的有规则变化取决于它们在一年中被检查时的时间（例如，落叶树的叶子）；我们也有理由去假定，在一些情形下，一类事物的颜色的有规则变化取决于地点（例如，北极熊或南极熊就和别处的熊不一样）；但是，我们在任何情形下都没有理由去假定，事物颜色的有规则变化取决于其被检查的年份。实际上，我们有间接的理由去反对这个假定；虽然关于什么容易引起事物颜色的变化或改变这一问题我们拥有理论，但这些理论中没有一个暗指一种机制，凭借它就会让颜色随着检查的日期而变化。

对"绿蓝"悖论的上述处理具有一种典型的基础融贯论特色，这一点表现在，它这样看待"归纳推理"这个概念，即聚焦于一个现象的这样一个组成部分，它最好更加整体性地予以解释，并且要根据支持性和解释整体性来解释：也就是聚焦于下述两者之间的关系，一方面是关于属于某个种类的所有观察过的事物的信念，另一方面是关于所有这类事物的信念，哪些信念在一般情况下会被嵌入更进一步的信念的整个网络之中，这个信念网络则是关于下述问题的，例如，哪些类型的特征倾向于为一类事物的全体所具有，哪些类型的因素潜在地引起哪些特征的改变，如此等等。这里的希望是，当用这样的方式重新定位人们对"绿蓝"的态度时，它也阐明了我所理解的证据的支持性与更普通的归纳有效性概念之间的差异。

这多少已经有些偏离了论证的主线；但就像蒯因针对"绿蓝"悖论提出的解决方案那样，我所建议的诊断根本没有诉诸进化或任何科学上的研究成果，这个事实也回应了本部分的主题：存在合法的认识论问题，人们不可能合理地断定，这些问题可以由科学予以解答。

第六章 祛除歧义的自然主义

三

另一个这样的问题是：科学是否具有特别的认知地位，如果有，为什么？广义的、革命型的、科学主义的自然主义必须否认这个问题的合法性——然而同时又要力主，认识论方案应当由科学方案来取代；广义的、改良型的、科学主义的自然主义承认其合法性，但又必须坚持它是一个可以由科学自身予以解决的问题。这两种态度根本就不是合理的。

回忆一下，蒯因急于把自己与某种新近科学哲学的犬儒主义风格的社会学理论区分开来，后者也就是他所说的"认识论的虚无主义"，包括库恩、波兰尼和汉森[34]。蒯因所暗指的研究中有两个截然相分的主题，一个是社会学上的论断：什么样的科学理论或范式会得到认同，以及什么样的会被抛弃，这是一个政治和宣传上的问题，同时也是一个证据权重问题，或者也许会取代证据的权重；另一个是认识论上的论断：依据不依赖理论或范式的证据，就可以决定这个或那个理论或范式在认识论上是更好的，这整个概念是不合法的。（如果这个认识论论题为真，这个社会学论断的强化形式就会或多或少以重言形式推导出来；但这个社会学论断却没有任何迹象能够推出这个认识论论断。）尽管他没有明确地加以区分，但蒯因还是很明显地拒绝了两者：他认为，关于科学，存在某种在认识论上特别的东西，这种东西与科学对观察的依赖有关。当然，与目前关注的所有这一切最相关的是：蒯因因此首先承认了关于科学的认知地位这一问题的合法性（作为广义的、革命型的、科学主义的自然主义者，他是不能这样做的），其次他就这个问题提议了一个解答，在特征上这个解答是哲学的而不是科学的（作为广义的、改良型的、科学主义的自然主义者，这也是他不能做的）。换句话说，我们发现蒯因隐含地承认了我在前一段中明确讲到的东西。

关于科学的认知地位的问题，似乎是明显合法的，而广义的、革命的科学主义的态度，即认为这个问题是被错误构想出来的，则显然是不合理的。即便是那些被蒯因称为"认识论的虚无主义者"的人，也都认同这个问题的合法性；他们的激进主义并不在于拒绝这个问题，而是体现在对这个问题做出了否定的回答。

广义的、改良型的科学主义态度，即认为该问题可以由科学本身给出回答，同样也是不合理的。重要的并不是说，在科学内部没有任何余地去研究这种或那种统计或实验等技术的可靠性或别的方面；而是说做出下述假定是不合理的：预测的成功是真理的标志，或者主要由主体的愿望或担忧来维持的信念往往不会是真的，或者说，知觉是关于人们周围事物和事件的，而不是关于人们由之推断或建构出事物和事件的感觉……所有这些都可以完全由科学来解决，或者完全可以在科学内部得到解决。

然而，从我的改良型的、后验主义的自然主义观点来看，有可能设计出针对我们问题的一个相当合理的回答的开端。科学有特别的认知地位吗？如果从常识层面思考一下这个问题，而且不掺杂任何复杂的认识论理论，我会倾向于回答"既有也没有"。之所以认为"有"，是因为科学取得了惊人的成功，已经得出了深刻、广泛而详细的解释性假说，这些假说以观察为坚实的基础，并出乎意料地相互联系着；之所以认为"没有"，是因为尽管凭借这些成功，科学作为一个整体在一般大众眼里已经获得了某种认知上的权威性，但还是没有任何理由认为它掌握了一种特别的探究方法，而这种方法是历史学家、侦探或我们中的其他人所不能把握到的，也没有理由认为它可以免受时尚、政治、宣传、党派和权力追逐的影响，要知道，这些是所有的人类认知活动都具有的倾向[35]。（这给库恩主义者的社会学观点留出了一些余地，但仍然要抵制他们在认识论上的犬儒主义态度。）

可以给这个常识性回答提供任何合乎情理的理论支持吗？我想这是可以的。在我看来，科学在满足我们借以判断经验信念的证成标准上，总的来说做得相当好了，而解释性综合和经验支撑对于这样的标

第六章 祛除歧义的自然主义

准来说是至关重要的。这些标准并非内在于科学或局限于科学，它们就是我们在评价日常经验信念证据以及科学理论化证据时所使用的标准。它们也不局限于科学文化：原始人将闪电和打雷归因于众神的愤怒，就像科学家将其归因于大气层里的放电和空气在其流动过程中的突然膨胀，他们也在寻找解释性说法来解释他们自己的经验。但科学通过这些标准已取得了显著的成功。

通过回归到纵横字谜类比，可以使我的想法变得生动起来。科学在理论上的成功，就像在一次填字游戏中人们在完成某些主要的字格时所获得的重大进步，在这之后填写其他的字格就会变得容易多了。或者，用基础融贯论的更正式的词汇来说：科学在认识论上的一种特别之处是，它对我们经验信念之网的解释整体性做出了非常实质性的贡献。

与此同时，在经验基础方面它也做得很成功。科学探究的如下两个特征对它的这方面取得的成功做出了贡献：实验手段和合作探究，这两者使得科学能够极大地拓展可用于为解释的理论化提供支撑的经验的范围和种类。

人们或许可以这样来表述：科学有着杰出的认知地位，但这并不是特权。根据我们的经验证据标准，整体上看，它是一种相当成功的认知努力。但它也是可错的、可修正的、不完整的、不完美的；而且若要判断其成败之处，以及它在认知上的优劣的区域和时间，我们都要诉诸那些并非内在于科学或不仅仅由科学来设定的标准。

我希望，如上所论不仅确证了广义的科学主义——无论是革命型的还是改良型的——是站不住脚的，而且也构成了支持后验主义的自然主义的一个重要支点。

这一章的主要论题是："自然主义的认识论"是充满歧义的；蒯因在自然主义的后验主义变种和科学主义变种之间摇摆不定，在自然主义的改良型变种和革命型变种之间举棋不定；广义形式的科学主义，无论是革命型的还是改良型的，都是站不住脚的。

然而，这并不等于对改良型的或者革命型的科学主义的全面批判，因为它本身无损于狭义的科学主义。因此，下一步工作就是批判狭义的、改良型的科学主义。正如我在第一节所评论的，当蒯因做出他的第一次转向（从后验主义的自然主义转向科学主义的自然主义）的时候，他从提出一种新颖的——一个初始的基础融贯论的——关于证据的说明，转变为重点关注信念形成过程对真理性有益，也即转向可靠论的方向。然而，他没有在任何地方断定，对信念形成过程有益于真理性这一点的说明，将构成对证成或证据的说明。可是，艾尔文·哥德曼却这么做了；他因此看上去像是改良型的科学主义的一个更好的模本，而这种科学主义正是接下来必须要处理的。因此，出于方便，就我为什么认为改良型的、科学主义的自然主义站不住脚这一问题进行解释的必要性，与如下这一行动的可取性是相一致的，即回答一个根据这个观点很可能会困扰到用心的读者的问题：假使已经有了另一种显然更加简单的方法，而且这种方法能够如愿，同时容纳了证成概念的因果性方面和评价性方面，我为什么还要去使用 S-证据和 C-证据等等这一切复杂的手段呢？简短地说，为什么不满足于可靠论呢？这两个相互交叉的问题就是下一章所要关注的。

注释

[1] 罗素：《我们关于外部世界的知识》，第 71 页。

[2] 在第七章第二节，我将非常扼要地回到这一点。

[3] 蒯因：《经验论的五个里程碑》，第 72 页。

[4] 普特南：《为什么理性不能自然化？》，第 19 页。

[5] 蒯因：《语词和对象》，第 22—23 页。

[6] 普特南：《意义整体论》，第 425 页。

[7] 蒯因：《答复普特南》，第 430—431 页；在那张胶印页上，蒯因引用了他的《事实问题》一文。

[8] 蒯因：《自然知识的本性》，第 67—68 页。

[9] 蒯因：《指称之根》，第 2—3 页。

[10] 蒯因：《事物及其在理论中的位置》，第 22 页。

[11] 蒯因：《自然化的认识论》，第 82 页。

[12] 蒯因：《事物及其在理论中的位置》，第 21 页。

[13] 蒯因：《指称之根》，第 3 页。

[14] 蒯因和乌里安：《信念之网》，第 1 版，第 7 页。

[15] 1978 年。感谢考贝尔伯格促使我注意到了这一点。

[16] 蒯因：《自然化的认识论》，第 82-83 页。

[17] 哥德曼在《认识论和认知》的导言中，基姆在《什么是"自然化的认识论"?》一文中，都把蒯因的自然主义解释为描述性的。

[18] 蒯因：《自然化的认识论》，第 75 页。

[19] 普特南：《为什么理性不能自然化?》，第 19 页。

[20] 蒯因：《自然化的认识论》，第 87-88 页。

[21] 蒯因：《答复怀特》，第 664-665 页。

[22] 蒯因：《语词和对象》，第 22 页；《本体论的相对性》，第 75、82-83 页；《自然知识的本性》，第 68 页。

[23] 蒯因：《语词和对象》，第 9 页及以后两页；蒯因和乌里安：《信念之网》，第 79 页。

[24] 参见，例如索萨：《浮筏和金字塔》，第 14 页（蒯因作为基础论的批评者）；哥德曼：《认识论与认知》，第 107 页；内尔森：《谁知道：从蒯因到一个女性主义认识论》，第 25-28 页（蒯因作为融贯论者）；康曼：《经验证成的基础论与非基础论理论》。

[25] 蒯因：《自然化的认识论》，第 84 页。

[26] 蒯因：《指称之根》，第 2 页。

[27] 同上书，第 3 页。

[28] 蒯因：《自然种类》，第 126 页。

[29] 蒯因：《指称之根》，第 19-20 页。

[30] 蒯因：《自然种类》，第 116 页。

[31] 同上。

[32] 皮尔士：《文集》，1.15ff.，6.619ff.，8.7ff.。还请参见

哈克《"极端学院实在论":它对于今天的科学哲学的意义》(不过,当我写这篇论文时,我本人稍微倾向于把自然种类概念与类似性概念相类同,萨文治愈了我的倾向)。

[33] 古德曼:《新归纳之谜》,第74页。

[34] 蒯因:《自然化的认识论》,第87-88页。

[35] 对此的进一步引申和发挥,参见哈克:《从"女性主义的角度"看科学》,第一节。

第七章　反驳可靠论的证据

> 我们应该完全同意，只有当一个人掌握了他所相信的命题的证据时，他才能够合理地相信。
>
> ——普赖斯：《信念》[1]

本书提出的理论具有证据论的特征，也就是说，所提出的关于证成的说明是根据主体对某一信念的证据来加以表述的。"A 相信 p 何以得到证成，依赖于他的证据有多好"——尽管这种初始性的表达式既简单又具有直觉上的合理性，但最终的辨明无疑会是很复杂的，而且，如果其仍旧保持合理性，那么它几乎也不会再是"直觉上"的合理性了。因此，如果有些读者怀疑，选择某种可靠论理论会更加简单而且效果更好，这也是可以理解的。也许有人会坚决认为，可靠论终究还是会承认证成概念在本性上就有一部分是因果性的，从而可以承认证成有程度之分，在结构上既不必是基础论的也不必是融贯论的，并且，可靠论还意识到心理学与认识论是密切相关的——这些似乎都说明可靠论比起我所提出的理论要直截了当得多，而且也远没有那么复杂。所以，本章的第一节将用来回应这一问题：为什么我不能接受可靠论？

我所做的回应可以简要而坦诚地总结如下。第一，可靠论关于证成的说明确实是不正确的。证成是主体关于一个信念的证据的经验支撑和解释整体性的问题；根据信念形成过程的有益真理的性质所进行的辨明，所使用的完全是错误的概念，因而导致了反直觉的结果。第二，"可靠论是更简单的"这一表征是一个幻觉，一旦人们考虑细致阐述可靠论所需的东西，这种幻觉很快就会消散；例如，关于"信念"的状态和内容的区分，就暗含于信念形成过程的有益真理性质的思想之中。第三，一旦我们充分详细地阐述了该理论，以便接纳削弱性证据的作用，可靠论与证成有等级之分的看法之间的那种表面上的相似性，最后就会消失掉。第四，尽管可靠论的辨明本身在结构上既不必是基础论也不必是融贯论，但这并不意味着可靠论形成了关于证成结构的一种说明，而这种说明不能归于上述两个范畴中的任何一个，这甚至也不意味着它提供了建构这样一种说明的任何线索。可靠论的那些假想的优势比起真实的优势来得更加明显。

然而，为了证明这一点，必须先克服某些困难。最初的问题是说，"可靠论"这个词指称了任意数目的不同的理论，并非其中所有理论在任何直接的意义上都是这里所提出的理论的竞争者。这里的灵感似乎来自拉姆塞的如下评论："粗略地说，合理的相信度＝由于习惯导致真理的那些情况所占的比例"[2]，而这一评论必须置于下述背景之下来加以理解：拉姆塞同情皮尔士把信念视为行动的习惯的说明，并且他建议根据打赌的意向来刻画相信度；打算仅把它应用于一般性质的信念；而且，拉姆塞本人说这一评论是不可能精确化的。阿姆斯特朗认可拉姆塞及其他一些人的看法，用"可靠性理论"这一术语去表示在《信念、真理和知识》一书中所提出的那种说明，在该书中，可靠性的出现是为了刻画基础主义知识论中那种最基本的或者非推论性的构成成分。"可靠论"首先是指艾尔文·哥德曼在《何为被证成的信念？》一文中提出的一种证成理论，该文描述出了一种风格的基础论，按照这种理论，无论是基本信念还是派生信念的证成，都

第七章 反驳可靠论的证据

是根据信念形成过程的可靠性来加以解释的。然而,到了哥德曼的《认识论与认知》一书,尽管"可靠论"仍然指称一种证成理论,但它不再专指某种风格的基础论,而被说成是在基础论和融贯论之间保持中立;而到最后,"可靠的"并不意指"多半能给出真实的结果",而是指"在正常世界中多半能给出真实的结果"——不过,哥德曼在后来的一篇论文中,去掉了这个限定条件。

有一位评论者坚持认为可靠论是(或者在1986年是)"过去十年的主流认识论",他还把哥德曼描述为过去十年第一流的倡导者,并称哥德曼因对可靠论方法"精辟而雄辩的捍卫而著名"[3]。我希望,选择哥德曼作为我的靶子可以帮助我们预防任何这样的指责,即我在批判一种理论的一幅漫画,或者说我在攻击一个稻草人,而不是一个真正的对手。做这样的选择还有两个其他的原因:首先,哥德曼明确将可靠论视为对证成的辨明,到了《认识论与认知》一书时,甚至将其视为超越基础论和融贯论之二分的一种证成理论;其次,哥德曼的可靠论,与他捍卫认知心理学与认识论问题之间的相关性的强观点,是紧密相关的。所以,哥德曼的方案似乎相当明显地是(a)作为一种证成理论的双面基础融贯论的竞争者,又是(b)作为关于认知科学与认识论之关系的说明的后验的、改良的自然主义的竞争者;特别地,他的方案似乎代表了一种狭义形式的科学主义的改良型自然主义,在第六章中,我已将我的看法与之做了对比。

因此,第一节我将批评哥德曼的可靠论,第二节将批评他的科学主义的改良型自然主义。

一

于是:为什么就是不接受可靠论呢?因为作为一种对证成的辨明,可靠论在如下两个方面都出了错。首先,由于是根据为真比率来对证成进行辨明,可靠论错误地表述了证成与真理之间的关系。实际上，我们的证成标准是我们认为作为某信念为真或可能为真的标志的东西。然而，可靠论将证成的标准等同于任何在事实上显示真理的东西，而不论我们是否这样认为。若借用唐纳兰的术语，人们可以说，可靠论使证成和真理之间的联系成为归属性的，而实际上它是指称性的[4]。其结果是使得下述问题变得不足道，即我们的证成标准是否确实是显示真理的：对认可问题的回答，已经不足道地包含在对辨明问题的可靠论回答之中了[5]。其次，由于是根据一主体由以得出其信念的过程来辨明证成，可靠论便绕开了该主体的视角。实际上，我们的证成标准聚焦于信念的起因——聚焦于主体的〔S-〕证据。然而，可靠论却是根据信念的形成过程来辨明证成的。但是，尽管主体的S-证据是由主体所意识到的状态组成的——正如"证据"的词源学所表明的那样，但主体却完全可能没有意识到信念形成的过程。为了避免使用"内在论"对"外在论"这些术语，我想说，可靠论把证成变成了一个外在的概念，而实际上它是用来作为证据的。概括说来："一个信念被证成，当且仅当，它是通过一个可靠的过程而得出的"，这句话在两点上是错误的，一是它聚焦在信念的形成过程之上（体现在它的外在特征上），二是它诉诸为真比率（体现在它的归属性特征上）。

如果有可能直接按照前一段设定的路线组织本章，那将是很方便的，但这种可能性却因为下述事实而被排除掉了：哥德曼不是提出了一个，而是提出了三个（明显）不同的可靠性理论。因此，我不得不表明，这三个理论中没有一个构成了关于证成的可以接受的说明。因其复杂性而付出的代价是不容忽视的，但也有益处可以补偿。因为有一点很快会变得明显：为了避免上面所描述的困难，哥德曼已经感到有必要从可靠论的一种形式转向另一种，再转向第三种，所以，对他的三种理论依次展开系统的批判，将使下面的结论难以避免，即这些反对意见是无法克服的。

还有一点复杂之处，幸运的是，它也是潜在地富于成果的。本节的论证将不会只是表明哥德曼的三种理论无一奏效；相反，它要表明

第七章　反驳可靠论的证据

的是：当哥德曼前两次试图清楚地表述关于证成的可靠论说明时，他做了一些修正，以试图避免那些预料中的反对意见，这些意见尽管隐秘但却会有效地牺牲掉这种辨明的可靠论特征；但在第三次尝试中，他却提出了这样一个说明，它更有权声称自己是地道的可靠论说明，但我却将论证，它仍旧容易遭遇他先前力图避免的那些反对意见。如果可行的话，我的论证策略将具有这样的优点，它阐明了引向证据论和指称论的驱动力的强度，并且也揭露了可靠论的弱点；但它也有不足，即它要求刻画出什么才能算作地道的可靠论理论。哥德曼本人曾说过，一个可靠论理论必须根据信念形成过程的为真比率来奠基，我希望通过使用他本人说过的话而免遭任何这样的怀疑，即我所依赖的描述对可靠论来说是不公正的[6]。

《何为被证成的信念？》一文中所提出的关于证成的辨明，依赖于不依赖信念的过程和依赖于信念的过程这两者的区分，前一种过程是指像知觉这样的不要求信念作为输入的过程，而后一种过程则指像推理这样的要求信念作为输入的过程。无条件可靠的过程是不依赖信念的过程，它通常产生为真的信念作为输出；而有条件可靠的过程则是依赖信念的过程，它通常在以真的信念作为输入的条件下才会产生真的信念作为输出。哥德曼给出了下面这种递归定义：

（A）如果 S 在 t 时相信 p（"直接"）产生于一个不依赖信念的（无条件）可靠的过程，那么 S 在 t 时相信 p 就得到了证成。

（B）如果 S 在 t 时相信 p（"间接"）产生于依赖信念的（至少是）有条件可靠的过程，而且，如果导致 S 在 t 时相信 p 的那个过程所依赖的那些信念（如果有的话）本身得到了证成，那么 S 在 t 时相信 p 就得到了证成。

（否则，S 在 t 时相信 p 就没有得到证成。）[7]

该理论具有一种基础论的结构，其中通过无条件可靠的过程得到的信念是基本信念，从基本信念通过有条件可靠的过程得到的信念则是派生信念。

至此为止，一切都是直截了当的。然而，哥德曼几乎立即就提出了两个限定条件。他受到下述事实的困扰：应该有一个仁慈的主宰，他这样安排事物，以至于使通过一厢情愿式思考而形成的信念通常都是真的，这一点在逻辑上是可能的。他对下面这一点表示出了某种怀疑，即适当的反应，是允许在这样一个可能世界中，由一厢情愿式思考而形成的信念通常会被证成，还是要这样去修正这一说明，以至于要求信念形成过程在我们的世界中，或者说在"未被操控的环境"中是可靠的。然而，他最终的结论是，如果目标是要辨明我们的前分析的证成概念，这些反思的真正寓意便是："于是，真正重要的，就是我们关于一厢情愿式思考所相信的东西，而不是对这种思考……确实为真的东西"。十分奇怪的是，他说他"不太清楚如何用标准的概念分析形式去表达这一点"[8]；之所以说奇怪，是因为他所采取的方式确实是用诉诸我们相信是可靠的过程来代替诉诸确实可靠的过程。

哥德曼接下来考虑了对其说明的另一种可能的反对意见，按照他的说明，正如他现在所表述的，"如果一个信念是由某个事实上可靠的过程产生的，或者由某个我们通常相信其为可靠的过程产生的，那么该信念就得到了证成"[9]（着重号是我加的），这种反对意见是，即使S的某个信念是由这样的一个过程引起的，但假如他没有理由相信它是这样产生的，或者更糟糕，他有理由相信它是由不可靠的过程引起的，那么S的这一信念就没有被证成。这一次，哥德曼打算给证成增加另一个必要条件，即：

> 没有任何一个这样的S可资利用的可靠的或有条件可靠的过程，假如除了他实际利用的过程以外，这个过程也被S利用，它就会导致S在t时不相信p。[10]

正如它所表明的，这个附加条件仍然是用可靠论的术语来表述的；但哥德曼承认它"有点……模糊"，并继续评论说，"认为所有'可资利用的'过程都应该被使用，似乎是不合理的，至少当我们将诸如搜集新证据这样的过程包括在内时，情况就是如此"，以及"我们在这里应该想到这些过程，如回想起先前获得的证据、评价这一证据的意涵，如此等等"[11]。

第七章　反驳可靠论的证据

这里几乎不需要复杂的论证去表明，哥德曼的两次让步有效地消除了他所提出的那个辨明的显而易见的可靠论特征。这两次让步的结果有点像这样：S有证成地相信p，当且仅当S通过一个我们相信是可靠的过程（无论它是否确实可靠）达至信念p，除非他的证据表明并非如此。原来根据信念形成过程的有益真理的性质给出的关于证成的说明，如今被转换成了这样一种说明，它依赖于我们相信是有益于真理的信念形成过程是什么样的，还依赖于该主体是否具有他可资利用的证据，去表明他的信念不是如此得到的。

问题不仅在于，哥德曼的修正有效地消除了他的理论的可靠论特征；还在于，要想清楚说明第二次修正，就要求对证据概念及其价值的评判标准进行辨明。但是，如果我们那样做的话，它自身就足以成为一种证成理论，而不必充当可靠论说明的附属物。

尽管以无条件的方式提出他的说明（"S被证成，当且仅当……"），但哥德曼早先在论文中评论说，证成确实有程度之分，并且，如果想要容纳这种等级性特征，对其说明进行修正也是很容易的，其途径是："S在如此这般的程度上被证成，当且仅当，他的信念是通过在该程度上可靠的过程而得到的"[12]。值得注意的是，哥德曼对其第一次说明的第二次修正实际上却排除了这一尝试，从而致使他的理论容纳证成程度的能力至多是犹疑不决的。

很显然，经过适当的途径，哥德曼本人得到这个结论，即在《何为被证成的信念？》一文中提出的理论是不可行的；因为在《认识论与认知》一书中，他提出了该理论的一个新版本，他声称该版本可以避免先前提出的可靠论说明所面临的那些困难。

按照《认识论与认知》，关于证成的哲学理论的主要任务，就是提供"J-规则系统的正确性标准"，这里的J-规则是指"关于被证成的信念形式的可容许的规则"。在可能有的这类标准中，哥德曼区分了道义论标准和后果论标准，前者是无条件的，后者是有条件的，通过规则系统导向某种目标或价值来刻画它的正确性。在后果论标准中，他又区分了"解释论"（其终端或目标是进行解释）、"功用论"

（其目标是相关的行动）以及可靠论，其终端是为真比率。他还在可靠论范畴内区分了依赖资源的可靠论（其所要求的为真比率是相对于可获得的资源而言的）和独立于资源的可靠论（其所要求的为真比率情况正相反）[13]。

哥德曼表明，他的立场是与下列独立于资源的"标准模式"（这样称呼是因为它没有限定任何确定的为真比率）相一致的：

一个J-规则系统R是正确的，当且仅当：

R允许某些（基本的）心理过程，并且这些过程的体现会导致信念为真的比率达到某一指定高度（大于50%）。[14]

在这个表达式中提到"基本过程"表明，直到《认识论与认知》一书，哥德曼只是在追求他所谓的"首要的认识论"，后者是个体性的而不是社会性的，它所关注的是内在的认知过程，而不是习得的认知方法[15]。

当然，如所表明的，这——尽管与《何为被证成的信念？》中提出的基础论性质的可靠论相比，它的结构甚至更不明朗——看起来容易受到先前那篇论文中预见过的那些同样的反对意见的责难。事实上，哥德曼为了避免这些反对意见，再一次提出了修正，如今看来，这些反对意见不再只是被批评者们所预见，而是得到了他们的详细的阐释。

这些反对意见之一是由邦居尔提出的，正如人们所料，邦居尔坚决认为，由于可靠论没有从主体角度来看待证成，所以它是错误的。在邦居尔看来，存在这么一整类的情形，在其中直觉的判断是，尽管事实上一主体的信念是通过一个可靠的过程而得到的，但他的信念未被证成，因为他有理由相信这个过程是不可靠的，或者，他没有理由相信这个过程是可靠的。在邦居尔所提到的反例中，有毛德和诺曼的例子。毛德通过她绝对可靠的超自然力得到了一个信念，并且一直相信她拥有这种能力，即使她有确凿的证据表明根本不可能有这样的能力；诺曼则通过他完全可靠的超自然力得出了一个信念，至于是否可能存在这样的能力，以及他是否可能具有这样的能力，他既没有支持的证据，也没有反对的证据[16]。可靠论意味着，毛德和诺曼的信念

第七章 反驳可靠论的证据

都得到了证成,但正确的裁决却是,他们都没有得到证成。

哥德曼并没有质疑邦居尔的反例的真实性;事实上,他本人也引入了一个相同类型的例证,即米利森特案例。米利森特通过她绝对可靠的视力得到了一个信念,而且她还有绝好的理由相信她的视觉器官的机能失灵了[17]。哥德曼承认,米利森特的信念未被证成。因此他提议,得到一个正确的J-规则系统的许可,尽管是证成的必要条件,但并不是其充分条件。我们还需要另外一个必要条件:

S在t时相信p被证成,当且仅当:

(a) S在t时相信p得到一个正确的J-规则系统的许可,而且

(b) 这种许可不会被S在t时的认知状态所削弱。[18]

哥德曼的最初想法是,如果S相信p没有得到一个正确的J-规则系统的许可——无论这一点是否被证成,S对信念p的证成就会被削弱。后来因为考虑到米利森特不必然具有任何正确的J-规则系统的概念,他将这一想法修正如下:如果S相信某个q,使得假如q为真则信念p就不会得到一个正确的J-规则系统的许可——无论这一点是否被证成,那么,S对信念p的证成就会受到削弱。而考虑到毛德和诺曼都不相信有这样的q,他再一次做出了修正:如果或者S相信某个q,使得假如q为真则信念p就不为一个正确的J-规则系统所许可——无论这一点是否被证成;或者存在某个q,使得假如q是真的,那么信念p就不为一个正确的J-规则系统所许可,而且S对q的信念会被证成,那么,S对信念p的证成就会受到削弱。[19]

前述无削弱条件①现在依赖于对"S相信q这一点会被证成"的解释,或者按哥德曼的表述,依赖于对事先证成的解释。作为对这个概念的说明,他所提出的一切有如下述:

我认为,关于事先证成的理论可以按照与我对事后证成所做

---

① 即上面定义中的(b)。

的说明非常近似的方式构造出来，不过，我不打算穷尽所有的细节。其中的一处不同是，我们可能必须要求正确的规则系统去凸显道义规则以及许可规则的特征。于是，我们可以假定，一个正确的规则系统会要求毛德去充分利用某些推理过程，而这些推理过程会引导她从她所拥有的科学证据得到她对这样一个命题的信念，即她没有任何可靠的超自然能力。

而对于诺曼来说，他

应当按下述线索进行推理："如果我有超自然力，我肯定能发现这一点的某种证据……既然我缺乏这种迹象，那么很明显，我并不拥有可靠的超自然过程。"既然诺曼应当这样进行推理，他关于他并不拥有可靠的超自然过程的信念就得到了事先的证成。而这一点便削弱了他的信念……[20]

哥德曼对"无削弱的条件从句……化解邦居尔的反例"充满信心。但是，即使假定该从句有此功效，这也没有使哥德曼免受质疑，除非无削弱的从句，特别是关于事先证成的说明，能够通过可靠论的术语讲清楚。哥德曼的"我不打算穷尽所有的细节"很难让人放心采纳关于事后证成的说明肯定是不可能的，首先，这种说明提到了主体由以得到这个正在讨论的信念的过程，而关于事先证成的说明是不能涉及主体由以得到这种信念的过程的，因为它要恰好应用在这种地方：主体没有得到该信念，但假如他得到了该信念，他将会被证成。可以推测，哥德曼建议采用的方法会是诉诸 S 可资利用却没有被 S 使用的那些可靠的过程。但是，（正如他在《何为被证成的信念？》一文中坦率承认的，）这是一个很成问题的概念。另一方面，将无削弱的条件附加给关于事后证成的说明的那些理由，同样适用于关于事先证成的说明；但关于事先证成的说明不可能容纳这样一个条件而不导致恶性循环。

下述一点不应该逃脱我们的注意：哥德曼对邦居尔反例的描述，以及他对事先证成的非正式的讨论，都是依据该主体怀疑获得信念的

第七章 反驳可靠论的证据

过程的可靠性的理由,以及该主体未能将这一证据考虑在内这一情况进行表述的。但是,他并没有提供关于理由或证据的任何辨明。像先前一样,下述顾虑是难以消除的,即哥德曼对证据论反对意见的回应留给了他一种不再是可靠论的说明,事实上它根本就不再是一个真正的理论了。

两条辩护路线浮现出来。对于哥德曼来说,一种可能性是论证,即使无削弱条件被证明为不能用可靠论术语加以表达,证成的一个至少必要的条件也将是:该主体凭借一个可靠的过程得到了他的信念。这种辩护依赖于下述事实,即邦居尔的反例(以及哥德曼同一风格的反例)是关于这样一些情况,其中所具有的直觉反应是:尽管该主体的信念是凭借一种可靠的过程而得到的,但他并没有被证成;这一事实反映在哥德曼对大意如下的反对意见的描述中:该主体已经凭借一个可靠的过程而得到他的信念,这一要求太弱了。但是,只需稍加反思,就会意识到:构成邦居尔反例之基础的证据论直觉也支持一类与之相反的反例,在其中,即使该主体的信念不是凭借一个可靠的过程达到的,他也得到了证成。假设奈杰尔通过眼睛的使用达至了一个信念,而他的眼睛事实上却出了问题,以至该过程是不可靠的;但他的眼科医生已通知他刚做过的数次检查的结果,所以他有全部理由相信他的眼睛工作正常。奈杰尔被证成这一直觉,似乎与毛德和诺曼没有被证成这一直觉一样强有力。如果这是正确的,那么,S凭借一个可靠的过程得到他的信念,这一要求就是既太弱的又太强的;一个类似的修正举措将不得不是一个析取式:或者S凭借一个可靠的过程得到了他的信念,而无削弱条件句得到了满足,或者S并未凭借一个可靠的过程达至他的信念,而一个颠覆性条件得到了满足。这样看来,信念形成过程的可靠性甚至都不是证成的一个必要条件。

至此为止,我们已经假定,事实上也正如哥德曼所承认的,他被迫去修正自己的说明以便应对邦居尔的反对意见。然而,实际看来,这样做是否正确尚不十分明朗。因为哥德曼在进行表述时,似乎不是在为J-规则提供正确性标准,而是在为J-规则系统提供正确性标准。

而如果人们严肃地关注于规则系统，似乎就没有必要去修正该理论以便去说明毛德、诺曼等人的例子；因为我们可以说，尽管他们的信念可能为一个正确的J-规则所许可，但它们却不为一个正确的J-规则系统所许可。所以，浮现出来的第二条辩护路线就是：邦居尔的反对意见并不要求对所提出的标准模式做任何修正，因为这一模式已经通过诉诸J-规则系统避免了那些所谓的反例。当然，这种辩护的问题是将哥德曼救出了油锅却又投入了火坑。因为对于J-规则系统的正确性和构成该系统的那些规则的正确性的关系，哥德曼几乎什么话也没有说，除了如下这一简单的评论："就其在认识论上相关的属性来说，规则之间是相互依赖的"，以及这一评论：诉诸规则系统将使其能够以某种方式——他没有说明究竟以何种方式——避免彩票悖论[21]。实际上，正如我已详尽论证的，证成有一种准整体论的特征；我并不认为哥德曼在这一点上是错误的，而是说：除非他就整体可靠性和局部可靠性之间的关系提供了某种详细清楚的说明，并且直到他提出了这样一种说明，否则他对这一观点的承认就只是纯假定性的。这"第二条辩护路线"最多只表明了哥德曼的证成理论不正确，但它避开了邦居尔的反对意见，只是因为它根本就不是一种真正实质性的理论。

在《何为被证成的信念?》一文中，哥德曼已经预见到了这一反对意见：若假设有一个仁慈的主宰，他使得，比方说，凭借一厢情愿式思考而得到的信念成为真的，由于把证成与为真比率直接联系起来，可靠论将会产生反直觉的后果。[22]在《认识论与认知》一书中，他面临由科恩明确表达的下述反对意见[23]：假设有一个邪恶的魔鬼，他导致我们的信念全都为假，可靠论会产生反直觉的后果。若真有这样一个邪恶的魔鬼，由可靠论便会推出：我们没有任何被证成的信念。但是，直觉上的裁决是，即使有这样一个邪恶的魔鬼，我们仍将会有被证成的信念，只不过我们的证成标准会被证明不是——如我们希望并相信它们所是的那样——显示真理的。

正如对待邦居尔一样，哥德曼又一次承认了反对意见的力量；他

第七章　反驳可靠论的证据

又一次修正理论以避免该反对意见。他的招数是，不把"会导致一种达到某个指定高度的为真比率"理解为"会在现实世界中导致达到某个……高度的为真比率"，而是理解为"会在正常世界中导致达到某个……高度的为真比率"。哥德曼告诉我们，一个正常世界就是一个"与我们关于现实世界的一般信念相协调的"世界[24]（之所以"一般"，是因为他把拥有与现实世界不同的个体和事件的世界视为正常的）；他还告诉我们，那些定义正常世界的信念，将不包括与有关我们的认知过程的规律相关的任何东西。[25]

这个修正对付得了那个反对意见吗？可以推测，哥德曼心中的论证是：根据这个修改过的理论，如果有一个邪恶的魔鬼，那么现实世界就不会是一个正常世界了，而在我们的信念中，那些凭借在正常世界中可靠的过程得到的信念，仍旧会被证成。（而相对于仁慈的主宰来说，如果有这样一个主宰的话，现实世界就会不是一个正常世界，而在我们的信念中，那些凭借在正常世界中不可靠的过程而得到的信念就得不到证成。）这在表面上看来是合理的；但问题是，"如果有一个邪恶的魔鬼，我们通过正常世界中可靠的过程得到的那些信念，依然应该会被证成"，就只不过是一句空话。哥德曼特别谈到，我们的这样一些信念——"正常"是相对于它们来描述的——不包括任何有关我们的认知过程是什么的信念，也不包括有关哪些是可靠的过程的信念。所以，"在正常世界中"这一限定并不意味着对什么样的过程是可靠的这一点做了任何限定——可靠的过程可能包括雷达、超自然力、梦或征兆，或者，它们也可以被限定为未受妨碍的感觉知觉、自省、未失真的记忆、有效的推理——实际上，它们可以随便是什么。说我们凭借在正常世界中可靠的过程得到的那些信念会被证成，根本就没有在信念中间做出什么分别。

与在《何为被证成的信念？》中提示的花招，也就是转向"我们相信其可靠的过程"不同，哥德曼认为，正常世界这一限制既回应了反对意见，同时仍旧还是"客观主义的"，即它仍旧把证成视为一个事实问题而非判定问题。[26]这是一种双重的错误。就像早先的修正一样，正常世界这个条件确实要求诉诸我们的信念（正常世界是一个"与我们关于现实世界的一般信念相协调的"世界）；但与早先的修正不同的是，后者确实对反对意见提供了一个回应，尽管不是一个可靠论的回应，而正常世界这一限定却根本没有给出任何回应。

发现下述一点并不十分令人惊奇：在《认识论与认知》一书出版若干年之后，哥德曼得出结论说，正常世界的策略应予放弃。我同意这一点；正如我早已论证的，这是一种不合格的失败。

然而，放弃它还是留给了哥德曼自从《何为被证成的信念？》以来就面对的同一个老问题，即怎样处理那亦可简要地称之为"指称论反对意见"？然而，到他的第三篇相关文章《强证成和弱证成》面世的时候，在《认识论与认知》一书中给他认为是可靠论必须回应的反对意见进行分类时似乎只是不大得体的东西，已经变成了一个重大的障碍。反对意见所采取的两条主要线索是：根据为真比率来辨明证成是错误的（指称论反对意见）；根据信念形成的过程来辨明证成也是错误的（证据论反对意见）。这两种反对意见都表明，一种简单的可靠论说明既太强又太弱；两者的大意都是说：可靠论在辨明中使用了错误的概念。然而，在《认识论与认知》中，哥德曼将证据论的反对意见归结为：可靠论太弱了（因为邦居尔的例子碰巧是这样的情况，在其中过程是可靠的，但主体的证据却表明了相反的情况，反之不然），将指称论反对意见归结为：可靠论太强了（因为他的批评者碰巧强调，若假设有邪恶的魔鬼而非仁慈的主宰，可靠论将具有反直觉的后果）。

于是，在《强证成和弱证成》中，人们发现，哥德曼放弃了正常世界的策略，他曾将其（错误地）视为避开"可靠论太强"这一反对意见的一种手段，其办法是论证说：确实有两个证成概念，一个更弱另一个更强些，而可靠论——现实世界可靠论——是对后者的一种正确分析。

这不可能是正确的：指称论反对意见以有关仁慈主宰的问题的形式，也以有关邪恶魔鬼的问题的形式凸显出来（哥德曼在1979年就

第七章 反驳可靠论的证据

明确意识到了)。情况并不只是可靠论的说明太强的问题；因此，哥德曼最近的努力不可能成功。

但是，用另一种论证加强这一相当模式化的论证也是可能的，即使我针对哥德曼对可靠论的反对意见的归类所做的批判是错误的，该论证还能行得通。哥德曼现在认为，既有一个强的证成概念，也有一个弱的证成概念，前者要求信念通过可靠的过程而得到，后者却只要求主体在持有该信念上不是难辞其咎或应受责备的。按照哥德曼的看法，假设有一个"未开化的认知者"，他很不幸地生活在前科学的社会，在那里征兆和神迹被严肃地对待，而实验方法则从未听说过，那么，即使这个人的信念未在强的意义上被证成，却也可能在弱的意义上，即他不受责备的意义上被证成。他的看法是，如果有一个邪恶的魔鬼，那么我们就处于与这个未开化的认识者相似的境地；因而，我们会在弱的意义上，而不是在强的意义上被证成。这一次，哥德曼的策略不是引入一种新的修正，以避开简单可靠论不想要的结果，而是力图解释清楚下述直觉，即这些后果是不想看到的：由于有邪恶魔鬼的阴谋，即使由之得到我们的信念的过程是不可靠的，我们的信念仍会被证成，这一直觉相对于较弱的证成概念来说是正确的；但是，这并不影响可靠论作为对较强的证成概念的说明的正确性。

我不认为有两个证成概念；但我承认，像哥德曼所说的那样，我们可能会觉得被置于两个判断之间，一个是未开化的认知者的信念确被证成，另一个是他的信念未被证成。但这绝不足以去证明哥德曼需要去证明的东西，也就是，未开化的认知者未被证成这一判断是基于如下事实做出的，即他的信念不是凭借可靠的方法而得到的，而在邪恶魔鬼的假设之下，这一点可以被推断为适用于我们。相反，在我看来，未开化的认知者未被证成这一判断在直觉上的吸引力乃基于这一事实，即（人们假定了）他的信念没有满足我们的证据标准，不符合我们视为真理的标志的东西；如果情况就是这样的话，那么，在邪恶魔鬼的情形下，它就会支持相反的判断。换句话说，哥德曼关于可靠论的归属性特征为何只是看起来反直觉的论证——我们忘记了强证成和弱证成的区分——不足以确立下述结论：可靠论是对于强证成概念的正确说明。

重复一次，我的论题不仅仅是：哥德曼关于证成的可靠论说明没有一个是可辩护的，而且还是：哥德曼立场的转变与变化非常强地支持了下述结论：可靠论的任何辨明都不是可以辩护的。然而，还有最后一种辩护方式需要加以探究。哥德曼清楚地表明，他提出他的可靠论分析，是为了辨明我们的前理论的证成概念[27]；而我的论证是，这样理解的话，可靠论会是错误的。可能有人会提议，可靠论说明不应该这样理解，而应坦率地承认它并不是对我们的前理论的证成概念的辨明，而是对该概念所提出的一个替代品或一种修正。可是这一提议动机不明。仅当我们有理由相信这个前分析概念多少有些不协调，或者，它与探究的目标并不是恰当相关，这一修正性的提议才会有令人信服的理由。我不相信我们有这样的根据；更确切地说，我认为（尽管事先无法保证结果一定如此），我们日常关于证据、理由、保证等的标准，相当成功地经受住了元认识论的考察，它们并不需要被替换。

二

早在《何为被证成的信念？》中，哥德曼就已经在极力强调认识论同心理学的密切合作关系的长处了。然而，哥德曼称为"认知学"的跨学科方案，却得到了相当温和的描述。例如，哥德曼评论道，心理学家已做出了认识论学家加以运用并从中获益的区分，如关于发生性信念和倾向性信念的区分，心理学家对信念形成过程的诸如力量和速度等特征感兴趣，而认识论学家也可能把他们的注意力转向这些东西并从中获益。听起来这好像是一种无害但并不令人激动的扩张形式的自然主义。这个时候，他最雄心勃勃的建议是，通过告诉我们什么样的认知过程对人类认知者来说是可能的，借助于"应当"蕴涵"能

第七章 反驳可靠论的证据

够"的原则,心理学可以为给探究行为提供规则的认识论方案施加一些约束;这就相当于一种受限制的后验主义的改良型自然主义[28]。

然而,到了《认识论与认知》一书,哥德曼做出了更加惊人的断言。如今我们所设想的关于在哲学分析和经验心理学之间存在的劳动分工,其给哲学分派的任务只是去提供纲领性的说明,例如哥德曼就J-规则的正确性提出的"标准模式";根据他的说法,心理学的任务是提供实质性的证成理论,在基础论和融贯论之间做出裁决,决定是否存在像先验知识这样的东西,如此等等。这是对科学主义的改良型自然主义的公开肯定。[29]

不过,人们注意到,在《认识论与认知》一书的后半部分讨论具体的心理学工作细节时,哥德曼所说的很多话,与他在该书前半部分对科学主义的公开肯定相比,是非常温和的:心理学家已经提炼了信念和记忆的概念,其提炼方式对认识论家可能是有用的;关于人们易于犯某种逻辑或统计错误的情形,心理学家已经发现了一些有意思的东西;认知科学可以发现新的认识论问题,诸如此类。[30]

此外,尽管哥德曼关于证成的分析和他的自然主义风格都在随着时间而发生改变,但它们的改变并不是平行发生的;在下述两个变化之间没有逻辑上的联系,一是从早期关于心理学相关性的相当弱的断言转向后期强得多的断言,一是同时期哥德曼关于证成的说明的改变。而且,值得注意的是,当他决定去掉"在正常世界中"这一限制条件时,没有迹象表明他的自然主义有任何改变。换句话说,我们有理由怀疑,哥德曼没有意识到,或者没有充分意识到:关于心理学在认识论上的角色,他从一个很温和的看法转到了一个很有野心的看法,因而,我们也有理由质疑他后期的科学主义的动机是否具有说服力。

我与之争论的,不是哥德曼较早的扩张主义的和后验主义的自然主义,而是他后来所渴求的一种自然主义,这种自然主义和我的自然主义一样,是改良型的,但与我的不一样的是,它是科学主义的。哥德曼本人为其改良的科学主义给出的理由依赖于他的可靠论;于是,我可以利用的一种策略，就是简单地依赖于先前已经提出的关于可靠论无可辩护的论证。但是，仍然需要格外用心地做一些阐释，不嫌麻烦地去另外论证：即使关于证成的可靠论说明是正确的，哥德曼把实质性的认识论问题交付给心理学去处理的愿望仍是不现实的。所以，我将选择这条更陡峭却有更多回报的道路。

第一步是要去研究：假定在《认识论与认知》的前半部分，也就是哲学部分中提出的关于证成的纲领性说明是可以接受的，哥德曼的下述断言是否是可辩护的，即认知心理学能够提供关于证成的实质性理论。情况似乎会是，哥德曼依靠心理学去提供证成理论的实质内容的做法，回应了本章第一节提出的反对意见，即他在《认识论与认知》中提出的哲学分析实际上根本就构不成一个真正的理论。但情况并非如此。哥德曼说，他对于J-规则系统之正确性的说明只是纲领性的，因为该说明没有明确规定一个可允许的过程所必须达到的最小为真比率；然而，他从来没有在任何地方说过，可以或者应当期待认知心理学去明确规定一个适当的比率。我曾抱怨说，哥德曼的理论之所以缺乏实质性内容，是由于其他更重要的原因：无削弱条件只不过是说"除非主体掌握的证据表明并非如此"；关于J-规则的相互依赖性，没有提出过任何说明，因而关于一个规则系统是可靠的会是怎么回事，也没有提出过任何说明；而且，在正常世界中信念形成的过程是可靠的这一要求，也使得这一说明空洞无物。不过，哥德曼从没有在任何地方说过，可以或者应该期待心理学去堵住任何一个这样的缺口——事实上，无削弱条件、诉诸规则系统以及正常世界的限定都是引人注目的，因为在《认识论与论知》后半部分它们全部消失无踪了。

所以，哥德曼所认为而且我们应当指望心理学去提供的认识论的实质内容是什么呢？我揣测，他心目中的论证一定是这样的：哲学分析告诉我们，一个信念被证成，当且仅当它是凭借一个可靠的过程而达到的；而心理学研究能够告诉我们什么样的过程是可靠的。更具体地说，它可以告诉我们，形成经验信念的可靠过程是否都只将其他信

第七章 反驳可靠论的证据

念作为输入，或者告诉我们是不是有些过程包括非信念的输入，因此，它可以告诉我们，基础论和融贯论哪一个是正确的。[31]（哥德曼在借一个定义进行论证，根据这个定义，只要一个理论认为经验信念的证成需要经验性的输入，它就算作基础论的；从第一章开始就已经很清楚了，这种想法是有缺陷的。但在这里我们没有必要为这个问题耽搁。）心理学研究可以告诉我们，是否存在不要求任何经验输入的绝对可靠的信念形成过程；因此它也能告诉我们，是否存在先验知识[32]。我将把这些统称为"科学主义论证"。

如果这就是哥德曼心中的论证，它就会被《认识论与认知》一书的其他主题所挫败。第一个问题是这样的：根据《认识论与认知》，正确的J-规则应当只允许在正常世界中可靠的过程，而正常世界则被刻画为那些遵从我们的某些一般性信念的世界，然而这些信念并不包括关于什么样的认知过程是可靠的任何信念。在关于现实世界的认知过程的可靠性所做的心理学研究中，没有任何一种说明能告诉我们，什么样的过程在正常世界中会是可靠的。（"在正常世界中"这一限制条件，最后一次被提到是在《认识论与认知》第113页，之后再也没有在该书的后半部分，也就是心理学部分出现过，这一点绝非偶然。）

当然，哥德曼已经抛弃了"正常世界"的限定，而刚才所陈述的反对意见也不适用于关于《强证成和弱证成》中提出的强证成概念的现实世界的可靠论理论。然而，这并没有从根本上解决问题，这是因为，如果第一节的论证是正确的，那么该理论就会受到指称论反对意见的攻击，从《何为被证成的信念？》开始，哥德曼就一直在与这种反对意见进行抗争，但从未取得成功。

无论如何，从《认识论与认知》的另一个并没有被哥德曼否认的主题中还产生了第二个问题。哥德曼区分了首要认识论和次要认识论，前者集中关注个体主体，并关注内在的认知过程，后者关心习得的认识方法，并考虑知识的社会性方面[33]。但是，按照哥德曼的观点，接受关于这些或那些认识过程的可靠性的这种或那种认知科学发现的可证成性，取决于在这个或那个科学研究中所使用的方法的可靠性。假如人们必须在相互竞争的发现，或者在相互竞争的方法论的拥护者们所提供的"发现"之间做出选择的话，这就是一个相当重要的问题。方法的可靠性问题只能由次要认识论来解决。换句话说，科学主义论证违反了哥德曼本人的认识论秩序。

考虑到哥德曼理论的其他方面，所有这一切至多表明：他对科学主义论证的使用是成问题的；但它并没有表明，科学主义论证自身是失败的或其失败源于自身。不过，还有另一个反对意见，它并不依赖科学主义论证与哥德曼理论的其他细节的不相容。请记住，有争议的结论是指，心理学家或认知科学家所做的研究自身可能就足以解决诸如融贯论对感觉-内省论这样的问题，其途径是表明对于经验信念的形成而言，是否存在任何可靠的只需要其他信念作为输入物的过程。确实，心理学研究可以告诉我们，例如，主体的背景信念是否有可能导致他错误地感知，以及在什么境况下会如此。但任何这样的研究肯定都预设了知觉在某些境况下的可靠性（否则心理学家就没有办法去确定什么是错误知觉）。同样确实的是，心理学家有时指望这种或那种试验性结果会支持，例如知觉总是推论性的这样的看法（例如，格里戈利就是以这种方式来解释关于迷图的误知觉的数据的）。但是，什么样的知觉观念是正确的，在判定什么样的知觉观念是正确的问题上什么样的试验性数据最为重要，关于这些问题的论证本身就具有典型的哲学性质。在这里，"心理学的"一词有广义和狭义之分，它们与蒯因著作中"科学"一词的广义和狭义相类似：**心理学**问题[1]是关于人的认知过程、能力和局限的问题，"心理学问题"[2] 是心理学科学范围内的问题。科学主义论证所遗漏的要点是，某些**心理学**问题也是哲学问题。这并不只是表述问题，因为它依赖于科学与哲学具有连续性这一论题。

毫无疑问，对科学主义论证的这种回应将不能打动哥德曼，我认

---

① 广义。
② 狭义。

第七章 反驳可靠论的证据

为,他拒绝接受连续性论题。根据我对他的解读,哥德曼将哲学问题与心理学问题区分开来,并认为在特征上前者是概念性的和评价性的,而后者是经验性的和描述性的,而这就不再允许存在既是哲学的又是**心理学**的问题[34]。在第十章中,我将说更多的话去捍卫连续性论题。至于现在,我将得出结论:按照这个假设,即使可靠论是正确的,科学主义的改良型自然主义还是会失败。

本章首先论证的是,对认知证成概念的可靠论辨明不是可以辩护的,然后论证了,关于认识论与认知科学的关系的狭义的科学主义的改良型说明,也不是可以辩护的——即使可靠论是正确的,它仍然不是可以辩护的。

读者也许会从我对哥德曼的科学主义的批判的语气中推测出,我所怀疑的是,他想要去创建一项新的跨学科事业——在其中,心理学提供稻草,哲学则制砖——的渴望,由于没有非常强有力的动机,部分地可以通过如下的希望得到解释,即认识论或许逐渐在分享繁盛的人工智能和认知心理学领域所享有的一些荣耀和理智上的激动。在《认知学:认知的调节理论》一文临近结尾处,有一些证据证实了我的这种怀疑,在那里,哥德曼异常坦率地说道:"当认识心理学的声望得到复苏并承诺去提升我们关于基础认知过程的理解时,回归[认识论的心理学观念]现在就是特别合时宜的。"[35](我会抵制引入"机会主义的自然主义"这一术语的诱惑,尽管当我读到这一段话时它几乎无法抗拒地就进入了我的脑海!)

如下事实有一种讽刺意味:新近的其他作家,与哥德曼一样,受到了认知科学的声望和所做承诺的蛊惑,他们论证说,并不是说认知科学可以为我们解决那些尚未解决的认识论问题,而是说,它抽掉了认识论问题的合法性的基础。于是,我们接下来的任务就是去证明,与哥德曼的改良的科学主义一样,革命的科学主义路线也是不可辩护的。

注释

[1] 普赖斯：《信念》，第 92 页。

[2] 拉姆塞：《数学基础》，第 199 页。

[3] 莱肯：《认识论与认知》一书的护封文字。

[4] 唐奈兰：《指称和限定摹状词》。

[5] 在第十章第二节，我详细讨论了这一点。

[6] 哥德曼：《何为被证成的信念?》，第 10 页；《认识论与认知》，第 103 页及以后两页。

[7] 哥德曼：《何为被证成的信念?》，第 13-14 页。

[8] 同上书，第 16-18 页。

[9] 同上书，第 18 页。

[10] 同上书，第 20 页。

[11] 同上。

[12] 同上书，第 10 页；参见《认识论与认知》，第 104 页。我也注意到，在《何为被证成的信念?》一文中，哥德曼承认因果地维持信念的状态（以及因果地引发信念的过程）与证成的相关性；随着该论文的展开，这一洞见超出了他的理论的范围。

[13] 哥德曼，《认识论与认知》，第 4 章和第 5 章。

[14] 同上书，第 106 页。

[15] 同上书，第 92 页。

[16] 哥德曼提到了邦居尔的文章《经验知识的外在论理论》；还可参见邦居尔：《经验知识的结构》，第 3 章。

[17] 哥德曼：《认识论与认知》，第 53 页及以后两页。

[18] 同上书，第 63 页。

[19] 同上书，第 111 页及以后两页；我的释义。

[20] 同上书，第 112 页。

[21] 同上书，第 115 页。

[22] 哥德曼：《何为被证成的信念?》，第 16 页。

[23] 哥德曼提到了科恩的文章《证成和真理》；还可参见弗里：

《可靠论错在哪里?》。

[24] 哥德曼:《认识论与认知》,第 107 页。

[25] 同上书,第 108 页。

[26] 同上书,第 109 页。

[27] 哥德曼:《何为被证成的信念?》,第 1 页;《认识论与认知》,第 109 页。

[28] 参见哥德曼:《认知学:认知的调节理论》。

[29] 哥德曼:《认识论与认知》,第 194 页及以后两页。

[30] 同上书,第 182、184、278 页及以后两页,第 305 页及以后两页。

[31] 同上书,第 194 页及以后两页。

[32] 同上书,第 299 页及以后两页。

[33] 同上书,第 1、4-5 页。我将不直接讨论哥德曼的这一区分;但我对于一个虽然相关但不同的区分的论证(第十章第一节)是与此密切相关的,该区分是关于给出证成标准的方案与给出探究行为规则的方案之间的区分。

[34] 无论如何,这就是我从《认识论与认知》的导言中得到的印象,尽管不完全像我所喜欢的那样清晰。

[35] 哥德曼:《认知学:认知的调节理论》,第 523 页。

第八章　被颠覆的革命的科学主义

对于支持信念的切实归因来说，我们……既有可用的科学，又有日常经验性的证据……没有谁会严肃地（而不是从哲学角度）怀疑这一点……

——福多：《表征》[1]

本章的目标是捍卫我所认可的那些认识论方案的合法性，并反驳革命的科学主义的自然主义者斯蒂奇和丘奇兰德夫妇提出的论证及其夸张言辞，他们断言，认知科学领域的发展表明这些方案是被错误地构想出来的。

这些革命论者指出，认识论一直以来主要关注与支持信念的证据的评价、信念的证成以及信念的形成过程有关的问题。但是他们宣称，认知科学领域的进展现在表明，有可能根本不存在诸如信念这样的东西。如果情况是这样的话，正如斯蒂奇所说，"我们应当持有什么信念"这个问题就像"我们应当乞求什么神的宽恕"这个问题一样，是被错误地构想出来的，是一种迷信[2]。

在这里，我们将要特别关注这个"无信念论题"对于认识论所造成的后果。但是可以肯定，如果这个无信念论题成立，它也会威胁到其他学科和实践的合法性：假如根本就没有信念的话，那么，历史学的、经济学的以及社会学的解释，大量的（即使不是所有的）文学叙事，还有绝大部分法律的建制，都将不得不像认识论那样被视为仅仅是一种迷信。

一些认识论家，尤其是那些波普尔的信徒，或许会倾向于驳斥这一假设：认识论的合法性依赖于信念的真诚性。但这种做法不会被我采纳，我必须直接去对付革命主义者的论证。

然而，我要预先指明的是，斯蒂奇和保罗·丘奇兰德对他们究竟在论证什么显得有些犹豫。有时候人们得到这样一种印象：他们承诺了很是成熟的无信念论题，即根本就不存在任何信念；更为通常的情况下，他们只是推进到试探性的论题——也许不存在任何信念；有时候他们会短暂停留在这个论题：不存在任何信念是可能的。斯蒂奇曾在一个地方写道：信念概念"不应当在旨在解释人类认知和行为的科学中扮演任何重要的角色"，并且，"撇开表征不谈……（它）并没有在由当代认知科学所提出的那些最优的……理论中扮演角色"——可是只过了几页他又写道：告知是否存在信念"还为时尚早"，几行过后他又写道：不存在信念"不只是一种纯粹逻辑上的可能"[3]。人们相信什么东西，这是一种经验性论断。重要的议题是，是否为下述看法提出了任何好的理由，即这个被公认为偶然的论题实际上是假的。

我要预先指明的第二点是，重要的议题在于：是否已经为至少是试探性的无信念论题提出了任何好的理由；因为斯蒂奇及丘奇兰德夫妇有时更多依赖的是夸张的言辞而不是论证——实际上，是依赖于认知科学的显赫地位和理智上的刺激所产生的诱人效应。因此，本章第一节不得不致力于把革命主义者的夸张言辞与他们的理由区隔开来。

除去夸张言辞后，所提供的东西，一方面是这样的证据：据声称，它们表明，无须假定信念、意愿等，认知科学就可以就行动提供解释；另一方面是理论性的论证：据称，它们表明这不是偶然的，因为意向状态在本体论上的真诚性顶多是不确定的。

本章第二节将着眼于表明：那些声称在无须假定信念等等的条件也能提供对于行动的解释的科学性研究，或者（a）提供了关于行动的解释，但与所声称的相反，的确假定了信念，或者（b）虽然并没有假定信念，但与所声称的相反，并没有提供关于行动的解释。斯蒂奇诉诸认知心理学和计算性人工智能的研究成果，趋向于归入第一种情况，而丘奇兰德诉诸神经生理学和联结论人工智能的研究，则趋向于归入第二种情况。

第三节所关心的，是去处理反信念的"理论性"论证。完成这项任务，部分可以通过挑起丘奇兰德和斯蒂奇相互之间的争端而实现。丘奇兰德坚持认为信念是虚构的，因为它们不能"顺利地归约为"神经生理状态；而斯蒂奇坚持认为信念是虚构的理由是，信念的内容以及它们对世界上的事物和事件的诉诸违背了心理学解释所应遵从的"自主性原则"。但斯蒂奇意识到，丘奇兰德对顺利归约的要求太过分了，而丘奇兰德则至少含蓄地承认，有机体/环境关系可以在科学中扮演一种合法的角色。不过，想要更进一步的话，就要求有一个大意如下的论证：这两个理论性的论证都依赖于对下述一点的误解，即对于人类具备采取意向行动和探究的能力（这种能力被认定为自然即物理世界的一部分）来说，什么东西是必需的；这还促成了更进一步的想法，即丘奇兰德和斯蒂奇关于不存在任何信念的论题，归根结底依赖于对何谓信念的误解。

这一切顶多可以确定：革命主义者的论证失败了，那个试探性的无信念论题甚至是未经证明的。然而，在第四节，我将指出，无信念论题遗弃了革命主义者，因为他们没有对断言给出合理的说明；而在缺少这样一种说明的情况下，他们的论证就不仅仅是非结论性的，而且是自毁的。

一

就我所知，帕特里夏·丘奇兰德的革命性论文《神经科学时代的

第八章 被颠覆的革命的科学主义

认识论》当中并不包含任何如下这样的论证：我们所熟知的认识论方案是不合法的或是错误地构想出来的；但是，它的夸张言辞是引人注目的。这篇文章所要传达的中心思想是：认识论已经过时了，它正逐步为神经科学的发展所取代。她以如下措辞宣布道："我们正处于范式转换的中心地带"。库恩这个词的重要性很快就变得明显起来了：丘奇兰德承认，旧有的认识论范式并"没有被决定性地反驳掉"，这一让步是精心设计的，意在未经论证地传达如下印象：即便旧的范式未被决定性地反驳掉，它至少也面临着严重威胁其合法性的反常；与此同时，在库恩式的图景中，范式转换被认为更多的是一个皈依问题，而不是理性论证或证据权重的问题，这一事实以隐蔽的形式起着作用，它使得她未能就"旧有范式为什么是被错误构想出来的？"这一问题给出任何论证这一点，看上去好像是合理的了。我们不得不去怀疑，丘奇兰德正在着力推动我们皈依这种新的神经科学范式，而理由仅仅在于它是一种新生事物。（机会主义的自然主义，确实如此！）但是，她坚决主张的通过廉价计算而革命化了的认识论，其暗淡前景不应被允许去掩盖下述事实，即她没有为假定革命是必要的提出任何理由。[4]

斯蒂奇的书——《从民间心理学到认知科学》，从标题上看，就是一部充满寓意的小型杰作。"民间心理学"听起来就好像必定是粗糙的、原始的和过时的，而"认知科学"则因得益于其具有"认知的"和"科学"这样两个涵义，从而听起来好像必定是精细的、严格的和时髦的。

这种夸张措辞设法使其自身巧妙地潜入斯蒂奇反对"民间心理学"的第一个论证中。斯蒂奇极力主张，"无论民间理论化和思辨是多么精彩和富于想象力，在我们现在已拥有相当精致的科学的每一个领域中，它都被证明是极其错误的"[5]。这不仅仅是（如他所"承认"的）一个相当弱的归纳，也就是一个好的但却只赋予其结论极低概率的论证；这是一个坏的论证，它对其结论没有提供任何支持。其致命的缺陷在于，斯蒂奇对"民间"（folk）一词的用法的不确定性。尽管几乎不符合语言惯例,但斯蒂奇若无其事地谈论"民间天文学""民间物理学"等,却给人造成这样的印象:任何旧有但现在已失去权威的观念体系都应当被视为民间理论。一方面,如果把形容词"民间的"应用于一个理论或是观念体系,依据是它曾经被非专业大众广泛接受,但现在却失去权威,那么,无论如何都没有为下述假定提出任何理由:人的行动可以通过诉诸其信念和意愿而得到解释这一观念是一个民间的理论,这里的归纳并没有顺利展开。另一方面,如果把形容词"民间的"中性地加以使用,简单地指称那些已被非专业大众长期接受的观念或理论,那么,也没有为下述假定提出任何理由,即民间理论总会始终如一地被证明为假,其中的归纳又一次没有得到顺利开展。当然,斯蒂奇的提法是指,民间心理学与认知科学的关系,类似于比如说,古代占星术与现代天文学的关系,但他的论证却毫无迹象要去确证这一点。

保罗·丘奇兰德评论说,民间心理学用于解释行动的信念－意愿模型是经验性的;接着又说,由于内省的可错性,在性质上必须把这种模型看作理论性的;因此,它是同一个领域其他科学的理论的竞争者;并且,与这些科学的理论相比,它被看作一个退化的研究纲领,应该予以抛弃[6]。

但是,从内省的可错性推不出诸如信念和意愿这样的心智状态是理论实体,正如从知觉的可错性推不出向石头和家具这样的物质对象是理论实体一样。而且,从"人们拥有信念和意愿"这个命题具有综合的和经验的特性,也推不出它是一个科学性命题,而不是一个哲学性命题——这一点是丘奇兰德蓄意遗漏掉,尽管他表面上接受了哲学与科学相连续的论题[7]。得出这个结论的实质性工作是由美妙的夸张言辞以及巧妙使用了"理论"一词而引发的。丘奇兰德巧妙利用了如下这个事实,即在日常生活中,"理论"经常具有"仅仅是假设的,而不是已知的事实"这样的言外之意。当他从"并非被内省无误地得知"转到"理论"再转到"研究纲领"时,这些用词上的手法几乎蒙蔽了心灵的眼睛;而当他将信念－意愿的模型升格为"研究纲领",

第八章 被颠覆的革命的科学主义

又立即通过"退化的"这一指责来贬低它。在我看来，这就好像是把关于石头、家具等等的假定称为一个"退化的研究纲领"，其理由是：第一，这种假定很多个世纪以来都得到了认可而没有进行重大的修正；第二，相对于现代物理学的本体论而言，它是简单的、粗线条的、区分不当的。的确，丘奇兰德也提出了如下评论：民间心理学的解释是"孤立的"，但这一论断取决于其对这种解释独立于物理学、神经科学等这一点的强调，而却忽略了这种解释深深植根于经济学、社会学、历史学、犯罪学等之中这一情况。除去那些夸张言辞的鼓噪之外，丘奇兰德的论证并没有比斯蒂奇的论证走得更远。

基于上述，我将把这些用于表示对"民间心理学"的不信任的或多或少显得夸张的伎俩撇在一边，转而考察所提出的具体证据。

二

从表面上看，如果被告知认知科学给信念的真诚性造成了威胁，这会让人感到吃惊。与基本上已经被它取代了的行为主义方法相比，认知心理学的一个突出特征终究还是指，它毫无顾忌地假定了内在的心智机制、状态和过程。实际上，斯蒂奇并没有断定这一点，即认知科学里的所有或绝大部分或者大量的研究都不欢迎信念，而且这一点也不是实际情况。但他却声称，有些研究可以表明：根本就不存在任何信念，这是极为可能的。尽管他所提供的证据想必会是他能够为其论题找到的最好证据了，但它根本就不能令人信服。

斯蒂奇首先求助于尼斯贝特和威尔森关于所谓的"归因"现象的研究。[8]如斯蒂奇所报道的，归因理论的中心思想是：人们有时候通过诉诸相当粗糙的理论来解释自己的行为，而这种原因归属本身具有行为上的效应；这一领域的典型实验导致一个主体对他自己的某种行为的原因做出了错误的推断，因而使其表现得就好像那个错误的推断是正确的一样。斯蒂奇讨论了这样一个实验，即给两组失眠症患者发放了镇静药丸，一组被告知药丸会导致心率加快、呼吸不均匀等，也就是说，会导致失眠症的那些症状，另一组则被告知药丸会导致呼吸均匀、心率减慢等。归因理论预测，第一组受试对象在较短时间内就会入睡，因为他们会将产生的任何症状都归因于他们服食了药丸，而第二组则会花较多的时间才能入睡，因为他们会推断，尽管他们服食了会令他们放松的药丸，但既然他们所患的那些症状依然存在，他们的思绪必定是受到了特别的干扰。据报道，这两个预测都得到了证实。然而，当质询那些患者，他们认为是什么因素造成他们花较多或较少时间入睡时，尼斯贝特和威尔森却发现，没有人提出归因理论所设想的东西作为正确的解释；受试对象们的典型的回答是，他们发现每周的后几天更容易入睡！为了解释受试对象对其心智过程给出的言语说明与对他们的答复假定为真的解释之间的差异，威尔森提出了一个模型，按照他的描述，这个模型假定了两个相对独立的认知系统：其中一个主要负责无意识地调节非言语行为，而另一个则主要是有意识地解释在该无意识系统中所发生的事情，并将其用言语表现出来。

斯蒂奇声称，既然信念应在言语行为和非言语行为的解释中发挥作用，那么，威尔森的两个系统便都不能被视为关于信念的系统。但这一解释却另有所图。如果关于上述患者所用的入睡时间的真实解释就像归因理论所说的那样，那么，在真实解释和患者本人所提供的解释之间就存在差异。但关于这种差异的显然解释是：人们对自己的心智状态的意识是不完美的，容易受到自己的期待和偏见的影响，正如我们都知道的，人们的知觉判断就受到它们的影响，但这样一个解释没有对信念造成任何威胁。

下面是尼斯贝特和威尔森自己提出的解释："如下这样的证据要重新加以考查，它表明可能很少有或根本就没有通达高级认知过程的直接的内省途径"。威尔森随后发表的文章提出了一个"两系统"的模型，该文也明确地关注了内省的局限。威尔森的"第二个系统"，也就是那个"调节言语报道和解释"的系统，最后被特别地证明就是那些人们由以得出关于他们自己的心智状态和过程的报道的机制，而

第八章 被颠覆的革命的科学主义

不是像斯蒂奇所提议的那样，是一个对无论什么样的言语行为负责的系统。斯蒂奇提出，威尔森假定了不存在诸如信念之类的事物，任何对此看法的性质的怀疑，最终肯定会被威尔森本人对两系统模型的如下描述所消除："……一个模型会被提出来，以便去解释关于心智状态的信念的起源"[9]，或者，的确会被其文章的副标题所消除："关于人们自身心智状态的信念的起源和精确性"。

这样倒也不错。因为根据斯蒂奇的解释，威尔森的观点会是自我挫败的。要求加以说明的差异，存在于患者自己对他们所用入睡时间的解释和假定为真的解释之间。假定为真的解释本身提到了患者的信念：失眠的患者会用较少的时间入睡，因为他们相信他们的失眠症状是由药丸导致的；而精神放松的患者之所以要花较长的时间才能入睡，是因为他们相信他们的思绪必定受到了特别的干扰。

保罗·丘奇兰德也提到了尼斯贝特和威尔森的这项研究，但正确地将其解释为表明了内省的可错性[10]。可是他的论证进而从内省的可错性推进到了信念-意愿说明的理论地位，接着又论证说，民间心理学是一个错误的理论，它的本体论纯粹是虚构出来的。由此看来，他也误用了尼斯贝特和威尔森的研究，用它去支持一个与该项研究所预设的东西明显冲突的结论。

斯蒂奇所诉诸的另一项研究是人工智能领域中的，在那里，一些人以前曾力图通过处理句子或子句的单元，将人类的各种认知过程模型化，但最近（在斯蒂奇的书出版的时候）他们已经开始远离这种方法了。按照斯蒂奇的描述，这样一种转变表明以下假设是错误的，即认知的过程是"模块化的"。按照斯蒂奇的定义，一个系统是模块化的，意味着"到了这样的程度：存在该系统的或多或少可以分离的部分，它们在导致说出一个句子的典型的因果历程中发挥了（或者会发挥）主要的作用"[11]。尽管当我们假定"人们具有信念"或者为真或者为假时，这一描述使得模块化成为一个程度问题，尽管当信念被假定在对非言语行为的解释中也发挥作用时，它只是根据言语行为来定义模块化，斯蒂奇还是认为，模块化的失败将表明，根本不存在像信

证据与探究

念之类的东西。但是，在这种抽象的层次上来探讨该论证的缺陷是没有意义的，因为只要仔细考察一下斯蒂奇所依赖的研究成果——明斯基的两篇论文和温诺格拉德的一些简要的评论，我们就会非常清楚地看到，其中没有任何倾向去表明信念是虚构的。

斯蒂奇参考了明斯基的"框架"论文以及他的"K线"文章，他将前者描述为是在竭力主张去改变那些把知识表征为句子成分的汇集的模型，而后者却以一种戏剧性的方式背弃了模块化。我将只讨论"框架"论文；这是因为，尽管实际情况是，"K线"那篇文章用"巨大的结构网"取代了句子的模型，但它只是作为有关未成年人的记忆的模型而提出来的，并且提出了明确的警告，即可以预期成年人的记忆是与此迥乎不同的[12]。

对于框架应该是什么样子的，明斯基只提出了一个非常不精确的概述。（当被告知它们类似库恩的范式时，我难道是唯一一个心一沉的读者吗？）框架被描述为"表示一种模式固定的情境的数据结构，这样的情景如身处特定类型的起居室，或者去参加小孩的生日聚会"，并且还被描述为"赋予"了它们数种信息，例如关于"如何使用这个框架"或者"人们可以期待随后会发生什么"的信息。然而，有一点是显然的，那就是明斯基想要使他的模型与其所谓"逻辑斯蒂"的模型，即基于形式的演绎逻辑的模型不一样，他对逻辑斯蒂模型的主要异议是，它们缺乏程序性要素；它们明确规定了语句串和允许的推理规则，但关于什么时候该运用什么样的规则，或者如何让那些独立的信息相互关联起来，它却没有给出任何指导意见。[13]框架应该是更可取的，因为它们把那些信息关联起来了。所以，这些构成成分不再是孤立的了，因为它们会被连接起来。但这些成分又是可孤立的，因为框架中有可以识别的组成部分，而它们可以被合理地理解为信念；例如，"小孩生日聚会"的框架就可以合理地理解为除其他方面以外，由下列信念组成：应该穿着聚会用的服装，客人们应该带来礼物，如此等等。这一点几乎没有威胁到信念的合法性。

最初，温诺格拉德似乎更赞成"断言性"模型而不是"程序性"

第八章　被颠覆的革命的科学主义

模型，但是后来，他逐渐领会到了后者的长处。这里的"断言性"大致相当于明斯基的"逻辑斯蒂"，而且，有一点已经很清楚了，对这种方法不满意不一定会对信念的真诚性造成威胁。不过，温诺格拉德也提出了几个例子，是他在以赞赏的口吻提到马图拉纳的评论时引入的，即"一个观察者可以根据表征来描述的许多现象"，实际上可以理解为"一个有确定结构的系统的活动，而该系统并没有任何相应于表征的机制"[14]。温诺格拉德的这些例子未能同斯蒂奇的模块化定义形成吻合，因为它们与"导致说出某个句子的因果历程"无关。但它们的确与斯蒂奇的论题相关，因为它们是这样的情形，在其中，看起来像是以目标为导向的行为据说最后证明，原来无须假定任何像目标或意愿这样的东西便可以给出解释。斯蒂奇似乎是在恳请人们得出这一结论：看上去像是以目标为导向的行为的所有东西都是可以如此进行解释的。

温诺格拉德的第一个例子是一种非常直接的情形，其中，初看上去可能是以目标为导向的行为，却可以被合理地描述为完全是自反的。想象一个吃奶的婴儿有一个相关体位的"表征"也许会具有某种诱惑力，但是他提议，一个更好的解释是，为了回应在其脸蛋上触摸他会有转头的反应，而当某物接触到嘴巴时他就会有去吮吸的反应，这样一个解释无须将信念或意愿归因于婴儿[15]。没有任何理由去驳斥温诺格拉德对这个情形的描述；但也没有任何理由去假定，这种情形本身也没有什么办法可以表明，成人的活动——例如我走到冰箱去取一杯牛奶的活动——并非在有些时候是以目标为导向的。这个婴儿的回应就会跟反射一样，是简单的和不可变更的，而并不是像我们认为以目标为导向的行为所特有的方式那样，对环境有着灵敏的反应；无论什么东西触到他的脸蛋，无论什么东西接触他的嘴巴，这个婴儿都会以同样的方式做出反应[16]。

但看起来斯蒂奇的观点必定恰好就是，成人的行动，或者准确地说，"行动"①，原本可能会比我们所意识到的更像婴儿的反应。（毫

---

① 复数。

无疑问,这就是为什么他会诉诸明斯基的"K线"论文的原因,即便那篇文章仅仅关注了婴儿的记忆。但这显然是犯了丐题①的错误。)保罗·丘奇兰德明确提出了隐含在斯蒂奇论证性策略中的主张:他说,可以看出来,婴儿的活动与儿童和成人的活动是相连续的;由此,民间心理学由于将信念和意愿归于儿童和成人而不是婴儿,于是便在没有实质差异的地方做出了区分[17]。

根据上述,显然,斯蒂奇正在使用温诺格拉德的其他例子提出如下看法:被我们视为真正的意向行动的那些东西,其所特有的对环境的应变性和反应灵敏性,即便不借助信念或意愿,也是可以得到解释的。温诺格拉德写道,人们或许想要谈起计算机的程序,说它的目标是将处在等候长列中的工作的数目进行最小化;但它的记忆当中却不可能具有目标结构,更可能的情况是,"在编码中可能有数十乃至数百个位置,在那里采取了明确的行动,而这些行动的最终效应也正在得到描绘"[18]。可以推测,这里暗含的意思是这样的:正如在第一种情形下婴儿具有相关体位的表征是错误的,在这里,计算机具有将工作序列进行最小化的目标也是错误的。而斯蒂奇却要我们得出如下更进一步的结论:成年人的行为,或者"行为",就像婴儿的反应和计算机的进行序列最小化的模型一样,在无须借助行动者的信念或意愿的情况下,也是可以得到解释的。

考虑一下,对于我们会毫不犹豫地将如下描述应用到其身上的一个能动主体来说,什么是必不可少的:他想要将工作序列最小化。总的来说,他打算以减少工作序列的方式去行动;对于那些妨碍他将工作序列最小化的事件,他会给予愤懑的反应。当他错过一次将工作序列最小化的机会时,他会表现出遗憾;当被问到他在力图做些什么的时候,他会回答说,想要把工作序列最小化。现在,让我们设想一台模仿了这一切行为的计算机(如果操作员恰好在计算机处理序列中最后一项工作时输入了一项新工作,那么屏幕上就会显示出**该死!**",

---

① 又称"窃取论题",指用结论本身或者近似于结论的命题作为论据去论证结论,这样的论证的前提依赖于结论,甚至等同于结论,论证毫无进展。

第八章 被颠覆的革命的科学主义

而一只机械手就会击打操作员的鼻子；为了回应指令"**列出程序优先序**"，屏幕就会读出"1 将工作序列最小化，2……"；等等），我想要说，这台计算机确实"具有将工作序列最小化的目标"；我觉得需要加上用于提醒的引号，但我觉得有此需要，是在对计算机使用某种心智谓词的时候。反过来，现在让我们想象一台温诺格拉德的评论所勾勒的计算机：它的程序优先序中并不包括"**将工作序列最小化**"，而是一串更加具体的描述，例如"**将工作处理时间最小化**""**删除用词不当的工作说明**""**取消第 27 个及后面的工作条目**"，或者其他类似的东西。对于其行为与此类似的一个能动主体，我们会有何评说呢？——可能会说，他没有将工作序列最小化的目标，但是，将该序列最小化是他的确打算去做的那些事情的没有期待或者没有预见到的后果。因此，温诺格拉德的第二个例子，根本没有想去说明人类主体没有信念或意愿，第一个例子也是如此，除非人们假定成年人的行为和婴儿的反射性反应是类似的。

但是，假定所有的成年人的行为和这些反应类似，都是"有确定结构"的，是极为牵强的。毕竟，在一个重要的方面，婴儿就与儿童及成人不同：他们不能说话。由于儿童是逐渐学会说话的，因而在某种意义上是有连续性的；但我们将信念归于一个小孩的愿望，是与这个小孩逐渐习得语言相对应的。

这种情况促使我成为一个笛卡尔式的自然主义者吗？既是，也不是。说是，是因为在我看来，人类的语言能力构成了对我们的认知能力的一个极端重要的促进——没有它，我们所熟知的那些认识论方案确实就不会有任何地位。（不过，我还会追随霍布斯加上一句：这种语言能力使得人们能够从事理性推理，这与野兽是不同的；同时能够使人们"用另一个谎言来复制一个谎言"，这一点也与野兽不同。）[19] 说不是，是因为我并不因此就否认在人类和其他动物之间存在连续性，或者否认这些连续性在认识论上的重要意义。

不过，可以肯定，与保罗·丘奇兰德相比，我更像是一个笛卡尔式的自然主义者，因为他认为，"当我们考虑这个星球上积极进行认知的多种生物——海蛞蝓、章鱼、蝙蝠、海豚和人",并考虑"它们的大脑或中枢神经节所进行的无休止的重组"时,我们首先必须承认:真理不是这种认知活动的首要目标,然后得出结论说:真理或许应该不再是科学的首要目标,谈论真理可能会变得毫无意义。[20]

丘奇兰德写道,"神经科学不大可能是去找出'脑袋里面的句子',或者任何别的与个体信念和意愿的结构相应的东西",而"根据这一点",他说,他"愿意推断,民间心理学是错误的,它的本体论也是不真实的。信念和意愿与燃素、热质、炼丹术有某种类似",而"我们因此需要一种全新的运动学和动力学,用它们去理解人类的认知活动"。丘奇兰德继续说道,尽管十年前他就愿意得出这个结论,但他还不能清晰地构想出用来系统取代民间心理学的东西可能会是什么样子;但现在可以得到一种取代物了:

> 大脑的微观结构及联结论人工智能近期取得的成功都表明,我们主要的表征形式是高维度的活化矢量,而我们主要的计算形式是矢量到矢量的转换,后者受到由具有不同权重的神经突触组成的矩阵的影响。因此,要想取代命题态度和从一个到另一个的推理,我们可以把人构想为矢量态度的处所以及从一个矢量到另一个矢量的各种非线性转换。[21]

但是,丘奇兰德所提到的联结论人工智能的成功究竟解释了何种现象呢?并不是关于通常被视为以目标为导向的行动的情形(例如:我通过查阅食谱来做饭,按电话号码本打电话给杂货店,查阅地图以找到出售咖喱叶的商店……);而是,一方面是像识别元音发音"$\bar{a}$"这样的前命题认知能力,另一方面是驾驶汽车的技能以及像抓球这样的平衡技巧[22]。没有理由否认存在着重要的前命题认知能力,这样说的意思是:它们既是生物拥有命题知识的必要条件,又可以为成年人、婴儿、高等动物所共有,而且也许会以原始的形态为海蛞蝓和蚯蚓所共有。没有任何理由否认:有很多事情人们能做,但又不能说清楚该怎样去做——例如,骑自行车或者识别一张脸。丘奇兰德提及的研究大大提高了我们对前命题认知过程以及对驾驶汽车的技能的理

第八章 被颠覆的革命的科学主义

解。但很明显,并不能因为成功地模拟了,比方说,说话者识别元音发音"a"的能力,或者成功地培训一台计算机区分出岩石和海底矿石,便认为联结论神经科学倾向于提出如下思想:根本就不存在信念,或者评判证据只不过是迷信,或者真理不是探究的目标。

丘奇兰德不适当地从海蛞蝓神经节的非命题性运行机制跳跃到了他关于探究目标的庸俗实用主义,尽管对此做出过激的反应是有诱惑力的,但我还是承认:对于认识论家来说,比较理想的做法是,与他们通常所做的相比,更多地去关注前命题过程、如何去做以及隐含的知识(我之所以说"与他们通常所做的相比",是因为认识到了波兰尼在这些问题上所做的重要贡献[23]——然而,丘奇兰德却没有一处提及它们)。但是,得出如下结论并不是过激的反应:丘奇兰德所诉诸的工作甚至都没有对试探性的无信念论题提供任何支持。

我一直没能发现证据,表明联结论神经科学中的任何新近的研究为这一论题提供了支持。在出版于 1992 年的《迟钝的心灵:新认知神经科学》中,考斯林和寇尼希报道了关于作为知觉、记忆、言语生成、写作、运动控制等等的基础的大脑结构的理解所获得的发展。由于在索引列中的"行动编程子系统"名下有好几个条目,而在"信念"或"意愿"名下却没有条目,人们可能会得到这样的印象:丘奇兰德可能还是对的——直到人们注意到"行动的指导"名下的索引扼要地告诉读者"参见运动一章"。标题为"运动"的第七章报道了我们关于控制肌肉并协调它们相对于被知觉对象的活动的大脑结构所知的内容。尽管他们有时会互换使用"行动"和"运动",但考斯林和寇尼希还是把握了哲学家们在两者之间所做的区分。最后一章的标题是"灰色物质",探讨了那些有关心灵运行机制的问题,而关于心灵的运行机制,认知神经科学目前还没有多少东西可以提供,其中提到的第一个问题是"大脑中做出决定的终极源头"。"一定有一个决断子系统",考斯林和寇尼希评论道,但目前神经科学还不能告诉我们很多关于它的东西。在同一章中他们又评论说,联结论神经科学也不能告诉我们太多有关推理的东西。他们通过选择一个目标和设计达成该

_203

目标的一种方法提出了理解大脑的"决断子系统"的问题[24]。我看不出这怎么能被解释成对信念的真诚性的敌视。

三

我一直在声称支持无信念论题的科学研究成果的细节上劳神费力,目的是要无误地澄清这一点:该论题真正依赖的不是科学,而是心灵哲学中的偏见。重要的是不要受下述幻觉的蛊惑,即这些偏见也具有科学的权威性。

我认为,人们具有信念、目标、希望、恐惧等,而能动主体的命题态度有助于对其行动做出解释。我不认为存在灵魂性的质料,也就是非物质实体;我也不明白,假定有此种实体怎么就能使人们更容易理解,人的信念和意愿是如何就其行动做出解释的。人是物质环境中的物质有机体,是能够进行思维、能够做意向性行动、能够进行探究的物质机体。不过,和丘奇兰德不一样,我并不认为下面这一点可能成立,即只有当意向状态可以"顺利地归约为"神经生理学状态之时,人才是能够进行思维、能够做意向性活动、能够进行探究的物质机体,我也不像斯蒂奇那样,认为只有当意向状态能够等同于大脑的"自动可描述的"状态之时,人才是能够进行思维、能够做意向性活动、能够进行探究的物质机体。

尽管丘奇兰德和斯蒂奇两人都认为,用以反驳意向状态本体论的好的原则性论证是存在的,但他们心目中的论证却大不相同。与其像福多那样[25]称他们为意向状态的"反实在论者",我宁愿称他们为"无神论者";因为这能够让我们通过与"天主教无神论者"和"新教无神论者"之关系的类比,将丘奇兰德归为温和归约论的无神论者,将斯蒂奇归为功能论的无神论者——并且,将那些坚信信念存在的人归类为"信仰者"(believer)。(将前一节提到的那些差异接纳进来是可能的,办法是将这一区分扩充为"温和还原论的联结主义无神论"

第八章 被颠覆的革命的科学主义

和"功能论的计算主义无神论"的对立,但这样做即便对我来说也是太难以承受的。)

正如他的一篇文章的标题《取消式唯物论和命题态度》所表明的,丘奇兰德是一名最具侵略性的哲学唯物论者:从这一前提,即神经科学不大可能通过把意向状态和规律"温和地归约"为神经生理状态和规律的方法找出"头脑中的句子",他希望推断出"意向状态是不存在的"这个结论。恰当的反应应该是承认发生如此温和的归约是不可能的,但同时拒绝得出无神论的结论;丘奇兰德对意向状态本体论的真诚性的要求真的是太高了。

这也是对功能论者的反应,在功能论者看来,尽管每个信念 p、意愿 q 等都有某种物理上的实现,但不同的信念 p、意愿 q 等,却可能具有不同的物理实现,因为意向状态将按照其功能被个体化和进行归类,以至于许多不同的物理事实可能对应于同一种功能上的解释。

在某种程度上看,斯蒂奇是同意这种说法的。他为此写道,"我们当中那些严肃对待具体科学的人已经逐渐开始期待,在那些科学中所用的分类模式将会阻断物理学所提出的分类路径"[26]。但是,尽管像福多这样的功能论信仰者将这一点视为调和意向心理学和物理主义的一种方式,斯蒂奇却坚持认为,心理学所假定的、依据功能进行个体化的状态不可能是意向性的;因此,他是一个功能论无神论者。

尽管不像丘奇兰德的取消式唯物论那样简洁明快,对于斯蒂奇的原则性论证,我们可以用他的一章的标题"心灵的句法理论"来加以概括。之所以称之为句法理论,是为了与福多的"表征"理论相对照;斯蒂奇论证的切入点是他在福多的观点中所观察到的一种冲突,即在福多看来,一方面,意向状态本质上是有内容的,但另一方面,只有它们的那些形式上的、可计算的性质才能够与行动的起因相关。斯蒂奇坚定地认为,恰当的结论(尽管福多肯定不会得出它)是:意向状态,就其具有意向的、有内容的这些性质而言,是不会发挥任何因果性作用的。

为什么斯蒂奇会认为意向状态的内容是因果不相干的呢?他主要

证据与探究

依据的是其"自主原理":心理学家所应关注的状态和过程是那些发生在有机体当下的、内部的、物理状态之后的状态[27]。所以,按照斯蒂奇,心理学不应关注人的心智状态的内容,因为这会迫使心理学陷入与主体的信念等所关涉的事物和事件的关系当中去。为了支持自主原理,斯蒂奇提出了一种"替代论证":两个物质上等同的主体("分子复制品")在行为上会是完全相同的,因此,既然心理学是旨在就行为做出解释的科学,任何不为分子复制品共有的状态或性质都必定与心理学不相干。

然而,斯蒂奇立刻承认了这个论证"明显是行不通的"。因为如果我们允许对行为进行通常那样的描述,那么,认为"分子复制品在行为上会完全相同"恰恰就是假的。例如,斯蒂奇可以卖掉他的(斯蒂奇的)旧汽车,但他的复制品却不能。因此,斯蒂奇提议对该论证进行修正,办法之一是承认分子复制品不能满足所有相同的行为描述,办法之二是退回到下述前提,即分子复制品会满足所有相同的自主的行为描述[28]。

但就此修正来看,即使斯蒂奇已经成功地使其前提为真,他也肯定把自己的论证弄成无效的了。从"心理学是对行为进行解释的"和"分子复制品会以相同的可自主描述的方式去表现自己的行为",显然不能推出只有那些为分子复制物共有的状态才与心理学相关。如果斯蒂奇认为可以推出的话,那一定是因为他想当然地认为,只要求心理学去解释那些可自主描述的行为是适当的;但无疑,这一点正是争论的焦点。

由此看来,斯蒂奇的自主原理是未被证明的。为了看清楚它还是不真实的,只需要再仔细看一下斯蒂奇提供的例子。斯蒂奇写道,假定他被绑架了,而他的复制品"被送到了这个世界来替代我"。你给了复制品1 000美元来购买那辆旧汽车,而他"以我会表现出的同样真诚愉快的神情同意了这桩买卖……就像我会做的那样签署了所有恰当的协议……他的签名就连笔迹专家都分辨不出"。不过,"我的复制品没有卖给你那辆老爷车"[29]。但是,因为同样的原因,斯蒂奇的分

第八章 被颠覆的革命的科学主义

子复制品也不可能去卖那辆车,也不可能会同意那桩买卖或在相关协议上签字。他可以对那个潜在的买家说:"成交!"并在文件上写下"斯蒂芬·斯蒂奇"这个名字,但他所做的只是假装同意这笔交易和伪造斯蒂奇的签名。有两种意义的"非自主描述"在起作用:(a)根据某主体成为那个特定的人这一点而适用于他的描述,(b)根据某主体与他所在环境中的事物和事件的关系而适用于他的描述。为了支持他的"心灵的句法理论",斯蒂奇需要确证的是:人们不应当期待心理学去解释那些更宽泛意义的非自主描述,也就是(b)所指的那种描述之下的行为;他的例子至多表明:心理学不应该被期待去解释那些更狭窄意义的非自主描述,也就是(a)所指的那种描述之下的行为。(而这可能只是如下假定的一个个例:科学性的解释在特征上应该具有一般性,而不应被限定在特殊的个体事物或个体人身上。)当人们注意到,即便"对可能的买家说'成交!'"以及"在协议上写下'斯蒂芬·斯蒂奇'",都是较宽泛意义上的非自主描述时,人们也会认识到,斯蒂奇的原理是完全不合理的。

我们的行动是与我们所处环境中的事物、人等之间的相互作用;信念中提及这样的事物、人等,远远没有使得它们不适于在对行动的解释中发挥作用,相反,这是它们发挥这样的作用所必备的条件。如果它不是关于这个湖上的冰的信念,那么,这里的冰厚得足以承载我的体重这一信念如何可能有助于解释我开始横穿湖面的行动呢?

上一段表明了,尽管我否决了斯蒂奇的功能主义无神论,但我也并没有决定要与福多的功能主义共命运(抱歉,我无法抗拒!),或者这是因为,我在一个信念是关于什么的这一问题所坚持的解释上的相干性,就像与斯蒂奇的自主原理的关系一样,与福多的"方法论的唯我论"也很不一致。实际上,我同意福多的下述看法,即心理学的解释需要意向状态,而且这一点与把人视为物质有机体的观念相容,尽管不大可能出现将意向状态及其规律进行简单归约的情况;但除了这几点,我与他在每一个方面的看法几乎都不一致。

例如,我们怎样判定我相信冰厚到足以承载我的体重呢?我们专注于我的行为,言语的和非言语的:我准备赞成或断定"冰厚到足以承载我的体重"或大意如此的句子;我开始横穿湖面;我鼓动其他人抄近道而不是绕着走远路;假如当我走过湖面时,我脚下的冰破裂了,我就会感到震惊或惊奇;如此等等。我们通过我的非言语行为来判断我的言语行为的真诚性;无论我多么坚定地宣称冰足够厚,假如我鼓动我的敌人横穿湖面,但我自己却不想踏上冰面,那么,你当然会怀疑我是否真的相信我所说的话。然而,尽管我们根据行为标准对信念进行归因,我们还是要承认,人们可能会有未在他们的所为或所言中显露出来的信念,无论是因为没有机会,还是因为有难言之隐——老板或调查人正在监听。

普赖斯对信念的描述很恰切地接纳了如上这些观点,在他看来,信念乃是"多重形式的倾向",是言语行为倾向和非言语行为倾向的复合体;正如普赖斯所简要表述的,用"不矫饰的话语"赞成或断言某些句子,用这些或那些方式做出举动,若如此这般的事情发生……则感到震惊或惊奇,等等[30]。

这给我们解决下述迟疑提供了一点启发,即我们一方面是否要把信念归于动物,另一方面是否将信念归于计算机,因为在每一种情形下,都只是存在着完整的多重形式倾向的某些但并非所有部分,自动显示的答案是:它们具有某种与信念类似的东西,但并不是完整意义上的信念。它还通过区分相关倾向的强度的程度,提供了一种容纳信念具有程度之分这一观点的合理方法。

或许有人会认为,将信念解释为包括以某种方式去行动的倾向在内的倾向复合体,是与下面的事实不一致的:我们通过诉诸人的信念去解释人的行动[31]。(考虑一下标准的侦探故事采取的手法:警察引导嫌疑人相信犯罪证据会在如此这般的地点被发现,之后,当嫌疑人着手隐藏或销毁这些证据时便尾随而至,从而让他中计就犯。)可以肯定,反对意见会是这样的:"因为他相信 p,所以他做了 ϕ"比"因为他有目标为 ϕ 的倾向,所以他做了 ϕ"有更多的信息。然而,关于这种反对意见是否能够幸免于关于倾向解释的更进一步的反思,尚不

第八章 被颠覆的革命的科学主义

明确。确实，我们可能要说的不是"玻璃碎了，因为它易碎"，而是"玻璃碎了，因为他摔了它"；但原因可能是，我们把玻璃的易碎性当作了固定的背景条件，而挑选出该情境已发生改变的特征作为解释条件。当易碎性是新的因素时，我们也可以说"她摔断了股骨，因为她的骨头变得易碎了"，正如上例中的嫌疑人的信念那样。

这种方案多少有些贝恩和皮尔士的精神[32]，但华生或斯金纳的精神则要少得多。一个人采取如此这般模式的言语及其他行为的倾向，是与他的大脑状态相关的（就像易碎性同玻璃的微观结构构造有关一样）——换句话说，与华生或斯金纳会禁止我们去观看的黑匣子的内容有关。

然而，有些东西并不是可自主描述的，而是在本性上便是三元的。迄今为止，我所说的话都预设了关于言语行为倾向和非言语行为倾向之间的联系（这种联系是信念所特有的）的一个根本观点：在正常情形下，主体倾向于赞成那些如此这般的某事物或某地点或某事件的语句，正是因为它们，该主体才会倾向于如此这般地采取行动。冰厚得足以承载我的体重，我的这个信念包含着这样两个倾向，一个是赞成那些湖面的冰厚得足以承载我的体重的语句，另一个是如果我想到湖的对面去，我要横穿冰面[33]。图8-1试图把这一点说明得更清楚一些。

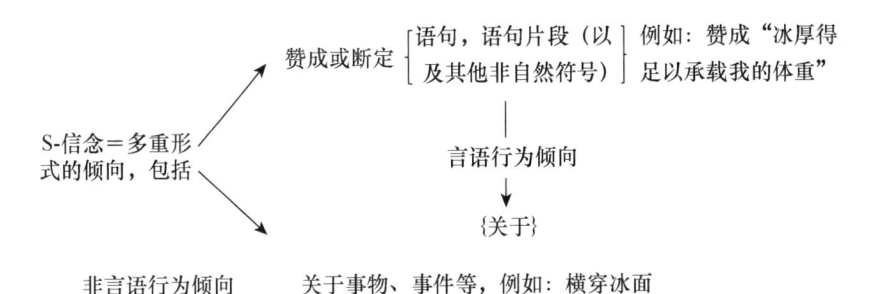

图8-1

意向行动是由能动主体对世间事物及事件的所指导的行动。我之前所关注的是能动主体语言中的语句。但是，画出一幅地图草图，以及给出言语上的示向,是对这样一个信念的提示,即这就是你到达那里的方式;所以"表征"应该不仅包括一些语言,还要包括任意的非自然记号。不过,并不包括福多所假想的"思想语言"中的语句。其要点恰恰就是,S-信念是复合的倾向,包括对公共语言中的语句或其他非自然记号做出反应或使用它们的倾向在内;处在头脑中的是倾向,而不是语句。

直到现在,本章中的"信念"都是刻意含混地加以使用的;因为我所讨论的作者们都没有考虑到 S-信念对 C-信念的区分(这也部分地解释了搜寻"头脑中语句"为什么会无成效)。但是,关于信念作为多重形式的倾向的说明,当然也意在作为信念状态,即 S-信念的一种说明。关于相干的 C-信念如何才能得到确认的问题,我们将在简要探讨所提出的解决 S-信念的方案的一些结果之后再来解决。

233　　赞成一个句子的倾向依赖于识别和回应的能力:依赖于对语词的识别,依赖于对熟悉语词组成的语句的理解。这与语言使用者识别并说出他们以前从未听过的语句的能力是相一致的。它甚至还表明了命题性能力是如何可能依赖于前命题性能力的,尽管只是含糊地表明了这一点;这样,就把意向行动是使用记号的生物的特权这一论题,与对如下连续性的暗示结合起来了,即从成年人、婴儿……一直到丘奇兰德的朋友海蛞蝓所形成的连续性。(比我对科学文献要在行得多的一些作者也已经想到了这一思想;比如,高希克和考贝尔伯格说,"人类认知特有的特性也可能导源于下述两者的密切的相互作用:一个是语境敏感的联结论者的操作,另一个是使用外部符号系统的能力"。)[34]

现在我可以解释,为什么我对大家所熟知的二分——计算论对联结论、还原论对功能论——的态度,颇像被人问路的那个爱尔兰人的态度:"我不会从这里出发"。不过,我同意还原论者的下述说法,即我们可以期待,同一种意向解释对应着不同的物理解释(不过,我的理由较少地依赖于以硅为基础的火星人的意向能动主体在逻辑上的可能性,而是更多地依赖于有关不同的人类语言的经验事实)。然而,

第八章 被颠覆的革命的科学主义

我也同意还原论者的如下说法,即这本身既没有回答下述问题也没有使它不合法:意向状态的神经生理学实现指的是什么?如果我像丘奇兰德一样[35],相信这里的问题不是指关于信念 p 的神经生理学实现存在太多的候选者,而是根本就没有一个候选者,那么,我应该就会像丘奇兰德一样对功能主义明显的含糊其词感到很不安。但在我看来,丘奇兰德之所以相信没有候选者,是因为他在寻找错误类型的事物——他在寻找"头脑中的句子",而不是在寻找(其他除外)对主体语言中的语词、短语和语句做出如此这般的回应的那些倾向。如果人们认可了这一点,因而被迫去承认自主原理或方法论的唯我论的不合理性,那么,就与还原论与功能论的区分一样,联结论与计算论的对立看起来也不再是唯一的一种二分了。

这给我留下了一个问题:我该怎么称呼我的方案呢?("温和的新行为主义""巴洛克式的还原论"[36]……)我已经选定了"记号中介"(sign-mediation)说明,缩写为"SM"。

SM 说明的优点是明确了信念概念和真理概念之间存在的内在关联:其他除外,相信 p 就是倾向于赞成大意为 p 的语句,也就是承认那些语句为真。这一立场与如下自明之理是一致的:相信 p 就是认可 p 为真;正如《牛津英语词典》将"信念"定义为"认可陈述……为真"。认可 p 为真所需要的不仅仅是想要在言语上表示赞同的倾向,但也没有必要担心只能把真诚性解释为要求主体在实际上相信 p。只要一种赞同被伴以根据所涉命题而采取行动的倾向,那么,这种赞同就是真诚的。

SM 说明给我们所熟知的如下观点提出了一种新的解释,即意向行动的归因从能动主体角度看蕴涵着最小程度的理性。这里"理性的"至少有两种相关的涵义:能够进行推理("理性的"相对于"缺乏理性的"或"非理性的"),以及恰当地或充分地使用这种能力("理性的"相对于"无理性的")。"理性的"依次具有一种较强的解释和一种较弱的解释:与能动主体的目标和信念相一致("弱的理性"),与能动主体的有道理的目标及被证成的信念相一致("强的理性")。SM 说明蕴涵着：信念是那些能够使用非自然记号的生物的特权，因此就要求有理性。当然，并不是所有**理性**生物的活动都是意向性的；但 SM 说明也蕴涵着：任何可以通过诉诸能动主体的信念和意愿而得到解释的行动都是弱理性的。不过，它并不蕴涵意向性活动一定是强理性的——因为构成该意向性活动的基础的那些信念可能完全未被证成，而引导该意向性活动的目标可能与能动主体真正的兴趣完全不一致。

SM 说明与如下这种合理的思想是一致的：推理、审议、意向性行动、探究的能力，是随着对语言的掌握的增长而增长的；它因人的语言资源的丰富而得到推动，因语言资源的贫乏而遭抑制。（新话 (Newspeak)① 就是这样一种被刻意贫乏化了的语言，以至于政治上不正确的思想不仅是不可表达的，而且是不可思议的；因而就抑制了政治上不正确的行动。）[37]

从我对它的表述的形式看，SM 说明有这种后果，即不仅思考过程是要使用记号的，而且在一种语言中谈论思考过程也是恰当的。这一点会引起争论，但我对此表示欢迎。内省是支持这一点的；"我正在自言自语""我会说法语，但我仍然用英语思考"这些常见的说法也支持这一点；小说家们也支持这一点，他们会完全无意识地写下这样的几行字："有五个犯人。尽管是受过教育的人，道格拉斯还是用警察的行话来思考"[38]；甚至是福多在描述一位正在反思一盘棋赛的能动主体时，也很不谨慎地写道："然而，当他对推进哪一个卒已经考虑了一会儿之后，看起来一切都显得单调乏味和毫无希望，而他想：'呵，真讨厌'，并决定放弃"[39]。

还有关于信念内容归属的一团乱糟糟的问题——迄今为止，我们只是通过含糊地谈论某人倾向于赞成"大意为"p 的语句而避开了这一团问题。在最简单的情形下，一个主体对之表示出赞成倾向并作为该 S-信念的一个组成部分的句子，将足以识别出 C-信念。但当将信

---

① 官员为了欺弄或操纵公众而故意使用的含混、矛盾的言辞。

念 p 归于你时，我是在用我的语言来表征你的信念；因此，既然在甚至同一时刻的一种语言内可能都没有两个说话者会以完全相同的方式去使用语词，因而信念的归属就不得不根据语言的变化加以调整。于是，我们经常会见到，一个 C-信念的归属要求我们去注意主体所用语言的重要样本以及他的非言语行为。有时候，这样的调整需要进行复杂的迂回："他相信他的大腿有关节炎——他把它称为'关节炎'，这是他为什么请医生开**关节炎**处方的原因，但很显然，他没有意识到这个词实际上只是指关节的炎症"[40]。（如斯蒂奇所讲的 T 太太的例子，有人会说她会赞成"麦金利被暗杀了"而不赞成"麦金利死了"，甚至会不赞成"我没有死"，在这些情形下，就不会有人说该主体会相信什么了，假如有这种东西的话。在这种特殊的情形下，人们会对归属任何信念感到犹豫；但是，认为这一点可以作为对将信念归于正常主体感到犹豫的根据，那就是不合理的了。）[41]

对任何信仰者而言，这些问题都会出现，但另一个问题对我来说尤为严重。由于我坚持认为，信念是关于世界上的事物和事件的，这一事实对于理解信念如何有助于对行动给出解释是极其重要的，于是我就需要把 C-信念解释为从物（"关系的"，在这个词被蒯因所用的意义上，而不是在福多所用的恰好相反的意义上）。这就留下了如下问题，即怎样去协调信念归属明显的非外延性特征和从物观念的相反特征之间的关系。或许可以这样来协调两者的关系，即使用博迪克那富有吸引力的解释，他将信念理解为一个有序对，其中的第一个元是一个普通的外延对象，第二个元是一个表征相关"表达方式"的谓词。例如，我的信念"冰厚到足以承载我的体重"，可以理解为：我坚持认为"厚到足以承载我的体重"对于〈如此这般的湖上的冰，"我正站在其旁边的湖上的冰"〉为真——当然，SM 说明是我对"认为……为真"的解释[42]。

显然，如上纯粹只是提示了一种梗概；但幸运的是，一段完整的说明对于本节论题而言是不必要的，本节的论题是指：下面这一点是未被证明的，即承认人是处于某一物理环境中的物质机体会迫使我们

证据与探究

否认人们有信念，或否认人们的信念有助于就其意向性活动做出解释；我希望这一论题通过本节更加平淡部分的阐述就能得到确立，而无须借助于本节理论性很强的后半部分。也许，实际上这一详尽的论证严格来说毫无必要；因为下列态度不会是不合理的：心灵哲学中的某种理论立场具有这样的后果，即人们没有信念这一事实最好被视为拒绝心灵哲学中这一立场的根据，而不是接受人们没有信念这一后果的根据。

与上面这个思想相关的是，斯蒂奇和丘奇兰德都不能真正坚持他们对这一后果的承诺，即使是在他们对其进行论证的时候。

四

斯蒂奇和丘奇兰德的实际做法与他们所持有的正式学说是明显（也许斯蒂奇会更喜欢用"令人惊讶地"）不一致的。这里是我从斯蒂奇的《从民间心理学到认知科学》一书的第166-167页上挑出几个句子（着重号是我加的）：

> 我*认为*，在替代论证里有一个关于*真理*的要点。

> 我*认为*，在回应这个反对意见时，所要采取的正确行动就是承认这个观点。

> 我们*不应指望*心理学理论去……*解释*任何（原文如此！）和每一描述之下的行为。

> 让我们来*提问*，是否有任何理由认为自主的行为描述包括了所有那些会被心理学家们*发现*的有用的东西。在思考这个问题时，*反思*一下有机体和工业机器人之间的相似之处会是有帮助的。

为了不至于太啰嗦，我只是评论一下斯蒂奇和丘奇兰德：（他们）虽然坚持认为语言是无关紧要和附带的，却说出了非常多的语句；虽然强调不存在或者可能不存在诸如信念这样的事物，却表达了他们的信念，并且在很多时候都公开承认他们自己的信念；虽然他们坚持认为认知的评价只不过是一种迷信，而且真理也不是探究的目标，但却将认知心理学或神经科学中所取得的这种或那种发展评定为进步的或者得到了证据良好的支持，同时也谴责民间心理学作为一个"退化性的研究计划"是一种其本体论纯属虚构的错误理论。关于这最后一点，我禁不住又要多引用一些原文（这里的着重号还是我加上的）：

> 斯蒂奇：至少在我看来，有这样一个强的假定，即科学家们在建构他们自己想要建构的理论时，一般都有合适的理由。[43]
>
> 丘奇兰德：经验科学……已经提供了数量稳定的、与[在关于心智的不同理论之间]做出……*理性选择相关的证据*。[44]
>
> 功能主义所特有的那一组行动、断言和辩护构成了对*理性和真理的复仇*。……*功能主义者的策略是保存错误和混乱的一道烟幕*。[45]

丘奇兰德似乎比斯蒂奇更多地意识到这种紧张状态，他纵情于这种幻想之中：在未来，"图书馆里面装的不再是书，而是典型的神经活动的长篇记录……不再……是语句或论证"[46]。但是，他却给我们提供了书，由语句和（至少有时候是）论证构成的书。

问题并不仅仅在于斯蒂奇和丘奇兰德在实践操作上没有达到他们所宣扬的高标准（或者他们达到了他们所宣扬的低水平）。问题在于，如果真的没有信念这样的东西，那么，当人们说出语句——无可否认，他们在不时地这样做——的时候，他们究竟在干什么就成了一件神秘莫测的事情。如果根本就不存在信念，那么，在一个人断定 p 和一只鹦鹉发出"p"的声音这两者之间就没有什么差别了。（特别地，在下述两者之间就没有任何差别了：一方面是丘奇兰德或斯蒂奇断言不存在像信念这样的东西，另一方面是一只鹦鹉的断定："不存在像信念这样的东西。"）

丘奇兰德预料到了这种反对意见，他回答说，这种意见犯了丐题的错误[47]。就下面这一点来说，他的看法是正确的，即陈述该问题的术语预设了，在断言概念和他必须加以拒绝的信念概念之间存在着联系。但是，他的回答并没有解决这一问题，即没有提出任何别的可供选用的关于断言的说明，正是这个问题造成了我所抱怨的上述神秘莫测。眼下迫切的问题是说："如果不是对于信念的显示，断言又是什么呢？"只说"某个别的东西"并没有给出一个令人满意的答案[48]。

在提出无信念论题"假如是真的，那么，既不能被严肃地对待，也不能被接受"，而且"必定同时既是难以置信的又是不容置疑的"之后，希尔提议我们应该容许下面这种可能性存在：尽管他们的论题具有概念上的不稳定性，但他所称谓的废除论者可能正在显示某种不能言说的东西[49]。在希尔那里，这可能是一个措辞手段，以便为他随后针对废除论提出的有用的批判打开一条通路。而就我本人而言，除了再次强调若无信念论题为真则它真的令人难以置信，我只想说：在我看来，当斯蒂奇和丘奇兰德夫妇还在沿着梯子往上爬时，他们却踢开了梯子。

如果我们获得了如下印象，那是可以理解的：在强调他们提出的怪异论题的长处时，斯蒂奇和丘奇兰德夫妇因革命自身之故而显露出了对于革命的热情。这一印象不仅因为他们所提供的证据的弱点，以及在他们的理论和他们的实践之间所存在的冲突而得到了传递，而且也因为他们对雄心勃勃地渴求比旧的放牧过度的认识论牧场更绿的牧场这一点的表白而得到传递。这一印象并不是完全不恰当的，可由下列事实确证：在较新近出版的《理性的破碎》一书中，尽管斯蒂奇不再坚持无信念论题，但他还是继续同认识论作战——只不过现在是以一种我们可能将其描述为相对主义而非科学主义的精神。正如我们所见，丘奇兰德从海蛞蝓滑向了庸俗实用主义；斯蒂奇如今直接把我们带到了那里。

当然，斯蒂奇绝不是最早的庸俗实用主义者；在我们的时代里，那一有争议的荣誉属于罗蒂。所以，当我转向讨论这另一种革命性趋向时——如果它获得成功的话，它对我所从事的事业所造成的危害并不亚于革命的科学主义——我第一个讨论的将是罗蒂。

第八章　被颠覆的革命的科学主义

注释

［1］福多：《表征》，第 121 页。

［2］斯蒂奇：《从民间心理学到认知科学：反对信念的案例》，第 2 页。

［3］同上书，第 5-10 页。

［4］丘奇兰德：《神经科学时代的认识论》，第 544-545、546、547 页。

［5］斯蒂奇：《从民间心理学到认知科学》，第 229-230 页。

［6］丘奇兰德：《科学实在论和心智的可塑性》，第 12-16 节；《取消式唯物论和命题态度》，第 2 节。

［7］丘奇兰德：《哲学与科学的连续性》。

［8］斯蒂奇：《从民间心理学到认知科学》，第 230-237 页；尼斯贝特和威尔森：《告知比我们能够知道的更多：关于心智过程的言语报告》；威尔森：《对我们自己感到陌生：关于人们自身心智状态的信念的起源和精确性》。读者们会注意到我的批评与下文之间的相接点，参见霍根和伍德沃：《民间心理学到此为止》。

［9］尼斯贝特和威尔森：《告知比我们能够知道的更多》，第 231 页；威尔森：《对我们自己感到陌生》，第 16 页。着重号是我加的。

［10］丘奇兰德：《物质和意识》，第 79 页。

［11］斯蒂奇：《从民间心理学到认知科学》，第 238 页。

［12］明斯基：《K 线：一种记忆理论》，引文来自第 100 页。在第 88 页，明斯基警告说："这里提出的关于原始的'倾向表征'结构可能只适用于很小的婴儿的倾向性记忆；对于支持我们所知道的属于成人的那种为大家更熟悉类型的认知契约，目前的理论并没有走得太远。……我怀疑人类的记忆在其整个发展过程中是否具有同样的、齐一的、不变的结构。"

［13］明斯基：《框架-系统理论》《一个表征知识的框架》。关于框架的刻画，所有提到库恩之处，以及与逻辑模型的比较，参见后文第 96-97 页以及第 123-128 页。

证据与探究

[14] 温诺格拉德：《框架表征和断言-程序之争》《理解语言意味着什么?》。关于马图拉纳的讨论在第 284 页及以后两页；不幸的是，温诺格拉德所提到的来自马图拉纳的引文似乎弄错了，我不能确定该引文来自何处。

[15] 温诺格拉德：《理解语言意味着什么?》，第 249 页。

[16] 参看伍德里奇：《大脑的机制》，引自丹尼特：《大脑风暴》，第 65—66 页论黄蜂的行为或"行为"。

[17] 丘奇兰德：《科学实在论和心智的可塑性》，第 134 页。

[18] 温诺格拉德：《理解语言意味着什么?》，第 250 页。

[19] 霍布斯：《人性论》，载伍德里奇：《霍布斯选集》，第 23 页。（我这里关于语言的作用所说的话，旨在对下述问题保持中立，即是否有任何非人的动物能够使用语言。）

[20] 丘奇兰德：《可观察物的本体论地位》，第 150—151 页。

[21] 丘奇兰德：《民间心理学和对行为的解释》，第 125—127 页；延伸的引文来自第 127 页。

[22] 丘奇兰德：《论理论的本性》，第 163 页及以后两页。

[23] 波兰尼：《个人知识》，特别是《隐含的维度》。

[24] 考斯林和寇尼希：《迟钝的心灵》，第 401 页。

[25] 福多：《心智表象的福多指南》。

[26] 斯蒂奇：《从民间心理学到认知科学》，第 164 页。

[27] 同上书，第 164 页。

[28] 同上书，第 166 页。

[29] 同上。

[30] 普赖斯：《信念》，第 267 页及以后两页。

[31] 参见福多：《表征》，第 5 页。

[32] 贝恩：《情感和意志》，第 505—535 页；皮尔士：《文集》，5.12。参见哈克：《笛卡尔、皮尔士和认知共同体》，第一节。

[33] 当然，通过选择一个具有高度实践特征的信念，我正在使事情变得对我来说容易一些；数学或形而上学的信念将不会如此贴切

地适合于这幅画面。但是我认为,具有高度理论性的信念的归因是第二位的,我们只能在信念归因的一个背景之下才能进行这种归因,这更像我的例子。

[34] 高希克和考贝尔伯格:《联结论表征、语义构成性和概念结构的不稳定性》,第 268 页。

[35] 丘奇兰德:《取消式唯物论和命题态度》,第 12-17 页。

[36] 关于"易处理的"和"不易处理的"还原的区分,参见霍根:《从认知科学到民间心理学:计算、心智表征和信念》。

[37] 奥威尔:《一九八四》,附录。

[38] 达利:《令人窒息的冷恐惧》,第 6 页。

[39] 福多:《表征》,第 6 页。

[40] 参见伯格:《个人主义和心智》。

[41] 斯蒂奇:《从民间心理学到认知科学》,第 54 页及以后两页。

[42] 博迪克:《一种有关命题态度的逻辑形式》。这不一定会留给我这个问题,即如在第四章中给出的关于 C-证据评价的说明所要求的那样,既然人们能够使用博迪克的技术以句子的形式再表达(re-present)认定为真的东西,因而 C-信念并不是可以用句子的形式来表征的。

[43] 斯蒂奇:《从民间心理学到认知科学》,第 192 页。

[44] 丘奇兰德:《物质和意识》,第 1 页。

[45] 丘奇兰德:《取消式唯物论和命题态度》,第 13-14 页。

[46] 同上书,第 21 页。

[47] 丘奇兰德:《物质和意识》,第 48 页,以及《取消式唯物论和命题态度》,第 21-22 页;他提到,丘奇兰德和史密斯的《决定论是自我挫败的吗?》一文是他回击上述反对意见的源泉。

[48] 确实,在《取消式唯物论和命题态度》的第 18 页上,丘奇兰德告诉我们,说话者将予以赞成的断言句是"四维或五维的固体——它是他的真实的运动状态的一个要素——的一维外推"。在我

所理解的（有限）程度上，我认为它的意思是：赞成一个句子（我假定是对句子的断定）确实表达一种内在的状态，只不过不是充分的或完美的。

［49］希尔:《意向性不言而喻》，第346页。

第九章　庸俗实用主义：一种不诱人的前景

她：最后一次问，你爱我还是不爱我？
他：我不！
她：不要搪塞，我想要一个直接的答复。
　　——罗素（Jane Russell）和阿斯代尔（Fred Astaire）：
《继续这场对话》[1]

所以，本章的主要靶子是理查德·罗蒂，因为《哲学和自然之镜》[2]一书的发表可能是当代英语世界哲学中对认识论事业最有影响的批评了。次要的靶子是斯蒂奇，最近，他已经把自己的效忠从科学主义阵营转到了"实用主义"阵营。

罗蒂的论证和斯蒂奇的论证以及各自所得出的结论都有着重大的差别。但至少在下面一点上他们有共同之处：他们都否定这一思想，即证成标准应该根据它们的显示真理的性质来进行判断。罗蒂认为，这一思想没有意义；斯蒂奇则认为，这一思想包含着偏见而且显得狭隘。

我之所以指认罗蒂和斯蒂奇为"庸俗实用主义者"，是打算对他们关于自己是古典实用主义的哲学嫡孙这一断言提出一种隐含的挑战，这一挑战我将在本章最后的段落中明确加以论证。但是，我在这里的主要目标是认识论的而不是历史的。我的主要议题是：关于我们所熟知的那些认识论方案是被错误构想出来的这一点，罗蒂和斯蒂奇都没有提出任何好的论证。我的次要议题将是：罗蒂和斯蒂奇都未能把握这一点，即相信 p 就是接受 p 为真。结果是，罗蒂的"教化"哲学想要前认识论家花费精力去掩饰一种怀疑论，而它所损害的不仅仅是认识论，不仅仅是"系统性的"哲学，而且是一切形式的探究；而斯蒂奇所设想的解放了的后分析型认识论却原来是在追求一种更有成效的自我欺骗技巧。如我的主题所说：这不是一种诱人的前景。

不过，我仍然希望能够通过揭示这些造反派的后认识论的乌托邦设想是贫乏的，从而开始表述在我看来为什么认识论是不可或缺的——并且能够勾勒出关于认可问题、证成与真理之关系问题的一些轮廓。

一

罗蒂说，他想用对话代替对抗。这听起来好像是在请求停止战争走向和平。但它意味着更多像这样的东西：我们应该放弃哲学以认识论为中心的观念，放弃哲学在"有特权的表征"中寻求知识的"基础"的观念，并接受下述看法：对于信念的证成，充其量也就是局部的、狭隘的约定以及我们的反对、响应和让步这些实践活动。表面上看，这带有了罗蒂的独断论或虚无论的论证策略所特有的印记：或者我们接受这个特殊的合成物，它是关于哲学在文化中的作用、认识论在哲学中的作用、"基础"在知识结构中的作用的一个特定观念，是"新康德主义学派的共识"，或者全部抛弃它，并把"继续这次会话"当作我们最高的追求。

按照罗蒂，存在认识论这样一门学科，它是关于知识的一种独特

第九章　庸俗实用主义：一种不诱人的前景

的哲学理论，所要探究的是科学的基础，这个思想是新近才出现的，而关于认识论是哲学的中心问题这一思想，更是最近才出现的。它可能只在探讨科学和哲学可以察觉的差别的语境当中才会出现，这一思想隐含在笛卡尔和霍布斯的著作当中，只是当康德和洛克从笛卡尔那里学习了内视（look inward）并把关于知识的理论看作关于心智的科学以来，它才开始变得明显；之后，康德的哥白尼式革命通过将这种"关于心智的科学"提高到先验的水平，从而使它具有了独特的哲学性质（第131-164页）。

此外，在多种知觉或者视觉隐喻的影响下，关于知识的哲学理论已经逐渐把知道类比为看到，这一类比促使人们把知识p混同于关于x的知识，把证成混同于因果，而知识的"基础"这一观念就是它的产物。关于认识论及其在哲学中的作用的这种看法，以及这一套隐喻，都是"任意选择的"（第146、159、162-163页）。

罗蒂论证说，随着认识论传统由于蒯因和塞拉斯的批判性论证的共同作用而从分析哲学中分离出去，这种"基础论"从根本上是被错误地构想出来的这一点已经得到了揭示。在他们中间，塞拉斯对"所与"概念的批判以及蒯因对分析性概念（并因为蕴涵关系，涉及对先验性概念）的批判，共同破坏了以认识论作为基础的整个观念。塞拉斯的批判揭示了证成与因果的混淆；蒯因的批判则揭示出，寻求具备先验特征的基础是没有希望的（第169页及以后两页）。

罗蒂认为，蒯因和塞拉斯都没有充分认识到他们的联合工作的革命性影响，但是他承认，他们的工作不可避免地得出这个结论，即证成不过是一个社会实践问题。说A知道p也就是说出了"关于人类相互作用的方式的某种东西"（第175页）。一个信念被证成，也就是可以针对"会话的反对意见"去捍卫它。罗蒂写到，"当我们理解信念的社会证成时，[我们]就理解了知识，从而也就不需要把它看作精确的表征了"（第170页）。

最后一个条件显示出罗蒂的立场是多么激进。他认为，不同时代、不同文化、不同社会的不同标准是"不可通约的"；关于捍卫信念的哪些标准是正确的,不能期望能够达成共识。而且,下述做法也是没有意义的,即通过论证满足证成标准的信念可能为真来认可这些或那些证成标准;因为这要求关于真理的思想是符合论的,是忠实的描绘——这是视觉隐喻的另一份遗产,它的不可理解性是隐蔽着的。证成不仅仅是一个社会问题,而且是一个完全属于约定的问题:设想我们批评和捍卫信念的实践活动可以在这些活动以外的事物中找到根据,是没有任何意义的(第178页)。

罗蒂坚持(并不像第八章中讨论的科学主义革命那样,用某个自然科学的后继主题去代替认识论,而是)否决如下这样的想法,即放弃认识论会留下任何需要填补的空缺。他仍旧认为,前认识论家保留着自己的角色;但它是"解释学的"而不是认识论的,是"教化的"而不是系统性的,是诗意的而不是传统意义上的哲学性的,它是一个关于"继续这次会话"的问题,一个寻找新的词汇而不是坚持去通约那些不可通约的谈话这种无望的努力的问题(第315页及以后两页)。

啊,不,当然会有人不想浪费自己的时间去那样做!虽然考虑到努力去通约不可通约的谈话的无用性,可能已经说服一些人放弃了认识论,它却让我怀疑这种同语反复正被转变成某种倾向性。例如,我们根据我们据以进行判断的标准去进行判断这一点被转变为:问我们的标准的基础可能是什么没有任何意义;或者,除了使用语言我们不能描述任何东西这一点被转变成:在语言之外,没有任何东西是我们的描述精确或不精确地加以表征的。

但是我跑题了。现在所讨论的问题是:罗蒂有没有提出任何论证去确证这一点,即设想证成的标准需要或者本可以有客观的根据没有任何意义?

幸运的是,没有必要详尽讨论罗蒂关于认识论历史的主张。(这确实是幸运的,因为要想判定罗蒂的历史故事是什么,有着重大的困难。他所否决的这项事业被认为是开始于笛卡尔?洛克?康德?他掩盖了那新近发现的古代怀疑论著作与笛卡尔方案之间的联系吗?因为承认它的重要性可能会导致我们认为这个有争议的概念比他想让我们

第九章 庸俗实用主义：一种不诱人的前景

设想的更加久远，更加不是"近来"的，等等。）我想坚持的观点很简单：下面这一说法无疑是真的，即我们现在认定的认识论问题及其方案已经在一个长期且复杂的历史过程中发生了演变，就如同这些问题得到了概念化和解决一样，这个历史过程也包含了多层次的而且相互交叠的转化和提炼；但是这没有丝毫倾向可以表明，"认识论"只是一堆伪问题的代名词。可以肯定，不论是从科学的历史还是从哲学的历史看，这都是一个大家都感到熟悉的事实：采用新的形式表示、重新提炼和重新调整问题，是取得进步的一种方式。我甚至想说，其中的问题已经停止演变的任何学科都终将死去。

也没有必要详细考虑罗蒂关于视觉隐喻的影响的主张。（这一点有双倍的幸运，因为在这里做下面这两件事都有重大的困难，一件事是去调和罗蒂对一种隐喻——这种隐喻在柏拉图那里至少像在笛卡尔、洛克或者康德那里一样是占主导地位的——之重要性的强调与他的下述主张之间的关系：关于知识的哲学理论的有争议的概念是新近才出现的；另一件事是去调和这一点与他在别处加以捍卫的关于隐喻的绝对非认知主义理论之间的关系。）再说一次，因为我想坚持的观点是简单的。我不否认隐喻在认识论上的重要性——假定我所关注的是用纵横字谜类比去代替数学证明的模型，我怎样才能更好地表征证成的结构呢？但有一点是现在不得不去表明的，那就是说，视觉隐喻已经导致我们关注于这样的问题，一旦清除了它们的隐喻性增生物，它们就会被看作错误地构想出来的[3]。

迄今所考虑的论证只不过相当于从"任意选择"到"错误构想"的一个推论，显然是一种不据前提的推论。

必须关注罗蒂的下述论证："基础论"不仅仅是任意选择的，而且是错误地构想出来的。然而，如果不澄清"基础论"与"以认识论为基础"，就不可能评价这些论证。有时，罗蒂使用这些表达方式去指第一章中被刻画为"基础论的"证成理论的感觉-内省论版本；有时指这样的思想：认识论是一项先验的事业，其目标是使得科学（也就是科学）给我们知识这一主张合法化；有时指可被不太混淆地称呼

的"认知客观主义",即认为证成标准需要客观的根据。所需要的区分可以标示如下:

> (感觉-内省论的)**基础论**:证成理论区别基本信念与派生信念,基本信念被认为不依赖任何别的信念的支持,由经验来证成,派生信念被认为由基本信念的支持来证成[也就是说,它假定基本信念由作为知识之基础的经验证成];
>
> **基础论**:指的是认识论作为一个先验学科的观念——对证成标准的解释作为一项分析事业的观念,对这些标准的认可要求对它们显示真理的性质进行先验证明的观念[也就是说,它把先验认识论视为给科学奠基];
>
> **基础论**:指下述论题,即证成标准不是纯粹约定性的,而是需要客观根据,只有在显示真理的时候才令人满意[也就是说,它认为证成标准要通过它们与真理的关系来建立]。

基础论并不蕴涵基础论,基础论也不蕴涵基础论。情况可能是这样:尽管证成标准需要认可(如**基础论**认为的那样),但认可不能先验地达成(如基础论认为的那样),而是在经验知识范围内或者借助于经验知识而获得。或者也可能是这样的:认可证成标准的方法(如基础论认为的那样)是先验的,但是正确的标准不是基础论的,而是融贯论或基础融贯论的。

与诉诸塞拉斯对所与观念的批判一样,混淆证成和因果的主张与基础论相关;诉诸蒯因对分析性的批判与基础论相关;只有罗蒂关于真理作为镜子之不可理解性的评论与**基础论**相关。所以,我将只是简要地评论前两种论证,因为很清楚,认识论的合法性所依赖的正是**基础论**,而不是基础论或基础论。

塞拉斯对所与观念的批判的确损害了证成理论的感觉-内省论的基础论——尽管比弱的版本要强一些。[4]罗蒂正确地认为,感觉-内省论的基础论不是可辩护的,即便其更弱的形式也是如此。然而,混淆证成与因果的主张可以得到回答——的确,在我给出的关于证成的因果与评价两方面的相互作用的解释中(第四章)它已经得到了回答。

第九章　庸俗实用主义：一种不诱人的前景

这一点是重要的，因为像感觉-内省论的基础论一样，基础融贯论也坚持主体的经验与他的经验信念的证成之间有关联，并且承认因果要素。

这最后一个看法凸显出了另外一个观点：感觉-内省论的基础论的失败决不足以迫使人们去接受任何像罗蒂的健谈者的替代者那样的东西。与戴维森（他同意罗蒂的看法，也认为感觉-内省论的基础论取决于对证成与因果的混淆）一样，我们可以选择某种形式的融贯论；或者和我本人（在这个问题上，我与罗蒂和戴维森的观点不同）一样，选择基础融贯论。

罗蒂关于基础论不是可辩护的这一观点也是正确的。但是，诉诸蒯因对分析性的批判，对于确证这一点既不必要也不充分[5]。不充分：因为即使不存在分析真理，仅仅在只有分析真理才可以被认为是先验的这个假定的基础之上，才可以推出不存在先验知识；更重要的，它不是必要的：因为假定经验证成标准的认可需要综合性预设（关于人的认知能力的预设），仅仅从对先验综合判断的否认即可推出基础论是错误的。

罗蒂也正确地批评了蒯因将认识论转变成心理学的尝试。假定他赋予了科学与哲学的区分相对而言是新近的这一事实以重要的意义，似乎可能的是，他所思虑的是某个这样的更进一步的论证：一旦放弃了哲学处理先验范围、科学处理后验范围的思想，那么，关于知识的独特哲学理论的思想就会被看作站不住脚。但是，如果这是他正在想的，那就错过了一个有意义的微妙思想，这是我从第六章以来一直坚持的，并且已经用科学和**科学**的区分标示出来的东西：放弃哲学由其先验特征来区分的思想这一做法，鼓励了这样一幅图景，即哲学与科学是连续的，哲学是**科学**的一部分；但这并没有迫使我们否认科学和哲学之间有程度的差别。所以，无论如何也不能推出这个结论，即关于知识的所有合法的问题必须是可以由科学来回答的；所以，也不能推出（如罗蒂可能在想的那样）科学不能回答的任何关于知识的问题就是不合法的。

再说一遍，罗蒂的反认识论论证的全部力量依赖于对**基础论**的否决，而后者则依赖于关于真理的考虑。在这里，我们会发现论证少于断言。（一套相当简洁的策略：尽管《哲学和自然之镜》第六章第五节的标题是"没有镜子的真理"，第六节的标题是"真理、善和相对主义"，但是在索引中却没有任何条目在"真理"之下！我想，罗蒂正在让我们知道他赋予这个概念的重要性。）

一个关键性段落，作为未在索引中标明页码的段落之一，是这样的：

> "真的"、"真实的"和"对实在的正确表征"各有两种意义，而且……认识论中的大部分困惑来自在它们之间的游移不定……［考虑］"真的"的朴素用法，意思是"你能针对所有的来者加以捍卫的东西"……正是关于"真的"的［这个］朴素而且陈旧的意义，才是塔斯基和戴维森正在留心的……怀疑论者和普特南"转到……"了"真的"的特殊的"哲学的"意义……与纯粹理性的观念一样，这个意义恰好［被］设计出来代表无条件的东西……（第308-309页）

这是一种明显站不住脚的二元论（尤其来自喜欢把自己与杜威列在一起的一位哲学家）。我们似乎被提供了要在下述两者之间做出选择：一方面是把真理视为可以针对会话的反对意见加以捍卫的东西，另一方面是把真理看作——好了，别的东西，某种没有明言但却暗含在康德和普特南关于形而上学实在论与内在实在论的区别中的东西；总之，是某种相当自命不凡的东西，某种尽管难以达到或者甚至是因为它的难以达到而被热望的东西。

为了对付这种虚假的二元对立，我首先需要一种对于真理概念的更为明晰且更不易混淆的分类。在强非实在论一端的有如下几种：(i) 罗蒂提出的把"真的"视为"你能针对所有的来者加以捍卫的东西"。位于这种非实在论概念和任何可适当地称为"实在论"的概念之间的是 (ii) 皮尔士的下述观念：真理是假设的理想理论，是能经受住所有经验证据和充分的逻辑审查的"最终意见"。如果关于真理

第九章　庸俗实用主义：一种不诱人的前景

的实在论被认为要求一种非认知性的观念，在这里似乎是适当的，即允许即便是假设的理想理论也可能为假或不完善，那么，实在论这一类中将包括（iii）拉姆塞的冗余理论，按照这种理论，"p是真的"不过是p的一种精致的表达方式；（iv）塔斯基的语义理论，它使得真理成为闭公式与对象的无限序列之间的一种关系；（v）维特根斯坦和罗素的逻辑原子论的符合论，它使得真理成为命题与事实的一种结构上的同构，以及奥斯汀的符合理论，它使得真理成为联结陈述与事态的一种约定关系；（vi）真理作为复制或反映物自身的观念。有时我把（i）称为"非实在论的"，把（ii）称为"实用主义的"，把（iii）和（iv）称为"极小实在论的"，把（v）称为"强实在论的"，把（vi）称为"广义先验论"。

尽管简单，但这种分类使我们能够挣脱罗蒂正努力往我们眼睛上套的绒毛。罗蒂希望我们会认为他的第一个选择明显比第二个更合胃口。但我要重复一遍，这种二分是错误的——实际上是严重错误的。这意思并不只是说我们正被操纵为在两个极端之间进行选择（非实在论和广义先验论），而且，这种操纵部分在于对处在中间位置上的那些立场进行有倾向的重新分类。我们能够，而且大部分人当然也应该拒绝就罗蒂提供给我们的任何一个选项做出选择。我们不能过于直白地说，如果"真的"意味着"你能够针对所有的来者加以捍卫的东西"，那么它就没有任何意义，不论这种意义是日常的还是其他的；塔斯基或戴维森也不认为有任何意义[6]。拒绝非实在论并没有迫使我们走向广义先验论。相反，我们可以选择皮尔士式的实用主义，选择极小的或者更强的实在论。

我们不应该允许罗蒂这种严重错误的二分掩盖如下事实：他正依赖着这一情况，即我们受到了来自广义先验论的抵制，而不是提出论证去反对实用主义的（因为下面要解释的原因，我极不愿意给罗蒂这个词），或极小实在论的或强实在论的真理概念。实际上，他的确没有任何甚至是反对广义先验论的论证。

请记住，我们当前的目标是要表明，罗蒂没有提出反对认识论的合法性的任何好的论证。由于只有他对**基础论**的否定与认识论的合法性相关，所以，问题在于他有没有提出反对**基础论**的任何好的论证。而且，由于他对**基础论**的批判依赖于他关于真理的看法，由于他没有提出任何论证，用以反对真理的实用论的、极小实在论的、强实在论的或者甚至广义先验论的观点，因此我断定，他更没有针对它们提出任何好的论证，所以，他没有反对**基础论**，所以他也就没有反对认识论。

这本身还不足以确证认识论的合法性。但是我认为，若更加细致地考察罗蒂所设想的后认识论的前景和推动了它的证成观念，会使下面这一点开始变得显而易见：放弃认识论不是一种诱人的前景。

罗蒂关于证成的会话论观念，把证成一个信念看作社会实践或约定的问题，以上两者在文化当中和文化之间都是可变的，此外再无别的东西。一种自然的解释，并且也是一种与罗蒂频繁地提到后期维特根斯坦相称的解释，是把会话论作为两个论题的结合：解释层次上的语境论和认可层次上的约定论。

语境论是证成理论的一种类型，它与基础论、融贯论和基础融贯论相对照。它的特有的论题是，"A 的信念 p 被证成"将按照"关于信念 p，A 满足 A 所属的认知共同体的认知标准"这样的方式得到解释。

约定论是一个关于证成标准的元认识论论题，它与认知的客观论也就是**基础论**形成对照。它的特有的论题是，认知标准完全是约定的，问哪一个证成标准（这个或那个认知共同体的证成标准）是正确的，问哪一个标准是真理的可能标志，都没有意义。

尽管有时候语境论者就证成的结构所做的评论依稀具有基础论的味道（"语境上的基本信念是那些不需要在认知共同体中证成的信念；所有其他的被证成信念则参照这些语境基本信念被证成"），但是语境论与基础论是截然相分的，这是因为（i）它坚持使用"在 A 所属的认知共同体中"这个附加用语，（ii）它没有假定被证成的信念，除非它们受到其他信念的支持。尽管如融贯论者所做的那样，语境论者

第九章　庸俗实用主义：一种不诱人的前景

也坚持认为证成是信念之间的关系问题，但是，语境论也不同于融贯论，因为（i）它坚持使用"在 A 所属的认知共同体中"这个附加用语，（ii）它并不认为融贯的关系对于证成是充分的。

所以，语境论有时候已经作为传统竞争理论的第三种供选替代物而受到欢迎——有些读者可能一直都想知道，为什么在提出我的"第三种供选替代物"之前，我没有更认真地考虑过它。个中原因现在可以弄清楚了。对于解释问题来说，语境论看上去好像是一个无害的甚至是有吸引力的选择，但它导致了对于认可方案——约定论，也就是罗蒂会话论的第二个元素的一种激进的、实际上是革命性的态度。

语境论是没有意义的，除非（a）不同的认知共同体有不同的认知标准，而且（b）没有著名的认知共同体 C* 使得 C* 的标准是显示真理的，而其他共同体的标准则不是这样。因为如果（a）是假的，则语境论特有的论题就会是空洞的；而且，如果（b）是假的，那么 C* 的认知标准的地位相对于其他共同体的标准将会是如此突出，以至于会迫使我们承认，为了使 A 实际而且真的被证成，他应该符合 C* 的标准。关于他所诉诸的"不可通约"究竟意味着什么，罗蒂没有说清楚，（尽管他非常注意把它和与它有联系的库恩著作中的意义变化论题区分开；）但最可能的解释似乎是这样的：没有更高级别的上诉法庭，在其中不同的共同体的不同认知标准可以达成一致——也就是说，它是论题（a）和论题（b）的混合物。

由于语境论与基础论（以及融贯论和基础融贯论）形成对照，而约定论与**基础论**形成对照，于是下面这种情况就不那么奇怪了：作为会话论者的罗蒂，未能区分开基础论和**基础论**。但是，难道它没有表明罗蒂回答了早些时候使用过的一个论证，即否决基础论和坚持**基础论**没有关系吗？是的：这是因为，尽管语境论的确为约定论提供了强有力的动机，但基础论的错误没有为语境论提供强有力的动机；融贯论和基础融贯论的选项仍然保留着。

罗蒂也许没能领会到这一点，因为（很自然，他没有考虑基础融贯论这个选项，而且）他偶尔表明了这样的倾向，即把自己的立场描述为"融贯论"(第 178 页)。但是他之所以这样做,是因为没有比他的立场是反对"基础论"的更好的理由了——因而把他对"基础论"的不加区别的使用与对"融贯论"相应的不加区别的使用混起来了。

就当前的解释(=语境论+约定论)而言,会话论是一个紧密结合的概念,因为如我们所看到的,语境论为约定论提供了强有力的动机。然而,它既是相对主义的,又是玩世不恭的。

之所以说它是相对主义的,是因为语境论使得证成依赖于主体所属的认知共同体,而且,由于约定论排除任何真正显示真理的证成*(根据 C* 标准的证成)的更高级概念的可能性,所以必须把来自任一个和每一个认知共同体的认知标准视为平等。

之所以说它是玩世不恭的,是因为,如果一个人真的相信证成标准是纯粹约定的,完全没有客观根据,那么,尽管他可能符合他自己所属的认知共同体的证成实践,但他将被迫对它们采取一种玩世不恭的态度,从而认为证成总是处在隐蔽的用于提醒的引号中①。问题并不在于,一般而言,一个人不能从事他认为完全属于约定性的实践。问题在于,在特定情况下,一个人不能一致地全身心投入——非玩世不恭地——证成他认为完全是约定性的信念的实践当中。因为相信 p 就是接受 p 为真。(重复源自第八章论证的一个观点,这不是关于真理的一段精致复杂的评论,而是关于信念的一个自明之理。)由于相信 p 就是接受 p 为真,所以,如果一个人否认下述设想还有任何意义,即在一个信念按照我们的实践被证成和它是真的之间有任何联系,那他就不可能明白,为什么一个信念被证成,也就是与那些实践相符合,应该被认为与他是否应该坚持此信念有任何关系。

然而,有时候,罗蒂会抗议这种指控——你将会推测到,我并不是第一个提出此项指控的人——即他是"相对主义者"或者"玩世不恭"。他的辩护词更多了几分贝克莱的下述抗议的味道,也就是,他并没有否认物理客体的实在性。("我不是相对论者,我深信客观

---

① 把探究置于引号中,如"探究",就是说该探究不是真正的探究,而是某种伪的或假的探究。

第九章 庸俗实用主义：一种不诱人的前景

性——你不得不认识到，客观性是一个社会约定问题，而并不是符合某种假想的'实在'的问题"。）他认为，相对主义的指控可被排除的真正原因会在另外某处发现。即便是在《哲学和自然之镜》一书当中，关于罗蒂的会话论结合了约定论和语境论这一点的解释，也是既有支持的证据又有反对的证据。如我将要说的，至少有时候，罗蒂听上去不是一个语境论者，而是一个社群主义者；例如，"蒯因—塞拉斯关于认识论的方案（也就是罗蒂的方案）……说的是，真理和知识只能根据我们自己所处时代的探究者的标准来判断"（第178页）。这句话所表明的不是语境论而是社群论："A 的信念 p 被证成，当且仅当 A 满足我们的认知共同体的标准"。当《客观性、相对主义和真理》面世的时候，罗蒂对社群主义（"协同性"）而不是相对主义的热衷似乎就很明显了。

这使得罗蒂能够回应他是相对主义者的批评，但这并没有使他脱离困境；相反，这恰恰揭示出他所陷入的困难是多么深。社群主义是完全任意的和动机不明的，除非一个人认为他自己所属的认知共同体的标准比其他共同体的标准更好；它反对约定论，而罗蒂是毫不含糊地热衷于约定论的。因此，会话论或者（按第一个解释，＝语境论＋约定论）既是相对主义又是玩世不恭的，或者（按第二个解释，＝社群主义＋约定论），不再是相对主义，但仍是玩世不恭的，除此之外还是不融贯的。

这就开始解释为什么罗蒂本人的做法好像是如此古怪，以及为什么他对自己所想象的后认识论哲学所做的说明是如此令人感到迷惑了。

我们拥有（罗蒂会说，"作为一个社会实践问题"）用来判断什么算作好的理由、脆弱的证据、贸然得出的结论等等东西的标准。而且，当罗蒂努力去说服我们那些标准完全没有客观根据、完全属于约定的时候，他显然想去符合那些标准。然而，如果真的相信那些标准完全是约定的，他就不可能全身心地投入他的事业当中；当然，他必定只是在这样地遵守那些标准，即把它们作为权宜之计，以便通过利用不比他自己开明的其他人的规则来玩这个游戏，从而去说服他们。他肯定是一个玩世不恭的人。

在《哲学和自然之镜》的导言中，作为对玩世不恭指控的先发制人的反击，罗蒂告诉读者，与其说他想反对更传统的观念，不如说他想提出一个关于"哲学如何可能更好"这一问题的可供选择的版本。但是，反对"基础论"的论证占据了这本书的大部分（不过我已经说过，难以找到反对**基础论**的论证，这里的论证是与修辞策略相对立的）。在《偶然性、讽刺和协同性》中，罗蒂拥有了一种不同的防卫策略：他把那些像他自己一样掌握了语言的"偶然性"、证成的约定性的人描述为"讽刺家"。他告诉我们，讽刺家使用他们自己所拥有的"最后的词汇"，但由于意识到没有客观根据使得他们可以在词汇之间做出选择，所以讽刺家们"从不能认真地对待他们自己"[7]。我不会停下来去抗议这种巧妙的暗讽，即讽刺我们这些非讽刺家是没有幽默感的道学先生[8]；我也不会去坚持这一观点：承认语言改革的可能性和重要性肯定不是罗蒂所说的讽刺家所独有的权利。现在，重要的一点是看到，这种重新描述并没有缓和我一直在详加考虑的玩世不恭，尽管它确实被非常聪明地掩饰着。这种聪明表现表明了这一点，即这位讽刺家绝对比我们其余的人更加明确地认识到了这种可能性：我们的证成标准可能会被证明是需要修改的，因此不要教条式地热衷于它们。但这个提议完全是误导性的；罗蒂的讽刺家不是任何可错论者，他只是隐藏在委婉用语后面的一个玩世不恭的人。他只是若即若离地从事于"我们的"证成信念的实践，这样做不是因为他认为它们可能需要修改，而是因为他认为下述提问没有任何意义：它们是不是确实在显示真理？

这强化了我早先提出的诊断：如果按照结合了约定论和社群主义的解释——罗蒂的早期著作允许这样，而他的后期著作则鼓励我们这样去解释，罗蒂的会话论是不融贯的。社群主义要求与"我们的认知实践"相"协同"；"讽刺"则揭示出，罗蒂所设想的协同只不过是形式上的，只是在以玩世不恭的方式与那些实践保持一致。

第九章 庸俗实用主义：一种不诱人的前景

这也强化了人们从《哲学和自然之镜》中得到的印象，即罗蒂关于新近开明的前认识论家要将其精力投向的那些任务的构想，与其说是有教义的，不如说是令人丧气的。（无论如何，一个人有权去怀疑，如果认识论问题真的是被错误地构想出来的，他应该期望会有任何工作在方便地等待着前认识论家去做。）人们被告知说，这位教化人的哲学家将比较和对照那些不可通约的话语，而作为认识论者，他却糊涂地希望去比较它们（第 343 页）；人们问自己，如果这不是意味着这位哲学家想转而成为知识的社会学家，那这又意味着什么呢？人们被告知说，这位哲学家要研究"反常"的话语（第 320 页）；他问自己，反常的话语可能是什么样子？如果参与者之间的一次尝试性会话来自不可通约的话语，那么，除了存在不能解决的分歧之外，前认识论家还能希望得出什么样的更有启发意义的结论呢？人们被告知说，这位哲学家将"继续进行西方文化的会话"（第 377-378 页）；但是他问自己，如果组成西方文化的各种话语真的是不可通约的，那么，除了知道这位哲学家已经知道的必定不可避免地互不理解之外，还能是什么呢？

在罗蒂后认识论的乌托邦中，可能没有任何诚实的理智工作。除非有像接受这个或那个命题为真的更好和更坏的证据——也就是客观上更好或更坏的证据——这样的东西，不可能有任何种类的真正的探究：无论它是认识论的……还是科学的、辩论的、历史的、数学的。由于连罗蒂本人都不接受这个结论，而且，由于他关于抛弃认识论的论证，归根结底无非就是依赖于关于真理的极端实在论对极端非实在论的明显错误的二分，因此，认识论的合法性似乎是相当可靠的。

二

或者说，过去似乎是相当可靠的；但是现在面对《理性的破碎》[9]，我们不得不来对付斯蒂奇的新批评。

斯蒂奇并不否认如下问题是有意义的，即这些或那些认知标准是否是显示真理的？他只是坚持这一观点，即关心一个人的信念是否为真是狭隘的和有偏见的，是一种"认知沙文主义"。他并不想彻底抛弃认识论，而是想使之革命化，使认识论的关注点离开这些有偏见的领域，而转到真正重要的问题上去：怎样去改善认识过程，以便更好地获得人们真正重视的东西——例如生存、名声、财富、权力等。与罗蒂不同，斯蒂奇也欢迎但不抵制"相对主义"这样的描述。（但是，在罗蒂对会话所做贡献的瞬息万变的万花筒中，人们发现了他对想让我们摆脱的"西方文化传统"的如下描述："真理之被追求是因其自身之故，而不是因为它会对人自身有好处，或者对一个人真正的或想象的共同体有好处……"[10]尽管这话不是斯蒂奇说的，但这种感觉却可能是斯蒂奇会有的。）

为了避免导致任何混淆，有一点应该指出，即斯蒂奇如今承认，人们终究还是拥有信念的。还应该指明的是，他如今是按照"头脑中的句子"这一思路来看待信念的（第109页及以后两页）。这可能是造成我将诊断出的一些困难的部分原因。无论如何，如果有人认为下述设想是具有启发意义的，即该主体的头脑装备了两个语句箱，一个上面标有"信念"，另一个标有"愿望"[11]，他就将冒这样的风险，即未能注意到对真理的认可、承认是信念这一概念的组成部分。

我们也应该注意到，从他关于认识论做什么的某种偏见，特别是哥德曼关于证成理论给出了信念形成的规则系统的正确性标准的观念，他的道义论理论对比后果论理论的框架，以及在后果论理论的范畴内他关于可靠论、解释论、实用论三者对比的说明的看法可以看出，斯蒂奇的批判见多识广。这也可能是造成我将诊断出的一些困难的部分原因。无论如何，如果有人只关注信念的形成过程，他就会冒着无视证成与证据的关联的某种风险；如果有人假定证成必定与真理相关，或者像可靠论那样与真理直接相关，或者完全不相关，他就冒着选择后一选项的风险，其理由无非就是前一个选项不合理。

第九章 庸俗实用主义：一种不诱人的前景

斯蒂奇描述自己是反对"分析的认识论"的，所谓分析的认识论，他理解为"任何这样的认识论方案，认为在竞争的证成规则之间或竞争的正确性标准［注意哥德曼术语的这种用法］之间的选择取决于概念或语言的分析"（第91页）。斯蒂奇把它描述为狭隘的、沙文主义的：他论证说，认知标准是通过文化方式获得的，随文化的不同而发生变化，植根于日常思想和语言中的评价性认知概念也是这样的。并且，"除非一个人在认知问题上倾向于沙文主义或恐惧外来文化，否则很难搞清楚为什么他会很关心这一点，即认识过程……与他碰巧生在其中的那个社会盛行的那一套评价性观念相一致"（第94页）。与罗蒂不同，斯蒂奇受到社群主义的排挤而非吸引。

但是，即使能够证明满足这些或那些认知标准就标志着一个人的信念是真的，又会怎么样呢？在斯蒂奇看来，这仍旧是狭隘的；它假设了具有真信念是某种有价值的事情。而且他坚持认为，这一点"对大部分人来说……实际上是很可疑的"（第98页）。事实上，在斯蒂奇看来，真并不是一个信念所具有的有价值的特性，无论这价值是内在的还是工具性的。

按照斯蒂奇在1990年那个时间段的看法，信念是一种大脑状态，它通过一个解释函数映射到有真值的命题上，而且只有当它所映上的那个命题为真时，它才是真的。斯蒂奇提出了一个"对我们的常识性解释函数——也就是把大脑状态映射到命题之上的函数——的因果或功能的说明"。然后他指出，对这个函数有许多可能的供选替代者。斯蒂奇继续说，"标准的"函数把他通过"太阳上面没有水"来表达的信念映射到"太阳上面没有 H_2O"这一命题之上，但是一个供选的替代函数可以把它映射到"太阳上面没有 H_2O 或者 XYZ"这个命题之上。他将标准函数和可能的供选替代函数描述为产生了不同的指称概念（指称、指称*、指称**……）以及不同的真概念（真、真*、真**……）。他断定，真只是一个信念可能会具有的众多可能的、与真相似的值中间的一个（第110页及以后两页）。

斯蒂奇认为，一个人一旦明白了这一点，他就会开始怀疑真理是内在地有价值的,并且会认识到:因真理自身之故而赋予它价值,是在做"一件极其保守的事情"(第118页)。

他继续说道,一个人也将会认识到,真理是否是工具性地有价值的,这一点也同样成问题。例如,考虑可怜的哈里:他相信他的班机上午7:45起飞,并且这个信念是真的;不幸的是,飞机坠毁,哈里死了。一个供选的替代函数将哈里通过"我的班机上午7:45起飞"表达的信念映射到"哈里的班机上午8:45起飞"这个命题上,这样使得哈里的信念为**真******(当然,尽管不是真的)。哈里若拥有这个**真******的信念,其情形本可以比他具有那个真信念要好。斯蒂奇继续说,这种论证可以推广到人们认为有价值的许多其他的目标上。所以,"在追求幸福或快乐或欲望的满足……[或]和平或权力或爱的时候,为真的信念并不总是最佳选择"。因此,"真信念的工具性价值远没有那么明显"(第123、124页)。

所以,为了促使我们打破旧的、狭隘的、保守的、以真理为导向的模式,斯蒂奇提出了一种对于认知评价的"实用主义"说明。认知过程将被评价为获得主体认为有价值的任何东西的工具。这个表述大概就是这样的东西:对A来说,P是一个好的认知过程,当且仅当P产生出这样的信念,这些信念能导致A所认为的任何有价值的东西。斯蒂奇注意到,这个说明既是相对主义的又是多元论的:"一般来说,问一个系统是否好于另一个系统将没有任何意义(句号)……其结果很可能是,一个系统对一个人或群体来说是最好的,而另一个系统对另一个人或群体来说是更好的"(第135-136页)。

在相关的意义上,认知标准是否真的是局部的、狭隘的、相对于文化而变化的,这个问题还没有答案。是的,有科学文化和前科学文化,有某个神圣文本的权威性受到尊重的文化,也有并非如此的文化;是的,即便是在一种文化当中,也可能提出关于证据或证成种类繁多的理论。但是,我不能肯定,有或者已经有了一种文化,在其中一个命题适合于以感觉和内省为依托的命题的解释性网络(也就是解释整体性和经验支撑),这一点不是认为该命题为真的根据。而且我

第九章　庸俗实用主义：一种不诱人的前景

注意到，斯蒂奇提供的关于文化多样性的证据异常单薄：他谈到了一项工作，并将其报道为断言了——与通常的英语-约鲁巴语的翻译相反——约鲁巴人（Yoruba）没有像我们一样区分知识和真信念，而是区分了第一手的和第二手的[12]。约鲁巴语谈话者拥有某种类似于1912年罗素关于知识与可能意见的区分的东西[13]，尽管这个说法很有意思，但温和一点讲，即使它是真的，相对于下述断言，它也是非结论性的：我们的认知标准根本就是因人而异和狭隘的。

然而，在这一点上花费太多力气是不明智的，因为文化的多样性与斯蒂奇的主要论题的关联是次要问题。首先，他谨慎地避免给出正面的谈论，如："别的语言和别的文化肯定能并且可能确实唤起了与我们自己的认知评价观念有重大差别的认知评价观念"（第 94 页，着重号是我加的）。但更重要的是，我们的认知标准是或者可能在文化上是局部的，其特色在于，只在斯蒂奇的论证的相对次要和薄弱的阶段作为前提。而主要阶段承认这种可能性：我们的标准（无论是局部的还是非局部的）可以证明是显示真理的，并且也坚持这一观点：即便如此，优先选择那些标准也将会是"沙文主义的"，这取决于"极其保守地"偏爱真胜过真*、真**、真***……

不过，我们可能会看到，为什么斯蒂奇会认为在论证的主要阶段之前，读者可能需要被软化，因为他随后要提出的东西非常脆弱。他需要做的事情是去表明，真理只有当或者内在地或者工具性地具有价值时才是有价值的，而它哪一个都不是；他提出的只不过是这个断言：真理属于这两种情况之一这一点并"不是明显的"。斯蒂奇承认，他的论证不是"非接受不可的"（第 120 页）。从他早期的工作开始，他的策略的令人熟悉的程度令人惊讶：他暗示他有关于一个令人吃惊的论题的论证，提出一些根本没有确证此论题的考虑，通过勉强承认他的论证是非结论性的来使读者息怒，然后力陈他那令人吃惊的论题有可能是真的，并把证明的重担强加给对方。

只是要保持记录的完整：真理并不是内在地有价值的，斯蒂奇用来劝说我们相信这一点的所有东西就是这一观点，即真只是信念可能具有的一系列语义属性（真、**真***、**真****……）中的一个，这一个碰巧在我们的文化中被挑选了出来。坦白说，我甚至不知道，说另一种文化挑选出了比如**真***而不是真，这可能意味着什么；我将坚决反对这个提议：**真***、**真****……是真值[14]。但无论如何，真是信念的语义属性范围中的一个，与它是否内在地具有价值是毫无关系的。真理不是工具地有价值的，斯蒂奇用来劝说我们相信这一点的所有东西就是这一观点，即在一些情况下，例如前文哈里的例子，一个真信念可能导致一个人的死亡，而一个**真******信念却可以挽救一个人的生命。这表明——我不否认——一个孤立的真信念从工具价值层面看可能不是最佳的。但这一点与真理是否具有工具性的价值根本毫无关系。说完了。

我希望，上面所述确证了这一点，即斯蒂奇关于下述一点没有提出任何好的论证：由于它们以真理为导向，我们所熟悉的认识论方案为什么是被错误构想出来的。就此打住——最后放一句狠话，是有诱惑力的，也许可以注意到，斯蒂奇声称要去做的，不是要表明接受他那令人吃惊的论题将导致任何读者认为有价值的东西，不是要去表明它是**真***、**真****……或者不论什么东西，而是给出认为它为真的理由。但是，更陡峭的路上往往有更好的风景；也许我应该说，我们会从下述行动中获得好处，即暂时肩负起斯蒂奇强加给我们当中那些重视真理的人，让这些人提供证明的重担。

我的论证的第一部分将要论证的是，真理在认识论上是有价值的，在这个意义上，探究、证成和信念概念中的每一个都与真理概念有着内在的联系。

我是按照哲学家特有的方式，在最一般的意义上谈论探究的：可以这么说——探究事物是什么样的。如此宽泛地进行解释的话，探究的那个目标是什么呢？是这种东西：得到尽可能多的关于世界的有意思的和重要的真理。但关于唯一性的提法是误导的，因为"那个"目标分解为两个元素：一方面是真理，另一方面是兴趣或重要性。显然，在这两种成分之间有潜在的紧张关系，因为如果一个人不介意他

第九章 庸俗实用主义：一种不诱人的前景

得到的真理微不足道的话，那么他会非常容易地得到真理。存在很多不重要或者没有意思的真理。

尽管真理不是那个目标，但却是探究的那个目标的一个方面。如果你不是在努力查明事物是什么样子、去得到真理，那你就并不是真的在进行探究。（然而，存在许多假冒的探究；这就是为什么当政府正式地调查这个或那个的时候，我们中的一些人伸手去够我们用于提醒的引号。）

因为探究有这样的双重目标，所以，评价一个人的探究活动的成功就有两个维度，可以粗略地描述为深度和安全程度，前者是以兴趣为导向的，而后者则是以真理为导向的。（相应地，评价一个作为探究者的也有两个维度，可粗略地描述为创造性和认真程度。）

然而，当一个人关注证成问题时，其行为本身正把自己限制在以上两个维度的第二个上面。显示真理是证成标准的那个特有的优点。（哥德曼非常正确地坚持了证成和真理的联系——正是在这一点上，斯蒂奇和他的同伴分道扬镳了；他的错误之处在于，让这种联系变得过于直接、成为归属性的而不是指称性的了。）

相信 p 就是接受 p 为真。

真理是认识论上有价值的，这一点与下面的事实完全相容：在一些情况下，一个人不去探究可能会更好，或者有一个未被证成的信念可能会更好，或者有一个假的信念可能会更好；而且这一点也与这个事实相容：有些真理是不足道的、令人厌烦的或者不重要的。

斯蒂奇无疑会认为，所有这些只不过是对我的"深刻的保守主义"的一种古怪的阐述。他可能会说，"所以，认识论在传统上所关注的概念与真理概念是有内在联系的——但除了文化遗传上对真理导向的偏爱之外，为什么我们应该对它们感兴趣呢？"

答案部分在于，真理在工具层面上是有价值的。关于事物如何的知识使我们能够导致我们想要的目标，并避免不想要的目标。当然，也并非总是这样；但是当（如在哈里的例子中）一个真信念对我们所起的作用比一个假信念能够起的作用更坏时，更完善的真信念就可以对我们起更好的作用（如果哈里真的相信他的班机应于 7:45 起飞，而且它将坠毁，他可以挽救的就不但有他自己的生命，还有其他人的生命）。

答案的另一部分更难表述。我能解释它的最好的方法是：信念是我们所拥有的东西——所以，由于信念概念与真理概念是内在关联的，重视真理就不是任何文化偏向。与其他动物相比，人类不是特别快速或者特别强壮；我们真正具有的是理解事物的能力。这种能力很不完美，它不是一种并非祸福相倚的东西，但是，谁能真正地怀疑它对我们具有工具性的价值呢？不过，我现在的观点是，我们是拥有信念并有意向地行动的动物，正是这一事实使得真理的认知价值成为比文化上的借口更深刻的东西。

259　　通过反思斯蒂奇的后革命认识论会做的事情，便可确定这一说法是正确的。据说，它的任务是改善我们的认知过程；其目标是信念，不论是真的还是假的，主体接受它们为真将导致他认为有价值的东西。信念必定是产生出来的，这一点从哈里的例子就可以清楚地看出来；会使他的状况更好的东西是，他接受一个不是真的但却是**真******的命题为真，也就是相信这个命题。"**真******的"当然是一种华丽的误导的排字手法，这一点在我们把最后一个从句翻译成英语时会变得明显：假如哈里相信一个不同的命题，该命题不是真的，但他对该命题的相信导致了他认为有价值的东西，情况会更好。

在斯蒂奇的后革命认识论中，也不可能会有很多诚实的理智工作。解释的任务是不足道的："好的认知过程是这样的过程，它产生这样的信念，使得主体拥有这些信念将导致他认为有价值的东西"，这就是所有的一切。顺便说一下，这种实质内容的缺乏是唯一能够期待的东西；它是哥德曼的可靠论解释的非实质性特征的影像。那个调节性任务，也就是斯蒂奇力图从事的"改善我们的认知过程"的任务，它的情况怎么样呢？就我们所知，所谓"改善"就在于我们接受这样的命题为真：不论它们是真是假，我们相信它们是有利的。如何做到这一点呢？如果不是通过魔力（尽管斯蒂奇提到有助益的妖怪，

第九章 庸俗实用主义：一种不诱人的前景

表明他可能正希望得到魔力的帮助）[15]，那还有什么比依据更好的自我欺骗技巧更好的呢？

因为斯蒂奇可能会回答说，这只是极其保守的道德教化，所以，我最好这样说：在我看来，尽管自我欺骗总是认知上的失败，但它并不总是或者必然是道德上的失败。帮助买赃物的人使他相信他买的极其便宜的商品终究不是偷来的，他相信这一点会导致买者认为有价值的东西，即站在法律的正确方面，人们关于这个方案所感受到的道德疑虑不会扩展到下述方案之上，即帮助癌症患者使他相信他将会康复，他相信这一点会导致病人认为有价值的东西——活着。

斯蒂奇可能会回答，这种说法回应了道德教化的指控，但却没有回应极端保守主义的指控。（"为什么我应该关心自我欺骗是一种认知上的失败呢？——那仅仅是一个文化上的怪癖"。）尽管下述回答表面看来是有诱惑力的：这揭示了斯蒂奇的后革命的"认识论"将不再被认为是认识论，但更重要的是强调这一点，也就是，它促使我们意识到，斯蒂奇的后革命的认识论或"认识论"不能取代更传统的方案。

为什么不能呢？因为关于构成"认知的改善"（在斯蒂奇的特殊意义上）的东西的任何并非不足道的详细说明，都需要关于在其中真信念将导致主体认为有价值的东西的环境的详细知识，以及关于在其中假信念同样如此的环境的详细知识。这种"详细知识"将不得不仅仅是那种详细的知识，导致斯蒂奇认为有价值的某种东西的假信念则不会这样。因此，我们所熟悉的那些以真理为导向的认识论问题依旧会出现。

这是一个绝妙的讽刺：差不多一个世纪以前，实用主义的创立者皮尔士就提出了这最后一个观点。出现在对皮尔森的书《科学的语法》所做的评论当中；皮尔士所反对的是皮尔森的这个论题：科学的目标在于促进社会的利益。

> 我必须承认，我属于那个无赖汉阶层，他们企图在上帝的帮助下当面审视真理，不管这样做是否有益于社会的利益。此外，如果我想解决那个过分困难的问题，即"什么东西有利于社会的

真正的利益?",我将感到我需要来自那门关于合法推论的科学的大量帮助……[16]

所以,至此为止我一直在扛着那个认识论的重负,我希望我可以被允许把它放下来足够长的时间,以便我能够做出一些简要的历史评论。

刚才引用的段落绝对是皮尔士所特有的,他坚持他所谓的"科学的态度""想要知道事物究竟如何的渴望""想要了解真理的强烈愿望"的重要性;他坚持认为,真理"就是**如此这般**……不论你或者我或者任何人认为它是不是如此这般"[17]。这几乎是不能从罗蒂或者斯蒂奇所谓的"实用主义"中再给去掉了。

以"实用主义"而知名的那些哲学倾向仍然具有惊人的多样性;并且,否认下述一点将是愚蠢的:在一些实用主义著作家那里,有一些因素似乎表明了我已称之为罗蒂和斯蒂奇的"庸俗实用主义"的东西。例如,詹姆斯就曾力劝哲学家们多注意具体真理而防止沉溺于抽象真理[18],从这里人们可能听到了与下述一点类似的某种东西:罗蒂不能容忍假定给目前可以辩护的东西奠定基础的任何东西。但是,这种看法忽略了下述一点:詹姆斯坚持认为具体真理概念是依赖于抽象真理概念的,它是不能独立存在的。再有,在詹姆斯捍卫"信仰的意志"时,在捍卫没有证据却坚持信仰的权利(假如信仰会使一个人生活得更好的话)时,我们可能会听到与下述一点类似的某种东西:斯蒂奇将"证成的信念"和"导致一个人认为有价值的东西的信念"进行了等同。但这种看法忽略了下述一点:詹姆斯也说过,这一条原则不仅仅只适用于例如具有宗教性质的、原则上不能由证据来确定的命题,而且它也不同于实用主义,并且独立于实用主义[19]。忽略下述一点也将是愚蠢的:当他说"真的东西只是就信念而言为善的东西"时,詹姆斯是在强调——夸大——真信念的工具性价值。詹姆斯曾经抱怨批评家们对他的话做了"最愚蠢的可能解释"[20];现在,实用主义的"朋友们"似乎在做同样的事情[21]。

以上阐述就揭示了我之所以选择詹姆斯的一些睿智的话作为下一

第九章　庸俗实用主义：一种不诱人的前景

章的开头，并由此引出我在认可问题上的尝试的原因。

注释

［1］感谢斯托夫提供这个对话。

［2］本章第一节正文中所有的引文页码均出自罗蒂的这本书。当然，罗蒂决不是第一个论证认识论是被错误构想出来的人；参见例如内尔森：《"知识理论"的不可能性》。

［3］参见罗蒂：《不熟悉的噪音》，并参见哈克：《令人惊奇的噪音：罗蒂和赫西论隐喻》和《枯燥的真理和真正的知识：隐喻的认识论和认识论的隐喻》。

［4］参见塞拉斯：《经验论和心灵哲学》。

［5］参见蒯因：《经验论的两个教条》。

［6］无论如何，在1987年以前，戴维森著作中的任何东西都强烈反对任何这样的思想。也许，在《事后思考》中看上去他有些动摇，在第134页上，戴维森把自己描述为关于真理的一个"实用主义者"。然而，在他1990年的杜威讲演，即《真理的结构和内容》中，尽管他已经否认了塔斯基的理论是一种符合论的思想，但他不加任何想象地同情罗蒂的庸俗"实用主义"，这一点却再次变得清楚了。（顺便说一句，关于塔斯基和符合论，参见哈克：《他们关于塔斯基所说的是真的吗？》和《实在论》。）

［7］罗蒂：《偶然性、讽刺和协同性》，第73页。

［8］在《关于海德格尔和其他人的评论》第86页上明确做出的一个谴责。

［9］本章第二节正文中所有引文的页码都出自斯蒂奇的这本书。

［10］罗蒂：《客观性、相对主义和真理》，第21页。

［11］斯蒂奇是从希弗的《真理和内容的理论》那里得到这种自负的。

［12］海伦和索蒂普：《知识、信念和巫术》。

［13］罗素：《知识、错误和盖然性意见》。

[14] 哥德曼在《评斯蒂奇的〈理性的破碎〉》第190-191页上就是这样做的。

[15] 斯蒂奇：《理性的破碎：两章的概要》，第179页。

[16] 皮尔士：《文集》，8.143。

[17] 同上书，1.34，1.235，2.135。

[18] 詹姆斯：《实用主义》，第107页及以后两页；《真理的意义》，第3、143页。参见哈克：《詹姆斯的真理理论能够更让人满意吗？》。

[19] 詹姆斯：《信仰的意志》，第11页："我们热情的本性……必须在命题之间决定一个选项，只要它是名副其实的选项，就其本性而言就不能基于明智的根据来决定。"也参见詹姆斯给凯伦的信，佩里：《威廉·詹姆斯的思想和特征》，第249页。

[20] 詹姆斯：《实用主义》，第112页。

[21] 参见哈克：《实用主义》，对实用主义认识论进行了更详细的分析，参见《哲学/哲学：一种站不住脚的二元论》就罗蒂对皮尔士所做解释给出的详细批评。在文中，我已经把我的讨论限定为詹姆斯，我相信，罗蒂和斯蒂奇都严重地错误解释了他。学者们可能认为，尽管斯蒂奇对詹姆斯的引用（《理性的破碎》，第160页，引用詹姆斯的《实用主义》，第42页）是认真的和有倾向性的，但其目的是企图使詹姆斯好像去说斯蒂奇说他所做的事情，修订版本使詹姆斯对真理的工具性价值的热衷变得更为明显。拉特纳加给我的一个更困难的问题是，罗蒂的反认识论立场与杜威在《对确定性的追求》中对"知识的旁观者理论"的批评有多么密切的类似。目前我只想说，对我而言，杜威似乎还十分模糊，但理解杜威的一个（尽管不是唯一的）途径，是他正在力主一种更加自然主义的认识论——就此解释而言，他肯定与罗蒂十分不同。

第十章　被认可的基础融贯论

> 当……我们放弃客观确定性的信条时,我们并不会因此就放弃了对真理本身的追求或者希望。
>
> ——詹姆斯:《信仰的意志》[1]

探究的目标是有实质内容的、有意义的、有启发性的真理;证成概念尤其关注于可靠性,关注信念为真的可能性。因此,我主张,显示真理是证成标准为了成为好的标准所需要的东西。

认可方案所特有的问题是:这些证成标准是显示真理的吗?本章的目标就是尽我所能去提供对这一点的重新确认:基础融贯论的标准是显示真理的。

问题:我们的证成标准是显示真理的吗?它与下述问题不是同样的问题吗:我们的信念是真的,或者通常是真的,或者大体上是真的吗?即使我们的证成标准是显示真理的,为了得出我们的信念通常为真这个结论,需要进一步假设我们的信念通常会被证成。但是,人们有许多信念并未被证成或者只是在适当的程度上被证成。迷信、异想天开、自我欺骗、贸然得出的结论等等毕竟不在少数。

问题：我们的证成标准是显示真理的吗？它与下述问题不也是同样的问题吗：这些信念形成过程是有益于真理的吗？证据标准不同于探究行为的规则，就如同判断一顿饭是否有营养的标准不同于烹调或者安排菜单的指南。两者的不同之处部分地看，就是当前状态与过程评价的差异的问题（这是从第七章获悉的观点）；但是部分地看，也是一个事实问题，也就是说，对证成的关注得特别集中在探究的目标的一个维度之上（这是直到第九章都没有精细表述的观点）。这并不是要表明，我们这里所区分的两种认识论方案是没有关联的；毕竟，解释整体性概念在关于支持性的辨明中的作用表明，它的解释力量可能有助于信念的安全性。我只坚持认为，尽管它们有关联，但却是截然不同的。但是，我们在这里需要强调的，正是这两种方案之间的截然不同，因为它们经常被混在一起。

部分因为该探究目标的两个方面之间潜在的紧张关系，下述一点是可疑的：是否可能给出进行探究的规则——它与指导方针相反，对后者的应用需要判断力和辨别力。这就可以解释，为什么给出这样的规则的尝试会显示出这样一种明显的趋势，即在显然不能接受的东西和明显任意的东西之间进行变换。例如，在这两者之间：一方面是做出推测，尽可能严格地检测它，只要出现反例便放弃它；另一方面是不要太长时间地坚守一个理论，或者为了避开反面证据而做过于怪异的修改，也不要因为面对困难而太轻易地放弃一个理论（粗略地讲，也就是在"素朴的"证伪主义方法论和"精致的"证伪主义方法论这两者之间）。如我已经提出的，如果辨别力元素可能不可消除，那么，"探究行为"方案可能会比"证成标准"更抵制精确性。另外，它可能更欢迎有关同代和跨代探究者之间的相互作用的考虑[2]。像认知特征或认知德性这样的概念，似乎在"探究行为"方案中拥有自己的自然位置，因为它们所关注的是具有好的判断是怎么一回事，而这种好的判断是进行探究的指导方针所要求的；这反过来又确证了我迄今认为理所当然的东西：用这样的概念对证成做辨明，或者用这样的概念取代证成，这一希望是不现实的[3]。对当前目标来说，最重要的也许

第十章 被认可的基础融贯论

是,"探究行为"方案可能更欢迎多元论,因为很可能有不同的、同样好的进行探究的方法——的确,情况很可能是,最好的事情是不同的探究者以不同的方式进行探究;然而,关于证成标准的多元论不是合理的,这一点我将在下文中予以论证。(对这一段的反思总结在图10-1中。)

```
探究的目标:有实质内容的、有意义的真理

为探究行为设计指导方针的方案:        辨明或认可证成标准的方案:
——关注探究目标的两个方面,并        ——以真理为导向,也就是说,重点
且,因为它的这两个方面之间潜在的      关注可靠性、真性、显示真理的性
紧张关系                              质;所以"显示真理是证成标准为了
                                      成为好的标准所需要的东西"
● 更欢迎多元论                                    ↑
● 更顽固地抵制精确性
● 是指导方针,不是规则
● 需要辨别力,好的认知特征
● 社会的维度是重要的                      苏珊·哈克的关注点
```

图 10-1

当前的任务——对基础融贯论的认可,属于(如本书总体上所做的)"证成标准"方案的范围。

笛卡尔试图证明,凡是被他清楚地和明晰地感知到的东西就是真的,这是关于认可的一项经典成就。但是,我对认可问题上的探究将与笛卡尔主义者很不相同。首先,我不会以获得对真理的证明或任何保证为目标,而只是想给下述想法提供理由:如果对真理的任何显示对我们是可能的,那么基础融贯者的标准就是显示真理的;进而言之,这些理由既不是决定性的,也不是全面的,并且,由于它们依赖于我们关于世界和我们自身的理论,因而也不是完全可靠的。按照我在第五章和第六章中的表述,我的探究将是自然主义的;它部分依赖于关于人的认知能力的那些预设的可辩护性,而这些预设已经融入我们的证据标准之中。

如上一句所提示的,我的观点是,基础融贯论标准显示真理的性

质部分依赖于与人的能力有关的事实。这一情况与——尽管并非绝对需要——第九章中表达的对一种时髦的认知多元论的怀疑是一致的，该理论的论题指的是，不同的文化或认知共同体有很不相同的证据标准。所以，我首先要阐明我谈到下述话题时我是什么意思："我们"对证据的评价，"我们的"证成标准，以及我怀疑下述一点的理由，即关于这种标准所假设的那种分歧至少是一种夸张，也许是虚幻的。关于证据标准的多元论受到了不该受到的（我相信是这样的）欢迎，其原因之一可能在于把它与关于探究程序的多元论相混淆了。我将表明，另一个原因是把它与关于证据标准的一个不同的、更容易辩护的命题相混淆了，我将此命题称为"视角论"。我对关于证成标准的多元论的批评，将不仅会通过回顾的方式对揭示语境论和社群主义的困境有所帮助，而且更有助于论证本章的观点，它将强化那些开始于第二节的认可论证本身。

如我所怀疑的，如果这种多元论是假的，我的认可论证所依赖的关于人的本性的思想就更加可靠了。

一

在精细地表述关于证成的基础融贯论的过程中，我对自己做这样的描述，即努力弄清楚这一点：在我们关于证据为好或为坏、强健或脆弱的常识性评价当中，隐含着什么。我故意不去明确"我们的常识性评价"中的"我们"指的是谁，而且，我也故意避开"我们的认知实践"这个受到语境论者和社群主义者如此宠爱的短语。而现在我可以说得更明确一些了。

下面这一点似乎已经得到了近乎完全的认可：不同时代、不同文化或社会共同体的证据标准是极为不同的；这使得当我提到"我们的常识性评价"的时候，我必定是在指我所属的某个特殊群体的标准。就是在这个背景基础之上，斯蒂奇可以假定"分析的认识论者"必定

第十章　被认可的基础融贯论

会支持他们的认知共同体的标准,因为他们碰巧出生在那个认知共同体中。斯蒂奇引诱我说出这样的话:我不接受这些证成标准,因为它们是我碰巧属于的那个共同体的标准,我之所以称它们是"我们的"标准而不是"他们的"标准,是因为我接受它们。但即使这样,也已经承认了太多的东西;如我在第九章所说,我不信服这种假设的多样性。它至少是一种夸张,也许完全就是一种幻觉。

假设你和我正在仓促地准备佛罗里达的驾驶员测试。你认为对酒驾的惩罚是失去驾照六个月,而我认为是一年。我们看了一下驾驶员手册并仔细审核。或许是你看你的,我看我的,而它给出了不同的回答,于是我们检查谁的是最新版本。在这里,关于是否为 p 我们有不同的意见,但是关于什么算作支持或者反对 p 的证据,我们的意见是一致的。现在设想你和我都参加了一个任命委员会,你相信某个候选者应该被排除,根据是他的笔迹显示出他不值得被信任;我认为笔迹学是胡说,并嘲笑你的"证据"。你可能会让我去查阅《笔迹显示性格》[4];我指出它在极少数场合的可靠性,它缺乏理论根据,等等。这里我们不但在关于是否为 p 的问题上意见不同,而且,如我可能说的,关于"什么算作理由"让人怀疑这位候选者的诚实性,我们的意见也是不一致的。但是我不认为有人会很倾向于认为,这种普通的意见不一致表明了你和我在任何深层或有趣的意义上有"不同的证据标准"。我们只是在什么证据是相关的这个问题上不一致,因为我们在一些背景信念上不一致。

假设你和我正在解决同样的纵横字谜难题,而且,我们都针对某一格选定了不同的解决方案。自此以后,关于什么证据与其他的交叉格相关,我们的意见不同;我认为,给出我对横向的 7 的解决方案,纵向的 4 必定结束于一个"E",而你给出了你的方案,比如说它必定结束于一个"S"。我们填写的不同格越多,它们就越长而且越靠近中间,我们的不同就越是深层的,而且就更难解决。不过,我们都在努力使这些格适合于给出的提示以及其他的格。

我的推测是,层次很深的不一致可以通过相同的方式加以辨明,

证据与探究

这种不一致已经鼓励了如下思想：证据标准是与文化相关的——或者，按照可变性论题在科学内部的形式，是与范式相关的；也就是说，这种不一致存在于有关背景信念的更深一层的不一致的复杂网络中，而不是存在于有关证据标准的任何深层的分歧中。

关于"什么算作证据"，存在一种相关的歧义。在一种意义上说，关于"什么算作证据"存在很多的分歧；关于一个人把什么算作相关证据也存在分歧，后者依赖于此人其他的信念。记住，在另一种意义上说，关于"什么算作证据"可能就没有很多分歧；在评价一个信念的可靠性的过程中，科学的民族和前科学的民族，新范式的皈依者和旧范式的辩护者，可能正在评定这个信念是否适合于他们的经验以及他们的其他信念。（这并不是要否认其他的非证据性因素对于决定接受什么信念或什么范式可能是重要的。）如果我们在恰当的一般性层次上考虑证成标准，考虑框架性原则而不是具体内容，考虑有关经验支撑和解释整体性的限制性因素，而不是关于相关性的个别判断，那么存在的终究可以是共同点而不是分歧。[5]

有人可能会感觉到，上面所述太过温和而不能表达"科学的"文化与"前科学的"文化之间的差别。但是，下述提议可以促使这种不满意发生转向：最好不把科学文化的特征视为有关不同的证据标准的问题（在所争议的意义上），而是视为与下述各点有关的问题：更愿意使信念接受批评，更明确地意识到有供选择代物，因此以更开放的心态面对证成问题。也许在封闭的、前科学的文化当中，人们不是很关心这个或那个信念如何可靠的问题；这不意味着证成问题对他们没有意义，而只意味着证成问题对他们来说可能不是很突出。[6]（隐含在这一说法中的思想是："科学的与前科学的"的区分，并不像有时设想的那样明显。）

视角论是指这一论题：对证成的判断是内在地视角性的，因为一个人把什么证据视为与一个信念的证成程度相关，这一点不可避免地依赖于这个人具有的其他信念；以至于既然人们在背景信念上有分歧，他们在关于这个或那个信念如何被证成的判断上也有分歧，他们在背景信念上的分歧越是根本性的，他们在后一点上的分歧也就越是根本性的。

为了代替躲在语境论和社群主义后面的关于证成标准的多元论，我提出关于证据标准的一种根本的共同特性，这种共同特性被关于证成的个别评价的视角特征所掩盖，但尚未被消除。当我提出基础融贯论作为对下述一点的辨明时，即什么东西隐含在"我们的证据评价"中，我希望我已经把握住这种根本的共同特性。

对于本章的成功来说，下述一点不是绝对必需的：如我可能毫不客气地提出的希望，基础融贯论应该描绘一些不同文化和社会共同体所共有的东西；但如果是这样的话，那将支持我的如下论题：我们对基础融贯论标准所具有的显示真理的性质具有何种确信，这部分地取决于与人类相关的事实，也就是与所有正常人相关的事实。

一个证实我的渴望的、十分出乎意料的来源，出现在安尼斯提出的一个论证当中，这个论证被认为表明了语境论不必导致对客观主义的否定，不必导致约定论。按照安尼斯的说法，"证成是相对于一个群体的规范和社会实践而言的，从这一事实推不出它们不能受到批评，也推不出证成在某种意义上是主观的"。其具体论证是，首先，有关的实践和规范是认知的，以致它们的目标是"（追求）真理和避免错误"；其次，如果它们未能达成这些目标，它们可以受到批评。安尼斯提到了克贝列人（Kpelle），他说，他们比我们更多地依赖长辈的权威；他继续说，但是这"可以受到批评，如果他们发现它导致太多虚假的知觉信念的话"[7]。这个论证肯定没有表明安尼斯声称它所表明了的东西。如果安尼斯只是在说，根据一个群体所接受的其他规范可以批评这个群体所接受的某些规范，例如，根据与知觉的一致可以批评长辈的权威，或者根据长辈的权威可以批评与知觉的一致，这将与他的语境论相容，但不会与客观主义相和谐。另外，如果安尼斯所说的是，存在着不依赖于社会共同体的标准，特别是与感知到的东西相一致，并据此去判断认知规范和某一共同体的实践在"（追求）真理和避免错误"的问题上是否正在取得成功，这的确将构成对客观主义的承诺，但会削弱语境论。往后看，我注意到，这个论证的失败证实了第九章中提出的一个主张，即语境论导致约定论。但更重要的是，往前看，这个事实给我造成深刻的印象：即便是像安尼斯一样的语境论者也都诉诸知觉，并以之作为批评"认知实践和规范"的基础。因为这一点支持了我在本书一直在发展着的思想，即对经验性支撑的关注（而且我还应该说，对解释整体性的关注），在关于"我们的"任何狭隘的意义上，都不是"我们的"证据标准的一个局部性怪癖。

实际上，我很赞成与皮尔士通过下述说法所表达的思想相类似的某种东西，即知觉判断尽管不是不可错的，但却是强制性的[8]。为了避免"知觉判断"这个术语，我更喜欢这样来表达它：尽管我们很快就得知我们不能总是信任我们的感觉，但初看起来，信任它们对我们来说是自然而然的。（这会有意地令人回想起贝恩的观点：人类的认识是一个"受检验节制的天生轻信"的问题，和皮尔士一样，我也发现这个观点是值得注意的。）[9]

为了更清楚地揭示这些思想与对基础融贯论认可的关联，我必须先请读者和我一起去忍受某种相当复杂的运作。

二

我已经说过，笛卡尔关于"凡是被清楚地和明晰地感知到的东西就是真的"这一点的证明，是关于认可的一项经典成就；但有一点应该已经很清楚了，那就是我打算去做的没有多大的野心。我不想去表明，我们所有或大部分假定的知识都是真正的知识，也不想提出对基础融贯论标准的显示真理的性质的证明。我的目标可用这样的措辞来陈述，即"尽我所能地去确认"：基础融贯论的标准是显示真理的，因为我认为在这个方向上不仅存在对我能够做的事情的限制，而且还存在对能够做的事情的限制。（这表明了那个特殊的非笛卡尔主义的

第十章 被认可的基础融贯论

倾向性看法，我愿意通过本章开头出自詹姆斯的那段引文来表达这一看法。）

所有这些免责声明也表明，我认为认可问题是一个难题。你可能不认为这是一个有争议的断言，——但相当有意思的是，它却是可靠论者不得不加以否认的一个断言。如果一个可靠论的辨明是正确的，那么认可问题就是不足道的。因为可靠论是以下述方法来辨明"A 的信念 p 被证成"的："A 依靠一个可靠的过程[一个在 50％以上的时间内产生真结果的过程]得到信念 p"；由此立即就可以推出，被证成的信念可能[比不可能更为可能]是真的。乍看之下，它一下子就解决了此前难以处理的问题，这听上去像是可靠论的一个非常大的优点。但再看之后，我们会意识到，这终究不是一个如此令人印象深刻的成就。首先，关于如何将信念形成过程个体化的那些问题，之前一直缠着可靠论者不放，而现在又开始跟上来了。[10]其次，认可问题的不足道性是硬币的一面，它的另一面是，可靠论只是给出了有益于真理的纯梗概性表述，而未能提供关于证成的任何实质性的说明，这一点正在变得非常明显。

有人可能会认为，刚才我所说的可能会造成相反的结果。在第七章中，我反驳了可靠论的归属性特征，也就是可靠论将证成与任何在实际上有益于真理的东西联系起来的方式，而不是与我们以为有益于真理的东西联系起来的方式（或者更准确地说，是我们以为显示真理的东西，但这不是当前讨论的观点）。现在，带有修正主义痕迹的可靠论者——也就是这样的可靠论者，他们并不像哥德曼一样断言可靠论描述了我们实际上具有的证成标准，而是想用可靠论的标准代替我们的证成标准——可能会论证说，他所提议的代替有这样一个巨大的优点：把认可问题和辨明问题叠缩到一起；确实，我们可以期望他推动有意义的节约措施。我认为这个优点是虚幻的；因为与我们实际具有的关于证成的证据论标准不同，可靠论的标准不仅仅是我们可以用来评价一个人的证成的那种东西；我们所能做的事情是，在我们以为是显示真理的东西的基础之上去工作，也就是说，使用修正主义的可靠论者想要替代的那个证据标准。

除关于可靠论的特殊观点外，这里还有一个更一般的观点。一般而言，满足这些或那些证成标准是与被证成信念的真适当联系着的，对这一点的确证是一个实质性的和难对付的问题，除非我们选择了对证成标准或者真理或者它们之间想要的关系的一种刻画，而将设计出这种刻画恰恰是为了保证得到上述结果。尝试通过依靠真理的融贯论去认可证成的融贯论标准，引发了与认可方案的平凡化（它源于可靠论的辨明）同样令人不满意的东西。斯特劳森曾经提议，可以通过表明符合归纳模式本身就是"我们用'理性的'这个词所表达的部分意义"这种方法去消解归纳问题，上面这种不满意与许多读者针对斯特劳森这种处理的不满意差不多也属于同一种类型。[11]

272　　实际上，我并不信服这一观点，即符合归纳模式是理性的这一点正是"我们用'理性的'这个词所表达的部分意义"；无论如何，"归纳"和"理性的"在我的认识论词汇中不占据显著地位。但是，有一类平凡的认识论真理值得在文中提及。正如刘易斯将"可能的"（likely）或"盖然的"（probable）与"可信的"（credible）或"证成的"（justified）交换使用的习惯所表示的那样，"可能的"及相关的表达式有特殊的认知用法。"E 使得为 p 的可能性如何"可能意味着"E 对于 p 的支持性如何"；"为 p 的可能性如何"可能意味着像"就当前可得到的最好证据而言，某人相信 p 在何种程度上被证成"这样的东西。（顺便说一句，似乎可能是这样的，即可靠论的一些表面上的合理性可能来自把认知的"可能的"和频率论观念相混淆了。）所以，如果采取了这些认知用法，那么，像"关于 p 的支持性证据是使得可能为 p 的证据"以及"某人越是在可得到的最好的证据基础上被证成相信 p，就越有可能是 p"这样的表述就是不足道地为真的。对斯特劳森上述主张的一种自然的回答是：可能是这样，但为什么在那种意义上我们应该关心的是理性的呢？而且，这段中提到的字面上的真理同样没有能力给出我们所要寻求的确证。它们提出了这个问题：假如我们关心的是我们的信念的真，为什么我们要在这种认知意义上

第十章 被认可的基础融贯论

关心我们所相信的东西的可能性呢？

在我看来，认可问题是有实质内容的：基础融贯论的证成标准没有被如此刻画以便保证它们显示真理的性质，而且我也不会去依靠对于保证这种性质的真理的说明。我正在寻找一种为基础融贯论所特有的认可，也就是说，这种认可把握到了它的细节，因为诉诸大意如下的同语反复是不起作用的：被证成的信念可能为真。

为了认可基础论的而不是基础融贯论的标准，需要做些什么？让我通过这样的提问来阐明"搞清楚它的细节"是什么意思。我特别考虑了一种不可错的基础论。按照这种理论，A 的信念 p 被证成，当且仅当，或者这个信念根据当前的证据被不可错地保证为真，或者它直接地或者间接地来自被如此保证的信念。一个信念被这些标准所证成，就是它为真的一个标志，证明这一点需要按如下思路进行论证：首先，经验保证被认定为基本的那些信念为真；其次，得到真信念的归纳支持的那些信念可能为真，而且，被真信念演绎蕴涵的那些信念也为真。我们需要前者给出关于输入的确证，需要后者给出关于传递的确证。

这一模型是有指导意义的，因为认可基础融贯论的标准所需要的东西将是不同的，这就如同基础融贯论不同于不可错的基础论一样。看待这一点的一种初步的简化方式是，将基础融贯论的标准视为实际上持有下述看法：A 的信念 p 越是被证成，这个信念就越是更好地依托于经验，并且在被整合到一个解释性理论中去时更好地得到其他信念的支持，而该解释性理论的成分也依托于经验并得到其他信念支持，如此等等。一个信念按照这些标准被证成的程度，就是它为真的标志，而证明这一点需要某种能够搞清楚经验支撑和支持性或解释整体性是什么意思的东西——这是上一段所区分的输入方面和传递方面的基础融贯论的类似物——并表明它们是怎样显示真理的。

这使下述一点变得明显：为什么我没有预见到认可方案完全可以通过先验的方式被采纳；因为，尽管可以期待该论证与支持性和解释整体性相联系的那个部分至少有一种准逻辑特征，但是，可以期待与经验支撑相联系的那个部分本质上是经验的。

是否存在任何先验知识呢?刚才的话想要在这个问题上保持中立;关于这个问题,我最好坦率地说,目前我没有任何答案要提供。那将需要一种关于先验性的理论,而且——这里我从福多那里借用一个快意但荒诞的词——我似乎已茫然失措了。(不过这样说也许是值得的:先验知识大概需要真信念,对后者的证成不需要任何来自经验的支撑,也就是说,所需要的明确地说是一种关于先验证成的理论。)然而,是否存在关于经验问题的先验知识呢?我不想在这个问题上保持中立;我所设想的是,不存在。实际上,并不是很需要这样强的东西;因为像"这个标准米尺是一米长"这样的新近被提出来表明存在着先验偶然这种混合身份的陈述,还远远不是那种认可论证可能需要诉诸的东西。但无论如何,我被人说服了:这类陈述所假想的混合身份可能是一种错觉[12]。

机敏的读者会注意到,这意味着:我不能通过指向否认先验性的论证推动我去支持哲学和科学的连续性的论题。进一步讲,吸引我的是这样一幅图景,它承认哲学和科学这两者都包含综合性和分析性要素。我们会经常听人这样说:一些基本的物理原则,比如通过澄清关键的理论概念而转变成同语反复。我承认我实际上被并不罕有的例子说服了,比如下面这个不足道的医学真理:心脏舒张时的血压低于心脏收缩时的血压[13]。总之,我认为哲学和科学一样,也依赖于经验;哲学与科学不一样的地方,在于这种依赖的间接程度和它所依赖的经验的种类——要求特别注意经验的如此普遍存在以致几乎不被注意到的特征,而不依赖于那些特殊的努力和工具,以便允许我们去经历不是每天都可以经历到的事情,这也就是说,哲学依赖于不借助任何东西的观察。(这一思想明显更接近于皮尔士而不是蒯因。)[14]

基于上述,现在开始(我的论证)。关于基础融贯论标准的显示真理的性质,能够给出什么样的保证呢?确切地说,人们可以有两条相当不同的途径去思考这个问题:或者努力将**完全的**证成与所讨论的信念为真的决定性标志关联起来,或者努力将较低程度的证成与显示

第十章 被认可的基础融贯论

真理性质的等级关联起来。把前一个策略描述为"从上",把后一个策略描述为"从下"似乎是适当的。[15]由于两者我都不能做得令人满意,审慎行事要求我对两者都试一试。

约定论者否认认可问题有意义。怀疑论允许它有意义,但认为它只能通过否定的方式来解决,也就是说,不可能将满足我们的证成标准与显示真理的性质联系起来。实际上,下文的论证的"从下"部分将构成我对前笛卡尔型的,也即非全盘怀疑的怀疑论(相当间接)的应答,而"从上"部分将构成我对笛卡尔型的全盘怀疑论(稍显间接)的应答。

按照基础融贯论的标准,关于经验信念的最终证据是经验证据,也就是感觉和内省。所以,基础融贯论标准的显示真理的性质要求这样的情形:我们的感觉给我们提供了关于周遭事物和事件的信息,而内省给我们提供了关于我们自己的心智状态的信息。它并不要求感觉和内省是不可错的信息来源,但它确实要求它们是信息的来源。

这就是为什么在第五章的结尾处,我不仅关注于精细表述人类作为具有感觉器官——它们感知周围事物所提供的信息——的有机体的图景(我称之为常识性图景,我们的证据概念所预设的图景),而且关注于指出这幅图景如何嵌入合理的心理理论化过程之中,而后者本身与合理的生物理论化(采用了进化的途径)是相一致的。

如平常一样,我的论证将重点关注知觉,并允许内省相随。

另外,这里提出的论证将需要下面这个更进一步的命题:经验证据,即感觉和内省,是我们所具有的关于经验信念的唯一的最终证据;我们没有超人的视力、心灵感应能力或者超知觉能力。这些都是经验性论题,它们和下述论题是同样明显的:人的感觉是关于外部世界的信息源,内省是关于人自身的心智状态的信息源;关于(假想的)"超常现象"的科学研究与它们有很强的贡献性关联。

人们可以问,我的论证是否应该解释为也要求我们没有宗教体验,意思是说,并不是对宇宙的神奇和复杂留下深刻的印象,而是与神具有某种直接的相互作用。这个问题揭示出,关于"经验性信念"

中"经验"一词究竟意味着什么,有一种有趣的含糊性;如果把它看作"与自然界有关",那么宗教体验问题也许可以作为不相关的东西撇在一边,反之,如果把它看作"不是纯逻辑的,而是与事物的偶然状态有关",那么,这个问题就不能避免了。由于当前的任务已经很艰巨,因而我将选择比较容易的路径,把"经验"一词做足够狭窄的解释,以便阻止有关宗教体验的争议出现。[16]

纵横字谜类比对认可方案没有太大帮助,因为没有对着在第二天报纸上发表的答案来检查我的解法的可能性的类似物。但是,它的确有助于根据下面的类比去思考**完全地**证成:已经完成了所有与正被讨论的格交叉的格,并且,正被讨论的格和所有那些交叉格都非常好地适合于它们的提示,以及与那些交叉的格相交叉的格,如此等等。因为某人的信念 p 要被**完全地**证成,他关于 p 的 C-证据必须是决定性的和全面的,而且他的 C-理由自身也必须被**完全地**证成。换言之,该信念将不得不受到经验和所有其他相关命题的最佳支持,这些相关命题本身又受到经验和所有其他相关命题的最佳支持……当然,没有谁会在实际上具有这样一种东西,但是我们能够构思一个假设的理想理论,它是最大程度地依托于经验并被解释性整合的;某人被**完全**证成的 C-信念将属于这个假设的理想理论。("理想的"这个描述语是否恰当取决于下述假定:经验(experience)是我们能得到的最终的经验证据,并且是这种证据的全部。)

这提示了一个可能的"从上"策略:因为依赖于某种与皮尔士关于真理就是最终的意见这一定义类似的东西,这种假设的理想理论是能够经受住所有的经验证据和全面的逻辑审查的[17]。这种策略有其长处;但另一个策略也值得考虑,它更间接一些而且有些不够可靠,而它不依赖于我们对真理的这个定义的接受。

可供选择的策略(我认为它本质上仍旧是皮尔士式的)是这样的。或者有唯一的理想理论,或者没有。如果有的话,或者将此理论等同于真理是适当的,或者这不是适当的。如果有唯一的理想理论,并且那个理论是真理,那么,**完全的**证成就是一个信念的真理性的决

第十章 被认可的基础融贯论

定性标志。如果没有唯一的理想理论，或者虽然有但它可能是假的，那么，即便是**完全的**证成也不能保证一个信念是真的。不过，这是我们所能渴望的最好的结果了；如果**完全的**证成不充足，那就没有什么东西会是充足的了。换句话说，除非完全的证成是显示真理的，否则探究将是徒劳的。我不想依照亚里士多德的意思说"求知是人的本性"；但是想要去调查、探究和试图理解事物的倾向，确实是我们的天性的组成部分，尽管对许多人来说，这不是最重要的部分。如果我们还想去进行探究，我们就只能抱持这样的希望前进：我们最好的东西就已经是足够好的了。

如果我们对比这两个策略，有一点会变得明显，那就是我们要面临在下述两者之间做出选择：一个是更强类型的认可论证，它因在说明真理时向实在论让步而成为可能；一个是更弱类型的认可论证，它与关于真理的实在论观点相容。

所用的词汇是不同的，但问题的情境与我们回应笛卡尔式怀疑论以及恶魔假设时是相同的。当实际情况为非 p 时，这个魔鬼被设想为有能力使得在我们看来情况好像恰恰是 p；被假想出来的骗局是我们绝对不能觉察的，这一点对笛卡尔的论证策略来说是本质性的。一个可能的回答，也就是由布兹玛明确做出并由皮尔士隐含做出的回答[18]，是坚持认为魔鬼假设是捉摸不定的和难以理解的；做如下设想没有任何意义：无论我们探查到多么深的程度，对我们而言事物在所有可能的方面都好像是 p，可 p 却是假的。我们认为它有意义，仅仅是因为我们构想了不够全面的欺骗，也就是我们能够觉察出来的欺骗。另一个可能的回答是允许这个设想有意义，但要指出，由于其所假定的欺骗将是绝对不能觉察的，所以对我们来说，这个假设在认知上是绝对没有价值的。它不过是逻辑上可能的危险，按假说，对它我们可以不采取任何防范措施。

我们可能会怀疑，是否不能以某种方式区分开这两种方法之间的差异。毕竟，我们可以论证，促成了皮尔士关于真理的说明的实用主义特征的思想是，下述设想是没有意义的：或者（i）属于假设的理想理论的命题不会是真的，或者（ii）应该有一些真理不属于假设的理想理论的组成部分。这个设想有两个成分：第一个是以错误为导向的，第二个是以无知为导向的。如果我们觉得（我们可以这样做）前者比后者更有说服力，我们可能会怀疑是否有可能接受这一思想：假设的理想理论不可能是假的，但可能不是完整的真理。这种思路是有吸引力的；但我不清楚它最后是否能够起到作用，这是因为，如全面性条件清楚地揭示的，我们的可错性的错误导向和无知导向方面尽管是可以区分开的，但却是处处相互依赖的。简单来讲，一个人所不知道的东西降低了他所知道的东西的可靠性。可以把握到的更为强健的论证似乎是第二个论证，这是一种更具实在论意味但更不可靠的"从上"的方法。

但是，我们很少（如果曾有的话）会**完全地**证成我们的任何信念，所以，关注较小程度的证成的"从下"方法也需要加以探讨。我并不是在试图证明，如果一个人的某个信念在程度 n 上被证成，那么，他的信念在 n% 的情况下就会是真的。确切地讲，我是想要回答这个问题：如果我们关心的是我们的信念是否为真，为什么我们会更喜欢被更多证成的那些信念，而不是被更少证成的信念呢？这并没有预设，我们所关心的只是可靠性；我们也关心利益、重要性、实质内容。它只是预设了，我们对证成的关心与对可靠性的期望相关联，而不是与对实质内容的期望相关联。

这一潜在的思想与我在从上论证中所使用的思想相同：在弄清楚事物真相的过程中，我们不得不依靠的一切，就是我们的经验和我们设计出来说明经验的解释性理论。但是现在来看，对支持性的刻画的结构细节将居于突出地位，因为尽管**完全的**证成要求决定性的和全面的证据，但较低程度的证成并没有此项要求，所以我们的关注点转移到了全面性和支持性的程度上。按照我的解释，如何证成 A 的信念 p 取决于他关于 p 的 C-证据的支持性如何、它的全面性如何以及他的 C-理由的独立安全性如何。第三个条件，即独立安全性，在这里无须考虑；既然它关心 A 相信他关于 p 的 C-理由的被证成程度，这依

第十章 被认可的基础融贯论

赖于他关于那些理由的 C-证据的支持性和全面性——并且依赖于他关于理由的理由的独立安全性,但是,当我们得到经验的 C-证据时,这里提到的独立安全性最终会失去作用。我的想法就是这样的。令 E^* 为关于 p 的所有相关证据。这样,E 的全面性如何是它与 E^* 接近程度的衡量标准。指导我们去刻画支持性的帕特塞利原则告诉我们,E 对于 p 的支持程度如何取决于 E 留给 p 的竞争者的空间有多小。所以,A 的信念 p 越是被更多地证成,他的证据就越是近似于所有的相关证据,而且(假设我的辨明如我所希望的那样,符合帕特塞利原则所隐喻地表达的东西)他的证据留给 p 的竞争对手的空间也就越小。如果是这样,那么依据第四章中辨明的基础融贯论标准,证成程度看上去就是人们所能拥有的最好的真理标志了。

如果读者们回忆起在我的辨明中用来代替"归纳论证"的是"支持证据",就不需要再告诉他们,刚刚给出的论证是在我的认可中用来代替"对归纳的证成"的。(实际上,这种我们更加熟悉的方案最好被称作"对归纳的元证成",它偶尔清楚地揭示了这一点:当波普尔主义者说"归纳是不可证成"的时候,他必定会被怀疑是将"不能证明归纳是有益于真理的"简略成了"归纳能被证明不是有益于真理的"。)

我希望,我的重新概念化的工作已经把关注点转移到了更容易处理的问题上了。首先,有一点已经清楚,那就是,认可论证关注支持性的部分具有准演绎特征。我之所以说"准-",只是因为我不得不就迄今为止所发展的对支持性的刻画中存在的模糊性做出某种掩饰或说明;假如我能够对支持性概念和解释整体性概念给出精确的辨明,就应该有可能使认可论证的这一部分更加严格。有人可能会怀疑这是一项危险的允诺,并力主,自休谟以来我们就已经知道,归纳的演绎[元]证成不起作用。我当然承认,没有办法证明归纳论证是演绎有效的,特别是就当前的观点而言,也没有办法证明支持性的但非决定性的证据是决定性的;但由此推不出具有演绎特征的论证不能证明,在 E 为真这一假定的基础上,E 对于 p 的支持性是 p 为真的标志。

(在第四章中我论证过,不能指望支持性概念是逻辑概念,这里"逻辑"指的是"句法上可以刻画的"。这与当前的观点是十分相容的,后者是说,关于支持性证据显示真理的性质的元论证确实可以被指望具有逻辑的、演绎的特征。)但是,可能会有人反对说,如果我的论证具有演绎特征,或者假如能够使之足够严格,将会具有演绎特征,这难道不意味着它是不足道的、不提供信息的吗?我不这样认为;根据维特根斯坦,演绎论证当然能提供信息——也就是,关于我们的概念的隐藏的、但却可以发现的复杂性的信息。的确,这恰好就是难以使这个论证比我迄今所做的更加严格的原因,因为那需要对支持性和解释整体性进行比现在我能做的更为深入的分析。

与从上论证相同,从下论证(尤其)依赖关于人的认知能力的两个命题:(1)经验(感觉的和内省的)是经验信息的源泉,(2)它是可为我们得到的这类信息的唯一的最终源泉。到目前为止,我给予了这些命题或多或少平等的对待。但我并不真的认为它们恰好是平等的,无论就它们的独立安全性,还是就它们与这些论证的关系而言。如果没有第一个命题,我们就没有办法为基础融贯论标准设计任何种类的认可论证,因为那些标准本质上必须是感觉-内省论的。如果没有第二个命题,尽管我提出的论证不能保持不被修改,却仍然有可能去设计这样的论证:满足基础融贯论标准即使不必然会是真理的最好标志,至少也是真理的一个标志(假如我们能得到任何标志的话)。幸运的是,与第二个命题相比,第一个命题不仅更加必要而且更加可靠。不难想象,我们怎么可能(尽管我认为,在目前形势下我们不会)会有理由去认为心灵感应终究是存在的或者睡梦能够预言未来。也不难想象,我们怎么可能会有理由认为感觉不像我们现在所设想的那样可靠;但温和地讲,去构造这么一个场景是需要非常丰富的想象力的,在该场景当中,我们可能被迫得出如下结论:我们的感觉根本就不是感知我们周围事物信息的手段。蒯因在这个方向上富于想象的努力是有指导意义的:

> 经验仍旧可能发生转向,去证成[怀疑论者]对外部对象的

第十章 被认可的基础融贯论

怀疑。我们在预言观察方面的成功可能明显减少,而且与此相适应,我们可以开始多少成功地把预言建基于睡梦和幻想之上。[19]

在目前的语境中,这段文字使我感兴趣的,是蒯因关于我们发现预言建基于睡梦和幻想并开始更为成功这种可能性的描述,不得不被理解为是指关于将被观察到的东西的预言;所以,他想象除感觉证据之外我们怎么可能有其他的最终证据的尝试,与他想象感觉证据如何可能被完全取代的尝试相比,其所起的作用要好得多。

这就是第一节所提出的思想与认可论证相互关联之所在,该思想是指:对经验支撑的关注并不是一个局部的或狭隘的怪癖,而是不同的时代和文化所共有的东西,初看起来,依靠由人的感官所传达的信息是人的本性。

不:我不曾忘记,笛卡尔的认可方案存在着一些声名狼藉的困难,可以预测,对证成标准的任何尝试性认可来说,这些困难都会出现。这些声名狼藉的困难可能使一些读者一度认为"傻瓜闯进来了……"。在解释我如何摆脱声名最差的困难之前,我要先说几句话,它们与在笛卡尔事业中出现的一个名声没那么差却仍然令人厌烦的难题有关。

笛卡尔的"证明"如果起作用的话,会弄巧成拙;这个证明留给他一个尴尬的问题:假如一个人的才能是由一个全能并且决不行骗的上帝创造出来的,那么他不断犯错的情况是如何发生的呢?人的理性有限,但意愿无限,错误出现在意愿推动一个人超越他的理性能力的极限的时候,笛卡尔的这一回答给他留下了更为尴尬的问题:为什么上帝不给我们创造无限的理性能力,或者使理性和意愿更和谐地相处呢?上帝的意图超出了人的理解能力,他的这一回答是完全不能令人满意的。[20]我并不会面对任何与这个难题类似的问题,因为我并不主张任何人关于任何事情的信念会比罕见更多地被完全地证成,如果有的话,我也不主张**完全的**证成是真理的任何保证。

但是,有人可能会怀疑,如果说笛卡尔的论证会弄巧成拙,我的论证就是言不及义。我特别注意区分了两个问题:一是本章所关注的这个问题,即我们的证成标准是显示真理的吗?一是这个问题:我们

_281_

—265—

的信念通常是真的吗？人们的许多信念没有或者没有在很高程度上被证成，由于这一观点，第二个问题被撇在一边，尽管没有明确说出来，但这个观点却暗示了，人们也有被证成了的信念。有什么理由持有甚至这种程度的乐观主义呢？这肯定是一个合法的问题。关于这个问题，诉诸进化论思想或许是可行的。如我在第九章所谈到的，与其他动物相比，人类不是特别的快速或者强壮；准确地说，他们的长处是他们的认知能力，即他们向自己描述这个世界并因此预见并控制它的能力。与笛卡尔诉诸一个神性的创造者不同，这种想法没有任何倾向去表明可以期望我们的认知能力是完美的；而只是说，可以期待我们具有处理至少与生存条件最密切关联的事情的最小能力。我倾向于认为，进化论思想可以提供某种适度的确证，例如，我们把特定事物大体上分为一类的天生的倾向近似地挑选出真正的类，这将支持这个思想：我们具有某种最低程度的解释能力，当面对更进一步的经验时，通过修改和纠正我们的信念，我们能够基于这种能力进行建构；事实上，我们已经基于此建构了科学。

顺便说一句，上段中对进化的提及构成了我的理论算作进化认识论的第二个理由，尽管只是在最低要求的意义上；我的第一个理由在（第五章第五节）提到了，那就是说，对于知觉的吉布森式的生态学探究，与对生物体对其环境的适应性的关注相耦合，有助于说明进化认识论的合理性，并因此更间接地有助于说明基础融贯论中知觉概念的合理性。

现在，回到我们的论证的主线上，让我重复说一遍，我的期望要比笛卡尔低得多；我只是打算给出下述想法的理由：如果我们能得到任何真理的标志的话，那么，满足于基础融贯论的证成标准就是我们能够有的最好的真理标志了。然而，对期望的这个很重大的降低本身甚至也不会构成对笛卡尔事业所具有的那个声名更差的困难的任何回答，也就是一般认为的笛卡尔使自身陷入其中的恶性循环。不论怎样回避问题，不论它们渴望做得有多么适度，难道我的认可论证不是注定会陷入恶性循环吗？

第十章 被认可的基础融贯论

我并不这样认为。

首先，我没有提出得出如下结论的论证：基础融贯论的标准是显示真理的，它的前提之一是，基础融贯论的标准是显示真理的。

其次，我也没有（像那些追求对于归纳的归纳性元证成的人那样）使用某种推论或者信念形成方法去得出这个结论，即这个方法本身就是一种好的有益于真理的方法。

我已经为下述看法提出了理由：如果真理的任何标志对我们是可能的，满足于基础融贯论标准就是我们所能拥有的最好的真理标志。倘若下述疑惑挥之不去，即这里有某种病态的自我依赖，它疑惑可能会是基础论的后遗症，它强加了一种我并不认同的认识论秩序，或者它可能会是基础论的后遗症，它强加了一种我并不认同的元认识论秩序。但我已经论证，既不是基础论也不是基础论，因此，这两种认识论的优先序都没有得到很好的支持。

这可能不足以减轻所有的疑惑。有人可能会问我："是的，但你怎样知道感觉是关于一个人所在环境中的事物的信息源，而内省则是关于一个人自己的心智状态的信息源呢？"这令人回想起针对笛卡尔的那个为我们所熟悉的挑战："你怎么知道上帝存在而且不是骗子呢？"毫无疑问，这个问题会以这样一种腔调得到回答，它表明了我能够把握到的唯一的回答是："因为我的证据满足基础融贯论的标准"，这令人回想起笛卡尔给出的回答："因为我清楚地和明晰地感知到它是真的"。我将撇开这一问题，即笛卡尔是否有什么手段去对付这一挑战[21]，而专注于我自己的辩护。为简单起见，令"R"为我在认可论证中提出的所有直接理由的缩写。这个预想的问题，即"是的，但你怎么知道 R 呢？"是修辞性的，它是一个挑战，而不简单地是对信息的要求，这个问题可以通过下述两种方式的任何一种来处理：（1）作为一个挑战，要求给出我相信 R 的理由，或者（2）作为一个挑战，要求证明我相信 R 的理由相当地好，足以使我的信念成为知识。如果不精细表述我的证据标准，并表明我关于 R 的证据满足这些标准，并且，尽管不是十分明显但至少是可论证的，如果不提供对我的证据标准是显示真理的这一点的确证,我就不能回答第二个挑战;如果是这样,在目前的语境中我不能在不导致循环的情况下对付这一挑战。但是,仅仅通过给出我相信 R 的理由,我就能够对付第一个挑战。而且这就已经足够了。如果我的理由是独立安全的而且是真正支持 R 的,那么它们就是好的理由;如果我相信那些理由的证据是好的证据,那么我关于那些理由的信念就被证成了,因此关于 R 的信念也被证成了。如果我的信念 R 被证成,那么(假设 R 是真的,而且需要别的无论什么东西去避免盖梯尔悖论)我知道 R。如果我知道 R,并且如果 R(和它所依赖的间接理由)是相信下述一点的好的理由,即基础融贯论的标准是显示真理的,那么我也就知道了这一点。即使我不能知道我的弱认可结论被证成,我也能够证成它;并且,即使我不能知道我知道那个弱的认可结论,我也能够知道它[22]。

当然,在我看来,证成不是绝对的,而是有程度之分;所以,为了避免任何可能的误解,也许我需要重复一下:我不主张,在我认可基础融贯论标准时,我所提出的理由甚至是接近决定性的、全面的或者**完全**独立安全的。如果我的下述信念被证成:如果任何真理的标志对我们是可能的,基础融贯论的标准就是我们所能拥有的最好的真理标志,这只是在相对适度的程度上说的。难道这不是比一无所有更好的处理方式吗?

正如我所设想的,认识论及其元理论是关于世界和我们自身的完整的理论之网的组成部分,它们不是其他部分的基础,而是与其他部分交织在一起的。证据标准不是无望地与文化相关的,尽管关于证成的判断总是与视角有关的。我们能够具有的,不是关于我们的证成标准是保证真理的证明,而是支持下述看法的理由:如果我们能够得到任何真理的标志的话,那么我们的证成标准就是真理的标志;与关于外部世界和我们自身的理论中它们与之关联的那些部分相比,这些理由并非更不可错,但也并不是更可错的。

旧的基础论渴望的是一种对可错的人类探究者来说不可能具有的

确定性；但新近的约定论和社群主义却向"人为的绝望"投降了。[23]尽管我们必须满足于比笛卡尔所希望获得的更少的确证，但我们不需要放弃对真理本身的追求或希望。

笛卡尔的认识论故事在结尾时说，"从此以后，一切太平"，我们知道，这个说法太过理想从而不会成真。也许这样结束我的故事是恰当的——"从此以后，充满希望"，可以说，这种说法把普遍的可错论与关于我们的认知条件的适度的乐观主义结合在了一起。

注释

[1] 詹姆斯：《信仰的意志》，第17页。

[2] 所以，我区别认识论的个人方面和社会方面的方式，与哥德曼的方式很不相同。

[3] 参见我对科德《认知责任》一书所做的评论。

[4] 《笔迹显示性格》，著者鲍姆，他是《相手术手册［原文如此］》、《相手术》和关于相面术的论文的作者。

[5] 我在这里的表述出自与普特南的通信，在这方面他比我更倾向于多元论。

[6] 在思考这些问题的时候，我发现下面两篇文章具有启发性：霍顿的《非洲传统思想和西方科学》以及魏尔度的《如何不将非洲思想与西方思想做对比？》。

[7] 安尼斯：《一种认知证成的语境理论》，第216页。

[8] 皮尔士：《文集》，5.115及以后两页。

[9] 贝恩：《情感和意志》，第511页及以后两页。

[10] 费尔德曼在《可靠性和证成》中很好地表述了这些问题。

[11] 斯特劳森：《逻辑理论导论》，第233页及以后两页。

[12] 克里普克：《命名与必然性》；参见卡苏罗：《克里普克论先验和必然》和弗瑞珀里：《同一性、必然性和先验性：歧义的谬误》。

[13] 罗森菲尔德：《完整的医学测验》，第140页。

[14] 皮尔士：《文集》，6.2。

证据与探究

[15] 我从蒯因的《论翻译不确定性的理由》那里借用了这两个术语。

[16] 毫无疑问,"改良的认识论"的加尔文主义的支持者会认为,这种操作是非常不令人满意的,我敢说,这些人的态度如同马斯登的《美国福音派学术圈的衰落》第 257 页的这段引文所表达的:"罪过造成普遍的反常。大多数人都缺乏对上帝的信任,假如我们具有关于知识的那些直觉性的第一原则,这种信任应该是一种自发的行为。基督徒不应该感到窘迫,而应该坦承这就是问题之所在。如果一个人信任上帝,那么,他看待某个证据的方式,将与那些根本否认上帝的人所采用的方式不同。"

[17] 皮尔士:《文集》,5.565。

[18] 布兹玛:《笛卡尔的恶魔天才》;哈克:《笛卡尔、皮尔士和认知共同体》。

[19] 蒯因:《事物及其在理论中的位置》,第 22 页。

[20] 笛卡尔:《沉思录 IV》。

[21] 但是,参见范·克莱弗:《基础论、认知原则和笛卡尔循环》,其中就这个问题进行了富有启发的讨论。

[22] 参见皮尔士对"完善的"和"确实的"知识的区分,见《文集》,4.62-4.63。

[23] "……现在时髦的那种哲学,信奉并且珍视某些原则,其目标……是说服人们去相信:不能期望在艺术或者人类劳动中的……任何困难的东西……它们……容易导致……有意的和人为的绝望,它们……切断勤奋的原动力和驱策力……并且,所有这一切都是为了使他们的艺术被认为是完美的,为了满足那可怜的虚荣心:使人们相信,迄今仍未被发现和理解的任何东西,从此以后再也不会被发现或者被理解"。培根:《新工具》,第一册,格言 LXXXVIII。

下编
论文选辑

"Know"只是一个四字母单词

导言 在什么场合可以说一个人知道某件事？什么场合不可以说一个人知道某件事？在这两者之间没有一条明确的分界线。

认识论中新近的大量工作都将目标指向了这样一点，即说清楚使得"x知道p"这种语句为真的精确的充分必要条件，同时还要精准地反映出"knows"［知道］的日常用法。但似乎并没有取得什么实质性的进展：已提出的那些定义似乎最多只具有虚假的精确性；所提出的那些所谓反例似乎被严重地贬低了，而关于它们的真实性的直觉通常来看并不够清楚，而且经常出现相互之间不一致的情况。本文的论点是：这项工作已经失败了，因为在什么场合我们可以说一个人知道某件事，什么场合不能说一个人知道某件事，在这两种情况之间根本就没有一条截然的分界线。

一个可用来支持我上述论点的论证如下："knows"及其同源词的日常用法是模糊的、多变的和相互冲突的，因而，关于知识的任何一种能够充分且忠实地表征这种用法的确切而且一致的分析是不可能给出的；不过很显然，一个纯约定性的定义在哲学上没有任何用处。

但这是一个相对肤浅的论证，尽管我相信就当前而言它是正确的；因为它对下面这种可能性未置可否，即对知识这一概念提供一个有价值的解释——它与日常用法的一些、尽管不是所有方面都相合——或许行得通。

我将在这篇文章中系统展开的论证会更加深入。该论证的基本梗概是：传统上关于知识即为得到证成的真信念这一定义相当模糊，以致难以忠实地反映这个概念的前分析用法中的含混与模糊、多变与冲突。不过，这一用法因为如下这个好的理由而是含混的与相互冲突的：认知证成这一概念的某些特性造成了难以避免的冲突。正如人们将会预期的那样，想要让这个传统概念变得合理而准确，会把这些本被藏匿的冲突置于众目睽睽之下（因此，毫无疑问，就有了所提出的新定义的虚假的精确，以及有关所提反例的直觉的不够清晰）。这些冲突甚至排除了就知识概念提出一个令人十分满意的解释的可行性。

我先就认知证成这一概念的特征做一个预备性的勾勒，之后再来详述我的论证，我相信这些特性可以解释清楚知识的前分析概念当中存在着的那些冲突。目前来看，这个东西肯定是一种教条式的、提纲挈领式的勾勒；只有随着文章的推进，才有可能填补其中的一些细节。

第一节 "knows" 等等的日常用法是多变的和冲突的，这是由深层次的冲突造成的：证成有程度之分，而知识则没有这种分别。

证成有程度之分；或者换而言之，人们相信某事可能会得到更多或更少的证成。例如，我们说到某个人拥有好的、但非决定性的证据；我们说到某个人的信念基于脆弱的证据；说到某人有如此这般的信念获得了某种证成，但却未能考虑到如此这般这一事实；说到匆忙之间得出结论；说到不完整的或者——有益的歧义词——"片面的"证据。

影响到我们相信某件事得到证成的程度的一个重要维度，是我们考虑到了多少相关的证据。未能考虑到相关因素可能意味着我们把自己的信念奠基于这样的证据之上，而更进一步的证据将会表明这些证据是误导性的；因为基于更多证据的最简说明，与只考虑更受限制的证据的最简说明，可能是十分不同的。在其他条件不变的情况下，一个人考虑的相关证据越多，他相信某事就会越得到更多的证成。

不过，尽管证成有程度之别，我们有时候确实会说到一个人相信某事"完全地"（或"完美地"，或"整个地"，或"相当好地"）得到证成。我认为，在通常情况下，当说某人相信某事得到"完全证成"的时候，我们实际上是在对他的认知状态做出这样一种评价，我们可以通过下面这种说法对其进行表达：他没有在认知上忽略对于相关证据的考虑，他用了足够的心思去考虑这件事。问题是，用了多少心思才够呢？回答这个问题取决于（不考虑其他）这样一些问题：所讨论的问题有多大的意义？进一步的相关证据如何易于获得或不易于获得？未被考虑到的证据在何种程度上属于相关证据？相关人士的立场是什么？——例如，熟知此类事情是不是他特有的业务？简言之，完全的证成这个概念——此后我将称之为"完全证成"——是依赖语境的。

所以，一个人相信某事可以得到完全证成，即使还有一些相关证据他没有考虑到，只要他花了足够大的力气去探求信息——而花了多大力气才够，这取决于语境。因此，有时候一个人没有在他得到完全证成的信念上犯错可能只是因为运气：或许，尽管他的证据是不完全的，事实上也是误导性的，但作为弥补过失的结果，他碰巧没有被误导，并最终获得了真信念；或者情况也可能是这样：在那些他没有考虑到的证据当中，假如他碰巧有了这一证据而不是其他相关证据，这就可能会误导他。（当然，有时候一个人不够幸运而且会被误导，此时他的信念尽管得到了完全证成，也是假的。）

我的看法是，在通常情况下，当我们说到一个人相信某事得到"完全证成"的时候，我们所说的是，在我所描述的、依赖语境的意义上他得到了完全证成。但是，鉴于人们考虑到的相关证据越多，他们相信某事这一点也就会得到越多的证成，于是下面这种说法也就很自然了：在"完全证成"的另一种不依赖语境的意义上，只有当我们已经考虑到了所有相关证据，我们相信某事才真的得到了完全的证成。我将称这个更强的完全证成概念为"**完全**证成"。若一个人相信某事得到了**完全**证成，他就不可能（和相信某事只得到完全证成的人不一样）是不幸运的并且会被误导，他也不可能是幸运的但却没有被误导。不过，有一种情况即便出现，也会是非常罕见的，那就是，有人会拥有与他相信的某事相关的所有证据，因此，有谁相信某事得到了**完全**证成这种情况，即便是有，也会是十分罕见的。

证成概念的这些特性给我们分析知识概念带来了麻烦。我认为，在一般情况下人们会认定，一个人要么知道某事要么不知道某事；无疑，在给出"x 知道 p"这种语句为真的充分必要条件的方案时，这样一个假定会被看作理所当然的。但是，如果知识被等同于——正如一个长久的传统所主张的那样——得到证成的真信念，并且，如果证成有程度之别的话，知识也就会有程度之分了。如果为了避免这个问题，我们将知识更精确地定义为要求某一特定程度的证成，那么对临界点的选择就必定会是十分任意的；无论如何，绝不能奢望任何理论能够给出确切的证成程度。此外，如果为了避免这些问题，我们只是要求知识需要一个"充分的"证成程度，而不用明确规定是什么程度，那么最终产生的定义就将大大缺乏精确性。看来，传统分析最有指望的改良品，可能就是这样的定义了：要么将知识定义为得到完全证成的真信念，要么将其定义为得到**完全**证成的真信念。然而，迄今更能指望的改良品似乎是一种区分了两个概念的解释——知识与**知识**——这两者各自代表了这种前分析观念的一个方面。

但是，这样的定义，或者这样的一个解释，会有一个严重的缺陷。简约而直白地说：要求完全证成就是要使知识依赖语境，并且在一些语境下，就是允许凭借运气而得到知识；而要求**完全**证成就是根本不允许有知识存在，或者几乎不允许有知识存在。

如果我正确地提出了，前分析的知识概念拒斥令人满意的分析，因为这个概念被拉向了两个方向，一个方向是大致对应于我称为"知识"的松散概念，另一个方向是大致对应于我称为"**知识**"的严格概念；并且如果我还正确地提出了，虽然松散概念允许知识（也就是知识）的获得有赖于运气，那么严格概念就根本不会允许或几乎不会允许知识（也就是**知识**）存在了。这样，我们期待见到的，就不仅仅是所提出的对于知识的分析的失败，更具体地说，是这些分析在两个方向中的一个或另一个上的失败：要么是因为容许凭借运气获得知识而更充分或更不充分地表征了松散的概念，要么是因为根本不允许或几乎不允许知识存在而更充分或更不充分地表征了严格的概念。考察一下针对传统知识定义提出的那些所谓反例，以及为了回应那些反例而提出的各种修正性定义，都将证实这一期待。这样的考察是我在第二节要做的事。

当然，情况也可能是这样：虽然我所考察的所有提议的确都在我所预测的方向的某一个或另一个上失败了，但除了哲学家们缺乏技巧，这个结果的出现没有更深层的原因，而且如我断言过的，这并不是深层次冲突的不可避免的结果。我在第三节将致力于证实我的诊断，所采用的方式是更细致地讨论误导性证据、相关性、证据的整体性、认知上的疏忽以及凭运气获得知识等这些概念，而这些概念将以针对传统定义提出的反例以及对传统定义的修正作为背景。

正如我在早些时候提出的，就改善传统的知识定义来说，我们可以寄予的最大希望是一个区分了两个知识概念（即知识与**知识**）的解释。但我同时也提出，即便是这样做，也将会有严重的缺陷，我将在简短的最后一节论证，更深刻的结论将是：我们所需要的并不是关于知识的一个更好的定义，而是对证成的一种更好的理解。

第二节 *所提出的分析：要么允许凭运气获得知识，要么根本就不允许知识存在。*

如今有一大批文献，其中就包含了所提出的对知识的分析及针对这些分析的所谓反例。本节的目标就是要表明，所有这些被考虑的分析要么允许凭运气获得知识，要么根本就不允许或几乎不允许知识存在。

提议 I：知识就是被证成的真信念。

这种分析曾一度盛行，以至于已经被周知为关于知识的"传统定义"[1]，它的内容是：

x 知道 p，当且仅当（i）"p"为真；

（ii）x 相信 p；

而且（iii）x 相信 p 得到了证成。

但如今得到广泛认同的是，这种类型的分析允许凭借运气获得知识。被视作确立这一点的那些例证如下所述（这要归功于盖梯尔）[2]：

反例（1）：史密斯与琼斯是同一份工作的候选人。史密斯有好的证据可以使他相信琼斯会获得这份工作（公司总裁刚刚这样告诉他），并且他还有好的证据使自己相信琼斯的口袋里有十个硬币（史密斯刚才数过它们）。史密斯有效地推断，将得到这份工作的人有十个硬币在口袋里面。然而，实际上却是史密斯会得到这份工作；但史密斯口袋里也（尽管他没有意识到这一事实）有十个硬币。

按照盖梯尔的说法，将得到这份工作的那个人口袋里有十个硬币，这是真的；史密斯相信将得到这份工作的那个人口袋里有十个硬币；而且史密斯相信将得到这份工作的那个人口袋里有十个硬币得到了证成。但是史密斯并不知道将得到这份工作的那个人口袋里有十个硬币。

反例（2）：史密斯有强有力的证据使自己相信琼斯有一部福特汽车（因为在史密斯的记忆中，琼斯以往总是拥有一部福特汽车，并且史密斯还曾经搭过琼斯正在驾驶的那部福特车）。史密斯还有另一个朋友——布朗，关于布朗现在的下落，他一无所知。然而，史密斯意识到"琼斯拥有一部福特汽车"衍推出"或者琼斯拥有一部福特汽车，或者布朗身在巴塞罗那"；据此他有效地推断，或者琼斯拥有一部福特汽车，或者布朗身在巴塞罗那。然而实际上，琼斯不再拥有一部福特汽车——他原来开的那部车是租来的，而布朗身在巴塞罗那。

按照盖梯尔的说法，或者琼斯拥有一部福特车，或者布朗身在巴塞罗那，这是真的；史密斯相信，或者琼斯拥有一部福特汽车，或者布朗身在巴塞罗那；并且史密斯相信或者琼斯拥有一部福特汽车，或者布朗在巴塞罗那，这一点得到了证成。但是史密斯并不知道或者琼斯拥有一部福特汽车，或者布朗身在巴塞罗那。

盖梯尔认为，这些例子是传统定义的反例，他的根据大概是，允许"凭运气获得知识"是不能被认可的。

不过，为了回应盖梯尔，有些作者提出，反例（1）（2）并没有真正满足传统定义的条件，因而也就不是真正的反例。这又引发了下面要考虑的两个提议。

提议 II：证成要求真。

艾尔迈德[3]论证道，只有某事为真，人们相信它才可能得到证成。因此，在反例（1）（2）中，提议（I）的证成条件并没有得到满足。例如，在反例（2）中，既然"琼斯拥有一部福特汽车"为假，史密斯相信它就不可能得到证成，因此他相信他由之有效推出的东西（即要么琼斯拥有一部福特汽车，要么布朗身在巴塞罗那）也就没有得到证成。经必要修正，同样适用于反例（1）。

提议 III：证成要求有真前提。

同类型策略中一个较弱的版本是由迈耶斯和斯特恩建议的[4]，由此我们再次看到，在反例（1）（2）中提议（I）的证成条件还是没有得到满足。例如，在反例（1）中，既然"琼斯将得到这份工作，以及琼斯口袋里有十个硬币"为假，史密斯相信他由之有效推出的东西（即，将得到这份工作的那个人口袋里有十个硬币）就不可能得到证成。经必要修正，同样适用于反例（2）。

尽管提议（II）（III）都排除了反例（1）和反例（2）中凭运气得到知识，但它们显然没有完全排除凭运气得到知识。如下这些类型的例子似乎可以确立这一点（这要归功于哈曼）[5]：

反例（3）：史密斯有好的理由相信格林身在意大利：他在机场看见格林离开，并且格林告诉他，他打算整个夏天都待在那里。而格林的确是在意大利。然而，格林现在要史密斯相信他不在意大利，而是在加利福尼亚，所以他准备找一个在旧金山的朋友从他（格林）那里带邮件给史密斯，信中说他已经到了加利福尼亚，现在想在那里待一夏天。但史密斯有一段时间不在城里，现在虽然已经回来了，却还没来得及看自己的邮箱，而其中就有来自旧金山的格林的信。

按照哈曼的说法，格林在意大利是真的；史密斯相信格林在意大利；并且史密斯相信格林在意大利得到了证成。但史密斯不知道格林在意大利。

反例（4）：一个政治领袖遇刺了。他的随从担心会政变，就决定假装被杀的不是那个领袖，并通过电视，宣称在一次企图杀害领袖的不成功行动中一名特工被杀了。除一家外，所有的报纸都报道这个假新闻。然而，在宣告发布之前，目击这次行刺的一个记者通过电话把真实情况告诉了他所在的报纸，而这家报纸逐字逐句地报道了记者的话。史密斯恰好买了一份这家的报纸，根据他所读到的信息，他相信这个领袖已经遇刺了。

根据哈曼的说法，这个领袖已经遇刺是真的；史密斯相信这个领袖已经遇刺；并且史密斯相信这个领袖已经遇刺得到了证成。但是史密斯不知道这个领袖已经遇刺。

反例（3）中史密斯所具有的信念——"格林身在意大利"，以及反例（4）中史密斯所具有的信念——"这个领袖已经遇刺"，都不依赖于任何为假的信念；于是在这些例子中，即使是在提议（II）（III）

提出的强化的"证成"意义上，史密斯的信念也得到了证成。因此，这些提议也允许由反例（3）（4）所示例的那类凭运气而得到的知识。

下一个要考虑的提议没有重新解释传统定义的第三个条件，而是给它增加了第四个条件。

提议（IV）：知识是不可废止的、得到证成的真信念。

莱勒与帕克松[6]力主，传统定义应当通过增加第四个条件进行强化，其结果是：

x 知道 p，当且仅当（i）（ii）（iii）

以及（iv）x 对 p 的相信得到了证成这一点是不可废止的。

但是，最后发现这一提议仍然允许凭运气得到知识；但这个论证却被下述事实弄得复杂了，即莱勒与帕克松一开始针对条件（iv）提出了一个强解释，然后又放弃了它，转而支持一个较弱的解释。

最初，莱勒与帕克松是这样来解释第四个条件的：没有哪一个真命题会废止 x 对于相信 p 的证成。按照这一解释，所提出的分析似乎排除了由反例（1）（2）所示例的那类凭运气而得到的知识（不过，关于该分析确实如此的论证只可能像该分析本身一样精确——而由于根本没有就"废止"提供任何解释，其实该分析是很不精确的）。关于反例（2）的论证大概会这样进行：史密斯的信念没有不可废止地得到证成，因此他不知道，要么琼斯拥有一部福特汽车要么布朗身在巴塞罗那，这是因为存在着会废止他的证成的真命题，例如史密斯刚才见到的琼斯驾驶的福特汽车是租来的，或者琼斯根本就没有一部福特汽车。经必要修正，同理适用于反例（1）。

按照这个解释，所提出的定义似乎也排除了由反例（3）和反例（4）所示例的那类凭运气得到的知识。关于例（3）的论证大概会是这样进行：史密斯的信念没有不可废止地得到证成，因此他不知道格林身在意大利，这是因为存在着一个会废止史密斯的证成的真命题，即史密斯的书桌上有一封来自格林的信，邮戳地是旧金山，而信中说格林身在加利福尼亚并且打算整个夏天都待在那里。经必要修正，同理适用于反例（4）。

不过，莱勒与帕克松本人论证说，这个提议太强了；他们断定，下面的情形会构成一个反例。

> 反例（5）：史密斯有好的理由去相信汤姆·格莱比特从图书馆偷了一本书。（他看见了一个人，他以为那个人是汤姆·格莱比特，而他和汤姆·格莱比特很熟，那个人从图书馆书架上拿了一本书，藏在他的外套里，然后迅速离开了图书馆。）然而，有一点是史密斯不知道的，汤姆的母亲，也就是格莱比特太太已经作证，在史密斯所说那个时间，汤姆没在图书馆，而是和她在一起；汤姆有一个跟他一模一样的双胞胎兄弟约翰，关于他的下落格莱比特太太不能确定，而她承认约翰的品行不好。然而事实上，还有一点史密斯不知道，那就是格莱比特太太是一个病态说谎者，所谓汤姆那个跟他一模一样的双胞胎兄弟是她那错乱的想象力虚构出来的。汤姆·格莱比特偷了那本书。

按照莱勒与帕克松的说法，史密斯知道汤姆·格莱比特偷了那本书。但是，尽管汤姆·格莱比特偷了那本书是真的，尽管史密斯相信汤姆·格莱比特偷了那本书，史密斯的证成还不是不可废止的，因为有一个会废止他的证成，即格莱比特太太已经作证，汤姆不在犯罪现场，而是和她在一起，但汤姆有一个和他长得一模一样的双胞胎兄弟，而后者可能就在现场。

这就使得莱勒与帕克松显然是想要在一些情况下允许凭运气得到知识（这些情况对我以下的断言来说是明显的证明：关于"knows"的正确用法的那些直觉是相互冲突的和不清晰的）。鉴于反例（5）和反例（3）（4）之间在结构上的相似性，莱勒与帕克松的意图似乎是要排除由反例（1）（2）所示例的那类凭运气得到的知识，同时确定由反例（3）-（5）所示例的那类凭运气得到的知识。

为了回应反例（5），莱勒与帕克松重新解读了条件（iv）：没有一个真命题使得x相信它为假得到完全的［原文如此］证成，并废止他对相信p的证成。显然，这样对第四个条件进行重新解释的确还是排除了反例（1）和反例（2）中凭运气而得到的知识。对反例（2）来说，论证大概会这样来进行：存在一个真命题，例如琼斯不拥有一部福特汽车，它会废止史密斯对下述信念的证成，即或者琼斯拥有一部福特汽车，或者布朗在巴塞罗那；这是史密斯相信其为假得到完全证成的一个命题，因为他相信琼斯确实拥有一部福特汽车得到了完全的证成。因此，史密斯的信念没有不可废止地得到证成，所以他并不知道，或者琼斯拥有一部福特汽车，或者布朗身在巴塞罗那。经必要修正，同理适用于反例（1）。

但是，正如莱勒与帕克松打算的那样，这样重新解释的第四个条件显然的确允许史密斯在反例（5）中拥有知识。此处的论证大概会这样进行：存在一个真命题，它会废止史密斯对于相信汤姆·格莱比特偷了那本书的证成，即格莱比特太太已经作证汤姆不在犯罪现场，而是和她在一起，但汤姆有一个长得跟他一模一样的双胞胎兄弟，而后者可能在现场；但这不是一个史密斯相信其为假得到完全证成的命题。因此，史密斯的信念不可废止地得到了证成，所以他知道汤姆·格莱比特偷了那本书。

此外，正如我提议大家应该期待的那样，第四个条件经这样重新解释也明显允许史密斯在反例（3）（4）中拥有知识。若用于反例（3），论证大概会这样来进行：存在一个真命题，它会废止史密斯关于格林在意大利这一信念的证成——史密斯的书桌上有一封来自格林的信，信上的邮戳地是旧金山，信中说格林身在加利福尼亚并打算整个夏天都待在那里；但这不是一个史密斯相信其为假得到完全证成的命题。因此，史密斯的信念不可废止地得到了证成，所以他知道格林身在意大利。经必要修正，同理适用于反例（4）。

所以，根据有利的解释，提议 IV 排除了由反例（1）（2）所示例的那类凭运气得到的知识，但它却允许由反例（3）-（5）所示例的那类凭运气得到的知识。

我注意到，有一点并不清楚，那就是提议 IV 和提议 III 是否不仅在字面上不一样，要知道，提议 III 同样也否认在反例（1）（2）

中可以获得知识，但允许在反例（3）（4）（以及（5））中获得知识。让知识要求证成，而后给证成施加一个额外的要求，这是提议Ⅲ所做的，给依据证成的不可废止性而获得的知识施加一个额外的要求，这是提议Ⅳ所做的，这两者之间的差别看起来肯定不会只是字面上的。我并不确信，"没有一个真命题使得 x 相信它为假得到完全的证成，同时会废止他对相信 p 的证成"，只不过是下面这一句话的一种冗长且令人感到困惑的言说方式："x 相信 p 的理由不包括任何假的前提"。

正如我早前所评论的，尽管提议Ⅳ的强解释被莱勒与帕克松本人所拒绝，但它明显排除了由反例（3）和（5）所例示的那类凭运气得到的知识，也排除了由反例（1）和（2）所示例的那类凭运气得到的知识。于是就出现了这个问题：这个提议（此后我将称之为"强不可废止性"，以对比于莱勒与帕克松赞成的提议，后者我将称为"弱不可废止性"）是否可以成功地排除凭运气得到的知识，而同时仍然还允许有一些知识存在呢？

我将论证，强不可废止性仍然允许凭运气得到知识。

x 对于相信 p 的证成是强不可废止的，仅当没有一个真命题会废止 x 对于相信 p 的证成。

我这样说想要表明的是，当且仅当没有这样一个 x 不相信的真命题，使得如果他真的相信它，他相信 p 就不会再得到证成；并且，这（假定 p 为真）就等于说没有任何相关但却误导性的证据是 x 不拥有的。如果 x 考虑了所有相关证据，那么他的证成一定是强不可废止的；但反之并不成立。即使 x 没有考虑所有相关证据，他的证成仍旧还是强不可废止的，只要碰巧在他未加考虑的相关证据中没有一个是误导性的。那么，下面我们来考虑对反例（5）的如下修正。

反例（6）：史密斯有好的理由相信汤姆·格莱比特从图书馆偷了一本书。（他看见一个他以为是汤姆·格莱比特的人，而他对汤姆·格莱比特很熟悉，那个人从图书馆书架上拿了一本书，藏在他的外套里面，并迅速离开了图书馆。）施密特也有好的理由去相信汤姆·格莱比特从图书馆偷了一本书。(他也看见一个他以为是汤姆·格莱比特的人,而他对汤姆·格莱比特很是熟悉,那个人从图书馆书架上拿了一本书,藏在他的外套里面,并迅速离开图书馆。) 史密斯和施密特都碰巧听到与这个案件相关的一些别的事情。施密特不知道史密斯已作证,他也看见汤姆·格莱比特偷了那本书;但施密特意识到格莱比特太太已经作证汤姆没在犯罪现场,而是和她在一起,而且汤姆有一个和他长得一模一样的双胞胎兄弟,但至于他的行踪格莱比特太太不能断定;另外,施密特还意识到警方的精神病专家已作证,格莱比特太太是一个病态撒谎者,户籍管理员已作证,汤姆没有和他一模一样的双胞胎兄弟。史密斯不知道有关格莱比特太太证词的事情,也不知道戳穿它的更多证词的事;但史密斯意识到施密特已经作证,他也看见汤姆·格莱比特偷了那本书。除了格莱比特太太的证词,不存在其他任何误导性证据。

根据强不可废止性的提议,很有可能施密特知道汤姆·格莱比特偷了那本书,而史密斯并不知道这回事;因为既然施密特知道有关格莱比特太太证词的事,那么他的证成就是强不可废止的,与此同时,既然史密斯不知道有关格莱比特太太证词的事,他的证成就并不是强不可废止的。但是施密特的知识——汤姆·格莱比特偷了那本书——是凭运气得到的知识。

下一个将要考虑的提议并非是要强化,而是要取代传统定义的证成条件。

提议 V: 知识是恰当引出的真信念。

哥德曼[7]提议:

x 知道 p,当且仅当 (i) (ii)

和(iii)* 在 x 相信 p 与事实 p 之间存在一种恰当的因果联系。

哥德曼明确指出,这种分析不会允许像在反例 (1)(2) 中那样凭运气得到知识。就反例（1）来说，论证可能会是这样：史密斯的如下信念，即会得到这份工作的人口袋里有十个硬币，和这个事实，即会得到这份工作的人（即史密斯）口袋里有十个硬币，这两者之间不存在恰当的因果联系；因此，史密斯不知道将得到这份工作的人口袋里有十个硬币。（这个论证尽管相当合理，但几乎不是结论性的，因为"一种恰当的因果联系"以及"将得到这份工作的人（也就是史密斯）口袋里有十个硬币这一事实"都是不精确的。但在这里没有必要在这些问题上逗留。）经必要修正，同理适用于反例（2）。

所以，（很可能）提议 V 排除了反例（1）（2）中凭运气得到的知识，但它并未完全排除凭运气得到的知识。即便我们接受"一种恰当的因果联系"是不精确的，可能最为明晰的一点是：在反例（4）中，例如，史密斯关于领袖已遇刺这一信念和领袖已遇刺这一事实之间具有哥德曼所认为的那种因果联系。经必要修正，同理适用于反例（3）和反例（5）。事实上，哥德曼本人后来放弃了提议 V[8]，他的理由是，该提议允许如下情形中的知识：

> 反例（7）：史密斯正和儿子一起在乡间驾驶汽车，并指点着自然风光里的各色物件，而其中之一是一个谷仓。史密斯毫不怀疑他所指的对象就是一个谷仓；他的视角很好，而且视力绝佳，他也有足够多时间去仔细观看。事实上，他所指的那个东西的确是一个谷仓。但史密斯还不知道，在他正驾驶通过的地方有许多伪装出来的谷仓——它们只是从路上看像是谷仓，而实际上它们只有正面一个面，没有背面，也没有侧面的墙。假如他指的对象不是谷仓，而只是谷仓的正面，那么史密斯是不会知道这点差异的；他仍然会以为那是一个谷仓。

按照哥德曼的说法，史密斯所指的对象是一个谷仓这是真的；史密斯相信那是一个谷仓；史密斯关于那是一个谷仓这个信念，和那是一个谷仓这个事实，两者之间有一种恰当的因果联系。但史密斯不知道它是一个谷仓。可见，提议（V）也允许凭运气得到知识。

下一个将要考虑的提议，和哥德曼的提议一样，试图用某种想要施加更多限定的东西去取代传统定义的第三个条件。

提议 VI：知识要求决定性的理由。

德雷茨克[9]的观点是：传统的定义太弱了，因为人们的信念得到证成这一要求并没有强到足以排除他们出错的可能性。他所提议的分析试图专门来排除这一可能性。按照德雷茨克：

x 知道 p，当且仅当（i）(ii)

以及(iii)** x 有决定性的理由相信 p。

对上述条件（iii)** 的解释是：

x 有决定性的理由 r 去相信 p，当且仅当：

(a) r 不会属实，除非 p 为真；

和 (b) 基于 r，x 相信 p；

和 (c) 或者 (i) x 知道 r 属实，或者

(ii) r 是 x 的某种经验性状态。

在条件（c）(i) 中出现的"知道"所导致的循环只不过是表面上的，因为该定义会以递归的方式加以应用。很显然，德雷茨克心中具有某种关于知识的简单的基础主义画面；在这幅画面中，满足条件（c）(ii) 的那些东西构成一个人所具有的全部知识的终极基础。对于他所用的"r 是 x 的某种经验性状态"一句是什么意思，德雷茨克没有给出任何解释，但他所用的例子表明他心中所想到的是观察型信念（例如"温度计里的水银处于读数为 98.6 的水平"），它们被认为构成这个基础。

关于这个定义，有几个严重不清晰的地方：需要特别指出的有，到底什么算作"经验性状态"，"r 不会属实，除非 p 为真"里面"会（would）"到底有什么样的地位。不过，我认为有一点是相当清楚的：这一提议确实排除了由反例（1）(2) 所示例的那类凭运气得到的知识。

关于反例（1）的论证大概会这样来进行：史密斯没有决定性理由表示相信，所以他并不知道将得到那份工作的人口袋里有十个硬币。因为虽然实际情况不会是琼斯将得到那份工作，而且琼斯口袋里

有十个硬币,这些都是真的,除非将得到那份工作的人口袋里有十个硬币是实际情况,也就是(a)得到满足;基于琼斯将得到那份工作、琼斯口袋里有十个硬币这两个史密斯所具有的信念,他相信,将得到那份工作的人口袋里有十个硬币,也就是说,(b)得到了满足,(c)得到满足并不属实。因为至少史密斯理由当中的一个("琼斯将得到那份工作"),在我看来并不是史密斯的"经验性状态",所以(c)(i)并没有得到满足。此外,因为根据假设,琼斯将得到那份工作这是假的,史密斯不知道琼斯将得到那份工作,所以(c)(ii)也没有得到满足。我认为,经必要修正,同理适用于反例(2)。我注意到,德雷茨克借以避免允许在这些情形当中获得知识的分析方式,与迈耶斯和斯特恩提出的避免方式恰好是一样的;史密斯的理由之一的虚假性,正是关键之所在。

与(3)-(7)中的情形类似的情境并非如此清晰,把它们梳理清楚需要我们更加仔细地考察德雷茨克想要的、关于条件(a)中的"会"的解释。在这个问题上,德雷茨克不得不说的话是如此复杂以至于令人感到气馁,而且极其令人难以理解,但我认为,它的意思就是这样:条件(a)用来说明的是,r属实是不可能的,除非p是真的,这里的"不可能"要在德雷茨克所谓"特殊化"的意义上加以理解。这个特殊化的意义通过参考一个例子可以得到解释。假设史密斯相信他的小孩的体温是正常的,他如此相信的根据是,他已经量过小孩的体温且获得了一个正常的读数。考虑到有可能会出现这种情况,即假如史密斯所用的温度计已经坏了,那么他尽管会获得正常的读数,但实际上小孩却在发热,可以提出:史密斯不知道他的理由不是结论性的。但德雷茨克坚持认为史密斯的理由是结论性的,他的根据是,在"可能"的相关意义上看,不可能出现史密斯获得了正常体温读数,小孩却在发热的情况。也就是说,在这些情况下这是不可能的;因为在这些情况下所使用的温度计实际上是可靠的。现在看来,这个温度计是可靠的这一情况在逻辑和因果上看,是独立于小孩没有发热这一情况的。这促使德雷茨克将条件(a)做这样的解读:"在任何一种在所有逻辑和因果意义上独立于 p 的方面都与现实情况相类似的情况下，都不可能出现这一结果，即 r 会是真实情形，除非 p 是真的。"将这样一个解释做这样的表征是很方便的：存在某个真的 s，它在逻辑和因果上都独立于 p，且满足□（r&s）→p。

很明显，我认为，德雷茨克对条件（a）的解释是如此之弱，以至于他的分析与其最初看来相比，或者与德雷茨克关于排除犯错之可能性的评论促使人们所期待的相比，都要少了很多的说服力。很可能，例如，德雷茨克会允许在如下情形中我有决定性的理由：我回到家，看到我碰到的第一个时钟，我相信那个时钟告诉我的就是当时的时间。事实上，房子里有四个时钟，它们给出的时间都是不同的；但我碰巧看的那个时钟是其中可靠的那一个。根据德雷茨克的分析，我不需要知道它是可靠的；假如它是可靠的，那么在德雷茨克的意义上，就不可能该时钟读数为 4:45，而我关于现在是 4:45 的信念却是假的。这样理解的话，我认为德雷茨克的分析就将允许在如下情形中会有"凭运气得到的知识"：

> 反例（8）：史密斯已经用一个事实上可靠的温度计量了他小孩的体温，并获得一个正常的读数。他相信，以此为据，他小孩的体温是正常的。然而，史密斯有所不知，他的温度计来自韩国制造的一批 1000 根的温度计，其中除了一根外——史密斯碰巧购买的那一根——都是有缺陷的。而制造商已给所有购买者去信，解释说在制造过程中有一次事故，导致有缺陷的温度计被售出，并请求购买者退回温度计以获得退款；只有史密斯还没打开他的邮件，他的信还未拆封，还搁在他的书桌上。

在这里，我以为德雷茨克的定义得到了满足，而史密斯必定会被允许知道他小孩的体温是正常的。但这似乎明显就是一个运气问题——事实上，反例（8）好像与反例（3）-（7）极为近似，而就我所知，反例（3）-（7）都是德雷茨克的定义将不得不允许称为获得知识的情形[10]。（我的观点是，对条件（a）做这样弱的理解，以至反例（3）-（7）会被允许去满足它；因论证之需，我所假定的是，这些情形可以通过使得条件（c）得到满足的方式讲述清楚。）

317 所有迄今考虑过的提议——包括德雷茨克的提议，在乍看之下似乎特别有说服力——结果都是允许凭运气得到知识，尽管事实上除了其中一个以外，其他都明确宣称设计出来就是要处理盖梯尔问题等疑难情况的。

现在我转向在我看来似乎最有希望排除凭运气得到知识的一个提议；当然，由于同样的原因，在我看来这个提议似乎也给排除一切知识造成了最大的威胁。我称之为"提议 VII"的，是罗素在 1912 年——这正好是五十年前盖梯尔针对视知识为得到证成的真信念这一传统定义提出"反例"的年份——提出来的[11]。但是，罗素已经意识到了关于"凭运气得到知识"的问题：他论证说，知识不可能等同于真信念，因为人们可以纯粹凭借运气而拥有真信念，但却没有获得知识；因此，需要另外给出某种更强的要求，以便排除这一可能性。

罗素通过如我所述的方式推出了他的提议：

> 反例（9）：史密斯相信已故（即在 1912 年）首相是巴尔弗（Balfour）先生，并进而相信，以此为据，已故首相的名字以一个字母"B"开头。史密斯的信念——已故首相的名字以一个字母"B"开头——为真；但这并不是由于他所以为的原因，而是因为已故首相是亨利·坎贝尔·拜纳曼爵士（Sir Henry Campbell Bannerman）。按照罗素的说法，史密斯具有真信念，但并没有知识。

罗素提出的分析明确认定一幅基础论的画面是理所当然的；事实上，使用罗素关于直觉的知识与派生性知识的区分，它可以用最简洁的形式表达出来。这种形式的分析展开如下：

提议 VII：知识要求从已知前提的可演绎性。

(I) x 知道 p，当且仅当，或者 (a) x 直觉地知道 p，

或者 (b) x 派生地知道 p。

(II) x 直觉地知道 p，当且仅当 (i) (ii)

以及（iii）*对 x 来说，p 是自明的。

(III) x 派生地知道 p，当且仅当（i）（ii）和（iii）**（a）经反思，x 可以发现 p 可以从逻辑上由 r 演绎推出，以及（b）x 知道 r。

我认为有一点是清楚的，即这个提议不允许在反例（1）、（2）或（9）中史密斯具有知识；因为在这些情形中，作为史密斯的信念的基础的，都不是史密斯所知道的东西，因为这个充分的原因，所以他的信念是假的。另外有一点我认为也是清楚的，那就是这个提议不允许在反例（3）-（8）中史密斯具有知识；因为在这些情形中，史密斯的信念的基础都不是那个信念由以逻辑地演绎得出的东西。当然，德雷茨克的分析与罗素提议的条件（III）在结构上有着显著的相似性（事实上，我特意采用了可以衬托出这种相似性的形式提出了罗素的提议）。但罗素的提议不允许在（3）-（8）那样的情形中拥有知识，而德雷茨克的提议却并非如此，这是因为，罗素对已知信念与它所基于的前提之间的关系的要求，要比德雷茨克的要求强很多。对罗素来说，p 必须是可由 r 演绎推出的；而对德雷茨克来说，p 只需要由 r 连同其他真理逻辑地或因果地得出即可，而这些所谓其他真理在逻辑和因果上独立于 p，并且碰巧在所考虑的特定情况下能够成立。

到目前来看，从排除凭运气得到知识的观点看，提议 VII 看上去是有前途的。关于它究竟是否允许任何一种知识的问题，尚未作答。回答这个问题明显依赖于两点：首先，是否存在着罗素意义上所谓的"自明"信念；其次，如果有这种信念，那么其他哪些本身并不自明的信念可以由它们演绎得出。

在这一点上，问题被以下事实搞得复杂起来：在 1912 年的文章里，罗素允许两种意义上的"自明"，一种是较强意义上的，一种是较弱意义上的：根据第一种意义，p 对于 x 是自明的，仅当 x 亲知 p 这个事实；根据第二种意义，p 对于 x 是自明的，仅当 x 直接基于他对感觉材料的亲知而判断 p 成立。强自明性是绝对的，并且能确保真理性；而弱自明性有程度之分，是可错的。罗素承认，若许可条件

(II) 下的弱自明性，会有如下后果：他所提议的知识定义是不确切的，但会逐渐变为"盖然性意见"。（他敏锐地注意到，鉴于被分析对象本身的不精确性，坚持要求一种精确的定义可能会是愚蠢的想法。）事实上，表明下面这一点是很容易的，即罗素分析的较弱版本，也就是允许弱自明信念构成直觉知识的版本，仍然会造成允许凭运气得到知识的结果。设想（这个例子是罗素给出的），史密斯直接基于他对感觉材料的亲知，判断他听见了蹄声。再假定他确实听见了蹄声。于是，弱罗素式分析就会允许他知道他听见了蹄声。但现在我们假定，尽管他没有意识到这一点，史密斯正处在催眠之后的暗示影响之下，这个暗示的意思是：只要他听见了特定类型的有节奏的声音，无论是蹄声、百叶窗的摆动声，或者什么样的声音，他都会认定他听见的是蹄声。这样看来，弱罗素式分析允许他拥有的知识就肯定是凭运气而得到的知识。

但我目前关心的是进行这样的论证，即要想排除凭运气得到知识，任何确切的知识定义都根本不会允许拥有知识；所以，我将把我的论证集中于罗素分析的修正版，若坚持较强意义上的自明性，就会得到这个版本。较强的罗素式分析究竟是否允许任何知识，回答这个问题要看人们在两个实质性认知论题的合理性上的判断：关于亲知知识的强自明性的理论，以及关于物理对象的命题可还原为有关感觉材料命题的理论。这是因为，首先，除非存在不可错的、亲知的自明知识，也就是根据人们所假想的、对于感觉材料与概念的直接认知觉识而形成的知识，罗素的分析根本就不会允许有任何知识存在；因为按照这种分析，所有的知识最终都必定会依赖于亲知的知识。其次，即使有这样的亲知的自明知识，除非关于外部世界的命题是由可亲知的有关感觉材料的命题逻辑地演绎得出的，否则，罗素的分析将不会允许关于外部世界的任何知识；因为任何这样的知识都只能是从直觉的知识推导出来的。既然这两个论题我一个也不接受，我相信罗素的分析根本就不会允许有任何知识存在。（进一步讲，既然我不相信关于认知证成的任何基础主义说明能够行得通，我也就相信，关于罗素式分析的任何一种修正都不可能允许我们拥有某种真正的知识。)

基于上述，在我所讨论过的七个提议中，只有一个排除了凭运气得到知识，但这一提议根本就不允许任何知识存在[12]。

第三节 这不是缺乏技巧的结果，而是知识的前分析概念中存在的根深蒂固的冲突造成的结果。

第二节的结果确证了我之前的推测，即不能指望着能够设计出一种关于知识的确切的分析，这种分析可以恰当地接近日常用法：既允许我们拥有知识这种可能性，也拒绝我们拥有凭运气得到知识这种可能性。

但或许仍然有人会认为，第二节讨论的那些提议的缺陷仅仅是缺乏技巧导致的。基于第一节中概述的原因，我认为这种说明是较为深入的。我现在想要做的就是对这些原因多少进行一些充实，并将它们与盖梯尔式情形的某些显著的特征关联起来。我的论证将如下进行：

(i) 误导性的证据这一概念，在一种我要加以解释的意义上，以"视角性"为其特征。

(ii) 盖梯尔式情形均利用了误导性的证据这一概念的视角性特征。

(iii) (i)和(ii)可以说明为什么允许以不完全证据作为基础的关于知识的分析，没有一个能够排除凭运气得到知识这种可能性。

(iv) 对相关性的判断依赖于背景信念。

(v) (iv)可以说明为什么任何一种要求占有所有相关证据的关于知识的分析，根本不会或几乎不会允许任何知识的存在。

(vi) 在提出情形(1)-(8)的过程中，是以这样一种方式解释提议I-VI的，即它们允许以不完全证据作为基础的知识。例如，盖梯尔就把传统定义看成是要求某种与第一节中提到的那种完全证成类似的东西。这样解释的话，这些提议就（正如在（iii）中论证的那样）注定要允许凭运气得到知识这种可能性了。

（vii）提议 VII 含蓄地要求占有所有的相关证据——它实际上要求我称为"**完全**证成"的东西。因为这个原因（正如在（v）中论证的那样），它根本就不允许有任何知识存在。

当然，上面每一步都需要详述。

（i）对盖梯尔式情形的一个自然的反应是注意到：在所有这些反例中，误导性的证据似乎都扮演了关键的角色。在（1）和（2）那样的例证中，如果一个真理由一个谬误有效地推出，基于误导性的证据的一个信念就会碰巧为真；在像（3）和（4）那样的情形中，因为相关证据是误导性的，因而由于忽视这个相关证据而形成的信念仍然会碰巧为真。人们可能会说，假如证据倾向于使人误入歧途的话，那它就是误导性的：倾向于即是说，将可信性赋予事实上为假的某种东西。但这样表述会把一个重要的观点弄得让人难以理解：没有什么证据在本质上就是误导性的。只有相对于特定的背景信念，证据才能够被恰当地判断为是误导性的。

当人们开始意识到之前不曾意识到的证据时，一个适当的反应是调整他们的信念集，增加新的信念和/或放弃或修正旧的信念，以便得出可以解释新证据的最简单的描述。当进一步的新证据迫使人们修改一些之前所做的新的调整时，他们可能称据以做出最初的新调整的证据为"误导性的"。还有，当人们评估另一个人的认知处境，具有他所不具有的证据时，他们可能称那个人信念所基于的证据是"误导性的"，假如可以解释那个人的证据及其背景信念的最简单的描述需要根据人们已经意识到，但那另一个人没有意识到的进一步证据加以修改的话。有一种情况总是有可能的，即进一步的证据将会表明之前的证据是误导性的；还有，新的证据将表明，用以表明较陈旧证据误导性的之前的证据本身也是误导性的，如此等等。

作为第一次尝试，我此前说过，证据是误导性的，假如它倾向于将可信性赋予事实上为假的某些东西。现在还应该增加两个限定条件。首先，只有以人们的背景信念为语境，证据才会赋予 p 以可信性（当用来解释说明该证据以及人们的背景信念的最简单描述本身就是一个 p 在其中成立的描述时）；如果人们的背景信念刚好不同的话，同样的证据可能就不会赋予 p 以可信性了。其次，当我们相对于 p 是否成立的问题来评定证据是否是误导性时，人们总是依赖于自己对于 p 事实上是否成立得到的判断。

我可以通过详细阐述一个新版本的格莱比特故事，来阐明我刚才形成的这些观点：

1. 一本书被偷出了图书馆。所有图书馆工作人员都已经被询问过，但没有发现任何可疑的事情。	该证据不足以使人们形成关于谁偷走那本书的任何意见。
2. 史密斯教授作证说，他看见汤姆·格莱比特（一个他很熟悉的人）从书架上拿走一本书，藏在他的外套里面，并且离开了图书馆。	该证据现在显示，但没有结论性地确定，汤姆·格莱比特偷了那本书。
3. 格莱比特太太作证说，案发之时汤姆和她在一起。她担心的是，偷窃是汤姆的双胞胎兄弟约翰做的，因为格莱比特太太不能断定约翰的行踪，并且她说约翰有着坏的品质。	该证据现在显示，但没有结论性地确定，汤姆·格莱比特偷了那本书。证据（2）将被判断是误导性的。
4. 格莱比特太太的医生作证，说她精神错乱，是一个病态的说谎者。就他所知，汤姆根本就没有什么双胞胎兄弟。警方的一个精神病专家将医生关于格莱比特太太可信性的意见确认为证据。	该证据现在显示，但没有结论性地确定，汤姆·格莱比特偷了那本书。证据（3）将被判断是误导性的。
5. 查找搜索萨默塞特宫中的档案，显示汤姆有一个双胞胎兄弟。	该证据是非决定性的。不可能判断是证据（2）（4），还是证据（3）是误导性的。
6. 约翰·格莱比特被追踪到本城，在这里他用一个化名进行生活。查找一下警方的档案，显示在他这个化名之下，约翰·格莱比特有偷小摸的记录。而汤姆·格莱比特则没有。	看上去更像是约翰而非汤姆偷了那本书。似乎很有可能证据（2）（4）是误导性的。

7. 指纹专家在被偷的书上发现了汤姆的而非约翰的指纹,那本书已在垃圾箱中被发现。	一开始好像真的有可能是汤姆偷了那本书。如果是这样,那么情况就会是证据(3)(6)是误导性的。
8. 我们请史密斯教授努力回忆他看见的拿走那本书的人的穿着打扮。他非常确信那个人戴着手套。	该证据是非决定性的。不可能判断是证据(2)(4)(7),还是证据(3)(5)(6)是误导性的。
9. 查找一下图书馆的档案,显示汤姆·格莱比特借过那本书,并在偷窃发生之前一周归还了该书。	一开始看上去真的有可能是约翰偷了那本书。如果是这样,那么情况就会是证据(2)(4)(7)是误导性的。
10. 汤姆·格莱比特供认了偷窃。他戴着手套行窃,却忘记了他的指纹已经留在书上了。	该证据显示,尽管不是结论性地确定,汤姆格莱走了那本书。很有可能是证据(3)(5)(6)是误导性的

323 这个故事可以继续讲下去。(约翰供认了;他说服了汤姆供认偷窃,由于汤姆没有任何犯罪记录,他将缓刑脱身,而他的兄弟约翰将入狱。汤姆坚持认为是他做的;约翰则说是他做的,因为他已经有过犯罪记录,所以比起自己的兄弟,所失更少……)但是,我希望这些已经足以说明我想要表达的要点了。

重申一下这些要点:给定某些背景信念并根据更进一步的证据,我们判断证据是误导性的。称证据是"误导性的",涉及从更为完整的证据这一视角去评估一个证据体系;正如我将要表述的,误导性的证据这个概念是视角性的。

(ii) 现在,在所有盖梯尔式的反例当中,有一点被默认为理所当然的:即使人们的证据是不完全的,人们相信某事也可以得到证成。正因如此,误导性的证据这个概念的视角性特征能够被用来描述一种处境,在其中,一个得到证成的信念凭运气为真。

这一点在(3)-(8)这样的情形中最为明显。例如,在情形(3)中就有史密斯没有意识到的相关证据(即,史密斯书桌上有一封来自格林的信,这封信上的邮戳地是旧金山,在信中格林说他在加利福尼亚,并打算整个夏天都待在那里):假如他意识到这一证据的话,他相信格林在意大利就不会再得到证成。从史密斯也没有意识到的更进一步的证据(即,这些信不是由格林从旧金山寄出的)的视角看,这个证据就会被看作误导性的：

E→格林身在意大利

E+E′→格林身在加利福尼亚

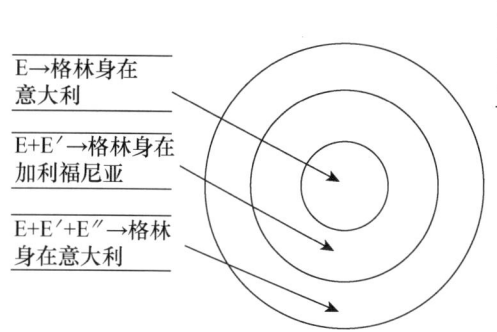

E+E′+E″→格林身在意大利

E=史密斯的证据
E′=进一步的证据
E″=更进一步的证据
→=支持如下信念：

图1 以 E″ 为视角，E′ 是误导性的

有一点尽管不是十分明显，但仍然是实际情况，即在像（1）和（2）这样的情形中，同样的现象也在发生。例如，在情形（2）中，尽管史密斯能得到的证据表明琼斯拥有一部福特汽车，这个证据还是不完全的，存在进一步的证据（例如，琼斯曾让史密斯搭乘过的那部福特汽车是他租来的），但史密斯没有意识到，以至于，假如史密斯意识到了它，他就相信琼斯拥有一部福特汽车不会再得到证成。假如史密斯相信琼斯拥有一部福特汽车没有得到证成，那么，他相信或者琼斯拥有一部福特汽车或者布朗在巴塞罗那，就不会得到证成。然而，还有史密斯没有意识到的更进一步的证据（布朗在巴塞罗那），由该证据可以得到：或者琼斯拥有一部福特汽车，或者布朗身在巴塞罗那。

把图 2 与图 1 进行对比，可以说明这个观点：情形（1）（2）与（3）-（8）在结构上是相似的（尽管不是相同的）；相似之处在于，他们都利用了史密斯的证成乃是基于不完全的证据这一事实。在情形（1）和（2）中，史密斯是幸运的，因为他没有被他所拥有的证据误导，而根据进一步的证据，这些证据会被视为误导性的；在情形（3）-（8）中，史密斯是幸运的，因为他没有被拥有他事实上并不拥有的证据所误导，而根据更进一步的证据，这些证据会被视为误导性的。在所有情形中还有一点值得注意，即误导性的证据这个概念的视角性会被下述事实弄得难以理解：作为故事的一部分，读者刚刚被告知了事情的真相是什么（琼斯不拥有一部福特汽车，但布朗是在巴塞罗那；格林是在意大利……）。

E=史密斯的证据
E′=进一步的证据
E″=更进一步的证据
→=支持如下信念：
↔=不支持如下信念：

E→琼斯想有一部福特汽车或者布朗身在巴塞罗那

E+E′↔琼斯想有一部福特汽车
E+E′↔琼斯想有一部福特汽车或者布朗身在巴塞罗那

E+E′+E″→琼斯想有一部福特汽车
E+E′+E″→布朗身在巴塞罗那
E+E′+E″→琼斯想有一部福特汽车或者布朗身在巴塞罗那

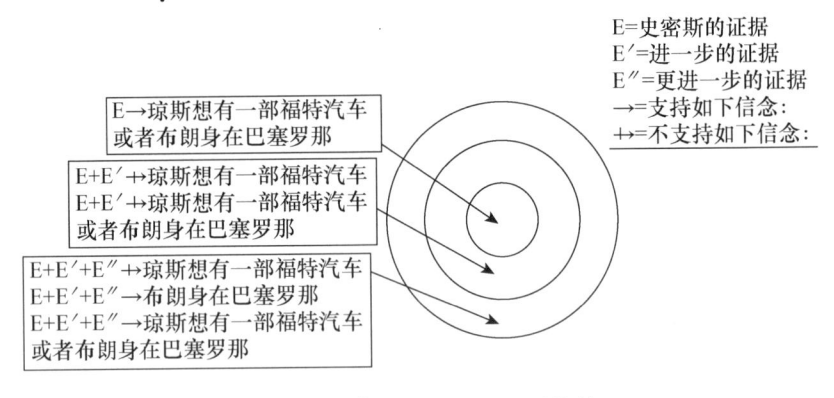

图 2　以 E′ 为视角，E 是误导性的

(iii) 因为误导性的证据这个概念所具有的视角性特征，就是为了防止一个人会基于不完全的证据而形成自己的信念，产生了这种可能性，即他已经把自己的信念奠基于误导性的证据之上，或者他由于忽略了相关但却误导性的证据而得出了自己的信念。然而，如盖梯尔式情形所显示的，即使一个人将其信念奠基于误导性的证据，或者他由于忽略相关但却误导性的证据而得出自己的信念，他也可能是幸运的，以致碰巧没有被误导。所以，即使一个人的真信念奠基于不完全的证据，也允许他拥有知识，关于知识的这种分析当中，没有一个能够排除凭运气得到知识这种可能性。

凭运气得到的知识可以通过下面的方式加以排除：只有基于所有的相关证据，才能允许一个信念得到证成，而假如为真的话，也才会因此而可以算作知识。这是因为，如果人们已考虑到了所有的相关证据，人们就不会身处来自误导性证据的危险之中。但这个要求将根本不会，或者几乎不会允许有任何知识存在。下面我想就为何如此多说几句。

(iv) 我首先要指出的是，E 与 p 是否成立具有相关性是一个程度问题。或者，换一种方式说，相对于一个给定的问题（例如，被告偷了那辆车吗?)，有些证据是高度相关的，而有些证据则只是略有相关（例如，有人看见他正在撬锁是高度相关的，而有人无意中听到他说喜欢那辆车——至少就其自身而言——只是稍有相关）。

不过，我的论证更为关键的一点是：关于某些证据是否与某一问题相关，以及若相关，在多大程度上相关，人们的判断不可避免地并且也会恰当地依赖于自己的背景信念。（我在上一段给出例证时，假设了读者像我本人一样相信：诚实的人撬别人的车锁这样的事是相当罕见的，但诚实的人喜欢别人的车却是很常见的。）然而，只要在背景信念上有分歧，就可能在相关性上有分歧。如果有人相信笔迹是判断一个人品质的可靠的指南，那么他或许就会判断下述现象与被告是否诚实高度相关：他把他的 f 写成了像 $\boldsymbol{f}$，而不是像 f。但是，如果有人认为笔迹学根本就是胡说，他就很可能会判断这个证据是非常不相关的。

(v) 人们一旦意识到关于相关性的判断依赖于背景信念，他们也就会意识到关于相关性的判断是可修正的——关于相关性的判断所依赖的背景信念同样也是可修正的。从我所在的位置——从我目前暂时的、可修正的信念网络内部——看上去 E 似乎与 p 是否成立没有关系；但在后续的、修正过的网络中，E 看上去可能就是高度相关的。我在这里的观点，并不是说一切事情都是相互关联的，而是说一个人只有知道每件事情，他才能够确切地知道什么与什么是相关的。

现在我假定这样说是毫无争议的：对于任何人来说，要想拥有与某一给定问题相关的所有证据，那是很罕见的。但或许我可以建议：有可能某些人在事实上会拥有所有相关证据——尽管并非如我所认为的那样，给定毫无争议之事，有可能没有谁会知道一切，也有可能他应该知道他拥有所有的相关证据。我认为，一个人是否会允许这种情况是可能的，依赖于他是否坚持认为，如此这般的证据与如此这般的问题是或不是相关的，这一点本身就是与那个问题相关的证据。我更倾向于说情况就是这样。因此，我也倾向于说，如果知识 p 被认为要求拥有所有与 p 是否成立相关的证据，那么由此就会推出：没有人会知道任何事。但如果有读者不愿意接受人们可以称之为相关性判断的相关性原理，那么能够认同我的就只有这个较弱的断言，即如果知识 p 被视为要求拥有所有与是否 p 相关的证据，就会由此推出：任何人知道任何事这种情况的出现最多是很罕见的。

（vi）提议 I-VI 中没有哪一个明确地要求这一点：为了算作知道某事，一个人必须把他的信念奠基于所有的相关证据。他们允许知识以不完全的证据作为基础，是一个涉及进行解释的问题——在提议 I、II、III 和 IV 的情形中，是一个涉及如何就"得到证成"给出解释的问题。

引人注意的是，当盖梯尔设计出我所提到的反例（2）时，他给出的评论是：史密斯相信琼斯拥有一部福特汽车"得到了完全的证成"。显然，史密斯并没有得到**完全的**证成。但是，鉴于所讨论的问题相对不足道，确定琼斯拥有的是哪种类型的汽车并不是史密斯特有的差事等，史密斯已经基于足够多的相关证据形成了一个意见，以至于人们不会倾向于认为他匆忙之间得出了结论，不会倾向于认为他在认知上有所疏漏，就像我在第一节所表述的那样。（但是我们可以举例，假如下述情况乃是这个故事的一部分：史密斯是一个负责准确列出琼斯资产的执行官，或者更玄幻一些，假如拥有一部福特汽车是一种死罪（菲亚特的规定？），我怀疑人们会有同样的感受。）简言之，盖梯尔的理论不仅仅是缺少了细节，它还使得做出以下假设似乎成为合理的了：在第一节所解释的意义上，史密斯相信琼斯拥有一部福特汽车得到了完全的证成。

根据上面的（iii），有一点如今几乎不再需要进行任何论证：只要所提出的分析以允许尚未考虑所有相关证据的人拥有知识的方式进行解释，它们就也会允许凭运气得到知识这种可能性的存在。

当然，提议 I-V 可以通过下面这种方式加以解释：它们的确要求所有的相关证据都被考虑进来——最简单的是，传统定义的证成条件可以被认为是要求得到**完全的**证成；假如要这样做的话，反例（1）-（7）看上去就不再是它们的反例了；但若如此严格地进行解释，其所造成的代价会是：这些提议根本就不会允许知识存在。

（vii）我在本节想要做的最后一个论证是，虽然提议 VII 并没有明确要求，为了算作知道了某件事，一个人必须已经把自己的信念奠基在了所有的相关证据之上，但它的确隐含地提出了这样的要求。我所能想到的能够表明这一点的最好的方法，是对比一下罗素的分析（我已经论证，它不允许任何知识存在）和德雷茨克的分析（我已论证，尽管好像很相似，它还是允许凭运气得到的知识的存在）。罗素对"直觉"知识的要求强于德雷茨克对"基本"知识的要求，但这个差别在当前语境下并不重要。就我的目的而言，关键的差异是，罗素要求所说的信念必须可以从它所基于的进一步的信念中逻辑地演绎推出，而德雷茨克则只要求它可以从更进一步的信念演绎推出，而这（些）更进一步的信念连同其他一些在逻辑和因果上独立于其自身的真理（它们碰巧在这些情况下成立）是该信念共同的基础。把这种差异说成是 R-结论性理由（罗素的要求）与 D-结论性理由（德雷茨克的要求）之间的差异，是很方便的（假如错置年代的话）。显然，一个人可能会有 D-结论性理由，但却没有 R-结论性理由；反例（8）中我们的朋友史密斯就是一个例子。那么，在该情形中史密斯要想有 R-结论性理由，有什么样的要求呢？很可能是，要求史密斯知道另外的真理 s，p 就是从 s 连同 r 推出的。但可以肯定，这其实就是要求史密斯知道所有相关的证据；因为如果 s 不包括一切相关的东西，它连同 r 就不足以衍推出 p。（史密斯刚量过小孩的体温，并得到了一个正常的读数——这可以是真的，但小孩体温正常也可以是假的，假如温度计不可靠，或者小孩那时正在吸食冰块，或者史密斯的视力不够好，或者在史密斯朝别处看的一刹那，小孩从嘴中取走了温度计，并把它放进床边的一杯水里面，如此等等。要想拥有 R-结论性理由，史密斯将不得不知道这些情况没有哪一个出现过。）

这一论证的主要部分是要表明，提议 VII 隐含地意味着这一要求：只有当某人基于所有相关的证据形成他的信念（即只有他的信念得到**完全**证成），他才会拥有知识。但它还阐明了另一个应当提到的问题。罗素的分析要求、德雷茨克的分析并不要求史密斯知道的额外的前提,将包括这样的前提,它们和所说的信念("孩子的体温是正常的")相比较,在基本信念、直接的派生信念、较不直接的派生信念……所构成的任何稍有合理性的层级中,具有更高的位置(例如,"温度计是可靠的"或"史密斯的视力足够好")。正是这一事实使得基础主义所要求的单向证成成为不可接受的;这一事实反过来,又致使罗素的分析或任何在相关方面与其相似的分析不可能避开怀疑论。

可见,第二节讨论的关于知识所提议的分析的失败不是一个偶然事件,或者是缺乏技巧的结果;更准确地说,正如我在第一节所提出的,这是这个前分析概念中潜存的深层次、不可避免的冲突的表面征兆。

结论 可以得出的适当的教训,不是我们需要一个更好的知识定义,而是我们需要更深刻地理解证成。

如果我的看法是准确的,那就不能指望着能够设计出一种确切的关于知识的分析,这种分析合理地接近日常语言,既允许我们拥有某种知识,又能够排除我们拥有凭运气得到知识这种可能性。

329 不过,如果我们觉得就知识给出某种分析是值得期待的,那么,最佳的选择就是进行这样一种阐释,它可以区分严格的概念(**知识**就是得到**完全**证成的真信念)与松散的概念(知识就是得到完全证成的真信念)。当然,虽然我们能够有知识(怀疑论是错误的),但我们不能够拥有**知识**(**怀疑论**是正确的);虽然我们不能拥有凭运气得到的**知识**,但我们有时的确会得到凭运气得到的知识。此外,尽管不会避开本文论证的主旨,所建议的那种阐明可能会有这样一个优点,即提出某些并非没有趣味的猜想。例如,或许真实情形会是:广受争议的原则"kp→kkp"对于**知识**是真的,而对于知识不是真的?

然而,我最想强调的是以下这种做法的好处:将注意力由(如我已经论证的)一个无望的问题,即知识的"正确"定义是什么,转向

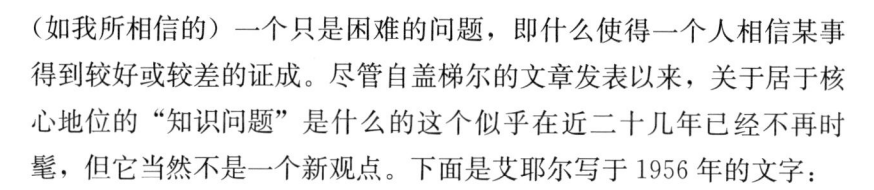

（如我所相信的）一个只是困难的问题，即什么使得一个人相信某事得到较好或较差的证成。尽管自盖梯尔的文章发表以来，关于居于核心地位的"知识问题"是什么的这个似乎在近二十几年已经不再时髦，但它当然不是一个新观点。下面是艾耶尔写于1956年的文字：

> 主要的问题是陈述与评价那些关于知识的断言得以做出的根据……就如同给候选人打分。我们给它们什么样的界线是一个相对不重要的问题。只要我们同意给出的分数，我们在哪里划定及格与不及格之间的界线并没有多大的重要性[13]。

但是我希望，本文已为认识论问题的这个观点提供了一个新的合理性根据。

注释

［1］"传统"定义有许多个版本，不过它们之间的差别不是我在这里想要关心的事。参见例如齐硕姆：《知觉》，第16页；艾耶尔：《知识问题》，第35页。

［2］盖梯尔：《被证成的信念就是知识吗?》，我就像在原文中那样，非常频繁地陈述了盖梯尔的以及相关的例子，只是有时为了保持对称而改变了它们的名字。

［3］艾尔迈德：《真理与证据》。

［4］迈耶斯和斯特恩：《没有悖论的知识》。

［5］哈曼：《思想》，第142-144页。

［6］莱勒与帕克松：《知识：未挫败的被证成的真信念》（然而，在《思想》［1974］中，莱勒采用的分析更明确地遵循了迈耶斯和斯特恩的路线）。

［7］哥德曼：《知识的因果理论》。

［8］哥德曼：《分辨与知觉知识》。（我想要指出的是，尽管我不赞成知识的因果理论，但我的确认为证成概念中含有因果的成分，这也是哥德曼的一个观点，参见他的《何为被证成的信念?》。）

［9］德雷茨克：《决定性原因》，*Australasian Journal of Philo-*

sophy，1977（49）：1-22；重印于帕帕斯和斯万：《知识和证成文集》，41-60。

［10］帕帕斯和斯万认为，德雷茨克的分析错在过分强度这一层面。参见《某些反驳决定性理由的决定性理由》。与此相反，我已经论证，德雷茨克的分析仍然很弱，以致会允许凭运气得到知识。

［11］罗素：《知识、错误和盖然性意见》。

［12］当然，我对已有文献的讨论尚未穷尽所有，我也不应希望去掩藏我的以下假设的猜想性特征：没有一种分析既允许某种知识，又不允许凭运气得到知识。

［13］艾耶尔：《知识问题》，第34页。当然，在实际发生的考试中，在哪里划定及格与不及格之间的界限是重要的，正如在法庭上，我们把证据的标准设置多高是最为重要的一环。但在认识论中却并非如此。（现在［2008年］我还会向读者们推荐鲁兹布：《为什么我会比你知道这么多？》，这篇文章我在1983年还没有读过。）

知识与宣传
——一个老派女性主义者的反思

> 新式女性主义强调"女人视角"的重要性,老派女性主义则相信人的第一重要性……我本人是一个老派女性主义者……
>
> ——霍尔特比[1]

自十二岁那年起,我就已经是一个女性主义者了;那时候,我在第一次化学考试中得了最高分,得到第二高分的那个男孩愤愤不平地抗议,这是不公平的——"所有人都知道女孩子是不能搞好化学的"。由于我如今已经在认识论领域工作了十多年,于是我认为,作为一个认识论者,我是够格的。因此,我一定是一个女性主义认识论者,对吗?错。相反,我并不相信在女性主义与认识论之间存在任何像"女性主义认识论"这么一个标题所要求的那种联系。

或许你会认为,只有持极端右翼政治观点的某个人才有可能对女性主义认识论有较少的热情。要是这样,那你就错了;这是因为,一是关于我的政治观点的唯一极端之处是我不喜欢极端,二是我认定女性主义认识论计划是一个错误构想的理由绝对不是政治上的,而是认识论上的。

证据与探究

在过去大约二十年间，女性主义哲学中已经出现了一个重要的转折，即从温和型转向野心勃勃的帝国主义式的女性主义：前者强调女人和男人共同的人性，聚焦于正义与机会，主要关注于社会和政治理论中的话题；后者则强调"女人的视角"，宣称对于所有哲学领域，包括认识论在内的革命性意义。所以，没错，我的文章标题中的语义双关是有意的；我的女性主义属于较为老派、更加温和型的。但我在这里只是反对新女性主义特别是关于认识论的帝国主义式的野心。

"女性主义认识论"这个标题初看起来是不协调的，与例如"共和党人的认识论"有几分相似。这个标题引发的迷惑与其说被描述为"女性主义"的、让人晕头转向的、种类繁杂的认识论观念所缓和，还不如说被它们加剧了。在自称的女性主义认识论者当中，我们会发现准基础论者、融贯论者和语境论者；认识论上的自然主义的支持者，不加掩饰的相对主义者；有些人强调知识的关联性、共同体和社会特征，有些人强调的可能是主观和个人情感；有些人强调认知价值的概念，有些人想要用"女性中心主义的"规范取代认识论传统中"男性中心主义的"规范，还有人提倡描述主义的方法；等等。[2]即使是在有明显一致性的地方，例如，女性主义认识论会强调知识的社会特征，这种一致性也经常掩饰着关于以下条目意谓什么的重大的不一致：探究者是普遍地相互依赖的；合作探究较单独探究更好；认知证成是相对于共同体的；只有社会群体，而不是个体，可以被恰当地说成是在进行探究或者进行认识；实在是通过社会性的方式建构出来的，等等。正如安东尼评论的，"在认识论领域进行工作的女性主义者中间，干脆就没有任何实质性的共识"[3]。

这一切让人感到非常迷惑。艾尔科夫和波特告诉我们，女性主义认识论是"一个活跃的研究纲领……它想把关于知识的那些内部混杂、不可还原、成问题的东西重新架构成……统一的论题集"，并且，既然女性主义认识论"不应被认为涉及承诺了性别作为迫害的主要指标"，"女性主义的"这个词就只是显示出了"当前工作的历史轨迹"，也就是它的起源。[4]哈丁告诉我们，可以期待女性主义认识论将会

"包含着矛盾",它是"多元的和矛盾的知识",我们要从那里进行"学习和思考"。[5]这并不是很让人放心。

这种迷惑因为下述的反思而加剧:既不是所有也不是只有女人或女性主义者赞同所有或者实际上是任何冠以"女性主义认识论"标签的观点。例如,皮尔士就针对笛卡尔的真理标准批判了他所谓的"有害的个人主义",并对探究的社会特征表达了微妙的赞赏;然而,他既不是女性,也不是女性主义者(如此判断的根据是:他将"男子气概的知识分子"用作了"坚韧的、强有力的精英"的同义语)[6]。我甚至都不用提到兰德了![7]

所以,关于女性主义认识论的女性主义是什么?

那些将自己描述为"女性主义认识论者"的一些人这样做,只是因为她们正拣起某些在别处被描述为"女性主义"的主题;而有些人这样做,也许只是因为没有比以下更好的原因:因为她们是女性主义者,或者她们是女性并且正在研究认识论,因此,她们所做的就一定是女性主义认识论。有些人,可能多多少少意识到"女性主义"这个标签也许有助于确保她们的工作在一些人士那里得到同情性的倾听,并有益于转移来自其他人士的批评。[8]但对应于"女人视角"这个短语的两个解释,即解释为"女人看事情的方式",或解释为"符合女人的利益",用来将女性主义与认识论关联起来的途径似乎也有两条。

有时候,有人会告诉我们,女性主义认识论代表的是"女人的认知方式"。这种向"像一个女人那样思考"这一概念的回归,令人不安地使人想到原来那些带有性别歧视的陈规旧习——就像,比如奈对逻辑的"女性主义批判",令人不安地回应了原来那些关于女人是"如此没有逻辑"的抱怨。[9]甚而,还是有令人不安的真理存在,所以这并没有能够解决问题。

然而,我不确信存在任何令人不安的女性的"认知方式"。在文字能力测试中,女孩的平均得分比男孩高,在数学能力测试中男孩的平均得分比女孩高,诸如这样的事实(如果它们是事实的话)[10],没有任何倾向可以说明女人和男人有不同的认识方式。诉诸对象关系理论，一个曾经风行于女性主义认识论早期研究的理论[11]似乎已经不再时髦了，这也许是因为已经认识到这个理论具有多么大的推测性与含糊性，以及它与女人有不同于男人的认知方式这个主张的相关性是多么不牢靠。也许最具影响力的尝试是《女人的认知方式》这本书，它沾了吉利根的《以不同的声音》的光，自称要给其他那些"认知方式"提供经验证据。但是，作者们在刚一开始的时候就说，她们预设"在大多数学术科目、方法论和理论的中心位置上存在男性的偏见"，这是一个据称已经被女性主义学者们"令人心服地论证过的"断言。所以，她们提前告诉她们的臣民，她们参与交流的目的是研究她们特殊的"女人的认知方式"，使得不可能弄清楚她们的回应未被其提议所扭曲[12]。

对于任何人来说，如果他想把事情弄明白，他就必须搞清楚他的或她的感官的和内省的经验，以及他或她设计出来以便与这些相适应的解释性理论建构；认知风格上的差异与笔迹上的差异类似，似乎更具有个体性，而不是由性别来决定。所提出的如"女性主义认识论"这样的不相容主题的大量存在，本身就是对独树一帜的女性认知风格这一观念的反驳。但即使有这样一件事情，对女性主义认识论的主张也会要求给出进一步的论证，以说明与男性相比较，女人的"认知方式"（之所以加上引号，是因为既然"知道"是一个完成词，它就是有倾向性的）代表了更好的探究程序或更细致的证成标准。当然，有人还会告诉我们：女人可能会对知识论有深刻的见解，而这是男人不可获取或不可轻易获取的。

老实说，我看不出迄今为止的证据如何能够被认为是可以支持这个大胆的断言的；准确地说，我的经验所表明的是，无论对于什么性别（或性）的人而言，回答或者甚至是有意义地澄清有关认识论传统的那些问题都是困难的，非常困难。归根结底，原始的、创新性的哲学思想才能是一种相当罕见的、不寻常的天赋。皮尔士曾论述说，"我这可恶的头脑有一个怪癖，它阻止我像其他人那样思考"[13]；正是这样的怪癖，正是这些个人的癖好——不是被一些女性主义者明确表示赞赏的"群体思考"——才是哲学（科学、艺术等）创新所要求的。

经常有人说，受压迫的、社会地位低下的、被边缘化的人，由于他们的被迫害和身处劣势，因而是享有认知上的特权的。[14]如果这是真的，它就将暗示，真正具有认知上的特权的人不是富裕的、受到良好教育的、白种西方女人，这些人大都基于此声称她们拥有特殊的洞察力，而是那些最受压迫的、社会地位最低下的人——其中一些是男人。足以确定的是，一些女性主义认识论者，因为看到了"社会地位低下有特权"这一论题表明了社会地位越低下特权就越大，于是便为女同性恋者索取特殊的认识论特权。[15]但是，有什么好的理由认为压迫赋予认知特权是真的？库恩评论说，革命性的科学创新经常是由那些处于学科边缘的人做出的；但是女人作为一个类，并不是这个意义上的"边缘的"人。可以肯定，受压迫的人被压迫的方式之一，是压迫他们的人控制着他们所能得到的信息。这就论证了，"受压迫的、社会地位低下的、被边缘化的"人在认知上所处的不利境况。

所以，按照第一种解释，即把"女人视角"解释为"女人看事情的方式"，女性主义与认识论之间不存在任何"女性主义认识论"这一标题所要求看到的那种关联。

在"符合女人的利益"这第二种解释之下，应该做出这种关联，准确地说，通过对科学理论建构中性别歧视的批判做出这种关联。[16]据称将女性主义和认识论关联起来的两条途径将在这个假设上实现合一——当然，这个假设是我所不接受的，即科学理论建构中的性别歧视是排除女性"认识方式"的结果。根据这个假设，即女人比男人更有可能注意到这种性别歧视，沿着第二条途径可以察觉到第一条途径十分微弱的痕迹——由于事先声明过，假设只有男人才会认可性别歧视上的陈规旧习是幼稚的，因而我倾向于接受这个假设。

在社会和人文科学中，有时候也在灵长类动物学等当中，没有得到证据的很好支持的断言有时也会逐渐得到科学家们的接受，最常见的是被男性科学家们所接受，这是因为，他们已不加批判地将男性、女性行为的老一套观念视为理所当然。当然，在这一小段或那一小段科学理论建构中，对所谓性别歧视的每一个女性主义的批判，必须要根据其优点单独加以考虑。[17]在许多情况下，置身事外的某个人难以确定这些优点是什么（信奉女性主义不是这类工作的一个充分条件，而对性别歧视的可疑气息的过度敏感可能会被证明是一个障碍）。将在科学理论建构中对性别歧视的女性主义批判扩展到所有的科学领域（包括物理、化学等）的努力，好像是牵强的。但这一关键步骤导致这一断言，即在科学理论建构中发现性别歧视会迫使我们承认：政治上的考虑是在理论间做出抉择的合法的方式。然而，表面看来，科学理论建构中对性别歧视的批判恰恰表明了相反的结论：理想的目标是将接受与保证恰当地进行关联，与证据的品质进行关联——而政治应该尽可能地被排除在科学之外。[18]

只有通过将女性主义认识论不仅仅视为女性主义一个较大发展的组成部分，而且将其视为科学哲学的一个较大发展的组成部分，我才能够搞清楚事情是如何发生如此惊人的变化的。在这方面，过去大约三十年中已经形成了一个重要的转折：从旧式的尊崇主义转向了新式的犬儒主义，前者认为科学凭借其特有的理性、客观的探究方法，有资格获得一种认知上的权威地位，而后者视科学为渗透着价值的社会建制，在确定接受什么理论时，强调的是政治、成见、宣传的重要性，而不是证据的重要性，有时候走得更远，甚至会提议：实在是由我们构造出来的，如果没有引号做提前预警，就不能使用"真理"这个词。[19]

对此我的诊断是，科学哲学中的**新式犬儒主义**哺育了新式帝国主义式的女性主义殖民认识论的野心。有人论证，科学当中所渗透的价值，迄今为止是以男性为中心的、带有性别歧视并且不利于女人利益的满足。该论证继续道，对科学理论建构的性别歧视的女性主义批判，不能仅仅被视为对坏的科学的批判；这里要得出的教训是，我们必须放弃不受政治价值约束的科学的堂吉诃德式追求，转而支持渗透着女性主义价值的可实现的科学目标。假如下述观念可以合法化，那就会有一个真正的女性主义认识论：女性主义价值应当确定接受什么样的理论。提出来推动这一转折，即从对科学理论建构中的性别歧视的女性主义批判向女性主义认识论转向的那些论证，恰好就属于这一诊断将要预言的那一种。我在这里只考虑两个最重要的论证方法，其中的每一个都关注于对新式犬儒主义核心十分重要的概念：不充分决定和价值负载。

第一个方法诉诸理论为数据所不充分确定，后者声称，既然关于接受什么理论有着不可避免的"松弛地带"，允许政治偏好去确定理论选择就是恰当的。[20]首先，假定诉诸不充分决定性只是准备用来指出下面这个事实：有时候可获取的证据并不足以在相互竞争的理论中做出抉择，而在一些情形下（例如，关于遥远的过去、"人作为狩猎者"以及所有这一切的理论）另外的证据在实践中可能是得不到的。应有的反应是，除非并且直到获取更多证据，科学家最好是悬置判断——门外汉们，包括哲学家在内，不应该过于不加批判地尊崇科学家们关于他们的发现的没有根据的自信断言。在这个意义上，不充分决定性毫无趋向去表明，我们可以合法地选择去相信任何迎合我们的政治目标的理论。

接下来，假定诉诸不充分决定性，准确地说是打算依赖以下这个蒯因式论题：对于相同的观察结果可能会有不相容的理论，因此甚至所有可能的证据都不能在这些理论之间做出判别。我不确信这个论题是真的；显然，蒯因也不确信，他有时似乎还暗示他在别的地方所描述的在经验上等价但并不相容的理论，实际上可能就是同一个理论的文字变体。[21]然而，如果这个论题是真的，它大概只对真正理论性（意为"不可观察的"）的东西为真；因而，与主要是男人的狩猎还是女人的采摘维持着史前氏族公社这样的问题无关。假如这个论题是与这样的问题相关的，女性主义者对它的诉诸就会弄巧成拙，因为在这种情况下，该论题会动摇女性主义者的如下预设，即我们可以知道什么理论有助于女人的利益，或者这些利益是什么。

第二个论证方法力主"擦掉科学与价值之间的边界线"的必要

性[22]，由此我们又一次看到，允许女性主义价值来决定理论的选择是恰当的。在一个版本中，该论证似乎是这样的：这一思想，即女性主义价值不能构成关于这个或那个理论的证据，依赖于关于描述性与规范性的站不住脚的区分。这一论证只是近似于认为所要求的区分站不住脚的理由。所论议题并不是指对于科学内部优先权在道德或政治上的批判，或者是对于科学发现的用途在道德或政治上的批判，究竟哪一个是恰当的，也不是指道德价值的进化论说明是否可以捍卫；既不是指例如简约性的作用是否可能会不局限于实用，也不是指一些认知规范是否可能在最后证明隐蔽地具有描述性的、手段－目的这一特征；而是是否有可能由"应当"推导出"是"[23]。我在已有文献中找不到甚至想要表明这一点的论证，我也想不出这样一个论证。只要你直白地进行表达，立刻就会发现该论题是假的：关于什么事态是想要的或不想要的而形成的命题，可以作为事情是或不是这样的证据。

在另一版本中，这个论证似乎依赖于这样的断言，即不可能从科学中完全排除"语境的"（即，外部的、社会的和政治的）价值。在这个版本中，该论证是一个不合逻辑的推论。也许实际情况是，科学家们从来都不会是完全没有成见的，也许当对一个理论的证据进行判断时，科学家们不可能将他们的成见完全摒弃于视野之外；由此不能推出，允许成见来决定理论的选择是正确的。由不可能使科学成为完美的这一事实，推不出我们不应该努力使它变得更好这样的结论。

这些论证的失败是一个假的预设表现出的症状，而试图将女性主义与认识论联系起来的第二种尝试正是依赖于这个预设：既然**旧的尊崇主义**图像不是可捍卫的，那就只有**新式犬儒主义**这样一个选择了。但这些并非仅有的可选择物；真理，像经常所是的那样，就处在两者之间。**旧式尊崇主义**过分强调科学的长处，**新式犬儒主义**则过分强调科学的缺点；**旧式尊崇主义**太专一地关注逻辑因素，**新式犬儒主义**则太专一地关注社会学因素，而这两种因素正是一个合理的科学哲学应当糅合在一起的。自然科学已成为人类认知领域中最为成功的尝试，但它们仍然是可错的和不完美的——它们并不能完全地免于偏见与政治、流行与时尚的影响。

这里潜存着一个关于科学社会学在认识论上的作用的观念,它值得去搞清楚,因为它挑战了一个假设,而这个假设似乎是一些**旧的尊崇主义者**和一些**新的犬儒主义者**都视为理所当然的:知识社会学对传统认识论关心的问题构成了威胁。只要我们明确地说明,没有任何社会学研究或理论凭其自身便足以表明理论得到证据较好或较差支持的想法是站不住脚的,这个潜存的观念就会是显而易见的了。但是,这样说并不是要否认知识社会学与认识论有任何可能的关联。

有时候,科学家在找寻和评估相关证据方面是严谨的;有时候,却不是。很有可能总是会有关于他们为什么会表现出他们实际所是的样子的某种解释,这种解释有时诉诸所涉科学家的个体心理,有时则会诉诸更具社会学特点的那种考虑(政治压力导致这些科学家忽略或掩饰如此这般易于获取的证据的相关性;得知他们的工作将受到一个竞争团队的批判性严格审查,而那个竞争团队正渴望获得诺贝尔奖,这会确保那些科学家会不遗余力地做好工作;如此等等)。这样的社会学研究对于认识论的价值在于,它们可以表明什么样的组织科学的方式倾向于鼓励人们审慎地关注证据,以及什么样的方式倾向于对此产生阻碍作用。[24]

如果我的上述诊断是正确的,那么,尽管在"女性主义认识论"标题之下提出的所有主题都为假不是不可避免的,但有一点是不可避免的,只有那些在它们的犬儒主义意图上失败的主题才可能是真的。例如有一点是真的:探究者之间是深刻地、广泛地相互依赖的;这一点是真的:有时候科学家可能会把相关证据视作相关的,只是因为他们也许被出自先前成见的政治压力说服了。但是,这样的真理没有任何根本性的推论;由此推不出,例如,实在就是某个认知共同体决定其所是的无论什么样子,或者,什么证据是相关的并不是一个客观的问题。

对于科学理论建构过程中性别歧视的女性主义批判所具有的认识论价值,尽管足够实在,但却是平淡的,并且决不是革命性的。认识论的一个传统项目是为实施探究提供规则,或者更好一些,提供准则;另一个项目则是讲清楚得到较好或较差证成的信念的较好和较差证据的标准。"实施探究"项目的一个子任务是搞清楚什么样的环境对于成功的探究提供支持,什么样的环境则不利于此。这个子任务的一个子任务是搞清楚,在鼓励接受未得到证据良好支持的理论时,如何将不容置疑和不可证成的先入之见的影响予以最小化。对性别歧视科学的审慎的女性主义研究,比如对纳粹或苏维埃科学的灾难性后果的研究,可以称为"实施探究"项目的这一子任务的有用的资源。但这是这样一种角色,它要求将理论理解为得到证据的较好或较差的支持,要求区分证据性与非证据性的考虑,它们在传统上是在"证据标准"项目中加以研究的。

然而,你可能会问:既然我没有否认在"女性主义认识论"这一标题下提出的一些主题是真的,既然我承认对性别歧视科学的一些女性主义批判似乎理由充足,并且可能会有一种虽不重要但却真实的认识论作用,既然我很愿意认同这一点,即对于女性主义者寻求理解偏见、客观性等概念来说,有关证据质量和良好实施的探究的决定因素的一个真实说明可能会是有用的[25],那么,为什么我还会因为这样一个标题而感到如此困扰呢?

好吧,既然存在一个适合被称作"女性主义"的认识论的想法基于错误的预设,那么这个标题最多就是草率而为的。但问题不只是不喜欢草率;不仅仅是冒犯以下结果:我们中的那些不认为将我们的认识论工作描述为"女性主义的"是恰当做法的人,也不在乎女人的正义或机遇;不只是对有关女人的笼统概括感到不安,以及对女人有特殊的认识论洞察力这一提议感到为难。最麻烦的一点是,设计这个标题出来是为了传达以下想法:探究应当被政治化。这不但是错误的,而且这种错误是危险的。

从认识论的观点看来,这是一个危险性的错误,因为其所基于的预设——真正的、诚实的探究既不可能,也不值得期待——用培根的警句来表达,就是一个"造作的绝望",如他所说,这东西倾向于

"剪断勤奋的活力与激励"[26]。严肃的智力工作是艰苦的、痛苦的和令人沮丧的；若是提议认为屈从于抄近路的诱惑是合理的，那就只能阻挡探究的道路。[27]

我想说的是，探究实际上得到了这些人最好的推动：他（她）们真正渴望去发现事情是怎样的；与那些只寻求为某些预知的结论提供一种例证的冒牌推理者相比，他（她）们更加执着、更少教条、更加坦率。除此之外，既然探究以真理为目标是一个同语反复的说法，冒牌推理者就根本不是在真正从事探究。[28]这种情况应当提醒我们，那些对诚实的探究感到绝望的人不可能是在从事追求真理的事业（如他们会说的，这叫作"'真理'行当"）；他们所从事的是宣传。

因为明显的理由，这一点被相当公开地承认只是相对少见的。当哈丁宣称"真理——无论那是什么！——不可能让我们自由"时，她所暗指的就是这一点；当艾尔科夫告诉我们"认识论……是在特定的话语和政治空间中进行的话语上的干预"[29]时，所暗指的也是这一点。但格罗斯没有任何保留："女性主义理论……不是一种真正的话语……更确切地说，它可以被恰当地视作一种*策略*……带有明确政治……目标的……［一次］干预……一种智力上的*游击战*"[30]（第二个着重号是我加的）。

这使得下面这一点变成显而易见的：探究应当被政治化这一想法为什么不仅仅是一个误解，不仅仅是认识论上的一个危险的误解，而且还是一个政治上危险的误解，因为专制的可能性需要"政治上合格的研究和学术"。哈丁宣称，"好的科学的典型应当是由不带任何歧视或偏见的政治目标所指引的研究计划"，而"言说什么是理论上和政治上合格的研究和学术的权力［原文如此］必须保留在边缘化的人的手中"[31]。那么，"政治上不合格的研究"会是什么呢？那些未被一些女性主义者视为"落后的"政治思想所感染的研究，以及根本就未被任何政治思想所感染的研究，即诚实的探究。

难道我们早已忘记在《一九八四》中，假如执政党做另外的规定，相信二加二等于四就是有罪的想法吗？[32]这不是无足轻重的口头牢骚，而是这样一个问题：在认识论上关系到探究的整体性，在政治上则关系到个人思想的自由。不必要地牺牲这些理想不会有助于女人，它会损害人性。

注释

[1] 她继续说道："因为我不喜欢女性主义所意指的一切。我渴望这整个事业的结束以及平等的要求……但是，尽管……机遇［被］拒绝，我还是将不得不做一名女性主义者……"（引自达尔马给布里坦《友谊的见证》所写的"后记"，见该书第 450 页。）应该说，如今有更少的机遇去否定：现在较 1926 年时有望更加接近"这整个事业的结束"。

[2] 例如，在《认知责任》中，科德提出了一种"经验实在论"（empirico-realism），据说类似于基础论，但她也暗示，不过不是很特意地，基础论—融贯论的二分是错误构想出来的；后来，在《把主体性考虑进来》一文中，她提出了一种女性主义的相对主义。在《从蒯因到一个女性主义认识论》中，内尔森提出了一个融贯论式的女性主义认识论，这种理论源自蒯因——但它承认蒯因容许经验发挥重要作用。在《走向一种女性主义认识论》中，杜兰将女性视角描述为在本能上是融贯主义的，但接着却把自己描绘为一个语境主义者；而且她似乎同时坚持两个立场，一是女性主义认识论在非规范的意义上应当是自然主义的，二是女性主义认识论应该以女性中心主义的规范取代男性中心主义的规范。在《爱与知识：女性主义认识论中的情感》一文中，耶格尔强调了情感的作用，等等。

[3] 安东尼：《作为女性主义者的蒯因：自然化的认识论的根本涵义》，第 186 页。

[4] "导言：当女性主义与认识论产生交集"，《女性主义认识论》，1–14，第 3–4 页。

[5] 哈丁：《谁的科学？谁的知识？》，第 180、275、285 页。

[6] 皮尔士：《文集》，5.213–5.310（批判笛卡尔式的认识论），

和 5.368—5.377（探究的社会概念）。关于皮尔士对"男子气概的知识分子"的用法，参见 5.368；他对威尔比女士的《什么是意义？》的评论，参见 8.171（"威尔比女士的书……是一部女人味的著作，太男子气概的头脑或许会认为它相当疲弱"）。

[7] 兰德：《客观主义认识论》。

[8] 参见巴伯：《女性主义认识论的市场》。

[9] 奈：《力量的话语》。足够讽刺的是，在奈对形式逻辑的批判完全合理的地方，这些批判在早先男性作家的著作里是常见的，这些人强调说，符号逻辑不足以表征推论的实用方面，如斯基勒的《形式逻辑：一个科学与社会的问题》，斯特劳森的《形式理论导论》，以及图尔敏的《论证的用法》。奈想要用以取代逻辑的"解读"（reading）概念源自像保罗·德·曼（Paul de Man）这样的男性作家的著作。

[10] 根据泰维里斯：《对女人的误测》，第 42—43 页以及第 51—53 页，关于最高层次的数学能力上的差别有好的证据，但在所谓文字能力上的差别的证据则是较为可疑的。

[11] 弗拉克：《政治哲学和重男轻女的无意识：关于认识论和形而上学的心理分析视角》，第 245—282 页；凯勒：《对性别与科学的反思》。

[12] 贝伦基、克林奇、戈德伯格和塔鲁尔：《女人的认知方式》，第 8 页。

[13] 引自贝尔：《数学的发展》，第 519 页。

[14] 参见耶格尔：《爱与知识：女性主义认识论中的情感》，第 146 页；哈丁：《谁的科学？谁的知识？》，第 271 页；内尔森：《从蒯因到一个女性主义认识论》，第 40 页。

[15] 弗赖伊：《看与被看：实在的政治学》，第 77 页。也可参见科特奇和佩泰：《公开宣称的女性主义：来自女性研究这个奇异世界的警示性传说》，第 3 章，关于女同性恋和异性恋女性主义者、黑人和白人女性主义者之间的争论。

[16] 问题的焦点是专注于科学理论之内容的女性主义批判，而

不是对科学家们选择哪些问题进行研究的女性主义批判，也不是对只是存在着相对很少而且大都相对低级的女科学家的女性主义批判。

[17] 关于这样的批判，参见例如布莱尔编：《女性主义者的科学方案》；福斯特-斯特林：《性别的神话：关于女人和男人的生物理论》；龙吉诺和多尔：《身体、偏见和行为：两个科学领域内的推理的比较分析》。

[18] "女性主义经验论"这个词的用法已经造成了相当大的混淆，参见哈克：《作为社会性的科学？是或不是》。

[19] 我在1995年的《弄懂科学》一文中进一步展开了这些想法，而在2003年的《理性地捍卫科学》一书中它们变得更加详细。

[20] 龙吉诺：《可能存在女性主义科学吗?》，第206页；内尔森：《从蒯因到一个女性主义认识论》，第173-174、187-188、248页。

[21] 蒯因：《关于世界的经验等价的理论》和《经验内容》，载《理论和事物》，第29-30页。我的保留意见始自以下事实：即使是为了明白地陈述这个论题，也需要一类得到明确区分的观察性谓词，对它们我持怀疑态度（有时候，蒯因也是这样）。而现在（2009年）我会推荐读者去参阅《理性地捍卫科学》第86-88页，在那里我针对蒯因这个论题的歧义性进行了更为详尽的讨论。

[22] 内尔森：《从蒯因到一个女性主义认识论》，第248页。也可参见龙吉诺：《可能存在女性主义科学吗?》，以及哈丁：《谁的科学？谁的知识？》，第57页及其后。

[23] 或者更严格地说，p应该[不应该]是实际情况，是否可以成为p是[不是]实际情况的证据。

[24] 在皮尔士之后，波兰尼在我看来似乎最出色地理解了这些议题，也许部分原因在于他在职业生涯的不同阶段，在铁幕的两边都曾经作为一名科学家工作过——这一经验令他强烈地意识到科学政治化的危险。参见《科学的共和国》。

[25] 安东尼的《作为女性主义者的蒯因》，想要谋求蒯因的自然

化认识论对女性主义事业的支持，其中似乎就依赖于这个思想。我同意安东尼关于其他女性主义认识论所说的很多话。但是，正如我在第六章论证过的，尽管蒯因的《自然化的认识论》包含真理元素，它还是基于一系列模棱两可的东西。无论如何，我不愿意称一种认识论是"女性主义的"，因为如果它是真的，它对女性主义纲领可能就是有用的。（但是，我禁不止想要知道，假如我愿意不把本书称作《证据与探究》，而是称为《女性主义的基础融贯论》，我可能会新增多少朋友和读者！）

[26] 培根：《新工具论》，第一卷（1620）格言 LXXXVII。

[27] 按照皮尔士的说法，"不要阻挡探究的道路"是"值得书写在每一面哲学城墙上"的命题（《文集》，1.135）。

[28] 参见哈克：《一位老派的自命不凡者的自白》。

[29] 阿尔科夫：《认识论何以是政治性的?》，第 66 页。

[30] 格罗斯（Gross）[如今是格罗兹（Grosz）]：《什么是女性主义理论?》，第 177 页。

[31] 哈丁：《谁的科学？谁的知识?》，第 98 页。比较杜兰：《走向一种女性主义认识论》，第 145-146 页："像[心灵的]计算模型那样的……一个模型，会是政治上不正确的理论建构的结果吗？所谓政治上不正确的理论建构，是指除了严重的男性中心主义，还有对给少数民族、第三世界视角，以及实际上对任何不是白种、男性和受到良好教育的人而言，被女性主义者标示为压迫性的那种东西。"

[32] 奥威尔：《一九八四》（1949），第 184、198 页。

重估"信念的伦理学"[1]

认知评价和伦理评价之间有什么关系呢？可能的回答如下所列：

(1) 认知评价是伦理评价的一个子类——特例论题。

(2) 肯定性/否定性认知评价与肯定性/否定性伦理评价是有区别的，但它们又总是相关的——关联论题。

(3) 它们之间没有恒常的关系，而是局部交叉，在这个交叉区域，肯定性/否定性认知评价与肯定性/否定性伦理评价相关联——交叉论题。

(4) 在涉及认知评价的地方，伦理评价是不可用的——独立论题。

(5) 认知评价与伦理评价不同，但也与之类似——近似论题。[2]

要想考虑如下事实，我们还需要进行一些提炼：上述所列的每一种观点都既有一种完全一般的形式（"对于认知评价的每一个维度来说"），又有各种各样特殊的形式（例如，"就其与下述一点有关而言：在认识论上把某人评价为完全地或在某种程度上有证成地，或未经证成地相信……"）。相对于不同的认知评价维度来说，正确的说明可以是不同的。但是，无论我们就其一般形式考虑，还是就其相同的特殊形式考虑，上述所列论题之间的逻辑关系都是相同的。特例论题与其他任何一个论题都是不相容的。关联论题与交叉论题及独立论题是不相容的。不过，近似论题尽管与特例论题不相容，但与关联论题、交叉论题乃至独立论题却是相容的。

在1991年出版的《弗斯与信念的伦理学》中，齐硕姆写到，1938年他和弗斯都注册参加了佩里关于价值理论的研讨班，自此以后，"弗斯倾向于说，[认知证成]仅仅是[伦理证成]的一个类似物；而那时候我却倾向于说，前者是后者的一个子类……我现在仍旧觉得自己倾向于接受最开始提出的观点"[3]。在本文的大部分篇幅内，与齐硕姆和弗斯一样，我将专注于认知证成与伦理证成之间的关系。在这里，我的看法是，特例论题太强了，近似论题（不假，但是）太弱；认知证成与伦理证成之间的关系在交叉论题中得到了陈述；两者之间尽管达不到局部等同，但也不仅仅局限于相互近似。

与我对交叉论题的这一特定版本的论证交织在一起的，将会是我对一个更具历史性的特征的一些反思：在克利福德与詹姆斯那场著名的论辩中，他们都未能将认知证成与伦理证成区分开来，而这造成了一种错误印象，即一个人必须在如下两者之间做出选择：要么是在《信念的伦理学》中提出的在道德上过分苛刻的说明，要么是在《信仰的意志》中提出的在认知上过度宽松的说明。与这些反思交织在一起的将是这样一个论证，它将齐硕姆置于这场论辩中更靠近詹姆斯的一边，相较于克利福德来说，在认识论上明显更加宽容——也比我自己在认识论上更宽容一些。

最后，我将简单地把注意力转到关于特征的认知评价和伦理评价的关系上来；我将表明，这一关系似乎比认知证成与伦理证成之间的关系还要密切。这将就克利福德和齐硕姆关于"信念的伦理学"的讨论中的合理成分提出一种友好的、修正性的再解释。

证据与探究

1

与齐硕姆一样，我也把认识论关切的本质上是评价性的特征视作理所当然，认识论重点关注如下问题：是什么让证据更好或更坏，是什么决定了一个人的信念在何种程度上被证成，探究应该如何进行或者如何才能最好地进行。但是，当我们思考认识论评价和伦理评价所关注的不同目标时，下面这种情况看起来是可能的：它们的关系可以预期至少与知识和人类繁荣之间的关系同样复杂和模糊不清。如果我们反思一下如下的问题，这一预期就会得到确认：所有的知识都有助于人类的繁荣吗？或者说，有没有某种知识，假如没有它的话，我们会过得更好？找到所有可以找到的证据，这在认识论上是最好不过的事，但在道德上也同样总是如此吗？或者，有些获得证据的手段是不道德的吗？在未被证成时便相信总是有害的吗？还是说，有时候这样做是无害的甚至会是有益的呢？[4]

如果有可能出现这种情况，即一个人在未经证成的情况下便有所相信，而此时适当的道德评价是有利的或不相关的，那么，如下断定，即说一个人在未被证成的情况下便相信就等于对他做出了一个不利的道德评价——因此也就是特例 J-论题①——就是错误的。因此，除非做如下断言是不相容的：在未经证成时便相信有时候根本就是无害的，或者（如有些哲学家所做的那样）对于忠诚来说有道德上的长处，或者一位丈夫相信他的妻子是忠诚的（即便有证据表明情况相反）这一点有道德上的长处，否则，特例 J-论题就是错误的。而且，无论它们是否成立，这些断言确实是相容的。

然而，这一论证并不是非常有说服力，因为一个特例 J-论题的辩护者可以回答说，这些描述的相容性并不足以否定他的论点；他可

---

① "J" 是 "justification（证成）" 的缩写。

以论证说，在所描述的这些情形当中，有一种乍看起来的道德上的失败（未经证成时便相信），但它是如此不重要，以至可以被忽略，或者可以被更有分量的考虑（例如，丈夫和妻子之间存在信任的道德价值）所推翻。

另一个反驳特例 J-论题的论证诉诸如下事实，即"道德上的应该"蕴涵着"能够"（can），因此"认知上的应该"不可能是"道德上的应该"的一个子类，因为它并不蕴涵"能够"；这是因为，相信，因而也包括在未经证成时相信，从任何直接的意义上看都不是自愿的。

如果这个论证是决定性的，那它不但会排除特例 J-论题，而且也会排除关联 J-论题和交叉 J-论题。但它并不是决定性的。齐硕姆说，尽管实际上一个人不能现在就停止相信 p，或者现在就开始去相信 p，他也不可能现在就去履行自己的所有［正如特例 J-论题会认为的，一个人所有其他的］道德义务；所需要的只是说，一个人可以在适当的时候这样做。[5] 当然，一个人不可能刚好现在就停止了相信或者开始去相信，这种说法的意思与下述看法是很不相同的，即一个人不可能，比如现在就去回复他自己收到的所有信件；困难不在于一个人眼下没有时间去停止相信或者开始去相信 p，而是说，在任何时候他都根本不能停止或者开始相信 p。相信 p 指的是一个人发现自己身处其中的一个条件，而不是某种他所做的事情。然而，正如齐硕姆所指出的，在有关这一问题的更早讨论中[6]，一个人有时候可以提出这一点：在适当的情况下，一个人相信……；有时候，一个人可以通过创造这个条件可能出现的环境，从而引出一个信念。一个人不可能随便就会相信什么；不过，有时候，愿望是思想的父亲[7]；而对于使道德评价得到应用来说，这可能就足够了。

一个反驳特例 J-论题的更好的论证是这样的。一个人在认知上未经证成便相信 p，仅当他的证据不是足够好。但他不可能在道德上错误地相信 p，除非他的信念是被随意引出来的。即便是在他的证据并非随意引出的情况下，他的证据也可能不是足够好。因此，这种情况是可能的，即应该存在一些场合，在那里一个人在认知上未被证成，但这并不是在道德上出了错；因此，特例J-论题是错误的。

不过，在我转向关联J-论题之前，我需要考虑一下齐硕姆最近提出的对于特例J-论题的一种新解释。在1991年出版的一篇论文中，齐硕姆写道："伦理责任的区别性特征不会在强加这种责任的那些考虑当中发现。更准确地说，一种伦理责任不过就是一种不能被任何其他要求推翻的要求。"[8]他论证说，因此，如果一种认知要求不能被任何其他要求推翻，那它就是一个人的伦理责任了。即便这种关于成为一种伦理要求是什么意思的说明是可以接受的，它也不足以确立特例J-论题的正确性，因为它只能表明某些认知要求——那些不能被其他要求推翻的要求——是伦理要求。而无论如何，实际情况似乎是，"伦理的"一词已经被令人信服地重新定义成了"任何不能被其他某种要求所推翻的规范性要求"；这是一种重新定义，如果我们做如下考虑，这一点就会变得更加明显，即由它可以推出，例如任何关于审慎或者说关于审美的要求将因此而被归类为伦理性要求，只要它没有被其他任何要求所推翻。[9]

按照关联J-论题，尽管说一个人在未经证成时相信并不就等于说他在道德上出了错，但只要一个人在未经证成时就相信了，那么他就是既在道德上又在认识上出了错。反对这一论题的两个论证立刻便浮现出来。如果未经证成时相信是有益的或无害的这一点确实是真的（并不是像前面所考虑的反对特例论题的第一个论证所要求的那样，只是可能为真），或者，如果一个人对于在未经证成时便相信负有责任这一点确实是假的（并非正如前文所考虑的反驳特例论题的第二个论证所要求的那样，必然总是为假），那么，关联论题就是错误的。

有这样一些情况，在其中一个人在未经证成时相信是无害的甚至是有益的。依据不充足的证据，我相信我刚刚挑选的苹果是这家超市里最好的，我的这一信念和许多未经推理而得的信念一样，是无害的。再有，如果一个病人根据不充足的证据便相信他会从疾病中康复过来，而这大大提高了他康复的机会，那么，从道德的观点看，他可以正确地获得中立性评价。[10]

与上述情形类似的情形足以表明如下一点是错误的，即只要一个人在未经证成时便相信，那么综合各方面的考虑，他如此相信通常就要承受不利的道德评价。然而，它们并不足以表明如下这种情况是错的，即只要一个人在未经证成时相信，他的如此相信通常也要承受乍看起来不利的道德评价。但是，如果一个主体并不是总要为在未经证成时相信负责，那么，即便是初看即知的关联 J-论题也会是假的。

关于某人在未经证成时相信的可能解释包括：疏忽大意之下的失去自制[11]——他在探究中不够认真或者敷衍了事，但会以某种方式匆忙得出结论，从而形成某个信念；自我欺骗——个人利益扭曲了他对这个或那个证据的分量或相关性的认知；或者，认知不够充分——他已经尽全力做了，但在这个问题上，他最大的认知努力并不是足够好，但却导致了一个未经证成的信念。（头两种解释并不是真的像这个相当粗糙的列表使其显示的那样，是很分明的，因为探究当中的某种单方面的疏忽大意本身就是自我欺骗所呈现的那些方式之一；但是，尽管情况可能是这样的，但探究中的疏忽大意和信念形成过程中的失去自制不一定是关乎个人利益的。）

我们可以区分两种认知的不充分：个人的——个体人对于复杂证据的重要性的善意误断——和文化上的。后者之所以会出现，是因为关于相关性的判断的视角性特征，也就是它们对于背景信念的依赖。有时候，关于某个人依据不足证据而有所相信的解释是，他没有认识到某种相关的证据是相关的，因为决定他会把什么证据视为相关的那些背景信念是错误的——也就是那些在其认知共同体中被认作已知的背景信念，以及那些他根本就没有办法知道并非如此的背景信念。

在这样一些情况下，做出不利的道德评价是不适当的，即便该信念是有害的，因为在这些情况下，没有对于愿望或恐惧的任何疏忽大意以及明显的操纵，而且，对一个人在未经证成时便相信的解释是人在认知上的不充分性，无论是个人的还是文化上的。

或许有人会这样为初看即知的关联 J-论题进行辩护，即便在未经证成时相信可以由认知的不充分性来解释，主体在道德上仍然应该通过一种间接的方式而受到责备；所谓应该受责备，意思并不是说因为在未经证成时便相信而直接受到责备（根据假设，这表明了他在那时候所做的最大的认识努力），而是因为没有形成更好的判断而间接地受到责备。有这样一些情况，在其中这样做是适当的——例如，在某些情况下，就手头事件进行了解是这个人（这个医生、这个律师、这个法官、这个学者）特定的责任；但是，关联 J－论题却要求必须总要这样。而这并不是实际情况。即使一个人在道德上被要求去培养他的能力，以尽其所能地就证据进行判断（一个十分苛刻的假设），而对任何人来说，仍旧会存在某种程度的细节是他不能把握到的，即便是通过最为艰苦的心智训练也不能做到。

或者有人会这样为关联 J－论题进行辩护：即使在未经证成时便相信可以由认知的不充分性来解释，主体在道德上仍旧应该因为疏忽而受到责备：他在道德上就应该意识到自己在认知上的局限。也确实存在这样一些情况，这种看法在其中是适当的；但是，关联证成论题却要求必须总是这种情况。而这也不是实际情况。即使我们要求一个人在道德上尽可能地意识到他在认知上的局限（这也是一个十分苛刻的假设），完整地把握这些局限可能已经超出了他的认识能力范围。如果一个人已经尽其所能，不仅仅是发现是否为 p，而是判定他有能力发现是否为 p，他就不应该在道德上受到责备，即使他对自己能力的信任以及他的信念 p 由于认知不充分的原因而未被证成，如果这些论证是正确的，那么，关联 J－论题，即便是其更弱的初看即知的形式，也是错误的。

关联 J－论题要求，在未经证成时便相信总是（至少初看上去是）有害的，并且总是可以适当认为相关主体应对其负责的某种东西。与此不同，交叉 J－论题只是要求，未经证成便相信有时候引起（至少初看上去是）伤害，而且，有时候是可以适当认为相关主体应对其负责的某种东西。

情况就是如此。基于错误的信念而行动有时候会引起实际的伤害，或者至少会引起不可接受的伤害风险。被证成的信念可能是假的，而未被证成的信念可能是真的；不过，正如我们希望并且相信的那样,如果我们的证成标准是显示真理的,那么,被证成的信念有可能是真的,而未被证成的信念有可能是假的。因此,基于未被证成的信念而行动有可能(尽管可能性不大)引起伤害,或者至少会引起不能被接受的伤害风险。

如果在未经证成时便相信是疏忽大意或者自我欺骗的结果,那么,尽管它不是随意得来的信念,它也会是有意的——如我们所说,它会是一种"有意的忽视"。一个人可能会合理地感觉到,与一个诱使自己在未经证成时便相信其行动不会造成伤害的人相比,一个故意引起伤害的人会暴露自己更加冷酷的性格。不过,有意忽视的准自愿本性似乎足以(至少有时候)解释责任的归属。

换句话说,在未经证成时便相信有时候是一种在道德上应受责备的忽视。当然,它并不是唯一的形式。忽视至少呈现三个变种:一个人可能未能得知,因为他没有关于手头事件的任何信念(不可知论),或者因为他拥有的信念是假的(不当的相信),或者因为他所拥有的信念是未被证成的(过头的相信)。逐一来看,不可知论至少呈现三个子变种:一个人可能没有任何信念,因为他没有进行过调查研究,而且无论如何都没有任何证据(纯不可知论);尽管他进行了调查研究,从而拥有了证据,但这些证据似乎还不足以解决问题(无能分辨的不可知论);或者,因为他未能得出一个所得证据能够对之提供支持的结论(不足的相信)。在不足的相信和过头的相信现象之间,存在着认识和心理上的有意思的类似点[12];但这里我所关心的是后者。如果它既是有害的又是容易犯错的,那么,过头的信念,在未经证成时便相信,就构成应受责备的忽视,这种情况有时候会出现但并不是总会出现。

如果上述论证是正确的,那么,交叉 J-论题就是真的。[13]

2

到目前为止的论证把克利福德的著名论文《信念的伦理学》中的

策略放在一个新的视角来加以考虑。这篇论文提出的主要论题是，"无论在何时、何地，对何人来说，基于不充足的证据去相信任何东西，都是错误的"（第 77 页）。无论是在这里还是在该文的其他地方，克利福德都没有将"认识论上的错误"与"道德上的错误"区分开来。但他并没有就这两者的等同提供任何论证，乃至对于特例 J-论题，他也没有提供任何论证，以证明前者是后者的一个子类。相反，从未经证成便相信是应受责备的忽视这个引人注目的情况进行外推，他试图去说服我们，以某种标准看，所有未经证成便相信的情形都既是有害的又是有意的。换句话说，他只是提供了至多能够确证关联 J-论题的正确性的论证。为了进一步检验关联 J-论题不成立而交叉 J-论题成立这一断言，去表明克利福德所尝试的推断是如何失败的，将会富有启发价值。

克利福德在其论文开篇提供了一个生动的情景，我们设想一个船主，他"有意并自愿地"压制他的怀疑，不去对他的船进行检查，他真诚地使自己成功地相信他的船是能航海的，然后就允许这只船出发了。克利福德说道，他"没有任何权利基于其眼前的这些证据便相信"；当这只船沉没后，他对乘客和船员们的死感到"确实有罪"（第 70 页）。关于船主自我描述为"有意并自愿地"（第 71 页）所做的描述，稍微欠缺一点精细；下面这一点会是可取的，即克利福德明确地说，正是自愿这一元素证成了这种情况下的一个不利的道德评价，就像有意造成伤害这种更直接的情况一样，——例如，如果这个船主非常明确地知道这只船不能航海但最终还是让它出海了。不过，克利福德对这种情形的判断似乎是正确的：这是一种道德上应受责备的忽略未能尽知道之责的情形。

但是，这种情形有大量的特征，当某人未经证成便相信时，它们并不总是会被发现，而其中的一些对于此处适当的不利的道德评价来说是必不可少的。这个未被证成的信念是假的；相关的命题具有重大的实践重要性；相关的人居于应负特定责任的位置；这个假信念导致了巨大的伤害性后果；而这个信念是自己有意引出的。即便所有这些特征都不存在,关联 J-论题也是错误的,除非这种忽略仍然是道德上应受责备的。

克利福德意识到,一个基于不充足证据而被坚持的信念可以是真的,而且他也明白,重要的是这一信念未被证成,而不是它为假。这里需要考虑两个观点,而克利福德只提出了其中之一。第一个是他没有提到的,关系到那些为假但却被证成了的情形。如果这个船主进行了认真且诚实的调查研究,并且,他经证成地相信这只船可以航行,但他的被证成信念是假的,这只船沉没了,从道德的观点看,正确的裁决肯定是:他不会因为这一错误的信念而受到责备,因而也不会因为一个人会倾向于将其描述为悲剧性的偶然事件而受到责备。第二个观点的确是克利福德讨论过的,涉及那些未被证成但却为真的信念。他首先提出,这个船主仍然要在道德上负责,即使他关于这只船可以航行的信念为真,因为"他没有权利基于其眼前这样的证据而相信"。这个看法表明,他没能将认知证成和伦理证成区分开,因而是失败的。然而后来(第72页)克利福德提出了一个更好的论证:由于未能正确地进行调查研究,并基于不充足的证据引导自己去相信,船主将承担造成伤害的不能接受的风险。这似乎是正确的。对于克利福德和关联 J-论题来说,到现在一切都还顺利。

但是,如果相关命题并非如一开始的情形那样,是一个推论得出的命题,或者,如果具有未被证成的信念的人并不是对于判定这只船是否被允许做此次航行负有责任的人,情况会如何呢?那么,伤害在哪里呢?或者,如果未被证成的信念碰巧为真,伤害的风险又在哪里呢?克利福德针对这些和表面上无害的未证成信念有关的问题提出了实际上是两种类型的回答。第一种回答是——力主一个信念必须要通过某种方式与行动关联起来,不论这种关联有多么间接,这样才能算作一个信念——没有哪一个信念实际上会完全是非推论性的;至少总会有这种可能:行动可能会以其为基础,并且可能会被证明是有害的(第73页)。第二种回答是提议,在未经证成时便相信总会阻止一丝不苟的探究并强化"轻信"的习惯;我们可能会说,它弱化了认知的

证据与探究

纤维，因此，如果所带来的并不总是伤害的风险，也会带来伤害的风险的风险（第76页）。

克利福德的回答依赖于两个错误的假定：（1）纯粹潜在的伤害，无论多么遥远，对于给出不利的道德评价都是足够的（只要主体对于未被证成的信念负有责任）；（2）一个主体对于在未经证成时便相信总会负有责任。但是，遥远的潜在伤害不是充分的；假如并非如此，那么不仅仅是醉驾，即便是拥有一辆汽车，也会是道德上应受责备的。而且，一个主体并不总是对于未经证成便相信负有责任；有时候，原因在于认知的不完备。

问题经由克利福德将这两种回答结合在如下论证中而被混淆了，即未经证成便相信鼓励了"轻信"，并因此带来潜在的伤害或者潜在的伤害风险。的确，草率的探究、匆忙得出结论、异想天开、明显不受欢迎的性情——无疑，有些人在气质上比别人更倾向于这些，但是一个人本可以阻止和破坏这些性情，或者允许它们不受限制地运作，并通过不受限定的纵容从而鼓励它们。它们是坏的习惯，如果不加以阻止，可能会积习成癖。（然而，有一点并不清楚，即克利福德正确地提出，任何个人沉溺于这种习惯注定会鼓励别人有此习惯。）但是，下面一点并不正确，即在未经证成时总会是自我欺骗或者忽视的结果；因此，克利福德关于在未经证成时便相信的模糊论证总是有害的，也是失败的。

如上这些与克利福德的不一致之处绝不能推出我与他最著名的批评者詹姆斯的立场就是一致的。克利福德坚持认为，根据不充足的证据去相信总会是错误的。我已经指出，克利福德未能将"认识论上的错误"与"道德上的错误"区分开来，并且还论证了，他的论题如果解释成一种伦理主张，并不能成立。詹姆斯则坚持认为，基于不充足的证据去相信并不总是错误的。因此，如果所谓"错误"仅仅意指"道德上的错误"，他就是正确的；但这并不是他的意思。

跟克利福德一样，关于如何看待"应该""被证成的""我们在意见问题上的责任"等，詹姆斯也没有区分开这两种可能的方式。

《信仰的意志》中的有些论证似乎被看作认识论论证：知道真理与避免错误同样具有价值（第17页及其后两页）；相信p有时候有助于使p为真这一点获得实现（第23-24页）。但其他论证似乎具有伦理特征：我们不应该谴责那些虽无充分证据但有相信某事的信念的人，而应该"尊重相互的理智自由"（第30页）；本文结尾处来自斯蒂芬的引文，竭力主张我们之所以具有信念，是因为"［如果］死亡终结一切，我们就不能更好地面对死亡了"（第31页）。这表明，解读詹姆斯的最佳方式是认为他所坚持的观点是：基于不充足证据而相信并不总是错误的，无论是在认识论上还是在道德上。

詹姆斯关于尊重相互的理智自由的论证值得特别做出评论。和詹姆斯一样，如果一个人没能将认知证成与伦理证成区分开，他就可能会由于弱化了他的认知证成的标准而给（道德上）容忍别人的未被证成的意见留出余地，詹姆斯似乎就是这样做的。但是，如果我们区分了这两者，我们就根本不需要任何这样彻底的认知标准了。无论如何，一个人关于另一个人的信念是未被证成的这一点的判断，因为对于证成的判断的视角性特征，以及对于一个人的背景信念的依赖，必定会被承认为是彻底可错的。而且，就当前观点来看，如果未经证成便相信是由于认知的不充分（无论是个人的还是文化上的）造成的，它就不应该在道德上受到责备。

与詹姆斯和克利福德都不一样，我把认识论证成和伦理证成区分开了。和詹姆斯一样但与克利福德不同的是，我并不认为在不充足证据的基础上去相信在道德上总是错的。克利福德的立场从道德上看属于要求过高了。然而，和克利福德一样但与詹姆斯不同的是，基于不充足的证据去相信在认识论上总是错误的，也就是说，在不充足证据的基础上去相信在认识论上总会是未被证成的信念。从认识论角度看，詹姆斯的立场放得太宽了。

也许有人会提出反对意见，认为有时候一个人即便是在其证据不充足的情况下也会相信某件事，这样做是有好处的——在认识论上是有好处的。例如，那些相信目前尚未得到充分支持的理论科学家，会推动自己去发展、阐释并检验该理论,因而推动探究前进。

这种反对意见所关注的不是认知证成的概念,而是和探究行为有关的问题。[14]它与下述主张是无关的,即基于不充足证据而相信总是在未经证成的情况下相信;更准确地说,它论证的是,在未经证成时便相信对于探究过程来说并不总是破坏性的,甚至有可能是有帮助的。我认为,这种看法是真的。并不是说过头的相信对于探究行为来说就是最优的条件;在我看来,这里的理想并不是让我们假想的科学家对该理论的真具有信心,而是让他认识到,尽管还远不值得成为信念,但它足够有前途,因而值得进行更深入的严肃研究。[15]然而,给定了人类探究者们不可避免的弱点,在一个科学共同体中,有人倾向于过头的相信,其他人则倾向于不足的相信,由于个人在认知上的缺陷可以偶然地相互补足,因而这个共同体可能会成为探究者共同体的代用品,而这些探究者是符合这一认识论理想的。因此,尽管过头的相信在认识论上看总是错误的,也就是说,既指"认识论上的未被证成",又指"不是与探究行为相关的理想",但在"破坏探究行为"这一意义上,它并不总是在认识论上错误的。

因此,我不打算否认,正如詹姆斯所说,"如果个体的让自己的信念得到确证的富有激情的渴望被排除在这一游戏之外,那么,科学将会比其自身目前所是的落后很多"(第21页)。准确地说,这一观点指的是,因为詹姆斯未能将基于不充足证据而相信是否总会是未被证成而相信这一问题,与基于不充足证据而相信是否总会破坏探究行为这一问题区分开来,他就把对后者的一个正确的否定性回答与对前者的一个不正确的——放得过宽的——否定性回答混在一起了。[16]

克利福德和詹姆斯的确没有能够将认知证成与伦理证成区分开;齐硕姆明确坚持,认知证成是伦理证成的一个子类。詹姆斯主张,基于不充足的证据而相信有时候是合法的,他表明,一个有道德责任去相信p的人可能因此便在认识论上被证成了可以如此相信;齐硕姆明确否认了这一点,但他也提出了抗辩,认为克利福德的"严格的证据派"在认识论上看是一种过分的要求,相反,他表明,一个信念在认识论上是"清白的,除非它被证明有罪"[17]。

由此,齐硕姆从克利福德那里借用了标题,用于标识他的《知觉》一书的第一部分,与由此使人形成的期待相比,齐硕姆的立场离克利福德的立场更远,离詹姆斯的立场更近。因此,我与齐硕姆的一致,类似于我与詹姆斯的一致,超出了认识论证成与伦理证成的区分的问题,而扩展成为一个更加严格的认识论问题。这是因为,就认知证成问题而言,我的立场与克利福德更接近,而不是与詹姆斯更接近,但并不完全相同,因为我认为承认认知证成的等级特征是至关重要的[18]:一个人的一个信念是否被证成或者在何种程度上被证成,这取决于他的证据相对于这一信念有多好——多大的支持,多么全面,以及多么独立安全。[19] 我将更倾向于使用那些承认信念与证成一样也具有程度之分的用语来表达这一点。但是,眼下我与齐硕姆发生争议的这一观点,并不依赖于这些细微之处;在我看来,正因如此,一个人才会在未经证成的情况下相信 p,即使他的证据对 p 的支持超过了对非 p 的支持,除非他的证据包含了足够多的相关证据。[20]

探究的目标是实质性的真理。当一个人关注于探究行为的指南时,他必须让自己关心实质内容与真理。但是,如果一个人关注于证成的标准,那么,他就要根据事实本身将自己限定在真理的维度之上;因为显示真理的特征是证成标准的独有特征。与詹姆斯一样,齐硕姆也正确地注意到,"安全操作"并不总是探究当中最成功的渠道,继而也像詹姆斯一样不正确地表明,这促成了关于证成的更不严格的标准。[21]

到目前为止,尽管情况如上所述般复杂,但它已经被很狭窄地集中到认知证成与伦理证成的关系这一问题之上了——在这一问题上,我发现自己与齐硕姆立场不同。作为结论,我想就认知评价——对一个人作为探究者或认知主体的评价——的一个不同维度提出一些更加肯定的思想。

我们用于表达关于特征的认知评价的词汇表是变化的和微妙的

("一丝不苟""草率""保守""有才气""迟钝"……)。令人惊讶的是,这个词汇表的一个重要子类也为伦理学所具有:"诚实""负责任""粗心大意",即刻呈现于脑海。我并不确定这里所说的认知评价与伦理评价之间的关系可能会如特例论题所坚持的那样密切;或许,至少没有一个"否则","他是一个好人但在理智上不诚实",这的确具有真正的矛盾修辞法的意味。回忆一下,如果我之前的论证是正确的,恰当一个人在未经证成时便相信并非源自认知的不充足,而是源自自我欺骗或者粗心的失去自制——源自其本身理智诚实性的缺乏[22],我们才认定他对他的信念负有责任。这样做等于是就克利福德对"轻信的习惯"的谴责中最合理的东西提出了一种友好的再阐释,也是对齐硕姆在指出理智诚实性的道德重要性时对特例论题的辩护重新提出了一种阐释。

是什么东西推动我们得出如下具有结论性的话呢?冒着有些过于简单的代价,我们可能会说,正如勇气是士兵最卓越的美德,理智的诚实性是学者最卓越的美德。(这里的过于简单是指,理智诚实本身要求有一种勇气,也就是在放弃深信不疑的信念或者在抵制某种习惯性的智慧或流行的习惯时所需要的刚毅。)如 C. I. 刘易斯所写(他比我更善辩):"我们几乎可以说,一个提出论证的人值得信任,仅当他首先是一个讲道德的人,一个诚实的人。……[我们]假定,就那些遵循任何科学职业的人来说……一种心照不宣的誓言绝不会让客观的探求真理的动机从属于任何主观的意愿或倾向,或是任何权宜之策或者投机性的想法。"[23]

注释

[1] 本文最早发表于哈恩编:《R. M. 奇硕姆的哲学》(La Salle, IL: Open Court, 1997),第 129-144 页。

[2] 原则上还存在另外两种可能性:一是说认知评价和伦理评价是等同的,二是说伦理评价是认知评价的一种特殊情形。这里我不打算考虑这两种可能性。第一种可能性似乎明显是错误的,所以不需要

考虑；后一种可能性，以其柏拉图式的寓意来看，需要单独撰文研究。

［3］齐硕姆：《弗斯与信念的伦理学》，第119页（齐硕姆和弗斯一再回到这个问题上来）。参见齐硕姆：《认知陈述和信念的伦理学》、《"出现"、"采取"与"明显的"》、《知觉：一种哲学研究》、《作为证成的证据》、《知识理论》、《刘易斯的信念的伦理学》以及《自画像》；弗斯的《终极证据》、《齐硕姆和信念的伦理学》和《认知概念可以归结为伦理概念吗？》。齐硕姆还时不时地谈到伦理学与认识论之间的"类似"：参见，例如《知觉》的第12、13、18、30页；《"出现"、"采取"与"明显的"》的第723页及其后两页；《知识理论》1966年第1版的第1页，以及1989年第3版的第57-58页；《认知推理和认知概念的逻辑》的第71-78页。如果他的观点看起来是指在如下两者之间有结构上的类似，一是用一种道德要求推翻另一种，二是用进一步的证据归纳地推翻一批特定的证据，那么，这种情况与他对特例J-论题的接受是十分相容的了。在《自画像》的第54页，齐硕姆写道，"认知概念不是道德概念"；然而在这一部分的最后一句话（第56页），他却写道，认识论概念可以归结为伦理学概念。

［4］如果如我所相信的那样，对于这些问题中的倒数第二个的回答显然是"是的"，这便足以说明特例论题的最一般形式是错误的。

［5］《弗斯与信念的伦理学》，第125-127页。

［6］齐硕姆：《刘易斯的信念的伦理学》，第223-224页。

［7］这是斯基勒在他对詹姆斯《信仰的意志》的评论中提醒我们的一点，见《信念问题》，第111页。除了上面提到的齐硕姆对信念的准自愿本性的讨论，也可参见普赖斯的《信念和意志》。

［8］《弗斯与信念的伦理学》，第127页；参见《知识理论》第3版，第58-59页。

［9］在他的《自画像》中，齐硕姆提出了关于特例论题一般形式的两种论证。他说，要求（requirement）这一概念对伦理学来说是关键性的，而认知上的可优先概念可以根据要求来定义；然而，为了

得出认知上的可优先性概念可以归结为伦理概念的结论,我们需要一个更强的前提,即要求的概念是伦理学所独有的。齐硕姆说道,正如亚里士多德所认为的那样,知识本质上就是有价值的;然而,为了得出认知概念可以归结为伦理概念的结论,我们需要如下更强的前提,即知识本质上在道德上就是有价值的。

[10] 或许,如果从病中活过来使他能够继续去做自己在道德上令人向往的工作,或者能够使他履行对别人的义务,一种有利的道德评价就会出现;但这个问题不需要在这里决定。在所描述的这种情况之下,一个人对 p 的相信更有可能使得 p 最后被证明为真,但这一点并不依赖于这一情况。考虑皮尔士提出下述说法时所设想的那种情况:他不能谴责这样一个人,这个人弄丢了自己的妻子,然后诱导自己去相信在来生他们会再相聚,尽管这个信念是未被证成的,但如果没有它,"他的价值也就到头了"(皮尔士:《文集》,5.583,1898)。

[11] 这个词采自希尔:《信念的失去自制》。

[12] 参见齐硕姆:《知觉》。

[13] 我反驳特例 J-论题和关联 J-论题的论证预设了,有害性和责任对于形成不利的道德评价是必要的;我支持交叉 J-论题的论证则预设它们是充分的。这些假设尽管相当弱,却肯定不是没有意义的。例如,正如反对关联 J-论题的论证所揭示的,如果有人坚持认为一个人有道德上的义务,去一般性发展自己的能力,或者特别来看,去发展自己判断证据的能力,那他就会拒斥前一种预设。

[14] 这种区分的更多细节在《证据与探究》的第十章得到了详细阐述。

[15]《信仰的意志》是献给"我的老朋友皮尔士的,他对我的激励和帮助要归功于他往昔的哲学友谊,这些已经超出了我所能表达或报答的范围"。在一封感谢信中,皮尔士对詹姆斯写到,在实际事务中,"'信念'(faith)如果指的是一个人将一致地坚持一种既定的行为方式,它会是高度必要的……但是,如果它指的是你并不打算对如下提示保持警觉,即开始改变你的策略的时机到了,那么我认为它在

实践中就是破坏性的了"（《文集》，8.251，1897）。第二年，我们看到皮尔士写了《学习的意志》（5.583）。

[16] 这里的这个论证提出了一个与詹姆斯关于信仰的意志这一信条所希望的范围有关的尴尬问题。他最初的陈述，也就是"我们合法的激情本性可以决定"任何真正的选择，它们"不可能凭其本性而基于理智上的理由而被决定"，这一陈述强烈表明，这一信条将仅仅应用于例如关于宗教本性的假说，而在原则上这是不能通过证据来决定的。（然而，这提出了另一个令人感到尴尬的问题，即这种假说是否有资格根据实用主义原理的标准而成为有意义的。）然而，詹姆斯后面谈到了"信念"在科学探究中的作用，这表明，他想要这一信条的适用范围更宽一些，也可以应用到那些我们只是碰巧提到但目前还缺乏充足证据的假说。

[17]《知觉》，第9、11、100页；《知识理论》第1版，第18-19页。（不过，对克利福德的参考错过了第2版和第3版。）

[18] 齐硕姆似乎也承认认知证成具有等级性特征，这在《知识论》第3版中最为明显。但是，认知证成有等级之分，而（我认为）伦理证成并非如此，这一事实提出了反对特例论题的一个更进一步的论证。

[19] 正是因为我只是把全面性作为决定证成之等级的三个因素中的一个，我才在前文从克利福德最喜欢用的表达式"不充分的（insufficient）证据"转到了使用"不充足的（inadequate）证据"这种写法，我希望这一表达式更不可能只是表明在全面性上的失败。

[20] 参见《证据与探究》的第四章。

[21]《觉知》，第22页；《知识论》第3版，第13-14页。

[22] 也参见哈克：《生活和文学中的理智诚实性的理想》。

[23]《权利的根据与本性》，第34页。当然，刘易斯所使用的是广义的"科学"，就相当于"理智"（intellectual）。顺便说一句，之所以提到"心照不宣的誓言"，是想表明，对于那些被这样一种誓言约束的人来说，特例论题可能会比实际情况看上去更加合理，因而会对客观的真理探求有一种特殊的道德义务。

法律化的认识论
——或者，真相、公正和美国之路

> ……单纯搞理论的人在实践领域是无用而且危险的空谈家。
>
> ——布拉德雷[1]

尽管我没有太多的期待，但如果发现自己被招来扮演法学家的角色，我倒是不应该感到太过吃惊。毕竟，我曾经发表过一篇题为《一位老派的自命不凡者的自白》的文章，在这篇文章中，我试图细致地阐明你是否关心真理本身这一点为什么是重要的，并细致地分析了罗蒂等人的想法犯了什么错，这些人声称他们相信，真理"从根本上说就是一个关于协同性的问题"，关心真理的所谓理想只是一种迷信，用于区分更好和更坏的证据的标准只不过就是局部的、限定范围内的一些约定。所有这些与我当下的主题有一种相当直接的关联；这是因为，如果罗蒂是对的，那我们所需要的，就肯定不只是要对我们的法律思想方式，而且还要对我们的法律体系本身进行最迫切和最彻底的修改了。

边沁关于"不公正及其侍女的谬误"[2]的有力的隐喻提醒我们

法律化的认识论

（如果我们需要提醒的话），真实的公正所需要的不仅仅是法律，不仅是司法，还需要有事实真相——客观的事实真相；因此，一个公正的法律体系这一可能性，要求存在着对于真相的客观显示，也就是要求有客观的标准，可以用于区分更好或更坏的证据。尽管任一案例都能说明这一点，但科特勒的案例尤为生动：科特勒因为涉嫌强奸被判25—50年监禁，1992年，在服刑11年之后，他被释放出狱，理由是DNA证据确证他并不是真正的罪犯；还不到三年，他又因为另一起强奸案被指控，并被再次定罪——而这一次所依据的还是DNA证据。[3]但是，除非存在着关于科特勒所做的这一起或这两起强奸事件的客观事实，并且除非DNA证据比目击证人等证据在客观上具有更好的显示真理性，否则，这会是不公正的，而是一场恶劣的闹剧。显而易见：法律与认识论是密切相关的。

1827年，边沁出版了他的《司法证据的基本原理》一书，如其所说，证据理论当时还基本上没有被人探讨过，从而并不为人所知。而如今，这个领域已经被法律研究者们所熟知，甚至偶尔还被有冒险意识的哲学游客造访过。我并不准备提出任何东西来挑战边沁本人所绘制的这幅地图，无论是在范围上还是在细节上；我也不能指望就其卓越的论著进行学术研讨，更不用说他后来的文学作品了。准确地说，我的计划是勾勒我自己的一些认识论主题，并探讨它们和如下两个我们所熟知的、对我们的法律体系的激进的认识论批判之间的关系：（1）对于判定真相来说，抗辩制在认识论上并不是一种好的方法；（2）从认识论角度看，证据排除规则是不可取的。我将论证，这两种批评都不是决定性的；然而，它们都有力地阐明了我们的抗辩制实际发挥作用的方式中那些令人感到困惑的方面。

我给自己规定的任务，要求我对哲学思维与法律思维之间不可避免的紧张关系做出让步——作为哲学的一个组成部分，落到认识论头上的任务，是去阐明什么是证据以及是什么让证据更好或更坏，而证据法却是一个由诸多实践、程序和规则组成的网，它规定了法律上处理证据的方式。和普通所讲的哲学一样，认识论本质上也是普适性的；而证据法则和一般意义上的法律一样，是因地因时而异的。此外，我的任务要求我从最宽泛的意义上去考虑"证据法"：也就是说，不能仅仅将其视作关于证据的采纳与排除、举证的责任与标准等等的法律规则，还要将其看作那些将法律上的尝试组织起来以便去判定真理的程序和实践。[4]此外，我的任务还要求我区分这两类问题，一类是关于证据法的问题，这些问题有望通过认识论合理地阐明，另一类问题则因为涉及其他类型的价值判断，因而已经超出了纯粹的认识论论证所能把握的范围。最重要的是，它要求有一种认识论，也就是说——是的，没错，这是因为，错误的认识论只会把法律问题搞乱，而不会把问题搞清楚。我将尽我所能。

1

探究事关每一个人每一天的生活，比如，当人们想要知道一种难闻的味道来自哪里，想要知道航班延误的根由，等等；探究是科学家、历史学家、侦探、新闻调查者的专业职责，是法律和文艺工作者们的专业职责，是哲学家的专业职责，如此等等。和人类的其他活动如烹调、谱写交响曲、跳舞、辩论或者在最高法院进行诉讼辩护等不一样，探究是一种试图发现某个或某些问题之真相的努力。要理解这一点，并不需要任何精心表述的真理理论；对于真理概念来说，只要它满足了亚里士多德的如下洞见就足够了，即"说非者为非，或者说是者为是，就是真的"——一个命题是真的，恰当事物如该命题所说的那样。有人试图发现，例如，是不是管家做了这件事，如果是管家做了这件事，那么他想要以相信管家做了这件事而告终；而如果管家没有做这件事，那他最终会相信管家没做这件事；如果事情比这还要复杂，那他最终就会相信事情就是比这还复杂。

探究所涉及的，首先是遇到某个问题。如果该问题的答案可以通过某种我们熟知的方式找到，那你就是简单地去做需要你做的事（比如，在电话簿中查找电话号码，等等）。然而，如果答案并非如此轻易可得，那么，下一个步骤就是提出一种猜想，如果猜想成立，它将能够回答上述有争议的问题、搞清楚它的推论、考察这些推论能够在多大程度上经受起你已掌握的证据以及你所能找得到的任何更多证据的检验；然后由你来判断是要坚持你的猜想、修改它、放弃它并重新来过，还是要悬搁你的判断，直到得到更多证据。猜想越是富有启发性、想象力和明达，所做的推论就越是严格，对证据的寻找越是全面彻底，对证据的权衡越是一丝不苟并且（如我们所说）越是明智和审慎，所做的探究就会越好。事实上，严格来讲，如果你正在努力寻找证据去支持一个预定的结论，而不是遵从得出该结论的证据，你就不是真的在进行探究；这就是为什么当我们的政府或我们的大学就这个或那个事情展开官方探究时，我们中的一些人会使用引号唱反调。

探究者的任务，是为他的问题找到为真的答案；因此，他的责任就是找到他所能找到的证据并尽可能公平地加以评估。诉辩者的任务则在于提供最强有力的例证，以表明这个——我们这一方的答案是正确的答案；因此，如果一个诉辩者挑选出了对所讨论命题有利的证据并进行了强调，同时忽略了或者削弱了其他的证据，那么，他就是一个最有效的诉辩者了。因此，我要再次严格地说，"无私的、不偏不向的探究者"是一种无意义的废话，而"有成见的、有偏向的探究者"则是一种矛盾修辞手法。但是，很显然，在现实生活中，这是极为混乱的。可能没有谁会在理智上具有坚如磐石而且面面俱到的正直性质，即使是最为诚实的探究者，也会有他们的偏见和盲点；因此，探究和诉辩之间的分界可能会变得模糊不清。

探究和证据这两个概念是密切相关的。与事实性、经验性断定相关的证据是一张复杂的网，在其中，经验型证据，也就是来自感官的证据，和理性，也就是背景信念，共同发挥着作用，就像是纵横字谜游戏中的那些提示和分布的交叉格。一个纵横字谜格有多么合理，取决于它得到了这条提示和所有已填写完毕的交叉格多好的支持；在不考虑所讨论一格的情况下，则取决于其他那些格有多么合理，以及这个纵横字谜被填写完成了多少。同样，一个事实性断定得到了证据的多好的保证，取决于它得到了经验证据以及背景信念多好的支持；在不考虑所讨论断定的情况下，则要看这些背景信念有多么可靠，以及这一证据包含了多少相关的证据。相关性并不是一个逻辑上的问题，而是要依赖于实际状况。例如，尽管有人相信性格可以通过笔迹来判定，但他也可能会认为，这个求职者之所以会把她的"g"都给圈起来，与其是否值得信任是相关的，而这是否的确相关，则取决于笔迹事实上是否的确能够显示性格。

证据对于一个论断有多大的支持，取决于它给了该论断多么牢靠的经验基础，以及它在多大程度上把该论断与一种解释性说明结合在一起；也就是说，取决于任何相关的考察环境有多好，以及在假定其他相关事实已知的情况下，该论断在多大程度上适合于一个解释性的理论。但是，只考虑支持性还不够；一个论断的正当性还取决于支持它的那些理由在独立于该论断自身的情况下有多么正当。这就避免了一个恶性循环，因为最终我们会诉诸感官证据，它既不包含，也不需要去考虑正当性因素；它不会让整个证据的网悬在半空，因为感官证据会为它提供来自我们生活的世界的根基。即便是支持性和独立的可靠性这两者，也仍旧是不够的；一个论断的正当性还取决于该证据包含了多少相关的证据——因为无论这一证据的支持性和可靠性如何，只要它省去了某些根本性的事实，那它就不能为该论断提供强有力的正当性保证。正是由于全面性是证据质量的决定因素之一，因而深入彻底的探究就不仅仅需要筛选和权衡所得证据，而且在必要之时，还需要搜寻额外的证据（这提醒我去提醒你注意所谓"片面"的两个意思："有偏见"和"不完备"）。

即使只是独自研究某个问题，而不考虑合作者或竞争对手的因素，也会涉及一种与自己的对话：试着提出一个猜想，设想可能的反对意见，设计出可能的回答——或者只是简单地检查一下你昨天打的字，并就"那时我正在想什么"进行追问。但生命是短暂的，大部分时间我们都要依赖别人告诉我们的东西，而不是亲自去搜寻一手的证据。我要仰仗航空公司代表就航班安排问题给出的回答；一个历史学家要依赖同行们对一份档案的鉴定；天文学家们依赖另一支队伍在另一个半球所做出的观察，或者依赖于一千年前在中国所做出的观察。我们总要去解释别人说过的话，想当然地认可他们的能力和诚实，而并不对问题本身进行认真的思考；但有时候，我们不得不拼命去领会别人说的话或写下的字，有时候我们会怀疑他们可能会混淆不清或者见识甚少，或者，他们可能会有理由去欺骗我们。即使当证据的分享看似毫不费力之时，它也隐含地依赖于每一个探究者所拥有的、用来支持对别人能力和诚实性的信心的根据。协作和竞争均能够推进探究的进行。协作可以使得劳动分工富有成效，而且能够促成可用作证据的资源的共享；竞争对于理智上的努力和诚实可能会是一种强有力的刺激。当然，许多人的参与，无论是协作型的还是竞争性的，都会延长用来搜寻和审查证据的时间。实际上，自然科学探究的一个长处恰恰在于（尽管有时候由于资助经费行将用完、最后出版期限必须要被满足等因素，无疑会使研究项目进程加快或缩短），一个问题可以被一代接一代的科学工作者去研究，直到最后获得一个解决方案。然而，不幸的是，协作与竞争也都有可能变味，从而导致事倍功半。协作可以是真正的相互帮助，但也可能会转变成纯粹的相互帮忙和吹捧奉承。竞争可以是真诚的相互批评，或是为了获取优势而进行的诚实的竞赛；但也可能会助长纯粹的虚夸和反虚夸、作势和反作势。往最坏里说，变质的竞争甚至会导致对证据的误读、曲解或是刻意隐瞒。

我们把相互竞争的科学理论或历史断言的提倡者之间的争论描绘为"辩论"，这种争议的参与者们有时会从事某种看起来很像是诉辩的事情；此外，有时候，雄辩和诉诸权威会造成一种人工的共识，至少是临时性的意见一致。但是，真正的探究者之间的争论与对立的主张者之间的辩论不一样，不能基于竞争性的表达通过投票做出决定；只有当证据使得探究者共同体真正达成非强迫性的共识之时，才会决定出一个结论。

当我们需要尽快回答某个问题时，我们可能会被迫缩短我们对更多证据的搜寻，以及对手头已掌握证据的考察——当该问题似乎并没有重要到值得花费一番彻底的搜寻或考察需要的时间和劳作，或者当答案似乎已经足够正当，以致再多的努力只会是浪费时间的时候，我们可能就会这样做。我们经常会面对突发性的实际问题——比如医疗上的急症，当有关如何处置的决定必须立刻做出，不能等待新的证据去解决这一领域的争议之时；或者紧急情报事件，此时明明知道所掌握信息不完备，也必须立刻采取某种行动。在此种情形下，我们没有选择，只能基于我们所掌握的证据来决定去做什么——如果我们足够聪明，采取了备用的预防措施，我们就能防止手头证据引人误导这种可能性的发生。所有这一切与法律上对真相的判定都有非常直接的关系。[5]

但是，当我们离开认识论的高地，去往法律这片荆棘时，我们会遭遇密密麻麻的一堆问题。

例如，法律上的证据概念和认识论上的法律概念在多大程度上是重合的？它们如何可能有分歧？分歧表现在哪里？为什么会有分歧？它们只是局部重合，因为法律关心的是可以在法庭上提供的证据；也就是说，法律关心的是证据，有时候关心的是物证——相片、武器等——这些更可能被认识论家归类为感官证据的对象。

除合理的怀疑、证据的权重以及证据优先之外，关于证据这些法律概念，认识论还能告诉我们什么呢？无论如何，关于是什么让证据更好或更坏，以及是什么让一个论断的正当性更强或更弱，我的认识论有很多话要说，但是，关于法律上特别关心的证据的等级，我想要说的却相当少；如果波斯纳的如下报道还靠得住，即法官们对何种程度的可能性表达了"超越合理怀疑"这一点的估计在 $75\%\sim95\%$[6] 之间变化，那么，这种情况的模糊程度似乎会让人感到不安。

关于《新证据学》中发生在"以事实为据"的方案和"以理论为据"的方案两者之间的争论，认识论做出了哪些贡献呢？[7] 我之所以称自己的理论为"基础融贯论"，是因为它结合了基础论（因为它适当地考虑了经验的作用）的合理要素和融贯论（同时还适当地考虑了信念之间的相互支持的作用）的合理要素。尽管所用语言是不同的，但思想在本质上是相似的："以事实为据"的方法在结构和精神上是基础论的，"以理论为据"的方法在结构和精神上是融贯论的；基础融贯论表明，我们可以结合两种理论之长，同时避免两者的不足。

但是，与先前提到的对证据的抗辩制和证据排除规则的根本性的认识论批判不同，这些问题相对来说并不那么重要。不管韦斯利怎样，我打算看一看我是不是能处理这些并不是那么重要——但可能令人感到非常棘手——的认识论-法律问题。

2

"有些人幻想着，偏见和反偏见有助于真相的发现——激烈的和党派性的辩论是展开研究的方式。这是我们糟糕的法律程序的理论。但逻辑学却推翻了这一提法。"C. S. 皮尔士，这位美国哲学家中最伟大的一位，在讨论探究方法时说了这番话。[8]差不多一个世纪之后，弗兰克尔法官写道："我们相互宣告并向世界宣告，敌对者之间的冲突是锤炼真理的有力手段。……［但是］尽管我们做出了未经检验的洋洋自得的陈述，但我们知道，其他正在找寻事实——历史、地理、医学等等方面的事实——的人并没有仿效我们的抗辩制。"[9]

正如我所强调的，探究是一项与诉辩差异很大的事业。此外，皮尔士还正确地警告我们说，当"决定结论会是什么的不再是推论，而是由结论来决定推论是什么"的时候，一个不可避免的后果会是"理智活力的急剧衰颓"："人类就失去了关于真理和理性的观念"，而认为推论是"纯装饰性的"，直到"对他来说，真理就是他为之奋斗的东西"[10]。皮尔士坚持认为，允许"偏见与反偏见"的对抗去替代科学、历史等之中对于证据的探寻和考察，实际上会是对灾难的一种接受（这场灾难目前成了对我们的学术——实际上是对我们的理性和文明的真正威胁)。然而,退一步说,皮尔士的如下假定,即我们的法律程序理论是指允许对立的诉辩者进行较量是展开探究的一种好的方式,却过于简单化了。

首先,法律体系和科学不同,它并不就是一种探究;它最好被描述为由规则和机制构成的集合,这些规则和机制用于解决争议,并使得人们以某种秩序生活在一起成为可能。这并不是说探究与法律不相关;而是说,这两者相关的原因在于,我们想要的不仅仅是解决,而是真正公正的解决。法律探究是在一种与物理、历史等不相关的时间限制下进行的;用布莱克门法官的话说,完全有理由认为,法律所追求的是"快捷的、最终的和有约束力的……判决"[11]——对快捷的需要给这整个判决过程施加了时间上的限制,而对终极性和约束力的需要又施加了别的限制。

其次,我们的抗辩制并不是自始至终都在进行诉辩;一次审判只是整个程序中的一个阶段,它发生在警察、联邦调查局、双方律师以及他们的调查者的调查等阶段之后,发生在起诉阶段之后。尽管在某种意义上(如最高法院1966年的规定所声明的),"审判的基本目的是对真相的判定"[12],审判与科学或历史研究实际上是很不一样的。确切地说,它是整个过程中后面的一个阶段,在这个过程中,要做出一个关于被告有罪或者负有责任的判定,在审判阶段,事实的发现者要对双方诉辩人提供的证据进行筛查,并评判它是否在所需的证明程度上确立了有罪或负有责任。[13]此外,法律判决不仅仅要受到想得到事实上正确的裁决这一愿望的制约,还要受到其他不与真理相关的急需之物的制约:公民的宪法权利必须得到尊重;把一个无罪之人定为有罪,比把有罪之人判成无罪释放更加糟糕;如此等等。

因此,问题并非如皮尔士显然想当然的那样,仅指是否"激烈的控辩双方的辩论是展开研究的方式";而是说,假定了我们对快捷性、终极性以及制度性约束以及其他非认识论的急需之物的关切,如果一个抗辩性审判是遵照证据规则进行的,并且与审判前调查本身(调查时就已经知道,这次审判将以这种方式进行并受到这些规则的制约)

相结合，那么，它是否是得出如下裁决的相当好的方式，即通过这种裁决通常会发现有罪的被告有罪，无罪的被告无罪，并且，会判定原告胜诉当且仅当被告负有责任。

显然，要想告诉我们在获得真理的问题上应该给予有关效率的考虑以多大权重，以及给予像快捷性和终极性等其他必备要素以多大权重，单靠认识论本身的力量是不够的；因此，单凭认识论本身之力也不足以告诉我们一种对于永真结论的近似有多好才是"相当好"，因为这要求的恰恰是认识论价值的此种权重，而不是其他类型的权重。在我看来，尽管延时的公正就是被否认了的公正，但迟一些总要好于从来没有；因此，比如说，我们当然应该乐于去考虑修改那些与引入新证据等有关的规则，因为DNA分析能够决定性地表明某个很久以前被判罪的人实际上是否是犯罪者。但是，我想集中谈论的是我们的问题在认识论上的要点。

考虑到法律上探究真理是在特殊环境下进行的，可以提出来用于表明抗辩制的认识论效力的最佳案例将如下所述。既然与科学探究的过程不一样，法律过程完全有理由必须在一个相对短的时间框架内做出断定，于是我们需要一种方式，以便确保对于证据的搜寻与审查如这一时间框架所允许的那样详尽彻底。抗辩制就是这样一种方式。如果相关的每一个人都知道，最终在审判阶段，判决将由一个公正的陪审团做出，而该陪审团权衡了由控辩双方揭示和提出的证据，每一个人都要接受另一个人的盘问，这恰恰会鼓励我们想要获得的这种详尽彻底性。因为律师的目标就是胜诉，因此每一方的辩护律师都会被推动着去搜寻有利于该案件中自己一方的证据，并指明证据当中存在的指向相反方向的缺陷。可以肯定的是，这个过程不会是完美的，但它是理想之物的合理替代品，正如某种并非不同的东西可能存在于一次急诊或一次情报紧急决定之中。[14]

在某种程度上看，这一乐观论证是正确的：抗辩的过程可以让穷尽彻底的证据搜寻和审查成为可能。然而，这一乐观论证也只是在某种程度上才是正确的：抗辩过程将使证据的穷尽彻底的搜寻和审查成为可能，仅当比如说，双方可资利用的用于搜寻和审查证据的资源是充足的和可比较的，仅当陪审团愿意并且能够基于该证据就案件进行判决，等等。而这些会迫使我们去了解，我们实际拥有的抗辩过程事实上运行得有多好。

我们当前的审判体系，由于其极为专门而且形式化的劳动分工，当然是一种历史的人造产物。英国的法庭以前通过宣誓和神判的法庭内检验方法，这种检验依赖于这样一个假设，即上帝会惩罚那些做假誓的人，上帝会确保，当一个无罪之人把手臂放在滚烫的水中时，他的手臂不会被烫伤，等等；这些依赖于"证明"，也就是说，这里的证明用的是其原有的意思，如"布丁好坏，吃了才知道"。1215年，当第四届拉特兰会议禁止教士参加庭审时，这些庭内检验方法就开始濒临消失了。但是，早期的陪审团审判与今天的陪审团审判有着实质性的差别；比如，陪审团成员可能会因为他们的特殊专长而被特地挑选出来（比如，如果被告被控贩卖劣质酒，那么，就会挑选一个由葡萄酒酿造商组成的陪审团出来），或者，他们可能会被允许走访市镇，以便亲自去调查所说的犯罪。[15]可以肯定，要想获得事实上正确的裁决，我们当前的体系和宣誓或审判相比，会是一种更好的方式；它有可能比早期的陪审团审判还好（不过，专业化的陪审团可能会有它的优点——毕竟，对于评判与突发性医疗决定相关的证据来说，由医生们组成的小组会比任选的门外汉要好得多）。但是，它当然也不是完美的——如果我们能问一下巴雷福特，他就可能会这样告诉我们。

在巴雷福特于得克萨斯州被指控谋杀之后，两个精神病学家在他的判决听证会上（这是得克萨斯州死刑法令所要求的）就如下可能性做了证明，即他在未来会是危险的。虽然以前从没有见过巴雷福特，但有一个人，也就是格里格森医生——证明巴雷福特会在未来做出暴力行动的概率是"**百分之百**"[16]，格里格森因为在这种听证仪式上所做的检举证明是如此臭名昭著，以至于他赢得了一个"死亡医生"的绰号。（1973—1994年，他检验了超过140起谋杀案，其中多于90%的案件，其被告都被陪审团宣判了死刑）。[17]巴雷福特的律师就那些表明未来危险性的精神病学家的预言的研究提出质疑,认为它们是极不可靠的,霍尔布鲁克博士不同意他们的结论,而格里格森博士说他对大多数内容并不熟悉,并说,无论如何它们只是被"一个小群体"的精神病学家所采纳。巴雷福特被按时判处了死刑。

当这个案子被提交最高法院时,美国精神病学会提交了一份法庭之友书面陈述,其中承认关于未来危险的精神病学预言中三分之二都是错误的。然而,其对于多数情况的规定却说道,美国精神病学会并没有说这种预言总是错误的,而只是说在大多数情况下是错误的,怀特大法官拒绝接受如下这一论证,即陪审团本不应该被允许听到这一证据;他指出,相关的联邦及州法律预期,交叉询问和提出相反证据是揭示可疑见证的有效手段。[18]对巴雷福特来说,这样做可能并没有多大帮助,他已经于1984年被执行了死刑。

可以肯定,关于谁真的有罪以及谁真的没罪,谁真的应该承担责任以及不该如此,我们没有一个明确的清单,依据该清单,我们就可以去检验我们的抗辩过程是否会导致陪审团做出通常、经常或很少在实际上为真的判决。不过,我们有充分理由认为这一过程经常会失效,令人感到失望。首先,那些由DNA证明的无罪可能只是冰山一角,因为每一个因为DNA而被证明无罪的人都会因为某种证据而被定罪,而这种证据可能是这样的:另一个无罪之人也因为该证据而被判罪,但他不能通过DNA而被证明无罪,因为没有任何材料可供验证;其次,在涉及使用了相同的化学品、药品或工具并声称造成了相同伤害的民事侵权案件中,所做出的判决是极不一致的。我担心,在这一点上皮尔士只是夸大其词了:"我们雇用了12个好人并真让他们去决定一个问题,我们极为谨慎地把这些事实摆在他们面前,'人类理性的尽善尽美'为陪审团的报告负责,他们听审,走出去进行评议,达成全体一致的意见,一般人都承认,参与这场诉讼的当事各方也可能通过掷硬币的方式来做决定!这就是人类的荣耀!"[19]

一个古老的笑话把陪审团定义成"其工作就是决定哪一方有更好律师的12个人"。我们听了会发笑,但笑得并不自然,因为我们知道，许多刑事案件被告者可资利用的资源少得可怜，而风险代理费制度不可能总会矫正单个原告所拥有的资源与大集团被告所拥有的资源之间的不平衡。我们甚至有理由怀疑，即使这一制度能否确保对证据的搜寻和审查是最为彻底的，多数人仍处于风险之中。[20]

还有，我认识到，受过更好教育的陪审员更有可能找到推卸陪审团责任的办法，如果他们被选任，那他们更有可能遭到质疑。除了备受瞩目的案件中所雇佣的高额费用陪审团顾问之外，现在还有以人口统计学为基础的计算机软件，可以帮助律师们识别陪审团中哪些成员可以被期待会对他们这一方表示同情，哪些成员会对另一方表示同情，以及哪些成员会保持中立。[21]我们甚至可以开始不去关心一个陪审团是"不公正的"是什么意思，开始去思考要求每一个陪审员都愿意拿出证据是不是不算过分；一个陪审团在那些对一方有偏见的和对另一方有偏见的人中间搞一个公平的分配，是不是还不够？而如今，我们有机会通过电视观看真实的陪审团审议[22]，我们将会怀疑，陪审员会对法官的指令有多么透彻的理解？一个陪审员屈服于来自他人的使其顺从的压力的情况有多常见？陪审员在一个裁决上妥协的事情有多么常见？这里所说的妥协，指的是没有传达任何人的真实意见，而只是通过他们所有人都多少能够凑合接受的方式把事情办完了事。

此外，在我们的不堪重负的体系中，实际由陪审团来决定的案子的比率是非常低的。[23]正如有人可能会说的，即使那些正在协商一场辩诉交易或和解协议的律师只是简单地依赖于他们对赢得一场审判的机会的评价，这一乐观论证现在也需要另一个假定：如果一个案子诉诸陪审团，律师们经常能够并且的确也准确地预测了未来的结果——也就是说，它不仅依赖于陪审团的裁决对真相的接近程度，而且还依赖于律师对陪审团裁决的预测的接近程度。

正如探究过程中的竞争有时候会导致的结果，在这里最重要的是，抗辩文化可能会变味从而使效果适得其反。事实上，弗兰克尔法官现被奉为经典的论文的一个核心主题是指，这恰恰就是正在发生的事：尽管法律顾问"禁止在这些未加限定的范围内明知故犯地破坏法律或者赞同欺骗，但律师们却可以自由地运用历史悠久的技巧和策略去妨碍或歪曲真相"。律师们在策略上成功地"避免了过多的知识"；他们所使用的，正是那些能够检验不诚实的见证的工具，这些工具有助于找出错误，从而使得诚实的见证看起来显得诡谲，并让胜任的见证看起来混淆不清；他们雇用的是顺从的专家。[24]这样，结果就不是去参与这一乐观论证所假定的对于证据的彻底的搜寻和考察，而是说，他们实际上可能会妨碍到它。很难相信弗兰克尔法官的保留意见如今会比其在25年以前的适用力度还要小。

简言之：关于公正的抗辩制本身并不是一种在不可避免的时间压力下确定真相的没有指望的方法；但是，我们有充分的理由担心，我们实际拥有的抗辩制所具有的功能会如其现在所表现的那样，还远未达到最理想状况。它和同行评议制度有点类似。请该领域中的其他人去阅读和评论所提交的作品，这并不是用来决定哪些著作值得出版的一种在根本上就没有希望的方式。但是，至少在哲学当中，我们实际拥有的同行评议体系的功能正如其现在所表现出来的那样，总体上是负担过重了——随着越来越多的人必须靠出版去占有地位，乃至获得终身职位，或者愿意利用他们的地位让朋友的作品得以出版或压制对手的作品，以及众所周知的职业出版商的二流出版作品，拥有频繁飞行里程的人避免被允许进入受邀荣誉出版的头等位置，但这些还远远不是最理想的；实际上，到目前为止，没有谁会真的相信（无论一些管理人员会承认什么），对于好的作品来说，同行评议或者是一个必要条件或者是一个充分条件。

在巴雷福特案件中，布莱克门法官写了一篇关注证据问题的战斗檄文。"法庭坚持认为，关于被告的未来危险性的精神病学证据是可以被采纳的，尽管事实上这种证据中三分之二都是错误的……因为，据说这种证据要接受交叉询问和弹劾……这在我看来是一种过分的要求……当一个人的生命岌岌可危之时……要求更大的可靠性就应占据支配地位。"[25]他论证说，当不可靠的证据假借科学名义提交给陪审员时,只有交叉询问和弹劾可能还是不够的。

曾经有一个古老的弗赖伊证据规则,按照该规则,新的科学证据可以采纳,仅当它在所属领域内被普遍接受[26],那时候学者们仍然在讨论,随着1975年《联邦证据规则》被通过,这条旧规则是否已经被取代了;因为《联邦证据规则》702只是假定了,一个有资格的专家,包括科学专家的证言,只要是相关的而且没有被法律排除在外,那就是可以采纳的,但并没有提及被相关的共同体采纳的问题。这个问题在十年后的道伯特一案中得到了解决,而这一次正是布莱克门法官写下了这一裁决。

将弗赖伊规则描述为"一个严苛的标准,未见于《联邦证据规则》,且与之不相容",而且承认,"强有力的交叉询问,反面证据的提供,以及关于作证的责任的审慎规定,这些都是批判那些不牢靠但可以采纳的证据的传统且适当的方式"[27],法庭一致规定,联邦规则已经取代了弗赖伊规则。然而,对于这一规定的部分内容,瑞恩奎斯特和斯蒂文斯两位法官提出了异议,布莱克门法官就此补充了这样一点,即《联邦证据规则》702要求法庭对于所提供的专家见证,不仅要审查其相关性,还要审查其可靠性。尽管双方都可以宣布自己是胜诉一方——说原告胜诉,是因为弗赖伊规则被弃置一旁了;说被告胜诉,是因为专家见证如今必须被审查其可靠性——这一新标准在某些程度上比旧标准更加严苛。我们怀疑布莱克门法官有可能还记得巴雷福特先生,并希望关于可采性的强化标准能够将不可靠的证据排除在外。

然而,这样做会使我们直接面对针对英美法系提出的第二个激进的认识论批判:排除规则本质上就与认识论对于完备性的要求相冲突。这是边沁关于证据的论述的主题:所指"待证定理"指的是"如果只是考虑决定的正确性……那就不应该排除任何类型的证据"[28]。证据要想具有检验能力,就不能仅仅是正确的,而且还必须是完整的;那些就其本身而言是真的,但却忽略了某些实质观点的证据有可能完全就是误导性的。因此,边沁论证说,排除规则应予避免;对付

法律化的认识论

误导性证据的正确方式是将其置于进一步证据的语境当中,或者通过审问的方式阐明更多的细节,或者通过引入其他的见证。依据这些标准,英国关于证据主题的法律体系,由于其错综复杂的排除规则,"对于发现真相来说是不能胜任的……因而对于实现公正的目标来说,也是不能胜任的"——边沁进而指出,就此主题制定出来的所有规则几乎都是这样的情况。[29]

但是,边沁1827年针对英国证据法的批评与我们在此时此处讨论的证据法有什么相关性吗?我将不关心不同州的不同规则、行政法院的不同规则,以及大陪审团的不同安排等带来的复杂性,我所关注的是《联邦证据规则》。其前言听起来好像会得到边沁的赞同:这些规则将被解释为要"确保公正执法,消除没有理由的花费和延时,促成证据法的生长和发展,最终使真相可以被明确而且其进程可以被公正地决定";《联邦证据规则》402也是这样的,该规则规定,"所有相关的证据都是可以采纳的,除非[法律]有其他规定……而不相关的证据是不能被采纳的"。《联邦证据规则》106甚至特别提出了完备性的要求:当一个书面的或者记录性陈述,或者这一陈述的一部分被一方引入之后,另一方也可以要求引入其他任何部分或者任何其他记录性陈述,为公平起见,后面这些应与前者一并得到考虑。

然而,《联邦证据规则》403规定,"尽管是相关的,但证据仍旧可能会被排除,如果它的检验价值从根本上就被不公正的偏见、混淆问题或误导陪审团等危险所压制,或者被不适当延时、浪费时间或不必要地重复证据等想法所压制";而事实上,意在排除混淆或误导性证据的规则之网,有可能与边沁如此严厉加以谴责的英国证据法没有这么大的差异。事实上,边沁认为,那些因为"延时、烦扰或者浪费"等理由而排除证据的规则是可以证成的,条件是,它们所试图防范的、与真相不相关的恶,压过了由它们引起的与真相相关的恶。[30]但是,尽管他本可以证明我们的一些与策略相关的排除规则,但他却专门反驳了允许婚配特权的规则;我怀疑,他可能会去证明比如《联邦证据规则》407,该规则排除了有关后续措施的证据,而这些后续措施如果早一些采纳的话，本来可以阻止被告被控告的那些伤害发生——大概这样，就可以不去妨碍房东去修理那摇摇晃晃的楼梯了，等等。

然而，更接近认识论要点的，是边沁关于传闻的讨论。边沁把它归为一种"下等的证据"，因为它更容易成为"一种特有的欺骗"：如果一个人的话被报道了但却不能被交叉询问，那么这一事实就会成为一种撒谎的动机。不过他论证说，"当单独加以考虑时，这一证据如果是假的，它就一点也不危险；它将不会得到任何支持，而且可能会被确定的环境所证伪"。与此同时，"与其他证据相关，解释和补足一系列的事实可能是必要的"。关于"非正式的书面证据"，"它的排除可能会引起信息的丢失，而这些信息是不能通过其他任何方式获得的"[31]。因此，他将采纳这种证据，除非他得到了附加的证据并亲自加以验证。当然，这种情况与《联邦证据规则》几乎是完全对立的，《联邦证据规则》排除传闻的证据，除非另有规定，但它却允许有无数的例外，它们当中有很多都是可用的，尽管法庭外的陈述者也可以用作见证人到庭。这些例外——次级证人关于他们在自己说话时的感觉印象的陈述，激动之下的言说，临终遗言，当下存在的心理、感情或身体上的条件，以及被记录下来的回忆，等等——都是允许的，其根据是，这些传闻似乎可以满足充足的"可靠性的标志"。

边沁准确地发现，证据的完备性也是不可或缺的——尽管我更愿意逐次提出如下这一点：证据的全面性是证明程度的一个决定因素。然而，由此既推不出边沁所相信的这一观点，即最好的策略就是把所有的证据都容纳进来，也推不出《联邦证据规则》的如下假定，即最好的策略就是努力去排除不可靠的证据。由此，并不能推出，更多的证据一定比更少的证据好，以至于策略应该是容纳所有的证据；因为额外的、但仍旧不完备的证据可能会把我们导向错误的方向，而此前掌握的即便是更不完备的证据却能够把我们导向正确的方向。当边沁论证说，如果传闻证据是假的，其他证据将"可能"表明其为假，而且传闻证据对于填补证据中存在的空白"可能"是必要的时候，他迫切想要诉诸模态限定词，而这就可以解释为什么会是这样了。但是，由此也不能推出，既然我们并不拥有所有证据，那么策略就应该是排除可能并不可靠的东西。这就是为什么当波斯纳主张排除规则时，他也想设法诉诸"也许"和"有可能"这些限定语的原因了。[32]这两种策略各有其长，但也各有所短。

即使是就专家证言的排除策略在道伯特一案中的作用及其结果进行的简要探讨所表明的那样，构制有效的规则用来明确可靠性的标志，要比听起来更困难一些。首先，尽管可靠性是一个程度问题，专家证言也必须被采纳或者不被采纳。其次，法庭必须就每一个专家判断其证言是应该被全部采纳还是被部分采纳；但是在某些情况下，有些专家的证言可能会在一个解释性理论中整合起来，这样就会比任何人的证言，给予一个有争议的事实以更大的可信性。实际上，这是边沁下述观点的一个应用，即额外证据可能会改变我们已经掌握的证据组成的复合体；同时它也是我的理论的一个引理：正如一个纵横字谜格与其他格相关联的方式可能会大大提升我们对该格为正确的信心，比如，一项表明物质 S 与病患 D 之间的弱相关的病理学研究，与一项表明 S 据之有可能会在有时候引起这种或那种生理损伤的机制的病毒学结果，这两者相关联的方式可能会大大提升我们对如下这一点的信心，即这个统计结果不是误导性的。[33]

再者，当最高法院逐步修改并放大在道伯特一案中所说的关于如何判定可靠性的话，它就已经把越来越多的权力交给法庭进行自由裁量了。按照道伯特规则，法庭应该关注的是潜在证人的方法论，而不是他们的结论，而且可以指明这些要素，如可错性、已知或潜在的错误率、同行评议和公开性，以及科学共同体中的普遍接受性。然而，乔伊纳案[34]中规定，即使排除专家证言可能会有决定性的结果，但这种证据性判定的评论标准是滥用自由裁量权，而不是某种更加严格的标准——最高法院一声不响地放弃了方法论和结论的区分，而这种区分正是其在道伯特案中所依赖的。锦湖案中规定，道伯特规则适用于所有的专家证言，而不只是科学上的证言——最高法院注意到，道伯特规则的"可变"列表中的元素可能恰当也可能不恰当，这取决于相关的专门知识;法院可以使用其中的任意一个,也可以全部都或者一个也不用,或者在适当的地方使用他们自己设计的其他元素。[35]

从某个方面看,锦湖案中的建议——事实上,法庭应该在特定场合就特定证人使用任何可以表明可靠性的东西[36]——似乎是最明智的。(考虑一下贝瑞案中那位因为缺少同行评议的出版物而被排除在外的研究警察训练技能的专家[37];考虑斯塔泽帕泽案中那位法庭文件检验专家,他承认,在道伯特听证会之后自己所得到的结论是,道伯特规则并不适用[38];或者,考虑锦湖案中那位轮胎专家卡尔森先生,他严肃地解释了自己的"目测审查法"——他用目光检查了轮胎。)一方面,容易获得适用的是,特定的标准,比如证据是不是已经在同行评议期刊上发表过,这样的标准并没有把足够容易的东西足够容易地鉴别出来。但另一方面,正如锦湖案中法庭所承认的,其更不专门的顾问严重依赖于法庭的自由裁量——它更像是建议某人去"做正确的事"。实际情况似乎是指,尽管由于在侵权案中,道伯特联邦法庭在排除原告提供的可疑专家证言问题上更加强硬,但在刑事案件中,在对待可疑的法院证据时就没有那么强硬了。

显然,在得克萨斯州,万变不离其宗。在因为他在得克萨斯州死刑案件中不负责任地举证而被反复谴责之后,格里格森医生于1995年被美国精神病学会开除;但即便在被开除之后,他还是在不断地为得克萨斯州检验证据。得克萨斯州证据规则是以《联邦证据规则》为模板的;1995年,得克萨斯州高级法院采纳了道伯特标准。[39]在1998年发生的蓄意谋杀案尼诺中,得克萨斯州刑事诉讼法院规定,来自联邦调查局行为科学部的监督人所提供的如下证明,即一个人如果与该案中的证据所确证的描述相符合,那么这个人"对于社会来说就会是最严重的威胁",是可以接受的;并且还论证说,道伯特要素不一定要应用于"硬科学"语境之外——从而利用了如下这一事实,即关于未来之危险的预言不是"硬科学",从而证成了关于可采性的一个更低的标准[40]。这个决定先于锦湖案,但据我所见,迄今为止,锦湖案中还没有任何东西——在被决定仅仅一个月之后[41],它就在得克萨斯州的证据案例法中得到了肯定性的引用——妨碍到它。

因为道伯特把一些用来判断证据质量的责任从陪审团那里转移走了，于是传统的事实判定者，在诉诸法庭时，就激起了关于如下问题的讨论，即法官或陪审团是否可能在评判复杂的以及或许晦涩难懂的专家证据的价值上会更好一些。我认为，对这个问题可能就没有什么好的答案，除了这个："它取决于法官、陪审团以及有关的证据"。更重要的一点是，我们设计出证据规则，不是为了补偿抗辩制的失效；正如有关《联邦证据规则》条文释义的作者所说的，应该注意的是，除了异乎寻常的案例（"明显的错误"），可能会被推翻的排除在上诉时是不会被考虑的，除非它是第一次提请审判庭的注意，"抗辩制是以当事人责任为基础的，它根深蒂固地存在于我们的法律体系当中，特别是存在于证据领域当中"[42]。

而现在我们看到，边沁所力主的完备性策略将会很难运作，除非当事双方的诉辩者都恰如其分地找到了相关的证据并揭露了与其他所有东西一同被采纳的可疑物中的毛病，与此类似，已成为我们的证据规则组成部分的排除策略也将行之无效，除非各方都恰如其分地挑战了可疑的物件以便使其排除在外。例如，可以考虑这种情况：将一个大集团被告和一个穷困潦倒的被告相比，对于向所提供的专家证言提出一个道伯特式质疑来说，前者在多大程度上更加可行，我们看到，调整证据规则并不是弥合当事各方所占有资源的巨大差异的方法。

因此，我的结论是："美国之路"——抗辩制和排除规则的方式——对于判定法律争议中的真理来说，并非本质上就是一种坏的方式；但从其眼下运行的情况看，它也并不如我们期待的那样好。当然，一般来说，在法律上哪种真理的方式在给定地点和时间是最有效的，可能会以复杂的方式取决于历史、文化、经济和社会等诸多方面；我们的法律体系要想更好地进行运作，可能不仅要在系统内部做出改变，还要在该系统居于其中的更大社会语境当中做出改变。但是我将到此结束，因为下面这项工作的确超出了一个像我本人这样"单

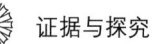

纯搞理论的人"的能力范围，也就是就如何才能做到这样的改进（从公正的观点看，它是那么吸引人）给出详细的建议。

注释

[1] 布拉德雷：《伦理学研究》，204 页。

[2] 边沁：《司法证据的基本原理》，第 1 卷，第 22 页。

[3] 我的来源是康诺斯等编：《陪审团定罪，科学放行》。更早一起案件的受害者在一堆照片和一群人中认出了科特勒。

[4] 关于证据法的更宽和更窄的概念，参见泰宁：《什么是证据法？》。

[5] 我在这一节利用了自己的如下作品：《证据与探究》，尤其是第 4 章；《一位老派的自命不凡者的自白》；《相同之中唯一的不同》；《理性地捍卫科学》，特别是第 3 章。

[6] 波斯纳：《法学理论前沿》，第 367 页。

[7] 参见伦伯特：《新证据学》（这个词指的是法律研究者们的工作，他们关心的并不是证据法，而是对证据及其质量的分析）。

[8] 皮尔士：《文集》，2.653 (1878)。

[9] 弗兰克尔：《探求真理》，第 1036 页。

[10] 皮尔士：《文集》，157-158 (c. 1896)。

[11] 道伯特诉马里·道制药公司案，509 U.S. 579, 597 (1993)。

[12] 泰班诉美国案，383 U.S. 406, 426 (1966)。

[13] "后面"的阶段不是"最后"的阶段，因为这样一个完整的说明还要包括诉讼过程。

[14] 比较一下圣徒诉讼中的魔鬼代言人，他被邀请去扮演他的抗辩角色，以便去防备这种可能性，即别的鼻子会因为神圣的气味而作用减弱，以至于如果有一个魔鬼，他们也不会感到可疑。

[15] 参见梅兰德：《判例法的行动形式》，第二篇演讲；以及兰斯曼：《女巫、疯子和产品责任》。

[16] 巴雷福特诉伊斯特尔案，463 U.S. 880，909（1983）（布莱克门法官对此表示异议）。

[17] 雷古纳：《身处险境的巴雷福特》，第481页，注释80。引自 http://web.amnesty.org.library.index/EGAMR5102822003。

[18] 巴雷福特：（如前注释）898。

[19] 皮尔士：《文集》，（如前注释）1.626（1898）。

[20] 当巴雷福特被定罪并宣判的时候，在一起死刑案中因为一个贫穷的得州被告而获得的"研究和专家"费用的总数是500美元；你可能想要知道，那个时候，假如一个名人被控入店行窃，或者一个体育明星被控性侵，这个诉辩团队为此付出的花费会是多少。

[21]《聪明的陪审团》，见 http://SmartJury.com，我的来源是尼森：《强制的挑战》。

[22] 指的是2004年夏天在ABC播出"陪审室"系列节目。

[23] 按照格拉博森（Glaberson）2001年的《陪审团、他们被围剿的权力、发现他们的作用正被削减》中的说法，联邦刑事案件中只有4.3%，联邦民事案件中仅有1.4%以陪审团的裁决告终。

[24] 弗兰克尔：《探求真理》，第1018页之后。

[25] 巴雷福特：（如前注释）915（布莱克门法官对此表示异议）。

[26] 弗赖伊诉合众国案，54，app. D.C. 46，293 F. 1013（D.C. Cir. 1923）。

[27] 道伯特诉马里·道制药公司案，509 U.S. 579，586，596（1993）。

[28] 边沁：《司法证据的基本原理》，第1卷，第1页。

[29] 同上书，第4页。关于民法体系，我的知识有限；但我注意到了这条记录：瑞典1947年通过的司法程序法典废弃了排除规则，转而支持"证据的自由评判原则"。

[30] 同上书，第3页。

[31] 边沁：《司法证据论丛》，第200、201、202页。

[32] 波斯纳：《法学理论前沿》，第 11 和 12 章，随处可见。参见，比如第 350 页：和法官审判相比，陪审团审判"可能"会通过一种达尔文主义的方式培育出更有能力的律师，因为在法官审判中，一个法官"可能"会为能力更弱的律师的不足寻求补偿。

[33] 参见哈克：《流行病学家中的认识论家》，《证明因果性：关于保证的整体论和道伯特的原子论》。

[34] 通用电子公司诉乔伊纳案，522 U. S. 136（1997）。

[35] 锦湖轮胎有限公司诉卡迈克尔案，526 U. S. 137，141（1999）："道伯特关于特殊要素的列表，既不是必然地，也不是排他性地应用于所有专家或者任一场合。"

[36] "由于道伯特中提到的这些要素在任意案件和时间的可应用性，因此我们既不能划入也不能排出。……太多东西都要依赖于所谈论的特殊案例的特定环境。"锦湖，（如前注释）150。

[37] 贝瑞诉底特律城案，25 F. 3d 1342（1994）。

[38] 合众国诉斯塔泽帕泽案，880 F. Supp. 1027（S. D. N. Y. 1995）。

[39] 杜·庞特诉罗宾逊案，923 S. W. 2d 549，556（Tex. 1995）。这一规定自动引入了另外两个"道伯特"要素：该项技术是否依赖于主观的判断，以及它是否具有非判决性用法。

[40] 尼诺诉得州案，970 S. W. 2d 549，561（Tex. Crim. App. 1998）。

[41] 高德西诉得州案，989 S. W. 2d 482，490（Tex. App. 1999）。

[42] 格拉汉姆：《联邦证据规则概要》，第 19 页。

引证文献的整全目录

Alcoff, L., "How Is Epistemology Political?" (《认识论何以是政治性的?》), in *Radical Philosophy: Tradition, Counter-Tradition, Politics* (《激进的哲学: 传统、反传统、政治学》), edited by R. Gottleib, 65–85. Philadelphia, PA: Temple University Press, 1993.

Alcoff, L., and E. Potter, eds. *Feminist Epistemologies* (《女性主义认识论》). London: Routledge, 1993.

Alston, W. P., "Varieties of Privileged Access" (《有特权的方法之种种》), *American Philosophical Quarterly* 8, no. 3 (1971): 223–41.

——. "Self-Warrant: a Neglected Form of Privileged Access" (《自我保证: 一种被忽视的有特权方法》), *American Philosophical Quarterly* 13, no. 4 (1976): 257–72.

——. "Two Types of Foundationalism" (《基础论的两种类型》), *Journal of Philosophy* 88, no. 7 (1976): 165–85.

——. "Level-Confusions in Epistemology" (《认识论中的层次混

浒》), *Midwest Studies* 5 (1980): 135-50.

——. "Internalism and Externalism in Epistemology"(《认识论中的内在论和外在论》), *Philosophical Topics* 14, no. 1 (1986): 179-221.

——. "An Internalist Externalism" (《一种内在的外在论》), *Synthese* 74 (1988): 265-83.

Annis, D., "A Contextualist Theory of Epistemic Justification"(《一种认知证成的语境理论》), *American Philosophical Quarterly* 15, no. 3 (1978): 213-9. Reprinted in Pojman, ed., *The Theory of Knowledge* (《知识理论》), 280-87.

Antony, L., "Quine as Feminist: The Radical Import of Naturalized Epistemology"(《作为女性主义者的蒯因：自然化的认识论的根本涵义》). In *A Mind of One's Own* (《一个人自己的心灵》), edited by L. Antony and C. Witt, 185-225. Boulder, CO: Westview, 1993.

Armstrong, D. M., *Belief, Truth and Knowledge* (《信念、真理和知识》). Cambridge University Press, Cambridge, 1973.

Asher, H., *Experiments in Seeing* (《有关看的实验》). Basic Books, New York, 1961.

Ayer, A. J., *The Problem of Knowledge* (《知识问题》). Penguin Books, Harmondsworth, Middlesex, 1956.

——. "Truth, Verification and Verisimilitude"(《真理、证实和似真性》), in Schilpp, ed., *The Philosophy of Karl Popper* (《卡尔·波普尔的哲学》), 684-91.

Baber, H., "The Market for Feminist Epistemology"(《女性主义认识论的市场》), *Monist* 77. 4 (1994): 403-23.

Bacon, F., *The New Organon* (《新工具》). 1620, ed. F. H. Anderson, Indianapolis, IN: Bobbs-Merrill, 1960.

Bain, A., *The Emotions and the Will* (《情感和意志》), third edition, Longman's, Green, 1875.

Baughm, R., *Character as Indicated by Handwriting*（《笔迹显示性格》）. L. Upcott Gill, London, n. d.

Belenky, M., Field, B., McVicker Clinchy, N. Rule Goldberger, and J. Mattuck Tarule, eds. *Women's Ways of Knowing*（《女人的认知方式》）. New York: Basic Books, 1986.

Bell, E. T., *The Development of Mathematics*（《数学的发展》）. New York: McGraw Hill, 1949.

Benthem, J., *A Treatise on Judicial Evidence*（《司法证据论丛》）. Edited by M. Dumont. 1825. Littleton, CO: Fred B. Rothman and Co., 1982.

——. *Rationale of Judicial Evidence*（《司法证据的基本原理》）. London: Hunt and Clarke, 1827; New York Garland, 1978. （文中所参考的是后者当中的页码。）

Bleier, R., ed. *Feminist Approaches to Science*（《女性主义者的科学方案》）. New York: Pergamon, 1986.

BonJour, L., "Externalist Theories of Empirical Knowledge"（《经验知识的外在论理论》）, *Midwest Studies in Philosophy* 5 (1980), 53-73.

——. *The Structure of Empirical Knowledge*（《经验知识的结构》）. Cambridge, MA: Harvard University Press, 1985.

——. "Haack on Justification and Experience"（《哈克论证成和经验》）, Synthese 112, no. 1 (1997): 13-23.

Bouwsma, O. K., "Descartes' Evil Genius"（《笛卡尔的恶魔天才》）, *Philosophical Review* 58 (1949). Reprinted in Sesonske and Fleming, eds., *Meta-Meditations*（《元沉思》）, 26-36.

Bradley, F. H., *Ethical Studies*（《伦理学研究》）. London: Henry S. King and Co., 1876.

Bridgman, P., "The Struggle for Intellectual Integrity"（《为了理智

诚实性而奋斗》), 1933. In *Reflections of a Physicist* (《一位物理学家的反思》), 361-70. New York: Philosophical Library, 1955.

Burdick, H., "A Logical Form for the Propositional Attitudes" (《一种有关命题态度的逻辑形式》), *Synthese* 52 (1982), 185-230.

——. "On Davidson and Interpretation" (《论戴维森和解释》), *Synthese* 80 (1989), 321-43.

Burge, T., "Individualism and the Mental" (《个人主义和心智》), *Midwest Studies* 4 (1979), 73-122.

Casullo, A., "Kripke on the A Priori and the Necessary" (《克里普克论先验和必然》), *Analysis* 37 (1977), 152-59. Reprinted in Moser, P. K., ed., *A Priori Knowledge* (《先验知识》), 161-69, Oxford: Oxford University Press, 1987.

Churchland, P. M., *Scientific Realism and the Plasticity of Mind* (《科学实在论和心智的可塑性》). Cambridge: Cambridge University Press, 1979.

——. "Eliminative Materialism and the Propositional Attitudes" (《取消式唯物论和命题态度》), *Journal of Philosophy* 88, no. 2 (1981): 67-89; and in *A Neurocomputational Perspective* (《神经计算概观》), 1-23. (文中所参考的是后者当中的页码。)

——. "The Ontological Status of Observables" (《可观察物的本体论地位》), *Pacific Philosophical Quarterly* 63, no. 3 (1982): 226-33; and in *A Neurocomputational Perspective* (《神经计算概观》), 139-51. (文中所参考的是后者当中的页码。)

——. *Matter and Consciousness: A Contemporary Introduction to the Philosophy of Mind* (《物质和意识：当代心灵哲学导论》). Cambridge, MA: MIT Press, Bradford Books, 1984.

——. "The Continuity of Philosophy and the Sciences" (《哲学与科学的连续性》), *Mind and Language* 1, no. 1 (1986): 5-14.

——. "Folk Psychology and the Explanation of Behaviour" (《民间

心理学和对行为的解释》), *Proceedings of the Aristotelian Society*, Supplement 62 (1988): 200-22; and in *A Neurocomputational Perspective*（《神经计算概观》), 111-27.（文中所参考的是后者当中的页码。）

——. "On the Nature of Theories"（《论理论的本性》), in Savage, C. W., ed., *Scientific Theories*（《科学理论》), 59-101. *Minnesota Studies in the Philosophy of Science* 11, Minneapolis: University of Minnesota Press, 1989. Reprinted in *A Neurocomputational Perspective*（《神经计算概观》), 153-96.（文中所参考的是后者当中的页码。）

——. "Explanation: a PDP Approach"（《说明：一种 PDP 方案》), in *A Neurocomputational Perspective*（《神经计算概观》), 197-230.

——. *A Neurocomputational Perspective: The Nature of Mind and the Structure of Science*（《神经计算概观：心灵的本性和科学的结构》). Cambridge, MA: MIT Press, Bradford Books, 1989.

Churchland, P. Smith, "Is Determinism Self-Refuting?"（《决定论是自我挫败的吗？》), *Mind* 90: 90-101.

——. "Epistemology in the Age of Neuroscience"（《神经科学时代的认识论》), *Journal of Philosophy* 84, no. 10 (1987): 544-53.

Clendinnen, F. J., "Review of *Evidence and Inquiry*"（《〈证据与探究〉评论》). *Australasian Journal of Philosophy* 72, no 4 (1994): 536-38.

——. "Ratifying Foundherentism"（《认可基础融贯论》). In de Waal, ed., *Susan Haack*（《苏珊·哈克》), 73-87.

Code, L., *Epistemic Responsibility*（《认知责任》). Hanover, NH: Brown University Press, 1987.

Code, L., "Taking Subjectivity into Account"（《考虑主观性》). In Alcoff and Potter, eds., *Feminist Epistemologies*（《女性主义认识

论》），15—48.

Cohen, S., "Justification and Truth"（《证成和真理》），*Philosophical Studies* 46 (1984): 279—95.

Connors, E., T. Lundgren, N. Miller, and T. McEwen. *Convicted by Juries, Exonerated by Science*（《陪审团定罪，科学放行》）. National Institute of Justice Research Report, 1996.

Cornford, F. H., *Microcosmographia Academica: Being a Guide for the Young Academic Politician*（《学术专题：青年学术政治家指南》），1908. Reprinted in *University Politics: F. H. Cornford's Cambridge and His Advice to the Young Academic Politician*（《大学政治：康福德的剑桥以及他给青年学术政治家的建议》），Edited by G. Hohnson. Cambridge: Cambridge University Press, 1994.

Cornman, J., "Foundational versus Nonfoundational Theories of Empirical Justification"（《经验证成的基础论与非基础论理论》），in Pappas and Swain, eds., *Essays on Knowledge and Justification*（《知识和证成文集》），229—52.

Daley, R., *A Faint Cold Fear*（《令人窒息的冷恐惧》）. New York: Warner Books, 1990.

Davidson, D., "On the Very Idea of a Conceptual Scheme"（《论概念图式这一观念》），*Proceedings of the American Philosophical Association* 47 (1972—73): 5—20.

——. "Radical Interpretation"（《彻底解释》），*Dialectica* 27 (1973): 313—28; and in *Inquiries into Truth and Interpretation*（《真理和解释探究》），125—40.（文中所参考的是后者当中的页码。）

——. "Belief and the Basis of Meaning"（《信念和意义的基础》），*Synthese* 27 (1974): 309—23; and in *Inquiries into Truth and Interpretation*（《真理和解释探究》），145—51.（文中所参考的是后者当中的页码。）

——. "The Method of Truth in Metaphysics"(《形而上学中的真理方法》), *Midwest Studies in Philosophy* 2 (1977): 244-54; and in *Inquiries into Truth and Interpretation*(《真理和解释探究》), 199-214.(文中所参考的是后者当中的页码。)

——. "Reply to Foster"(《对弗斯特的答复》), in *Truth and Meaning*(《真理和意义》), edited by Evans, G. and McDowell, J., 33-41. Oxford: Clarendon Press, 1976; and in *Inquiries into Truth and Interpretation*(《真理和解释探究》), 171-90.(文中所参考的是后者当中的页码。)

——. "A Coherence Theory of Truth and Knowledge"(《真理与知识的融贯理论》), in *Kant oder Hegel?*(《康德或者黑格尔?》), edited by Dieter Henrich, Stuttgart: Klett-Cotta, 1983; and in Malachowski, ed., *Reading Rorty*(《阅读罗蒂》), 120-34.(文中所参考的是后者当中的页码。)

——. *Inquiries into Truth and Interpretation*(《真理和解释探究》). Clarendon Press, Oxford, 1984.

——. "Afterthoughts [on 'A Coherence Theory of Truth and Knowledge'], 1987"(《事后思考[论〈真理与知识的融贯理论〉, 1987]》), in Malachowski, ed., *Reading Rorty*(《阅读罗蒂》), 134-37.

——. "The Structure and Content of Truth"(the Dewey Lectures)(《真理的结构和内容》), *Journal of Philosophy* 87, no. 6 (1980): 279-328.

Delmar, R., Afterword to *Testament of Friendship*(《〈友谊的见证〉后记》), by V. Brittain, 1945, London: Virago, 1980.

Dennett, D., *Brainstorms*(《大脑风暴》). Hassocks, Sussex: Harvester Press, 1979.

DeRose, K., "Solving the Skeptical Problem"(《解决怀疑论问题》), *Philosophical Review* 104, no. 1 (1995): 1-7, 17-52. Reprinted in Sosa and Kim, eds., *Epistemology: An Anthology*（《认识论：一个选集》），482-502.

Descartes, R., *Meditations on First Philosophy*（《第一哲学的沉思》）(1641). Translated by E. Haldane and G. R. T. Ross. Cambridge: Cambridge University Press, 1911.

Dewey, J., "Beliefs and Existences"（《信念和存在》），1905. In *The Influence of Darwin on Philosophy*（《达尔文哲学的影响》），162-97. New York: Henry Holt and Company, 1910.

——. *Reconstruction in Philosophy*（《哲学的重构》）. New York: Henry Holt and Company, 1920; reprint, Boston, MA: Beacon Press, 1957.

——. *The Quest for Certainty*（《对确实性的追求》），1929. New York: Capricorn Books, G. P. Putnam's Sons, 1960.

——. *Philosophy and Civilization*（《哲学与文化》），1931. New York: Capricorn Books, 1963.

——. *How We Think*（《我们如何思考》）. Lexington, MA: D. C. Heath and Company, 1933.

——. *Problems of Men*（《人的问题》）. New York: Philosophical Library, 1946.

Donnellan, K., "Reference and Definite Descriptions"（《指称和限定摹状词》），*Philosophical Review* 75, no. 3 (1966): 281-304.

Duran, J., *Towards Feminist Epistemology*（《走向一种女性主义认识论》）. Savage, MD: Rowman and Littlefield, 1991.

Fausto Sterling, A., Myths of Gender: Biological Theories about Women and Men（《性别的神话：关于女人和男人的生物理论》）. New York: Basic Books, 1986.

Feldman, R., "Reliability and Justification"（《可靠性和证成》），*The Monist* 68, no. 2 (1985): 159-74.

Feldman, R. and E. Conee., "Evidentialism"（《证据主义》），*Philo-*

sophical Studies 48 (1985): 15-34.

Firth, R., "Coherence, Certainty and Epistemic Priority"（《融贯、确实性和认知优先性》）, *Journal of Philosophy* 70, no. 19 (1964): 545-57.

——. "The Anatomy of Certainty"（《对确实性的剖析》）, *Philosophical Review* 76, no. 1 (1967): 3-27.

——. "Lewis on the Given"（《刘易斯论所与》）. In Schilpp, ed., *The Philosophy of C. I. Lewis*（《C. I. 刘易斯的哲学》）, 329-50.

Flax, J., "Political Philosophy and the Patriarchal Unconscious: A Psycho-Analytic Perspective on Epistemology and Metaphysics"（《政治哲学和重男轻女的无意识：关于认识论和形而上学的心理分析视角》）. In Harding and Hintikka, eds., *Discovering Reality*（《发现实在》）, 245-82.

Fodor, J. A., "Fodor's Guide to Mental Representation: the Intelligent Auntie's Vade Mecum"（《心智表象的福多指南：智慧阿姨手册》）, *Mind* 94 (1985): 76-100.

Foley, R., "Justified Inconsistent Beliefs"（《被证成的不一致的信念》）, *American Philosophical Quarterly* 16, no. 4 (1979): 247-57.

——. "What's Wrong With Reliabilism?"（《可靠论错在何处？》）, *The Monist* 68, no. 2 (1985): 188-202.

Fox Keller, E., *Reflections on Gender and Science*（《对性别与科学的反思》）. New Haven, CT: Yale University Press, 1987.

Frankel, M., "The Search for Truth: An Umpireal View"（《探求真理：一个裁判的观点》）, *University of Pennsylvania Law Review* 123, no. 5 (1975): 1031-59.

Frápolli, M-J., "Identity, Necessity and *A Priority*: The Fallacy of Equivocation"（《同一性、必然性和先验性：歧义的谬误》）, *History and Philosophy of Logic* 13 (1992): 91-109.

——. "Review of *Evidence and Inquiry*"(《〈证据与探究〉评论》),*Revista de Filosofia*,3ª época 11,no. 5 (1996):209-217.

Frye,M.,"To See and Be Seen:The Politics of Reality"(《看与被看:实在的政治学》). In Garry and Pearsall,eds.,*Women,Knowledge and Reality*(《女人、知识和实在》),77-92.

Fuchs,V.,"Economics,Value,and Health Care Reform"(《经济学、价值和卫生保健改革》),*American Economic Review* 86,no. 1 (1996):1-23.

Garry and Pearsall,eds.,*Women,Knowledge and Reality*(《女人、知识和实在》). Boston,MA:Unwin Hyman,1989.

Gibson,J. J.,*The Senses Considered as Perceptual Systems*(《作为知觉系统来考虑的感官》). Boston,MA:Houghton Mifflin,1966.

——. "New Reasons for Realism"(《实在论的新理由》),*Synthese* 17 (1967):162-72.

——. *The Ecological Approach to Visual Perception*(《对于视知觉的生态学探索》). Boston,MA:Houghton Mifflin,1978;reprint Hillsdale,NJ:Lawrence Erlbaum Associates,1986.

Gilligan,C.,*In a Different Voice*(《以不同的声音》). Cambridge,MA:Harvard University Press,1982.

Glaberson,M.,"Juries,Their Power under Siege,Find Their Role Being Eroded"(《陪审团、他们被围剿的权力、发现他们的作用正被削减》),*New York Times*,March 2,2002,p. A1,column 1.

Goldman,A. H.,*Empirical Knowledge*(《经验知识》). Berkeley and Los Angeles:University of California Press,1988.

Goldman,A. I.,"Epistemics:the Regulative Theory of Cognition"(《认知学:认知的调节理论》),*Journal of Philosophy* 75,no. 10 (1978):509-23.

——. "What is Justified Belief?"(《何为被证成的信念?》). In Pappas,ed.,*Justification and Knowledge*(《证成和知识》),1-23.

——. *Epistemology and Cognition*（《认识论与认知》），Cambridge, MA：Harvard University Press，1986.

——. "Strong and Weak Justification"（《强证成和弱证成》）. In Tomberlin, ed., *Philosophical Perspectives*, 2：*Epistemology*（《哲学概观 2：认识论》），51-70.

——. "Stephen P. Stich：*The Fragmentation of Reason*"（《评斯蒂奇的〈理性的破碎〉》），*Philosophy and Phenomenological Research* 51, no. 1 (1991)：180-93.

——. *Knowledge in a Social World*（《社会性世界中的知识》）. New York：Oxford University Press，1999.

Goodman, N., "Sense and Certainty"（《感觉和确实性》），*Philosophical Review* 6 (1952)：160-67.

——. "The New Riddle of Induction"（《新归纳之谜》），1953. In *Fact, Fiction and Forecast*（《事实、虚构与预测》），59-83.

——. *Fact, Fiction and Forecast*（《事实、虚构与预测》），2nd ed. Indianapolis, IN：Bobbs-Merrill，1965.

Goschke, T. and Koppelberg, D., "Connectionist Representation, Semantic Compositionality, and the Instability of Conceptual Structure"（《联结论表征、语义构成性和概念结构的不稳定性》），*Psychological Research* 52 (1990)：253-70.

Graham, M., *Federal Rules of Evidence in a Nutshell*（《联邦证据规则概要》），6th ed. Sa. Paul, MN：West Publishing，2003.

Gregory, R. L., *Eye and Brain：the Psychology of Seeing*（《眼睛和大脑：看的心理学》）. Wiedenfield and Nicholson，1966；2nd ed.，1972.（文中所参考的是第 2 版中的页码。）

Gross, E., "What Is Feminist Theory?"（《什么是女性主义理论?》）. In *Feminist Challenges*（《女性主义的挑战》），edited by C. Pateman and E. Gross，190-204，London：Allen and Unwin，1986.

Haack, S., "The Relevance of Psychology to Epistemology"（《心理

学对于认识论的意义》），*Metaphilosophy* 6（1972）：161-76.

——. *Deviant Logic*（《变异逻辑》）. Cambridge：Cambridge University Press，1974. 2nd, expanded ed.，*Deviant Logic, Fuzzy Logic: Beyond the Formalism*（《变异逻辑、模糊逻辑：超越形式主义》）. Chicago：University of Chicago Press，1996.

——. "Is It True What They Say About Tarski?"（《他们关于塔斯基所说的是真的吗？》），*Philosophy* 51（1976）：323-36.

——. *Philosophy of Logics*（《逻辑哲学》）. Cambridge：Cambridge University Press，1978.

——. "Epistemology With a Knowing Subject"（《有认知主体的认识论》），*Review of Metaphysics* 33，no. 2（1979）：309-36.

——. "Descartes, Peirce and the Cognitive Community"（《笛卡尔、皮尔士和认知共同体》），*The Monist* 65，no. 2（1982）：156-82. Reprinted in *The Relevance of Charles Peirce*（《皮尔士的意义》），edited by E. Freeman，238-63. La Salle, IL：Open Court，1983.

——. "Theories of Knowledge: an Analytic Framework"（《知识理论：一个分析的框架》），*Proceedings of the Aristotelian Society* 88（1982-83）：143-57.

——. "C. I. Lewis"（《C. I. 刘易斯》），in *American Philosophy*, edited by Marcus G. Singer，215-39. Cambridge：Cambridge University Press，1983.

——. "Can James's Theory of Truth Be Made More Satisfactory?"（《詹姆斯的真理理论能够更让人满意吗？》），*Transactions of the Charles S. Peirce Society* 20，no. 3（1984）：269-278.

——. "Review of Harding and Hintikka"（《对哈丁和辛迪卡的评论》），eds.，*Discovering Reality*，*Philosophy* 60，no. 232（1985）：265-70.

——. "Realism"（《实在论》），*Synthese* 73，no. 2（1987）：279-96.

——. "Surprising Noises: Rorty and Hesse on Metaphor"（《令人惊

奇的噪音：罗蒂和赫西论隐喻》），*Proceedings of the Aristotelian Society* 88（1987—88）：170—87.

——. "Recent Obituaries of Epistemology"（《认识论的近期讣告》），*American Philosophical Quarterly* 27, no. 3（1990）：199—220.

——. "Rebuilding the Ship While Sailing on the Water"（《在海上漂流时重修这条船》），in *Perspectives on Quine*（《蒯因概观》），edited by R. Barrett and R. Gibson, 111—27. Oxford: Blackwell, 1990.

——. "Critical Notice of Code"（《关于编码的批评性评论》），*Epistemic Responsibility*, *Canadian Journal of Philosophy* 21, no. 1（1991）：91—108.

——. "What is 'the Problem of the Empirical Basis', and Does Johnny Wideawake Solve it?"（《什么是"经验基础问题"，以及瓦德威克解决了它吗？》），*British Journal for the Philosophy of Science* 42（1991）：369—89.

——. "'Extreme Scholastic Realism': its Relevance to Philosophy of Science Today"（《"极端学院实在论"：它对于今天的科学哲学的意义》），*Transactions of the Charles S. Peirce Society* 28, no. 1（1992）：19—50.

——. "Science 'From a Feminist Perspective'"（《从"女性主义的角度"看科学》），*Philosophy* 67（1992）：5—18.

——. "Double-Aspect Foundherentism: a New Theory of Empirical Justification"（《双面的基础融贯论：一种新的经验证成理论》），*Philosophy and Phenomenological Research* 52, no. 1（1993）：113—28.

——. "Epistemological Reflections of an Old Feminist"（《一个老派女性主义者的认识论反思》），*Reason Papers* 18（1993）：31—43. Reprinted in Pojman, ed., *The Theory of Knowledge: Classic and Contemporary Readings*（《知识理论：经典与现代选读》），2nd ed., 616—24. Also reprinted, slightly abridged, under the title

"Knowledge and Propaganda: Reflections of an Old Feminist", in *Partisan Review* 60, no. 4 (1993): 556-64; in *Manifesto of a Passionate Moderate*, 123-36; and in the volume, 31-44.

——. "Pragmatism"(《实用主义》), in *Handbook of Epistemology*(《认识论手册》), edited by E. Sosa and J. Dancy, 351-57. Oxford: Blackwell, 1993.

——. "The Two Faces of Quine's Naturalism"(《蒯因自然主义的两副面孔》), *Synthese* 94 (1993): 335-56.

——. "Dry Truth and Real Knowledge: Epistemologies of Metaphor and Metaphors of Epistemology"(《枯燥的真理和真正的知识：隐喻的认识论和认识论的隐喻》). In *Approaches to Metaphor*, edited by J. Hintikka, 1-22. Dordrecht, the Netherland: Kluwer, 1995. Reprinted in *Manifesto of a Passionate Moderate*, 69-89.

——. "Philosophy/philosophy, an Untenable Dualism"(《哲学/哲学：一种站不住脚的二元论》), *Transactions of the Charles S. Peirce Society* 29, no. 3 (1995): 411-26.

——. "Puzzling Out Science" (《弄懂科学》), *Academic Questions* (Spring 1995): 25-31. Reprinted in *Manifesto of a Passionate Moderate*, 90-103.

——. "Preposterism and its Consequences"(《反常做法及其后果》), *Social Philosophy and Policy* 13, no. 2 (1996): 296-315. Reprinted in *Scientific Innovation, Philosophy and Public Policy*(《科学革命、哲学与公共政策》), edited by E. F. Paul, F. D. Miller, and J. Paul, 296-315. Cambridge: Cambridge University Press, 1996; in *Manifesto of a Passionate Moderate*, 188-208.

——. "Science as Social? Yes and No"(《作为社会性的科学？是或不是》). In *Feminism, Science, and Philosophy of Science*(《女性主义、科学和科学哲学》), edited by J. Nelson and L. H. Nelson, 79-93. Dordrecht, the Netherlands, 1996; and in *Manifesto of a*

Passionate Moderate，104-22.

——. "'The Ethics of Belief' Reconsidered"(《重估"信念的伦理学"》). In *The Philosophy of R. M. Chisholm*(《R. M. 齐硕姆的哲学》), edited by L. Hahn, 129-44. La Salle, IL: Open Court, 1997; and in this volume, 345-60.

——. *Manifesto of a Passionate Moderate*(《一位热情的稳健派的宣言》). Chicago: University of Chicago Press, 1998.

——. "Confessions of an Old-Fashioned Prig"(《一位老派的自命不凡者的自白》). In *Manifesto of a Passionate Moderate*, 7-30.

——. "A Foundherentist Theory of Empirical Justification"(《经验证成的一种基础融贯论》). In Pojman, ed., *The Theory of Knowledge: Classic and Contemporary Readings*, 283-93. Reprinted in English in Sosa and Kim, ed., *Epistemology: An Anthology*, 226-36, in Huemer, ed., *Epistemology: Contemporary Readings*, 417-24, and in Luper, ed., *Essential Knowledge*, 157-67; in Spanish translation in *Agora* 18, no. 1 (1990): 35-53; and in French translation in *Carrefour* (October 2001): 39-60.

——. "After My Own Heart: Dorothy Sayers's Feminism"(《正合我意：多萝西·塞耶斯的女性主义》), *New Criterion* 19, no. 9 (2001): 10-14. Reprinted in *Putting Philosophy to Work*, 209-18.

——. "The Same, Only Different"(《相同之中唯一的不同》), *Zeitschrift für Philosophie* 2002, no. 1 (2002): 18-28. Reprinted in *Putting Philosophy to Work*, 17-24.

——. *Defending Science—within Reason: Between Scientism and Cynicism*(《理性地捍卫科学——在科学主义与犬儒主义之间》). Amherst, NY: Prometheus Books, 2003.

——. "An Epistemologist among the Epidemiologists"(《流行病学家中的认识论家》), *Epidemiology* 15, no. 5 (2004): 51-52.

——. "Epistemology Legalized: Or, Truth, Justice, and the American Way"（法律化的认识论——或者，真相、公正和美国之路），*American Journal of Jurisprudence* 49（2004）：43-61；and in this volume，361-81.

———. "Science, Economics, 'Vision'"（《科学、经济学、"想象力"》），*Social Research* 71, no. 2（2004）：167-83. Reprinted in *Putting Philosophy to Work*, 95-102.

———. "The Ideal of Intellectual Integrity, in Life and Literature"（《生活与文学中理智诚实的理想》），*New Literary History* 36, no. 3（2005）：359-73. Reprinted in *Putting Philosophy to Work*, 195-208.

———. "Not Cynicism but Synechism: Lessons from Classical Pragmatism"（《不是犬儒主义，而是协作主义：来自古典实用主义的教训》），*Transactions of the C. S. Peirce Society* 41, no. 2（2005）：239-53. Reprinted in *Companion to Pragmatism*, edited by J. Shook and J. Margolis, 141-53. Oxford: Blackwell, 2006; and in *Putting Philosophy to Work*, 79-94.

———. "Trial and Error: The Supreme Court's Philosophy of Science"（《试错：科学哲学的最高法庭》），*American Journal of Public Health* 95（2005）：S66-73. Reprinted in *Putting Philosophy to Work*, 161-78.

———. "The Integrity of Science: What It Means, Why It Matters"（《科学上的诚实性：它意味着什么，为什么是重要的》），*Actas do 10º Seminario do Conselho National de Ética para as Ciências da Vida*（2006）：9-28. Reprinted in *Putting Philosophy to Work*, 103-28.

———. "Scientific Secrecy and 'Spin': The Sad, Sleazy Saga of the Trials of Remune"（《科学上的隐瞒和"杜撰"：关于Remune试验那凄惨且庸俗的故事》），*Law and Contemporary Problems* 69, no. 3（2006）：47-67. Reprinted in *Putting Philosophy to Work*,

129-46.

——. "The Benefit of Experience"(《经验的益处》) (response to F. John Clendinnen). In de Waal, ed., *Susan Haack*, 88-91.

——. "Crossing My i's and Dotting Some t's"(《在我的 i 上加横线，在一些 t 上加点》)(response to Vernon Walker). In de Waal, ed., *Susan Haack*, 105-108.

——. "How I See Things Now"(《如今我怎样看待事物》) (response to Robert Lane). In de Waal, ed., *Susan Haack*, 123-26.

——. *Putting Philosophy to Work: Inquiry and Its Place in Culture*(《让哲学发挥作用：探究及其在文化中的地位》). Amherst, NY: Prometheus Books, 2008.

Hahn, L. and P. A. Schilpp, eds., *The Philosophy of W. V. Quine*(《W. V. 蒯因的哲学》). La Salle, IL: Open Court, 1986; expanded ed., 1988.

Hallen, B. and J. Sodipo, *Knowledge, Belief and Witchcraft*(《知识、信念和巫术》). London: Ethnographica, 1986.

Haraway, D., "Situated Knowledges: *The Science Question in Feminism* and the Privilege of Partial Perspective"(《情境化知识：〈女性主义中的科学问题〉和局部视角的特权》), *Feminist Studies* 14, no. 3 (1988): 575-600.

Harding, S., *Whose Science? Whose Knowledge?* (《谁的科学？谁的知识？》). Ithaca, NY: Cornell University Press, 1991.

Harding, S., and M. Hintikka, eds., *Discovering Reality: Feminist Perspectives on Epistemology, Metaphysics, Methodology and the Philosophy of Science*(《发现实在：关于认识论、形而上学、方法论和科学哲学的女性主义视角》). Dordrecht, the Netherlands: Reidel, 1983.

Hardwig, J., "Epistemic Dependence"(《认知的依赖》), *Journal of Philosophy* 87, no. 7 (1985): 335-49.

Heil, J., "Intentionality Speaks for Itself"（《意向性不言而喻》），in Silvers, ed., *Representations*, 345-68.

Hobbes, T., *Human Nature*（《人性论》）（1650）. 正文中页码参引自 J. E. Woodbridge, ed., *Hobbes Selections*（《霍布斯选集》）. New York: Charles Scribner's Sons, 1936.

Horgan, T., "From Cognitive Science to Folk Psychology: Computation, Mental Representation and Belief"（《从认知科学到民间心理学：计算、心智表征和信念》），*Philosophy and Phenomenological Research* 52, no. 2 (1992): 440-84.

Horgan, T. and J. Woodward, "Folk Psychology is Here to Stay"（《民间心理学到此为止》），*Philosophical Review* 94 (1985): 197-226.

Horton, R., "African Traditional Thought and Western Science"（《非洲传统思想和西方科学》），*Africa* 37, no. 1 and 37, no. 2 (1967): 50-71 and 155-87. Reprinted in *Rationality*（《合理性》），edited by B. R. Wilson, 131-72. Oxford: Blackwell, 1970.

Huemer, M., ed., *Epistemology: Contemporary Readings*（《当代认识论读本》）. New York: Routledge, 2002.

Hume, David, *Enquiry Concerning Human Understanding*（《人类理智研究》），1748. Edited by L. A. Selby-Bigge, from the posthumous edition of 1981. Oxford: Clarendon Press, 1975.

Jaggar, A., "Love and Knowledge: Emotion in a Feminist Epistemology"（《爱与知识：女性主义认识论中的情感》），in Garry and Pearsall, eds., *Women, Knowledge and Reality*（《女人、知识和实在》），129-55.

James, W., *The Will to Believe and Other Essays*（《信仰的愿望和其他论文》），1897. New York: Dover, 1956.

——. *Pragmatism*（《实用主义》），1907. Edited by F. Burkhardt and F. Bowers. Cambridge, MA: Harvard University Press, 1975.

——. *The Meaning of Truth*（《真理的意义》），1909. Edited by F. Burkhardt and F. Bowers. Cambridge, MA: Harvard University Press, 1975.

Kelley, D., *The Evidence of the Senses*（《感觉证据》）. Baton Rouge: Louisiana State University Press, 1975.

Kim, J., "What is 'Naturalized Epistemology'?"（《什么是"自然化认识论"?》）, in Tomberlin, ed., *Philosophical Perspectives*, 2: *Epistemology*（《哲学概观 2: 认识论》）, 381–406. Reprinted in Sosa and Kim, eds., *Epistemology: An Anthology*, 301–13.

King, P., *One Hundred Philosophers: The Life and Work of the World's Greatest Thinkers*（《一百名哲学家：世界最伟大思想家的生平与著作》）. London: Quarto, and New York: Barron's, 2004.

Kirkham, R., "Does the Gettier Problem Rest on a Mistake?"（《盖梯尔问题是基于一个错误吗?》）, *Mind* 93 (1985): 501–13.

Koertge, N., and D. Patai, *Professing Feminism: Cautionary Tales from the Strange World of Women's Studies*（《公开宣称的女性主义：来自女性研究这个奇异世界的警示性传说》）. New York: Basic Books, 1994.

Kornblith, H., "Beyond Foundationalism and the Coherence Theory"（《超越基础论和融贯论》）, *Journal of Philosophy* 72, no. 10 (1980): 597–612.

Kosslyn, S. M. and O. Koenig, *Wet Mind: the New Cognitive Neuroscience*（《迟钝的心灵：新认知神经科学》）. New York: Free Press, 1992.

Kripke, S., *Naming and Necessity*（《命名与必然性》）. Oxford: Blackwell's, 1980.

Kuhn, T., *The Structure of Scientific Revolutions*（《科学革命的结构》）. Chicago: University of Chicago Press, 1962; enlarged ed., 1970.

Landesman, S., "Of Witches, Madmen, and Product Liability: An Historical Survey of the Use of Expert Testimony"(《女巫、疯子和产品责任：专家证言运用的历史考察》), *Behavioral Science and Law* 13 (1995): 131-57.

Lane, R., "Peirception: Haack's Critical Common-sensism about Perception"(《皮尔士知觉：哈克关于知觉的批判性的常识主义》). In de Waal, ed., *Susan Haack*, 109-122.

Lehrer, K., *Knowledge*(《知识》). Oxford: Clarendon Press, 1974.

Lempert, R., "The New Evidence Scholarship"(《新证据学》). In *Probability and the Law of Evidence: The Uses and Limits of Bayesianism*(《概率和证据法：贝叶斯主义的使用和局限》), edited by P. Tillers and E. Green, 61-102. Dordrecht, the Netherlands: Reidel, 1988.

Lewis, C. I., *An Analysis of Knowledge and Valuation*(《知识和评价的分析》). La Salle, IL: Open Court, 1946.

——. "The Given Element in Empirical Knowledge"(《经验知识中的所与要素》), *Philosophical Review* 61 (1952): 168-75.

Lewis, D. K., "Elusive Knowledge"(《难以捉摸的知识》), *Australasian Journal of Philosophy* 74, no. 4 (1996): 549-67. Reprinted in Sosa and Kim, eds., *Epistemology: An Anthology*, 503-16.

Livingston, P., "Review of *Evidence and Inquiry*"(《〈证据与探究〉评论》), *MLN (Modern Language Notes)* 109, no. 5 (1994): 1023-26.

Longino, H., "Can There Be a Feminist Science?"(《可能存在女性主义科学吗?》). In Garry and Pearsall, eds., *Women, Knowledge, and Reality*, 203-16.

——. *Science as Social Knowledge*(《作为社会知识的科学》). Princeton, NJ: Princeton University Press, 1990.

Longino, H. and R. Doell, "Body, Bias, and Behavior: A Comparative Analysis of Reasoning in Two Areas of Science"(《身体、偏见和行为：两个科学领域内的推理的比较分析》). In *Sex and Scientific Inquiry*, edited by J. O'Barr and S. Harding, 165-86. Chicago: University of Chicago Press, 1989.

Luper, S. ed., *Essential Knowledge*(《本质的知识》). New York: Longman's, 2004.

Maitland, F. W., *The Forms of Action at Common Law*(《判例法的行动形式》). Cambridge: Cambridge University Press, 1909.

Malachowski, A. R., ed., *Reading Rorty*(《阅读罗蒂》). Oxford: Blackwell, 1990.

Marsden G., "The Collapse of American Evangelical Academia"(《美国福音派学术圈的衰落》). In A. Plantinga and N. Wolterstorff, eds., *Faith and Rationality*(《信仰和合理性》), 219-63.

Migotti, M., "For the Sake of Knowledge and the Love of Truth: Susan Haack between Sacred Enthusiasm and Sophisticated Disillusionment"(《为了知识和出于对真理的爱：位于神圣的热诚和深奥的醒悟之间的苏珊·哈克》). In de Waal, ed., *Susan Haack*, 263-76.

Minsky, M., "K-Lines: a Theory of Memory"(《K线：一种记忆理论》), in D. Norman, ed., *Perspectives on Cognitive Science*(《认知科学概观》), 87-103.

——. "Frame-System Theory"(《框架-系统理论》). In *Thinking*(《思维》), edited by P. Wason and P. Johnson-Laird, 355-76. Cambridge: Cambridge University Press, 1977.

——. "A Framework for Representing Knowledge"(《一个表征知识的框架》). In *Mind Design*(《心灵设计》), edited by J. Haugeland, 98-128. Cambridge, MA: MIT Press, 1981.

Mintz, S. B., "Gentlepeople: Sharpen Your Pencils"(《有教养的人：削尖你的铅笔》), *Columbia* (Winter 1992): 14-19.

Montmarquet, J., *Epistemic Virtue and Doxastic Responsibility* (《认知德性与信念责任》). Lanham, MD: Rowman and Littlefield, 1993.

Nelson, L., "The Impossibility of a 'Theory of Knowledge'" (《"知识理论"的不可能性》). First published in German in 1908; reprinted in English, translated by T. Brown, in *Socratic Method and Critical Philosophy*, New York: Dover, 1960, 185–203.

——. Hankinson, *Who Knows: From Quine to a Feminist Empiricism* (《谁知道：从蒯因到一个女性主义认识论》), Philadelphia, PA: Temple University Press, 1990.

Nesson, C., "Peremptory Challenge: Technology Should Kill Them?" (《强制的挑战：技术会杀死它们吗?》), *Law, Probablity and Risk* 3 (2003): 1–2.

Nisbett, R. and T. D. Wilson, "Telling More Than We Can Know: Verbal Reports on Mental Processes" (《告知比我们能够知道的更多：关于心智过程的言语报告》), *Psychological Review* 84, no. 3 (1977): 321–59.

Norman, D., *Perspectives on Cognitive Science* (《认知科学概观》). Norwood, NJ: Ablex, 1981.

Nubiola, J., "Review of *Evidence and Inquiry*" (《〈证据与探究〉评论》), *Anuario Filosófico* 27, no. 1 (1994): 1090–92.

Nye, A., *Words of Power* (《力量的话语》). London: Routledge, 1999.

Orwell, G., *Nineteen Eighty-Four* (《一九八四》), 1949. Harmondsworth, Middlesex: Penguin Books, 1954.

Pappas, G., ed., *Justification and Knowledge* (《证成与知识》). Dordrecht, the Netherlands: D. Reidel, 1979.

Pappas, G., and M. Swain, *Essays on Knowledge and Justification* (《知识和证成文集》). Ithaca, NY: Cornell University Press, 1978.

Pastin, M., "C. I. Lewis's Radical Foundationalism"(《C. I. 刘易斯的激进基础论》), *Nous* 9 (1975): 407-20.

——. "Modest Foundationalism and Self-Warrant"(《温和基础论和自我保证》), *American Philosophical Quarterly* monograph series 9 (1975): 141-50. Reprinted in Pappas and Swain, eds., *Essays on Knowledge and Justification*(《知识和证成文集》), 279-88.

Pearson, K., *The Grammar of Science*(《科学的语法》), 2nd ed. London: Adams and Charles Black, 1908.

Peirce, C. S., *Collected Papers*(《文集》). Edited by C. Hartshorne, P. Weiss and (vol. 7 and 8) A. Burks. Cambridge, MA: Harvard University Press, 1931-58.(文中根据卷号和段落号进行了参考。)

Perry, R. B., *The Thought and Character of William James*(《威廉·詹姆斯的思想和特征》). Cambridge, MA: Harvard University Press, 1948.

Plantinga, A., "Reason and Belief in God"(《理性和信仰上帝》). In Plantinga and Wolterstorff, eds., *Faith and Rationality*(《信仰和合理性》), 16-92.

Plantinga, A. and N. Wolterstorff, eds., *Faith and Rationality*(《信仰和合理性》). Notre Dame, IN: University of Notre Dame Press, 1983.

Pojman, L., ed., *The Theory of Knowledge: Classic and Contemporary Sources*(《知识理论：经典与现代来源》). 2nd ed. Belmont, CA: Wadsworth, 1998.

Polanyi, M., *Personal Knowledge*(《个人知识》). London: Routledge and Kegan Paul, 1956.

——. "The Republic of Science"(《科学的共和国》), 1962. In *Knowledge and Being*(《知识与存在》), edited by M. Grene, 49-62. Chicago: University of Chicago Press, 1969.

——. *The Tacit Dimension*(《隐含的维度》). Garden City, NY:

Doubleday, 1966.

Pollock, J., "A Plethora of Epistemological Theories"(《认识论理论的过剩》). In Pappas, ed., *Knowledge and Justification*(《知识与证成》), 93-114.

——. *Contemporary Theories of Knowledge*(《当代知识论》). Savage, MD: Rowman and Littlefield, 1986; London: Hutchinson, 1987.

Popper, K. R., *The Logic of Scientific Discovery*(《科学发现的逻辑》), 1934. London: Hutchinson, 1959.

——. *Objective Knowledge: An Evolutionary Approach*(《客观知识:一种进化的探索》). Oxford: Clarendon Press, 1972.

——. "Epistemology Without a Knowing Subject"(《没有认知主体的认识论》). In *Objective Knowledge*(《客观知识》), 153-90.

——. "The Verification of Basic Statements"(《基本陈述的证实》). In Schilpp, ed., The Philosophy of Karl Popper, 1110-11.

——. "Subjective Experience and Linguistic Formulation"(《主观经验和语言表述》). In Schilpp, ed., *The Philosophy of Karl Popper*(《卡尔·波普尔的哲学》), 1111-14.

Posner, R., *Frontiers in Legal Theory*(《法学理论前沿》). Cambridge, MA: Harvard University Press, 2001.

Pouivet, R., "Review of *Evidence and Inquiry*"(《〈证据与探究〉评论》). *Archives de Philosophi* 72, no. 4 (1996): 298-300.

Price, H. H., *Belief*(《信念》). London: Allen and Unwin, 1969.

Putnam, H., "Why Reason Can't be Naturalized"(《为什么理性不能自然化?》), *Synthese* 52 (1982): 3-25.

——. "Meaning Holism"(《意义整体论》), in Hahn and Schilpp, eds., *The Philosophy of W. V. Quine*(《W. V. 蒯因的哲学》), 405-26.

Quine, W. V., "Two Dogmas of Empiricism" (《经验论的两个教条》), 1951. In *From a Logical Point of View*(《从逻辑的观点

看》），20-46.

——. *From a Logical Point of View*（《从逻辑的观点看》）. Cambridge, MA: Harvard University Press, 1952; New York: Harper Torchbooks, 1963. （文中所参考的是后者当中的页码。）

——. *Word and Object*（《语词和对象》）. Cambridge, MA: MIT Press, 1960.

——. *Ontological Relativity and Other Essays*（《本体论的相对性及其他论文》）. New York: Columbia University Press, 1969.

——. "Epistemology Naturalized"（《自然化的认识论》）. In *Ontological Relativity and Other Essays*（《本体论的相对性及其他论文》），69-90. Reprinted in Sosa and Kim, eds., *Epistemology: An Anthology*, 292-300. （文中所参考的是后者当中的页码。）

——. "Natural Kinds"（《自然种类》）. In *Ontological Relativity and Other Essays*（《本体论的相对性及其他论文》），114-36.

——. "On the Reasons for the Indeterminacy of Translation"（《论翻译不确定性的理由》），*Journal of Philosophy* 67, no. 6 (1970): 178-83.

——. *The Roots of Reference*（《指称之根》）. La Salle, IL: Open Court, 1973.

——. "Empirically Equivalent Theories of the World"（《关于世界的经验等价的理论》），*Erkenntnis* 9 (1975): 313-28.

——. "The Nature of Natural Knowledge"（《自然知识的本性》）. In *Mind and Language*（《心灵与语言》），edited by S. Guttenplan, 67-82. Oxford: Clarendon Press, 1975.

——. "The Nature of Natural Knowledge"（《自然知识的本性》），in Guttenplan, S., ed., *Mind and Language*（《心灵与语言》），Clarendon Press, Oxford, 1975, 67-82.

——. "Facts of the Matter"（《事实问题》）. In *American Philosophy from Edwards to Quine*（《从爱德华兹到蒯因的美国哲学》），

edited by R. Shahan and K. Merrill, 176-96. Norman: University of Oklahoma Press, Norman, 1977.

——. *Theories and Things*（《理论和事物》）. Cambridge, MA: Belknap Press of Harvard University Press, 1981.

——. "Five Milestones of Empiricism"（《经验论的五个里程碑》）, in *Theories and Things*（《理论和事物》）, 67-72.

——. "Reply to Putnam"（《答复普特南》）. In Hahn and Schilpp, eds., *The Philosophy of W. V. Quine*（《W. V. 蒯因的哲学》）, 427-32.

——. "Reply to White"（《答复怀特》）. In Hahn and Schilpp, eds., *The Philosophy of W. V. Quine*（《W. V. 蒯因的哲学》）, 663-65.

Quine, W. V. and Ullian, J., *The Web of Belief*（《信念之网》）. New York: Random House, 1978.

Quinton, A. M., "The Foundations of Knowledge"（《知识的基础》）. In *British Analytical Philosophy*, edited by B. Williams and A. Montefiore, 55-86. London: Routledge and Kegan Paul, London, 1966.

——. *The Nature of Things*（《事物的本性》）. London: Routledge and Kegan Paul, 1973.

Ramsey, F. P., *The Foundations of Mathematics*（《数学基础》）, edited by R. B. Braithwaite. London: Routledge and Kegan Paul, 1933.

Rand, A., *Objectivist Epistemology*（《客观主义认识论》）. New York: Mentor, 1966.

Regnier, T., "Barefoot in Quicksand: The Future of 'Future Dangerousness' Predictions in Death Penalty Sentencing in the World of *Daubert and Kumho*"（《身处险境的巴雷福特：道伯特与锦湖世界的死刑判决中"未来危险"预言的未来》）. *University of Akron Law Review* 37, no. 3 (2004): 467-507.

Reichenbach, H., "Are Phenomenal Reports Absolutely Certain?"（《现象报告是绝对确实的吗?》）, *Philosophical Review* 61 (1952): 147–50.

Reid, T., *Essays on the Intellectual Powers*（《理智力文集》）, 1785. Reprinted in part in *Thomas Reid: Inquiry and Essays*（《托马斯·里德：探究及其文集》）, edited by R. E. Beanblossom and K. Lehrer. Indianapolis, IN: Hackett, 1983.

Rorty, R., *Philosophy and the Mirror of Nature*（《哲学和自然之镜》）. Princeton, NJ: Princeton University Press, 1979.

——. "Unfamiliar Noises: Hesse and Davidson on Metaphor"（《不熟悉的噪音：赫西和戴维森论隐喻》）, *Proceedings of the Aristotelian Society*, Supplement (1987): 285–96; and in *Objectivity, Relativism and Truth*（《客观性、相对主义和真理》）, 162–74.

——. *Contingency, Irony and Solidarity*（《偶然性、讽刺和协同性》）. Cambridge: Cambridge University Press, 1989.

——. *Essays on Heidegger and Others: Philosophical Papers, 2*（《论海德格尔及其他：哲学论文集 2》）. Cambridge: Cambridge University Press, 1991.

——. *Objectivity, Relativism and Truth: Philosophical Papers, 1*（《客观性、相对主义和真理：哲学论文集 1》）. Cambridge: Cambridge University Press, 1991.

——. "Response to Haack"（《回应哈克》）. In *Rorty & Pragmatism: The Philosopher Responds to His Critics*（《罗蒂与实用主义：哲学家对他的批评者们的回应》）, edited by H. Saatkamp, 148–53. Nashville, TN: Vanderbilt University Press, 1995.

Rosenfield, I., *The Complete Medical Exam*（《完整的医学测验》）. New York: Newsweek Books, 1978.

Russell, B., "Knowledge, Error and Probable Opinion"（《知识、错

误和盖然性意见》). In *The Problems of Philosophy*(《哲学问题》), Oxford: Oxford University Press, 1912.

Schiffer, S., "Truth and the Theory of Content"(《真理和内容的理论》). In *Meaning and Understanding*(《意义和理解》), edited by H. Parret and J. Bouverese, 204-22. Berlin: Walter de Gruyter, Berlin, 1981.

Schiller, F. C. S., *Formal Logic: A Scientific and Social Problem*(《形式逻辑：一个科学与社会的问题》). London: MacMillan, 1912.

Schilpp, P. A., ed., *The Philosophy of C. I. Lewis*(《C. I. 刘易斯的哲学》). La Salle, IL: Open Court, 1968.

——. ed., *The Philosophy of Karl Popper*(《卡尔·波普尔的哲学》). La Salle, IL: Open Court, 1974.

Schmitt, F., "The Justification of Group Beliefs"(《群体信念的证成》). In *Socializing Epistemology*(《社会化认识论》), edited by F. Schmitt, 257-87. Lanham, MD: Rowman and Littlefield, 1994.

Sellars, W., "Empiricism and the Philosophy of Mind"(《经验论和心灵哲学》). In *Science, Perception and Reality*(《科学、知觉和实在》), edited by W. Sellars, 127-96. London: Routledge and Kegan Paul, 1963.

Sesonske, A. and Fleming, N., eds., *Meta-Meditations: Reflections on Descartes*(《元沉思：笛卡尔研究》). Belmont, CA: Wadsworth, 1963.

Shope, R. K., *The Analysis of Knowing*(《关于知道的分析》). Princeton, NJ: Princeton University Press, 1983.

Silvers, S., ed., *Representations: Readings in the Philosophy of Mental Representation*(《再表象：心智表象哲学读物》). Dordrecht, the Netherlands: Kluwer, 1988.

Sosa, E., "The Raft and the Pyramid: Coherence versus Foundations in the Theory of Knowledge"(《浮筏和金字塔：知识理论中

的融贯论和基础论》), *Midwest Studies in Philosophy* 5 (1980)：3–25.

——. "Intellectual Virtue in Perspective" (《正确的理智美德》). In Sosa, *Knowledge in Perspective：Collected Essays in Epistemology* (《正确的知识：认识论文集》), 270 – 93. Cambridge：Cambridge University Press, 1991 (drawn in part from "Knowledge in Context, Skepticism in Doubt", in J. Tomberlin, ed., *Philosophical Perspectives 2*, 139–57, and in part from "Beyond Skepticism, to the Best of Our Knowledge", *Mind* 97 [1988]：159–89).

Sosa, E. and J, Kim. eds., *Epistemology：An Anthology* (《认识论选集》). Oxford：Blackwell, 2000.

Stich, S. P., *From Folk Psychology to Cognitive Science* (《从民间心理学到认知科学》). Cambridge, MA：Bradford Books, 1983.

——. *The Fragmentation of Reason* (《理性的破碎》). Cambridge, MA：MIT Press, Bradford Books, 1990.

Stich, S. P., "The Fragmentation of Reason：a Précis of Two Chapters" (《理性的破碎：两章的概要》), *Philosophy and Phenomenological Research* 51, no. 1 (1991)：178–83.

Strawson, P. F., *Introduction to Logical Theory* (《逻辑理论导论》). London：Methuen, 1952.

Tavris, C., *The Mismeasure of Woman* (《对女人的误测》). New York：Touchstone, Simon and Schuster, 1992.

Thayer, H. S., "Comments on Susan Haack's *Evidence and Inquiry*" (《对苏珊·哈克〈证据与探究〉的评论》), *Philosophy and Phenomenological Research* 56, no. 3 (1996)：615–20.

Tomberlin, J., ed., *Philosophical Perspectives*, 2：*Epistemology* (《哲学概观 2：认识论》). Atascadero, CA：Ridgeview, 1988.

Toulmin, S., *The Uses of Argument* (《论证的用法》). Cambridge：Cambridge University Press, 1958.

Turnbull, C., *The Mountain People*(《山地人》). London: Picador, 1974.

Twining, W., "What Is the Law of Evidence?" (《什么是证据法?》). In *Rethinking Evidence*(《重新思考证据》), 178-218. Oxford: Blackwell, 1900.

Van Cleve, J., "Foundationalism, Epistemic Principles, and the Cartesian Circle"(《基础论、认知原则和笛卡尔循环》), *Philosophical Review* 88, no. 1 (1979): 55-91.

Vermazen, B., "The Intelligibility of Massive Error"(《巨大错误的可理解性》), *Philosophical Quarterly* 33, no. 138 (1983): 69-74.

de Waal, C., *On Pragmatism*(《论实用主义》). Belmont, CA: Wadsworth, 2005.

——. ed., *Susan Haack: A Lady of Distinctions*(《苏珊·哈克: 一位杰出的女士》). Amherst, NY: Prometheus Books, 2006.

Walker, V., "It's Time to Dot the t's and Cross the I's: A Call for More Work on the Crossword Puzzle"(《是时候在 t 上加点, 在 i 上加横线了: 呼唤有关纵横字谜的更多研究》). In de Waal, ed., *Susan Haack*, 92-104.

Warnock, M. ed., *Women Philosophers*(《女性哲学家》). London, Dent, Vermont: Tuttle, Everyman Books, 1995.

Watkins, J. W. N., *Science and Scepticism*(《科学与怀疑论》). London: Hutchinson, 1984.

Wilson, N. L., "Substances Without Substrata"(《没有基础的实体》), *Review of Metaphysics* 12 (1959): 521-39.

Wilson, T. D., "Strangers to Ourselves: the Origins and Accuracy of Beliefs About One's Own Mental States"(《对我们自己感到陌生: 关于人们自身心智状态的信念的起源和精确性》). In *Attribution: Basic Issues and Applications*(《归因: 基本议题和应用》), edited by J. H. Harvey and G. Weary, 1-35. Orlando, FL: Academic

Press, 1985.

Winograd, T., "Frame Representations and the Declarative-Procedural Controversy"(《框架表示和断言-程序之争》). In *Representation and Understanding* (《表征和理解》), edited by D. G. Bobrow and A. Collins, 188–210. New York: Academic Press, 1975.

——. "What Does It Mean to Understand Language?" (《理解语言意味着什么?》). In Norman, ed., *Perspectives on Cognitive Science* (《认知科学概观》), 231–63.

Wiredu, K., "How Not to Compare African Thought With Western Thought"(《如何不将非洲思想与西方思想做对比?》). In *African Thought* (《非洲思想》), edited by R. A. Wright, 140–62. New York: University Press of America, 1984.

Wittgenstein, L., *On Certainty* (《论确实性》). Translated by G. A. Paul and G. E. M. Anscombe. Oxford: Blackwell and New York: Harper and Row, 1969.

Woodridge, D. E., *The Machinery of the Brain* (《大脑的机制》). New York: MacGraw Hill, 1963.

Zagzabski, L., *Virtues of the Mind* (《心智的美德》). Cambridge: Cambridge University Press, 1996.

索 引

页码右上角置有 * 者，表示相关术语的定义可以在该页码的正文中找到。

跟在一个条目后面、置于一对方括号内的人名，表示该作者对相关的术语负责，或者该术语的用法在他那里得到了讨论。提到"笛卡尔式探究""库恩的立场"等的地方，其索引置于"笛卡尔""库恩"等条目之下。

abduction，溯因，141，158 亦可参见 inference to the best explanation，最佳解释推理；perceptual judgment，知觉判断

abnormal discourse [Rorty]，反常话语 [罗蒂]，252

action，行动
    explanation of，对行动的说明 18，214-15，220-36 随处可见
    vs. movement，行动与动作，225-26

admissibility of evidence，证据的采纳，362，373，374，375，377 亦可参见 exclusionary rules of evidence，证据的排除规则；Federal Rules of Evidence，《联邦证据规则》

adversarialism，抗辩制，27，362，367，368-73，379

advocacy，辩护，364，366

aesthetics，美学，349

agnosticism，不可知论，351

AI (artificial intelligence)，人工智能，42，48，210，220
    computational vs. connectionist，计算对比 联结论，214，224，233

alchemy，炼金术，124

Alcoff, Linda，艾尔科夫，332，340，341 脚注 4，344 脚注 20

Almeder, Robert，艾尔迈德，307，329 脚注 3

索引

Alston, William P., 阿尔斯顿, 286 脚注 3, 脚注 4（第一章）, 287 脚注 4（第三章）

American Psychiatric Association, 美国精神病学联合会, 371, 378

ampliative inference, 扩大推理, 145, 147 亦可参见 abduction, 演绎; induction, 归纳

analogy thesis, 类比论题 亦可参见 epistemology, 认识论; ethics, 伦理学

analysis, 分析, 49, 254 亦可参见 explication, project of 辨明方案

Analysis of Knowledge and Valuation, An [Lewis],《知识和评价的分析》[刘易斯], 73-92

Analytic Epistemologists' Union (AEU), 分析的认识论者联盟, 23, 24

analyticity, 分析性, 274

Quine's critique of, 蒯因对分析性的批判, 172, 241, 245

Annis, David, 安尼斯, 23, 30 脚注 36, 30 脚注 37, 269-70, 286 脚注 4（第一章）, 297, 脚注 7

anti-inductivist argument, 反归纳主义论证, 145-49 随处可见

anti-psychologism, 反心理主义, 参见 psychologism vs. anti-psychologism, 心理主义对比反心理主义

anti-psychologistic argument, 反心理主义论证, 145-49 随处可见 亦可参见 irrelevance of causation argument, 因果不相干论证; psychologism vs. anti-psychologism, 心理主义对比反心理主义

Antony, Louise, 安东尼, 332, 342 脚注 3, 343 脚注 25

a priori, the, 先验, 206, 208, 241, 244, 273-74

Quine's repudiation of, 蒯因对先验的拒斥, 171, 172, 241, 245

synthetic, 综合, 245, 273, 274

apriorism, traditionalist, 传统的先验论, 15, 169, 170, 180 亦可参见 foundationalism vs. *foundationalism* vs. **FOUNDATIONALISM**, 基础论与基础论与**基础论**; naturalism, 自然主义; Quine, 蒯因; ratification, project of 认可方案

Aristotle, 亚里士多德, 276, 363

Armstrong, David M., 阿姆斯特朗, 192

Armstrong, Norman, 阿姆斯特朗, 288 注释 20

Asher, H., 埃舍尔, 286-87 注释 7（第二章）

assent, 赞成, 230, 234, 253

assent-/dissent-conditions [Quine], 赞成/不赞成条件 [蒯因], 108-109

assertion, 断定, 215, 230, 237-38

Astaire, Fred, 阿斯代尔, 239

astigmatism, test for, 像散性测试, 78-81 随处可见, 286-87 注释 7

astronomy, 天文学, 365

atheist vs. believer (about belief), （关于信念的）无神论者和信仰者, 226-29 随处可见

attribution theory, 归因理论, 218-20

attributive versus referential connections between justification and truth, 在证成和真理之间的归属性和指称性联系 [Donnellan], 194, 205, 271 亦可参见

393

referentialist objection, 指称论者的反对意见

Austin, J. L., 奥斯汀, 246

authority, 权威, 366

autonomous versus non-autonomous descriptions of action, 关于行动的自主和非自主的描述, 42, 226-29 随处可见, 236

autonomy principle [Stich], 自主原则[斯蒂奇], 215, 228 亦可参见 methodological solipsism, 方法论的唯我论

Ayer, A. J., 艾耶尔, 146-47, 285 注释 1, 290 注释 5（第五章）, 329, 329 注释 1, 330 注释 13

Baber Harriet, 巴伯, 342 注释 8

Bacon, Francis, 培根, 25-26, 298 注释 23, 340, 343 注释 26

Bain, Alexander, 贝恩, 231, 270, 294 注释 32, 297 注释 9

Barefoot, Thomas, 巴雷福特, 371, 374

Barefoot v. Estelle, 巴雷福特诉伊斯特尔案, 371, 373-74, 380 注释 16, 注释 18, 注释 20, 381 注释 25

basic beliefs, 基本信念, 参见 belief, basic versus derived, 信念, 基本的与派生的

basic statements [Popper], 基本陈述[波普尔], 144-149 随处可见, 151

Baughm, Rosa, 鲍姆, 297 注释 4

Bayes' Theorem, 贝叶斯定理, 22

Behavior, verbal vs. non-verbal, 言语行为与非言语行为, 219-20, 229-36 随处可见 亦可参见 action, 行动

behaviourism, 行为主义, 218

Belenky, Mary Field, 贝伦基, 342 注释 12

belief-forming processes, 信念形成过程, 179, 180, 189, 192, 194, 195-211 随处可见, 213, 253-61 随处可见, 264, 350

belief-independent vs. belief-dependent [Alvin Goldman], 信念独立与信念依赖[哥德曼], 195

individuation of, 信念的个体化, 271

innate vs. learned [Alvin Goldman], 内在的信念形成过程与习得的信念形成过程[哥德曼], 198

resource-dependent vs. resource-independent [Alvin Goldman], 资源依赖与资源独立[哥德曼], 198

belief philosophies [Popper], 信念哲学家[波普尔], 143

belief, 信念, 12, 19, 49, 143, 152, 192, 206, 213-38, 253

attribution of, 信念归属, 102, 213 亦可参见 Davidson, Donald, 戴维森; interpretation, radical, 彻底解释

of animals, computers, 动物的信念, 计算机的信念, 223, 230

background, 背景, 132, 157, 158, 209, 267, 268, 320-25 随处可见, 350, 355, 364

basic versus derived, 基本的与派生的, 13, 22, 51-59 随处可见, 62-63, 66, 69, 71, 72, 86, 90, 101, 154, 160, 192, 195, 328

causal/functional account of [Stich], 信念的因果/功能说明[斯蒂奇], 254-57

cognitively spontaneous [BonJour], 认知

索　引

自发信念［邦居尔］，97，98，99，100

content of，信念内容，235−36

de dicto versus *de re*，从言的与从物的，235

degrees of，信念度，135−36，192，357

as dispositions to bet，作为打赌的意向的信念，192

individuation of，信念的个体化，110

internally connected with truth，与真理内在关联的，232−33，234，250，257，258

introspective，内省信念，97

mathematical and metaphysical，数学的和形而上学的，231

as multi-form behavioural dispositions，作为多种形式的行为倾向，230−36 随处可见

observational versus theoretical，观察的与理论的，94，96，104，158

occurrent vs. dispositional，发生性的与倾向性的，206

persisting，持续的，123−24

sign-mediation (SM) account of，以记号为中介的说明，42，229−36

state versus content (S-belief versus C-belief)，状态与内容（S−信念与C−信念），40，68−69，113，118，120，192，231，232，235

as theoretical entities，作为理论实体的信念，217

as veridical，诚实的信念，102，103，110，114 亦可参见 Davidson, Donald，戴维森；interpretation, radical，彻底解释以及 the will，意志，348，351；亦可参见 fearful thinking，畏惧性思考；Willful ignorance，有意忽视；wishful thinking，一厢情愿的思考

Belief、Truth and Knowledge［Armstrong］，《信念、真理和知识》［阿姆斯特朗］，192

Bell, E. T.，贝尔，342 注释 13

Ben Haim, Yakov，本·海姆，18，29，注释 18

benighted cognizer［Goldman］，愚昧的认知者［哥德曼］，151-2

Bentham, Jeremy，边沁，28，361　亦可参见 dis-interestedness，无私；objectivity，客观性；partiality，偏袒；prejudice，偏见

Blackmun, Harry (Justice)，布莱克门（法官），368，373−74

blameworthiness, epistemic，认知上的应受责备，204

Bleier, Ruth，布莱尔，343 注释 17

BonJour, Lawrence，邦居尔，21，22，30 注释 33，注释 34，38，39，67，93−102，114，133，198，200，201，202，203，286 注释 3（第二章），287 注释 5（第三章），292 注释 16

boosterism，倡导，366

Bouwsma, O. K.，布兹玛，277，298 注释 18

Bradley, F. H.，布拉德雷，361，379 注释 1

Bridgman, Percy，布里奇曼，26，31 注释 53

Burdick, Howard，博迪克，28，36，235−36，288 注释 12，注释 17，295 注释 42

证据与探究

Burge, Tyler, 伯奇, 295 注释 40

Butler, Samuel, 巴特勒, 26, 28, 31 注释 58

Carlson, Dennis, Jr., 卡尔松, 378

Carnap, Rudolf, 卡尔纳普, 178

Casullo, A., 卡梭罗, 297 注释 12

categorical approach to justification, 对证成的直言探究, 参见 justification, degrees of, 证成度

causal nexus of a belief, 信念的因果联系, 120*—21, 124, 156, 289 注释 5

causal versus logical/evaluative, 因果的与逻辑的/评价的, 14, 19, 38, 39, 40, 68, 69, 94, 111, 112, 113, 114, 117, 145, 147, 151, 180, 189, 191, 241, 244 亦可参见 belief, 信念; state versus content; 状态与内容; dichotomies, false; 错误的二分; justification, double-aspect approach to 对证成的双面探究方案; irrelevance of causation argument, 因果不相干论证;

cause, 原因

of belief, 信念的原因, 119

initiating vs., operative at time t; 信念的引发原因与时刻 t 时发挥作用的原因, 119

sustaining vs. inhibiting, 支持与抑制, 120

vs. reasons, 因果与理由, 参见 belief, 信念; state versus content, 状态与内容

C-belief, C-信念, 参见 belief, 信念; state versus content, 状态与内容

certainty, 确实性, 51, 69, 73—82 随处可见, 88, 89, 154, 263, 284

empirical, 经验的, 73

T-certainty vs. J-certainty, T-确实性与 J-确实性, 76—82 随处可见

trivial vs. substantial, 不足道的与实质性的, 76—82 随处可见

type vs. token, 普型与殊型, 78

C-evidence, C-证据, 参见 evidence, 证据,

chain (of reasons), (理由)之链, 60—63 随处可见, 83, 84 亦可参见 circle (of reasons), (理由)之圈; crossword puzzles, 纵横字谜; pyramid (of reasons), (理由)金字塔

charity, principle of, 宽容原则, [Quine, Davidson], [蒯因,戴维森], 103—14 随处可见

maximizing truth versus as maximizing agreement, 使真理极大化与使一致极大化, 104—09

chemistry, 化学, 336

Chisholm, Roderick M., 329 注释 1, 346, 348, 356—57, 358 注释 2, 359 注释 4, 注释 5, 注释 6, 注释 7, 注释 8, 注释 11, 360 注释 16, 注释 17, 注释 20

Churchland, Patricia Smith, 丘奇兰德, 15, 42, 214, 215—16, 293 注释 4, 295 注释 47

Churchland, Paul M., 丘奇兰德, 15, 42, 213, 214, 217—218, 219, 222, 224—26, 227, 233, 236—38, 290 注释 12, 293 注释 6, 注释 7, 注释 10, 294 注释 17, 注释 20, 注释 21, 注释 22, 注释 35, 295 注释 44, 注释 45, 注释 46, 注释 47, 注释 48

索 引

circle (of reasons),（理由）之圈，61-62，82，83，117 亦可参见 chain (of reasons),（理由）之链；crossword puzzle, 纵横字谜；pyramid (reasons),（理由）金字塔

circularity, vicious, 恶性循环，14，38，43，61-62，65，117，130，200，282，365 亦可参见 mutual support, 相互支持

clairvoyance, 超人的视力，198-203 随处可见，275

Clendinnen, F. Jogn, 克兰狄能，18，28 注释6，29 注释6，289 注释6

Clifford, William Kingdom, 克利福德，346，347，352-54，355，357，358，360 注释16，注释18

Code, Lorraine, 科德，297 注释3，341 注释2

cognitive evaluation, 认知评价，254-60 随处可见

cognitive inadequacy, 认知不充分性，350-51，354 亦可参见 human cognitive capacities/limitations, 人类的认知能力/局限

cognitive powers [Sosa], 认知力[索萨]，25 亦可参见 human cognitive capacities/limitations, 人类的认知能力/局限；virtue epistemology 德性认识论

cognitive science, 认知科学，12，15，21，37，44，47，144，167，168，206，209，210，211，213-39 随处可见 亦可参见 AI, 人工智能；neurophysiology, 神经生理学；psychology, 心理学

cognitive style, 认知风格，334

Cohen, Stewart, 科恩，203，292

Coherence, 融贯，85，124
　Degree of, 融贯程度，95
　explanatory, 解释性融贯，55，65，129
　probabilistic, 95，概率融贯

coherence theory of truth, 真理的融贯论，参见 truth, coherence theory of, 真理的融贯理论

"Coherence Theory of Truth and Knowledge, A" [Davidson],《真理与知识的融贯理论》[戴维森]，93，94，1-2，104，105，113

coherentism, 融贯论，12，14，22，23，24，25，38-40，41，44，47-49，55-59，60-69 随处可见，71，75，85，86，90，93-115，129，132，133，141，179，191，192，193，206，208，209，244，245，248，271，332，367
　Davidson's characterization of, 戴维森对融贯论的刻画，102，111
　uncompromising (egalitarian) versus moderated, 坚定的（平等的）与温和的，55-56，66，71，86
　weighted versus degree-of-embedding, 加权的与嵌入度，56，95

color patches, 颜色斑块，155，157-58，161，162 亦可参见 sense data, 感觉材料

communication, 交流，105

competitor (of proposition p),（命题 p 的）竞争者，128，278

completeness, 完备性，374

comprehensiveness, 全面性
　of belief-sets, 信念集的全面性，14，

397

18，55，65，114，132

of C-evidence，C-证据的全面性，132-133，136，139，277，278，283，357，364，365，376

concealment of evidence，隐瞒证据，366

computational versus connectionist approaches to mind，对心灵的计算的和联结论的探究，158-81 随处可见

conclusiveness of evidence，证据的结论性，64-68，127*-28，136，278，279，283 亦可参见 consistency (and inconsistency)，一致性（和不一致性）；deduction，演绎；supportiveness of evidence，证据的支持性

Conee, Earl，科尼，283 注释 3

"Confessions of an Old-Fashioned Prig"[Haack]，《一位老派的自命不凡者的自白》[哈克]，361

confirmation，确证，143

Congruence [C. I. Lewis]，和谐一致，[C. I. 刘易斯]，75，87，90

Connectedness，关联性，332

connectionism，联结论，参见 AI，computational versus connectionist approaches to mind 人工智能，对心灵的计算的和联结论的探究

Connors, Edward，康纳斯，380

consciousness，意识，180

consensus，一致，366

consequentialist conceptions of justification [Goldman]，关于证成的后承论概念 [哥德曼]，10，144，195

consistency (and inconsistency)，一致性（和不一致性），55，64，65，95，124，132-33，152 亦可参见 too much to ask objection (to coherentism)，(对融贯论）要求过多的反对意见

probabilistic，概率的一致性，95

consistent fairy story objection (to coherentism)，对（融贯论的）相容的童话故事的反对意见，65

constitutional rights，宪法权利，369

context, social，社会语境，379

context-dependence，语境—依赖，303，304，305

contextualism，语境论，23-24，27，42，58，59，111，247-53，266，269-70，332

contingency，偶然性，251

contingency fees，风险代理费，372

Contingency, Irony and Solidarity [Rorty]，《偶然性、讽刺和协同性》[罗蒂]，251

contingent a priori，先验偶然的，参见 a priori，synthetic continuity of humans and other animals，人类和其他动物的先验、综合的连续性，224 亦可参见 human cognitive capacities/limitations，人的认知能力/局限；naturalism，自然主义

continuity of *science* and philosophy，科学和哲学的连续性，144，163-65，175，210，217，274 亦可参见 gradualism，渐进论；naturalism，自然主义；synechism，协作主义

conventionalism，约定论

with respect to basic statements [Popper]，基本陈述的约定论[波普尔]，145-48

索 引

with respect to epistemology，认识论的约定论，16，42，58，240，241，247-53 随处可见，269，274，284，361 亦可参见 cynicism，犬儒主义；objectivity；客观性；Rorty Richard，罗蒂

conversationalism，会话论，16，239，240，242，244，246，247，249

Conway, Anne，康维，17

cooperative inquiry，合作探究，188 亦可参见 justification, of groups of people，群体的证成；social aspects of knowledge，知识的社会层面

Cornford F. M.，康福德，11，28 注释 1

Cornman, James，康曼，286 注释 2（第一章），291 注释 24

correlation thesis，关联论题，参见 epistemology，认识论；ethics，伦理学

Corroboration，确证，82

   Popper's sense，波普尔的感觉，143，153

courage, intellectual，理智勇气，25，358

creativity versus carefulness，创造性与认真程度，258 亦可参见 inquiry, goal of，探究的目标

credibility，可信性，73，74，82-85 随处可见，90，93，117，172，321，377 亦可参见 justification，证成；probability，概率

Crick Francis，克里克，20

criminology，犯罪学，217

criteria of evidence versus guidelines for conduct of inquiry，证据的标准与探究行为的准则，43，264-66，293 注释 33，334，339

critical rationalism，批判理性主义，38，144 亦可参见 falsificationism，证伪主义；Popper Karl R.，波普尔；Watkins, J. W. N，沃特金斯

criticism，批判，339，366 亦可参见 critical rationalism，批判理性主义

cross-examination，交叉询问，370，371，373，376

crossword puzzle，纵横字谜，14，16，17，18，20，28 注释 10，29 注释 19，38，44，126-27，130-31，132，139，188，243，267，275，289 注释 6，364，377

culpability，应受责备，204，353

cultural diversity，文明的多样性，248-49，255-56，266，267，280，284 亦可参见 relativism，相对论；tribalism，社群主义

culture，文明，379

current-state- versus process-appraisal，目前状态评价与过程评价，203 亦可参见 criteria of evidence versus guidelines for conduct of inquiry，证据的标准与探究行为的准则

cynicism，犬儒主义，12，21，23，187，240，249-52 随处可见 亦可参见 epistemological nihilism，认识论虚无主义；Old Deferentialism vs. New Cyncism，旧式尊崇主义和新式犬儒主义；sociologism cynical，犬儒主义风格的社会学

Daley, R.，戴利，295 注释 38

Darwin, Charles，达尔文，182

399

Daubert v. Merrell Dow Pharmaceuticals, Inc.，道伯特诉马里·道制药公司案，374，377，378，379，380 注释 11，381 注释 27

Davidson, Donald，戴维森，39，67，93，94，102-14，244，245，246，247，287 注释 6，288 注释 10，注释 11，注释 13，注释 14，注释 15（第三章），290 注释 12，296 注释 6

debate，辩论，366，368

deception，欺骗，277，365　亦可参见 demon, evil，邪恶的魔鬼

declarative vs. procedural models [Winograd]，命令的与程序的模型［温诺格拉德］，221-22　亦可参见 logistic models，逻辑模型

deconstruction，解构，37

deduction，演绎，145，148，279

deductive consequence，演绎后承，参见 conclusiveness of evidence，证据的结论性；deduction，演绎；deductivism versus inductivism，演绎主义与归纳主义

deductivism，演绎主义，142，148，156，181　亦可参见 falsificationism，证伪主义；Popper, Karl R.，波普尔；Watkins J. W. N.，沃特金斯

　extreme deductivism vs. full-blooded inductivism vs. supportive evidentialism，极端演绎主义与正宗归纳主义与支持性证据主义，152，156

　vs. Inductivism，演绎主义与归纳主义，40，147，149，151-154

defeasibility，可废止性，54，71-72，309-12

strong vs. Weak，强可废止性与弱可废止性，311

Defending Science—Within Reason [Haack]，《理性地捍卫科学》［哈克］，18

definition, verbal vs. ostensive，言语定义与实指定义，19

degenerating research programs [Lakatos]，退化的研究纲领［拉卡托斯］，217，237

demarcation, problem of [Popper]，划界问题［波普尔］，143，144

demon, benevolent，仁慈的恶魔，195，202，204

demon, evil，邪恶的恶魔，202，204，205，277

Dennett, Daniel，丹尼特，294 注释 16

depth vs. security，深度与安全性，258，263-66

derived beliefs，派生的信念，参见 belief, basic vs. derived，信念，基本的与派生的

DeRose, Keith，德罗斯，30 注释 38

Descartes, René，笛卡尔，43，154，240，241，242，243，265，270，274，277，280-84 随处可见，289 注释 20，333，342 注释 6

descriptivist vs. normative，描述性的与规范性的，337-38

　aspects of epistemology，认识论的描述方面与评价方面，178，332　亦可参见 naturalism，自然主义

detective work，侦探工作，363

deviant causal chains，变异的因果链，289 注释 5

索 引

Deviant Logic [Haack],《变异逻辑》[哈克], 11

Dewey, John, 杜威, 26, 30 注释 52, 31 注释 56, 44, 246, 286 注释 3（导言）, 289 注释 4, 296 注释 21

Dichotomies, false, 错误的二分, 12, 13, 21, 27, 37, 38, 141

 apriorism vs. scientism, 先验主义与科学主义的错误二分, 15

 connectionism vs. computationalism, 联结主义与计算主义的错误二分, 233

 foundationalism vs. coherentism, 基础论与融贯论的错误二分, 12, 13, 37, 38, 47, 94—95 随处可见

 internalism vs. externalism, 内在论与外在论的错误二分, 13, 38, 94—95

 logical vs. causal, 逻辑与因果的错误二分, 13, 112—113 亦可参见 Davidson, Donald, 戴维森; irrelevance of causation argument, 因果不相干论证; Popper, Karl R., 波普尔; reasons vs. causes, 原因与起因; Rorty, Richard, 罗蒂

 reductionism vs. functionalism, 还原论与功能论的错误二分, 233

 transcendental vs. conversationalist accounts of truth, 关于真理的超验说明与会话论说明, 246—47, 253

dilution of probabilities argument, 概率稀释论证, 84—85

direct perception, 直接知觉, 参见 psychology, ecological, 生态心理学; realism, 实在论

discovery/justification distinction [Popper], 发现/证成区别 [波普尔], 148

disinterestedness (and interestedness), 无私（与有成见）, 12, 364 亦可参见 bias, 偏向; objectivity, 客观性; partiality, 偏袒; prejudice, 偏见

dispositional explanations, 倾向性解释, 230

dispute resolution, 解决争议, 368

distortion of evidence, 歪曲证据, 366

division of labor, 劳动分工, 365

Dixon, N. F., 狄克逊, 161

DNA, 20, 362, 369, 371

Doell, Ruth, 多尔, 343 注释 17

Donnellan, Keith, 唐奈兰, 193—94, 292 注释 4

double-aspect approach, 双面方案, 38, 40, 69, 72, 94, 103, 113, 114, 115, 139, 141, 193 亦可参见 beliefs state vs. content, 信念状态与信念内容; causal vs. logical/evaluative, 因果的与逻辑的/评价性的; irrelevance of causation argument, 因果不相干论证

doubt, 怀疑, 174, 213

Doxastic Presumption [BonJour], 置信假定 [邦居尔], 95, 97

dreams, 梦, 203, 280

Dretske, Fred, 德雷茨克, 314—17, 318, 327, 328, 330 注释 9, 注释 10

drunken sailors argument (against coherentism) [C. I. Lewis], (反对融贯论的) 喝醉酒的水手论证 [C. I. 刘易斯], 66—67, 71—72, 85—86, 95, 111, 114

dualism, untenable, 站不住脚的二元论, 参见 dichotomies, false, 错误的二分

Dummett, Michael, 达米特, 110

Du Pont de Nemours v. Robinson，杜·庞特诉罗宾逊案，381 注释 39

Duran, Jane, 杜兰，341 注释 2，344 注释 31

economics，经济学，28 注释 10，214，217，379

edifying philosophy [Rorty]，教化哲学 [罗蒂]，239-53 随处可见，259

"Eliminative Materialism and the Propositional Attitude" [Paul Churchland]，《取消式唯物论和命题态度》[保罗·丘奇兰德]，227

emotion，感情，332

"empirical", meaning of，"经验"意义，85，275

empirical basis, problem of [Popper]，经验基础问题 [波普尔]，40，141-65

empirical beliefs，经验信念，67

empirical knowledge，经验知识，93，146

"Empiricism and the Philosophy of Mind" [Sellars]，《经验论与心灵哲学》[塞拉斯]，46

engineering，工程，178

epistemic chauvinism [Stich]，认知沙文主义 [斯蒂奇]，253-61 随处可见

epistemic communities，认知共同体，23，250-53 随处可见，266，332，339，366 亦可参见 contextualism, 语境主义；pluralism, 多元论；social aspects of epistemology, 认识论的社会方面；tribalism, 社群主义

epistemic practices，认知实践，242-53 随处可见，266-70 随处可见

epistemic priority，认知优先性，参见 epistemological ordering，认知次序

epistemic privilege，认知特权，334-35

epistemics [Alvin Goldman]，认知学 [哥德曼]，206，210

epistemological appraisal，认识论评价，346-52 随处可见 亦可参见 evidence, 证据；justification, 证成

"epistemological industry", the [Dewey]，"认识论工业" [杜威]，26

epistemological nihilism [Quine]，认识论虚无主义 [蒯因]，178，186，187

epistemological norms，认识论规范，332 亦可参见 J-rules, J-规则

epistemological ordering，认识论次序，163-64，209，282 亦可参见 beliefs, basic vs. derived, 基本信念与派生信念；one-directionality（of evidential support），证据支持的单方向性

epistemological virtue，认识论优点，参见 virtues, epistemological, 认识论上的优点

epistemologists, as reflective participants in epistemic practices，作为认识实践中的自省参与者的认识论家

epistemology，11，37，118，253，283，334，362，363

analytic，分析的认识论，12，13，254，267

anti-，反认识论，23，37，47-48，58，211，213-38 随处可见，239-61 随处可见 亦可参见 Churchland, Patricia Smith, 帕特里夏·丘奇兰德；Churchland, Paul M., 保罗·丘奇兰

德；cynicism，犬儒主义；Rorty, Richard，罗蒂；Stich, Stephen P.，斯蒂奇

and ethics，认识论和伦理学，27，345-60

    analogy thesis，类似论题，345*，346

    correlation thesis，关联论题，345*，346，348，349-51，352，353

    independence thesis，独立论题，345*，346

    overlap thesis，交叉论题，345*，346，348，351-52

    special-case thesis，345*，346，347-49，352，356

evolutionary，进化认识论，148，164，181-86随处可见，281-82

and law，认识论和法律，24，27-28，361-81

meta-，元认识论，144，163-65，205，247-53，283-84 亦可参见 ratification, project of，认可方案

naturalized，自然化的认识论，参见 naturalism post-analytic [Stich]，后分析自然主义 [斯蒂奇]，42，240，253-60随处可见

primary vs. secondary [Alvin Goldman]，首要的认识论与次要的认识论 [哥德曼]，198，209

Reformed，改革的认识论，288注释3，297注释16

without a knowing subject [Popper]，没有认知主体的认识论 [波普尔]，15，40，139，141-65随处可见

Epistemology and Cognition [Alvin Goldman]，认识论与认知 [哥德曼]，192，193，197，202，203，206，207，208，209

"Epistemology in the Age of Neuroscience" [Patricia Churchland]，《神经科学时代的认识论》[丘奇兰德]，215

"Epistemology Naturalized" [Quine]，《自然化的认识论》[蒯因]，15，165，169，176，177，178，180

equivocation，歧义性

    in BonJour，邦居尔，94，98-102 亦可参见 observation Requirement，观察条件

    in Paul Churchland，保罗·丘奇兰德，217 亦可参见 theory，理论

    in Davidson，戴维森，103-11随处可见 亦可参见 charity, principle of，宽容原则

    in Lewis，刘易斯，76-82随处可见 亦可参见 certainty, T- vs. J-，T-确实性与J-确实性；certainty, trivial vs. substantial，不足道确实性与实质的确实性

    in Quine，蒯因，169-80 亦可参见 naturalism，自然主义；science vs. SCIENCE，科学与科学

    in Rorty，罗蒂，16，243-45 亦可参见 foundationalism vs. *foundationalism* vs. **FOUNDATIONALISM**，基础论与*基础论*与**基础论**

    in Stich，斯蒂奇，216-17 亦可参见 Folk psychology，民间心理学

    in Watkins，沃特金斯，151-52

error，错误，206，269，277，281 亦可参

见 fallibilism，可错论；infallibility，不可错性；omniscient interpreter argument，全能的解释者论证；skepticism

immunity from，免除怀疑论，76　亦可参见 certainty，确实性；infallibilism，不可错论

massive，大规模的错误，105

—rate，错误率，377

verbal，言语错误，80

ethics，伦理学，参见 epistemology, and ethics，认识论和伦理学

"Ethics of Belief", The [Clifford]，信念的伦理学 [克利福德]，345，346，352-54

evaluative, justification as，证成作为评价性的，49-50，347

vs. descriptive study of cognitive processing，与对认知过程的描述性研究，210　亦可参见 logical vs. evaluative，逻辑的与评价的

evidence，证据，12，13，15，21，37，43，47，49，50，112，117-39，169，177，178，179，180，186，187，191，192，196，197，198，200，205，207，213，225，237，251，252，254，255，261，264-84 随处可见，302-30 随处可见，336，337，338，339，347，349，350，351，352，355，356，357，361-79 随处可见　亦可参见 reasons，理由

appraisal of，证据的评价，49，126-39，179，267，268

C-，C-证据，118-19，124*—26，157，189，276，278

comprehensive，全面的证据　参见 comprehensiveness of evidence，证据的全面性

conclusive，决定性证据，参见 conclusiveness of evidence，证据的结论性

cumulative，累积性证据，375

direct vs. indirect……, etc.，直接证据与间接证据，等等，127*

experiential，感觉-内省的证据，14，18，121，126，130，179，274，275，364

vs. reasons，感觉-内省的证据与理由，参见 reasons，理由

fatal，关键性证据，127*

favorable，有利的证据，127*-129

inconsistent，不一致的证据，128-129

independently secure，独立安全的证据，参见 independent security (of reasons)，理由的独立安全性

indifferent，无关的证据，129*

introspective，内省的证据，121，123，274，275

misleading，误导性的证据，303，304，312，320-25，367，375，377

partial，片面证据，302　亦可参见 completeness，完备性；comprehensiveness of evidence，证据的全面性；partiality，片面性

positive vs. negative，肯定性证据与否定性证据，14

vs. reasons，证据与理由，121-22，126，127，364

S-，S-证据，121*-24，126，156，189，194

sensory，感觉证据，20，112，113，122，123，125，141-65，178，274，280，364，365，367

sharing of，证据的共享，21，24，365-66 亦可参见 social aspects of epistemology，认识论的社会层面

supportive，支持性证据，参见 supportiveness of evidence，证据的支持性

testimonial，证明性证据，124* 亦可参见 witnesses，见证

undermining，削弱性证据，127*

ultimate，终极证据，84，117，122，130，274-75，280

evidence law，证据法，17，18，28，361-79 亦可参见 admissibility of evidence，证据的可容许性；exclusionary rules of evidence，证据的排除规则；Federal Rules of Evidence，联邦证据法则；witnesses，见证

evidential vs. non-evidential states，证据状态与非证据状态，120

evidentialism，证据论，22，118，191，194，195，271，288 注释3，356

evidentialist objection，证据论反对意见

to extrinsic foundationalism，针对外在基础论的证据论反对意见，67-68，72

to reliabilism，针对可靠论的证据论反对意见

evolution，进化，162，170，181，275，281，337 亦可参见 epistemology, evolutionary and creation science，进化认识论和创世科学，29 注释10

exclusionary rules of evidence，证据的排除规则，28，262，367，374-79 随处可见

experience，经验，13，22，38，39，40，58，66-67 随处可见，73-82 随处可见，86，90，93，94，95，100，117，123，135，139，141，144-49 随处可见，186，187，208，268，272，274，275，279，280，281

vs. beliefs about experience，经验与有关经验的信念，75-82 随处可见

introspective，内省经验，52-54 随处可见，75-82 随处可见，86，123，279，334

present vs. past，当下经验与过去的经验，74，87-91 随处可见

religious，宗教体验，275

sensory，感觉经验，52-54 随处可见，75-82 随处可见，86，87，99，113，122，123，150，157，279，334 亦可参见 evidence, experiential，经验证据；introspection，内省；memory，记忆；perception (and misperception)，知觉（和错误知觉）；sense data，感觉材料

experiential anchoring，经验支撑，125，187，188，192，256，268，270，273，276，278，280，334，365

experientialism，感觉-内省论，90，93，101，114，148，155，209，279 随处可见 亦可参见 experience，经验；foundationalism, experientialist，感觉-内省的基础论；foundherentism，基础融贯论

experiment，实验，188，204

explanation，解释，20，117，149，184，

188，219，264，377

explanationism［Alvin Goldman］，解释论［哥德曼］，48，197

explanatory integration，解释整体性，14，128，129，139，157，159，160，185，187，188，192，255，264，268，270，273，276，278，279，334，365

explication, project of，解释方案，49-50，117，134，139，191，194，196，205，247，259，164，265，271，302

expressive judgements/statements［C. I. Lewis］，表达式判断/陈述，77，83

externalism vs. internalism，外在论与内在论，38，94-95，194 亦可参见 BonJour, Lawrence，邦居尔；dichotomies, false，错误的二分；evidentialism，证据论；justification, extrinsic approaches to，对证成的外在论方案；reliabilism，可靠论

eyewitnesses，见证者，参见 witnesses, eye-，亲眼见证

fact，事实，12

fact-based vs. story-based approaches (in the New Evidence Scholarship)，新证据学中以事实为据的方案与以理论为据的方案，367

"factitious despair"［Bacon］，人为的绝望［培根］，284，298 注释 23，340，343 注释 26

faculties, intellectual，理智能力，25 亦可参见 cognitive powers，认知力；human cognitive capacities/limitations，人的认知能力/局限

faith，信念，355，356，360 注释 15

fake inquiry，虚假探究，参见 inquiry, genuine vs. fake, sham, pseudo，真正的探究与虚假探究、冒牌探究、伪探究

fallacy of exaggeration，夸大其词的谬误，75

fallibilism (and infallibilism)，可错论（与不可错论），44，73-82 随处可见，89，125，251，275，284

fallibility (and infallibility)，可错性（与不可错性），149，153，170，217，284，318-19，338

falsifiability，可证伪性，377

falsification，证伪，89，143，146，153

falsificationism［Popper］，证伪主义［波普尔］，143，144，148，181

naive vs. sophisticated，素朴的证伪主义与精致的证伪主义，264

fatal evidence，关键性证据，参见 evidence, fatal，关键性证据

Fausto-Sterling, Anne，福斯特－斯特林，343 注释 17

favourable evidence，有利的证据，参见 evidence, favorable，有利的证据

fearful thinking，出于恐惧的思考，120，350

Federal Rules of Evidence，联邦证据法则，374，375，376

Feldman, Richard，费尔德曼，288 注释 3，297 注释 10

fell swoop vs. full sweep，照单全收与扫地出门，48

feminism，女性主义，12，21，23

old vs. new 老派女性主义与新式女性主

义，331-44 随处可见

feminist epistemology，女性主义认识论，27，44，331-44

finality，终极性，368，369

"final vocabulary"［Rorty］，最后的词汇［罗蒂］，251

Firth, Roderick，弗斯，73，286 注释 3，注释 4（第二章），346，358 注释 2，359 注释 4，注释 7

Flax, Jane，弗拉克，285 注释 2，342 注释 11

Fodor, Jerry，福多，213，226，227，228，229，231，235，273，294 注释 1，注释 25，注释 31，295 注释 39

Foley, Richard，弗里，286 注释 7（第一章），292 注释 23

folk psychology，民间心理学，12，15，216-18 随处可见，220，222，224，237

forensic inquiry，司法探究，252

foundationalism，基础论，12，13，14，22，23，24，25，38-40，41，44，47-49 随处可见，50-59，60-72 随处可见，73-92，93，101，126，139，141，179，191，192，193，206，208，241，248，249，272，282，319，328，332，367

    as account of knowledge，作为对知识的说明的基础论，51

    empirical vs. non-empirical，经验性基础论与非经验性基础论，52

    experientialist，感觉-内省论的基础论，52-53，67-68，72，86，90，111，113，122，153，155，179，244，272

    extrinsic vs. instrinsic，外在的基础论与内在的基础论，53，67-68，72，111

    vs. foundationalism vs. FOUNDATIONALISM，基础论与**基础论**，16，51，243-50，282，284　亦可参见 objectivity，客观性；ratification, project of，认可方案；Rorty，罗蒂

    infallibilist，不可错的基础论，51-52，72，73-82 随处可见，142，153，155，157，272-73

    pure vs. impure，纯粹的基础论与不纯粹的基础论，54-55，62，10-72 随处可见，89

    self-justificatory，自我证成的基础论，53，67，72，85，86，111

    strong vs. weak，强基础论与弱基础论，54-55，70-72 随处可见，74-75，76，88，89，155，244

foundherentism，基础融贯论，13-15，18，20，21，22，37，38，39，40，43，49，50，57-72，73，76，89-92 随处可见，93-94，102，103，111，114，115，117-39，141，142，144，155，164，179，185，188，189，193，244，248，249，263-82，367

Fox Keller, Evelyn，福克斯·凯勒，342 注释 11

Fragmentation of Reason, The［Stich］，《理性的破碎》［斯蒂奇］，153，238

Frames［Minsky］，构架［明斯基］，220-21

Frankel, Marvin (judge)，弗兰克尔（法官），368，373，380 注释 9，381 注释 24

Frápolli, María-José，弗瑞珀里，28 注释 4，297 注释 12

407

freedom of thought，思想自由，341，355

From Folk Psychology to Cognitive Science [Stich]，《从民间心理学到认知科学》[斯蒂奇]，216，236

Frye，Marilyn，弗赖伊，342 注释 15

Frye Rule，弗赖伊规则，374

Frye v. U.S.，弗赖伊诉合众国案，381 注释 26

Fuchs，Victor，福克斯，28 注释 10

Fuller，Steve，福勒，24，30 注释 42

functionalism，功能主义，226-29 随处可见，233，237

future dangerousness, predictions of，对未来危险的预言，371，373

gender，性别，44-45，334

general acceptance，普遍的接受性，377 亦可参见 Frye Rule，弗赖伊规则

General Electric Co.，v. Joiner，通用电子公司诉乔伊纳案，377，381 注释 34

generals [Peirce]，一般[皮尔士]，184 亦可参见 laws, of nature，自然规律；natural kinds，自然种类

geography，地理，368

Gettier，Edmund，盖梯尔，285 注释 1，306，307，326，329 注释 2

Gettier paradoxes，盖梯尔悖论，13，27，43，44，289，301-30

Gibson，J.J.，吉布森，162-63，282，290 注释 12，注释 13

given, the，所与，74-82 随处可见，85，90，91，93，241，244 亦可参见 Lewis，C.I.，刘易斯；Sellars，Wilfred，塞拉斯

Glaberson，William，格拉博森，380 注释 23

goal-directed behaviour，目标导向的行为，221-26 亦可参见 action, explanation of，对行动的解释

God，上帝，281，282，370

Goldman，Alan H.，哥德曼，286 注释 2（第一章）

Goldman，Alvin I.，哥德曼，15，22，23-25，27，30 注释 35，注释 43，注释 44，41，189，192-211，253-54，258，259，271，291 注释 24，292 注释 6，注释 7，注释 8，注释 9，注释 10，注释 11，注释 12，注释 13，注释 14，注释 15，注释 16，注释 17，注释 18，注释 19，注释 20，注释 21，注释 24，注释 25，注释 26，注释 27，注释 28，注释 29，注释 30，注释 31，293 注释 32，注释 33，注释 34，注释 35，296 注释 14，313-14，330 注释 7，注释 8

Goodman，Nelson，古德曼，73，78，80，183，184，286 注释 1，注释 3，注释 5（第二章），287 注释 7（第二章），291 注释 33

Goschke，T.，高奇克，294 注释 34

gradational approach to justification，对证成的渐进方案，参见 gradualism，渐进论；justification, degrees of，证成度

gradualism，渐进论 亦可参见 continuity of science and philosophy，科学和哲学的连续性；naturalism，自然主义

Graham，Michael，格拉汉姆，381 注释 42

Grammar of Science，The [Pearson]，《科学的语法》[皮尔森]，260

索 引

graphology，笔记学，203，233

Gregory, Richard L.，格里戈利，161，209，290 注释 11

Grigson, James ["Dr. Death"]，格里格森["死亡医生"]，371，378

Gross, Elizabeth，格罗斯，340，344 注释 30

Grue [Goodman]，绿蓝 [古德曼]，183—86 随处可见

Hallen, B.，海伦，296 注释 12

Hanson, Beth，汉森，28

Hanson, Norwood Russell，汉森，178，186

Haraway, Donna，哈拉维，285 注释 2

Harding, Sandra，哈丁，285 注释 2，333，340，342 注释 5，注释 14，344 注释 31

Hardwig, John，哈德维奇，289 注释 11

Harman, Gilbert，哈曼，307—308，330 注释 5

Hartsock, Nancy，哈特索克，285 注释 2

hearsay rule，传闻规则，376

Hegel, G. W. F.，黑格尔，47

Heil, John，希尔，295 注释 49，359 注释 10

Heilbroner, Robert L.，海尔布罗纳，17，29 注释 12

hermeneutic philosophy，诠释哲学，242

Hintikka, Merrill，辛迪卡，285 注释 2

history，历史，214，217，252，363，368，369，379

Hobbes, Thomas，霍布斯，223—24，240，294 注释 19

Holbrook, John，霍尔布鲁克，371

holism，整体论，64，71，95，120，185，201

Holtby, Winifred，霍尔特比，331，341 注释 1

honesty, intellectual，理智诚实，21，24，25—26，259，353，357，364 亦可参见 integrity, intellectual，理智诚实性

Horgan, Terence，霍根，293 注释 8，294 注释 36

Horton, Robin，霍顿，297 注释 6

human cognitive capacities/limitations，人的认知能力/局限，160，164，169，175，180，181，223—25，233，258，266，269，275，279，281，350，351，356

Hume, David，休谟，135，279，289 注释 12

hypocrisy，虚伪，26

ideal theory, hypothetical，假定的理想的理论 276—77 亦可参见 Peirce, 皮尔士；truth, pragmatist theory of 实用主义的真理论

idiolects，个人习语，235

ignorance，忽视，277，351—52，353

Ik，288 注释 16

illusions，幻觉，161，174，175，178 亦可参见 puzzle pictures，迷图

In a Different Voice [Gilligan]，《以不同的声音》[吉利根]，334

Incommensurability [Kuhn, Rorty]，不可通约性 [库恩，罗蒂]，241，242，249，252

inconsistency，不一致性，64—65，69，135

409

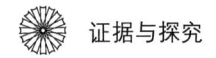

亦可参见 conclusiveness of evidence,
证据的结论性; consistency (and inconsistency), 一致性（和不一致性）; too much to ask objection (to coherentism), （针对融贯论）的要求过多的反对意见

incontinence, epistemic, 认知的失去自制, 350, 357

incorrigibility, 不可更改性, 51, 73-82 随处可见　亦可参见 indubitability, 毋庸置疑性; infallibility, 不可错性

independent security (of reasons), （理由的）独立安全性, 14, 129-32, 278, 283, 357, 364, 365

indifference of evidence, 证据的中立性, 参见 consistency, 一致性; evidence, appraisal of, 证据的评价

individualism, 个人主义, 333

individuation, 个体化

　　of belief-forming processes, 信念形成过程的个体化, 24

　　of beliefs, 信念的个体化, 24

　　of practices, 实践的个体化, 24

　　of propositions, 命题的个体化, 24

indubitability, 毋庸置疑性, 77-82 随处可见　亦可参见 incorrigibility, 不可更改性

induction, 归纳

　　new riddle of [Goodman], 新归纳之谜 [古德曼], 183-186 随处可见

　　problem of, 归纳问题, 171, 172, 181-86, 278, 279, 282

inductive inference, 归纳推理, 184, 278

inductive logic, 归纳逻辑, 15, 69, 128-29

inductive support, 归纳支持, 参见 supportiveness of evidence, 证据的支持性

inductivism, 归纳主义, 参见 deductivism vs. inductivism vs. supportive evidentialism, 演绎主义与归纳主义与支持性证据论

infallibilism, 不可错论, 参见 fallibilism (and in fallibilism), 可错论（与不可错论）

infallibility, 不可错性, 52, 69　亦可参见 certainty, 确实性; fallibilism (and in fallibilism), 可错论（与不可错论）; foundationalism, infallibilist, 不可错论的基础论; incorrigibility, 不可更改性

infants, 婴儿, 222, 223, 224

inference, 推理, 195, 203, 221, 226, 260

inference to the best explanation, 最佳解释推理, 129, 153　亦可参见 abduction, 溯因; coherence, explanatory, 解释性融贯; explanatory integration, 解释整体性

inferential vs. non-inferential justification [BonJour], 推理的与非推理的证成 [邦居尔], 96, 100, 101

infinite regress argument (for foundationalism), （支持基础论）的无穷倒退论证, 59-60, 71　亦可参见 no tolerable alternatives argument (for foundationalism), （支持基础论）的没有可忍受的选择论证

info-gaps [Ben Haim], 信息鸿沟 [本·海姆], 18

information, 信息, 47

索 引

"Injustice, and her handmaid, Falsehood" [Bentham], 不公正及其侍女的谬误[边沁], 361-62

innate quality spacings [Quine], 先天性质区分[蒯因], 182-86 随处可见

innovation, 创新, 334, 335

inquiry, 探究, 12, 18, 21, 43, 206, 215, 226, 234, 257, 263-66, 276, 340, 341, 347, 354, 355, 356, 363-64, 368

 vs. advocacy, 探究与辩护, 365, 368-73

 cooperative vs. competitive, 合作性探究与竞争性探究, 365-66, 373

 genuine vs. fake, sham, pseudo-, 真正的探究与虚假的、冒牌的、伪探究, 18, 26, 252, 257, 340, 341, 366

 goal of, 探究的目标, 205, 206, 257, 258, 263-66, 340, 357, 363, 364 亦可参见 depth vs. security, 深度与安全性; ratification, project of, 认可方案

 rules or guidelines for, 探究的规则或指导原则, 263-66 随处可见, 334, 339

insincerity, 不诚实, 参见 sincerity (and insincerity), 诚实(和不诚实)

integrity, intellectual, 理智城市性, 26, 258, 364 亦可参见 honesty, intellectual, 理智诚实

intellectual fashion, 理智风格, 41 亦可参见 naturalism, opportunistic, 机会主义的自然主义

"intellectual guerilla warfare" [Gross], 智力上的游击战[格罗斯], 341

"intellectual lockjaw" [Dewey], 学术壁垒[杜威], 26

intentional states, 意向状态, 214, 227, 233 亦可参见 beliefs, 信念; mind, philosophy of, 心灵哲学

internalism, 内在论, 94-95, 97 亦可参见 BonJour, Lawrence, 邦居尔; dichotomies, false, externalism vs. internalism, 外在论与内在论的错误二分

interpretation, radical [Davidson], 彻底解释[戴维森], 94, 102-11 随处可见

introspection, 内省, 52, 97, 120, 203, 217, 219-20, 234, 274, 275, 289 亦可参见 evidence, introspective, 内省证据; experience, introspective, 内省经验

irony [Rorty], 反讽[罗蒂], 251-52

irrelevance of causation argument (against experientialist and extrinsic foundationalism), (反对感觉-内省论的和外在的基础论的)因果不相干论证, 68-69, 72, 94, 103, 111-14 随处可见, 145-49 随处可见, 156, 157, 244 亦可参见 anti-psychologistic argument, 反心理主义论证; causal vs. logical/evaluative, 因果的与逻辑的/评价的; Davidson, Donald, 戴维森; Popper, Karl R., 波普尔; Rorty, Richard, 罗蒂

issue-contexts, 问题-语境, 23-24 亦可参见 contextualism, 语境主义

Jagger, Alison, 耶格尔, 285 注释 2, 342 注释 2, 注释 14

411

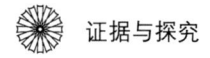

James, William, 詹姆斯, 26, 31 注释54, 注释44, 260-261, 263, 270, 296 注释18, 注释19, 注释20, 注释21, 297 注释1, 346, 354-357, 359 注释6, 360 注释4, 注释15

Johnny Wideawake [Watkins], 乔尼 [沃特金斯], 149, 151, 155

Journalism, investigative, 调查性新闻, 363

J-rules [Alvin Goldman], J-规则 [哥德曼], 197-21 随处可见, 206

  deontological vs. consequentialist, 道义论J-规则与后果论J-规则, 197, 254

  obligation vs. permission, 道义J-规则与许可J-规则, 199

  reliabilist vs. explanationist vs. pragmatist, 可靠论J-规则与解释论J-规则与实用论J-规则

  systems of, J-规则的系统, 197, 198, 201, 207, 208, 254

judges, 法官, 367, 378

jumping to conclusions, 匆忙得出结论, 251, 302, 349, 354

juries/jurors, 陪审团/陪审员, 21, 370, 372, 373, 375, 378

jurisprudence, 法律体系, 361-79 随处可见

jury consultants, 陪审团顾问, 372

justice, 公正, 332, 361-79 随处可见

justice system, the, 司法体制, 12, 21, 27-28 亦可参见 law, epistemology and, 认识论与法律

justification, 证成, 12, 13, 16, 22, 23, 24, 43, 47, 48, 74, 93, 102, 111, 117-39 随处可见, 141, 143, 148, 150, 159, 187, 189, 191, 192, 193, 196, 198, 201, 202, 203, 204, 205, 206, 207, 213, 239, 243-44, 247-53, 254, 255, 257, 263-66, 268, 271, 272, 278, 281, 302-30 随处可见, 32, 334, 339, 346, 347, 353, 355, 356, 357, 367 亦可参见 epistemology, and ethics, 认识论与伦理学; evidence, 证据

  first approximate explication, 证成的一级近似解释, 118

  second approximate explication, 证成的二级近似解释, 125

  third approximate explication, 证成的三级近似解释, 133

  absolute vs. relative, 绝对的与相对的, 82-86 随处可见

  alleged confusion with causation, 所谓的证成与因果的混淆, 94, 103 亦可参见 irrelevance of causation argument, 因果不相干论证

  atomistic vs. holistic vs. quasi-holistic conceptions of, 原子论的与整体论的与准整体论的证成观, 参见 holism, 整体论

  of basic statements, 基本陈述的证成, 145-49 随处可见

  categorical, 直言的, 参见 degrees of, 证成的程度

  complete, 完全的证成, 74, 82, 346

  complete vs. COMPLETE, 完全的与**完全**的, 133-34, 136-38 随处可见, 160, 274-79 随处可见, 281,

索 引

304，320，326-28 随处可见

consequentialist vs. deontological [Alvin Goldman]，后果论证成与道义论证成［哥德曼］，47，197

degrees of，证成的程度，13，23-24，38，54，55，58，74，82－86，120，123，126，134，135，191，192，196，277，302－302，329，346，357，367

double-aspect approach to，证成的双面方案，参见 beliefs, state vs. content，信念状态与信念内容；causal vs. logical/evaluative，因果的与逻辑的/评价的；double-aspect approach，双面方案

doxastic vs. non-doxastic approaches to，证成的置信与非置信方案，112-14 随处可见

ex ante vs. ex post justification [Goldman]，事先证成与事后证成［哥德曼］，199-200

extrinsic vs. evidentialist approaches to，证成的外在的与证据论方案，53，67-68，115，118，191-211 随处可见 亦可参见 evidentialism，证据论；internalism vs. externalism，内在论与外在论；reliabilism，可靠论

of groups of people，群体的证成，20，134-35

hypothetical，假定的，134

  inferential vs. non-inferential ［BoJour］，推论性的与非推论性的［邦居尔］，96

internal connection with truth，证成与真理的内在联系，257，258 亦可参见 ratification, project of 证成的认可方案；truth-indicativeness，显示真理性

judgements of，证成的判断，268-70 随处可见，284 亦可参见 perspectivalism，视角论

local vs. global [BonJour]，局部证成与整体证成［邦居尔］，95，100

as logical vs. as partly casual，逻辑的证成于部分因果的证成，112 亦可参见 causal vs. logical/evaluative，因果的与逻辑的/评价的；double-aspect approach，双面方案；irrelevance of causation argument，因果不相干论证

minimal，最小的证成，133

vs. origin [BonJour]，证成与起源［邦居尔］，96，101，102

personal vs. impersonal conceptions of，个人的与非个人的证成观，13，118，135

Popper's repudiation of，波普尔对证成的拒斥，143，145，152

prima facie，初步的证成，24，70-71

relative to a time，相对于一个时刻的证成，13，118

as requiring true premises，要求真前提的证成，307

as requiring truth，要求真理的证成，307

versus origin，与起源相对，54-5

413

as social practice，作为社会实践的证成，241-53 随处可见 亦可参见 causal vs. logical/evaluative，因果的与逻辑的/评价的；contextualism，语境论；conventionalism，约定论；conversationalism，会话论；epistemic communities，认知共同体；tribalism，社群主义

strong vs. weak [Alvin Goldman]，强证成与弱证成 [哥德曼]，203-205

Kallen, Horace，凯伦，296 注释 19
Kant, Immanuel，康德，241，242，243
Kelley, David，凯利，290 注释 12
Kim, Jaegwon，基姆，291 注释 17
King, Peter J.，金，17，28 注释 9
Kirkham, R.，克可汉姆，285 注释 1
K-Lines [Minsky]，K 线 [明斯基]，220-22 随处可见
Knowling subject, the，认知主体，20-21，152，154，160，163，164
Knowledge，13，23，27，43，74，167，174，250，260，270，301-30，331，332，334，247 亦可参见 Gettier paradoxes，盖梯尔悖论

by acquaintance [Russell]，亲知的知识 [罗素]，318-19
basic，基本知识，327
as categorical，无条件的知识，302-305
causal theory of [Alvin Goldman]，知识的因果理论 [哥德曼]，313-14
conclusive reasons account [Dretske]，结论性理由说明 [德雷茨克]，314-17
contradictory [Harding]，矛盾知识 [哈丁]，333

as deducibility from self-evident premises [Russell]，从自明前提可推出的知识 [罗素]，317-20
empirical，经验知识，143，244
as indefeasible justified true belief，作为不可废止的、被证成的真信念，308-12
intuitive，直觉知识，327
as justified true belief，作为被证成的真信念，302，306-307
by luck，凭运气得到的知识，301-30 随处可见
Popper's sense of，波普尔的知识观，143
probable，盖然性的知识，73
vs. probable opinion [Russell]，知识与盖然性意见 [罗素]，256
Knowledge vs. KNOWLEDGE，知识与知识，304-305，329
Koenig, O.，寇尼希，225-26，294 注释 24
Koertge, Noretta，科特奇，342 注释 15
Koppelberg, Dirk，考贝尔伯格，294 注释 34
Korbblith, Hilary，科布里司，286 注释 5（第一章）
Kosslyn, S. M.，考斯林，225-26，294 注释 24
Kottler, Kerry，科特勒，362
Kripke, Saul，克里普克，297 注释 12
Kuhn, Thomas，库恩，178，186，216，249，335
Kumbo Tire Co. v. Carmichael，锦湖轮胎有限公司诉卡迈克尔案，377，378，381

索 引

注释 35

Lane, Robert, 莱恩, 18, 29 注释 14

language, 语言, 18, 223-24, 231, 236-37

language, productivity of, 语言的生产力, 233

language learning, 语言学习, 18, 170, 223-24

language mastery, 语言的掌握, 234

language of thought [Fodor], 思想的语言 [福多], 231

Larner, Adrian, 拉纳, 36

Lateran Council, fourth, 第四届拉特兰会议, 370

law, 法律, 214 亦可参见 justice system, 司法体制

   epistemology and, 认识论与法律, 27-28, 361-79

   of evidence, 证据法, 18, 361-79 随处可见

   English, 英国证据法, 375

   Of nature, 自然律, 184

legal scholarship, 法律学术, 363

legal system, U.S., epistemological criticism of, 对美国法律体系的认识论批判, 361-81 随处可见

legal systems, 法律体系, 368

Lehrer, Keith, 莱勒, 286 注释 2 (第一章), 309-12, 330 注释 6

Lempert, Richard, 伦伯特, 380 注释 7

level-0, level-1, etc., statements [Watkins], 0级、1级等陈述 [沃特金斯], 149-55 随处可见, 160 亦可参见 basic statements, 基本陈述

Lewis, C. I., 刘易斯, 39, 65, 73-92, 93, 172, 286 注释 2, 287 注释 8, 注释 10, 注释 11, 注释 12, 注释 13 (第二章), 287 注释 1 (第三章), 358, 360 注释 22

Lewis, David K., 刘易斯, 30 注释 35

likelihood, 似然, 49, 263, 272 亦可参见 probability, 概率

linguistic innovation, 语言创新, 251

literary scholarship, 文学学术, 363

literature, 文学, 18

Livingston, Paisley, 利文斯顿, 28 注释 3

Locke, John, 洛克, 241, 242, 243

logic, 11, 364, 368 亦可参见 abduction, 溯因; conclusiveness of evidence, 证据的结论性; deduction, 演绎; induction, 归纳; supportiveness of evidence, 证据的支持性

   feminist critique of, 对逻辑的女性主义批判, 333

Logical Atomism, 逻辑原子主义, 246

Logical vs. causal, 逻辑的与因果的, 参见 causal vs. logical/evaluative, 因果的与逻辑的/评价的

logical vs. evaluative, 逻辑的与评价的, 69, 113, 151-52, 289 注释 7

logical truths, 逻辑真理, 52

logics, non-standard, 非标准逻辑, 11

Logic of Scientific Discovery, The [Popper], 《科学发现的逻辑》 [波普尔], 144, 147

logistic models [Minsky], 逻辑斯蒂模型 [明斯基], 221 亦可参见 declarative

415

vs. procedural models，命令的与程序的模型

Longino, Helen，龙吉诺，24，30 注释 41，343 注释 17，注释 20

Lora, Tara，罗拉，28

lottery paradox，彩票悖论，136-38，201

Lowe, Adolf，洛维，29 注释 12

Lycan, William，莱肯，292 注释 3

lying，撒谎，376

Maitland, Frederick，梅兰特，380 注释 15

Marsden, G.，马斯登，297 注释 16

"masculine intellect"[Peirce]，"男子气概的知识分子"[皮尔士]，333

materialism, eliminative，取消式唯物主义，227 随处可见

mathematical proof，数学证明，38，126，243

mathematical truths，数学真理，52

mathematics，数学，252

Maturana, R. H.，马图拉纳，221，294 注释 14

meaning，意义，110

meaning-variance thesis[Kuhn]，意义变化论题[库恩]，249 亦可参见 incommensurability，不可通约性

medicine，药物，12，274，366，368，370

memory，记忆，74，87-91 随处可见，120，123-24，203，206 亦可参见 evidence，证据；experience, present vs. past，当下的与过去的经验；infantile，幼儿的

meta-justification[BonJour]，元证成[邦居尔]，亦可参见 ratification, project of，认可方案

metaphors，隐喻，18，243 亦可参见 crossword puzzles，纵横字谜

of confrontation[Davidson]，面对的隐喻[戴维森]，111-12，240

ocular，视觉的隐喻，241，243

"Method of Truth in Metaphysics, The"[Davidson]，《形而上学中的真理方法》[戴维森]，105，106

methodological solipsism[Fodor]，方法论的唯我论[福多]，229，233

methodology vs. conclusions，方法论与结论，377

Meyers, Robert G.，迈耶斯，307，329 注释 4，330 注释 6

Migotti, Mark，米格蒂，18，28，29 注释 17，36

military intelligence，军事情报，12，24，366，370

mind, philosophy of，心灵哲学，213-18，241

Minsky, Maivin，明斯基，220，221，222，293 注释 12，注释 13

Mintz, S. B.，敏兹，289 注释 6

misleading evidence，误导性的证据，参见 evidence, misleading，误导性的证据

misrepresentation of evidence，证据的错误呈现，366

Mitchell, Steven L.，米切尔，28

modularity，模数，系数，220-221

molecular duplicate，分子复制品，228-29

Montmarquet, James，蒙马特，25，30 注释 49

motor skills，摩托技巧，224-26 随处可见

multiculturalism, radical, 激进的多元文化论, 12, 21

mutual support (among beliefs), (信念之间的) 相互支持, 13, 14, 38, 61, 62, 65, 75, 87, 90, 117, 146 亦可参见 circle, 圈; congruence, 和谐一致; crossword puzzle, 纵横字谜

naturalism, 自然主义, 15, 16, 38, 40, 44, 142, 144, 164–65, 167–89, 193, 206–11, 245, 265, 332 亦可参见 Churchland, Patrica Smith, 帕特里夏·丘奇兰德; Churchland, Paul M., 保罗·丘奇兰德; Goldman, Alvin I., 哥德曼; Quine, W. V., 蒯因; scientism, 科学主义; Stich, Stephen P., 斯蒂奇

 ambiguity of, 自然主义的歧义性, 15, 40–41, 167–89, 297 注释 21, 343 注释 25

 aposteriorist vs. scientistic, 后验的自然主义与科学的自然主义, 15, 16, 40, 44, 168*—70, 180, 193, 206, 207, 210, 213–39 随处可见

 broad vs. narrow, 广义的与狭义的自然主义, 168*—70

 Cartesian, 笛卡尔式自然主义, 223–24

 expansionist, 扩张主义的自然主义, 168*, 206, 207

 opportunistic, 机会主义的自然主义, 210, 216

 reformist vs. revolutionary, 改革的自然主义与革命的自然主义, 15, 41, 168*—70, 180, 193, 206, 211, 213–39 随处可见

natural kinds, 自然种类, 14, 20, 181–86 随处可见, 281

necessity, 必然性, 11 亦可参见 analyticity, 分析性; a priori, the, 先验性

negligence, epistemic, 认知疏忽, 134, 303, 350, 351, 354, 357

Nelson, Leonard, 内尔森, 295 注释 2

Nelson, Lynn. Hankinson, 内尔森, 291 注释 24, 341 注释 2, 注释 14, 343 注释 22

Nenno v. State, 尼诺诉得州案, 378, 381 注释 40

Neologistic Typographical School of Philosophy, 哲学新术语铸造学派, 36, 43

Nesson, Charles, 尼森, 380 注释 21

Neurath, Otto, 纽拉特, 170

neurophysiology, 神经生理学, 18, 37, 42, 48, 178, 215, 225–26, 227, 233, 237

New Evidence Scholarship, the, 新证据学, 367

new riddle of induction, 新归纳之谜, 参见 grue, 绿蓝; induction, new riddle of, 新归纳之谜

Newspeak [Orwell], 新话 [奥威尔], 234

New Theory of Vision [Berkeley], 《新视觉理论》 [贝克莱], 163

Nineteen Eighty-Four [Orwell], 《一九八四》 [奥威尔], 341

Nisbett, R., 尼斯贝特, 218–20 随处可见, 293 注释 8, 注释 9

no-belief thesis, 无信念论题, 15, 213–39

non-inferential beliefs [BonJour], 非推论性信念 [邦居尔], 96

non-natural signs，非自然记号，231

no tolerable alternative argument (for foundationalism)，（对于基础论的）**没有可忍受的选择论证**，60-63，71

no-undermining clause［Alvin Goldman］，无削弱条件［哥德曼］，199，200，207，208

Nubiola, Jaime，努比奥拉，28 注释 7

Nye, Andrea，奈，333，342 注释 9

Objective，客观的

 beliefs/judgements/statements ［C. I. Lewis］，客观的信念/判断/陈述［C. I. 刘易斯］，82，83，88-89

objectivity，客观性，160，244，248，250，252，269，337，340，358，362　亦可参见 bias，成见；foundationalism vs. *foundationaliam* vs. **FOUNDATIONALISM**，基础论与基础论与**基础论**；partiality，片面；prejudice，偏见

 Goldman's understanding of，哥德曼意义上的偏见，203

 Popper's sense of，波普尔意义上的偏见，143，148，160

 of relevance，相干性的偏见，137　亦可参见 perspectivalism，视角论

Objectivity, Relativism and Truth［Rorty］，《客观性、相对主义和真理》［罗蒂］，250

Object Relations theory，对象关系理论，333

objects, physical，物理对象，109

observable, the (and the unobservable)，可观察物（与不可观察物），160，337

observation，观察，96，280　亦可参见 perception（and misperception），知觉（与错误知觉）

observational belief，观察信念，参见 belief, observational versus theoretical，观察信念与理论信念

 vs. theoretical，观察信念与理论信念，144，145，146

Observation Requirement［BonJour］，观察要求［邦居尔］，94，98-102，114，133

 doxastic vs. experientialist interpretations of，对观察要求的信念的与感觉-内省的解释，94，99-102

Old Deferetialism vs. New Cynicism，旧式尊崇主义与新式犬儒主义，336-38　亦可参见 cynicism，犬儒主义

omens，预兆，203，204

omniscient interpreter argument［Davidson］，全能的解释者论证［戴维森］，105-107　亦可参见 error，错误；interpretation, radical，彻底的解释；skepticism，怀疑论

one-directionality (of evidential support)，（证据支持）的单方向性，51，71，74，126，179，328

"On the Very Idea of a Conceptual Scheme"［Davidson］，《论概念图式这一观念》［戴维森］，108，109

open-mindedness，心灵开放，26

opportunism，机会主义，358　亦可参见 naturalism, opportunistic，机会主义的自然主义

opportunity，机会，332　亦可参见 sexism，性别歧视

oppression，压制，332，334—35

originating vs. sustaining causes of belief，信念的激发条件与维持条件，109—10

Orwell, George，奥威尔，295 注释 37，344 注释 32

over-belief（and under-belief），相信过多（与相信不足），20，351—52，356

overlap thesis，交叉论题，参见 epistemology, and ethics，认识论与伦理学

overriding clause，压倒性条件，123，201

Overton, Edward，奥佛顿，28

Pappas, George，帕帕斯，330 注释 10

paradigms，范式，216，221，268

paradigm shift，范式转换，215—16

paranormal phenomena，超常现象，275

parapsychology，类心理学，178

partiality，片面，12，365，372　亦可参见 bias，成见；objectivity，客观性；prejudice，偏见

Pastin, Mark，帕斯汀，286 注释 3（第二章）

Patai, Daphne，佩泰，342 注释 15

Peacocke, Christopher，皮考克，289 注释 8

Pearson, Karl，皮尔森，260

Peer review，同行评价，373，377，378

Peirce, C. S.，皮尔士，26，27，30 注释 15，31 注释 57，40，44，141，158，184，192，231，260，270，274，276，277，286 注释 4（导言），289 注释 1，290 注释 10，注释 12（第五章），291 注释 32，294 注释 32，296 注释 16，注释 17，297 注释 8，注释 14，298 注释 17，注释 22，333，334，342 注释 6，343 注释 24，注释 27，359 注释 9，360 注释 14，368—73 随处可见，380 注释 8，注释 10，注释 19

Penrose, L. S. and R，彭罗斯，161

Perceiving［Chisholm］,《知觉》［奇硕姆］,356

perception（and misperception），知觉，15，18，40，122，123，142，149—60，162，169，203，209，218，270，275，282　亦可参见 evidence, experiential，感觉-内省证据；experience，经验；sensory，感觉；given, the，所与；perceptual judgments，知觉判断；perceptual states，知觉状态

  extra-sensory，超感觉的知觉，275

  as hypothesis，作为假设的知觉，161
  亦可参见 abduction，溯因；Gregory, Richard L.，格里戈利；Peirce, C. S.，皮尔士

perceptual beliefs，知觉信念，66，86，114，157，269

perceptual judgments，知觉判断，141，149—55 随处可见，158，219

perceptual processing，知觉处理，155，161—62

perceptual states，知觉状态，77—82 随处可见，122，125，157—58，160

Perry, Ralph Baron，佩里，296 注释 19，346

persisting beliefs，持存的信念，123—24

personal, the，个人，15，58，160，332　亦可参见 objectivity，客观性

419

证据与探究

perspectivalism,视角论,23,266-70 随处可见,284,320-25 随处可见,350,355

Petrocelli Principle,帕特塞利原则,27,127-28,136,278

p-extrapolation (of evidence E),(证据 E) 的 p 外推,128*,159,160

phenomenalism,现象主义,89

philosophy,哲学
  edifying [Rorty],教化哲学 [罗蒂],42,239-53 随处可见
  first,第一哲学,169

Philosophy and the Mirror of Nature [Rorty],《哲学和自然之镜》,42,239,245,250,252,252

Philosophy of Logics [Haack],《逻辑哲学》[哈克],11

physicalism,物理主义,277 亦可参见 materialism, eliminative,取消式唯物主义;reductionism (in philosophy of mind),(心灵哲学中的)还原论;sentences in the head,大脑中的句子

physics,物理学,170,173-74,178,336,368

plain error rule,明显错误规则,379

Plantinga, Alvin,普兰廷加,288 注释 3

Plato,柏拉图,243

plea bargins,辩诉交易,372-73

pluralism,多元论,43,255,265,266,269 亦可参见 cultural diversity,文化多样性
  with respect to criteria of evidence,相对于证据标准的,6,190-91,196,197,204-6,208,233
  with respect to guidelines for the conduct of inquiry,相对于研究行为准则的,6,204-5

Poincaré, Henri,彭加勒,146

Polanyi, Michael,波兰尼,178,186,225,294

politics,政治学,331-32,336,337,340-41

Pollock, John,波洛克,286 注释 2(第一章)

Pontifex, Ernest,庞蒂弗克斯,28

Popper, Karl R,波普尔,15,40,139,141-65,181,214,278,289 注释 1,290 注释 6,注释 7(第五章)

positivism, logical,逻辑实证主义,参见 verificationism,证实主义

Posner, Richard,波斯纳,367,377,380 注释 7,381 注释 32

postmodernism,后现代主义,12,21,37

Potter, Elizabeth,波特,332,342 注释 4

Pouiver, Roger,普伊韦,28 注释 5

power,力量,12

pragmatic maxim,实用主义准则,89,360 注释 15

pragmatism,实用主义,260-261 亦可参见 Dewey, John,杜威;James, William,詹姆斯;Lewis, C.I.,刘易斯;Peirce, C.S.,皮尔士;Rorty, Richard,罗蒂;Stich, Stephen P.,斯蒂奇
  classical,古典实用主义,26-27,43,239,260-61
  Goldman's sense,古德曼意义上的实用主义,197,254
  neo-,新实用主义,12,21,23,37

420

索 引

Stich's sense，斯蒂奇意义上的实用主义，254，260-61

vulgar，庸俗实用主义，26，42-43，225，238，239-61

precision，精确，265，301，318 亦可参见 explication, project of，解释方案；vagueness，模糊

prediction，预测/预言，178，179，184，187，280，281，373 亦可参见 future dangerousness, predictions of，对未来危险的预言

prejudice，偏见，336，338，339，372，375

prelogical peoples，前逻辑的人，104

pre-propositional cognitive capacities，前命题的认知能力，224-25，233

presumption，假定

of innocence，天真的假定，110

of truth，真理的假定，110

Price, H. H.，普赖斯，191，230，292 注释1，294 注释30，359 注释6

primatology，灵长类动物学，335

priority (in scientific discovery)，（科学发现中）的优先性，366

privileged representations [Rorty]，享有特权的表征 [罗蒂]，240

probability，概率，20，74，82-85 随处可见

 epistemic vs. non-epistemic senses，概率的认知的与非认知的意义，272

 frequentist account of，概率的频率说明，272

 mathematical theory of，概率的数学理论，15，20

probative value，检验价值，375

problem of demarcation，划界问题，参见 demarcation, problem of，划界问题

problem of the empirical basis，经验基础问题，参见 empirical basis, problem of，经验基础问题

problem of induction，归纳问题，参见 grue，绿蓝；induction, new riddle of，新归纳之谜；induction, problem of，归纳问题

problem of the empirical basis，经验基础问题，参见 empirical basis, problem of，经验基础问题

projectible predicates [Goodman]，可外推谓词 [古德曼]，183-86 随处可见

promptness，快捷性，368，369

proof，证明，11，126

 legal burdens and standards of，证明的法律负担与标准，363，367，369，374

 as testing，用于检验的证明，370

propaganda，宣传，331-334 随处可见

propositional attitudes，命题态度，94，224，226 亦可参见 action, explanation of，对行动的解释；Bain, Alexander，贝恩；belief，信念；Burdick, Howard，博狄克；Churchland, Paul. M.，保罗·丘奇兰德；Fodor, Jerry，福多

propositions，命题，124，143，148

 individuation of，命题的个体化，124

prudence，审慎，349

pseudo-inquiry，伪探究，参见 inquiry，探究

psychiatry，精神病学，371，373

psychologism vs. anti-psychologism，心理

_421

主义与反心理主义，142，148 亦可参见 anti-psychologistic argument，反心理主义论证；causal vs. logical/evaluative，因果的与逻辑的/评价的；epistemology, without a knowing subject，没有认知主体的认识论；full-blooded psychologism vs. extreme anti-psychologism vs. moderate anti-psychologism，正宗的心理主义与极端的反心理主义与温和的反心理主义，150—51，156

psychology，心理学，40，41—42，48，142，160—65 随处可见，169，171，175，176，177，178，179，191，193，206，207，208，209，214，218，229，236，245，275 亦可参见 cognitive science，认知科学；Goldman, Alvin I.，哥德曼；naturalism，自然主义；Quine, W. V.，蒯因；Stich, Stephen P.，斯蒂奇；Watkins, J. W. N.，沃特金斯

ecological[Gibson]，生态心理学[吉布森]，162—63，282

psychology versus PSYCHOLOGY，心理学与**心理学**，210

psychologism versus anti-psychologism，心理主义与反心理主义，95，101，103，108

Putnam, Hilary，普特南，171，173，174，178，246，290 注释 10，291 注释 19（第六章），297 注释 5

puzzle pictures，迷图，161—62，209 亦可参见 illusions，幻觉

pyramid（of reasons），（理由）的金字塔，62 亦可参见 chain，链；circle，圈；crossword puzzles，纵横字谜

quantifiers，量词，104

Quine, W. V.，蒯因，29 注释 14，41，104—105，107—109 随处可见，113，117，164—65，169—89，235，241，245，250，274，280，287 注释 7，注释 8，注释 9，288 注释 18，注释 19（第三章），288 注释 1，注释 2，290 注释 3，注释 5，注释 7，注释 8，注释 9，注释 10，291 注释 1，注释 12，注释 13，注释 14，注释 15，注释 6，注释 17，注释 18，注释 20，注释 21，注释 22，注释 23，注释 25，注释 26，注释 27，注释 28，注释 29，注释 30，注释 31，注释 34，295 注释 5，297 注释 15，298 注释 19，337，341 注释 2，343 注释 21，注释 25

Quinton, A. M.，奎因顿，146—47，286 注释 3（第三章），290 注释 4（第五章）

Ramsey, Frank P.，拉姆塞，192，246，292 注释 2

Rand, Ayn，兰德，333，342 注释 7

ratification, project of，认可方案，16，18，37，38，58，98，194，240，241，244，245，247，261，263—82

rational（and quasi-rational）acceptability of statements[Popper, Watkins]，陈述的理性（与准理性）可接受性[波普尔，沃特金斯]，149，151，153

Rationale of Judicial Evidence[Bentham]，《司法证据的基本原理》[边沁]，362

rationality，合理性，234，271，272

索 引

of science, 科学的合理性, 参见 science, rationality of, 科学的合理性

rational reconstruction, 理性的建构, 59 亦可参见 explication, project of, 解释方案

Ratner, Sidney, 拉特纳, 196 注释 21

realism, 实在论　亦可参见 belief, 信念; naturalism, 自然主义; perception, 知觉; truth, 真理

 metaphysical vs. Internal [Putnam], 形而上学的与内在的 [普特南], 246

 with respect to beliefs, 与信念有关, 参见 atheists vs. Believers (about belief), 无神论者与（关于信念的）信仰者

 with respect to perception, 与知觉有关, 40, 142, 157-60 随处可见

 with respect to truth, 与真理有关, 43, 246-47, 276

 unregenerate [Quine], 顽固不化的 [蒯因], 170

reality, 实在, 82, 98, 99, 173, 175, 246, 250, 337, 339　亦可参见 world, the, 这个世界

reason, 理由, 281, 368

reason and the will, 理由与意志, 281

reasoning, 推理, 234, 368　亦可参见 inference, 推理

reasons, 理由, 14, 47, 112, 125, 126, 135-36, 147, 200, 237, 251, 364

 vs. causes, 理由与起因, 112　亦可参见 causal vs. logical/evaluative, 因果的与逻辑的/评价的

 inconclusive, 非断定性理由, 151, 153

 亦可参见 supportiveness of evidence

reconstruction of epistemology, 认识论的重构, 11, 37, 48

reductionism (in philosophy of mind), （心灵哲学中的）还原论, 42, 215, 226, 227, 233

 vs. functionalism, 还原论与功能论, 233

referentialism, 指称论, 195, 208-209

reflexes, 反应, 222

Reformed epistemology, 改良的认识论, 297 注释 16

refutation, 否决, 参见 falsification, 证伪

Regnier, Thomas, 雷吉纳, 380 注释 17

regulative epistemology [Alvin Goldman], 规范认识论 [哥德曼], 参见 epistemics, 认知学

Rehnquist, William (justice), 瑞恩奎斯特 (法官), 374

Reichenbach, Hans, 赖欣巴赫, 73, 84-85, 286 注释 3, 287 注释 7, 注释 9 （第二章）

Reid, Thomas, 里德, 163

reference, REFERENCE*, REFERENCE**, etc. [Stich], 指称*, 指称**, 指称, 等等 [斯蒂奇], 254

referentialist objection to reliabilism, 针对可靠论的指称论反对意见, 203, 204

reflexive behaviour, 自返行为, 222

relativism, 相对主义, 16, 42, 249-53 随处可见, 255, 268, 332

relevance of evidence, 证据的关联, 132, 133, 267-68, 302, 303, 304, 312, 320, 326, 339, 349, 351, 364, 374, 375, 379

423

contributory，证据的贡献性关联，144，164，275

    degrees of，证据的关联程度，132，325

reliabilism，可靠论，15，21-22，23，25，38，41，48，189，191-211，254，259，270-71

    resource-dependent vs. resource-independent [Alvin Goldman]，依赖资源的与独立于资源的可靠论［哥德曼］，197

    revisionist，修正的可靠论，205-271

    too weak vs. too strong，过弱的与过强的可靠论，200-201，203-204

reliability，可靠性，98，99，179，180，187，201，374，376，377，378 亦可参见 reliabilism，可靠论；truth-conduciveness，真理的生成性

    conditional vs. Unconditional，有条件的和无条件的可靠论，195-96，208

religious experience，宗教体验，275

replacement argument [Stich]，替代论证［斯蒂奇］，228-29，236

representation，表征，231，240，241，242，246，281

"Republican epistemology"，共和认识论，332

Rescher, Nicholas，雷歇尔，36

resources，资源，370，372

respect for evidence，尊重证据，参见 honesty, intellectual，理智诚实性

responsibility，责任，353，354，357 亦可参见 culpability，应受责备

rhetoric，修辞学，213-18 随处可见

right to believe，相信的权利，352，353

Roots of Reference, the [Quine]，《指称之根》［蒯因］，176，180

Rorty, Richard，罗蒂，16，21，23，26，30 注释 32，42，238，239-53，254，260，262，295 注释 2，注释 3，296 注释 7，注释 8，注释 10，注释 21，361

Rosenfield, T，罗森菲尔德，297 注释 13

Rozeboom, William，鲁兹布，330 注释 13

rules vs. Guidelines for the conduct of inquiry，实施探究的规则与指导原则，264

Roth, P.，卢司，x

rules versus guidelines for the conduct of inquiry，研究行为的规则与准则，203

Russell, Bertrand，罗素，167，246，285 注释 1，290 注释 1，296 注释 13，317-20，327，328，330 注释 11

Russell, Jane，罗素，239

sacred texts，神圣语篇，255

salience，显著，161，268

Savan, David，萨文，291 注释 32

S-belief，S-信念，参见 belief, state vs. content，信念，状态与内容

scare quotes，引号，250，257，336

Schiffer, Stephen，希弗，296 注释 11

Schlick, Moritz，石里克，162

Schmitt, Frederick，施密特，24-25，30 注释 46

science，科学，335-339 随处可见，356，363，365，368，369，374

    ambiguity in Quine's use of the term，蒯因使用"科学"一词时的歧义性，41

    enviroment of，科学环境，339

    epistemic status of，科学的认知地位，

16，18，181，186-88，240，252

rationality of，科学的合理性，96-8 随处可见，101

and epistemology，科学与认识论的关系，144，167-89，240-41 亦可参见 continuity of science and philosophy，科学与哲学的连续性；demarcation, problem of，划界问题；naturalism，自然主义；*science* versus SCIENCE，科学与**科学**

goal of，科学的目标，152，153，224

hard vs. soft，硬科学与软科学，378

human，人的科学，335

natural，自然科学，366

Nazi，纳粹科学，339

organization of，科学的组织，339

philosophy of，科学哲学，18，335-338 随处可见

politics and，政治学与科学，335，336

rationality of，科学的合理性，142，144，147，336

social，社会科学，18，335

sociology of，科学社会学，338

Soviet，苏维埃科学，339

and values，科学与价值，参见 values, of science，科学的价值

Science and Scepticism［Watkins］,《科学与怀疑论》［沃特金斯］，148-149

science vs. SCIENCE，科学与**科学**，170，171*，174，176，179，188，209，213，214，215，217，226，229，233，245，274，275，281

scientific attitude［Peirce］，科学态度［皮尔士］，260

scientific communities，科学共同体，356

scientific method，科学方法，148，187，336

scientific testimony，科学证言，373-79 随处可见

scientific theories，科学理论，144

scientific vs. pre-scientific cultures，科学与前科学文化，204-205，255，268

scientistic argument，科学的论证，208

scientism，科学主义，15，41，173，174，207，209，210 亦可参见 Churchland, Patricia Smith，帕特里夏·丘奇兰德；Churchland, Paul M.，保罗·丘奇兰德；Goldman, Alvin I.，哥德曼；naturalism，自然主义；Quine, W. V.，蒯因；Stich, Stephen P.，斯蒂奇

reformist，改良的科学主义，193，206-22 随处可见

revolutionary，革命的科学主义，213-39，242

security of beliefs，信念的安全性，263-66 随处可见，278 亦可参见 depth vs. security，深度与安全性

self-deception，自我欺骗，25，26，42，240，259，263，349，350，351，353，354，357

self-evidence，自我证据，52，67，86

strong vs. weak，强自我证据与弱自我证据，318

Sellars, Wilfred，塞拉斯，47，241，244，250，286 注释 1（第一章），286 注释 6（第二章），295 注释 4

sensationalism，情感主义，157，163 亦可参见 sense data，感觉材料

证据与探究

sensations，情感，112

"Sense and Certainty"［Goodman］，《感觉和确实性》［古德曼］，73

sense data，感觉材料，40，83，142，163，318－19

sense meaning［C. I. Lewis］，感觉意义［C. I. 刘易斯］，88－89

senses, the，感觉，274－75，280，282 亦可参见 evidence, sensory，感觉证据；human cognitive capacity/limitations，人的认知能力/局限

sham inquiry，冒牌探究，参见 inquiry, genuine vs. fake, sham, pseudo，真正的探究与假的、冒牌的、伪探究

sharing of evidence，证据的共享，参见 evidence, sharing of，证据的共享；social aspects of epistemology，认识论的社会层面

Shope, Robert K.，肖普，285 注释 1

sign-mediation (SM) account of belief，对信念的记号中介的说明，231－36 亦可参见 belief, content of，信念的内容

similarity，类似性，184 亦可参见 natural kind，自然种类

sin，罪过，297 注释 16

sincerity (and insincerity)，诚实性（和不诚实性），80，234

skepticism，怀疑论，22，23－24，27，143，148－149，153，173，176，246，274，280，304，319，320，328

ancient，古代怀疑论，175，242，274

Cartesian，笛卡尔怀疑论，175，274，277

skepticism vs. SKEPTICISM，怀疑论与怀疑论，329

Skinner, B. F.，斯金纳，231

sloppiness, intellectual，理智上的草率，25，340，350，353，354，357

social aspects of epistemology，认识论的社会层面，23－25，264－66 随处可见，332，333 亦可参见 contextualism，语境论；epistemic communities，认知共同体；primary vs. secondary epistemology，首要的与次要的认识论；justification, of groups of people，群体的证成；tribalism，社群主义

social epistemology，社会认识论，23－25

sociologism, cynical，犬儒主义风格社会学，186

sociology，社会学，214，217

of knowledge，知识的社会学，23，252

Sodipo, J.，索迪普，296 注释 12

solidarity［Rorty］，协同性［罗蒂］，250 亦可参见 tribalism，社群主义

Sosa, Ernest，索萨，25，30 注释 47，286 注释 5，注释 6（第一章），291 注释 24

souls，灵魂，226

special-case thesis，特例论题，参见 epistemology and ethics，认识论与伦理学

spectator theory of knowledge［Dewey］，知识的旁观者理论［杜威］，296－97 注释 21

spousal privilege，婚配特权，375

standard of review，评价标准，377

state-content，状态－内容，参见 double-aspect approach，双面方案

Stephen, Fitz-James，斯蒂芬，355

stereotypes，陈规旧习，亦可参见 sexism,

性别歧视

Stern, K., 斯特恩, 307, 329 注释 4, 330 注释 6

Stevens, John Paul (Justice), 斯蒂文斯 (法官), 374

Stich, Stephen P., 斯蒂奇, 15, 16, 26, 31 注释 54, 42, 43, 213, 214, 218-23, 226, 227-29, 234, 236-38, 239, 240, 253-61, 267, 293 注释 2, 注释 3, 注释 8, 注释 11, 294 注释 26, 注释 27, 注释 28, 注释 29, 295 注释 41, 注释 43, 296 注释 9, 注释 11, 注释 15, 注释 21

Stimulations [Quine], 刺激 [蒯因], 109, 117, 173, 178, 180

Stove, David, 斯托夫, 36, 295 注释 1

Strawson, P. F., 斯特劳森, 271, 272, 297 注释 11, 342 注释 9

"strong versus weak justification" [Alvin Goldman], "强的与弱的证成" [哥德曼], 203, 208

strong versus weak justification [Alvin Goldman], 强的与弱的证成 [哥德曼], 参见 justification, strong vs. weak, 强的证成与弱的证成

Structure of Empirical Knowledge, The [BonJour], 经验知识的结构 [邦居尔], 38, 93

Subjectivity, 主观性, 参见 objectivity, 客观性

subsequent remedial measures, evidence of, 后续措施的证据, 375-76

successive approximation, method of, 连续逼近的方法, 118, 139

suggestion, 提议, 81, 334

superstition, 迷信, 263

supportiveness of evidence, 证据的支持性, 13, 14, 20, 126, 127*, 128, 129, 132, 133, 136, 139, 157, 272, 273, 278, 279

and inductive support, 证据的支持性和归纳支持, 15, 20, 69, 128-29, 145, 147, 185, 357, 364, 365 亦可参见 conclusiveness of evidence, 证据的结论性; favourable evidence, 有利的证据; explanatory integration, 解释整体性; Petrocelli Principle, 帕特塞利原则

suspension of judgement, 判断的悬搁, 337, 363

sustaining vs. inhibiting causes of belief, 信念的支持性与抑制性起因, 119-20

Swain, Marshll, 斯万, 330 注释 10

Swann, Andraw, 斯旺, 289 注释 9

swings and roundabouts argument (against foundationalism), (反对基础论的) 来回穿梭论证, 27, 70, 72, 89

synechism [Peirce], 协作主义 [皮尔士], 27

syntactic theory of the mind [Stich], 心灵的句法理论 [斯蒂奇], 227-29 随处可见

synthetic a priori, 先验综合, 参见 a priori, synthetic, 先验综合

synthetic judgements, 综合判断, 93

tacit knowledge, 默认的知识, 225

Tarski, A., 塔斯基, 106, 108, 246,

证据与探究

247　亦可参见 truth, Tarski's theory of，塔斯基的真理语义理论

Trvris, Carole，特拉维斯，342 注释 10

Teban v. U. S.，泰班诉美国案，380 注释 12

telepathy，通灵，275，280

terminating vs. non-terminating judgments [C. I. Lewis]，终结与非终结的判断［刘易斯］，88-89

testability，可检验性，144，146，149，153　亦可参见 falsificationism，证伪主义；Popper, Karl R.，波普尔

testimony，证言，参见 evidence, testimonial，传闻证据；scientific testimony，科学证言；witnesses，证人

Texas captical cases，得克萨斯州死刑案，378

Texas death-penalty statute，得克萨斯州死刑法令，371

Texas Rules of Evidence，得克萨斯州证据规则，378

Thayer, H. Standish，赛耶，17，26，29 注释 13

theoretical terms，理论用语，170，274

theory，17，217，337，361，379

theory-choice，理论选择，338　亦可参见 simplicity，简单性；underdetermination，不充分决定论

theory-ladenness，负载理论，144-49 随处可见

"Things and Their Place in Theories" [Quine]，《事物及其在理论中的位置》［蒯因］，176

Things-in-Themselves，事物自身，245

This-or-Nothingism，独断论或虚无论，26，240

time constraints，时间压力，368-70 随处可见，373　亦可参见 finality，终极；promptness，快捷

tolerance，容忍，355

too much to ask objection (to coherentism)，（针对融贯论）的要求过多论证，64，71

total evidence requirement，全证据要求，132

Toulmin, Stephen，图尔敏，342 注释 9

traditionalist apriorism，传统先验论，参见 apriorism, traditionalist，传统先验论

transcendental argument，先验论证，175

translation, radical [Quine]，彻底翻译［蒯因］，107-109 随处可见

triadicity，三价性，231　亦可参见 belief, sign-mediation account of，对信念的记号中介的说明

trials，检验，368-69

　　by oath and ordeal，通过宣誓和神判，370

tribalism，社群主义，16，42，250-53 随处可见，254，266，269，284

truth，真理，11，12，13，16，22，42，49，101-14 随处可见，117，152，153，179，224，232，236，237，241，245-61 随处可见，263，269，271，272，276，333，336，340，368，369，370，374，279

　　as aspect of the goal of inquiry，作为探究目标的各个方面的真理，42，224，225，237，257，340，373

　　coherence theory of，真理的融贯理论，

索引

51，102，271

concrete vs. abstract［James］，具体真理与抽象真理［詹姆斯］，260-61

conversationalist account of［Rorty］，真理的会话论说明［罗蒂］，246-47

correspondence theories of，真理的符合论，98，102，241，246

factual，事实真理，362

irrealist vs. pragmatist vs. minimally realist vs. strongly realist vs. grandly transcendental，真理的非实在论与实用主义与极小实在论与强实在论的与极超越论，16，42，246-47，253

James on，詹姆斯论真理，26，260-61，263，296 注释18，注释19，注释20，注释21

and justice，真理和公正，361-81 随处可见

and justification，真理和证成，42-43，240

as mirroring，作为镜像的真理，244

Peirce on，皮尔士论真理，246，247，276，277

pragmatist conception of，实用主义真理观，246

proven versus possible，已证的真理和可能的真理，152-53

realism with respect to，与真理相关的实在论，参见 realism，实在论

redundancy theory of，真理的冗余论，246

as solidarity［Rorty］，作为协同性的真理［罗蒂］，361

Tarski's semantic theory of，塔斯基的真理论，106，246

value of，真理的价值，16，42，253-60

truth，TRUTH*，TRUTH**［Stich］，etc.，真理，**真理***，**真理****［斯蒂奇］，254-60 随处可见

truth-conditions，真值条件，106，108

vs. assent-conditions，与赞成条件，107-109 随处可见

truth-conduciveness，真理的生成性，22，178，180，189，192，196，197，264，271，278，282 亦可参见 belief-forming processes，信念形成过程；reliabilism，可靠论

truth-indicativeness，显示真理，16，22，23，43，49，50，66，85，193，202，205，239，244，248，252，253，254，256，258，263-82 随处可见，357，362 亦可参见 foundationalism vs. *foundationalism* vs. FOUNDATIONALISM，基础论与*基础论*与**基础论**；ratification，project of，认可方案

truth-ratios，真比率，193，197，202，203，207 亦可参见 reliabilism，可靠论；truth-conduciveness，真理的生成性

Tumbull, Colin，图姆布尔，288 注释16

Twining, William，泰宁，380 注释4

"Two Dogmas of Empiricism"［Quine］，《经验论的两个教条》［蒯因］，172

two-systems model［T. D. Wilson］，双系统模型［威尔森］，219-20

Ullian, J.，乌里安，117，287 注释7（第三章），288 注释2

underdetermination［Quine］，不充分决定

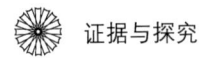

[蒯因]，336-37

undermining evidence [Goldman, Alvin]，削弱性证据 [哥德曼]，192

up and back all the way down arguments，在整个路途上来回往返论证，70-71，72，90

use versus mention，使用与提及，108

U. S. V. Starzecpyzel，合众国诉斯塔泽帕泽案，378，381 注释 38

vagueness，模糊性，136，301，302

validity，有效性，11

values，价值，337-38 亦可参见 descriptive vs. normative，描述性与规范性

    contextual，语境价值，338 亦可参见 contextualiam，语境论

    epistemological vs. other，认识论价值与其他价值，369

    feminist，女性主义价值，336

    moral，道德价值，337 亦可参见 epistemology, and ethics，认识论与伦理学

    political，政治价值，336，338 亦可参见 politics of science，科学的政治学，336

    of truth，真理的价值，参见 truth, value of，真理的价值

Van Cleve, James，范·克莱弗，289 注释 21

verification，证实，88，143 亦可参见 falsification，证伪

verificationism，证实主义，148，172

verisimilitude [Popper]，似真度 [波普尔]，153

veritism [Alvin Goldman]，写实主义 [哥德曼]，24，27

Vermazen, Bruce，弗梅桢，288 注释 17

virtue epistemology，德性认识论，25-26，264

virtues，美德

    epistemological，认识论美德，23，25-26，264，265，332

    of science，科学的美德，338

vision tests, subjective versus objective，视力测试，主观的与客观的，79-80，286-87 注释 2（第二章）

visual inspection methodology，目测方法论，368

de Waal, Cornelis，德·瓦尔，26，31 注释 55

Walker, Vernon，沃克，18，29 注释 15，29 注释 19

Warnock, Mary，沃诺克，17，28 注释 8

warrant，保证，47，82，376 亦可参见 credibility，可信性；justification，证成；probability，概率

    social vs. impersonal，社会的保证与非个人的保证，20，24-25

    vs. justification，根据与证成，19-20

Watkins, J. W. N.，沃特金斯，40，142，148，149-64，289 注释 3，290 注释 8，注释 9（第五章）

Watson, B. F.，华生，231

Watson, James D.，华生，20

Way of All Flesh, The [Butler]，《众生门》[巴特勒]，26，28

Web of Belief, The [Quine and Ullian]，

《信念之网》[蒯因和乌里安]，177

Welby, Victoria, 威尔比，342 注释 6

Wet Mind [Kosslyn and Koenig]，《迟钝的心灵》[考斯林和寇尼希]，225—26

"What Is Justified Belief?" [Alvin Goldman]，《何为被证成的信念?》[哥德曼]，192, 195, 197, 198, 200, 202, 203, 206, 209

White, Byron (Justice), 怀特 [法官]，371

White, Morton V., 怀特，178, 180

Wilkes, Kathleen, 威尔克斯，161

will, the, 意愿，281, 351, 252, 352 亦可参见 willful ignorance, 有意的忽视；wishful thinking, 一厢情愿式的思考

willful ignorance, 有意的忽视，351

will to believe [James], 信仰意志，[詹姆斯]，261, 352—58 随处可见 亦可参见 over-belief (and under-belief), 相信过多（与相信不足）

"Will to Believe, The" [James], 《信仰的意志》[詹姆斯]，346, 355

will to learn [Peirce], 学习的意志 [皮尔士]，26

Wilson, T. D., 威尔森，218—20 随处可见，293 注释 8，注释 9

Winograd, Terence, 温诺格拉德，220—23, 294 注释 14, 注释 15, 注释 18

Wiredu, Kwasi, 魏尔度，297 注释 6

wishful thinking, 一厢情愿式的思考，89, 178, 179, 187, 195, 196, 202, 263, 350, 354

witnesses, 见证，373

　　court-appointed, 法庭指定的见证，24

　　eye-, 亲眼见证，362

　　expert, 专家见证，24, 373, 374—79 随处可见

Wittgenstein, Ludwig, 维特根斯坦，246, 248, 279

"woman's point of view", the, 女人视角，332 亦可参见 feminism, old vs. new, 旧女性主义与新女性主义

　　two meanings of, 女人视角的两种意义，333, 335

"women's ways of knowledge", "女人的认知方式"，333—34

Women's Ways of Knowing [Belenky et al.]，《女人的认知方式》[贝伦基等]，334

Woodridge, J. E., 伍德里奇，294 注释 19

Woodward, J., 伍德沃，293 注释 8

Wooldridge, D. E., 伍德里奇，294 注释 16

Word and Object [Quine], 《语词和对象》[蒯因]，104

world, the, 世界，18, 52, 66, 141, 158, 172, 173, 175, 177, 235, 283

　　actual, 现实世界，196, 202, 204, 205, 208

　　external, 外部世界，319

　　natural, 自然界，215, 275

　　normal [Goldman], 日常世界 [哥德曼]，193, 202—203, 204, 205, 207, 208

world 3 [Popper], 世界 3 [波普尔]，148

Yoruba, the, 约鲁巴，256

Zagzebski, Linda, 扎格泽波斯基，25, 30 注释 50

附录1　一位知名逻辑学家兼哲学家的理智历程
——苏珊·哈克访问记

陈　波

苏珊·哈克，牛津大学哲学学士、人文学硕士，剑桥大学哲学博士，曾任英国华威大学哲学教授，现为美国迈阿密大学人文学杰出教授、文理学院库珀高级学者、哲学教授、法学教授。其著作有：《变异逻辑》《逻辑哲学》《证据与探究——走向认识论的重构》《变异逻辑、模糊逻辑》《一位热情的稳健派的宣言：不时髦的论文集》《理性地捍卫科学——在科学主义与犬儒主义之间》，以及关于逻辑和语言的哲学、认识论、形而上学、实用主义、女性主义、科学哲学和法庭上的科学证言的大量论文。她的著作已被翻译为西班牙文、法文、葡萄牙文、意大利文、德文、波兰文、俄文、丹麦文、朝鲜文和中文。其中，《逻辑哲学》《证据与探究》《理性地捍卫科学——在科学主义与犬儒主义之间》，已经在中国出版了中译本。

陈波，中国人民大学哲学博士，北京大学哲学系教授，博士生导师。2002—2003年，获得由美国学术团体理事会、国家科学院、社会科学研究理事会共同资助的CSCC Fellow，在美国迈阿密大学哲学系与苏珊·哈克一道工作一年。

附录1 一位知名逻辑学家兼哲学家的理智历程

陈波：哈克教授，我很高兴有这次机会对您做访谈。由于您的《逻辑哲学》一书的关系，您在中国逻辑学界有很高的知名度，但我们对您个人所知甚少。您能够谈一谈有关您个人的一些事情吗？

哈克：好的，让我来试一试。我出生在第二次世界大战之后。我在国立小学和文法学校读书；在牛津大学，我先获得了哲学、政治学和经济学学士学位，然后获得了哲学学士学位（我也获得了人文学硕士学位，在牛津大学，这只是一个形式）；随后在剑桥，当我在 New Hall（剑桥的一所女子学院）任教时，我获得了哲学博士学位。在我们家族，我是第一个进大学的人。回过头来看，我仍然认为，我的哲学教育也许开始于我的外祖父母，他们没有受过什么正式的教育，但是在与我娱乐时，他们教我挑战卡片游戏，并向我介绍发表在报纸上的字谜游戏——我很快就喜欢上它，差不多像我外祖母一样；这也许就是最终生长为我后来用于证据结构的纵横字谜类比的那颗种子。

在牛津，我是圣希尔达（St. Hilda）学院的一名学生，我的第一位哲学教师是简·奥斯汀（J. L. 奥斯汀的遗孀）；此后，我跟吉尔伯特·赖尔学习柏拉图，跟迈克尔·达米特学习逻辑；在大卫·皮尔斯的指导下，我撰写了哲学学士论文；它的论题——模棱两可——预示了我后来的信念：许多重要的哲学错误都是歧义性的结果。在剑桥，在 T. 斯迈里的指导下，我撰写了哲学博士论文，我是伊丽莎白·安斯康姆的一名年轻同事，她当时刚被任命为哲学教授，通过我们在午餐时间的热烈交谈，我继续着我的教育。

在剑桥之后，我在华威大学（英国在20世纪60年代新设立的多所大学之一）哲学系任教近20年（1971—1990）。正是在华威，我准备了《变异逻辑》以供出版，撰写了《逻辑哲学》，开始认真阅读美国实用主义，并开始了与《证据与探究》有关的工作。在1990年，我加入美国迈阿密大学哲学系，一些年之后，我完成了《证据与探究》一书。我很快发现，我的兴趣引向了两个新的方向：我先是开始了有关一些文化和社会议题的工作，它们与我在认识论和实用主义方面的工作交叉；然后是关于专家特别是科学证言在法庭上的作用的问题。于是，我撰写了收在《一位热情的稳健派的宣言》一书中的那些论文，包括两篇批判自我标榜的科学的"文化批评家"的夸大其词的论文，它们最终导致了我最近完成的著作——《理性地捍卫科学——在科学主义与犬儒主义之间》；并且开始讲授和发表有关科学与法律的相互作用的课程或论文。这些兴趣是我目前职位的反映：作为库珀高级学者，我每年为文理学院讲授一门跨学科课程；作为法学教授，讲授一门有关科学证言的法律课程。

当我在华威时，我也在加拿大、南非、澳大利亚和美国拥有访问职位。在前10年左右，我除了在美国和加拿大的大量旅行外，我已经对欧洲做了许多专业性访问，特别是西班牙（在那里，我是坎普斯特拉·圣地亚哥大学的访问教授）、斯堪的纳维亚（在那里，我是丹麦阿胡斯大学的访问教授）以及巴西。在上世纪80年代，我获悉罗毅已经把《逻辑哲学》一书译成中文，并且该中译本由商务印书馆出版。当然，我非常高兴，由于你已经完成的《证据与探究》的翻译，以及我们合作为中国人民大学出版社主编的《当代西方哲学译丛》，我也能够与中国的同行们交往。

陈波：《变异逻辑》是您的第一本书［在《劳特利奇哲学史》第九卷《20世纪科学、逻辑和数学哲学》（1996）中，它被列在逻辑学的大事记中］，它出版于1974年，并且在1996年以一个新的、扩大的版本重印。您自己认为，您在这本书中阐述了什么重要的观念？

哈克：我想说，我清楚地阐述了变异逻辑（deviant logics）和扩充逻辑（extended logics）之间的区别，捍卫了"逻辑是可以修正的"这一观念，详细地研究了对"经典"逻辑的某些自称的修正——如模糊性的逻辑、自由逻辑、关于未来偶然事件的三值逻辑、直觉主义逻辑以及量子逻辑——的动机，而经典逻辑则是我们从弗雷格、皮尔士等人那里继承下来的二值的、统一的关于命题和谓词的演算。（仅仅在我完成了《变异逻辑》一书之后，我才学习了模糊逻辑和相干逻辑，在我的下一本书中讨论了这两者。）

附录 1 一位知名逻辑学家兼哲学家的理智历程

陈波：按您的观点，经典逻辑是可以修正的。我的问题是：在什么方面，经典逻辑是可修正的或已经得到修正？什么样的逻辑系统是真正变异的？有人断言，变异逻辑改变了逻辑联结词的意义，所以在假定是变异的逻辑与经典逻辑之间，没有任何真正的冲突和竞争。您有什么看法？

哈克：变异逻辑是否明显是经典逻辑的真正竞争者，或者仅仅是经典逻辑的记法上的变体，我在《变异逻辑》中花了很大篇幅去讨论这些问题。我论证说，联结词的意义改变不足以证明不存在真正的竞争；并且，无论如何，也不存在任何好的一般性论证，它们表明变异逻辑必定恒常地包含着意义的改变。

但是，如我在该书的 1996 年新版的导言中指出的，虽然我仍然认为，很可能经典逻辑本来是需要修正的，但我不会以与先前同样的方式去探讨可修正性问题，我现在发现先前的方式过于明显的是语言学的。相反，我将区分逻辑规律的必然性问题以及我们关于这些规律的信念的可错性问题，并且将强调后者。做下述假定是最令人难以置信的：在恰好相信这些经典原则是什么（更别说所有那些真实的逻辑规律了）这一点上，我们将不会犯错误；特别是，我将补充说，尽管我们现在称为"经典"的那个逻辑系统仅仅在一个漫长而艰苦的历程之后才达到，甚至当它在弗雷格和皮尔士手里达到其标准表述时，非经典的系统就已经在探索中了——例如由 H. 麦柯尔，并且也由皮尔士本人。

陈波：在《变异逻辑》中您也论证说，尽管逻辑是可修正的，但我们在修正逻辑之前仍然需要有好的理由；并且在许多情形下，为意想中的经典逻辑的变异系统所提出的理由是相当弱的。为什么会如此？

哈克：在某些情形下，变异系统的动机是相当不令人信服的。例如，在《变异逻辑》的第一版中，我论证说，卢卡西维茨为表示未来偶然事件（他将其视为源自亚里士多德）而需要三值逻辑的论证基于一个模态谬误；并且在该书新版中我论证说，为模糊逻辑所给出的论证是极其混乱的,至于我们需要有一个"女性主义的"逻辑的提议则是可笑的。但是,在其他情形下,其动力则有相当深刻的理由。由于我的学生罗伯特·拉恩博士的工作,我们理解了皮尔士探索他的三值逻辑的动机(最早的三值系统,设计于1909年):他设想,他的第三值将为这样的命题所具有,该类命题对数学或时间连续性的中断断定了这样的属性之一,这些属性相对于该中断是界限属性。并且——虽然我倾向于认为,"相干逻辑"像这些发展中的某些发展一样是有意思的,但它们最终可能基于把逻辑问题与认识论问题相混淆之上——可以设想,对次协调逻辑的探索,为解决有关不相容证据的认识论问题投下了一道曙光。

陈波:我很赞赏您的《对演绎的证成》一文(1976,重印于《变异逻辑》新版)的结论。如果我们把您关于演绎的结论和休谟关于归纳的怀疑论搁在一起,将得出这样的结论:不存在任何绝对确实的知识,我们至多能够获得盖然度很高的知识,它们得到证据的很好的保证,但仍然不是不可错的。您同意这个看法吗?

哈克:这篇论文的结论表达得相当温和,以某种方式强调了演绎和归纳的平行对应。我写道:"也许可以把这篇论文的寓意表达出来,从悲观的角度说,演绎并不比归纳更少地需要证成;从乐观的方面说,归纳并不比演绎更多地需要证成。"但是,确实地,无论是就逻辑知识还是就经验知识而言,我都是一名彻底的可错论者。在《证据与探究》中,我试图精细地阐明是什么因素使得经验证据更好或更坏;但是,有哪些因素包含在我们关于逻辑的可错的知识之中?关于这一点,我还没有一个比较详细的说明。

陈波:《逻辑哲学》(1978)是您的第二本书,它已被译成西班牙文、意大利文、葡萄牙文、朝鲜文、中文和(部分译成)波兰文,日文翻译正在进行中。可以说,它在世界范围的逻辑圈内取得了很大的成功。如我告诉过您的,尽管中译本仍然在出版过程中,但这本书已经被中国逻辑学家广泛阅读,在他们中间很有影响。事实上,正是我读研究生期间读了这本书之后,我才对逻辑哲学感兴趣,并且逐渐地开始了我自己在这个领域里的独立研究——在我的新著《逻辑哲学研究》（台北，2002）的序言中，我对您表示了诚挚的谢意。您自己认为，您在这本书中表达了什么重要的观念？

哈克：《逻辑哲学》是打算作为一本教科书的——事实上，我之所以写它，是因为我在华威有规律地讲授逻辑哲学课程时，找不到任何合适的教科书——因而它的许多篇幅被用来阐述逻辑概念和关于逻辑的哲学理论。但是，撰写这本书也给我提供了一个机会，去展开我自己的大量思想：例如，关于逻辑的性质和范围，以及形式逻辑系统和非形式论证之间的关系，关于逻辑的形而上学和认识论的基础，特别是由该书标题中"逻辑（复数）"所表明的逻辑系统的多样性的哲学意蕴。

陈波：您能够更多地谈一谈您所谓的逻辑中的"多元论"是什么意思吗？

哈克：有两个意思，一个是相当温和且无争议的，另一个则要大胆得多。温和的观念简单就是：有众多的逻辑系统，它们有不同的表达能力、记法、定理、有效推理、解释和应用，并且思考它们之间的差别，有助于我们理解有关逻辑的更深层的形而上学和认识论的问题。例如：只存在一个正确的逻辑系统吗？或者存在几个同样正确的逻辑系统？在这种语境中"正确"是什么意思？我们如何认识逻辑真理？我们在我们认为是这样的真理的东西上会出错吗？

更雄心勃勃的观念在《逻辑哲学》的最后一章中得到清楚的表述：与工具论相反，谈论逻辑系统正确或不正确是有意义的，并且存在不止一个正确的逻辑系统。该论证简要地说是这样的：逻辑的形式系统旨在表述系统外的有效性概念和逻辑真理概念。不过，同一个非形式的话语有不同的形式外推；有时候，当不同的形式系统对同一个非形式论证给出不同的表述时，它们可以是同样好的，也许适用于不同的目的。（这并不意味着，我们必须在一个变异逻辑和经典逻辑之间做出选择，这种情况永远不会发生，而只是意味着有时候我们可能不需要这样做。）

陈波：我假定在逻辑哲学中您是某种类型的经验论者：您强调形式论证和非形式论证之间，以及相对于系统的有效性和系统外的有效性之间的对比，并且认为前者刻画后者；您还论证说，既然不可能有任何唯一正确的刻画，所以我们应该接受某种形式的逻辑多元论。这样理解是正确的吗？

哈克：下面是亚里士多德的关键性洞见：论证是否有效，是根据它的形式，而不是根据其内容；由逻辑学家所设计的形式系统，其中心目标应该是仅仅把握那些有效的论证。但是我宁愿避免把这描述为某种形式的经验论，它可能错误地暗示：我的看法是，逻辑形式系统的目标简单地就是刻画人们的实际推理过程。

陈波：在某种意义上，现代逻辑起源于弗雷格的反心理主义；并且当代逻辑学倾向于被认为与人的思维的过程、方法和规律毫无关系，而是关注于语言，或者也许是实在。但我对这一观点始终充满怀疑：在我看来，逻辑是关于推理和论证的科学，而推理和论证显然是一个思维过程，所以逻辑学与我们的思维过程确有某种关系。对于逻辑学领域的心理主义和反心理主义，您怎么看？

哈克：首先，也许需要一点历史的评论：弗雷格确实是强烈的反心理主义者。似乎清楚的是，他对心理主义的反感，部分地是由他当时所熟悉的心理学的强烈的内省主义性质所造成的。并且皮尔士严厉地批评下述观念：有效性是某种心理属性，是当你从前提进到结论时你所获得的那种令人激动的感觉，他将这一观念与克里斯托弗·西格瓦特连在一起。不过，布尔这位现代逻辑发展过程中最早的主要人物，对心理主义比他们俩人更为同情得多。

我将区分逻辑与人的思维过程"有关"的两种意义，一种较强，一种较弱。如我先前在回答你把我描述为逻辑哲学中的"经验论者"时所说的，我确实不相信逻辑可简单地描述我们的思维过程（没有一个讲授过逻辑课程的人会这么认为！）。不过，我确实认为，在某种意义上，逻辑学对于思维是规范性的；因为演绎逻辑的原理告诉我们，如果你如此这般地论证，你就绝不会从真的前提进到假的结论；而如

附录1 一位知名逻辑学家兼哲学家的理智历程

果你如此这般地论证，你就将使你自己面对自相矛盾的结果，诸如此类。

陈波：您认为，您的逻辑哲学以什么方式与蒯因的逻辑哲学相似，又以什么方式与之不同？

哈克：这是一个非常难以简要回答的问题，这部分地是因为蒯因的观点似乎是变动的：例如，在某些地方他强调逻辑的可修正性，但在另外一些地方他又论证说，对于逻辑的真正修正是不可能的。在《〈指称之根〉中的分析性和逻辑真理》一文（最初发表于1977年，重印于《变异逻辑》1996年版）中，我追溯了他的某些改变和转向。结果，在我看来，蒯因是一个比我更保守得多的逻辑保守主义者，他比我更多地承诺了下述观念：经典的一阶谓词逻辑就是那个正确的逻辑，当然也比我更多地承诺了更严格的外延主义。

陈波：从您的两本逻辑哲学著作中，我可以看出：您在符号逻辑方面有广泛的知识和坚实的基础；但您似乎总是对它的哲学方面而不是技术方面更感兴趣。并且在这两本书之后，您似乎已经转向认识论、实用主义和其他论题。为什么会这样？

哈克：我并没有做一名数学家的抱负，并且我对逻辑的兴趣更多的是哲学的而不是技术的；确实，《逻辑哲学》获得成功的原因之一，也许就是我意识到理解逻辑技术的那些困难，并且花了很大的努力去帮助读者掌握它们。

研究重点转向更一般的认识论，这部分地是出于一个令人愉快的偶然事件：我在华威讲授认识论和形而上学的课程已经多年；于是，当布莱克韦尔邀请我为他们撰写一本认识论著作时，我为这一挑战所着迷。

我对实用主义的兴趣，回忆起来，是在我读了蒯因的《语词和对象》一书的第一章对皮尔士关于真理的说明的批评之后，我开始认真阅读皮尔士的《文集》，并很快被这本相当杰出的哲学心灵的著作所吸引！皮尔士本人，除了是一名广义的形式逻辑学家并在此领域内进行过深入探索之外，我也许还要补充说，他也总是非常关注有关逻辑的哲学问题，并且也关注他和其他实用主义者所谓的"探究理论"（尽管他不喜欢或不使用"认识论"一词）。

陈波：现在，让我转到您的第三本书——《证据与探究——走向认识论的重构》（1993）。如您所知，在我的两名博士生的参与下，我已经把这本书译成中文，并且将在2003年底在北京出版。在这本书中展开的最重要的观念是什么？

哈克：当然，首先是清楚地表述和捍卫我的认知证成的新理论，我把它称为"基础融贯论"，因为它结合了来自传统上那对竞争的理论——基础论和融贯论的因素。在这一语境中，我关于证据结构与纵横字谜之间的类比，在我自己的工作中已经证明是特别富有成果的，而且被许多读者（不仅有哲学家，而且有科学家、经济学家、法律学者等）发现是有用的。然后，除了我对各种版本的基础论、融贯论和可靠论等的分析和批评之外，我还要提到我对比蒯因的自然主义更温和的一种自然主义的清楚表述和捍卫，以及我对罗蒂（和斯蒂奇）的"庸俗实用主义"的批评。

陈波：您能够更多地谈一谈您的基础融贯论吗？

哈克：让我这样来开始，谈论有关传统上相互竞争的两种认知证成理论，即基础论和融贯论的某些东西。"基础论"是指这样的理论，它依赖于基本信念和派生信念之间的区别，并且认为支持关系总是从基本信念通向派生信念，而绝不是相反；"感觉-内省论的基础论"是指这样的基础论理论，它认为基本信念被一个主体的感觉和内省的经验所证成。"融贯论"是指这样的理论，它依赖于信念之间的相互支持关系，并坚持认为：一个信念只有在属于一个融贯的信念集合时才被证成。随着这些理论的展开和精确化，一些基础论者承认，甚至基本信念也不是不可错的，并且在派生信念之间也能够有相互支持；某些融贯论者建议，在计算融贯度因而也就是证成度时，可以赋予"经验的"信念以特别的权重。于是，传统上相互竞争的理论开始相互靠近。但是这种靠近使他们感到不安：当温和的基础论者试图解释为什么在派生信念和（所谓的）"基本信念"之间不能有相互支持时，他

附录1 一位知名逻辑学家兼哲学家的理智历程

们冒险陷入了融贯论;并且当温和的融贯论者试图解释,为什么应该赋予经验信念比其他信念更大的权重时,他们冒险陷入了基础论。

不过,我论证说,基础论和融贯论并没有穷尽该领域,一个中间型的理论比这两者都更合理。有可能既允许经验与经验信念的证成相关联,就像感觉-内省论的基础论所做的而融贯论不做的那样;与此同时,也有可能不要求有一类具有特殊地位的"基本"信念,而允许信念之间普遍的相互依赖,就像融贯论所做的而基础论不做的那样。这些是基础融贯论的关键思想。顺便说一下,我首先想到纵横字谜类比,是作为理解下述一点的方式,即信念之间如何可能有相互支持(就像纵横字谜的各个格之间有相互支持一样)而不导致恶性循环;然后我认识到,该类比对于另一个问题也有帮助——对填纵横字谜的各个格的提示,类似于一个人的感觉-内省证据,已经完成的相互交叉的各个格类似于他支持一个信念的理由。

陈波:在这本书中,您批评了蒯因的自然化认识论纲领。您能够解释您的理由吗?既然我们人类也是自然的造物,我们的身体和我们的大脑都是进化的产物,为什么我们不能采取我们研究其他自然过程或自然现象同样的方式去研究人类的认知过程?简要地说,为什么认识论不能被自然化?

哈克:这个问题有一点引人误解。是的,我批评了蒯因的"自然化认识论";但我也清楚地表述和捍卫了我自己的更温和型的自然主义。在蒯因的立场中,简要说来,错误的东西是他把三种不同的且不相容的观念混在一起了:(i)认识论不纯粹是先验的,而是依赖于关于人及其认知能力的假定的;(ii)认识论问题应该交给关于认知的各门科学去解决;(iii)认识论问题是不合法的,应该去掉而代之以关于人的学习过程的科学式问题。但是下述任务既不属于物理学,也不属于心理学,或任何一门科学,即:告诉我们是什么东西构成了更好或更坏的证据,或者例如,为什么真实的预言确证了一个理论的真;如果这些特殊的认识论问题是非法的,那科学的事业就是毫无意义的。所以,第二种和第三种自然主义是不可捍卫的。不过,我发现，第一种自然主义是完全可以捍卫的——事实上，我自己就捍卫了它。

我把我自己的认识论的自然主义叫作"改良的后验论的自然主义"："改良的"是为了把它与革命的自然主义区别开来，后者否定传统的认识论问题的合法性；"后验论的"是为了把它与科学主义的自然主义区别开来，后者认为那些传统的认识论问题能够由心理学加以解决。不过，我的立场仍是自然主义的一种形式，因为它并不把认识论视为纯粹先验的，而是视为对这样一些评价性概念的辨明，后者依赖于有关人的认知能力及其局限的预设。

陈波：在我看来，您已经改变了您对归纳的看法：在《逻辑哲学》中，您把归纳逻辑列在"经典逻辑"之下，但在《证据与探究》中您写到，如果"归纳逻辑被用来意指容许纯句法刻画的关系的话，它在最好的情形下近似于悖论，在最坏的情况下可能属于虚构"。不过，你补充说，即使不存在形式的归纳逻辑，但仍然存在着像（客观的）支持性但非结论性的证据。为什么您不认为归纳逻辑是可能的？

哈克：不对，我并没有把归纳逻辑列在"经典逻辑"之下，如果您再仔细看一下《逻辑哲学》第 4 页的那个图表，您会发现：它把传统的、经典的、变异的、扩充的和归纳的逻辑列在"形式逻辑的系统"之下。不过，您是正确的，我已经逐渐怀疑，能够有形式的即语形可刻画的归纳逻辑。

我目前的观点是：证据 E 对于一个断言在多大程度上是支持性的，这取决于加入 E 在多大程度上能够提高一个人相对于那个断言的解释整体性。不过，解释要求共相、类型和规律；所以支持性并不简单是一个形式的问题，而依赖于所涉及的谓词的内容。最初说服我接受这一点的是古德曼的绿蓝悖论：如果我们的证据更支持的是"所有的翡翠是绿色的"，而不是"所有的翡翠是绿蓝色的"——我相信是如此，这必定是由于"绿色"和"绿蓝色"之间的差别，因为这两个陈述有同样的逻辑形式。

在《证据与探究》中，只是简要地提及这些观念，而在《理性地捍卫科学——在科学主义与犬儒主义之间》则以详细得多的形式加以展开，在后者中我论证说，科学哲学中旧式尊崇主义的失败，部分地是合理性概念过于狭隘地是逻辑的结果；我提出了我描述为"尘世"的证据观。

陈波：现在我们来到您的第四本书：《一位热情的稳健派的宣言：不时髦的论文集》（1998）。像前面一样，我的第一个问题是：您自己认为在这本书中表达了什么重要的观念？

哈克：如其书名所显示的，这本书既不是一本教科书，也不是一本学术专题著作，而是一本论文集——但是这些论文由几个共同的主题连在一起。其中许多论文是应邀撰写的，在《证据与探究》出版之后，我收到了很多的邀请，邀请我就"女性主义认识论"、罗蒂的新实用主义等发表讲演。其中一个重要的统一主题，就是我反对激进的女性主义者、新实用主义者、多元文化主义者、科学哲学中的新犬儒学派以及诸如此类的论证（和夸大言辞），而捍卫真理概念和诚实探究的理想的合法性；这引导我去探讨科学和文学之间的类似性和差别，隐喻的认知重要性，皮尔士关于真正的探究和虚假的探究之间的区分，"相对主义"的多重意义，甚至是许多社会-政治议题，如多种风格的女性主义和多元文化论，肯定行动，哲学的当前状态，以及学术界本身。

什么是这本书中最重要的观念？迄今为止已经证明是最有影响的观念，是我在《对相对主义的反思》一文中开始展开的那种形而上学理论，即坦诚实在论（innocent realism）。这是一种居于下述两者之间的理论：一方面是形而上学的实在论，另一方面是形而上学形式的文化相对主义和各种非实在论。我对多种不同形式的相对主义的分类也已经引起读者的注意。然后就是我所区分的旧式尊崇主义和新犬儒学派，前者是重点关注合理性、逻辑、结构的科学哲学，后者是代之以重点关注权力、政治学和修辞学的科学哲学；以及对我的居间立场的一种早期表述。我还想提到，我把皮尔士关于真正的探究和虚假推理之间的区分发展成三重区分：真正的探究对伪探究的两个变种，虚假的和捏造的，以及我所识别的"以为是"谬误：无处不在的这样的论证，它们从真实的前提出发，即以为是真理、已知的事实和强的证据等的东西，经常不是这样的，而仅仅有权势的才能够被承认如此，推出了假的结论，即真理、事实、证据等概念都只不过是意识形态的谎言。

陈波：您能够更多地谈一谈您的坦诚实在论吗？

哈克：我希望，它是这样一种形而上学立场，能够使最健全的实在论直觉适应最精致的反实在论的反对意见。这个世界——唯一的、实在的世界——是独立于我们相信它是什么样子的。很明显，在这样说时，坦诚实在论者既抛弃了非实在论论题，即不存在任何实在的世界，也抛弃了多元论论题，即存在多个实在的世界。不过，她当然承认，人类干预这个世界，我们以及我们的生理和精神活动是这个世界的一部分。换句话说，这个唯一的、实在的世界是异质的：除了有自然的事物和事件之外，还存在着每一种类型的人造物、社会建制、理论、描述，以及科学家、艺术家、诗人、小说家等等的想象的构造物。

采纳来自皮尔士的一个观念（皮尔士证明是采纳了来自邓斯·司各脱的一个观念），坦诚实在论者把"实在的"视为意味着"不依赖于你，或者我，或者任何一个人相信它是什么样子"，并且将其视为与"虚构的、凭空想象的东西"构成对照。科学的理论是实在的，并且虚构的产物也是实在的。但是，科学家所构想的那些解释，当它们是成功的时候，是真实的；并且他们所构想的那些规律是实在的。而虚构的人物和事件精确地不是实在的，而是想象的。

我们人类能够知道关于这个世界是什么样子的某些东西，虽然很容易出错并且很不完善。之所以如此，这仅仅是因为我们具有能够探察关于我们周围的特殊事物的信息的感官，并且有做出关于它们的概括的理性能力；还因为周围的事物隶属于类型和受制于规律。

我们对这个世界的描述，有时候是真实的，有时候是虚假的。一个综合陈述究竟是真实还是虚假，取决于它所说的是什么（这与人类的约定相关），也取决于它所描述的世界中的那些事物是什么样子。存在着众多的用不同的词汇对这个世界所做的不同的真实描述。所有这些众多的不同的真理，都应该以某种方式相互适应：不能有竞争的不相容的真理或"知识"。但是这并不意味着，关于这个世界的所有真理，必须这样来相互适应，即能够还原为用有特殊地位的词汇表述的一类有特殊地位的真理。我把社会科学的真理视为是与自然科学的真理"相互适应的"，其适应方式更像是把一个道路图叠置于同一个地区的等高线地图上。

陈波：您是一位杰出的研究美国实用主义的学者，曾任皮尔士学会会长。在《证据与探究》中，有一章讨论罗蒂对认识论的新实用主义的批评，并且在《一位热情的稳健派的宣言》中，您花了大量篇幅讨论古典实用主义和当代新实用主义。我已经把您的两篇论述实用主义的论文——《"我们实用主义者……"：皮尔士与罗蒂的对话》和《新老实用主义》译成中文，并且您接受我的邀请，已经为中国读者编辑了一本实用主义专题文集，将由人民出版社出版。您认为我们能够从实用主义传统中学习一些什么东西呢？

哈克：让我用下面的解释来开始：实用主义是美国土生土长的唯一哲学流派，查尔斯·桑德斯·皮尔士（1839—1914）和威廉·詹姆斯（1842—1910）是其共同的创始人，该传统在约翰·杜威、乔治·赫伯特·米德、西德尼·胡克和C. I. 刘易斯的著作中得到发展。皮尔士总是坚持认为，实用主义"不是一个学说，而是一种方法"，即浓缩在实用主义准则中的那种方法。根据该准则，意义是有关经验后果的事情。詹姆斯也使该实用主义准则成为中心，但赋予它相当不同的解释，即根据实际的后果来解释它。皮尔士的实用主义是科学主义的、逻辑的和实在论的；詹姆斯的实用主义重点关注宗教而不是科学，是心理学的而不是逻辑的，是唯名论的而不是实在论的。并且像人们从它的起源可预期的，借用意大利实用主义者G. 帕匹尼的一个很好的比喻，古典实用主义就像一座旅馆，在它的每一个房间里，不同的实用主义者在做着不同类型的工作，但他们在走向自己房间的路途上都得经过同一个大厅：我想到了皮尔士对逻辑、符号学、探究理论、科学哲学和形而上学的贡献；詹姆斯对宗教和心理学的哲学、心灵哲学和伦理学的贡献；杜威对认识论、教育哲学和社会政治哲学的贡献，以及米德对有关心灵、语言和社会的哲学的贡献。

我对实用主义文献的阅读开始于皮尔士——一个令人惊讶的涉猎范围很宽、很深刻和原创的哲学思想家。并且我已经受到他的很大的影响：例如他清楚表述和捍卫的真正探究的理想，他关于存在和实在的区分，他对共相的实在性的捍卫，特别是他的"连续论"，即那个"关于连续性的学说"。这一观念对于我来说显得异乎寻常的富饶多产，例如我已经探讨了不仅是科学探究与一般的经验探究的连续性，而且是自然科学探究与社会科学探究的连续性、哲学与科学的连续性，探究与人类的其他理智活动的连续性。但是，我也受到詹姆斯、杜威的影响，特别是后者对科学和价值之间关系的关注；在心灵哲学和社会科学哲学领域，则受到米德的特别富有洞见的著作的影响。

詹姆斯曾经写到，实用主义的优点是"它不使我们的理论僵化"；最重要的是，我认为，随着时间的推移，我越来越感谢古典实用主义者，他们帮助我摆脱了分析哲学令人不舒服的固执，不再迷失于严格概念的、逻辑的或语言学的论题。这使我想到了我的《理性地捍卫科学》一书，它远远超出了关于科学的分析哲学所探讨的那些常见问题，在某种意义上是我的书中最具有实用主义色彩的一本。

陈波：您对于罗蒂的新实用主义有什么看法？

哈克：相当糟糕！让我一开始把历史的画面弄得更清晰一点。起初，皮尔士对在印刷物中使用"实用主义"一词犹豫不决，因为他担心读者把他的特殊的哲学立场与通常意义上的实用主义混为一谈，后者意味着按权宜之计而不是按原则来行事。他从未在他的出版了的著述中使用这个词，直至詹姆斯使这个词成为一个著名的词语为止。并且后来他逐渐认为他需要把他的实用主义风格与詹姆斯、杜威等人的实用主义风格区别开来，特别是要摆脱他本人与已经渗透到文学杂志中的对实用主义的误解的干系；于是他引入了"实效主义"一词，希

附录 1 一位知名逻辑学家兼哲学家的理智历程

望它"如此丑陋以至能够免遭绑架"。我的皮尔士和罗蒂的"对话",其意图当然是揭示罗蒂的文学-政治的、反形而上学的"实用主义",及其对逻辑的鄙视、对认识论的抛弃,与皮尔士的实效主义哲学是多么的不同。并且罗蒂的新"实用主义"不仅与皮尔士的实效主义非常不同,它与詹姆斯的实用主义,甚至与杜威的实用主义也有很大的距离。罗蒂与之最像的老实用主义者是英国哲学家 F. C. S. 席勒,詹姆斯曾经把他的极端相对主义的立场描述为实用主义中"最易受到攻击的"版本。

这就是为什么在《证据与探究》一书中,我把罗蒂(以及斯蒂奇)的观点称为"庸俗实用主义"的原因。在该书第九章,我论证说,罗蒂对认识论的批评是极其混乱的。他对"基础论"的抛弃把三个相当不同的观念混在一起:(i)基础论(也就是我前面解释过的那些认知证成理论,它们依赖于基本信念与派生信念之间的区别);(ii) 基础论(也就是下述论题:认识论是一门先验的学科);(iii) **基础论**(也就是下述论题:认识论并不是纯粹的约定,而具有某些客观的根据)。我同意,基础论是假的,基础融贯论是关于认知证成的正确理论;并且基础论也是假的,如我的改良的后验论的自然主义所主张,认识论并不完全是先验的。但我认为**基础论**是真的。罗蒂反对基础论的论证依赖于下述假定:如果真理不是与物自身的符合,它就不能是比此时此地的意见一致更多的任何东西;但这明显是极端为假的二元对立。

在《一位热情的稳健派的宣言》中,我收入了皮尔士和罗蒂的"对话"(根据他们的原话编辑而成),以表明罗蒂的立场与古典实用主义相距是多么遥远。在《一位过时的学究的自白》一文中,我更详细地讨论了罗蒂关于真理的糊涂观念。并且在《关于"以文学的精神来研究……"这个短语》一文中,我用论证去反对罗蒂的主张:"哲学被重新认为是文学的一个种类","仅仅是一种类型的写作"。确实,我表明,罗蒂关于真理的奇怪观念的一个灾难性后果,就是使得不仅使理解真正的探究是什么成为不可能,而且甚至使得把握文学有重要的真理要传授给我们也成为不可能。

陈波：在《一位热情的稳健派的宣言》中，您相当经常地投入论战中去；但也表现得像一位真正的知识分子：充满热情，智慧，负责任，并且提出了一些精细的论证去反对许多类型的理智时髦，如新实用主义，激进型的女性主义，多元文化论，知识的社会学，文学理论，等等。您捍卫真正探究的可能性和重要性，强调虚假的和捏造的推理的危险。我对您的主要论题抱有强烈的同感。但在某些论题上，我却有不同的看法。我们可以讨论这些不同看法吗？

哈克：当然。

陈波：在《多元文化论和客观性》和《对相对主义的反思》等文章中，您提出论证反对任何形式的文化相对主义，但我担心您的观点太强了，以至难以成立。是的，无论我们的种族、性别、民族以及诸如此类的东西如何，我们都是人，具有普遍的特征。所以，提出多元文化论以对抗客观性，或对抗普遍人权，是错误的。但我认为事情还有另一方面：人生活在不同的国家，有不同的语言，有不同的历史、传统和文化，他们面临着很不相同的生存境遇。难道所有这些因素都不会影响我们的认知过程吗？我记得，1997—1998年，我在芬兰赫尔辛基做访问学者，出席了一个关于堕胎的讨论班：堕胎意味着杀婴吗？它是合法的还是非法的？这一类问题在中国根本不会出现，因为我们面临的是另一个问题：人口爆炸，人口已经达13亿之多。并且根据中国的文化传统，孩子是非常重要的：多子意味着多福；如果你没有孩子，你就对你的家庭犯下了某种最严重的罪过，所谓"不孝有三，无后为大"。所以，中国政府不得不采取"一对夫妇只能生一个孩子"的政策。——这在西方国家特别是在美国经常受到严厉的批评。以我作为一名中国知识分子的良知来看，我认为中国政府在这一点上是正确的，现在大多数中国人也都如此认为。我的结论是：用一种绝对普遍主义去反对每一种形式的文化相对主义，也是错误的。哈克教授，您的看法呢？

哈克：我最好开始解释一下：您在这里误解了我。在《多元文化论和客观性》一文中，我区分了几种类型的文化相对主义，并且提出论证反对我所谓的"认识论的反文化主义"。但我并没有说，也不相信，所有形式的文化相对主义都是起误导作用的。类似地，在《对相对主义的反思》一文中，我区分了多种类型的相对主义，并且发展了一种见解，即前面提到过的坦诚实在论，它是与我所谓的深刻的形而上学的文化相对主义（即下述论题：本体论的断言仅仅相对于某个共同体或文化才有意义）不相容的。但我并没有说，也不相信，所有形式的文化相对主义都是错误的。

按我的理解，您倾向于捍卫某种形式的道德相对主义。如果您的观点是：在不同的文化中，接受了不同的道德规范（在我的分类中，这是肤浅的、人类学意义上的道德文化相对主义），当然我会同意。但是很明显，从这里推不出道德规范只有相对于一个文化才有意义。

现在回到您的例子，让我一开始说，为了论证的缘故，假设"一对夫妇只生一个孩子"的政策在道德上是可证成的，一个道德绝对论者仍然可以论辩说，存在着某些支配性道德原则，它本身不是相对于文化的——例如，所有的孩子都应该有合理的机会获得健康的和富有意义的生活——它在某些情景下会证明该项政策是合理的，但在其他情形下会证明不同的政策是合理的。这部分地是因为，我们非常看重下述一点：人民能够自由地为他们自己做出（我们相信是）本质上是私人性质的决定，这提出了一些困难的问题：我们应该如何在自由和福祉之间保持平衡。部分地，我怀疑，这也是因为，据我们的媒体报道说，许多中国夫妇非常不满意该项政策。作为强制实行该政策的后果，许多女婴被堕胎，并且让女婴死掉。当然，在美国，很明显就像在芬兰一样，堕胎是一个非常有争议的话题——的确，这可能是美国政治中最能起划分作用的议题之一，两派投入的感情都非常强烈。

陈波：我想补充说，像中国这样的高人口的发展中国家，也许面临着一个两难困境：或者比较严格地限制人口出生率，从而招致西方国家的来自人权方面的严厉批评；或者是让人民随意地生产人口，却不能给他们提供足够的食物、住房、教育、医疗、就业，从而使他们

证据与探究

不能得到有尊严的生存。难道这后一情景是值得向往的吗？您怎么看待这个两难困境？

哈克：这也是我在前面谈到有关自由与福祉之间的平衡的那些艰难问题时所暗示到的。我假定，最好的折中方案是使人民能够理解控制出生率的必要性，从而自愿地限制他们的家庭规模。但我丝毫不打算暗示说，这是容易办到的事情（它的可行性将取决于出生率与死亡率之比，取决于人民对其晚年生活的依靠有合理的预期，如此等等）。除此之外，我不认为我知道得足够多以至能够提出一种意见——例如，我一点也不知道，印度在通过自愿措施，而不是像中国那样，去控制他们的人口出生率方面做得多么成功或多么不成功。

陈波：您也激烈地批评了肯定行动①。不过，我想说，尽管肯定行动肯定有违程序公正，但它是对过去的不公正的一种补偿，从长期的历史观点来看仍然是可接受的。为了纠正历史的非正义，我们不得不采取某些临时措施，以便给弱者以机会，让他们有机会变得强大起来。此外，我猜测，优先雇佣政策应该有一个条件："其他情况近乎相同"。

哈克：也许我需要首先以尽可能简单和直接的方式说，在我和下述肯定行动的提倡者之间，相对于目标来说我们没有不一致，他们像我一样要求确保：有才能的人不会因为一些不相干的因素，如他们的种族或性别，而失去他们的优势；我们发生分歧的地方在于什么是达到这一目标的最好的手段。并且，我感到相当吃惊的是，您把我描述为"激烈地批评"肯定行动：因为在《适合这项工作的最好的人可能是一位妇女》一文中，我表达的最强的观点是，我担心在学术界对妇女的优先雇佣政策，尽管有某些好的后果，但从总体上看，它所引发的伤害可能比好的后果更多——我不认为这是"激烈地批评"，您以

---

① 肯定行动是在西方国家例如美国所采取的一项政策，即通过对法规或政策的协同利用，以使少数团体得到多于其他团体的优惠，其目的是矫正以往对这些团体的歧视。肯定行动有可能包括强制性的雇佣或选拔配额，全"少数"候选名单，为提拔少数候选人等而拿出用于教育或培训项目的额外资助。

附录 1 一位知名逻辑学家兼哲学家的理智历程

为呢？

不过，我必须说那个关于补偿的论证是很成问题的，而您似乎倾向于赋予它很大的分量。我可以用个人的方式来探讨这一点：如果大学现在雇佣一个比他们能够雇佣的要弱的候选人，其理由是她们是妇女，我并不把这一点视为对我年轻时作为一位女人所遭受歧视的适当补偿。更重要的是，对于我这一代其他被完全排斥在外的妇女来说，或者对于那些发现她们总是只有一个讲师的临时工作，而不能在其职业生涯中更上一个台阶的人来说，这不是一个适当的补偿。但是，问题是相当一般的：只有当你给那些实际遭受伤害的人以某种利益时，"补偿"才有意义；不过，如果你给那些本身不是你所说到的"历史的不公正"的牺牲品的人以某些利益，这样的补偿没有意义。

当我在《适合这项工作的最好的人可能是一位妇女》一文中，抱怨"或者这样，或者什么也不做"时，我的意思是：我们应该更努力地尝试以发现更好的途径去为有才能的人创造平等的机会，无论其种族或性别；更好的途径，也就是或者比旧的体制更好，或者比新的体制更好——在我看来，这些体制即使对假定的受益人来说，其益处也是可疑的，并且对于一个已经令人沮丧的腐败的学术雇佣体制来说，确实仍在施加腐败的影响。在我看来，毫无疑问的是，在实施优先雇佣政策已经 30 多年之后，远没有克服性别主义（和种族主义），这些态度在某些情形下甚至更坏，因为不那么明显，而是被一层一层的自欺和伪善所掩盖和扭曲着。

至于"其他情况近乎相同"，我只能说，在我看来，目前的情况是如此糟糕，期望大学里的各个系去做出如此微妙的鉴别是不现实的。

陈波：既然谈到大学里的腐败，让我谈到您的论文《反常做法及其后果》。在其中，您强烈地批评目前的发表成果的压力，而不管其出版物的质量或意义。我同意，这在学术界是一个非常普遍和严重的问题，无论是在西方还是在中国。不过，我倒并不过分为这种状况忧郁。我认为，无论是从个人还是从管理者的角度看，我们都需要有某种成果去判明某个人选是否够格，能力和水平需要有相应的成果来证明；并且，在相应的成果发表出来之前，我们也没有办法预先判断它是否真正重要和有价值，这样的判断只能由学术共同体来进行。此外，我总是相信，学术共同体的评价和选择机制会起作用，它最终会把真正有价值的成果挑选出来，赋予它们以重要性，而让其他的一般性成果湮灭于文献的汪洋大海。哈克教授，您怎么看呢？

哈克：当然，我不知道中国的同行评审过程运作得怎样。但我不得不说，在英语哲学圈内，我认为整个体制充满了腐败与低能。太多的评论人是无知的，有偏见的，并且/或者更关心于抬高他们自己，而不是给出一个诚实的评价。（许多发表物是贫弱的，没有意思的，乏味地墨守成规，趋附时尚，或者溜须拍马；即使是显然的抄袭也经常地逃过了审查。）资历浅的人为了获得终身职位，必须乞怜于编辑或推荐人去发表作品，但他们很快就学会了，发表平淡无奇、不冒犯他人、迎合偏见的东西，要比致力于真正原创的或独立思考的作品，容易得多。

至于好的作品最终会被发现出来，我这里只说一点：迄今为止，学术出版物的数量之巨已绝对压得人喘不过气来，我们全都知道但不公开承认的一个令人尴尬的秘密是，大多数出版物从来没有被阅读过。所以，很难对下述情景保持乐观：精品最终会被发现，并且按其真实价值受到评价。

陈波：《反常做法及其后果》主要是批评性的；我想知道您有什么正面的建议去克服这个问题？假如您是一所重要大学的校长，您将如何改变这一现状？除非做了某些事情，这种情形难道不是照样继续吗？

哈克：这种情况是非常严重的，并且到目前为止有很深的根源，它不能通过某一位管理者（无论他多么能干或多么有影响）所采取的某项政策轻易改变。造成这种糟糕的局面用了数十年时间，而要摆脱它则可能要花费更长的时间。如我在最悲观的时刻所认为的，情况甚至可能是——在事情变得甚至更坏，以至人们再也不能容忍它之前，

附录1 一位知名逻辑学家兼哲学家的理智历程

将不可能变得更好;也许我们将不得不等待,直到学生的家长们意识到,他们的孩子是学术圈腐败文化的牺牲品时为止。

我们仍然试图查明事情为什么会变得如此之坏。在许多交互作用的原因之外,我将提到下面一些:唯文凭论(也就是这样一种文化,它更看重证书而不是教育;雇佣者坚持某些"资格条件",即使这些条件与一个人做拟议中的那项工作的能力毫不相干);大学数量的巨大增长,以及庞大的自利的管理阶层的出现,其中许多人对严肃的学术工作的要求没有任何真正的理解;当然,还有这个新的管理阶层所引入的危险的"生产性"商业模式,它完全不适合于学术界。所以,假如我是一位大学校长,我猜想我将试图使我的理智上最严肃的职员站在我一边,去做我们能够做的任何事情以摆脱这种商业模式,并且鼓励真正的、艰深的和独立的思想,以及真正的、艰苦的和有成效的教学——并且我将尽我最大的努力去阻止管理阶层的进一步膨胀。

不过,回过头来想一想我刚才说过的话,我认识到:毫无疑问,这就是我绝不会成为一位大学校长的原因!

陈波:现在我们来到您的新书——《理性地捍卫科学——在科学主义与犬儒主义之间》。按我的理解,此书是《一位热情的稳健派的宣言》中的精神和某些论题的延续。我的问题与前面的一样:您自己认为在这本书中阐述了哪些重要的观念?

哈克:《理性地捍卫科学》是一本非常雄心勃勃的书,在其中,我不仅试图理解科学的认识论和形而上学,而且还试图描绘出科学在探究中、在我们的生活中的位置的更为总体性的图景。是的,它开始于《一位热情的稳健派的宣言》的某些思想,但是随着工作的进行,它已经远远超越了那本文集中的几篇论文。

这本书一开始就诊断出一个关键性的虚假假定,它为旧式尊崇主义和新犬儒学派所共有。这个假定是:如果科学是一项理性的事业,那么它的合理性必须用狭隘的逻辑术语来诠释,也就是说,它必须是语形可刻画的。为拒绝该假定,我论证说:科学事业的合理性只能通过考虑尘世性的证据与方法来把握,也就是说,不仅考虑科学的形式和结构，而且要考虑科学家与世界的相互作用、科学语言与世界之间的关系。

我所谓的"科学证据"，是指与科学断言和理论相关的证据。我把我的关于科学的认识论叫作"批判的常识主义"，这部分地是因为，我认为，在这种意义上，科学的证据类似于与一般的经验断言相关的证据——仅仅是多一点什么。它包括感觉-内省的证据和理由，它们以在《证据与探究》一书中所阐明的方式共同起作用；但是，与有关普通的经验断言的证据相比，它更依赖于观察的工具，并且它几乎总是为一代或数代之内的无数科学家所共享的资源。于是，我先说明了个人意义上的保证（warrant）（一个断言在某个时间对某个人来说的有保证的程度），然后构造了关于社会意义上的保证的说明（一个断言在某个时间对一群人来说的有保证的程度），最后构造了关于无人称意义的保证的说明（直接地，一个断言在某个时间的有保证的程度）。在通过提到沃森和克里克关于 DNA 的双螺旋结构的证据，举例说明这一情况之后，我就能够证明：它如何解决了渡鸦悖论和绿蓝悖论，然后处理蒯因的"不充分决定论题"。

至于"科学方法"，我的论题是：与其说存在一套独一无二的、由并且仅由所有科学家使用的理性的推理模式或程序，毋宁说存在为所有经验的探究所共有的推理、程序、所要求的东西、限制性因素，它们由一整套局部的和演变着的科学的"帮助"所强化：观察的工具，模型和隐喻，数学和统计推理的技术，以及帮助大多数科学家在大多数时间内保持诚实的一套社会建制。

在这之后，我清楚表述了构成这些认识论观念之基础的那些温和的实在论的形而上学假定——与我的批判的常识主义相互交织的坦诚实在论。简要地和粗略地说：在拒斥工具主义和建构经验论时，我把科学家视为是在寻求实质性的、解释性的真理——关于那一个实在世界的真理，他们像其他探究者一样在对它进行探索。为了使科学事业成为可能，我论证说，我们必须有感觉器官，以便能够探察我们周围的那些特殊事物和事件的某些信息，并且有做出概括和检验它们的理性能力；还有，这个世界中的特殊事物和事件必须以某种方式能够为我们的感官所把握，并且必须隶属于类型，受制于规律。但是，与其他的新近的实在论者不同，我并没有把科学进步的断言纳入我的形而上学之中，而是相反地论证说，科学的进步，尽管是不可否认的，但却是零碎的、不规则的，从未得到保证的。

在发展了所有这些观念之后，我继续考虑自然科学和社会科学之间的关系、科学社会学的认识论作用、科学和文学之间的关系、科学与法律的相互作用、科学和宗教之间的紧张关系，最后则讨论了关于科学的终结的预言。

陈波：您能够更多地谈一谈您所谓的"批判的常识主义"吗？

哈克：我从皮尔士那里借用了这个表达式，他用这个词去指涉他对休谟做出的回应，该回应结合了来自康德的因素（"批判的"部分）和来自里德的因素（"常识的"部分）。不过，我所意谓的是某种相当不同的东西：从本质上说，科学的证据类似于与日常的经验断言相关的证据；并且，科学的方法，如爱因斯坦所曾指出的，"只不过是我们的日常思维的精致化"。不存在任何"科学的方法"，至少在该词有时被理解的那种意义上——没有任何推理模式或探究程序，被所有的科学家并且只被科学家所使用，能够确保至少获得进步，如果不是获得真理的话。相反，凭借我先前提到的所有那些探究的"帮助"，自然科学已经使日常探究的那些程序得到强化和精致化。例如，水暖工、自动机械师、厨师以及科学家，都使实验得到控制；但是，科学已经提炼和发展出类型远为复杂精妙的实验控制技术。

陈波：我发现您所发展的总体图景，包括认识论中的批判常识主义和形而上学中的坦诚实在论，是与我的观点志趣相投的——在许多方面至少接近于真理。但是，我想听到更多的您关于社会科学与自然科学之间的类似和差别的观点。

哈克：我把论述社会科学的那一章叫作"是同样的，其不同仅仅在于……"——这里借用了我外祖母所使用的一个短语，当她给我解释一个新的观念时，通常会说："你知道如此这般的东西吗？""好的，

455

证据与探究

这是同样的,其不同仅仅在于……"

我一开始就把意向的社会科学与其他的社会科学区别开来,前者必须诉诸人们的信念、希望、恐惧等,后者是指物理的人类学和生理心理学。非意向的社会科学在所有实质的方面都恰像自然科学。不过,意向的社会科学也可以与自然科学相整合——就像关于一个地区的道路和城镇的地图可以叠置于同一地区的等高线地图上一样。

意向的社会科学,像自然科学一样,是探究的类型;但它们所探究的是社会现象而不是自然现象。像所有的经验探究一样,自然科学式探究包括在内,社会科学式探究也需要做出解释性假设,检验它们,以便查看它们能够多么好地经受住你已经或能够获得的证据的检验,然后做出你的判断,是否接受它们、修正它们或抛弃它们而重新开始。不过,相关的证据属于与自然科学中的证据不同的类型,所寻求的解释也是如此。像所有的经验探究一样,自然科学式探究包括在内,社会科学的探究使用同样的推理和程序,并且服从于同样的要求。但是,适合于社会科学探究的"帮助",与适合于自然科学的那些帮助并不相同;举例来说,社会科学家使用问卷调查和面谈,而不是显微镜和望远镜,去作为观察的工具。(不过,不幸的是,由于企图享有自然科学的那种影响力,社会科学家有时候通过不适当地借用自然科学的帮助,来给他们自身设置障碍,这就是造成下述现象的几个原因之一:至少到目前为止,社会科学并没有取得近似于自然科学已经取得的那样给人印象深刻的进展。)

从形而上学方面说,情形也是类似的:像自然科学一样,社会科学也寻求重要的、解释性的真理,并且这样做的可能性要求存在着类型和规律,但社会的类型(在一种较弱的意义上)是社会建构的,但仍然是实在的;社会的规律以历史的和局部的为条件。还有,即使在"价值自由"这个有很多歧义的短语的某些意义上,社会科学也不是价值自由的,我们也不要求它如此。但是,理智的诚实,对于证据的尊重,在社会科学中并不比在自然科学中更不重要;并且社会科学探究不应该混同于政治宣传,但它过于经常地被混同于后者。

附录1 一位知名逻辑学家兼哲学家的理智历程

陈波：您作为一位逻辑学家开始了您的学术生涯，但您逐渐地把您的范围扩大到认识论、形而上学、实用主义、科学哲学，甚至文学和法律哲学，如此等等。从逻辑哲学到法律哲学，这中间有一段很长的距离，不是吗？您能够谈一谈您的理智发展吗？并且在未来您希望成就哪些事情？

哈克：我不认为我的兴趣的逐渐生长真的是如此令人吃惊：究而言之，既然我早年就对关于逻辑的认识论和形而上学问题感兴趣，很自然地，我会进入更一般性的认识论和形而上学，然后进入科学哲学。下述一点也不令人吃惊：那些本身也关心证据问题的法律学者，应该也对我的认识论著作感兴趣，于是就把我拖进他们的问题之中。

今年，我已经同意撰写几篇有关科学证据的法律的论文：我刚刚完成一篇具有一般兴趣的论文，它是为 *Daedalus*（美国人文学和科学院的杂志）撰写的；我正在撰写另一篇论文，是讨论探究与对抗论、可错论和目的论之间的紧张关系，是为在纽约 Cardozo 法学院召开的一个会议准备的；然后我将写一篇论文讨论最高法院所持的（波普尔式的）科学哲学，供美国哲学联合会的《法律和哲学通讯》发表；在此之后，我将为 2003 年夏天在瑞典 Lund 大学召开的法哲学和社会哲学联合会国际代表大会撰写大会讲演辞……因此，我将为法哲学忙相当一阵子！

至于接下来的是什么，总是很难预言的，但我发现自己越来越陷入有关哲学和文学的问题之中：我特别为那些我认为是认识论的小说着迷，例如乔治·艾略特的《丹尼尔·德伦达》（*Daniel Deronda*），它相当深刻地反思了无知的力量；萨缪尔·巴特勒的《众生门》（*The Way of All Flesh*），对于自欺和伪善的绝妙描述；艾里森·卢瑞的《想象的朋友》（*Imaginary Friends*），关于认知的不和谐和社会科学研究的陷阱的一部特别有趣的小说。我喜欢下述想法，即把我的认识论兴趣与我对文学的热爱结合起来，把英语语言的灵活性和精妙性结合起来。当然这也提供了一个机会，去思考那些我长期以来感兴趣的问题，如小说中的意义和指称，探究与文学之间的差别，甚至是那个古老的柏拉图式的"哲学和诗之间的争吵"。

陈波：哈克教授，谢谢您安排我们之间的谈话。感觉起来，在我们的谈话过程中，我已经与您一道，概略地经历了您作为一名逻辑学家、哲学家、社会批评家和教育家的理智历程。祝愿您在您的哲学探索活动中继续取得成功！

哈克：谢谢您。与您一起谈话，并且与您一道工作，已经表明是一件很愉快的事情。

附录2　走向哲学的重构
——陈波与苏珊·哈克的对话
陈　波

陈波：哈克教授，我们是老朋友了。我知道，早前您以逻辑哲学和语言哲学方面的工作而知名，特别是著名的《逻辑哲学》。然而，近几十年来，您在几乎所有哲学领域都做出贡献——《证据与探究》《一位热情的稳健派的宣言：不时髦的论文集》《理性地捍卫科学——在科学主义与犬儒主义之间》《让哲学发挥作用》，以及新近的《证据的重要性》——它们涉及认识论、形而上学、科学哲学、法哲学、社会哲学、女权主义、文学哲学以及学术伦理等众多领域。在当今哲学高度专业化的时代，您出版著作的广度是极不寻常的；所有这些多种多样的贡献结合在一起的方式实在是引人注目。

我想知道，这在开始时是否有任何迹象？您一开始是否有一个宏大计划？

哈克：没有，事实上，我总是警惕宏大计划。

我从逻辑哲学出发，这只是由于我认为我能对此做出贡献。但我总是有广泛的兴趣，我学会培养自己的外围视域：在解决一个问题的同时，也留心这个问题对其他问题的影响，或许我的观点对其他问题也有用。另外，我喜欢理智挑战。因此，您可以说，我工作的多样性来自哲学的本性：一个问题总是引导出其他问题，以及我（或许不同寻常）的理智性格。

陈波：在我看来，与您工作的广度和整合性一样引人注目的是，您坦率地对当前职业哲学状况表达深切关注。在《一位热情的稳健派的宣言》的导言中，您谈到当代哲学中盛行的"矫揉造作的失望情绪"；在《让哲学发挥作用》中，您进一步把我们的职业描述为"深陷低谷"。我认为，您是在谈论近来时髦的非理性主义，对吗？

哈克：是的，但只说对了一半。我不确定这是不是说明我为什么如此关注我们职业状况的最好方式。最好的切入点可能是，这些关注相关于我本人正在扩展的工作广度：哲学学术正在逐渐被自说自话的小圈子所控制——这当然阻碍了为理解哲学问题的内在关联而需要的外围视域。

陈波：稍后我还要回到关于理性主义和非理性主义的问题。让我们从您工作的核心论题开始讨论吧。

哈克：我的出发点是，我讨厌哲学的潮流和时尚，特别是错误的二分法，我似乎总是陷于其中又极力摆脱。您在《证据与探究》中——我在该书中开始扩展我的哲学视野——已经看到这一点，我在其中摒弃了一个又一个错误的二分法：基础论和融贯论，内在论和外在论，先验主义和科学主义，等等。

但是，这种对错误二分法的敏感只是一个更一般论题的一个方面：渐进论（或"连续论"），我习惯于寻找连续性而非简单的黑白区分。这与我工作中的另一个论题密切相关，当现存词汇的不充分性迫使我们做出错误区分时，修改和调整我们讨论哲学问题的语言。

这提醒我补充一点，我总是试图避免过度简单化，承认和适应复杂性。这部分地解释了我为什么拒绝为实质问题提供空洞的、口头的"解决方案"。这也是我的整个方法论特征的一个方面：我习惯于寻求世界以及我们在其中的位置，而非片面地诉诸我们的语言和概念；这显然又与我的可错论相关，我关注于我们人类的认知局限和缺点以及对事物的辨别能力。

陈波：这很有帮助。但您能不能简要地说出您哲学的最重要论题是什么？

哈克："简要地"？这是一个很大的挑战。我想，基本要点是：

（1）有一个真实的世界，这个世界在很大程度上独立于我们，独立于我们的行动和信念，但并不是完全独立的，因为这个世界也包括人类以及所有我们创造的物理的、理智的和想象的物品。

（2）关于世界的断言有些是真的，有些是假的；一个断言是真还是假，这是一个客观问题，独立于任何人或所有人是否相信它。

（3）我们人类能够——当然，易错地和摸索地——辨识出世界是如何存在的。有关于更好或更坏证据的客观标准；如果根据这些标准，关于一个断言的证据是强有力的，那么，这一事实表明这个断言很可能是真的。

（4）在过去的几个世纪里，科学促成了许多举世瞩目的发现；然而，这不是因为它使用了唯一有效的"科学方法"，而是因为科学家逐步设计出许多方法来提高他们的想象能力，扩展他们的证据范围，加强他们对证据的尊重，以及改进他们对证据的评价。

陈波：好的，但这些到底有多么与众不同？难道许多当今的哲学家不捍卫形而上学实在论、真理符合论和客观知识吗？现在不是有很多人赞同科学方法的多元论吗？

哈克：正如我刚才想要说的，至关重要的是，这些断言是如何阐释的，它们是如何相互关联的，它们导致什么样的结果。

事实上，我故意避免使用您刚才提到的术语"形而上学实在论"、"符合论"、"客观知识"和"方法论的多元论"，因为我的想法与这些术语所表达的观点完全不同。例如，"形而上学实在论"通常被认为是，主张有一个"独立于心灵的对象的固定总体"，也有一个表达世界唯一真实描述的专用词汇表；但是，我的坦诚实在论（Innocent Realism）与这些想法毫无关系。

陈波：但如果您的坦诚实在论不是一种形而上学实在论，那么它如何超越单纯的常识？

哈克：好的，首先，坦诚实在论密切关注实在这个概念，而"单纯的常识"简单地将其看作不依赖于我们的。然而，这是不正确的；这将意味着，道路、房屋、桥梁等等这些人造物都不是实在的，但它们显然是实在的。其次，哲学家有时候把"实在的"看作与"独立于心灵的"等同的。但这也是不正确的；这将意味着，我们的信念、希望、恐惧、欲望等等都不是实在的，但它们显然是实在的。我认为，"实在的东西"最好被理解为与"虚构的东西""想象的东西"对立，它意味着某种"独立于我们如何相信或希望"的东西。

坦诚实在论的图景描画了一个异常丰富多彩的世界，但同时是整合一体的——正如我希望我们稍后将会看到的，这种整合并不是按照还原主义者所想象的粗糙方式进行的。地球是"我们"所在的世界的角落，它仅仅是庞大宇宙的一个微小部分，或许这个宇宙本身只是"众多宇宙"中的一个。但是，在这个与众不同的行星上，人造物——包括物理制品，社会制度、规则、规范、法律，像语言、理论、艺术品（戏剧、诗歌、小说），以及其他虚构作品这些理智和想象的产品——像一张密集的网络覆盖在自然实在之上，而后者包括自然物、材料、现象、事件、种类、规律。

在不可完全互译的不同词汇表中，有许多关于这个丰富多彩世界的真理。例如，你用不同的方式描述一本书：它的物理构成、它的历史、它的内容、它的影响等等。

陈波：但是，您刚才不是说过类和规律存在吗？现在，坦诚实在论听起来好像一种柏拉图主义，或者像一种科学实在论。

哈克：不，我非常小心，既不说类和规律存在，也不暗示它们像柏拉图主义者所相信的那样是抽象对象。我（追随皮尔士）认为，存在（existence）是成为殊相的方式；实在（reality）是更宽泛的概念，它涵盖总体。

不幸的是，近来在柏拉图主义和唯名论之间的错误区分几乎无所不在：大多数哲学家似乎认为，你必须要么承认类和规律作为抽象对象是存在的，要么完全拒绝它们。但这不是非此即彼的选择。类和规律不是在它们具体例示之外附加的殊相；它们既不是抽象对象也不是其他对象。我不是认为类和规律存在，而是认为有实在的类和实在的规律；例如，这意味着，所有的兔子或所有的 DNA 实际上都是相似的，无论我们关于它们的信念是什么。

陈波：您能给"自然种类"下一个形如"x 是一个自然种类当且仅当……"的定义吗？在您的本体论中除了自然种类还有其他东西吗？

哈克：我不认为，给出您所要求的这种定义是一种理解相关问题的好方式。首先，您使用的语词（"x 是一个自然种类当且仅当……"）恰好暗示了我想避免的把类看作抽象对象的观念；其次，我们所需要的不是一种语词的等价形式，而是一种严肃的关于类的理论理解。另外，并非所有实在的类都是自然种类，也有社会种类（金钱、婚姻、市场等等）和人工种类（椅子、电灯、汽车等等）。

我甚至不确定，是否能够为所有类型的自然种类（例如化学种类和生物种类）提供一个解释。老鼠构成一个自然种类，这意味着类似于"所有老鼠都是 F、G、H……无论我们关于它们的信念是什么"的说法；钼构成一个自然种类，这意味着类似于"所有的钼都是 R、S、T……无论我们关于它们的信念是什么"的说法。但是，第一个例子中包含的谓词与第二个例子中包含的谓词很不相同；例如，第一个例子中可能包含杂交繁殖这样的生物学概念。

是的，除自然种类外，当然有许多其他东西——我很惊奇，您甚至会问我这个问题。不仅有社会和人工种类，也有个别事物、材料、事件等等。回顾我先前给出的清单，它描绘了坦诚实在论的图景。

陈波：为什么科学需要有类和规律？

哈克：好的，如果没有类和规律（用皮尔士的术语说，"总体"），那么我们只能描述个别的事物或事件，不能进行普遍化——如果我们预测或解释任何东西，我们必须进行普遍化。不仅科学，而且大多数的日常探究，例如预测动物、人或材料的行为或表现，都需要有实在的总体。

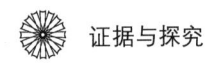

陈波：难道您不是某种科学实在论者吗？

哈克：不——当代"科学实在论者"认为，科学理论是真或假的，在真的理论中设定的理论实体是实在的，大部分当前的科学理论至少在成熟科学中是真的；因此，我们可以从这些理论中得出我们的本体论。

但是，这种做法把不同的、独立的东西放到了一起。虽然坦诚实在论也拒绝工具主义，但它既不假定大多数当前的科学理论都是真的，也不假定这些理论的词汇表恰好识别出所有实在的类。（因此，如下"悲观的归纳"主张——大多数过去的科学理论已经被证明是假的，所以当前的科学理论很可能也将被证明是假的——没有对我的实在论构成威胁。）

陈波：让我们转向社会制度、法律体系、规范等，它们也在您关于何物存在的清单上。为什么这些东西不仅仅是社会建构？它们实际上不是非实在的？

哈克：如我所说，我的图景是关于自然或粗糙的实在，它被许多类所覆盖，不仅包括马路、书籍、炸弹这些物理制品，也包括语言、经济、法律体系这些社会制品。人类使这些社会制品出现；确切地说明它们的存在方式是有挑战性的。但是，由于它们是社会建构的而主张它们不是实在的，这是错误的。它们当然是实在的，正如任何曾经卷入法律机器的人所告诉您的。

陈波：我开始了解您的想法。您的坦诚实在论实际上是一个非常与众不同的形而上学理论。但是现在我想知道您为什么不谈及相对主义？

哈克：啊哈，古老的相对主义的精灵！这里我们触及理性主义与非理性主义的争论，因为许多人似乎认为相对主义与非理性主义一致；这使得，如果我们仅仅"反驳相对主义"，那么理性主义将得到拯救。但这是一个很大的混乱：虽然理性主义和非理性主义是不同的观点，但它们是重叠的。并非所有形式的非理性主义都是相对主义；也并非所有形式的相对主义都是假的、危险的，或者在任何意义上都是非理性主义的。

陈波：您能解释一下吗？

哈克：好的，首先，并非所有形式的非理性主义都是相对主义。有些思想家属于非理性主义，因为他们被神秘主义或法西斯主义等诱惑了。有些后现代主义者最好被描述为怀疑主义者而非相对主义者。其他人（尤其是罗蒂）似乎在一种相对主义和一种（我所谓的）部落主义之间摇摆，根据前者，有根据的信念的标准是相对于信念者的共同体的；根据后者，这些标准专属于我们的共同体。

其次，并非所有形式的相对主义都是令人反感的。例如，它的人类学形式和某些哲学形式是真的、无害的，根据前者，道德规则和认知标准在不同的共同体中是不同的；后者的例子是塔斯基论题：语句的真是相对于语言的。

陈波：我明白了您的观点。但有些形式的相对主义是令人反感的，对吗？

哈克：是的，例如，根据认知相对主义，使证据更强或更弱的标准总是相对于一个范式、理论或共同体。这将破坏发现关于世界真理的可能性，所以确实需要对它们做出回应。

陈波：啊，一个库恩论题。稍后我将继续关注这个话题。但或许是时候转向您的真理观了。

哈克：嗯，但从哪里开始？好吧，也许可以从皮尔士所说的话开始：所有人都相信有真理这样的东西，否则他们从不提出任何问题。（我补充）他们也不会做出任何断定。即使是断定没有真理这样的东西，您也承认了没有真理这样的东西这句话是真的；反驳了您自己的断言。事实上，真理、信念、断定、探究等等，这些观念是结合在一起的——因此，为什么真理经常作为特别可疑甚或是不合理的东西被挑选出来，这是一个问题。

有些挑战真理合理性的人很可能是在反抗谈论真理的悠久传统，这个传统使用大写字母 T，似乎它是某种接近神圣的东西。其他人的结论是，真理是虚幻的，因为所有被当作真理的东西、被接受为真的东西经常被证明是谎言、宣传或有倾向性的报道。但是，说这个或那个假定的"真理"实际上是假的，这隐含地承认了在真理和虚假之间有实在的区分。其他人似乎漏掉了真（truth）和真理（truths）之间的区分，前者是为真的现象或性质，后者是特定的真命题、断言等等；所以只好想象真像一些真理一样必须相对于一个社群或个人，或者必须是模糊的或局部的，等等。

陈波：我当然赞同真理不是虚幻的、相对的或主观的。但在您看来，什么是真？为什么不承认如下显然之理——真对应于事实？这不是任何体面的哲学都会告诉您的吗？难道您的简要论（Laconicism）实际上不是符合论的一个版本吗？

哈克：我正要回答这些问题！首先，有些关于世界的真理是由于人们所做的事情而为真，有些仅仅相对于一个时代、一个地方或一个司法范围而有意义，而有些是模糊的；但真不是人造的、相对的或模糊的。

其次，有许多真理，但仅有一个真；也就是说，无论一个命题、理论、断言等等的主题或内容是什么，无论它们是数学、地理、历史、法律、科学等等，说它们是真的，这都意味着相同的东西：这就是命题 p，并且 p（it is the proposition that *p*, and *p*）。

援引拉姆塞的例子，史密斯是骗子或愚人，这是真的仅当史密斯是骗子或愚人，否则，这不是真的。用我自己的例子，DNA 是带有碱基对的双螺旋结构高分子，这是真的仅当 DNA 是带有碱基对的双螺旋结构高分子，否则，这是假的；7 加 5 等于 13，这是真的仅当 7 加 5 等于 13，否则，这是假的；香港是中国的一部分，这是真的仅当香港是中国的一部分，否则，这是假的；如此等等。

如拉姆塞所说，这刻画了亚里士多德在写"说是者为是，非者为非，这是真的"时所表达的想法；这是我从他那里借来的，也是简要论者关于真的理解的核心。

陈波：这难道不是塔斯基把真看作去引号的想法？蒯因告诉我们说，这刻画了符合论的本质。

哈克：简短的回答是"不"；这是另一个很大的混乱，也是一个令人不安的常见混乱。

您会说，p 是真的仅当事实上、实际上 p；但这并没有给出符合论——"事实上"和"实际上"没有做任何理论工作，而仅仅是强调性副词。为了把这转变为某种值得以"符合论"为标题的东西，需要给出一个关于符合关系及其关联者（一方面是命题、陈述等等，另一方面是事实、实在等等）的理论解释。这正是维特根斯坦、罗素、奥斯汀和其他人试图去做的，但我不建议这么做。

无论蒯因的想法是什么，这也不是塔斯基所做的。首先，塔斯基的 T 模式是一个实质上充分的关于真理论的条件，但它本身不是一个真理论。其次，塔斯基明确否认 T 模式可以被一般化为"任给 p，p 是真的当且仅当 p"的形式，他认为，你不能对引号进行量化，而这正是现代"去引号主义者"建议去做的。他认为，他的理论仅适用于形式语言而非自然语言；他似乎拒绝承认符合论，他似乎认为符合论引入了不必要的或许深不可测的形而上学。

陈波：我更想说，塔斯基就他的理论与符合论之间关系所说的话是含混的，甚或是不一致的；但探求这个历史问题会让我们偏离主题……

哈克：好的，让我们简短地说。当然，塔斯基的哲学讨论并不总是像他的逻辑证明那样清晰。但我认为他对符合论的态度是十分清楚的。他说，他的目标是刻画亚里士多德的真理观；他进而认为，这也是符合论者要做的。但他还认为，这些对亚里士多德观点的表述涉及与"事实"或"实在"的"符合"或"一致"，这是易于误导的——的确，亚里士多德的原始表述是更好的，比符合论者的表述更少误导。

陈波：但是，在塔斯基的真理论中没有某种形而上学成分吗？

哈克：好的，塔斯基最终把"真"定义为"被所有对象的序列所满足"。然而，他认为他的方案是形而上学中立的。我认为，他的意思是，他对真的说明没有谈及什么种类的对象可以存在——这取决于

_467

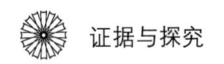

定义真的对象语言。

陈波：因此，您实际上认为蒯因根本没有理解塔斯基？

哈克：恐怕是这样；这令人吃惊，但……

陈波：我仍然倾向于认为，某种版本的符合论是最好的选择，并且有可能构造出这样的符合论版本。句子或命题的真至少取决于如下两点：事物在这个世界中的存在方式，以及我们如何使用语言去表征这个世界。让我们回到真的合理性与客观性的问题：您如何看待它与世界的关联？

哈克：当然。首先，一个断言、信念等等是真的，仅当p就是这个断言或信念等等，并且p，这个核心的说明不涉及任何个体、共同体、理论、范式等等；所以这没有表明真是相对的或主观的。其次，虽然这里"p"的第一次出现识别出一个命题，但第二次出现却描述了事物存在方式的某个方面。这就是简要论如何把真与世界关联起来的，如何纳入了符合论背后的直觉：确定一个断言是真的还是假的，要看事物实际上是否如其所说的那样。

虽说不完全地，但简要论也向我们表明，建立在真理论基础上的技术发挥了作用，这既不神秘也不神奇。例如，飞行器在接缝处不爆炸的原因是，它们是在一个理论的基础上建造的，这使得这些材料将承受得住这种压力，并且这些材料将承受得住这种压力。

陈波：但您不正是在说"p"在这里扮演了两个不同的角色吗？难道您不应该使用不同的符号去表示这两个不同的"p"吗？显然，您不能仅仅通过把p重说一遍就使得p成为真的。

哈克：我担心这些问题是建立在严重误解基础上的。

首先，差别是在嵌入于"that p"中的"p"（识别一个命题）与独立出现的"p"（描述世界的某个方面）之间。不仅没有必要使用两个不同的符号；使用相同的符号也是要点之一——正如在塔斯基对T模式的阐明中："'雪是白的'是真的当且仅当雪是白的"。

其次，与任何对真的说明一样，简要论既适用于假命题也适用于真命题；这就是为什么我把"7加5等于13，这是真的，仅当7加5

等于13"包含在我的一系列例子中。拉姆塞和我都没有说过,也没有隐含地说过,更没有间接地说过,您可以通过断定一个断言或重复这个断言而使之为真。

陈波:这种非常直白的简要论观点就是关于真的一切吗?我确信,一定有更多的东西需要说出来……

哈克:当然!在我看来,简要论适应了如下核心想法,即真取决于信念、断言等等与世界的关系。但此刻我并没有表明我到目前为止所说的回答了您提出的所有关于真的问题。首先,如拉姆塞所承认的,我们需要解释当我们间接地归诸真时发生了什么,例如在"有些柏拉图所说的话是真的"中。这需要对命题进行量化(存在 p,柏拉图说了 p,并且 p);因此,我们将需要对本身与真概念无关的命题量词进行说明。这是一个相当棘手的技术问题,我确信这是可以解决的。其次,又如拉姆塞所承认的,简要论本身不告诉我们什么使一个信念成为关于 p 的信念(如他所说,它没有解决"表征问题")。它本身既不是形而上学理论,也不是认识论问题;它使我们仍然需要说明,我们如何知道什么是真的和什么是假的。对于认识论,我有更多的话要说。

陈波:好的,这是讨论您的认识论思想的很好机会。您的认识理论的特征是什么?

哈克:"我的认识理论"?它实际上是一堆相互交织的理论:关于证据的结构和评价——基础融贯论正是在这里引入的,关于探究的本性与过程,关于认识论的美德与恶行。

陈波:我们能从知识的定义和盖梯尔悖论开始吗?

哈克:好的,假如必须的话。但让我们简短一些。

50多年前,盖梯尔给出了在他看来关于知识的所谓"传统"定义的反例,即把知识定义为有证成的真信念:例如,x 相信 p,p 是真的,而且(盖梯尔宣称)x 证成了对 p 的信念;但是 x 不知道 p。罗素很久以前就有相同的想法;但是,与罗素不同,盖梯尔在他的论文中夹杂了许多含糊的概念和论证,这导致了一种认识论的"小作坊"——"盖梯尔学"。

我在1983年写过一篇关于这类悖论的论文；但我当时没有发表，因为我认为关于这类悖论的认识论困扰将会消退，谢天谢地。但是，这是我自己的一厢情愿：盖梯尔学在2009年仍然活跃！所以我把这篇论文收录在《证据与探究》的第二版中。

我说明，这个问题从一开始就被误解了，虽然知识是范畴的：或者x知道p，或者不知道p，但认知证成是一个程度问题，x可以更多或更少地证成对p的信念，一旦我们认识到这一点，这个问题也就消解了。由于这两个概念之间的不一致，在既消解盖梯尔的典型反例又不陷入怀疑主义的情况下，没有简单的方法识别出充分证成知识的程度。重要的问题不是把什么看作知识，而是什么使信念被或多或少地证成。

陈波：您在这里把基础论和融贯论结合在一起了。但我们为什么需要一个中间理论？

哈克：是的，什么使某人更多或更少地证成对某事的信念，我对此的说明是基础融贯论。为什么我们需要这种中间理论？因为基础论和融贯论都不能做到这一点。融贯论承认人的各种信念之间无处不在的相互依赖；但是，在不放弃它们的融贯特征的情况下，它们不能允许人的经验关联于他对世界信念的证成。基础论允许经验的关联；但是，在不放弃基础论特征的情况下，它们不能完全承认信念之间的相互依赖性。

基础融贯论把这两种传统上对立方案的优点结合起来，但避免了它们的缺点。由于与融贯论不同，它不必只用信念之间的关系来表达，而能够给经验指派适当的角色；由于与基础论不同，它不需要一个优先的"基本"信念类来支持其他信念，它可以充分地承认相互支持的作用。

陈波：难道没有人指出基础融贯论只是一种基础论吗？

哈克：是的，其他人还表明它只是一种融贯论！这实在是令人烦恼的：没有人认真理解我。

基础融贯论与基础论的混淆似乎是基于把基础论等同于经验论，即主张一个人的经验，如他的所看、所听等等，与他经验信念的证成相关联。但这两者是不同的主张。首先，如我在《证据与探究》第一章仔细和详细说明的，虽然有些形式的基础论是经验论，但并非所有基础论都是。其次，虽然经验论在传统上与基础论有联系，但不仅基础论是经验论，而且有些形式的可靠论似乎也是，基础融贯论当然更是。因此，这种批评要么植根于纯粹无知，要么植根于对术语的任意定义。

陈波：不管怎样，重要的是您的理论如何很好地起作用，难道不是吗？您能简要地给出主要观点吗？

哈克：我可以试一试！

（1）这个理论是证据论的：核心观念是，有多好地证成一个主体对某物的信念取决于他关于这个信念的证据有多好。

（2）它是渐进的：从始至终的假设是，证据可以更好或更坏，一个人对某物信念的证成也可以更好或更坏。

（3）它是个人的：证成的程度依赖于主体证据的质量（这当然不是说它是主观的，即依赖于主体认为他的证据如何好）。

（4）它是经验论的："他的证据"被解释为不仅包含一个主体的背景信念（他的"理性"），也包括他的感官或内省经验（他的"经验证据"）。

（5）它在某种程度上是因果的：一个主体关于 p 的证据是因果地被识别为使他实际地相信 p 的证据；什么使这个证据更好或更坏，这是一个拟逻辑问题。

（6）它是多维度的：一个人关于一个信念的证据的质量取决于：(i) 信念对证据的支持度；(ii) 他独立于所讨论信念的理性的安全性；(iii) 证据的全面性。

陈波：正是在这里，您的著名填字游戏类比开始发挥作用？

哈克：是的，这是该类比被证明有用的一个地方。

清楚地说，类比是一个理智工具，是想象力的助手。它使您开始思考问题，但最终您必须把您的理论落实到文字细节。许多人似乎对此误解——类比仅仅是类比；总有不类似之处。但是，在大量工作之后，填字游戏类比把我引领到我对证据质量的三维说明。

早在我写作《证据与探究》时，我考虑基础论者对融贯论者的常见批评，即"相互支持"不过是恶性循环的委婉说法，这个类比最早在这时浮现在我的脑海。我认为，这种批评是不正确的，在填字游戏已完成的词条之间当然有合理的相互支持。于是，我认识到，填字游戏的提示词与词条之间的区别反映了实验证据与理性之间的对立。我问：什么确定了一个填字游戏是合理的？答：它有多好地与提示词和已经完成的相交词条相匹配；这些独立于未填词条的相交词条有多合理；填字游戏已经完成多少。这引导到我对认识论证成做三维说明。

陈波：这听起来很简单。它为什么耗费这么长时间？您还需要做什么其他的事情？

哈克：其他事情包括：表达出证成的因果方面与逻辑方面之间的关系，说出支持度、独立安全性和全面性是什么，如何评价它们。这意味着解释证据的构成是什么：经验证据和理性；经验证据（由知觉事件而非命题构成）与理性如何共同支持信念；支持度与解释整体性之间的关联，这个想法与时髦而软弱的观念"最佳解释推理"之间的区分；积极证据与消极证据之间的区分，它对独立安全条件的暗示；相关性的实质特征，它对全面性的影响；等等。这些需要时间；例如，我仍然在考虑全面性概念的复杂性以及相关性的实质特征的后果。

陈波：让我打断您一下。您为什么说"拟逻辑"？归纳逻辑不是理解支持度的框架吗？

哈克：不，对不起。我不相信有一种语法上可刻画的"归纳逻辑"。

陈波：为什么？

哈克：古德曼绿蓝悖论的教训是，证据的支持度在某种程度上依赖于内容——谓词与世界的关系，而非仅仅依赖于形式。解释性同样也需要一种识别出实在的类的语言,这个事实也指出相同的结论。

陈波:好的,但我现在想知道您为什么不使用概率论,现今很多人使用它。

哈克:因为认知证成的程度有一个与数学概率不同的逻辑侧面:

(1)由于证据质量的多种决定因素,证成的程度没有概率中的线性序。

(2)p和非p的概率必须合计为1,但在两者没有证据或者仅有弱证据时,p的信念和非p的信念在任何程度上都没有证成。

(3)(对于相互独立的p和q来说)p&q的概率是p的概率和q的概率的积,所以总是比两者中任何一个都小;但是结合起来的证据可以提高证成的程度。

陈波:我明白了。我希望我们有更多的时间来讨论这个问题,但我想现在是时候转向您在认识论特征(epistemological character)和探究过程方面的工作了。

哈克:让我们从如下三重区分开始:真正的探究,即通过对相关证据的彻底调查并且真诚努力地评价其意义来真正地寻找某个问题的真理;虚假的探究,即试图寻找证据来支持您已经不可动摇地承诺的断言;假冒的探究:虽然您既不关心也不知道某个命题是否为真,但试图为它提供实例,因为您认为对它的辩护将以某种方式给您带来好处,例如"使您一举成名"。

陈波:在某种程度上正是由于这个原因,您批判很多新近哲学实质上是假冒的探究而非真正的探究,对吗?

哈克:是的,因为真正的探究是困难的,也可能是使人挫败的。真正重要的是,进行理智工作的环境鼓励正确的动机,而现今经常鼓励的却是错误的动机。

陈波:您在认识论特征方面的工作呢?

哈克:从哪里开始呢?一个要点是,使美德与恶行具有特定的认识论性质的,是它们与一个人搜集和处理证据的倾向有关。另一个要点是,这些美德与恶行是多种多样的。有些是我刚刚着手研究的,如理智正直的美德和理智欺诈的恶行；而有些是我近来已经论述过的，如谨慎的美德和轻信的恶行。

陈波：您从不把自己描述为一个德性认识论者，为什么？

哈克：有两种自诩的"德性认识论"，它们是相当不同的类型：索萨的类型似乎是可靠论的变体，而扎格泽斯基的类型与我本人对认知特征的关注更为接近。然而，这两派都建议通过认知德性的运用来定义认知证成。但我认为这是一个重要的错误：相反，认知证成和认知德性都需要通过证据的概念来解释。我可以补充说，我对此有一个详细的理论，但那些德性认识论没有。

陈波：好的。但还有一件事情困扰我：近年来，社会认识论者教导我们关于知识和知识传播的社会层面。但您的认识论工作关注于个体，难道不是这样吗？

哈克：好的，在《证据与探究》中我确实主要关注于个体；但我也简短地讨论了传闻证据的作用——这在我看来似乎仍然是正确的。在我关于环境如何好或如何坏地影响探究过程的工作中也有社会因素。

我的认识论的社会层面出现在我的《理性地捍卫科学》中，为了解释许多科学断言或理论所依赖的共享证据的密集网络，我提出了保证（warrant）的三个阶段说明。我开始于（i）个人观念（对于个体来说如何保证一个断言），由此构建出（ii）社会观念（对于群体来说如何保证一个断言），这使我最后阐明（iii）客观观念（如何在一个时期保证一个断言）。

陈波：这与您先前对波普尔"没有认知主体的认识论"的批判有关吗？

哈克：在某种程度上有关，至少我的方法与波普尔的方法恰好相反。但是，在写《理性地捍卫科学》时，我的主要关切是解释什么使科学断言或理论更好或更坏地被保证，并且按照如下方式来解释：既承认这些断言的证据几乎总是共享的资源，也承认证据最终依赖于科学家关于世界的经验。重要的是，这些经验总是某种个体经验。

我相信，认识论最重要的社会层面是：如何评价共享资源，哪些社会因素影响了探究过程。然而，近来的社会认识论仅仅关注证言，似乎总是缺少关于证据或探究过程的成熟理论。

陈波：对知识来说有重要的社会层面，我们难道不把这个洞见归功于社会认识论者吗？这不是一个真正的突破吗？

哈克：不，对不起，当然，我所不同意的不是我所提到的社会层面的重要性，而是这个观点所假定的新颖。在皮尔士的探究理论（考虑他对笛卡尔"恶的个体主义"的批判）和杜威的理论中都有重要的社会因素，更别说克利福德的著名论文《信念的伦理学》或者罗素关于科学知识中个体与社会关系的讨论对我们理解传闻证据的贡献。我们看到的是对认识论社会层面关注的复兴，而非某种真正新颖的东西。令人失望地，这种复兴是一种狭隘的专注，因为它通常忽视了阐明科学哲学与科学社会学之间关系的机会。

陈波：好的，现在说一说您的批判常识主义。

哈克：我的标题《理性地捍卫科学——在科学主义与犬儒主义之间》显示了该书的两个主题。首先，我捍卫科学事业的合法性，但适度地捍卫，也就是说，充分承认科学像所有人类事业一样是可错的、不完整的和易腐败的。其次，我把科学探究的图景看作在我们一直以来运用的认识能力的范围内，正如伯格曼的绝妙隐喻——"常识手臂的延伸"——所隐含的。

陈波：我现在明白了。我担心这些细微之处不可避免地会在翻译过程中丢失。

哈克：我知道，正如我在检查我的著作被翻译为我能读懂的语言时经常发现的。

无论如何，其内容是：熟知的科学方法的形式模型（归纳主义的、演绎主义的、概率主义的等等）失败了；事实上，不存在被所有科学家并且只被科学家使用的特殊方法。但由此不能得出，如极端的"科学批评者"所认为的，科学的认识论要求都是捏造的，不可能解释科学如何取得它们的非凡成就。

_475

证据与探究

科学家使用的基本探究程序和方法与所有严肃探究的程序和方法是相同的：对于什么可以解释一个令人迷惑的现象，做出有根据的猜测，面对我们已有的证据和任何我们可以找到的进一步证据，检查这些猜测是否站得住脚，判断下一步做什么——保持假设原封不动，修正它，或者放弃它，然后重新开始。

但是经过许多世纪的工作，这些程序和方法被许多科学"帮助"所覆盖——扩展想象的模型和隐喻，延伸感官的仪器，对证据评价进行提炼的演算和统计工具，以及计算机程序等等；甚至便于证据的共享社会机制也鼓励诚实和严谨，劝阻草率和欺骗。

陈波：按我的理解，在这一切背后的是您的科学证据理论吗？

哈克：如我所说，我关于科学断言的证据理论与关于一般经验断言的证据一样，只是更为复杂和密集地相互交织在一起，并且通常是共享的。我先前提到三个阶段说明，其中第一个阶段使用了《证据与探究》中的基础融贯论方法；后来在《理性地捍卫科学》中我在某种程度上加强和提炼了这种方法。例如，更为深入地研究感官证据的特征和作用；把证成（这依赖于实际上使一个人相信一个断言的证据的质量）和保证（这依赖于他关于这个断言所拥有的证据的质量，无论它是否具有因果作用）区分开来。随之而来的是对（我先前描述的）社会的和非个人的保证观念的建构。

陈波：那么，科学哲学和科学社会学的关系呢？

哈克：长久以来，这两个学科似乎是对立的：科学哲学家强调其逻辑方面，把科学事业的合理性看作理所当然的；而科学社会学家强调权力、政治和修辞的作用，宣称这种所谓的合理性是一种幻觉。两者都假定，如果社会因素在科学中发挥作用，那么，它们将不可避免地成为全面和诚实探究的阻碍。

但是，这种假定是错误的。内在的组织方式和外在的实施环境既有可能阻碍也有可能推进科学工作。所以，我们需要的是一种在认识论上见多识广的科学社会学，例如，研究同行评价体制的运作方式、科学的奖励结构以及鼓励欺诈的环境等。

陈波：我有机会回到库恩了。您如何看待他的工作？

哈克：好的，库恩的著作非常含混，以至于不清楚他实际上想要多彻底；但至少有时候他似乎建议，更好或更坏证据的标准是相对于范式的。我相信，这是错误的；但不难看出，他是如何误入歧途的。与一个断言相关的证据是什么，这依赖于关于世界的事实。例如，一个求职者填写表格的方式是否相关于她有多么值得信赖，这取决于笔迹学是不是真的。不同的科学范式做出不同的关于世界的断言，所以它们在把什么证据看作与什么有关时，它们也将是不同的。所有这些很容易造成如下错误印象，即没有范式之外的证据标准。

陈波：谢谢，这很有帮助。您对科学说明的形而上学方面呢？

哈克：如我在书中所说，您可以把坦诚实在论和批判常识主义看作形成我的模型的双螺旋结构，是围绕着观察和理论、总体事实和解释、真理和进步这些概念的碱基对。

陈波：我非常喜欢您在整本书中使用DNA结构例子的方式：阐释您对证据质量的说明，报告您对科学中的探究和进步的讨论，以及在这里用作您整个科学哲学结构的隐喻。

但现在让我们转向《理性地捍卫科学》后面的章节——关于科学与文学、科学与宗教以及科学与法律。它们是如何纳入的？

哈克：关于科学与文学的章节——按照典型的协同方式考察这两种事业的相似之处和不同之处——既反映了我对科学工作中想象和语言创新作用的兴趣，也反映了我对理解在极端的科学修辞学家把科学看作完全文本的，甚至把科学的著作和论文看作小说作品时错误之处的关注。

陈波：在考察社会科学与自然科学的相似之处和不同之处时也使用了相同的协同方式，对吗？

哈克：正是如此，但我认为我们没有时间讨论这一点。

陈波：科学与宗教呢？

哈克：这是一个困难的问题！但考虑到长久以来科学面对宗教质疑时已经捍卫了它自身，我必须处理这些问题。经过全面的思考，我

477

得出的结论是：关于世界以及我们在其中位置的图景，科学与宗教之间存在真实的张力；科学的世界图景到目前为止得到了更好的保证。我担心，有些读者似乎对此非常不安，甚至认为我陷入了科学主义。

陈波：《理性地捍卫科学》的副标题是"在科学主义与犬儒主义之间"，难道不是吗？

哈克：的确！但批判当然是错误的：对于科学来说，我一直以来不仅反对不明智的贬损而且反对不明智的赞颂。我从不认为科学的世界图景更可靠，因为它是科学的（这实际上会成为科学主义）；我的观点是，根据我们每天都依赖的证据标准，它更好地得到保证。

另外，在某种程度上，我感谢那些把我指控为科学主义的批评者，他们促使我深入思考如何在对科学成就的适当尊重与对任何带有"科学"标签东西的不适当恭敬态度之间划出界限；这促使我写出了两篇新论文：《科学主义的六个标志》和《勇敢面对新世界》。前者说明，在划分出应有的尊重和不应有的恭敬之间的界限后如何进行辨别。后一篇论文，如它的副标题"自然、文化和还原主义的局限"所显示的，更为全面地解释了当我在2003年说"全都是物理的，但并非全都是物理学"时我想说的意思。鉴于近来新分析哲学引人注目的科学品味，这两篇论文是非常及时的。

陈波："近来新分析哲学的科学品味"？

哈克：就我所知，在我写《勇敢面对新世界》时出现了明显错误的科学主义和还原主义的观点，与所有我们以前看到的一样粗糙和头脑简单。

然而，如果正确地加以理解，哲学与科学的相互作用是微妙和复杂的。具体就认识论而言，我已经在《证据与探究》一书中对之澄清；如您所知，我在那里表明，蒯因的《自然化的认识论》一文把自然主义三种不兼容的形式放在一起了：一个适度的形式是，承认心理学、认知科学等对认识论问题有促进的相关性；另外两个更为极端的、科学主义的形式是：科学结论本身可以回答认识论问题，关于学习的科学问题可以完全取代认识论。在随后的章节中，我表明了这两种极端形式的错误之处。

陈波：在更为广泛的意义上，如何更为一般地看待哲学？

哈克：老实说，现在我开始用库恩的术语来思考我们的职业：分析范式接近终结；在他们寻找不同途径时，许多人似乎希望诉诸物理学、心理学和神经科学来拯救他们。所以"实验哲学"以及神经XX学成为流行的时尚；在心灵哲学、形而上学、价值哲学等中，各种形式的消除主义、还原主义也受到欢迎，其中也有激进的福音派无神论者。

但这些发展并没有给我们带来进步。是的，来自科学的结论经常对哲学问题有促进的相关性；但这既不意味着我们可以从科学实验中获取哲学答案，也不意味着我们应该用心理学、神经科学、物理学等取代哲学——后者正是现在许多人尝试去做的。

或许这并不令人惊讶：有些哲学家忘记了"科学主义"这个词曾经是轻蔑语（如果他们还记得的话），开始用它来描述他们自己的方法，仿佛"科学主义"是一个好词。但它并不是。

陈波：好的。我希望我们有时间讨论关于科学的价值以及科学终结的可能性这些吸引人的章节，但我们或许应该转移到《让哲学发挥作用》一书，好吗？

哈克：当然，但这是一本很难总结的书。

陈波：因为它涵盖了很大范围——正如封面所说，"科学、宗教、法律、文学和生活"。

哈克：完全正确。《理性地捍卫科学》出版后，我收到很多意外的邀请：您能谈点儿关于这个的吗？您能写点儿关于那个的吗？——这促使我全面思考各种新问题并且处理各种新题目。其结果是《让哲学发挥作用》。

陈波：这些论文涉及如下论题：真理、解释、融贯、科学的整合、科学主义的标志、波普尔的逻辑否定主义、自然主义和超自然现象、科学与法律体系的相互作用、认识论等等，也涉及连续论、形式方法在哲学中的地位，甚至更有趣的是，还涉及从小说中获悉的认识论教益、生活的意义,以及学术伦理。

哈克:是的,连我自己几乎都不能相信!

我特别喜欢写有关文学的论文。写关于巴特勒《众生门》(*The Way of All Flesh*)的论文,打开了一扇窗,通向认识论特征形成的心理学复杂性;写关于赛耶斯侦探小说《俗丽之夜》(*Gaudy Night*)的论文,为我提供了一个机会,不仅处理认识论价值与伦理学价值之间的关系,而且解释我为什么完全同情赛耶斯的老式女权主义(因为这部小说的一个主题是女性在心灵生活中的地位),但我认为,现今的"女权主义哲学"与它所可能要做的一样令人不安。

我发现,其他论文的写作特别有挑战性。例如,关于形式哲学的论文促使我不仅努力思考形式方法在哲学中的用处,而且思考它们的局限;还有关于弗雷格的狭隘、皮尔士的宽广、逻辑的理解等等。关于艾滋病药物的临床试验、成果发表的法律争论以及厂商对股票市场的操纵的论文促使我很快学会如何掌握(和写出)一个复杂、多元的历史故事。

关于生活意义的论文是我应邀而写的,正因为我做梦都没想过写这个话题,故该文是一个意外回报:解构这个问题的预设是令人满意的,提出一连串更好的问题甚至更令人满意;看到我从艾略特、吉普林、爱因斯坦、罗素和赛耶斯这些作家那里所学到的东西之间的相关性也是令人激动的。

陈波:太有吸引力了。但现在让我们转移到科学和法律的相互作用——这也是《理性地捍卫科学》后面一个章节的主题,也是您最新著作《证据的重要性》的一个主题。我很好奇:最初您是如何卷入法律研究的?

哈克:有一个故事。多年前,我被邀请到迈阿密大学法学院参加为欢迎一位访问教授而举办的一次聚会,该教授是我以前在英国华威大学的一位同事。聚会期间,我与本校一位法学教授攀谈起来,得知他正在讲授证据分析课程。我问他使用什么教材,其中他提到我的《证据与探究》。我让他给我列出一些参考文献,由此我可以知道《证据与探究》如何与它们相关。不久之后，我去了他的办公室，询问我能否与他的学生交流。一件事情导致另一件事情：之后一年我在法学院开设课程；到目前为止已经有很多年了，我既是法学教授也是哲学教授。

陈波：这是一个很好的故事！——我们有机会谈论您在法律方面的工作。

哈克：好的，我主要在三个领域工作：关于举证的问题，特别是关于科学证据的法律处理；关于教会与国家关系的宪法问题——我特别对在公立中学讲授进化论的宗教异议感兴趣；关于法律实用主义——遗憾的是，这个悠久的传统像哲学实用主义一样被庸俗化了。

陈波：实际上，我想讨论所有这些领域，特别是法律实用主义；但我们没有足够的时间。所以，让我们集中于与证据相关的问题以及您的新书。

哈克：好的。《证据的重要性》的副标题"科学、举证和法律中的真理"说出了主题。这本书一开始探索认识论对法律的相关性，包括对如下（非常流行的）观点的详细批判，即我们可以通过概率的数学演算来理解法律举证的程度。

陈波：但如您先前所说，保证的程度不能等同于数学概率。

哈克：完全正确。这是认识论和法学理论中的可怕混乱："盖然"这个词有两个意义的含混，认识论的和概率论的。因此，主观贝叶斯主义在当今法律证据学者中的盛行是尤其令人担心的。

陈波：所以，您对两个著名刑事案例的主观贝叶斯的细致分析和彻底批判是精彩的。

哈克：是的——付出了大量劳动，但值得这样做。

该书的另一部分考察法律系统如何处理科学证据。例如它表明，在1993年有重大意义的裁定科学证词可行性标准的多伯特诉讼迈乐道公司案例中，美国最高法院如何首次混淆了"科学"与"可靠"，后来又通过批准对科学的拟波普尔解释和所谓的科学方法使这种混淆更为严重。

陈波：但波普尔难道没有明确反对任何科学断言都可能被知道为真的，或被知道为盖然的或可靠的吗？

哈克：他当然反对。虽然他似乎没有意识到这一点，但波普尔实际上是隐秘的怀疑论者。不幸的是，在多伯特案例中做出裁决的布莱克门法官显然不知道这一点。

但让我完成对该书第二部分的描述，其中也包括对最高法院如下观点的彻底批评，同行评价的出版发表是对可靠性的强烈显示；剖析了如下观点：很可能诉讼导向的科学实质上不比独立的科学更可靠；还详细探究了科学与美国法律文化之间的张力。

陈波：我也想问您关于因果关系的问题。

哈克：这里，基础融贯论也是有用的，它使我表明——与法庭上经常宣称的相反——一系列本身并不充分的证据材料在特定情况下可以共同地保证一个结论，例如，一种药物导致了原告的疾病；也说明在什么情况下一个关联的认识论证据更强地显示这个关联是因果关联；还解释了为什么比相对风险多两倍的统计证据既不充分也不必要地表明因果关系。

陈波：这种观点依赖于统计学与认识论的混淆，这不与您先前批判的法律概率主义相同吗？

哈克：完全正确。

陈波：法律中的真理呢？

哈克：正如该书的其他章节把基础融贯论的认识论和批判常识主义的科学哲学应用于法律中的证据问题，最后一章把简要论观点应用于对法律中真理的理解：把法律真理构建为社会真理（关于特定社会规则的真理）的一个子类。

陈波：也包含了在我看来非常有意思的关于法律与道德之间关系的讨论。

哈克：我很高兴您有这种看法。正是在这个地方，我的法律实用主义既与分析的法律哲学又与现在被误认作"法律实用主义"的东西分道扬镳了；也是在这个地方，您在詹姆斯、杜威、霍姆斯（在我看

附录 2 走向哲学的重构

来他是第一个法律实用主义者）那里看到的道德可错论得到了应有的承认。

陈波：在该书其他地方我们也看到了实用主义的影响；例如，您追溯了法律概念的意义如何应对不断变化的环境和技术而进行调整。

哈克：是的，这是对皮尔士观点的应用，即意义伴随着知识的增长而增长——这个观点也揭示了科学词汇的演变，我也很高兴地在您语言哲学的工作中看到这一点。

陈波：谢谢。现在，在我们结束之前，我很想回到关于理性主义和非理性主义的问题，因为我把您看作当代最重要的理性主义捍卫者之一。

哈克：您说得很好。但我并不十分赞同。

陈波：为什么？

哈克：显然，我不认同近几十年来盛行的犬儒主义：关于发现世界真理可能性的犬儒主义，关于科学事业合法性的犬儒主义，等等。但我也不愿把自己描述为"理性主义者"或"理性主义"的捍卫者。

陈波：如果您反对非理性主义，您确实反对，那么您不支持理性主义吗？

哈克：没那么简单。在温和的意义上，即成为理性主义者只意味着试图以合理的方式行事，我是一位理性主义者。但"理性主义"这个词表达了许多不同的东西。例如，在认识论中，我们看到波普尔把自己描述为"批判理性主义者"；还有理性主义与经验主义、理性主义与非理性主义之间的古老对立。但我的哲学显然与柏拉图、笛卡尔和波普尔的哲学非常不同。

无论如何，我从不习惯于谈论"理性""合理性"等等，也不习惯于把理性看作司空见惯的东西，这是一种狭隘、严格和形式化的观念。

不要忘记，在回答您先前的问题时，我同意，我对我们职业状况关注的部分原因是各种形式的非理性主义的兴起；现在我需要补充，"这只是一部分原因"。新分析哲学对这些非理性主义的放纵言行不能提供充分的回应，我仍然对这种无能为力表示担心。

陈波：所以，这是在两条战线上作战吗？——既反对后现代的非理性主义，又反对新分析哲学的回应或无回应。

哈克：完全正确。事实上，对我来说，几乎总是至少在两条战线上作战！许多哲学家似乎被吸引到站不住脚的极端情形，许多问题也被不必要地极端化。但我总是寻求适宜的居中立场。

陈波：正如基础融贯论是处于基础论与融贯论之间的居中立场，坦诚实在论是处于形而上学实在论与各种形式的非实在论、观念论、概念相对论等等之间的居中立场。

哈克：也正如批判常识主义是处于科学方法的严格形式化模型与单纯专注于权力、政治、金钱在科学事业中作用的犬儒主义之间的居中立场。

我关于法律认识论的工作也是类似的。与科学探究或任何经验知识的可能性一样，足够频繁地导向正确裁决的法律举证程序的可能性需要有客观事实的真理以及更好和更坏证据的客观标准。

我赞同所谓"理性主义举证观念"的支持者，他们认为上述预设是真的。但与这些"理性主义者"不同，我反对把审判看作追求真理的观点（实际上，审判与科学或历史研究非常不同）；我相信，为了指出我们或任何法律体系的具体举证程序是否足够频繁地导向正确审判，这不需要全面比较"对抗制"和"纠问制"，而需要认真研究所谈论的法律体系如何实际发挥作用；我强烈反对如下观点，即口头套话可以告诉一个法官如何区分可靠的证据和不可靠的证据。

陈波：好的，我明白您的意思。但现在我禁不住要问另一件事——但愿这不是私人性的。成为这样一个独立思想者难道没有使您的职业生活变得困难吗？

哈克：我的职业生活困难吗？确实如此。我有时在职业上感到孤独吗？是的，有时孤独。但我有一些亲密哲学朋友的陪伴，更不用说那些我从他们那里学到很多东西的老实用主义者；世界各地完全陌生的人发来的消息和邀请鼓励了我，让我知道他们了解我的工作。

我在考虑，即使有时是孤独的，作为一个独立的圈外人也有优势。这很可能促使我全面思考关于职业哲学甚至一般学术圈的状况。

陈波：在《哲学的碎片化》和《学术失范》这些论文中，对吗？

哈克：是的。《哲学的碎片化》是我几年前的明斯特讲演，首先说明20世纪中叶以来职业哲学如何不断地碎片化和专业化；其次认为，我们在当今哲学中看到的高度专业化是一场理智的灾难，虽然专业化在科学领域是非常富有成果的，有很多建立在专业化基础上的公认成果；还提出了重新整合我们学科以及克服其赫尔墨斯主义①的途径。

陈波：极端的情形，正如《学术失范》一文所说到的。

哈克：很明显：不管怎样，当我把那些情形纳入《学术失范》一文后，邀请我撰写该文的编辑拒绝发表——我想他是有所担心。（但是后来，他发给我一封卑躬屈膝的道歉信！）

但实际上，这篇论文唯一极端的地方是，它坦诚地讨论了大多数人都不愿意面对或考虑的问题。首先，给出了一个非常简单的清单，列出教授为了负责任地做好其工作需要满足的德性；然后说明大学管理的变化，特别是职业行政阶层的出现，造成这些德性持续不断地受到腐蚀。细心的人不难发现，越来越多的教授为了职业晋升而愿意牺牲掉他们的诚实、独立和判断等等。我的论文看起来惊人的地方只是我公开说出了这一点。

但我在写作这篇论文时没有意识到的是，这个问题是多么地普遍；到目前为止，这篇英文论文已经被翻译为中文、葡萄牙文（巴西）、西班牙文（智利），这一事实表明它在世界的许多地方引起共鸣。

陈波：的确——当然在中国的大学，我们感受到同样的压力。但现在我认为我们恰好还有足够多的时间来询问您未来的工作计划。

---

① 亦称"赫尔墨斯神智学"，主张世上万物是相互联系的，神学和哲学可以相互转化，两者之间的一致性程度使得在两者之间很难做出严格的区分。因古埃及人赫尔墨斯·特利斯墨斯杰斯尼斯（Hermes Trismegistus，据说与摩西生活在同一时代）而得名。

哈克：好的，我不是很确定，但我想把更多的时间放在被我暂时放在一边的几个研究计划。

首先，我想继续做法律实用主义方面的工作。对于新古典法律实用主义的发展而言，我已经做了很多，如霍姆斯的观点、法律作为"多元世界"、逻辑在法律中的（局限性）作用、法律体系和法律概念的演变。但还有很多要做的：把皮尔士"符号迷宫"的观念应用于有关法律解释的问题，研究杜威关于法哲学的论文，探索霍姆斯的理论著作与他作为美国最高法院大法官所写的观点之间的关系，澄清法律实用主义与法律实在论的关系，区分"法律"理论的不同意义，解构波斯纳关于实用主义的错误观念，等等。

另一个计划是系统地研究在皮尔士哲学中发现的所有不可思议的哲学隐喻：他所造的"如此丑陋以致能够免遭绑架"的新词——"实效主义"，他对"阻断探究道路"的警惕，他把传统形而上学描述为"知识界的巴黎"，年轻人都去那里并且变得堕落，如此等等。我将在墨西哥做题为《贯穿皮尔士哲学的隐喻》的系列讲演，我希望此后有可能以一种整合的方式把讲演稿整理出来。

或许某一天有机会继续先前的工作，更详细地研究我们如何从小说中学习，特别是小说给我们所带来的认识论教益——我已经有了一个"认识论小说"的清单。

陈波：太好了——我很期待！现在是时候感谢您的卓越贡献，也感谢您今天与我交谈。谢谢！

哈克：也谢谢您为我提供了这个与中国读者讨论我工作的好机会。

译后记

1993年，布莱克韦尔出版了苏珊·哈克的《证据与探究——走向认识论的重构》。2004年，中国人民大学出版社出版了该书中译本，译校分工如下：

陈波：序，导言，第一－二章，文献目录，索引，附录（访问记）。

张力锋：第五－八章。

刘叶涛：第三－四、九－十章。

陈波负责第三－十章的校对。

2009年，普罗米修斯书局出版了该书修订版：《证据与探究——对认识论的实用主义重构》，有了变动：增加了修订版前言，把原书作为上编，增加四篇论文作为下编。经与中国人民大学出版社协商，决定在该书第一版中译本的基础上翻译出版这个新版本。由于陈波诸事缠身，翻译工作全部交由刘叶涛和张力锋进行，具体分工如下：

刘叶涛（燕山大学文法学院）翻译：修订版前言，上编序言和导论，上编第一－二、七－十章，下编第三、四篇论文，引证文献的整全目录，索引。

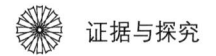

张力锋（南京大学哲学系）翻译：第三—六章，下编第一、二篇论文。

刘叶涛统校了全部译文。陈波最后审校了全部译文。

陈波（北京大学哲学系）撰写了《苏珊·哈克的基础融贯论》作为中译本序。本书附录新添加了陈波对苏珊·哈克所做的一个访谈录。

本书是教育部人文社科基金项目"基于模态和意向性分析的指称问题研究"（17YJC720017）、河北省高等学校青年拔尖人才计划项目"建构一种语言意义的意向因果论"（BJ2016087）的阶段性成果，同时翻译工作得到了"河北省高校学科拔尖人才选拔与培养计划"项目（BR2-253）的支持。

Evidence and Inquiry: A Pragmatist Reconstruction of Epistemology.
Copyright © 1993/2009 by Susan Haack.
Simplified Chinese version © 2018 by China Renmin University Press
All rights reserved.
Published by agreement with Prometheus Books through the Chinese Connection Agency, a division of The Yao Enterprises, LLC.

图书在版编目(CIP)数据

证据与探究：对认识论的实用主义重构/(英)苏珊·哈克著；刘叶涛，张力锋译. —修订本. —北京：中国人民大学出版社，2018.11
（当代世界学术名著）
书名原文：Evidence and Inquiry：A Pragmatist Reconstruction of Epistemology
ISBN 978-7-300-26219-2

Ⅰ.①证… Ⅱ.①苏…②刘…③张… Ⅲ.①认识论-理论研究 Ⅳ.①B017

中国版本图书馆CIP数据核字（2018）第207809号

当代世界学术名著
证据与探究（修订版）
——对认识论的实用主义重构
[英] 苏珊·哈克（Susan Haack） 著
刘叶涛 张力锋 译
陈 波 审校
Zhengju yu Tanjiu

出版发行	中国人民大学出版社		
社　址	北京中关村大街31号	邮政编码	100080
电　话	010-62511242（总编室）	010-62511770（质管部）	
	010-82501766（邮购部）	010-62514148（门市部）	
	010-62515195（发行公司）	010-62515275（盗版举报）	
网　址	http://www.crup.com.cn		
	http://www.ttrnet.com（人大教研网）		
经　销	新华书店		
印　刷	天津中印联印务有限公司		
规　格	155 mm×235 mm　16开本	版　次	2018年11月第1版
印　张	34.25 插页2	印　次	2018年11月第1次印刷
字　数	468 000	定　价	108.00元

版权所有　侵权必究　印装差错　负责调换